U0935327

清朝陵寝制度

徐广源 著

沈阳出版发行集团
沈阳出版社

图书在版编目（CIP）数据

清朝陵寝制度 / 徐广源著. -- 沈阳：沈阳出版社，2018.5

ISBN 978-7-5441-9231-6

Ⅰ.①清… Ⅱ.①徐… Ⅲ.①陵墓-研究-中国-清代 Ⅳ.①K878.84

中国版本图书馆CIP数据核字（2018）第081274号

出版发行：沈阳出版发行集团|沈阳出版社
（地址：沈阳市沈河区南翰林路10号 邮编：110011）
网　　址：http://www.sycbs.com
印　　刷：辽宁泰阳广告彩色印刷有限公司
幅面尺寸：168mm×240mm
印　　张：44.25
字　　数：885千字
出版时间：2018年12月第1版
印刷时间：2018年12月第1次印刷
责任编辑：沈晓辉　郑　丽
装帧设计：杨　雪
责任校对：日　光
责任监印：杨　旭

书　　号：ISBN 978-7-5441-9231-6
定　　价：350.00元

联系电话：024-24112447　024-62564922
E - mail：sy24112447@163.com

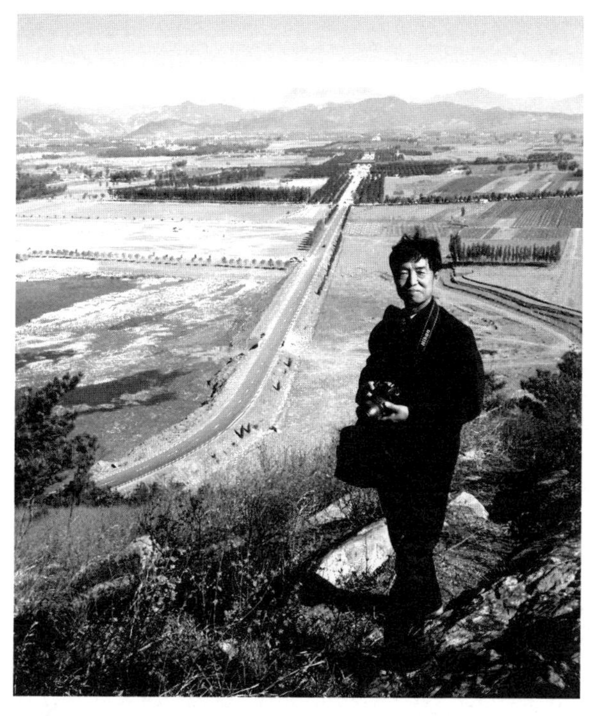

徐广源　满族，1946年3月出生，河北省遵化市人。自20世纪70年代以来，一直从事清朝陵寝和清朝后妃的研究。1977年到清东陵文物保管所（清东陵文物管理处前身）工作，任清东陵文物管理处研究室主任多年。现为中国紫禁城学会会员。

先后参加过裕陵（乾隆帝陵）地宫、慈禧陵地宫、容妃（香妃）地宫和纯惠皇贵妃地宫的清理工作；亲手找到了容妃（香妃）的头颅骨；亲手整理过慈禧的遗体；探视过乾隆帝的诚嫔地宫、康熙帝皇七子淳度亲王允祐的地宫、康熙帝皇十七子果亲王允礼的地宫等20座地宫。出版专著有《清东陵史话》《清西陵史话》《清朝二十六后妃》《清宫佳丽三十人》《皇陵埋藏的大清史》《大清皇陵秘史》《大清后妃私家相册》《大清皇陵探奇》《清皇陵地宫亲探记》等20余部，发表论文60余篇。

与作者交流互动方式：

新浪微博：http://weibo.com/mlyxgy

邮箱：mlyxdh@163.com

前言

一个国家有各种制度。所谓制度，就是国家制定的需要人们遵守的办事规程和准则，也指在一定历史条件下形成的法令、礼俗等规范或一定的规格。制度是为国家发展、稳定人民的生产生活服务的，是国家和人民利益的最高体现。

陵寝制度是我国历史上各个时期国家的重要制度，之所以说陵寝制度重要，是因为陵寝是皇家的坟墓。在“朕即国家”的封建社会，皇帝是国家的最高代表，不仅拥有至高无上的权力，还拥有全国无与伦比的财富。

封建帝王们把皇陵的规制和风水的好坏与国家的盛衰、帝祚的长短、子孙的多少联系起来，因此，他们对自己的陵寝十分关注和重视。在营建陵寝时，国家不惜巨资，选用全国最精良的建筑材料；调用全国第一流的风水大师、设计大师、建筑工匠；采用最高级最尊贵的建筑形式；使用当时最先进最科学的施工技术和工艺；派出最精锐的国家军队看守皇陵。皇陵祭祀被列为国家的大祭，采用最高的祭祀形式。因此，陵寝代表了当时这个国家经济、技术、艺术、文化的最高水平。

陵寝，具有极其鲜明的时代特色，每一朝（一个皇帝在位的时期）有每一朝的特点。许多人认为皇宫比皇陵重要，其实，如果从研究历史、考察古建的角度上看，皇陵与皇宫同等重要，甚至研究皇陵的意义要超过皇宫。一个王朝有许多皇帝，这些皇帝们可以共用同一座皇宫，世代沿用。这个朝代的鼎盛时期的皇帝所用的皇宫和衰败时期的皇帝所用的皇宫基本是一样的。甚至相邻的两个王朝可以使用同一座皇宫，比如北京的紫禁城，既是明朝的皇宫，也是清朝的皇宫，明清两朝的二十四个皇帝都曾居住在那里。在长达五百多年的时间里，尽管紫禁城内的建筑工程不断，但大多为修缮工程和小规模的改建工程，紫禁城的总体格局并没有改变。然而皇陵则不一样。一个皇帝建一座皇陵，每座皇陵的风水、规模、质量、工艺、文化等诸方面都要受当时政治、经济、文化的影响。可以说一个皇帝的陵寝是当时那个时代政治、经济、文化的缩影。每座皇陵都具有其时代特点。

本书的书名为什么用《清朝陵寝制度》而不用《清代陵寝制度》呢？因为“清代”只是一个时间概念，清代，一般指的是公元1644年至1911年，而本书的内容含有1644年以前的内容。陵寝制度与当时的国家制度有直接的关系，反映了当时国家的政治、经济、军事、文化、宗教等方面的内容，这些内容不是“清代”一词所能涵盖的，而“清朝”是政权概念，是国家概念，而陵寝制度恰恰是这个政权的产物，是国家营建的。所以，本书书名使用了“清朝”一词，而不用“清代”。

皇陵还是每一个皇帝性格、脾气、秉性、兴趣、爱好的晴雨表。在营建皇陵时，其风水、规模、结构、工艺、装修、尊藏诸方面，提前都要得到皇帝的钦准。所以，皇陵在一定程度上为皇帝个人性格、爱好所左右。以好大喜功、踵事增华著称的乾隆帝的裕陵与俭朴闻名的道光帝的慕陵相比，就大不一样。慈禧的菩陀峪定东陵尽管建于国力已十分衰弱的清朝末期，但由于慈禧本人骄奢淫逸、挥霍无度，所以，她的陵寝便成为明清两朝最精美豪华的陵寝。因此，陵寝也是研究陵寝墓主人的极为有价值的实物资料。

在我国历史上，有大大小小的封建王朝数十个，营建了各具特色的陵寝有数百座之多，再加上陵园外围的陪葬墓，数以万计。这些陵寝，犹如一颗颗璀璨的明珠镶嵌在祖国的九百六十多万平方公里广袤的大地上。目前这些陵寝尽管多数已经不存在了，但在文献上还有记载，在地上或地下还有一部分遗存，这些都是中华民族宝贵的文化遗产。

长达两千多年的中国陵寝制度史上，明清时期是最后一个辉煌时期。清朝陵寝制度沿袭明陵，这是在史学界和建筑界都早已公认的。清朝灭亡以后，虽然介绍清陵的书籍出版了不少，但大多是介绍性的普及读物。如今，清朝的皇陵大部分已对外开放，并且还开放了帝、后、妃的五座地宫，但对于绝大多数国人来说，对清陵还是不太了解，至于清陵的制度更是知之甚少。

我写过多部书，但从制度的角度写清陵还是首次。本书对关外、关内的清陵以及陪葬墓，从选址、规制、营建、管理、祭祀等方面进行了全面的介绍和研究，并配以大量珍贵图片，力图让广大读者对清朝陵寝制度有一个较为全面的了解。本书是我从事清陵研究四十多年成果的总结和概括，是一部呕心沥血的作品。

本书的依据主要是清朝官方出版的书籍和清宫档案，同时，笔者对实地进行了多年反复考证。本书采用了一些前辈师友的研究成果，在此谨向他们致以诚挚的谢意！

由于笔者的水平有限，书中的错误在所难免，衷心希望广大读者指正。

徐广源

2017年6月21日

目　录 CONTENTS

第一章　陵寝的起源及发展轨迹

第一节　陵寝的起源

陵寝制度是墓葬制度的一种，陵寝是专指古代帝王、后妃的墓葬。这就需要了解什么是“墓”，什么是“葬”，什么是“陵”，什么是“寝”，为什么要将帝王、后妃的墓葬称为陵寝。

“墓”，就是放置尸体及其相关器具和物品的固定地方。“葬”，就是将尸体及其相关器具和物品以一定的方式放置到墓中的过程。在中国考古学中，常常将两者合起来，称为“墓葬”。

“陵”，《辞海》解释是“土山”，《辞源》解释是“大土山”，《尔雅·释地》记载：“大野曰平，广平曰原，高平曰陆，大陆曰阜，大阜曰陵。”阜者，土山也。由此可知，“陵”字的本意就是土山。后来就把高大的封土即坟头及相关的地面建筑称为“陵”。

“寝”，本意是人的居室、卧室。对于皇宫、府第、衙署、大宅院来说就是生活居住区，如紫禁城的乾清门以北的东西十二宫等，也就是人们常说的“前朝后寝”中的“后寝”。既然“寝”是居室，为什么要把“寝”与“陵”合称呢？原来，这源于中国人的“事死如事生”的理念，就是对已经死去的人，还要像生时那样对待。简言之，就是把死人当成活人对待，于是就在坟墓旁建“寝”，如同死者仍在“寝”中生活居住一样，在“寝”内长期设有许多的宫人侍奉，不仅要一天4次供奉饮食，还要定时叠床铺被，准备梳洗打扮的东西。这就是所说的“随鼓漏，理被枕，具盥水，陈严具。”①

中华民族有五千年的历史，太古时代，人死后，弃尸于中野，任鸟兽虫蚁食之。那时候谈不上什么陵寝制度。到了商朝和西周时期，有了墓穴，将尸体深埋，开始有了墓葬，但地面上“不封不树”，也就是不留坟头，不栽种树木，地面上不留任何标记。这一个时期的墓葬还不能称为“陵寝”。

据迄今为止的研究成果表明，到了春秋时期，地表开始出现了封土即坟头。到了战国时期，堆土为坟的现象普遍出现。为什么要将帝王、后妃的坟墓称为陵呢？当时人们认为坟头越高大，死者的身份地位越尊贵，死者的后人越感到荣耀和自豪。穷苦的贫民是没有财力和人力堆筑高大的坟头的，只有最有权势和财力的帝王们才能做到。在这种理念的驱使下，坟头越堆越高大，几乎与小山相仿，因此，人们就将这些帝王的如同土山一样的坟头称之为“陵”。这也是陵寝成为帝王、后妃墓葬的专用词的原因。因为帝王的坟头像山一样高大，坟墓旁还建有“寝”，所以后来人们就将古代的帝王、后妃的坟墓称为“陵寝”。从这一时期开始，陵寝制度才有了实际上的意义，这也就是陵寝的起源。

第二节　陵寝的发展轨迹

中国古代的陵寝制度史长达两千多年，往前可以追溯到商朝，但由于那个时期地面上不封不树，没有坟头，还没有出现陵字，所以这个时期只能说是陵寝制度的滥觞时期。

春秋时期，墓穴多为土坑竖穴式的“亞”字形、“中”字形或“甲”字形墓穴，其中以“亞”字形最为尊贵。这个时期，墓上开始

① 杨宽：《中国古代制度史研究》第33页，上海古籍出版社，1985年。

出现封土即坟头。封土多为覆斗形即立体几何中的四棱台形。因为春秋、战国时期为诸侯互相争战、互相并吞的混战时期，各小诸侯国本来财力不足，又征战不停，所以尽管极力想将封土堆得十分高大，但限于财力和政治环境，一般封土多为6米~7米高，最高者可达10米左右。这个时期可以为中国陵寝制度的开创时期。

秦汉时期，汉朝陵寝承袭秦制，但也有增损。这一时期“陵”字开始成为皇家陵寝的专用名称。这一时期为大一统的封建国家，“普天之下，莫非王土；率土之滨，莫非王臣”，所以这个时期的皇家陵寝多集中建在一个或几个区域。墓穴依然为竖向土坑式。封土为高大的方形或长方形的覆斗状。据文献记载，秦始皇陵的封土“高五十余丈，周围五里余”[①]，现在实测，茂陵封土为覆斗式正方形，底边长230米，顶部边长40米。汉武帝的陵封土之高大，可为汉陵之冠。当然，这与他在位时间长达54年，国力雄厚，加之他本人好大喜功有直接的关系。秦汉时期可为中国陵寝制度的发展时期。

三国、东西晋、南北朝，至隋朝，政局不稳，战争频仍，没有一个统一的安定的和平环境，国家分裂，经济萧条，皇帝在位时间相对较短，加之这一时期的封建统治者们目睹了汉朝诸皇帝陵因陵制崇宏、随葬物品丰厚，致使许多陵寝被盗、尸骨狼藉的惨状，他们吸取了这一沉痛教训，不仅实行薄葬，而且陵寝的地面建筑也大为缩简，甚至有的陵寝不封不树。这一时期的陵寝规制比较复杂，各式各样。南朝陵寝多建于南京附近，由于那里多丘陵，雨大水多，所以南朝的陵寝多依山而建，而且可能是为了防止水冲，出现了圆形坟头，与秦汉时的覆斗形迥异。这一特点对后来的明清陵寝规制不能说没有影响。

南朝的陵寝前神路两侧的石天禄、石辟邪等石雕像极具特色。这些石雕刻，完全摆脱了两汉时期的沉闷呆滞、拙朴凝重的特点，代之而来的是生动活泼，浪漫神秘，灵活矫健的特色，每座雕像都显得那

① 《汉书·楚元王传》。转引自徐卫民著《秦公帝王陵》第113页，中国青年出版社，2002年。

么劲骨丰肉，神态矫悍，充满了无穷的力量，大有目空一切，气吞山河之势。可以毫不夸张地说，每座石雕都是石雕艺术中的精品。这一时期的石雕艺术达到了我国石雕艺术的顶峰。尽管后来隋文帝杨坚统一了全国，其陵制较前朝已经有了明显的发展，但与两汉时期的皇陵相比，无论在规模上，还是在气势上都有很大的差距。因此，这一时期为中国陵寝制度的收缩时期。

唐朝是我国封建社会的鼎盛时期，其陵寝制度也得到了空前的发展。唐朝陵制较前有了重大改变，即由以前的覆斗形改变为因山为陵。唐朝以前的秦汉诸陵，大都建在平坦之地，坟头完全用人工堆筑而成，这种形式经历了二三百年。到了唐朝，出现了因山为陵的形式。所谓因山为陵，就是以自然形成的山为封土即坟头，在山腰处开凿山洞，将棺椁葬入其中，然后封堵洞口。当然不是所有的唐朝陵寝都是因山为陵，其中高祖李渊的献陵、敬宗李湛的庄陵、武宗李炎的端陵、僖宗李儇的靖陵仍为秦汉时的那种覆斗形坟头。这就是说，在唐朝同时存在着两种陵寝制度，但以因山为陵为主流。

唐朝有近300年的历史，历21位皇帝，共建皇帝陵20座。最后二帝中的被朱温杀害在洛阳的昭宗李晔葬在和陵，死于山东菏泽的哀帝李柷葬在温陵。武则天与其夫高宗李治合葬乾陵。除和陵和温陵外，共有18座皇帝陵，史称“唐朝十八陵”。这18座皇陵在渭北高原之上，以当时的京城长安为轴心，左右辐射，形成了一个102度的扇形，[①] 东起金粟山处的唐玄宗李隆基的泰陵，西至梁山上的高宗李治与武则天的合葬墓乾陵止，绵延300里，横跨蒲城、富平、三原、泾阳、礼泉、乾县六县，规模巨大，气势恢宏，蔚为壮观，展现了大唐盛世的雄浑气势，可谓世界陵寝史上的奇迹！

唐朝以后的五代十国时期，大一统的唐朝分裂成许多小国，长期互相征战，差不多都是短命的王朝，国运衰微，民不聊生，其陵寝制度较两晋、南北朝时期更趋低落。许多短命的王朝的陵寝被敌对国家所

---

① 陈安利：《唐十八陵》第3页，中国青年出版社，2001年。

破坏、盗掘，所以不仅文献上少有记载，就是实物保留下来的也不多。

宋、辽、金、夏时期的陵寝制度多采用汉、唐陵制，但其规模都远不如汉、唐诸陵。值得一提的是宋陵。宋朝分北宋和南宋。宋陵在规模上远逊于汉唐诸陵，但具有以下3个特点：一是，宋陵改变了以前历朝皇帝生前预建寿陵的传统做法，而是死后建陵，7个月内入葬。因为工期短，所以陵寝规模逊于汉唐诸陵；二是，由于受当时堪舆术的“五音姓利”[①]之说的影响，北宋巩县（今巩义市）的八座陵寝地势北低南高，这与坐北朝南的建筑都是北高南低的中国传统的做法大相径庭，因此，陵寝的气势受到了很大的影响，成为中国陵寝制度史上的孤例；三是，因南宋偏安一隅，南宋皇帝死后不能归葬北地祖陵，只好在绍兴东南18里的攒宫山下择地安葬，不建正式坟头，只在献殿的后面建一龟头屋，将皇帝浅埋于那里，以待北方失地收回后，再归葬祖陵。攒宫山原名赵家岙，改称攒宫山，意为攒集梓宫于此，临时安厝之意。后来，北方失地不仅未能收回，南宋政权也未能保存长久，攒宫之处成了永葬之地。建带有龟头屋的攒宫，这在中国古代陵寝史上也是孤例。

宋、辽、金、夏时期的陵寝制度属于收缩期。

据有关文献记载，元朝皇帝死后葬于起辇谷,[②]深埋于地下，地面上不留任何痕迹，所以至今还没有发现元朝陵寝。这种做法属于“秘葬”，因为地面上没有任何建筑，这也可以说是一种特殊的陵寝制度吧。

---

① “五音姓利”即将人的姓氏分成中国古代音乐中的宫、商、角、徵、羽五音，再将五音分别与阴阳五行中的金、土、水、火、土相对应。这样，在阴阳地理上则可找到与死者的姓氏相对应的最佳的葬位和入葬日期。“五音姓利”说，反映了我国古人用阴阳五行来解释世间万物及其关系和天人合一的思想理念。

② 关于起辇谷到底在什么地方，历代说法也不一致，有的人认为在克素伦河河畔；有的人认为在北京的房山区；有的人认为在今内蒙古呼和浩特老城以北；有的认为在蒙古人民共和国三河源头；还有的认为在今蒙古肯特山地区……到底在什么地方至今也没有定论。

中国古代的陵寝制度经历了四百多年的低潮之后，到了明朝，开始进入了一个崭新的发展时期。之所以称为崭新的发展时期，一是因为明朝陵寝规模巨大，气势恢宏；二是因为明朝开创了中国陵寝制度史上一个全新的时期，并延续到清朝，历时500多年。

明朝的新的陵寝制度是由朱元璋创建的，并首先实施于他的孝陵。朱元璋对历朝陵寝制度主要做了以下几项重大改革：

第一，仿照“前朝后寝”格局，将以前历朝的方形陵院改为前后多进院落，平面呈前方后圆形式，更加突出了献殿的地位。

第二，将历朝封土由覆斗形改为圆形，称宝顶。圆形宝顶不仅有利于封土不流失，有利于防盗，同时更接近于山形，易于堆筑和修理。据有的专家分析考证，这一改革，很可能受长江流域“无方坟之习”的影响。南朝的许多皇帝陵的封土就是圆形的。

第三，取消了下宫即寝殿，取消了宫人日常侍奉饮食起居的做法，正如顾炎武所说的“明代之制，无车马，无宫人，不起居，不进奉。”①

第四，依山而建。更加注重风水，注重陵寝周围山川的陪护。

从此，开创了一个崭新的陵寝制度。

纵观两千多年的中国陵寝制度，先后出现了3个辉煌时期。第一个辉煌时期为秦汉时期，这一时期以秦始皇陵为代表；第二个辉煌时期是唐朝。这个时期的陵寝代表是唐太宗李世民的昭陵；第三个辉煌时期即明清时期。清朝，入关以后，其陵寝制度沿袭明制，并在其基础上又有所改革和创新，从而使这一辉煌时期的陵寝制度达到了极致。这一时期，明朝的以明成祖的长陵为代表，清朝的以顺治帝的孝陵为代表。

---

①[清]顾炎武《日知录》卷一五，“墓祭”，影印清道光十四年嘉定黄氏西谿草庐刊定本，黄汝成：《〈日知录〉集释》，第1160页，上海古籍出版社，1985年。

第二章　清朝陵寝述略

第一节　清陵的分布

在中国历史上，大一统的王朝的陵寝几乎没有都建在一个区域的，都要有两三个区域。这是由当时国家的政治形势和皇帝的个人意志决定的。

纵观中国历朝历代的皇陵都建在都城附近。都城迁移了，皇陵地址也要随着改变。比如明朝，最初的都城设在南京，朱元璋的孝陵就建在了南京东郊紫金山南麓独龙阜玩珠峰下。明成祖朱棣迁都北京后，便将他的长陵建在了北京北面的昌平区境内的天寿山下，以后的明朝皇帝都将自己的陵建在了那里，从而出现了“明十三陵”。清朝，入关前，努尔哈齐将都城从赫图阿拉迁到辽阳，不久就在辽阳建东京陵。后来都城迁到沈阳，于是努尔哈齐的福陵和皇太极的昭陵都建在了沈阳市的郊外。清朝入关以后，随着定都关内的北京，于是又将皇陵建在了北京东面的遵化和北京西面的易县。

为什么封建皇帝们总把皇陵建在京都附近呢？难道只有京城附近才有风水宝地吗？其实风水宝地遍布全国各地，不单单京城附近有。历代帝王所以将皇陵都建在京城附近，是有其道理的，主要有3条：

第一，便于安葬。过去皇帝入葬，都要用人夫抬着棺椁。皇陵距京城近，路程短、用夫少、开支少，会减少许多的麻烦和费用。

第二，便于祭祀。皇陵每年有各种祭祀。这些祭祀，或皇帝亲自前往，或派皇室成员前去祭祀。清朝，差不多皇帝每年都要亲自谒陵。皇陵建在京城附近，会为祭陵、谒陵提供许多的方便。

第三，有利于保卫。对于全国来说，驻扎军队最多、军队最精锐的莫过于京都了，保卫京都的军事力量最强。而皇陵建在京城附近，不言而喻，保卫皇陵的军事力量也最强。同时皇陵本身也驻扎了大量军队，与保卫京都的军队形成犄角之势，协同作战，有利于皇陵的保卫。有的人说将皇陵建在京城附近是有为了保护京城。这种说法是本末倒置了。

清朝陵寝从宏观上分，有3处，一处在今辽宁省，称盛京三陵，也称关外三陵、清初三陵。另一处是关内的今河北省遵化市的清东陵，第三处是今河北省易县的清西陵。因盛京三陵分布在3个地方，不建在一起，所以如果细分，又可分为5处，即辽宁省新宾县的永陵、沈阳市东郊的福陵、沈阳市北郊的昭陵、河北省遵化市的清东陵和河北省易县的清西陵。

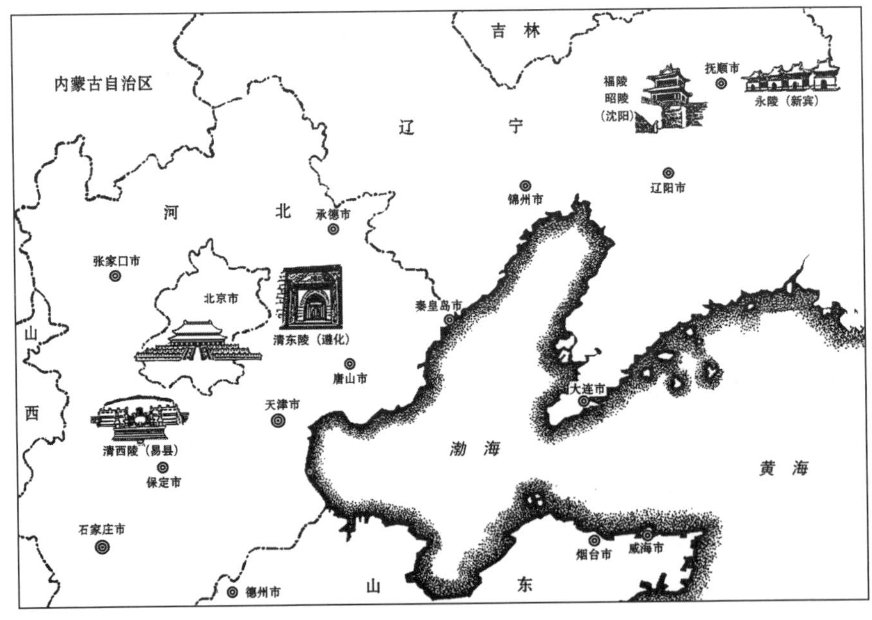

清朝皇陵位置图

第二节　关外清陵

首先简单讲一讲为什么本书将清太祖名字叫“弩尔哈齐”，而不叫“努尔哈赤”的问题。

我们国家几十年来大都一直用“努尔哈赤”，我认为是错误的，不能再错下去了，应该恢复历史的真正名字“弩尔哈齐”。主要理由如下：

1. 立在沈阳东郊福陵的“大清福陵神功圣德碑”碑文清清楚楚地镌刻着太祖的名字为“弩尔哈齐”。

福陵神功圣德碑上镌刻的太祖名字为弩尔哈齐

2.《星源集庆》是清室编写的家谱，上面清清楚楚地写着太祖名为“弩尔哈齐”。

第四子 追封多羅通達郡王雅爾哈齊
第二子 追封多羅誠毅勇壯貝勒穆爾哈齊
太祖高皇帝努爾哈齊
第三子 追封和碩莊親王舒爾哈齊
第五子 追封多羅篤義剛果貝勒巴雅喇

《星源集庆》中记载为努尔哈齐

3.《圣祖仁皇帝实录》卷一三八，中华书局，1985年版，《清实录》第五册，第501页，明确写着太祖名为“努尔哈齐”。

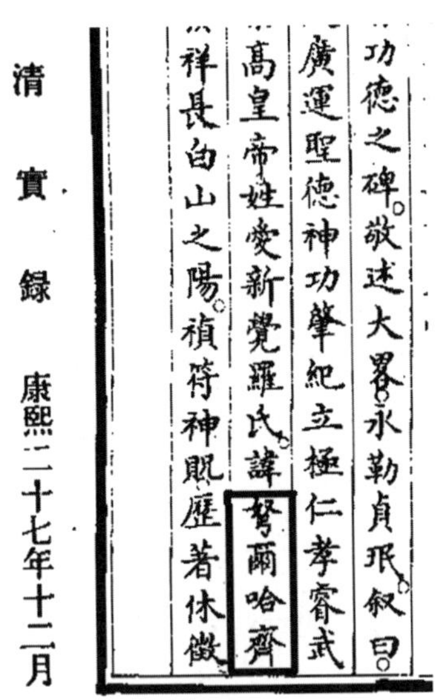
功德之碑。敬述大畧。永勒貞珉。叙曰。
廣運聖德神功肇紀立極仁孝睿武
高皇帝姓愛新覺羅氏。諱努爾哈齊
祥長白山之陽。禎符神貺歷著休徵
清實錄 康熙二十七年十二月

《圣祖仁皇帝实录》记载太祖名为“努尔哈齐”

4.《满洲实录》上册，卷一，第36页汉文记载太祖名为“弩尔哈齐”。（辽宁教育出版社出版，2012年）

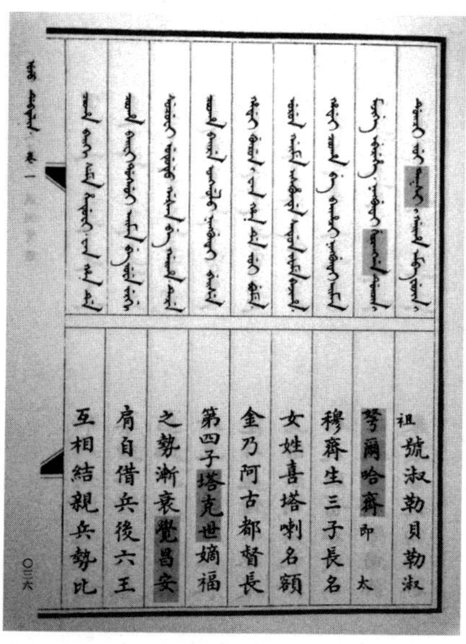
祖號淑勒貝勒淑
弩爾哈齊即太
穆齊生三子長名
女姓喜塔喇名額
金乃阿古都督長
第四子塔克世嫡福
之勢漸衰覺昌安
肩自借兵後六王
互相結親兵勢比
〇三六

《满洲实录》记载太祖名为“弩尔哈齐”

上述碑文及文献最具权威性。本着名随主人和尊重历史的原则，故本书将清太祖的名字一律恢复其历史的真实名字“弩尔哈齐”。

一、永 陵

永陵位于今辽宁省抚顺市新宾满族自治县永陵镇西北一公里的启运山南麓，内葬清朝皇帝的生前未当过皇帝的4位祖先，即肇祖原皇帝孟特穆及皇后（此为衣冠墓）、兴祖直皇帝福满及皇后、景祖翼皇帝觉昌安及皇后、显祖宣皇帝塔克世及皇后。祔葬的有弩尔哈齐的大伯父武功郡王礼敦及其福晋、叔父塔察篇古及福晋。[1]

[1] 抚顺市人民政府地方志办公室、抚顺市社会科学院、新宾满族自治县清永陵文物管理所编：《清永陵志》第91页，辽宁民族出版社，2008年。

永　陵

永陵的具体始建日期现在还没有考证出来，大约建于明朝末年，但可以肯定早于福陵和昭陵。从内葬人物的辈分和营建日期上讲，永陵可称得上是清朝第一陵。

在正式命名为永陵之前，曾叫赫图阿拉老陵、四祖陵、兴京陵。顺治十六年（1659）九月二十三日，正式命名为永陵。①

永陵初建时，规制很简陋。今天我们所看到的规模尽管是经顺治、康熙、乾隆等几朝改建、增建积累形成的，但依然保留了比较浓厚的满族关外建筑的特点。

永陵坐北朝南，②前朝烟筒山，背靠启运山。其主要建筑从前到后依次为下马牌两对、正红门、祝版齐班房、茶膳涤器房、四碑亭、果房、膳房、启运门、东西配殿、启运殿、坟院，坟头4座，环以红

①《世祖章皇帝实录》卷一二八，《清实录》第3册，第996页，中华书局，1985年。

② 本书在介绍陵寝时所说的坐北朝南，都是大概方向，而非经过精密测量的方向。各陵均如此。

墙。陵院西侧有一个小院，称省牲所，院内正北有省牲厅1座，西侧有果楼1座。南面有门1座，称垂花门。

永陵是清朝皇帝陵中最为俭朴的陵寝。

福陵隆恩门

二、福 陵

福陵是太祖努尔哈齐的陵寝，位于今沈阳市东郊，当地人称东陵，始建于天聪二年（明崇祯元年，1628），建成于天聪三年（1629）二月。同年二月十三日，太祖努尔哈齐和孝慈皇后入葬。天聪十年（1636）四月十二日，太宗皇太极命名太祖陵为福陵。[①]

福陵建于石嘴头山。顺治八年（1651）十月二十一日，封石嘴头山为天柱山。[②] 福陵也是经过顺治、康熙、乾隆等几朝改建、增建而

① 《太宗文皇帝实录》卷二八，《清实录》第2册，第363页，中华书局，1985年。

② 《世祖章皇帝实录》卷六一，《清实录》第3册，第480页，中华书局，1985年。

成为今天规模的。

福陵坐北朝南，其主要建筑从南到北依次为下马牌、下马石坊、华表、正红门、华表、石像生、华表、神桥、一百单八磴、神功圣德碑亭。碑亭北神路两侧为膳房、茶房、齐班房、涤器房、果房、省牲所、晾果楼、隆恩门、东西配殿、隆恩殿、焚帛亭、二柱门、石五供、明楼、宝城、宝顶、地宫，环以方城。方城四角各建重檐角楼1座。方城外围环以风水墙，分别建东红门和西红门。

随着后金国力的增强，福陵的规模明显大于永陵，而且在福陵的西北后陵堡村建有妃园寝，建有大门、享殿、3座宝顶，内葬寿康妃、安布福晋和绰奇德和母。这是清朝营建的第一座妃园寝。光绪三十一年（1905）二月毁于日军炮火。[①]

三、昭 陵

清昭陵三殿（陈赫摄）

昭陵是太宗皇太极的陵寝，位于沈阳市的北郊，因此当地人也称之为北陵。昭陵仿福陵而建，但规模大于福陵。福陵始建于崇德八

① 沈阳一宫两陵志编纂委员会编：《沈阳福陵志》第042页，辽宁民族出版社，2006年。

年(崇祯十六年,1643)，完工于顺治八年(1651)。崇德八年(1643)九月二十一日，太宗皇太极的宝宫安奉于昭陵享殿。[①]顺治元年（崇祯十七年，1644年）八月十一日尊为昭陵。[②]顺治七年（1650）二月二十六日，孝端皇后梓宫安奉昭陵享殿。[③]康熙二年十二月二十一日（1664年1月18日），太宗皇太极和孝端皇后宝宫正式葬入地宫。[④]

昭陵坐北朝南，其主要建筑从南到北依次为下马牌1对、华表1对、下马牌1对、坐狮1对、三孔拱桥1座、石牌坊1座、正红门1座。正红门左（东）侧为更衣厅，内有更衣厅1座、净房1座。右（西）侧为宰牲厅，院内有宰牲厅、馔造房。正红门以北为华表1对、石像生、神功圣德碑亭、华表1对。神路左侧为仪仗房、茶膳房；神路右侧为涤器房、果楼以及陵兵舍和晾果楼。正北为隆恩门。过隆恩门，左右为配楼、东西配殿。正中为隆恩殿。隆恩殿前西侧有一座石制的焚帛亭。隆恩殿后是二柱门、石五供、明楼。方城四角各建角楼1座。明楼后是哑巴院。再往北是宝顶，宝顶环以宝城，宝顶下是地宫。在最外层环以风水墙，左右各建东红门和西红门。

昭陵右（西）侧建妃园寝，主要建筑有茶膳房、大门、享殿、11座宝顶，内葬宸妃、懿靖大贵妃、康惠淑妃等11人。如今该妃园寝已不复存在，仅剩几座土坟头。

---

① 《世祖章皇帝实录》卷二，《清实录》第3册，第36页，中华书局，1985年。

② 关于昭陵命名的日期，有不同的说法。清陵专家李凤民先生说是“顺治元年八月初九太宗驾崩一周年火化梓宫时确定的”，见《盛京昭陵》第126页，但未提供依据，而且《世祖实录》中这天已有昭陵之名。《清三朝实录采要》一书明确记载是在顺治元年八月十一日“荐名昭陵”，故本书采用八月十一日说法。

③ 关于孝端文皇后入葬昭陵地宫的日期，许多人认为就是顺治七年二月二十六日。其实在《世祖章皇帝实录》卷四七，第381页上记载得十分清楚：“己酉，孝端文皇后梓宫至盛京，各官出郊跪迎。奉梓宫安于昭陵殿内之右。”这清楚表明，孝端文皇后梓宫只是安奉在殿内，皇太极宝宫的右边，没有葬入地宫。到康熙二年九月癸酉，增建昭陵地宫，同年十二月辛酉，才将太宗皇太极和孝端文皇后宝宫正式葬入地宫。

④ 《圣祖仁皇帝实录》卷十，《清实录》第4册，第165页，中华书局，1985年。

四、东京陵

东京陵之穆尔哈齐园寝

东京陵是在关外盛京三陵之外的又一处皇家陵寝，位于今辽宁省辽阳市太子河区东京陵乡东京陵村东。

天命六年（明天启元年，1621）三月二十一日，努尔哈齐率兵攻占了辽阳，不久就将都城迁到了辽阳。一年多以后，又在辽阳城东5里的太子河边构筑新城，将后金政权的办事机构和宫室迁进新城，并将这座新城命名为东京。[①]

天命九年（明天启四年，1624）东京城建成后，努尔哈齐将宫眷、子女们都接来了。为了祭祀方便，努尔哈齐就在东京城东北的杨鲁山上营建陵寝，因为邻近东京城，所以命名为“东京陵”。

天命九年（明天启四年，1624）四月初一日，太祖努尔哈齐命人将葬在永陵的祖父母觉昌安夫妇、父母塔克世夫妇、大伯父礼敦夫妇以及自己的妻子孟古（后来的孝慈高皇后）、第二任大妃富察·衮代、

① 《太祖高皇帝实录》卷八，《清实录》第1册，第117页，中华书局，1986年。

长子褚英等十余人的骨灰迁到了东京陵安葬。[①] 顺治五年（1648）十一月初八日，觉昌安、塔克世都被追尊为皇帝。[②] 顺治八年（1651）十月二十一日，顺治帝敕封东京陵所在的山杨鲁山为积庆山，[③] 从祀地坛。这一时期，东京陵是清朝规模最大、葬人最多的祖陵。在此之前，曾于天聪二年（崇祯元年，1628）二月，将孝慈皇后孟古及大妃富察氏迁出，迁葬到福陵。顺治十五年（1658）九月初八日，又将景祖觉昌安夫妇、显祖塔克世夫妇、武功郡王礼敦夫妇迁回了启运山下的永陵。[④]

东京陵经过这两次迁出，那里不再有皇帝和皇后，剩下的只是亲王、皇子等，陵寝规模和祭祀等级都大不如前，从此便冷落了下来。如今只剩有3座园寝即太祖努尔哈齐的弟弟庄亲王舒尔哈齐的园寝、太祖努尔哈齐的同父异母弟穆尔哈齐及其子大尔差园寝、太祖努尔哈齐的长子褚英的园寝。

---

①《太祖高皇帝实录》卷九，《清实录》第1册，第124～125页，中华书局，1986年。

②《世祖章皇帝实录》卷四一，《清实录》第3册，第327页，中华书局，1985年。

③《世祖章皇帝实录》卷六一，《清实录》第3册，第480页，中华书局，1985年。

④ 关于将景祖和显祖迁回兴京之事，在《世祖章皇帝实录》中是这样记述的：顺治十三年（1656年）六月十六日，议政大臣、巴图鲁、公鳌拜等大臣上书顺治皇帝说："兴京景祖翼皇帝、显祖宣皇帝陵自克取辽东后，迁至东京，原以便展谒伸祭享也。今据钦天监地理官奏称，兴京皇陵风水实系第一福地。请仍迁景祖、显祖陵于肇祖原皇帝、兴祖直皇帝陵旁，庶与风水有合等语。夫果旺气所钟，福祥攸萃，宜如所请，将各陵界内坟墓、房屋俱应迁移，被迁地亩应交户部拨补。"鳌拜等人建议迁回的理由，简而言之，就是永陵的风水比东京陵的好。顺治帝在奏章上驳斥说："东京二祖陵自太祖、太宗时择吉恭迁，安奉已久，展谒致祭，孝慕可伸。今以地理之言，又议迁移，恐未合理。况本朝诞膺天眷，国运昌隆，移陵东京之后，肇基一统，垂裕万年，言乎福地，允推至善。至于周围界内臣民坟墓安集多年，议令改迁，亦属未协。其另议以闻。"从这一批示中我们可以看出顺治帝是不同意迁回的。可是两年以后，即顺治十五年（1658年）九月八日却将景祖、显祖迁回了永陵。这次迁回，《世祖章皇帝实录》中没有详细记载，只记载了"迁东京陵于兴京"7个字。这次迁回的理由是什么？顺治帝为什么同意了？有待进一步考证。

在东京陵最辉煌的时期，景祖、显祖、孝慈皇后的陵寝规制，由于史书上没有记载，相关的档案又找不到，所以至今也不清楚。

第三节　清东陵

一、清东陵概述

站在朝山金星山上北望清东陵陵园全貌

清东陵是清朝在关内开辟的第一座皇家陵园，也是清朝规模最大、葬人最多的皇家陵园。

清东陵位于今河北省遵化市马兰峪以西的昌瑞山一带。自康熙二年（1663）首建孝陵起，到光绪三十四年（1908）重修慈禧陵完工，在近两个半世纪里，先后建起了帝、后、妃陵寝14座。5座皇帝陵是：顺治帝的孝陵、康熙帝的景陵、乾隆帝的裕陵、咸丰帝的定陵、同治帝的惠陵；4座皇后陵是：孝庄皇后的昭西陵、孝惠皇后的孝东陵、孝贞皇后（慈安）的普祥峪定东陵、孝钦皇后（慈禧）的菩陀峪

站在后靠山昌瑞山上俯视清东陵（南望）

定东陵；5座妃园寝是：景陵皇贵妃园寝（俗称双妃园寝）、景陵妃园寝、裕陵妃园寝、定陵妃园寝、惠陵妃园寝。从康熙二年（1663）顺治帝葬入孝陵起，到1935年敬懿皇贵妃、荣惠皇贵妃葬入惠陵妃园寝止，历时272年，清东陵共葬有5位皇帝、15位皇后、14位皇贵妃、8位贵妃、28位妃、18位嫔、22位贵人、16位常在、9位答应、4位福晋、17位格格、1位皇子，共计157人。

在陵园的外围还建有众多的陪葬墓。

清东陵陵园面积在清朝达2500平方公里左右，分“前圈”和“后龙”两部分，其间以昌瑞山为界，山南是“前圈”，为陵寝所在之地；山北是“后龙”，属于陵寝的风水禁区。前圈的东、西、南三面筑以长约40华里的风水墙。在后龙的边界上开割宽60米，长约160公里的火道，竖立红、白、青3道界桩。在3道界桩外又划出一定宽度的官山。

清东陵全图（清宫绘制）

清东陵的陵寝布局非常规整，颇具特色。从宏观上讲，以位于昌瑞山主峰之下的顺治帝的孝陵为中心，其他4座皇帝陵分列孝陵两旁，略呈扇形，东、西排列，辈分高的距孝陵较近，辈分低的距孝陵较远。从微观上看，各皇后陵和妃园寝都建在本朝皇帝陵的旁边，形成了以本朝皇帝陵为主，以皇后陵和妃园寝为辅的独立小区，这也是清陵与明陵的一个重要区别之一；凡帝、后陵均铺设宽约11米的砖石神路。皇后陵的神路要与本朝皇帝陵的神路相接；而各皇帝陵的神路又分别与孝陵神路相接。清东陵陵寝众多，神路蜿蜒绵长，如飘舞的绶带，弯弯曲曲，互相连接，在前圈的数十平方公里内形成了一个枝状神路网络。和其他朝代的皇家陵园相比，这个特点在清东陵体现得最为明显。

二、各陵概述

（一）昭西陵

昭西陵鸟瞰

昭西陵是孝庄皇后的陵寝。

昭西陵位于清东陵之南，风水墙外，大红门东旁。孝庄皇后本来应葬入沈阳的昭陵，与太宗皇太极合葬，因为她留恋自己亲手抚育培养长大成人的儿子顺治帝和孙子康熙帝，又因太宗皇太极入葬已久，出于“卑不动尊”的考虑，[①] 她临终前留下遗嘱，命将自己葬在遵化州的孝陵附近。最初，康熙帝在孝陵南大红门外建暂安奉殿，并将孝庄皇后生前所居的寝宫拆建到那里。在康熙二十七年（1688）四月十九日将孝庄皇后梓宫停灵于暂安奉殿。[②] 康熙帝终其一生也未能解决孝庄皇后的陵寝问题。

雍正帝即位后，在都察院左佥都御史陈允恭的建议下，[③] 开始办理孝庄皇后的陵寝问题。陵寝的最主要问题就是陵址问题。康熙帝之所以在他的后半生都未能解决孝庄皇后的陵寝问题，最大的障碍就是陵址问题。可是雍正帝却轻而易举地解决了。雍正二年（1724）二月初五日，雍正帝就孝庄皇后的陵寝问题发出了一道谕旨，他说：

> 自孝庄文皇后安奉以来，我圣祖仁皇帝历数绵长，海宇乂安，子孙蕃衍，想孝庄文皇后在天之灵极为安妥。……今朕身任托付之重，山陵典礼宜斟酌尽善，永垂万世，事莫大焉。著王大臣九卿等会同确议具奏。[④]

王公大臣们一致同意皇帝的主张，他们在奏折中说：

---

① [清]崑冈等修，刘启端等纂，光绪朝《钦定清会典事例》卷四九六，“礼部·丧礼”。载《续修四库全书》编纂委员会编：《续修四库全书》第805册，“史部·政书类”，第513页，上海古籍出版社，2002年。

② 中国第一历史档案馆整理：《康熙起居注》第二册，第1766页，中华书局，1984年。

③ 清宫档案《雍正朱批奏折》。

④《世宗宪皇帝实录》卷一六，《清实录》第7册，第270页，中华书局，1985年。

圣祖仁皇帝遵奉孝庄文皇后遗旨，奉安暂安奉殿，至今三十多年，圣祖仁皇帝福寿康宁，四海生民乐育，诚希有之吉兆，允宜定为陵寝。[①]

于是，决定将暂安奉殿改建为陵，于同年十一月二十一日，正式将孝庄皇后的陵定名为昭西陵。[②] 改建工程于雍正三年（1725）二月初三日动工，[③] 同年十一月完工，十二月初十日正式将孝庄皇后葬入了昭西陵地宫。[④]

昭西陵坐北朝南，主要建筑从前到后依次为下马牌、神道碑亭、东西朝房、东西值班房、隆恩门、3座琉璃花门、东西燎炉、东西配殿、隆恩殿。隆恩殿两旁为东西陵寝门。殿后为石五供、方城、明楼、宝城、宝顶。宝顶下是地宫。陵前左侧为神厨库，内建神厨、南北神库、省牲亭。库东为井亭。

因为昭西陵是由暂安奉殿改建的，所以它的规制在清朝皇后陵中是比较特殊的。这一点将在后面论述。

（二）孝陵

昌瑞山原名丰台岭、凤台山。这个地方早在明朝末年曾被崇祯帝选定为他的陵址，[⑤] 未来得及动工营建，就国破君亡了，这个佳壤就留给了清朝皇帝。

---

①《世宗宪皇帝实录》卷一六，《清实录》第7册，第279页，中华书局，1985年。

②《世宗宪皇帝实录》卷一六，《清实录》第7册，第270页，中华书局，1985年。

③《世宗宪皇帝实录》卷二九，《清实录》第7册，第434页，中华书局，1985年。

④《世宗宪皇帝实录》卷二六，《清实录》第7册，第408页，中华书局，1985年。

⑤[清] 查继佐在《罪惟录》卷一六，标点本，第809页记载：“崇祯初年，遍求天寿无吉壤，至十三年，始召刘诚意孔昭及张真人甲协视地，得蓟州凤台山，云地善而难得治陵起工之吉，吉在甲申以后，不及事。后为董贵妃葬处”。表明在明朝崇祯年间，就已相中了今清东陵所在地。梁份在《帝陵图说》四卷抄本第72页中记载：“威宗御宇初，别卜陵寝于遵化，未及营建。”

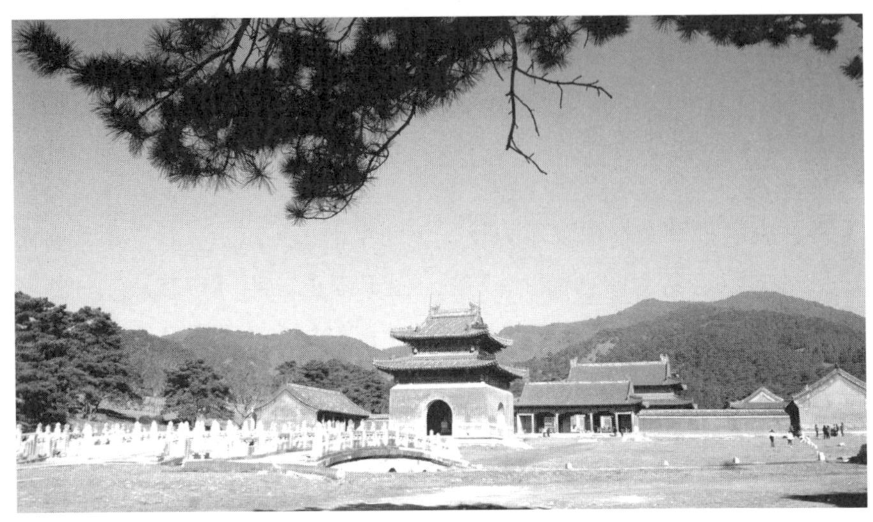

孝 陵

清朝入关后，这个地方不久被顺治帝选中。[1] 顺治帝生前未来得及建陵。顺治帝死后，建陵一事提到了清廷的议事日程上来。在顺治帝驾崩的当年即顺治十八年（1661），清廷就开始筹建孝陵。[2] 经过一年多的紧张筹备，于康熙元年（1662）九月或十月破土，[3] 于康熙二

① 赵尔巽等撰《清史稿》第10册，卷八十六，“志六十一·礼五·吉礼五”，第2589页，中华书局，1976年。

② 关于在顺治帝死后筹建孝陵的记载很多，这里只举2例。《圣祖仁皇帝实录》卷三，中华书局影印本，1985年9月，《清实录》第四册，第78页载：“顺治十八年秋七月壬申，户部题世祖章皇帝守陵内侍共四十四名、官员人役共六十六名，应给园地共三百八十余垧。请将附近地亩圈取拨给。从之。”同书卷五，第86页载：“顺治十八年丙戌，设兵一千名守护世祖章皇帝陵。”同书第100页载：“顺治十八年十二月辛酉谕户部：前因世祖章皇帝山陵大工及滇、闽用兵，钱粮不足，不得已于直隶各省田赋照明末时练饷例，每亩暂加一分，以济军需。今思各省水旱盗贼，民生未获苏息，正赋之外复有加征，小民困苦，朕心殊为不忍。若不急停，以舒民困，必致失所。除顺治十八年已派外，康熙元年通行停止。”

③《圣祖仁皇帝实录》卷七，《清实录》第4册，第122页载：“康熙元年九月己丑，礼部等衙门遵旨会议孝陵兴工动土，应遣武职大臣一员，内院大学士一员，礼部、工部堂官各一员，总管内务府官一员，科道官各一员，率领钦天监看风水官同往详视。从之。”中华书局，1986年。

年（1663）二月十五日正式动工营建。[①] 康熙二年（1663）六月初六日，顺治帝和他的孝康皇后、孝献皇后葬入地宫。[②] 康熙三年（1664）十一月孝陵的陵宫 [③] 部分建成。康熙七年（1668）正月立孝陵神功圣德碑，[④] 建碑亭。石像生、石牌坊、风水围墙到康熙十年（1671）尚未建成。[⑤]

顺治帝的孝陵是清朝仿照明陵制度在关内营建的第一座皇家陵寝。孝陵位于昌瑞山主峰之下，占据了陵园中最尊贵的位置。孝陵坐北朝南，从最前面的石牌坊，到最后的宝城宝顶，其建筑序列长达6公里，大小不同、形式各异的数十座建筑被一条砖石神路串联起来，形成了整座陵园的中轴线。其建筑序列从前到后依次为：石牌坊、下马牌、东西值班房、大红门、具服殿、神功圣德碑亭、望柱、石像生、龙凤门、一孔拱桥、七孔拱桥、五孔拱桥、下马牌、三路三孔拱桥、两座平桥、神道碑亭、东西朝房、东西值班房、隆恩门、东西燎炉、东西配殿、隆恩殿、三路一孔平桥、陵寝门、二柱门、石五供、平桥、方城、明楼、哑巴院、宝城、宝顶。陵前左侧为神厨库。库内建神厨、南北神库、省牲亭。库外为井亭。

孝陵规模之大、建筑之全，规制之高，在清陵中居第一位。孝陵

① 关于孝陵动工的日期，说法不一，笔者认为应为康熙二年二月十五日。主要依据是：一、《圣祖仁皇帝实录》卷八，《清实录》第4册，第134页载："康熙二年正月己亥，工部题营建孝陵于二月十五日开工，照例请差督工人员。得旨：武职大臣、内院大臣、科道官不必差遣。著礼部堂官同相择人员去。工部堂官轮班前往。八旗选用才干官八员。余如议。"二、清宫档案《宫中杂件》"礼仪·丧葬祭祀"，第2337包载："康熙二年工部题永建孝陵，二月十五日开工。"《大清会典》和《清史稿》都记载孝陵始建于康熙二年。

② 《圣祖仁皇帝实录》卷九，《清实录》第4册，第149页，中华书局，1985年。

③ 陵宫，一般指陵寝宫门以内部分，包括隆恩门、东西燎炉、东西配殿、隆恩殿、陵寝门、二柱门、石五供、方城、明楼、宝城宝顶、地宫。

④ 《圣祖仁皇帝实录》卷二五，《清实录》第4册，第344页载："康熙七年正月庚戌，建孝陵神功圣德碑。"中华书局，1986年。

⑤ 韩琦、吴旻校对：《熙朝崇正集熙朝定案》（外三种）第85页，中华书局，2006年。

规制成为后世清陵效法的模式。

顺治帝、孝康皇后和孝献皇后死后均沿袭满族原有习俗，将遗体火化。孝陵地宫里葬的是3个人的骨灰。孝陵是关内皇帝陵中唯一葬骨灰的陵寝。

（三）孝东陵

孝东陵鸟瞰

孝东陵是顺治帝的第二个皇后孝惠皇后的陵寝，是清朝建的第一座皇后陵。准确的始建日期和完工日期还有待考证。约始建于康熙二十七年（1688），完工于康熙三十二年（1693）十一月。[①]

孝东陵位于孝陵东约一华里，坐北朝南，建有三孔拱桥、东西朝房、东西值班房、隆恩门、东西燎炉、东西配殿、隆恩殿、陵寝门、石五供、方城、明楼、宝城、宝顶、地宫。方城前神路两侧共建有28

① 《圣祖仁皇帝实录》卷一六一，《清实录》第5册，第762页中有这样一条记载："康熙三十二年十一月乙巳，上诣暂安奉殿、孝陵行礼，奠酒举哀毕，至仁孝皇后、孝昭皇后、孝懿皇后陵奠酒举哀。是日，上奉皇太后阅视孝陵东旁宝城。幸汤泉驻跸。"这里所说的皇太后就是孝惠章皇后，当时称仁宪皇太后。康熙帝这次到遵化马兰峪谒陵是陪着仁宪皇太后一起来的。所说的孝陵东旁宝城就是孝东陵。按照惯例，皇帝和皇太后往往是在陵寝建成时前往阅视。在《清实录》中，又往往把阅视新建的陵记载为阅视宝城。所以说，康熙三十二年康熙帝奉皇太后阅视孝陵东旁宝城时孝东陵很可能已全工告竣。如果真的如此，则孝东陵的始建年代应在康熙二十七年左右。这个推断尚需史料加以证明。

座小宝顶。陵前左侧建有神厨库。库内建有神厨5间、南北神库各3间。省牲亭1座。库外以南建井亭1座。神路与孝陵神路相接。

由于孝东陵是清朝建的第一座皇后陵，它的规制成了后世营建皇后陵的蓝本。

孝东陵虽然是孝惠皇后的陵寝，由于孝陵没有建妃园寝，所以，顺治帝的28位妃嫔也袝葬在孝东陵内。

（四）景陵

景陵全景

景陵是康熙帝的陵寝，是清朝在关内建的第二座皇帝陵。景陵位于孝陵东南一公里，三面环山，前对象山，近前有案山，依山傍水，环境优美。

康熙帝登极后，接连办理皇父顺治帝和生母孝康皇后两件大丧事，又要营建孝陵，加之当时权臣辅政，三藩叛乱，国家财力不足，清廷精力有限，所以康熙帝即位后，十几年来，一直未能顾及建陵之事。康熙十三年（1674）五月，皇后赫舍里氏即后来的孝诚皇后病逝。因她是康熙帝的原配皇后，必须与皇帝合葬，在这种情况下，为康熙帝建陵一事不得不提到议事日程上来。皇后赫舍里氏死后不久，康熙帝就派大臣到孝陵附近相度万年吉地。陵址选好后，康熙十五年（1676）正月十三日，康熙帝向礼、工二部发出一道上谕："仁孝皇后陵寝已卜定于孝陵附近之山，理应备依典制营建，但目今军需浩繁，民力维艰，著将地宫先行修造，其余一应工程候国用充足之日次第举行。"[①] 同年二月初十日正式破土兴工。[②] 当时正是清政府全力平定三藩叛乱的紧要关头，军需浩繁，财政紧张；而皇后赫舍里氏又亟待下葬，必须尽速营建陵寝，在这种情况下，康熙帝做出了先建地宫的决定。可以设想，如果皇后赫舍里氏不过早离世，其营建陵寝一事很可能要推迟到平叛结束以后。孝诚皇后和死于康熙十七年（1678）的孝昭皇后于康熙二十年（1681）三月入葬景陵地宫时，隆恩殿尚未完工。[③] 据此推断，景陵全工告竣的日期应在康熙二十年年底或翌年年初。

景陵坐北朝南，主要建筑从前到后依次为：圣德神功碑亭、五孔拱桥、望柱、石像生、下马牌、牌楼门、神道碑亭、东西朝房、三路三孔拱桥、东西值班房、隆恩门、东西燎炉、东西配殿、隆恩殿、陵寝门、二柱门、石五供、方城、明楼、哑巴院、宝城、宝顶、地宫。陵前左侧建有神厨库。库内建有神厨5间、南北神库各3间。省牲亭1座。库外建井亭1座。神路与孝陵神路相接。

与康熙帝合葬的有孝诚皇后、孝昭皇后、孝懿皇后、孝恭皇后，敬敏皇贵妃祔葬。

景陵无论在建筑规制和丧葬制度上，有许多创新，对后世清陵产生了很大的影响。

---

①《圣祖仁皇帝实录》卷五九，《清实录》第4册，第765～766页，中华书局，1986年。

②《圣祖仁皇帝实录》卷五九，《清实录》第4册，第771页，中华书局，1986年。

③[清]崑冈等修，刘启端等纂，光绪朝《钦定清会典事例》卷四七八，"礼部·丧礼"。载《续修四库全书》编纂委员会编：《续修四库全书》第805册，"史部·政书类"，第540页，上海古籍出版社，2002年。

（五）景陵皇贵妃园寝

景陵皇贵妃园寝鸟瞰（刘满仓摄）

景陵皇贵妃园寝，位于景陵东1公里，坐北朝南，内葬康熙帝的悫惠皇贵妃和惇怡皇贵妃，当地俗称双妃陵。该园寝始建于乾隆四年（1739），[①] 约于乾隆八年（1743）完工。

本来景陵建有妃园寝，为什么又要建景陵皇贵妃园寝呢？原来，悫惠皇贵妃和惇怡皇贵妃在康熙六十一年（1722）曾奉康熙帝之命，抚养过年幼的乾隆帝，将乾隆帝照顾得无微不至。乾隆帝为了报答两位妃子的抚养之恩才单独给她俩建园寝的。

该园寝坐北朝南，其主要建筑从前到后依次有：一孔拱桥、两座平桥、东西厢房、东西值班房、大门、燎炉、东西配殿、享殿、园寝门、两座并排的方城、明楼、宝城、宝顶。该园寝是清朝规制最高的

①[清]布兰泰原纂本：《昌瑞山万年统志》卷之一，“志·陵寝”，乾隆六年。

妃园寝。

（六）景陵妃园寝

景陵妃园寝航拍

景陵妃园寝位于景陵东1华里，坐北朝南。这座妃园寝是清王朝在关内建的第一座妃园寝，经过几次改建，才形成了今天的规制，为后世妃园寝规制奠定了基础。

景陵妃园寝坐北朝南，其建筑从前到后有：一孔拱桥、一孔平桥、东西厢房、东西值班房、大门、燎炉、享殿、园寝门、49座宝顶。

景陵妃园寝葬妃嫔48人、皇子1人，共49人，葬人之多，为清朝妃园寝之最。

（七）裕陵

裕陵鸟瞰

裕陵是乾隆帝的陵寝，位于清东陵境内的胜水峪，在孝陵以西。从乾隆三年（1738）开始相度吉地，相度过许多地方，到乾隆七年（1742）三月十七日才确定东陵界内的胜水峪为万年吉地，[①] 于乾隆八年（1743）二月初十日丑时破土兴工，[②] 至乾隆十七年（1752）完工。

裕陵坐北朝南，主要建筑从前到后依次为：圣德神功碑亭、五孔拱桥、望柱、石像生、牌楼门、一孔拱桥、下马牌、神道碑亭、东西朝房、三路三孔拱桥、左右三孔平桥、东西值班房、隆恩门、东西燎炉、东西配殿、隆恩殿、三路一孔拱桥、陵寝门、二柱门、石五供、一孔平桥、方城、明楼、哑巴院、宝城、宝顶、地宫。陵前左侧建有神厨库，库内建有神厨5间、南北神库各3间、省牲亭1座。库外建

① 中国第一历史档案馆编：《乾隆朝上谕档》第1册，第769页，第1967条，中国档案出版社，1991年。

② 清宫档案《内务府来文》“陵寝事务”，第2922包。

井亭1座。神路与孝陵神路相接。

虽然裕陵规制基本仿景陵，但有许多地方超过了景陵制度。如石像生比景陵多了麒麟、骆驼、狻猊3对；三路三孔拱桥两侧增加了三孔平桥；隆恩殿内增加了佛楼；在陵寝门前增加了三路一孔拱桥；陵的前院和后院增加了玉带河及相关桥座；地宫里增加了经文、佛像雕刻等。裕陵在非首陵[①]中是规制最高、气势最宏伟、雕刻最精美、建筑最完备的皇帝陵。

裕陵地宫内，除主葬乾隆帝外，合葬的有孝贤皇后、孝仪皇后及慧贤皇贵妃、哲悯皇贵妃、淑嘉皇贵妃，共计6个人。

（八）裕陵妃园寝

裕陵妃园寝鸟瞰（刘满仓摄）

① 首陵，是指在一座陵墓群中，位于中心位置、营建最早、地位最尊、辈分最高、规模最大的陵。明成祖朱棣的长陵是明十三陵的首陵。顺治帝的孝陵是清东陵的首陵。雍正帝的泰陵是清西陵的首陵。除这三陵之外的皇帝陵属于非首陵。首陵也称主陵。

裕陵妃园寝位于裕陵西旁1华里，始建于乾隆十年（1745）。[1]从乾隆二十五年至二十七年，对这座园寝进行了一次大规模的改建和扩建。改建后的裕陵妃园寝成了清朝两座超越标准规制的妃园寝之一。[2]

该园寝坐北朝南，主要建筑从前到后为一孔拱桥，东侧为三孔平桥。东西厢房、东西值班房、大门、燎炉、东西配殿、享殿。享殿两侧各有园寝门1座。后院正中建方城、明楼、宝城、大宝顶。另外又建34座小宝顶。

裕陵妃园寝内葬36个人，其中著名的那拉皇后、容妃、惇妃等都葬在这座园寝内。

（九）定陵

定陵鸟瞰

定陵是咸丰帝的陵寝，位于清东陵境内的平安峪，是清东陵最西端的一座陵寝。

① [清] 英廉重纂本：《昌瑞山万年统志》上函，卷之一“志陵寝”，光绪十二年。

② 另一座超越标准规制的妃园寝是景陵皇贵妃园寝。

咸丰帝即位后，于咸丰元年（1851）就派定郡王载铨等人在东、西陵两地开始相度吉地，[①] 几年后才定下来。于咸丰九年（1859）四月十三日申时动土兴工，[②] 到同治四年（1865）九月全工告竣。[③] 营建定陵使用了部分宝华峪陵寝的旧料。

定陵坐北朝南，其主要建筑从前到后依次为五孔拱桥、两侧五孔平桥各1座、石像生、牌楼门、两道叠落泊岸、神道碑亭、下马牌、三路三孔拱桥、两侧三孔平桥各1座。东西朝房、东西值班房、隆恩门、东西燎炉、东西配殿、隆恩殿、三路一孔平桥、陵寝门、石五供、一孔平桥3座、方城、明楼、哑巴院、宝城、宝顶、地宫。陵前左侧建有神厨库，库内建有神厨5间、南北神库各3间。省牲亭1座。库外建井亭1座。神路与孝陵神路相接。

定陵基本上是按入关后的祖陵规制而建的，但也采用了其父道光帝慕陵的部分做法，同时也有自己的独创。定陵规制对后来的惠陵、崇陵产生了很大的影响，具有承前启后的作用。

与咸丰帝合葬的是他的结发之妻孝德皇后萨克达氏。

（十）定东陵

定东陵包括普祥峪定东陵和菩陀峪定东陵，位于定陵以东约一公里。两陵分别葬慈安皇太后和慈禧皇太后。简便起见，下面分别称慈安陵和慈禧陵。慈安陵位于右（西），慈禧陵位于左（左）。两陵东西并排，规制一样，中间只隔一条马槽沟。

两陵均坐北朝南，其主要建筑从前到后依次为下马牌、神道碑亭、三孔拱桥，两侧各一座三孔平桥。东西朝房、东西值班房、隆恩门、东西燎炉、东西配殿、隆恩殿、陵寝门、石五供、方城、明楼、宝城、宝顶、地宫。

---

①《文宗显皇帝实录》卷五三，《清实录》第40册，第704页，中华书局，1986年。

② 清宫档案《新整内务府档》“礼仪”，第0010包。

③ 清宫档案《新整内务府档》“陵寝事务”，第0447包。

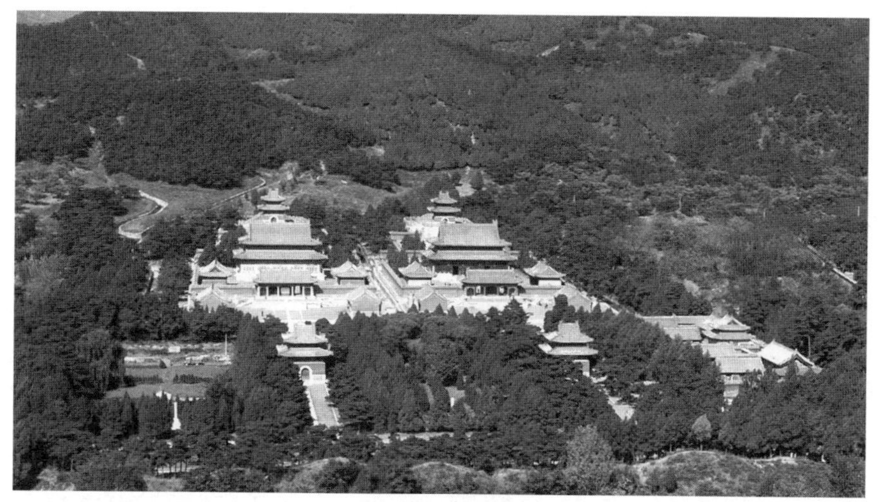

慈安陵和慈禧陵

两陵的神厨库均建在慈禧陵的左（东）侧，南北排列。慈禧陵的神厨库在北，慈安陵的在南。库内均建有神厨5间、南北神库各3间。省牲亭1座。库外以南建井亭1座。慈禧陵的神路接到慈安陵的神路上，慈安陵的神路接到定陵的神路上。

慈安陵和慈禧陵于同治十二年（1873）七月二十九日辰时同时破土，八月二十日午时，同时兴工，[①] 于光绪五年（1879）六月二十二日同时完工，[②] 历时6年。慈安陵用银2665743.823两，[③] 慈禧陵用银2275818.046两。[④] 从光绪二十一年（1895）到三十四年（1908）年，慈禧陵进行了一次大规模的重建。重建后的慈禧陵，隆恩殿和东西配殿的木料改用的是名贵的黄花梨木；[⑤] 内墙壁雕砖扫金；梁枋、柱檩

① 清宫档案《朱批奏折》“建筑工程”，114-11，载八月二十日未时开工；《朱批奏折》“建筑工程”，125-7，载八月二十日午时兴工。本书从后者。

② 清宫档案《内务府来文》“陵寝事务”，第2984包。

③ 清宫档案《普祥峪定东陵修建地宫殿宇等各项物料车脚银两通总黄册》卷八六。

④ 清宫档案《菩陀峪万年吉地修建地宫殿宇房间等工销算银两通总黄册》簿035，卷一二四。

⑤ 清宫档案《录副奏折》“工程”胶片，第534卷。

慈禧陵西配殿内景

慈禧陵隆恩殿内景

不披麻挂灰做地仗，而是利用黄花梨木的本色直接沥粉，彩画改用等级最高的金龙和玺彩画，全部贴金；3座殿的64根外露的柱子上全部用镀金的铜龙盘绕。这次重修慈禧陵三殿仅用叶子金就达4592.1403两；[①] 隆恩殿周围的石栏杆，无论栏板，还是望柱，乃至抱鼓石上，都雕刻着形式各异的“龙凤呈祥”图案；在隆恩殿前，采用透雕加高浮雕的手法，重新雕刻了一块凤在上龙在下图案的御路石。重修后的慈禧陵雕刻之精美，装饰之豪华，堪为清陵之冠。

慈安皇太后于光绪七年（1881）九月十七日卯时葬入地宫。[②] 慈禧皇太后于宣统元年（1909）十月初四巳时葬入地宫。[③]

（十一）定陵妃园寝

定陵妃园寝鸟瞰

定陵妃园寝位于定陵以东约一华里的顺水峪，在普祥峪定东陵（慈安陵）以西半华里，坐北朝南。在定陵开工后不久开工，于同

① 清宫档案《内务府来文》“陵寝事务”，第3005包。叶子金即足金。

② 中国第一历史档案馆编：《光绪朝朱批奏折》第27辑，第329页，中华书局，1996年。

③ 清宫档案《恭办丧礼处簿册》《孝钦显皇后升遐记事档》第十五本，第108号。

治四年（1865）八月建成。这座妃园寝是一座标准规制的妃园寝，坐北朝南，其建筑从前到后有一孔拱桥，东侧三孔平桥、东西厢房、东西值班房、大门、燎炉、享殿、园寝门，后院有15座宝顶。

在营建时使用了部分宝华峪妃园寝的旧料，通共销算工料银641362.419两。[①]

该园寝共葬咸丰帝的15位妃嫔。

（十二）惠陵

惠 陵

惠陵是同治帝的陵寝，位于清东陵境内东南隅的双山峪。同治帝虽然在位13年，生前却没有选择陵址，营建陵寝。在他死后不久，慈禧才派大臣到东陵和西陵选陵址。[②]光绪元年（1875）二月二十二日，正式决定东陵境内的双山峪为同治帝的万年吉地，并确定陵名为

① 清宫档案《黄册》，055，第2号。

② 中国第一历史档案馆编：《咸丰同治两朝上谕档》第24册，第425页，第1125条，广西师范大学出版社，1998年。

惠陵。[1] 于光绪元年（1875）三月十二日午时破土，[2] 同年八月初三日午时兴工。[3] 于光绪四年（1878）九月全工告竣，共销算工料银4360521.742两。与同治帝合葬的是孝哲皇后阿鲁特氏。

惠陵坐北朝南，其主要建筑从前到后依次为五孔拱桥、两侧五孔平桥各1座、望柱2根、牌楼门、神道碑亭、下马牌、三路三孔拱桥，两侧三孔平桥各1座。东西朝房、东西值班房、隆恩门、东西燎炉、东西配殿、隆恩殿、三路一孔平桥、陵寝门、石五供、一孔平桥3座、方城、明楼、哑巴院、宝城、宝顶、地宫。陵前左侧建有神厨库，库内建有神厨5间、南北神库各3间。省牲亭1座。库外建井亭1座。神路不与孝陵神路相接。朝山是金星山。

惠陵原设计方案上有石像生，设有文臣、武士、马、象、狮5对，神路与孝陵神路相接，因财政困难，为了节省建陵经费，裁撤了石像生，只保留望柱1对，神路不与孝陵相接。从而使惠陵成了清东陵5座皇帝陵中规模最小的一座。

惠陵各建筑所用的木料都是质地十分坚硬的铜铁木，[4] 档案上说是桪楠木。所以惠陵有铜梁铁柱之称。

（十三）惠陵妃园寝

惠陵妃园寝位于惠陵西旁约半华里的西双山峪，坐北朝南，背靠青山，以金星山为朝山。前临小河，环境十分优美。

惠陵妃园寝坐北朝南。其建筑从前到后有一孔拱桥，东侧三孔平桥、东西厢房、东西值班房、大门、燎炉、享殿、园寝门、4座宝顶。罗圈墙后有挡水石坝。

---

①《德宗景皇帝实录》卷四，《清实录》第52册，第134～135页，中华书局，1986年。

②[清]延昌：清宫档案《惠陵工程备要》卷一。

③《钦定大清会典事例》“丧礼”，卷四七四。

④当地人都将这种木料称之为铜操铁操，非常名贵稀少，多用于秤杆、锯拐子、刨床子。

惠陵妃园寝全景

惠陵妃园寝的兴工和竣工日期与惠陵一样。营建惠陵妃园寝共销算工料银517775.428两。[①]

惠陵妃园寝内葬同治帝的4位皇贵妃。

第四节　清西陵

一、清西陵概述

清西陵是清朝在关内开辟的第二座皇家陵园，位于今河北省易县梁格庄以西的永宁山下。[②] 始建于雍正八年（1730），直到1914年年底光绪帝的崇陵最后建成，历时186年。

清西陵建有皇帝陵4座，即雍正帝的泰陵、嘉庆帝的昌陵、道光帝的慕陵、光绪帝的崇陵；建有皇后陵3座，即孝圣皇后的泰东陵、孝和皇后的昌西陵、孝静皇后的慕东陵；建有妃园寝3座，即泰陵妃园寝、昌陵妃园寝、崇陵妃园寝；建有亲王园寝2座、阿哥园寝1座、公主园寝1座，共14座。埋葬皇帝4位、皇后9位、妃嫔57位、亲王

① 清宫档案《黄册》，054。

② 永宁山原名泰宁山。建泰陵后，于乾隆元年（1736）改名为永宁山。

泰陵前区鸟瞰

2位、皇子皇孙6位、[①] 公主2位，共80人。这里不包括已经不复存在的端顺固伦公主园寝。

清西陵是将建筑的人文美与山川形胜的自然美高度有机结合的又一杰出典范。

二、各陵概述

（一）泰陵

泰陵是雍正帝的陵寝，位于永宁山下的太平峪。泰陵是清西陵建的最早、规模最大、墓主人辈分最高的陵寝。泰陵是清西陵的首陵，

① 所说的皇子、皇孙6人，是指雍正帝的皇二子弘昐、皇三子弘昀、皇四子弘时、皇七子福宜、皇九子福沛，弘时之子永坤。弘昐、弘昀、福宜葬在端亲王园寝内，但具体准确葬位尚有待考证。福沛和永坤葬在阿哥园寝内（阿哥园寝即弘时园寝），这两人的具体葬位亦有待考证。

泰陵陵宫局部

始建于雍正八年（1730）八月十九日，[①] 完工于乾隆元年（1736）九月十六日。[②]

与雍正帝合葬的有孝敬皇后乌喇那拉氏，敦肃皇贵妃年氏祔葬。

自雍正帝在永宁山下首建泰陵之后，从此出现了清西陵。[③]

泰陵坐北朝南，元宝山为朝山，蜘蛛山为案山，背靠永宁山，其主要建筑从前到后依次为五孔拱桥、3座石牌坊、下马牌、石麒麟1对、大红门、具服殿、圣德神功碑亭、七孔拱桥、望柱、石像生、龙凤门、三孔拱桥、下马牌、三路三孔拱桥，神道碑亭、东西朝房、东西值班房、隆恩门、东西燎炉、东西配殿、隆恩殿、陵寝门、二柱

---

①《易水志》卷一统制载；转引自《刘敦桢文集》第二册，第131页，中国建筑工业出版社，1984年。

② 清宫档案《工科题本》“乾隆元年”，第3包。

③ “清东陵”和“清西陵”之称是在清朝灭亡以后才出现的，在清朝只称东陵和西陵。本书为了使作者容易明白，不与沈阳的东陵即福陵相混淆，所以用清东陵和清西陵之名。特此说明。

门、石五供、方城、明楼、哑巴院、宝城、宝顶、地宫。陵前左（东）侧建有神厨库，库内建有神厨5间、南北神库各3间，省牲亭1座。库外建井亭1座。

（二）泰东陵

泰东陵前景

泰东陵是孝圣皇后的陵寝，位于泰陵北偏东的东正峪。泰东陵始建于乾隆二年（1737），[①] 具体完工日期待考。[②]

泰东陵坐北朝南，其主要建筑从前到后依次为三孔拱桥，东西朝房、东西值班房、隆恩门、东西燎炉、东西配殿、隆恩殿、陵寝门、石五供、方城、明楼、宝城、宝顶、地宫。陵前左侧为神厨库。库内建有神厨5间、南北神库各3间。省牲亭1座。库外建井亭1座。神路与泰陵神路相接。据考证，其地宫内有经文、佛像的雕刻，是清朝皇

① 王胜利主编：《走进雍正王朝》第94页，中国文联出版社，1999年。

② 一般帝后陵营建时间前4～6年，以此推算，泰东陵完工日期当不晚于乾隆八年（1743年）。

后陵中唯一的。清朝皇后陵隆恩殿前的月台上设铜鹿、铜鹤始自此陵。泰东陵是清朝皇后陵中规制最标准的。

孝圣皇后逝于乾隆四十二年（1777）正月二十三日，终年86岁，同年四月二十五日葬入泰东陵地宫。[①]

（三）泰陵妃园寝

泰陵妃园寝内众宝顶

泰陵妃园寝位于泰东陵东南约1公里的杨树沟，坐北朝南，是清西陵营建的第一座妃园寝，其始建和完工日期与泰陵基本同步。其建筑从前到后依次为一孔拱桥、东西厢房、东西值班房、大门、燎炉、享殿、园寝门，后院有21座宝顶。

泰陵妃园寝内葬雍正帝的妃嫔21人，是清西陵葬人最多的妃园寝。

① 中国第一历史档案馆编：《乾隆朝上谕档》第8册，第627页，第1625条，中国档案出版社，1991年。

（四）昌陵

昌陵前景

昌陵是嘉庆帝的陵寝，位于泰陵西侧的太平峪。[①] 始建于嘉庆四年（1799）二月十九日，[②] 主体工程于嘉庆八年（1803）基本完成，其石像生到嘉庆九年（1894）还没有竣工。[③] 昌陵地面建筑是仿泰陵而建的。

昌陵坐北朝南，其主要建筑从前到后依次为圣德神功碑亭、五孔拱桥、望柱、石像生、龙凤门、三孔拱桥、下马牌、三路三孔拱桥，神道碑亭、东西朝房、东西值班房、隆恩门、东西燎炉、东西配殿、隆恩殿、陵寝门、二柱门、石五供、方城、明楼、哑巴院、宝城、宝顶、地宫。陵前左侧建有神厨库，库内建有神厨5间、南北神库各3间。省牲亭1座。库外建井亭1座。神路与泰陵神路相接。

① 泰陵和昌陵的所在地都是太平峪。

② 清宫档案《内务府来文》“礼仪”，第29包。

③ 清宫档案《内务府档》“修建工程”，案卷号356。

昌陵最大的特点就是隆恩殿地面是用花斑石铺墁的，这在清陵中是没有二例的。昌陵地宫是仿裕陵建的，地宫里也雕满了经文、佛像。

嘉庆八年（1803）十月二十二日卯时，嘉庆帝的原配皇后孝淑皇后喜塔腊氏葬入昌陵地宫。[①] 道光元年（1821）三月二十一日午时，嘉庆帝葬入昌陵地宫。[②]

（五）昌西陵

昌西陵鸟瞰

昌西陵是嘉庆帝的继后孝和皇后的陵寝，位于昌陵以西的望仙山下。

昌西陵陵址最初选在昌陵妃园寝的南面，因发现那里土质不

① 清宫档案《新整内务府档》“礼仪”，第0050包。

② 《宣宗成皇帝实录》卷十五，《清实录》第33册，第286页，中华书局，1986年。

好，被放弃，重新相度，才选在了望仙山下。[①] 昌西陵始建于咸丰元年（1851）二月二十日，[②] 完工于咸丰三年（1853）八月，[③] 动用白银448000多两。[④]

昌西陵坐北朝南，其主要建筑从前到后依次为下马牌1对、三孔拱桥1座，两侧三孔平桥各1座。东西朝房、东西值班房、隆恩门3间、东西燎炉、东西配殿各3间、隆恩殿单檐歇山顶，面阔5间、平桥3座、陵寝门、石五供、宝顶、地宫。没有方城、明楼。没有建带雉堞的宝城。陵前左（东）侧建有神厨库，库内建有神厨5间、南北神库各3间、省牲亭1座。库外建井亭1座。神路未与昌陵神路相接。

昌西陵建于咸丰初年，当时清王朝正处于政治形势严峻，财政异常困难之时，所以昌西陵规制不得不大为收缩，但也有一些新颖奇特之处。比如独树一帜的翔凤天花板、奇妙神秘的回音壁和回音石、宝顶上少见的铜沟嘴，从而使得昌西陵小而不卑，简而不俗，在清朝陵寝中具有重要的地位。

咸丰三年（1853）二月二十六日卯时，孝和皇后葬入昌西陵地宫。[⑤]

（六）昌陵妃园寝

昌陵妃园寝位于昌陵西侧，昌西陵东侧，与昌陵同时营建。[⑥] 该园寝坐北朝南，其建筑从前到后依次为一孔拱桥、东西厢房、东西值班房、大门、燎炉、享殿。享殿两侧各有1座园寝门。后院有17座宝顶。该园寝是清朝妃园寝中规制最简陋的。

---

① 清宫档案《新整内务府档》第0450包。

② 清宫档案《内务府来文》第2959包。

③《文宗显皇帝实录》卷七十，《清实录》第40册，第921页，中华书局，1986年；陈宝蓉：《清西陵纵横》，第150页。

④《文宗显皇帝实录》卷八六，《清实录》第41册，第116页，中华书局，1986年。

⑤《文宗显皇帝实录》卷八七，《清实录》第41册，第139页，中华书局，1986年。

⑥ 清宫档案《内务府来文》“陵寝事务”，第2930包。

园寝内葬有嘉庆帝的17位妃嫔。

昌陵妃园寝前景

（七）慕陵

慕陵是道光帝的陵寝，位于清西陵境内最西端的龙泉峪。

道光帝即位后，最初想将北京西南王佐村的孝穆皇后的园寝改建为自己的陵寝。后来听从了大臣的建议，遵照乾隆帝制定的“昭穆相建”的方法，在东陵境内的宝华峪建陵。陵寝建成后，将孝穆皇后迁葬到了宝华峪陵寝。后因地宫出现渗水，重新相度吉地，最后选中了西陵境内的龙泉峪，重建陵寝，同时将宝华峪陵寝全部拆除。

道光帝对在龙泉峪重建的陵寝规制进行了重大改革和创新，从而出现了一种新的陵寝规制，对后世清陵影响很大。

慕陵坐北朝南，其主要建筑从前到后依次为五孔拱桥、龙凤门、下马牌、三孔拱桥1座，两侧五孔平桥各1座。东西朝房、东西值班房、隆恩门、东西燎炉、东西配殿各3间、隆恩殿单檐歇山顶，面阔3间带回廊、平桥3座、三间四柱石牌坊、石五供、宝顶、地宫。未建方城、明楼。没有建带雉堞的宝城。陵前左侧建有神厨库。库内

慕陵航拍

建有神厨5间、南北神库各3间、省牲亭1座。库外建井亭1座。神路未与泰陵神路相接。

道光帝于咸丰二年（1852）三月初二丑时葬入慕陵地宫。[①] 与道光帝合葬于慕陵的有孝穆皇后、孝慎皇后、孝全皇后。

（八）慕东陵

慕东陵是孝静皇后及道光帝的众妃嫔的陵寝，位于慕陵的东北约一公里的双峰岫。慕东陵的前身是慕陵妃园寝，初建于东陵的宝华峪。道光帝的宝华峪陵寝被废的同时，其妃园寝也同时被废。道光帝的陵寝在西陵重建时，其妃园寝在双峰岫也同时动工营建，道光十五年（1835）十一月，勘估用银254959两4钱4分9厘。[②]

① 《宣宗成皇帝实录》卷四七六，《清实录》第39册，第996页，中华书局，1986年。

② 清宫档案《内务府杂册》第115包。

慕东陵前景

慕东陵坐北朝南，其主要建筑从前到后依次为下马牌1对、五孔平桥3座。东西朝房、东西值班房、隆恩门3间、东西燎炉、东西配殿各3间、隆恩殿单檐歇山顶、面阔5间、陵寝门。进陵寝中门，石五供、宝顶、地宫。没有方城、明楼。没有建带雉堞的宝城。环以内屏墙。进左右陵寝门为后院，建16座宝顶。陵前左侧建有神厨库，库内建有神厨5间、南北神库各3间、省牲亭1座。库外有井1眼。

慕东陵因为是由妃园寝升格而成为皇后陵的，所以在其内除葬有孝静皇后外，还葬有道光帝的16名妃嫔，在规制上有许多奇特之处。慕东陵是清朝规制最简陋的皇后陵。

（九）崇陵

崇陵是光绪帝的陵寝，位于金龙峪。光绪帝在位34年，生前曾相度过陵址，但始终也没有确定下来。他死后第三天即光绪三十四年（1908）十月二十四日，摄政王载沣以宣统帝的名义，派溥伦、陈璧带领堪舆人员为他相度陵址。[①] 50天后，即十二月十四日，正式

①《宣统政纪》卷一，《清实录》第60册，第11页，中华书局，1986年。

崇陵老照片

公布金龙峪为光绪帝的陵址，命名为崇陵。[①] 崇陵工程于宣统元年（1909）二月初八日破土，[②] 于闰二月十七日兴工，[③] 估需工料折价实银5517420两6钱4分3厘。[④] 崇陵仿同治帝的惠陵规制营建的。

崇陵工程尚未进行到一半，在宣统三年（1911）十二月二十五日，宣统帝就宣布退位了，清朝灭亡。崇陵工程曾因此中断一个时期。后来根据《优待清室条件》第五条："德宗崇陵未完工程，如制妥修。其奉安典礼，仍如旧制。所有实用经费，均由中华民国支出"，[⑤] 因此，崇陵工程得以继续进行。后来袁世凯派国务总理赵秉钧主持崇陵后段工程。崇陵是在1914年年底完工的。

崇陵坐北朝南，其主要建筑从前到后依次为五孔拱桥、两侧五孔平桥各1座、望柱2根、牌楼门、神道碑亭、下马牌、三路三孔拱

① 中国第一历史档案馆编：《光绪朝上谕档》第34册，第336页，第1219条，广西师范大学出版社，1996年。

② 清宫档案《军机处来文》"礼仪"，第178号。

③《宣统政纪》卷九，《清实录》第60册，第162页，中华书局，1986年。

④ 秦国经：《逊清皇室轶事》第120页，紫禁城出版社，1985年。

⑤《宣统政纪》卷七十，《清实录》第60册，第1295页，中华书局，1986年。

桥，两侧三孔平桥各1座。东西朝房、东西值班房、隆恩门、东西燎炉、东西配殿、隆恩殿、三路一孔平桥、陵寝门、石五供、一孔平桥3座、方城、明楼、哑巴院、宝城、宝顶、地宫。陵前左侧建有神厨库，库内建有神厨5间、南北神库各3间、省牲亭1座。库外建井亭1座。神路不与泰陵神路相接。

光绪帝和孝定皇后是在1913年12月13日（农历十一月十六日[①]）申初二刻葬入崇陵地宫的，当时崇陵还没有完全竣工。崇陵不仅是清朝最后营建的皇陵，也是中国封建社会最后营建的皇陵。

（十）崇陵妃园寝

崇陵妃园寝老照片

崇陵妃园寝位于崇陵的东旁，始建和竣工日期与崇陵一样。

崇陵妃园寝坐北朝南，其建筑从前到后有一孔拱桥，西侧一孔平桥、东西厢房、东西值班房、大门、燎炉、享殿、园寝门、2座宝顶。罗圈墙后有挡水石坝。

内葬温靖皇贵妃（瑾妃）和恪顺皇贵妃（珍妃）。

①《德宗景皇帝实录》卷五九七，《清实录》第59册，第894页，中华书局，1987年。

（十一）端亲王园寝

端亲王园寝享堂

端亲王园寝位于永福寺以西约1公里许的张各庄村西，内葬雍正帝的皇长子弘晖及其3个早殇的弟弟弘盼、弘昀和福宜。该园寝始建于雍正十三年（1735）底，完工于乾隆三年（1738）。该园寝坐北朝南，前有马槽沟一道，上建三孔平桥1座。东西厢房各3间，单檐悬山顶，布筒瓦。东西守护班房已无存。大门1座，面阔3间，单檐歇山绿琉璃瓦顶。享堂1座，单檐歇山顶，覆以绿琉璃瓦，面阔3间。园寝门3座，中门有门楼，两侧为随墙门。后院有3座微微隆起的土丘，东西排列，中座的稍落后些。封土下是地宫。1994年，对中间的弘晖地宫进行过清理，发现地宫已被盗，埋葬的是骨灰。

弘晖生于康熙三十六年（1697），生母是雍正帝的嫡皇后孝敬皇后。弘晖死于康熙四十三年（1704），年仅 8 岁。[①]最初葬在清东陵的黄花山下，当时还没有清西陵。乾隆帝即位后，在泰陵附近特为长兄弘晖营建了这座园寝，建成后，于乾隆三年（1738）十月二十二日，将弘晖从黄花山迁来，于同年十一月初五入葬该园寝。[②]

（十二）怀亲王园寝

怀亲王园寝位于昌西陵西北的太平村。该园寝内葬雍正帝早殇的皇八子福惠。园寝坐北朝南，其建筑布局和规制与端亲王园寝一样，只是后院只有一座隆起的土丘，土丘下是地宫。怀亲王福惠于康熙六十年（1721）生，生母为敦肃皇贵妃，雍正六年（1728）殇，年仅 8 岁，[③]金棺暂安于东直门外殡宫。乾隆三年（1738）十月二十六日，奉移金棺往清西陵，同年十一月初五日入葬园寝。[④]

（十三）阿哥园寝

该园寝内葬雍正帝的皇三子弘时、皇九子福沛[⑤]以及弘时的儿子永珅。该园寝始建于雍正十三年（1735）底，完工于乾隆三年（1738）。该园寝坐北朝南，位于端亲王园寝以西约 200 米。其建筑及规制除全部是布筒瓦顶外，其他均与端亲王园寝一样。后院正中有夯筑宝顶 1 座，建于砖石成砌的月台上。前面两侧是微微隆起的土丘，与端亲王园寝内的土丘一样。

弘时生于康熙四十三年（1704），生母为雍正帝的潜邸侧妃李氏

---

① 唐邦治辑：《清皇室四谱》下册，“卷三・皇子”，第 21 页，上海聚珍仿宋印书局，1923 年。

②④ [清]崑冈等修，刘启端等纂，光绪朝《钦定清会典事例》卷四九六，“礼部・丧礼”。载《续修四库全书》编纂委员会编：《续修四库全书》第 805 册，“史部・政书类”，第 813 页，上海古籍出版社，2002 年。

③ 唐邦治辑：《清皇室四谱》下册，“卷三・皇子”，第 22 页，上海聚珍仿宋印书局，1923 年。

⑤ 那凤英：《清西陵探源》第 268 页，河北科学技术出版社，2004 年。

阿哥园寝大门及月台、踏跺

即后来的齐妃。[①] 弘时死于雍正五年（1727），初葬于清东陵的黄花山下。后来这座园寝建成后，弘时与弘晖同时迁来，分别入葬各自的园寝。[②]

（十四）慧安、慧愍公主园寝

慧安、慧愍公主园寝位于清西陵永福寺西1公里的张各庄村南，西距端亲王园寝一华里，始建于嘉庆八年（1803）五月，工程由昌陵的承修大臣承办。[③] 园寝坐北朝南，大门外两侧茶膳房3间、饽饽房3间。大门3间、享堂3间，高泊岸上有宝顶2座。估需工料银36237两2钱3分5厘。[④]

---

① 唐邦治辑：《清皇室四谱》下册，“卷三·皇子”，第21页，上海聚珍仿宋印书局，1923年。

② [清] 崑冈等修，刘启端等纂，光绪朝《钦定清会典事例》卷四九六，“礼部·丧礼”。载《续修四库全书》编纂委员会编：《续修四库全书》第805册，“史部·政书类”，第813页，上海古籍出版社，2002年。

③ 清宫档案《内务府来文》“陵寝事务”，第2933包。

④ 清宫档案《内务府档》“陵寝事务”，第0450包。

慧安慧愍公主园寝院内景

慧安和硕公主是嘉庆帝的皇五女，慧愍固伦公主是嘉庆帝的皇九女，均早殇。

第三章　清朝陵寝的规制

第一节　综　述

清朝的陵寝制度经历了初创、成熟、收缩3个阶段。入关以前属于初创阶段。这一阶段的陵寝有关外的永陵、福陵和昭陵及其妃园寝。从顺治到嘉庆为成熟阶段，这一阶段的陵寝有孝陵、景陵、泰陵、裕陵、昌陵及其后妃陵寝。从道光到清末为收缩阶段，这一阶段的陵寝有慕陵、定陵、惠陵、崇陵及其后妃陵寝。

关外三陵都是在清朝入关前营建的。那时后金和清初期的统治者都在忙于统一大业和与明朝作战，加之经济实力还相对薄弱，文化也相对落后，所以，关外三陵在规模上比较小，质量上比较粗糙简陋，仅有享殿、陵门、围墙。据当时在盛京当人质的朝鲜太子讲，他所看到的福陵享殿只是“瓦屋三间，如库间状，中间开门，内供骨灰瓶”。[①]

清朝入关以后，统一了全国，对中原文化有了较全面的了解和接受，看到了气势宏伟、富丽堂皇的明朝皇陵。所以，清朝在关内营建陵寝时，不仅摒弃了关外的陵寝规制，仿照明陵而建，而且对关外的祖陵也按照明陵的规制，做了大规模的改建和扩建。从顺治朝开始，一直到乾隆晚期，改建扩建工程一直没有停止。因此，关外三陵是

① 李凤民、陆海英：《盛京昭陵》第67页，沈阳出版社，1994年。

融清初关外的建筑特色和关内中原皇家陵寝风格于一体的积累式建筑群。清朝陵寝制度的形成，真正代表清朝陵寝制发展脉络的是关内的陵寝。

明清两朝的陵寝制度的最大区别之一就是清朝建皇后陵，而明朝不建皇后陵。永陵除外，清朝的每座皇帝陵旁差不多都建有皇后陵和妃园寝。清朝的陵寝分3种类型，一是皇帝陵；二是皇后陵；三是妃园寝。每种类型又都有标准规制型，逾制型和收缩型。其实，无论哪类陵寝，所谓标准规制，在清朝官方史书上并没有明文规定，是笔者在多年的陵寝研究中总结出来的。即使都是标准规制的陵寝，也不是完全一样的。在营建某陵寝时，因为国家没有详尽的陵寝规制的规定，只能是仿照某陵规制而建。说是仿照，也只是大体上的仿照，由于受地理形势、承修大臣、工程设计人员的设计理念影响，特别是与皇帝本人的意志有直接的关系，陵寝之间都有许多差别。就以关内的石像生来说，孝陵石象的背上没宝瓶，但景陵、泰陵、裕陵、昌陵的石象背上都增加了宝瓶，寓“太平有象”之意。在营建定陵时，本来完全可以仿照前例，在象背上雕上宝瓶。可是咸丰帝还特地降谕，让在石象背上添宝瓶。[①] 这就表明，本来一些建筑的规制已形成定制，但在具体营建时，还依然要奏请皇帝，在得到皇帝的钦准后才能实施。这表明了每座陵寝的规制直接为皇帝个人意志所左右。

清朝陵寝，无论是皇帝陵、皇后陵及妃园寝，基本上都是坐北朝南，但很少有正子午方向的，这是陵寝周围的山势方向所决定的，并不是人为有意地避开正子午方向。

下面就以关内清陵为例，分类介绍每种类型的陵寝规制。

① 清宫档案《咸丰八年拾壹月初一日吉日立万年吉地旨意档》；样式雷图档366-00212-001～018。转引自天津大学曾辉硕士学位论文《清代定陵建筑工程全案研究》第182页。

第二节 皇帝陵规制

一、《大清会典事例》关于孝陵的记载

由崑冈等修、刘启端等纂的光绪朝《钦定大清会典事例》对清朝各陵寝都有记述，是这样记载孝陵的：

世祖章皇帝陵为孝陵。宝顶高一丈五尺，周环五十四丈九尺。环以宝城，高二丈四尺，周环六十三丈。月牙城高二丈三尺，广十八丈七尺。正中琉璃影壁一座。前为方城，崇墉雉堞，广六丈四尺二寸，纵如之，高二丈八尺七寸，上为明楼，重檐，覆黄琉璃，广二丈六尺，纵如之。檐高一丈四尺五寸。内碑一，高一丈五尺五寸，广五尺五寸，厚二尺六寸。仰覆莲座，高五尺，广七尺三寸，饰金字，绘五彩。下为甓券门。门外月台，前为月牙河，水洞四达。中设石平桥。桥之南设白石祭台，广一丈九尺四寸，纵五尺三寸，高四尺五寸。上陈石五供一分。其前为二柱门，广二丈一尺八寸。石柱二，高一丈九尺九寸。门楣阈饰五彩，扉朱棂。又前琉璃花门三，金钉朱扉，中广二丈三尺，纵一丈，檐高一丈五尺五寸。左右广一丈六尺六寸，纵七尺七寸，檐高一丈二尺八寸。门外玉带河一道，中建石平桥三。

前为隆恩殿五间，重檐，脊四下，均覆黄琉璃，广九丈四尺，纵五丈三尺，檐高一丈七尺。内设暖阁三，外设月台。左右列铜鼎、铜鹤、铜鹿各一。崇阶石栏，凡五出陛。东西庑各五间，广七丈七尺，纵二丈五尺。檐高一丈二尺五寸。燎炉各一，广九尺三寸，纵六尺六寸，高八尺五寸。前中为隆恩门五间，广六丈二尺五寸，纵二丈八尺。檐高一丈

三尺。东西班房二，两厢各五间，广五丈七尺二寸，纵二丈七尺五寸，檐高一丈二尺一寸。东厢后设神厨五间，广六丈八尺，纵二丈三尺五寸。檐高一丈二尺五寸。神库南北各三间，广三丈七尺，纵二丈三尺五寸，檐高一丈一尺五寸。宰牲亭一座，重檐气楼，广二丈八尺五寸，纵如之。檐高一丈二尺。南正中建神道碑亭一座，广二丈七尺，纵如之。檐高一丈七尺。内碑一，高一丈八尺五寸，广六尺三寸，厚二尺八寸。龙趺[①]长一丈五尺五寸，高五尺二寸。迤东石平桥二。前设蟠龙松架。其亭前正中建三洞石桥一。[②]又前五洞石桥一。又前七洞石桥一。一洞石桥一。东西下马石牌二，[③]高一丈三尺六寸，广三尺四寸，厚一尺四寸。南中为龙凤门三。门两旁翊垣，均饰以琉璃，扉朱棂，广三丈二尺九寸，高二丈一尺五寸。门外左右设班房各三间。前列石像生，朝衣冠介胄文武臣像各三对。卧立麟麟、狮象、马、驼、狻猊[④]各一对，凡十有八对。望柱二，高二丈二尺七寸。其中正中建圣德神功碑亭一座，[⑤]重檐，广七丈四尺，纵如之。檐高三丈二尺。内碑一，高二丈有六寸，广六尺七寸，厚二尺三寸。龙趺长一丈六尺三寸，高五尺六寸。擎天柱前后各二，高二丈五尺，径四尺二寸。座高五尺二寸，径八尺七寸。四周石栏，各高五尺五寸。各面广一丈四尺七寸。碑亭前设东西班房各三间。南左有具服殿三间，广三丈四尺，纵二丈三尺，檐高一丈。前中为大红门，广十一丈七尺六寸，纵三丈四尺六寸，檐高二丈五尺。门前左右设班房

---

① 实为龟趺，不是龙趺。

② 此处记载错了，不是1座，而为三孔桥并排3座。

③ 此处载失误。实际此处没有下马牌。应该移改写到神道碑亭南东西两侧。

④ 不是狻猊，应为獬豸。

⑤ 孝陵的应称“神功圣德碑”，不应称“圣德神功碑”。

> 各三间，东西对立。下马石牌二，高一丈三尺六寸，厚一尺四寸。又前正中石坊二，[①]广九丈七尺五寸，高二丈三尺六寸。神路两旁均封以树，十株为行，各间二丈，每间十有五丈，立荷花红柱一，贯以朱绳。陵之内围墙周长一百九十七丈一尺五寸，高一丈一尺。外围墙[②]长六千四百三十九丈四尺八寸，高一丈三尺。[③]

通过实地调查考证，《大清会典事例》里所记载的内容，有的失实，有的数字不太准确，有的用词不准确，所以只能供参考。

一座标准规制的非首陵皇帝陵，除不建石牌坊、大红门、具服殿之外，其建筑布局从前到后依次是：圣德神功碑亭（清孝陵为神功圣德碑亭）、五孔神路拱桥（孝、泰二陵为七孔拱桥）、石望柱、石像生、龙凤门（有的建牌楼门）、东西下马牌、神道碑亭、三路三孔拱桥、东西朝房、东西值班房、隆恩门、东西燎炉、东西配殿、隆恩殿、玉带桥、陵寝门、二柱门、石五供、玉带桥、方城、明楼、哑巴院、宝城、宝顶。这些建筑有的建在神路之上，有的对称地分列于神路两旁。在陵前左（东）侧建有神厨库和井亭。

由于受地理环境的限制，部分建筑位置有时调换。比如，景陵和裕陵的神道碑亭和东西朝房都建在三路三孔拱桥之南，而孝陵、泰陵、昌陵则在三路三孔拱桥之北。

属于标准规制的皇帝陵有孝陵、景陵、泰陵、裕陵、昌陵。

---

① 实际上，清东陵只有1座石牌坊。《大清会典》是记错了。

② 这里的外围墙指的是风水墙。

③ [清] 崑冈等修，刘启端等纂，光绪朝《钦定清会典事例》卷九四三，“工部·陵寝规制”。载《续修四库全书》编纂委员会编：《续修四库全书》第811册，“史部·政书类”，第384～386页，上海古籍出版社，2002年。

二、首陵和标准规制的皇帝陵

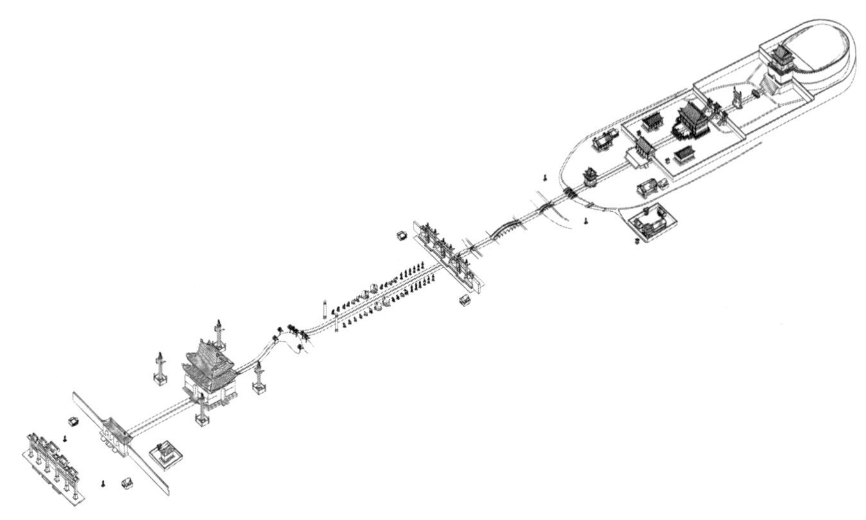

孝陵效果图（贾嘉绘制）

明十三陵、清东陵和清西陵都是由众多的陵寝组合在一起的规模宏大的皇家陵园。既然每处都有许多的陵寝，那么在每处陵园当中就要有一个头，这个头就叫首陵，也叫主陵。成为首陵必须具备4个条件。

其一，该陵的内葬人物在陵园内所有内葬人中辈分最高，地位最尊贵；

其二，该陵位于陵园的中心，处于最尊贵之位；

其三，该陵在诸陵中规模最大，体系最完备；

其四，该陵在陵园中营建得最早。

明十三陵的首陵是成祖朱棣的长陵，清东陵的首陵是顺治帝的孝陵，清西陵的首陵是雍正帝的泰陵。本来想将首陵列为超越标准规制的皇帝陵，但考虑到从规制上讲，首陵仅比非首陵多建有石牌坊、大红门、更衣殿，其他与标准规制的非首陵皇帝陵基本一样，所以就将首陵列入到标准规制的皇帝陵条目中讲了。

三、规制缩减的皇帝陵

规制缩减的皇帝陵包括慕陵、定陵、惠陵和崇陵。这类皇帝陵的规制缩减，主要体现在以下几个方面：

（一）裁撤了圣德神功碑亭

从永陵到昌陵都建有神功圣德碑亭（从景陵开始称圣德神功碑亭），从道光帝的慕陵开始不再建圣德神功碑亭。为什么道光帝不建圣德神功碑亭呢？在民间有一种说法，说清朝老祖宗规定：凡是皇帝在位期间，丢失国土一寸者，就不能给立神功圣德碑、建碑亭。道光帝在位期间，在鸦片战争中打了败仗，将中国领土香港割让给了英国，还向英国赔款，使国家蒙受了奇耻大辱，上对不起列祖列宗，下对不起后代子孙，所以不能给他树碑建碑亭。这个说法听起来似乎很有道理。可是谁也没有找到清朝老祖宗的这个规定，清朝的任何一部史书中也没发现有这个记载。所以这个理由不能成为依据。那么究竟是什么原因慕陵不建圣德神功碑亭呢？原来，道光帝在临终时留下了四条遗嘱，其中第三条就是告诉他的儿子在他死后不要立功德碑、建碑亭、竖华表。他在遗嘱中是这样说的：

> 谨按各陵五孔桥南均有圣德神功碑，清、汉二通，覆以碑楼，制度恢宏，规模壮丽，在我列祖列宗之功德，自应若是尊崇，昭兹来许。在朕则曷敢上拟鸿规，妄称显号而亦实无称述之处，徒增后人之讥评，朕不取也。万年后……嗣皇帝即欲撰作碑文，用申追慕，即可镌于宫门外之碑上，断不可于五孔桥南别行建造，石柱四根亦不准树立。碑文亦不可以圣神、功德字样率行加称。若当时君臣不能仰体朕怀，不遵朕谕，是陷朕于不德，一世之忧勤惕励，尽成虚矣。[①]

①《宣宗成皇帝实录》卷四七六，《清实录》第39册，第995～996页，中华书局，1986年。

道光帝在这条遗嘱中所以不让为他立碑建碑亭的理由是认为自己不能与他的列祖列宗相比，自己没有什么功德可言。这完全是出于自谦。虽然没有说他在位期间丢失国土的事，但内心深处也不能完全排除他向外国割地赔款而感到的自卑和羞耻。同时笔者认为这背后还有另外一个原因，就是大清国这时已开始走下坡路，国势日衰，经济疲软，财力捉襟见肘。如果立双碑，建碑亭，树华表，起码要花费几十万两银子，这对于当时的清政府来说，无疑是一个沉重的包袱。加之道光帝一生崇尚节俭，这是道光帝不建圣德神功碑亭的另一个重要原因。道光帝不建圣德神功碑亭的思想是与他对陵制的一系列改革的继续和升华。

道光帝的皇四子奕詝即位后即咸丰帝，深体其皇父的用心和难言的苦衷，只得遵从，果真没有给其父立功德碑、建碑亭，但写了一篇缅怀追慕其父的文章，镌刻在了神道碑的碑阴。[①] 自慕陵未建圣德神功碑亭后，咸丰帝的定陵、同治帝的惠陵、光绪帝的崇陵相继效仿，都没有立碑建亭，成为定制。

（二）石像生规模从缩小到裁撤

除永陵未建石像生外，福陵、昭陵、孝陵、景陵、泰陵、裕陵、昌陵、定陵都设了石像生。道光帝的东陵宝华峪陵寝也设了石像生，但后来在西陵的龙泉峪重建陵寝时，道光帝谕令将石像生撤去。[②] 所以，慕陵是关内清陵中第一座不设石像生的陵寝。

咸丰帝的定陵因没有效仿慕陵而建，而是沿袭传统祖陵规制，所以定陵又设了石像生。定陵石像生使用了宝华峪陵寝的2件武士、1件石狮和1根望柱。当初建宝华峪陵寝的时候，道光帝就谕令“其石像生一项量为收小”。[③] 由于定陵使用了宝华峪石像生的旧件，为了保持

① 《文宗显皇帝实录》卷五五，《清实录》第40册，第727页，中华书局，1986年。
② 清宫档案《内务府来文》第2946包。
③ 《宣宗成皇帝实录》卷三八，《清实录》第33册，第679页，中华书局，1986年。

整体上的大小一致，所以定陵石像生的雕像体量在关内清陵中是最小的。从此以后，清陵石像生遂成绝响。

同治帝的惠陵因为是仿照定陵规制而建的，所以在最初的设计方案中设有石像生，有石雕像5对。[①] 惠陵是于光绪元年破土动工的。当时慈安陵和慈禧陵刚开工两年，工程已全面铺开，正是营建的高峰，也正是最需要钱的时候，这时惠陵和惠陵妃园寝又同时开工，这样在东陵境内就有4座陵寝同时营建，如此大规模地营建陵寝，在有清一代是没有的。当时用钱之多是可想而知的。这对于清政府的财力来说实堪难负，但陵寝总不能因财政困难而不建。为了解决建陵经费的困难，曾任同治帝老师、当时任军机大臣、工部尚书的李鸿藻建议将石像生和与孝陵神路相接的惠陵神路裁撤掉。这样就可以节省大量经费。他的建议得到了惠陵承修大臣之一的时任内阁学士的翁同龢的极力赞成。[②] 可是却遭到了惠陵首席承修大臣醇亲王奕譞的反对。[③] 双方僵持不下，最后还是两宫皇太后出面，以懿旨的形式定了下来：撤掉石像生，神路不与孝陵相接，[④] 仅保留了1对望柱。将这对望柱从接近五孔桥的原石像生的南端向北移动了数十米，并按恭亲王奕䜣的提议，仿天安门华表下的石栏杆的形式，给这对望柱增加了石栏杆。[⑤]

光绪帝的崇陵是“恭照惠陵规制敬谨兴修”[⑥] 的。惠陵未设石像生，崇陵自然也就不设石像生了。

---

① 清宫档案《惠陵工程记略》第1册。

② 陈义杰点校：《翁同龢日记》第1122页，中华书局，1989年。

③ 陈义杰点校：《翁同龢日记》第1124页，中华书局，1989年。

④《德宗景皇帝实录》卷七，《清实录》第52册，第166页，中华书局，1985年。

⑤ 石栏杆的原图纸现藏中国国家图书馆。转引自天津大学建筑学院博士研究生汪江华的博士论文《清代惠陵建筑工程全案研究》第144页。（未发表）

⑥《宣统政纪》卷五，《清实录》第60册，第95页，中华书局，1987年。

（三）五孔神路拱桥越来越小

清早期建的孝陵、景陵的五孔神路拱桥，长达百余米，每侧石栏杆有望柱62根、栏板61块，气势恢宏，非常壮观。到了晚期，惠陵和崇陵的五孔神路拱桥长仅30多米，每侧有望柱20根、栏板19块，为早期的三分之一。

（四）裁撤了隆恩殿周围的石栏杆

定陵隆恩殿东西北三面取消了石栏杆

慕陵不仅将隆恩殿由重檐5间改为单檐3间，又取消了月台上陈设的1对铜鹤和1对铜鹿。同时，还将环绕隆恩殿及月台的青白石栏杆也全部取消了。

继慕陵之后建的咸丰帝的定陵并没有完全仿慕陵而建，从总体上仍沿袭祖陵传统规制，只是采用了慕陵的部分做法，将隆恩殿三面的石栏杆取消，只保留了殿前月台东、西、南三面的石栏杆。这是一种折中的方法。后来的惠陵和崇陵沿袭了定陵的做法，隆恩殿的东、西、北三面也都未安设石栏杆。

（五）取消了二柱门

从福陵到昌陵，每陵都设了二柱门。二柱门纯系礼制性建筑，没有实际功用，所以，道光帝在营建东陵宝华峪陵寝时，明令取消了二柱门，[①] 从此，二柱门遂成绝响。

（六）后院变窄

从孝陵到昌陵，前后院的面阔一样宽，景陵和裕陵的罗圈墙的面阔要稍宽于前院。从道光帝的慕陵开始，后院[②]变窄，以后，无论是皇帝陵还是部分皇后陵均效仿之。

（七）取消地宫内的经文、佛像雕刻

自裕陵地宫有了经文、佛像的雕刻以后，昌陵效仿之。可以设想，如果道光帝不缩减规制，在地宫搞雕刻也是完全可能的。但是道光帝没有这样做。这既是他根据当时的国家财力，也是他顺应了历史的发展。自道光帝的宝华峪陵寝地宫取消经文、佛像雕刻以后，以后各陵地宫再也没有雕刻经文、佛像的了。

（八）明楼、朱砂碑形体缩小

（九）宝城、宝顶形体缩小

第三节　皇后陵规制

在中国历史上，有为皇后单独建陵的先例，比如西汉，北宋、北

① 《宣宗成皇帝实录》卷三八，《清实录》第33册，第679页，中华书局，1986年。

② 这里所说的后院，是指陵寝门以北的院子。

魏等。可是到了明朝，无论皇后死于皇帝之前，还是死在皇帝之后，都要葬入皇帝陵内，因此，明朝没有皇后陵。清朝陵制虽然沿袭明陵，但也不是照抄照搬，而是在明陵制度的基础上，有所改革和创新。清朝建皇后陵就是一个重大的创新。清朝建的第一座皇后陵是孝惠皇后的孝东陵。

从总的方面说，皇后陵是皇帝陵的附属陵寝，建于皇帝陵的左侧或右侧；皇后陵的靠山要与皇帝陵的靠山是同一体系的山脉。皇后陵与皇帝陵的最主要的区别是：皇后陵不建圣德神功碑亭、石像生、龙凤门（牌楼门）、二柱门；没有哑巴院；单体建筑体量均比皇帝陵收小。

清朝一共建了7座皇后陵，按营建顺序排序分别是：孝惠皇后的孝东陵、孝庄皇后的昭西陵、孝圣皇后的泰东陵、孝和皇后的昌西陵、孝静皇后的慕东陵、孝贞皇后的普祥峪定东陵（慈安陵）、孝钦皇后的菩陀峪定东陵。除了慈安和慈禧两陵规制是一样的以外，几乎一座陵一个样，大致可划分四种类型，即标准规制、逾制规制、缩减规制、特殊规制。当然这只是大致的划分，不一定十分准确。

一、《大清会典事例》关于皇后陵的记载

（一）特殊规制的昭西陵

孝庄文皇后陵为昭西陵。宝顶高一丈三尺，环以宝城，高二丈五尺六寸，周环三十二丈六尺五寸。前为方城，崇墉雉堞，广五丈，纵如之。高二丈七尺八寸。上为明楼，重檐，覆黄琉璃。广二丈六尺，纵如之。檐高一丈四尺五寸。内碑一，高一丈五尺五寸，广五尺五寸，厚二尺六寸。仰覆莲座，高五尺，广七尺三寸，饰金字，绘五彩。下为甓券门。门外月台前设白石祭台，广一丈九尺四寸，纵五尺三

寸，上陈石五供一分。南为隆恩殿五间，重檐脊四下，[①] 均覆黄琉璃。广八丈，纵五丈一尺八寸。檐高一丈七尺四寸。内设暖阁三，外有月台，左右列铜鼎，崇阶石栏，五出陛。左右建陵寝门，广二丈三尺九寸，纵一丈一尺五寸。檐高一丈三尺六寸。两庑各五间，广五丈五尺，纵二丈二尺二寸。檐高一丈二尺。左右燎炉各一，广九尺三寸，高八尺五寸。南正中建琉璃花门三，金钉朱扉。中广二丈三尺二寸，纵一丈一尺。檐高一丈三尺三寸。左右广一丈七尺五寸，纵一丈。檐高一丈二尺六寸。前为隆恩门五间，广五丈一尺五寸，纵二丈。檐高一丈二尺二寸。东西班房二。两厢各五间，广五丈九尺五寸，纵二丈六尺，檐高一丈三尺四寸。中建神道碑亭一座，广二丈七尺，纵如之。檐高一丈七尺，内碑一，高一丈八尺五寸，广六尺三寸，厚二尺八寸。龙趺长一丈五尺五寸，高五尺二寸。东为神厨五间，广六丈八尺，纵二尺（丈）三尺五寸，檐高一丈。神库南北各三间，广三丈七尺，纵二丈三尺五寸，檐高一丈一尺五寸。宰牲亭一座，重檐气楼，广二丈八尺五寸，纵如之。檐高一丈二尺。迤南设堆拨房一。又东为井亭一座，广一丈，纵如之。檐高七尺五寸。东西下马石牌各一，高一丈三尺六寸，广三尺四寸，厚一尺四寸。神路两旁均封以树，十株为行，各间二丈。每间十有五丈。立荷花头红柱一，贯以朱绳。陵之内墙周长一百八丈一尺五寸，高一丈一尺。外围墙长一百三十六丈一尺，高一丈二尺三寸。[②]

① 在《大清会典事例》中，孝陵、景陵、泰陵、裕陵、昌陵诸陵的隆恩殿都说“重檐脊四下”，这几座陵的都是重檐歇山顶，而重檐庑殿顶的昭西陵隆恩殿也用“重檐脊四下”，这就不妥了。歇山顶和庑殿顶应该有个不同的描述，不应用一样的描述。

② [清] 崑冈等修，刘启端等纂，光绪朝《钦定清会典事例》卷九四三，“工部 · 陵寝规制”。载《续修四库全书》编纂委员会编：《续修四库全书》第811册，“史部 · 政书类”，第383～384页，上海古籍出版社，2002年。

（二）标准规制的泰东陵

孝圣宪皇后陵为泰东陵。宝顶高一丈五尺九寸，周环二十三丈八尺四寸，环以宝城，周环二十九丈六尺。前为方城，崇墉雉堞，广四丈六尺，纵如之。高二丈七尺四寸。上为明楼，重檐，覆黄琉璃，广二丈九尺四寸，纵如之。檐高一丈七尺八寸。内碑一，高一丈四尺一寸、广四尺九寸、厚二尺三寸五分，仰覆莲座，高五尺、广四尺九寸。饰金字，绘五彩。下为甃券门，门外月台前设白石祭台，广一丈九尺七寸、纵五尺、高四尺三寸。上陈石五供一分。又前琉璃花门三，中广二丈三尺六寸、纵八尺五寸、檐高一丈六尺五寸。左右广一丈五尺五寸、纵七尺五寸、檐高一丈三尺三寸。南正中建隆恩殿五间，重檐脊四下，均覆黄琉璃，广八丈五尺、纵五丈三尺五寸、檐高一丈九尺六寸。内设暖阁三。外设月台，左右列铜鼎、铜鹤、铜鹿各一。崇阶石栏，凡五出陛。东西庑各五间，广四丈九尺、纵二丈五尺、檐高一丈四尺七寸。燎炉各一，广九尺六寸，纵六尺八寸、高八尺八寸。前中为隆恩门五间，广五丈七尺三寸、纵二丈四尺六寸、檐高一丈四尺三寸。东西班房二。两厢各五间，广五丈六尺五寸、纵二丈一尺五寸、檐高一丈三尺七寸。南正中设三洞石桥一，东西石平桥二。[①] 桥之东设神厨五间，广六丈四尺五寸、纵二丈五尺八寸、檐高一丈三尺。神库南北各三间，广三丈七尺、纵三丈三尺五寸、檐高一丈三尺。宰牲亭一座，广三丈，纵如之。檐高一丈三尺五寸。井亭一座，广一丈有三寸，纵如之。檐高九尺八寸。东西对列下马牌二，高一丈二尺七寸、广三尺四寸五分、厚一尺二寸。三洞桥南迤西七洞平桥一。神路两旁均封以树，十株为行，各

① 实际上，泰东陵三孔拱桥两侧根本就没有石平桥。

间二丈，每间十有五丈。立荷花头红柱一，贯以朱绳。陵之内墙周长九十八丈、高一丈四尺九寸。[①]

（三）缩减规制的慕东陵

孝静成皇后陵为慕东陵。宝顶高五尺五寸、[②] 周环六丈六尺五寸，环以宝城，高一丈三尺八寸，周环八丈七尺五寸。月台前为白石祭台，广一丈九尺一寸、纵五尺六寸、高四尺七寸。上陈石五供一分。前为琉璃花门，金钉朱扉，中广一丈六尺五寸、纵八尺、檐高一丈五尺八寸。环宝顶屏墙高一丈一尺四寸，周长三十二丈五尺。随花门东西卡子墙高一丈四尺八寸，各长十丈八尺八寸。左右随墙角门广八尺五寸五分。琉璃花门前为隆恩殿五间，广六丈八尺五寸、纵四丈四尺五寸、檐高一丈六尺。内设暖阁三间，广四丈一尺、纵一丈四寸。外设月台，列铜鼎二、左铜鹤一、右铜鹿一。崇阶，凡陛五出。东西庑各三间，广三丈二尺、纵二丈二尺一寸、檐高一丈三尺。东西燎炉二，广一丈、纵七尺、高九尺。前中隆恩门三间，广三丈八尺七寸、纵二丈六尺二寸、檐高一丈四尺一寸。东西班房各三间，广二丈四尺二寸、纵一丈二寸、檐高八尺。东西朝房各五间，广五丈一尺二寸、纵一丈七尺四寸、檐高一丈二寸。前中建有栏石平桥，左右建无栏石平桥。桥南东首神厨五间，广五丈五尺九寸、纵一丈八尺、檐高一丈二尺。神库南北各三间，广三丈、纵一丈三尺七寸、檐高一丈四寸。宰牲亭一座，重檐，广二丈四尺二寸、纵如之。高一丈二尺八寸。[③] 内红墙高九尺五寸、长五十一丈

① [清] 崑冈等修，刘启端等纂，光绪朝《钦定清会典事例》卷九四三，“工部·陵寝规制”。载《续修四库全书》编纂委员会编:《续修四库全书》第811册，“史部·政书类”，第390～391页，上海古籍出版社，2002年。

② 这个高度显然有误。

③《大清会典事例》把井亭漏掉了。

六尺。东西下马石牌，高一丈二尺八寸、广三尺四寸、厚一尺二寸。神路两旁均封以树，十三株为行，各间一丈二尺五寸。陵之内围墙周长一百三十七丈六尺二寸、高一丈二尺二寸。[①]

二、标准规制的皇后陵

孝东陵和泰东陵是标准规制的皇后陵，其规制是这样的：

一是其宝顶、宝城、方城、明楼、陵寝门、隆恩殿、东西配殿、燎炉、隆恩门、值房、朝房、神厨库、井亭与标准规制的皇帝陵的基本一样，只是形体上略小些而已。在这里需要强调的是，隆恩殿一定是重檐歇山顶，面阔5间。东西配殿面阔5间，有围栏。隆恩门面阔5间。

二是隆恩门正前方的马槽沟上建三孔拱桥1座（皇帝陵是并排3座）。

三是不建神道碑亭。

四是神路与本朝皇帝陵的神路相接。

慈禧陵三孔拱桥及两侧的三孔平桥

① [清] 崑冈等修，刘启端等纂，光绪朝《钦定清会典事例》卷九四四，“工部·陵寝规制”。载《续修四库全书》编纂委员会编：《续修四库全书》第811册，“史部·政书类”，第396～397页，上海古籍出版社，2002年。

孝东陵毕竟是清朝建的第一座皇后陵，所以在某些地方还存在着不完善的地方，如：未设下马牌；方城两侧没有面阔墙；将妃嫔也葬入其中，形成了皇后陵兼妃园寝性质，但这并不影响孝东陵是标准规制的皇后陵。

相比之下，泰东陵的规制更为标准。泰东陵把孝东陵不完善的地方都做了弥补，更加完善了。泰东陵可以说是清朝规制最标准的皇后陵。

标准规制的皇后陵为什么不建神道碑亭呢？因为皇后陵是皇帝陵的附属陵寝，是以皇帝陵为主的，皇后陵是建在皇帝陵旁边的，找到了皇帝陵自然就找到了皇后陵。所以皇后陵也就没有必要建标有墓主人是谁的神道碑亭。①

泰东陵的墓主人是孝圣皇后，她是乾隆帝的生母，该陵建于乾隆年间，当时孝东陵和昭西陵早已建成。乾隆帝事母至孝，以天下养。以乾隆时期的强盛国力，钱财之雄厚，不用说建座神道碑亭，就是建圣德神功碑亭、建石牌坊也不费力，可乾隆帝为什么没有这样做呢？就是由于乾隆帝以理止情，他完全遵照皇后陵的标准规制办事，不乱来。这与慈禧在这个问题上的表现截然相反。

这样说，并不表明泰东陵没有任何创新和可称之处。在不违背规制的前提下，泰东陵有三项创新，对后世产生了很大的影响。

第一，泰东陵地宫内有经文、佛像、番字雕刻，用银5579两9钱3分，② 迄今为止的研究结果表明，泰东陵以前的所有清朝陵寝尚未发现地宫内有经文、佛像雕刻的记载，因此泰东陵是清朝陵寝中第一座地宫内有经文、佛像雕刻的陵寝，也是清朝皇后陵中唯一地宫内有经文、佛像雕刻的陵寝。从档案中还知道，泰东陵地宫的地面是用金砖铺墁的。孝圣皇后崩于乾隆四十二年（1777）正月二十三日，在入葬前，乾隆帝派诚郡王弘畅、工部右侍郎刘浩等到泰东陵地宫查看有无

---

① [清] 英廉重纂本：《昌瑞山万年统志》上函，卷二，第7页。

② 清宫档案《内务府来文》“陵寝事务”，第2922包。

积水。他们查看后奏称地宫“由隧道进至明堂券、金券宝床，敬谨详看，俱各干燥无水，再看金井内土干，惟地面金砖微潮”[①]，这足以表明泰东陵地宫地面是砖铺的。这与泰陵地宫地面用金砖铺墁的是完全一致的。

第二，泰东陵首创皇后陵隆恩殿前月台上设置铜鹿、铜鹤之制。泰东陵以前的昭西陵和孝东陵，隆恩殿前的月台上只设鼎式铜炉一对，没有铜鹿、铜鹤之设，只有皇帝陵才设铜鹿、铜鹤各1对。孝圣皇后崩后，乾隆帝命仿帝陵之例，在泰东陵隆恩殿前的月台上增设铜鹿、铜鹤各1对。[②]自泰东陵首创设鹿、鹤之制后，以后各皇后陵均效仿之，为了与皇帝陵有所区别，将鹤、鹿各1对改为鹤、鹿各1只，成为定制。

第三，泰东陵首创隆恩殿东暖阁内建佛楼之制。泰东陵是清朝陵寝中第一个建佛楼的陵寝。在泰东陵之前，无论是皇帝陵，还是皇后陵，隆恩殿内均无佛楼之设。在以后的4座皇后陵中，只有慈禧陵建了佛楼。泰东陵的佛楼只有1层。到了乾隆帝建裕陵时，也给自己的陵建了佛楼，从此开创了皇帝陵建佛楼的先例。以后各皇帝陵均建佛楼，成为定制。除泰东陵外，以后所建的佛楼均为2层。

虽然在泰东陵之前已经有了孝东陵和昭西陵，但清朝建皇后陵到乾隆初期还没有正式形成制度。何以这样说呢？有一件事足以证明。

在雍正帝、孝敬皇后入葬泰陵地宫之前，于乾隆元年（1736）九月初，办理泰陵事务的恒亲王弘晊、内大臣户部尚书海望等向乾隆帝奏请泰陵地宫内是否为皇太后（孝圣皇后）预留分位的事，换言之，就是在泰陵地宫内是否要为当时的皇太后预留棺椁的位置。这是关系到皇太后百年之后的大事，乾隆帝也不敢做主，于是奏请皇太后懿旨。皇太后很快降下懿旨：

① 清宫档案《录副奏折》胶片，第19盒。

② 清宫档案《内务府来文》“陵寝事务”，第2915包。

世宗宪皇帝奉安地宫之后，以永远肃静为是。若将来复行开动，揆以尊卑之义，于心实有未安。况有我朝昭西陵、孝东陵成宪可遵，泰陵地宫不必预留分位。[①]

皇太后的态度非常明朗，她的意思是要以昭西陵、孝东陵为例，要为自己单独建陵。

到了道光元年年初，嘉庆帝入葬昌陵之前，负责昌陵油饰工程的郑亲王乌尔恭阿、定亲王绵恩、总管内务府大臣和世泰、兵部左侍郎阿克当阿、泰宁镇总兵官弘善联衔向道光帝奏请在昌陵地宫内是否为孝和皇后预留份位。同时将当年恒亲王弘晊向乾隆帝奏请为孝圣皇后预留分位的事讲了一遍。[②] 虽然现在还没有查到当时道光帝和孝和皇后是怎么回答的，但后来的事实表明没有在昌陵地宫预留分位。我们平时总说：清朝陵制，凡是死在皇帝之后的皇后都单独建陵。既然当时大臣们向皇帝奏请预留分位，皇帝又去向皇太后奏请懿旨，就说明在当时皇后死在皇帝之后单独建陵并没有最后形成定制。假设当时皇太后同意在地宫里为她预留分位，那么就不会有泰东陵、昌西陵了。清朝以后的皇后也可能效法，那么清朝皇后陵的制度就要改写。

三、逾制的皇后陵

两座定东陵属于逾制的皇后陵。之所以说逾制，主要体现在以下两点：

首先，这两座陵都建了神道碑亭。这两座陵都是咸丰帝定陵的附属陵寝，在定陵的东边，相距不远，本不应建神道碑亭，可这两座陵都建了。

其次，陵寝门的两旁门的门垛上也装饰了琉璃的中心花和岔角

① 《高宗纯皇帝实录》卷二六，《清实录》第9册，第573页，中华书局，1986年。
② 清宫档案《内务府奏底》第11包。

花。门垛的下碱都是石须弥座。明朝皇帝陵也好，清朝皇帝陵也好，以及孝东陵、泰东陵，陵寝门只有中门的门垛上身装饰琉璃的中心花和岔角花，门垛的下碱是石须弥座。可是慈安、慈禧的陵寝门不仅中门这样，而且两侧的门也都装饰了琉璃的中心花和岔角花，门垛的下碱都是石须弥座。这两陵为什么要这样做呢？从清宫档案上得知，是仿照昭西陵三座门建的。[①] 实际上，这两陵的陵寝门的规制超过了昭西陵的三座门规制。昭西陵的三座门的两旁门虽然也装饰了中心花和岔角花，但两侧门的门垛的下碱不是石须弥座。

四、规制缩减的皇后陵

昌西陵鸟瞰

孝和皇后的昌西陵和孝静皇后的慕东陵属于规制缩减的皇后陵。

① 清宫档案《菩陀峪万年吉地工程备要》卷二，“元部”。

这两陵的共同缩减之处有：

其一，裁撤了方城、明楼和带雉堞、马道的宝城。

其二，陵寝门只有中门带门楼，两旁门为随墙门，将陵名镌刻在中门南面门楣之上的石匾上。

其三，隆恩殿为单檐歇山顶，取消环绕隆恩殿及月台周围的石栏杆。隆恩殿月台前取消御路石。

其四，东西配殿和隆恩门都由面阔5间缩减为面阔3间。

以上讲的是缩减规制的皇后陵共同的缩减之处。当然，每座陵在细小之处的缩减还有许多地方。比如，昌西陵的隆恩殿，说是面阔5间，实际上只有三间半。昌西陵的总占地面积只有标准规制皇后陵的一半左右。慕东陵前面的马槽沟上没有建三孔拱桥，只建了3座五孔平便桥。

昌西陵和慕东陵虽然在规制上大为缩减，但也有可称道之处。

昌西陵的称道之处有：

其一，昌西陵之外的清朝其他皇后陵，在陵院内均无玉带河，更无桥座之设。而昌西陵则在陵寝门前设有一条玉带河，上建3座三孔平桥。

其二，昌西陵之前的清朝关内所有皇帝陵、皇后陵、妃园寝享殿的天花板除慈禧陵为金龙外，均为金莲水草图案，而昌西陵隆恩殿的每一块天花板上都绘一只在彩云中展翅飞翔的金凤，一反金莲水草的传统彩画。

其三，为了排出方城、宝城上的雨水，传统做法是靠石制的挑头沟嘴将雨水从沟嘴流出。而昌西陵宝城周围的6个挑头沟嘴不是石制，而是铜制。铜质沟嘴，这在清陵中是不多见的。昌西陵宝城安设铜沟嘴是受慕陵影响。

其四，有回音壁和回音石。清朝陵制，无论是皇帝陵，还是皇后陵，乃至妃园寝，后围墙均做成弧形，即半圈形，称之为罗圈墙。昌西陵的罗圈墙表面上看并没有新奇之处，可是，当我们在罗圈墙内侧的一端贴墙说话，远在76米的另一端则可清晰听到从那端传来的话声。这表明昌西陵的罗圈墙的弧度与其他陵寝的罗圈墙的弧度是不一样的。另外，如果站在宝顶前正中神路的中心石上说话或跺一下脚，就会听到比原发的声音大数倍的回声，犹如空谷传响，大厅回音一样。因为这种奇异现象与北京天坛皇穹宇的回音壁、圜丘坛的回音石是一样的，所以也将昌西陵的罗圈墙称为回音壁，将宝顶前神路的中心石（以站在北数第七块石上回声最大）称为回音石。

昌西陵回音壁

有人会问：昌西陵的回音壁和回音石，是当初建陵时有意设计的，还是无心插柳柳成荫呢？笔者认为是后者。为什么呢？我们都知道，皇陵在封建社会，是神圣不可侵犯的，不用说平民百姓不能涉足一步，就是陵寝官员也不敢在陵内随意活动，嬉笑欢闹。能允许人贴着罗圈墙和站在宝顶前的正中神路上大声呼叫吗？那是绝对不允许的。所以陵寝的设计者没有必要这样设计。其次，陵寝的设计者也不可能会预见到一百多年后的今天昌西陵会成为旅游景点，供来自国内外的游人参观游览。其三，如果回音壁和回音石更能使陵寝显得高雅、神秘、圣洁的话，那么孝陵、景陵、泰陵、裕陵、昌陵、慕陵诸陵以及孝东陵、昭西陵、泰东陵早就这样做了。那些陵所以没有这样做，也反证昌西陵的回音壁和回音石不是有意而为的。

笔者在2016年11月26日去孚敬郡王园寝考察时，发现这座园寝也有回音壁，而且回音效果更好。

虽然昌西陵规制较其他皇后陵大为缩减，由于有了上述的独特之处，从而使得昌西陵小而不卑，简而不俗，颇具新意，在清陵中占有不可忽视的位置，为清朝陵寝研究提供了重要的实物例证。

慕东陵的前身是慕陵妃园寝。后来因为葬入了孝静皇后，才升格为皇后陵。将原来的妃园寝进行了大规模的增建、改建，主要工程有以下这些：

将原来设在享殿两旁的园寝门改建到享殿后上层叠落泊岸处，建成3个门，中门建有门楼，两旁门为随墙门，与一般妃园寝一样，由园寝门改称陵寝门。

用一道内屏墙将孝静皇后的宝顶围起来，形成一个独立的小院，与其他妃嫔的宝顶相隔离，以示对皇太后的尊崇。这道内屏墙的两端与陵寝门中门两边的面阔墙相接。要想进入这个小院，只能从中门进。进两旁的随墙门可达后院诸妃嫔宝顶。

慕东陵的内屏墙

增设石五供1座、下马牌1对、晾奶房木棚2座。

隆恩殿月台上增设铜炉1对、铜鹿1只、铜鹤1只。隆恩殿檐下增挂题写“隆恩殿”的匾额。陵寝门中门上增嵌陵名匾1块。隆恩门增挂题写“隆恩门”的斗匾1块。

增建东、西配殿各1座，每座面阔3间。

除值班房为布瓦盖顶外，所有建筑及墙顶全部改用黄色琉璃瓦。

在隆恩门前的马槽沟上增建西五孔便桥1座。

增建神厨库一座，内建神厨1座，面阔5间。南、北神库各1座，每座面阔3间。省牲亭1座，环以红墙。增建井台1座。①

双峰岫妃园寝尽管做了如此之多的改建、增建工程，但与规制标准的皇后陵相比，还是逊色了许多。慕东陵是清朝7座皇后陵中规制最低下的。

慕东陵也有它的独特之处，一是有内屏墙，这道内屏墙不是弧线形的，而是带4个拐角；二是隆恩殿内的天花板图案，既不是金莲水草，也不是翔凤，而是一朵莲花。这两点在清朝陵寝中都是唯一的，为清朝皇后陵平添了新意。

昌西陵和慕东陵的规制为什么如此缩减呢？这里有一个重要原因，就是与当时的国家政治形势和财政情况有着直接的关系。

昌西陵和慕东陵是在清王朝政治上最危急、财政上最紧张、最困难的时期建的。

清朝从乾隆朝后期开始走下坡路。嘉庆帝即位后，镇压农民起义就花了2亿多两银子，元气大伤。② 道光帝即位后，第一次鸦片战争失败，割地赔款，国库空虚，财政紧张。咸丰帝即位后就没过过一天舒心的日子，面临着一系列重大难题，需要办许多大事。

首先是镇压太平天国起义。咸丰帝即位的第一年就爆发了中国历史上规模最大的农民起义—太平天国农民起义。起义的战火风起云

---

① 清宫档案《内务府奏底》第16包。

② 关文发：《嘉庆帝》第429页，吉林文史出版社，1993年。

涌，遍及半个中国，严重地威胁着清王朝的统治。清政府在镇压农民起义中损兵折将，军饷奇缺。清政府竭尽全力镇压，用尽了国库银两，为了筹款，不得不熔化了宫中的3口大金钟。这3口大金钟可非同寻常，是乾隆年间由宫廷工匠精制的，上面镌有乾隆帝御制铭文，这3口钟分别重800斤、700斤、580斤，熔化的金条、金块重27000多两。[①] 又将圆明园等处陈设的铜瓶、铜炉、铜龟、铜鹤等228件熔化。这些铜器在今天绝对是上等级的文物，这些铜器共化成了8747斤铜料，以供铸造铜钱。由此可见清政府的财政已到了山穷水尽、捉襟见肘的紧张地步！

其次是办理道光帝的丧事。咸丰帝即位后面临的第一件大事就是皇父的丧事。皇父的丧事不办不行，必须得办。

第三件大事是办理孝和皇后的丧事。孝和皇后是在他父亲死前一个月去世的，其丧事刚开始，道光帝就死了，这样咸丰帝还得同时给孝和皇后办理丧事。

这3件大事都势在必办，不办不行，而且每一件事都花钱似水。对于本来就十分拮据的清政府的财政来说，犹如雪上加霜。那时清政府已拿不出几百万两银子来给孝和皇后和孝静皇后营建规模宏大的皇后陵了。在当时，能建成昌西陵、慕东陵这样的皇后陵，咸丰帝已经做出了最大的努力了。

还有一个原因，就是昌西陵和慕东陵都在道光帝的慕陵附近，晚建于慕陵。慕陵就裁撤了方城、明楼和带雉堞的宝城，隆恩殿是单檐的，隆恩殿和配殿都是面阔3间。这两陵怎么能建重檐歇山顶、带石栏杆的隆恩殿和带雉堞方城明楼呢。

---

①《清代档案史料丛编》第1辑，中华书局，第5～6页，第9～11页，第26～27页。又据奕䜣奏，金钟除外包金，内质的成色是金三、银五、铜二，故只熔得这些黄金。转引自茅海建《苦命天子——咸丰皇帝奕詝》第103页。

五、规制特殊的皇后陵

昭西陵旧影

这类陵寝只有昭西陵。昭西陵的规制特殊体现在以下方面：

昭西陵的隆恩殿是重檐庑殿顶的。清朝皇陵，无论是关内的，还是关外的，无论是皇帝陵、皇后陵，还是妃园寝，隆恩殿及享殿都是歇山顶的，或重檐，或单檐，没有庑殿顶的，唯独昭西陵隆恩殿是重檐庑殿顶的。

昭西陵旧影

昭西陵有内外两重围墙。关内的清陵，无论帝后陵，还是妃园寝，都是一道围墙。只有昭西陵是两道围墙。有人会提出这样的问题：关外的福陵和昭陵不是有两道围墙吗？这两陵确实有两道围墙，但外围墙属于风水墙。第二道墙的大门才是隆恩门。而昭西陵的外围墙的大门叫隆恩门。东西值班房、东西朝房及神厨库都建在了第一道大门外。这表明昭西陵的外围墙不是风水墙。与福陵、昭陵的两道围墙不是一个性质。

按惯例，三座门作为后寝的门户应建在隆恩殿的后面，叫陵寝门。可是昭西陵却将三座门建在了隆恩殿、东西配殿的前面，成了第二道围墙的门户，而将陵寝门建在了隆恩殿两侧。昭西陵的陵寝门有门楼，门垛上装饰着琉璃的中心花和岔角花。这种将陵寝门建在隆恩殿两侧的做法，对后世的清陵产生了很大的影响。后来的裕陵妃园寝、昌陵妃园寝、宝华峪妃园寝、[①]慕东陵的前身双峰岫妃园寝都将园寝门建在了大殿的两侧。乾隆元年也有将景陵妃园寝园寝门改建到享殿两侧之请。[②]

关内清陵，无论帝后陵还是妃园寝，在陵的左右和前面都有马槽沟，上建桥梁。而昭西陵既没有马槽沟，也没有玉带河，当然也就没有任何桥座。

清陵大都依山而建，前有照山，后有靠山，左右有砂山。而昭西陵周围任何山也没有。

昭西陵还有一个特殊之处，就是建了神道碑亭。昭西陵是昭陵的附属陵寝，从陵名上就足以证明。本来是没必要建神道碑亭的。可是昭陵远在关外沈阳，有千里之遥，故“以昭西陵距昭陵甚远，与孝东陵密迩孝陵不同，特建碑亭”。[③]就是说，昭西陵建神道碑亭是有其特殊原因的，不是故意逾制。

---

① 清宫档案《黄册》簿371，0322号。

② 清宫档案《内务府奏案》第5包。

③ [清] 英廉重纂本：《昌瑞山万年统志》上函，卷一，第7页。

第四节 皇帝陵和皇后陵单体建筑的规制和功用

（一）石牌坊

清东陵石牌坊

牌坊是我国古代用于表彰、纪念、装饰、标识和导向的一种建筑物，多建于宫廷、寺观、陵墓、祠堂、衙署、园囿的前面或街道路口等地方。从建筑材料上讲，有木牌坊、琉璃牌坊、石牌坊。明清皇陵的石牌坊是陵园最前面的建筑，主要起到昭示和烘托的作用。明十三陵和清东陵各建1座，清西陵建3座。关内清陵的石牌坊是仿照明十三陵的石牌坊而建的，采用的是木结构形式，完全用石料构筑而成的五间六柱十一楼式的牌坊。牌坊的楼顶均为最高等级的庑殿顶。清东陵和清西陵的石牌坊的建筑规制基本上是一样的，但斗栱、彩画和夹杆石上的雕刻图案有所不同。清东陵的石牌坊的斗栱分别为七踩和五踩；彩画为标准的旋子彩画；石柱下部四面分别雕刻云龙戏珠、异兽（摩羯龙）衔花、双狮戏球图案。中间两根柱子的夹杆石顶部各雕两只卧麒麟，其余四柱均雕卧狮。而清西陵的石牌坊的斗栱则分别为五踩和一斗二升麻叶头。额枋上的彩画不是旋子彩画，雕刻的是花卉、云龙、云凤；柱子的夹杆石四面雕刻没有双狮戏球，增加了麒麟。夹杆石的顶部没有狮子，全部为卧麒麟。

清西陵大红门外的三座石牌坊

明十三陵和清东陵、清西陵的石牌坊的高低、面阔相差无几。以清东陵的石牌坊为例，面阔31.35米，高12.48米。如此规模之大、级别之高的石牌坊，在全国其他地方很少见到。牌坊全靠几根石柱支撑，所以平衡稳定是关键。而明清皇陵的这5座石牌坊，尽管都已历经数百年之久，经受过多次大地震的强烈颠簸，丝毫没有倾斜之迹，巍然屹立，这充分反映了我国古代建筑大师的崇高的聪明才智。

关外三陵中的永陵没有建任何牌坊。福陵大红门前设有两座牌坊，东西相向而建，是下马坊，与明十三陵和清东西陵的石牌坊的作用迥异。昭陵在大红门前正面建了一座四柱三间的石牌坊，尽管其规制远逊于关内的五间六柱十一楼的石牌坊，但表明昭陵的规制已经明显有了进步。

（二）大红门

清西陵大红门

明十三陵也好，清东陵、清西陵也好，大红门虽然都是属于首陵的，因为其他各陵都建在共用的风水围墙之内，所以也就成了整体陵园的共用的大门。

大红门位于石牌坊以北，单檐庑殿顶，有3个拱券式门洞。除昭西陵隆恩殿因特殊的历史原因为庑殿顶外，大红门是清陵中唯一的庑殿顶建筑。金黄色的屋顶，洁白的青白石冰盘檐子，朱红色的墙身，显得格外庄重典雅稳重、威严肃穆。大红门两侧各有一个随墙角门。风水墙从大红门两侧伸出。明十三陵和东西陵的大红门的建筑规制是一样的。

大红门前两旁相对各竖一块下马牌，上面用满、蒙、汉3种文字镌刻“官员人等至此下马”，满文居中，蒙文在左，汉字在右。凡来谒陵的帝、后、妃及钦派王公大臣都要在下马牌处下马，有的要提前下马，步行通过大红门，进入陵园。从京城奉移来的帝、后、妃棺椁，杠夫少则几十人，多则128人，送葬队伍庞大，仪仗、执事很多，大红门门洞容纳不下，于是就将大红门的一侧围墙拆开一个豁口，让棺椁通过，丧事完毕后，再砌好如初。

在大红门前两侧各建值班房一座，面阔3间。清东陵的值班房是厢房，东西相对而建，而清西陵的两座值班房则都是正房,面朝南。大红门前的值班房由护陵的绿营官兵驻守，昼夜巡逻，戒备森严。不仅平民百姓不能迈进一步，就是地方官员非奉特旨也难以进入。大红门称得上“陵门锁钥”。

关外永陵的正红门规制与福、昭二陵及关内的清东、西陵的大红门有异。永陵的正红门是单檐硬山木结构建筑，上覆黄琉璃瓦，面阔3间。其大门是木栅栏。从正红门两侧伸出的围墙并没有将整座陵寝包围过来，而是与启运殿所在的院子相接，成了陵寝的前院。福、昭二陵的正红门为单檐歇山式砖石结构，3个拱券式门洞与关内陵寝的大红门渐为接近，但其规模、规制远逊于关内大红门。福、昭二陵的正红门两侧伸出的风水墙将整个陵寝包围过来，成为最外层墙垣，这与关内的风水墙已很相近。

昭陵正红门

（三）具服殿

清东陵具服殿

具服殿也叫更衣殿，顾名思义，是更换衣服的地方。凡皇帝谒陵，都要到这里更换衣服，或换上朝服、常服、素服，或服缟素。具服殿位于大红门以北左（东）侧，是一个长方形小院，南、东、北三面环以红墙，只有西面有3个门，中门有门楼，两旁门为随墙门。中门前有砖石甬路一段，与孝陵神路相接。院内有殿1座，坐东朝西，单檐歇山顶，黄琉璃瓦盖顶，有前廊，面阔3间，后檐墙有一个小门，通后面的净房。殿前有月台。月台前有高台甬路，直通到中门。

具服殿还有两个作用，一是供帝、后、妃在这里休息；二是在这里方便。殿后建有一个硬山琉璃瓦顶的小屋，面阔1间，与主殿相通，这个小屋叫“净房”，其实就是厕所。

其实，在皇陵建更衣处所不是始于关内的清东陵。迄今为止在永陵和福陵还没有发现有更衣处所。在昭陵的正红门外左（东）侧建有更衣厅（也有叫更衣亭的），院子的后院设有水冲的净房。此可视为清陵设更衣殿的滥觞。后来，清朝在关内营建清东陵时，将更衣殿设在了大红门北的东侧，清西陵效仿之，成为定制。

（四）神功圣德碑亭

孝陵神功圣德碑亭及华表

神功圣德碑亭俗称大碑楼，简称功德碑亭。永陵、福陵、昭陵和孝陵的都称神功圣德碑亭。碑亭是为了保护碑而建的，所以，碑亭的名称是根据碑的名称而定的。因为这四陵的碑都称神功圣德碑，所以碑亭也就称神功圣德碑亭了。将神功圣德碑改称为圣德神功碑始自康熙帝的景陵，后来的泰陵、裕陵、昌陵的功德碑皆效法景陵，称圣德神功碑，碑亭称圣德神功碑亭。

关内的圣德神功碑亭位于每座皇帝陵的最前面（首陵除外）。永陵的4座碑亭表面上看似乎不在陵的最前面，而是进正红门才见到碑亭，其实这与关内清陵并不矛盾。因为关内各陵寝都建在共用的风水墙之内，所以功德碑亭也是在风水墙内，进大红门才能见到功德碑亭。在功德碑亭的位置上，关内与关外的主要不同是，福、昭二陵的功德碑亭建在了石像生的北面，而关内的功德碑亭是建在了石像生的南面。

神功圣德碑亭是陵寝的重要建筑之一。关内的五座功德碑亭以及关外的福陵和昭陵都是重檐歇山顶，黄琉璃瓦盖顶。唯独永陵的4座碑亭是单檐歇山顶。关内的功德碑亭在正脊的两个螭吻两侧各垂下一条铜镀金的索链子，叫“吻链”，也叫“吻索”。在清陵工程黄册上叫“见广识大”或“见广十大”。碑亭的基座均为正方形。基座台面及陡板均为青白石。四面檐墙上身砖砌，抹饰红泥，提刷红浆。下碱为石须弥座。每面檐墙各辟一个拱券门，唯永陵和泰、昌二陵的碑亭带券脸石。关内的功德碑亭每个券门内安装四抹头落地明隔扇四扇或六抹头隔扇，上安月牙窗。每个券门前为砖礓礤。碑亭内正中石雕的龟趺背上竖立着6米多高的功德碑。碑阳镌刻文字。永陵功德碑上用满、蒙、汉3种文字镌刻碑文，蒙文在左（东），汉字在右（西），满文居中。福、昭、孝三陵的功德碑用满、汉两种文字镌刻，汉文在左，满文在右。

大清裕陵圣德神功碑

永、福、昭、孝四陵的功德碑亭内都立一统碑。碑文无论是3种文字还是两种文字，均镌刻在碑的阳面（南面）。雍正帝在为康熙帝立功德碑时，最初也想仿孝陵之制，立一统碑，可是景陵的碑文太长，有4314个汉字，孝陵碑文只有1446个字，几乎是孝陵的3倍。尽管把字体缩小，仅汉字就把碑面排满，满文无处容纳。雍正帝经过深思熟虑，想出了解决的办法，他说：

> 圣祖仁皇帝在位六十余年，功德隆盛，文章字数太多，一碑不能尽载，宜建立二碑，一刻清文，一刻汉文。然此碑若比世祖章皇帝碑亭宽展，恐有未安。即或加宽，必不可加高。①

于是，景陵圣德神功碑亭内并排竖立双碑，左（东）碑刻满文，右（西）碑刻汉文。后世的泰陵、裕陵、昌陵也都效法景陵，各自建了圣德神功碑亭，而且不管死者生前功业多少、碑文长短，一律竖立双碑，成为定制。

清朝皇帝陵的功德碑的碑首，② 除永陵的为四交龙外，其余均为六交龙，即每侧有3个龙头。碑额③ 文字为“大清×陵神功圣德碑”或“大清×陵圣德神功碑”，字体为阴刻篆书。碑身前后两面的周边没有任何纹饰雕刻。碑身侧面也没有任何纹饰雕刻。永陵功德碑额为“大清”二字。

龟趺下面是水盘。水盘是用几块石料拼接而成的方形或长方形，高出地面。其高度早期的较低，比如福陵和昭陵的只有10厘米。越

---

① [清] 崑冈等修，刘启端等纂，光绪朝《钦定大清会典事例》卷四二八，“礼部・大祀・陵寝一”。载《续修四库全书》编纂委员会编：《续修四库全书》第804册，“史部，政书类”，第725页，上海古籍出版社，2002年。

② 碑首，即碑的顶部，比碑身稍宽，上面雕刻龙、麒麟等。也有称碑头的。清宫档案陵寝工程黄册上称屃头，因过于冷僻，而碑首一般人都懂，所以本书采用碑首一说。

③ 碑额，即是碑首前后两面靠下正中的方框。在前面的碑额上雕刻“大清×陵神功圣德碑亭”，如果是其他碑，或镌刻“敕建”，或镌刻“万古流芳”等字样。碑首后面的碑额不刻字。有人将碑首叫作碑额是不正确的。

到后期水盘越高，孝陵的水盘高28厘米（光绪三年重建的）。水盘顶面雕刻海水江崖，四角水的漩涡里分别雕刻鱼、龟、虾、蟹，在清宫档案中称四水族。其排列顺序是东南角为鱼，西南角为龟，西北角为虾，东北角为蟹。永陵的4座功德碑下现在没有水盘，不知是原设计就没有，还是毁坏了，有待考证。在清朝皇帝陵中，唯有景陵和裕陵功德碑的水盘四角没雕刻四水族，而夹在景陵和裕陵之间建的泰陵以及最后建的昌陵，水盘却有四水族。水盘上刻四水族并不是清朝的首创。不刻四水族要早于刻四水族。以明十三陵为例，长、献、景、裕、茂、泰、康七陵的水盘都只刻水的漩涡，无四水族。从明永陵开始到德陵（昭陵除外），均刻鱼、龟、虾、蟹。很可能清孝陵功德碑亭的水盘在初建时仿明长陵，没有四水族，而景陵仿孝陵、裕陵又仿景陵，所以景、裕二陵水盘都没有四水盘。光绪二年，清孝陵神功圣德碑亭被雷击烧毁，重雕功德碑及水盘时，很可能按中后期做法增加了四水族。从而造成了夹在中间的景、裕二陵水盘没有四水族。

清陵神功圣德碑亭内的顶部都是木制的格井天花。这种天花既不坚固耐久，又容易发生火灾。在乾隆五十年至五十二年（1785~1787），清廷对明十三陵进行了一次全面修缮。在这次修缮中，将长陵的神功圣德碑亭的天花改用条石发券，这样既坚固持久，又不易引发火灾。乾隆帝对这种做法十分赞赏。在乾隆五十二年（1787）三月十一日，乾隆帝谕："将来圣水峪建立圣德神功碑时，即仿照新修前明长陵碑亭式样，发券成造，其规模大小不可过于景陵制度。"[①] 可是12年后，在嘉庆四年（1799）五月十八日，嘉庆帝却谕令裕陵功德碑及碑亭"恭照景陵碑式成做"，[②] 既然碑照景陵式样成做，碑亭也自然照景陵碑亭式样成做了。因为景陵圣德神功碑亭是木制的格井天花，所以裕陵的依然是格井天花。不知是嘉庆帝不知其父有仿照明长陵碑亭发

① 清宫档案《录副奏折》"礼仪陵寝"，卷号3。

② 中国第一历史档案馆编纂：《嘉庆道光两朝上谕档》第4册，第173页，第507条，广西师范大学出版社，2000年。

券成造的谕旨，还是故意不遵，总之乾隆帝的一片苦心付之东流了。

碑亭外周围是用澄浆砖铺墁的砖地，称之为海墁。海墁的四隅分别竖立1根华表（清朝档案中称擎天柱），其形式与天安门华表相似，但比天安门的华表高约2米。天安门的华表周围的石栏杆为4块栏板、4根望柱，而清陵华表为8块栏板、8根望柱。

在功德碑亭外的四角为什么要竖立4根华表呢？这里面蕴涵着古代设计大师的深刻用心和崇高的智慧。

我们都知道，关内清陵的神功圣德碑亭都是建在辽阔平坦的原野之上，距陵寝的主体建筑较远。所以，尽管碑亭高大雄伟，但在空旷的原野之上，依然显得孤独、渺小，不能充分显示出皇家陵寝的宏伟、威严的气势来。为了解决这个问题，陵寝的设计大师便在神功圣德碑亭外的四角各树立1根华表。相邻的两根华表相距百米左右，每根华表距碑亭70米左右。这就构成了以碑亭为主，以4根华表为辅的一组建筑，等于将原来碑亭的体量扩大了几十倍。从远处看神功圣德碑亭，就不再显得孤独渺小了。神功圣德碑亭高约30米，华表高约12米，形成了高低相配；碑亭雄伟庄重，给人以稳静之感，而华表精美灵巧，云龙盘柱，又给人以动感，从而形成了静动结合，动中有静，静中有动；碑亭以红、黄色为主，而华表又通体白色，颜色上形成了强烈的反衬。碑亭的金黄的瓦顶、灵巧的斗栱、朱红的墙体，绚丽的彩画，配以精雕细刻、晶莹洁白的华表，在蓝天白云的映衬下，使得神功圣德碑亭这组建筑格外雍容华贵、富丽堂皇。其中华表起到了不可忽视的重要作用。华表与碑亭是不可分割的整体。在华表与碑亭之间植树以及搞一切建筑的做法，都是不应该的。

关外的永陵和福陵功德碑亭外没有竖立华表。昭陵碑亭北所设立的两根华表，不是碑亭的附属建筑，其作用应该与上面所说的华表作用是不一样的。

从道光帝的慕陵开始，不再立圣德神功碑，不再建碑亭，当然也就不设华表了。

（五）五孔神路拱桥

景陵五孔神路拱桥

康熙帝的景陵、乾隆帝的裕陵、嘉庆帝的昌陵都是标准规制的皇帝陵。在这三陵的圣德神功碑亭的北面，都有一条河横穿神路而过。为了让神路通过去，特地在河上建拱桥1座。因为这座桥是连接神路的，因此叫神路桥。有几个桥孔就叫几孔神路桥。神路桥桥面皆用青白石铺墁。桥面两边安设青白石栏杆。栏板和望柱身上皆无纹饰图案雕刻，望柱为二十四气式柱头，也叫桃形柱头或火焰柱头。孝陵、景陵五孔神路桥桥孔用澄浆砖发券，桥孔的券脸顶部没有吸水兽。从雍正帝的泰陵开始，各陵五孔拱桥桥孔都用条石发券，券脸顶上均设吸水兽。纵观清朝五孔神路桥的发展趋势，早期的桥规模大，桥长。越到晚期，桥的规模越小，桥面越短。景陵的五孔桥长106.3米，每侧栏杆有栏板61块，有望柱62根。裕陵五孔桥长84米，每侧栏杆有栏板37块，有望柱38根。惠陵的五孔桥，全长31.34米，当于早期陵寝五孔桥的三分之一。每侧栏杆只有栏板19块，有望柱20根，相当于景陵的三分之一。

五孔神路拱桥和七孔神路拱桥作用有两个，一是桥面上供棺椁通行；二是桥孔供谒陵者和陵上人通行。当时，神路是不准人横跨的。

为了解决横跨的问题，就要从桥孔通行。[①]

在清朝皇陵中，以孝陵和景陵的五孔神路桥最为雄伟壮观。

（六）大望柱

这里的望柱为什么要加一个“大”字呢？因为在石栏杆中也有望柱。为了以示区别，特加了一个“大”字。其实在清宫档案中就叫望柱。

标准规制的皇帝陵，五孔神路桥北，石像生南端都有1对大望柱，分列神路两侧。

望柱，顾名思义，就是一种柱子。由龙顶、天盘、柱身、基座组成，全部为石制。龙顶位于望柱的最顶端，近似于圆柱体，上面雕刻行龙一条及流云。龙顶下是天盘，圆体，近似于须弥座形。上下周圈雕刻如意云，有的还雕有荷叶。柱身为六棱柱体，满雕叠落流云。柱身的根部雕刻海水江崖。底座是六角的须弥座。上下枋雕刻涤环蕃草。上下枭雕刻仰伏莲花瓣，束腰雕刻杂宝。[②] 只有惠陵和崇陵望柱环以石栏杆。

望柱能起到连接前后两个景点，承前引后的作用。

（七）石像生

裕陵石像生

① 清宫档案《录副奏折》“礼仪陵寝”，第229包。

② 清宫档案《定陵工程黄册》上有“束腰雕刻八宝”，经实际调查，不是八宝，而是杂宝。

石像生是中国古代帝王、大臣墓前的石人、石兽群，有的书称为翁仲。[①] 在石雕像的种类和排列顺序上，关内清陵石像生仿照的是明长陵。墓前设置石像生始于汉代。最初是为了驱邪避凶镇墓。石像生相当于仪卫，后来主要是为了显示墓主人地位、身份。

清朝皇陵，只有皇帝陵才可以设石像生，皇后陵和妃园寝是不设的。清朝的12座皇帝陵中，只有福、昭、孝、景、泰、裕、昌、定8座陵设了石像生。福陵和昭陵因各在一方，相互之间没有联系，各成体系，所以在顺治七年（1650）分别给这两陵增设了石像生，[②] 福陵为4对，昭陵为6对。

明十三陵建有共用的风水围墙，共用的石牌坊、大红门。因为首陵长陵的石像生位于陵园的中轴线上，有控驭全陵园的作用，可以视为全陵园的共用石像生，所以非首陵从明仁宗的献陵开始就不再设置石像生，因而形成了整个陵园内的13座陵寝只有1组石像生的格局。

清东陵效仿明十三陵格局，首陵顺治帝的孝陵建了石像生之后，在营建第二座康熙帝的景陵时也没有设置石像生。乾隆帝即位以后，为了表示对父、祖的崇敬，为了完善陵寝制度，同时也可能是为了给自己的陵寝设置石像生找到顺理成章的理由，分别为景陵和泰陵补建了石像生，[③] 从此，开创了清陵非首陵也设置石像生的制度。这也是明清陵寝制度的一个重要区别。

景陵、泰陵、昌陵、定陵的石像生均各为5对石雕像，从北往南依次为文士、武士、立马、立象、立狮各1对。唯独裕陵的石像生为

---

① 翁仲本是一个人，姓阮，是秦始皇手下的一员大将，他在统一六国，特别在抗击匈奴中立下了汗马功劳。他死后，秦始皇为表彰他的功绩，将他的铜像立于咸阳城司马门外。因其生前身高一丈三尺，勇猛非常，后人尊他为神，故将翁仲的肖像佩戴在身，以驱魔镇邪。后来，人们又将墓前的石像生称之为翁仲。其实这种称呼是不妥的。如果说将石像生中的人像称为翁仲还有点道理的话，那么将石像生的石兽称为翁仲就没有任何道理了。

②《世祖章皇帝实录》卷四八，《清实录》第3册，第388页，中华书局，1986年。

③ 清宫档案《朱批奏折》“陵寝事务”，第96包，见监察御史玛起元的奏折。

8对，即文士、武士、立马、立麒麟、立象、立骆驼、立獬豸、立狮各1对，比景陵等4陵多了麒麟、骆驼、獬豸3对。清陵中石像生规模最大的是孝陵石像生，有18对之多，从北到南依次为文士3对、武士3对、立马1对、卧马1对、立麒麟1对、坐麒麟1对、立象1对、卧象1对、立骆驼1对、卧骆驼1对、立獬豸1对、坐獬豸1对、立狮1对、坐狮1对，整个序列长近870米，十分威武壮观。

清陵石像生与明陵石像生相比较，在形体上较小，在雕刻上更加细腻，如象背上增加了鞍鞯、宝瓶。狮子增加了项铃等。但在形象上近似呆滞、笨拙。清陵石像生带有明显的满族特点，如石人的衣饰、花纹图案，文士佩带腰刀、荷包等，显示了满族尚武的精神。文士脑后皆有长辫垂于背后，反映了满族男人的发式特点。

（八）龙凤门和牌楼门

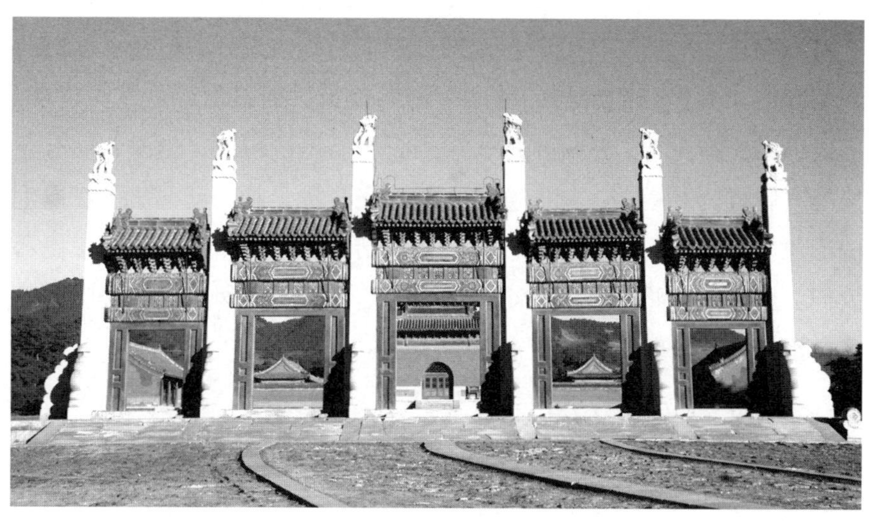

景陵牌楼门

龙凤门和牌楼门都属于牌坊式建筑，只不过形式不一样。龙凤门是由六柱三门四壁组成的。牌楼门是由五间六柱五楼组成的，斗栱、椽飞、额枋等均为木制，而龙凤门则无木料，完全由石、砖、琉璃件构成。

龙凤门和牌楼门是形式完全不同的两种建筑，通过名称就知道是什么样的建筑，可是糊涂的道光帝在道光十三年（1833）七月二十九日，硬是下旨："嗣后俱著书写龙凤门，以昭画一。"[①]

清朝陵制，只有皇帝陵才可以建龙凤门或牌楼门，皇后陵和妃园寝是不可以建的。具体应该建龙凤门还是牌楼门，没有具体规定。在清东陵的5座皇帝陵中，只有孝陵建的是龙凤门，其他四陵建的都是牌楼门，恰巧形成了龙凤门居中，两侧各有两座牌楼门对称的格局。在清西陵的4座皇帝陵中，只有崇陵建的是牌楼门，泰、昌、慕三陵建的都是龙凤门。

龙凤门和牌楼门尽管建筑形式不同，但它们的作用却是一样的。龙凤门和牌楼门有什么作用呢?

龙凤门或牌楼门位于石像生北端的神路上。古代的设计大师们对于每座建筑的形制、位置、色调都进行了精心地设计，蕴藏了他们的深刻匠心。龙凤门或牌楼门均属于横向建筑，而石像生是纵向建筑，形成纵横交错之势。从南来的人进入石像生范围内时，由于北面有龙凤门（牌楼门）横挡，顿时会使人的目光收拢，从而就突出了石像生的形象。当人们看完石像生，来到龙凤门（牌楼门）前时，它又提示人们：穿过此门将要进入一个新的境界。因此，龙凤门（牌楼门）还具有承前启后，联结不同景点的作用。

（九）神路上的桥

在龙凤门（牌楼门）至陵宫之间的神路上，往往建有神路桥。在神路上建神路桥，前面已经说了，一是为了泄洪；二是为了解决不横跨神路的问题。建不建神路桥，建几座神路桥，在什么地方建神路

---

① 《宣宗成皇帝实录》卷二四一，《清实录》第36册，第616页，中华书局，1986年。

桥，是根据实地勘测、实际需要决定的。比如孝陵的龙凤门至陵宫这段神路上建了一孔拱桥、七孔拱桥、五孔拱桥各1座。因为这段神路确实是跨过了多条河流，不建桥不行。而景陵，在牌楼门至神道碑亭之间的神路只有几十米，距离太短，没有必要建桥。但是泰陵、裕陵、昌陵，在龙凤门或牌楼门以北都建了一座神路桥，泰、昌二陵建的是三孔拱桥，裕陵建的是一孔拱桥，其顺序和位置一致，似乎形成了固定模式。可是从道光帝的慕陵开始，一直到最后的崇陵，在龙凤门到神道碑亭之间的神路上，再没有神路桥之设。

（十）神道碑亭

景陵神道碑亭

神道碑亭，因为规制与圣德神功碑亭相似，一大一小，所以神道碑亭俗称小碑楼，而圣德神功碑亭则称大碑楼。因碑立在神路[①]上，所以此碑称为神道碑。因亭是为保护此碑而建的，所以，此亭名为神

① 神路也可以称神道，意思一样。

道碑亭。

清陵与明陵的重要区别之一是明陵不建神道碑亭，而清陵建神道碑亭。按清朝陵制，只有皇帝陵才可建神道碑亭。关外三陵虽然是皇帝陵，因为建于入关前，当时陵寝制度还不完备，加上受地形限制，所以都没有建神道碑亭，清陵中第一个建神道碑亭的是顺治帝的孝陵。

关内的清陵无论是标准规制的还是超越标准规制的，乃至缩减规制的皇帝陵，都建了神道碑亭，加上3座皇后陵的，共建了12座神道碑亭。其中孝陵、泰陵、昌陵的神道碑亭都建在了隆恩门前的马槽沟以北。景陵、裕陵、慕陵、定陵、惠陵、崇陵、慈安陵、慈禧陵的神道碑亭都建在了马槽沟以南。昭西陵因为没有马槽沟，所以无所谓马槽沟之南之北。神道碑亭的位置是根据具体地形和河流位置决定的，与陵寝规制没有关系。

神道碑亭建在正方形的青白石须弥座上，重檐歇山顶，覆以黄色琉璃瓦，每个螭吻安有吻链。下檐四面各显3间。檐墙上身糙砖灰砌，外面抹饰红泥，提刷红浆，内壁抹饰黄泥，提刷黄浆。下碱内外均用澄浆砖干摆。每面檐墙各有一个拱券门。每个券门安装四抹头隔扇门和月牙窗。清陵建的12座神道碑亭中，[①] 孝陵、景陵的神道碑亭没有券脸石，[②] 从泰陵开始有了券脸石。券脸石，既能使建筑更加牢固，又能起到美化作用。在清陵的券脸石中，以慈安陵和慈禧陵的神道碑亭券脸石上的雕刻最为精美。清陵中的神道碑亭，券脸石的出现应该说是一个进步。但在规模上讲，早期的规模较大，越到后期越小。比如，孝、景二陵的神道碑亭面阔9.72米，裕陵的缩到9.61米，

① 关内的孝、景、泰、裕、昌、慕、定、惠、崇9座帝陵各建1座，昭西陵、普祥峪定东陵（慈安陵）、菩萨峪定东陵（慈禧陵）各建1座，这样共建了12座。

② 券脸石就是在拱券式的门口上方镶嵌的弧形的石构件，上面往往雕有莲花、绶带等图案。

惠陵的缩到8.86米。从造型上看，中早期的在券门的最高处与檐墙的顶部之间还有一段距离，比例适中，舒展大气。而晚期的，屋顶大，檐墙矮，券脸石的顶部就到了檐墙的顶部，给人以压抑感，好像矮人戴着大帽子。这在神道碑亭的发展史上应该说是一个败笔。

神道碑亭内地面正中，巨大的碑身竖立在用整块石料雕成的龟趺之上。龟趺下是水盘。水盘的四角分别雕刻鱼、龟、虾、蟹。

凡清陵的神道碑的碑首都是六交龙。碑额用满、蒙、汉3种文字镌刻“大清”二字。碑身也用这3种文字镌刻皇帝的庙号谥号。如果是皇后陵则镌刻皇后的谥号，均满文居中，蒙古文在左，汉字在右，字填金。碑面的四周边框没有纹饰雕刻。碑身侧面也没有纹饰雕刻。龟趺的龟均为3尾。

神道碑小于功德碑。关内清陵的功德碑一般高6.7米左右（含碑首）、面阔2.2米左右、进深0.75米左右。而神道碑则一般高为5.5米左右、面阔1.85米左右、进深为0.75米左右。皇后陵的神道碑，无论在规制上，还是在体量上，均与皇帝陵的差不多。清陵神道碑的大小及碑首，早中晚期没有什么明显的变化。

孝陵的神道碑、隆恩门上的斗匾、隆恩殿上的斗匾、明楼上的斗匾、明楼内的朱砂碑[①]以及关外三陵的匾额上的满文字体明显大于蒙文和汉字，意在突出满文的尊贵地位，而且这些碑、匾上的汉字不是皇帝的御笔，上面也不钤盖皇帝的“××尊亲之宝”的宝文。可是到了景陵，情况就发生了变化。

清陵的这二碑三匾都要在皇帝、皇后死后，入葬前题写、镌刻、悬挂。康熙帝的庙号和谥号是在雍正元年（1723）二月十九日确定下来的。康熙帝的入葬日期经钦天监选择，确定在雍正元年九月初一日，下一步就该镌碑挂匾了。雍正元年（1723）八月初十日，雍正帝手执御笔，亲自书写景陵这二碑三匾上的文字。同时又命康熙帝的皇

① 这里说的朱砂碑指的是明楼内的石碑。为什么称朱砂碑呢？因为碑身上除字之外的空地都涂满了红色的朱砂，故名。

三子诚亲王允祉、皇七子淳亲王允祐及善于书法的翰林官各恭写一份。随后他召集九卿及南书房的翰林们入宫共同敬阅，评选优劣。雍正帝对他们说：

> 景陵碑匾事关重大。诚亲王、淳亲王素工书法，朕已令其恭写。翰林中善书者，亦令其恭写。朕早蒙皇考庭训，仿学御书，常荷嘉奖。今景陵碑匾，朕亦敬谨书写，非欲自耀己长，但以大礼所在，不亲写，于心不安。尔诸臣可公同细看，不必定用朕书，须择书法极好者用之，方惬朕心。①

众大臣何等乖觉，无不深知皇帝的用心，即使皇帝写的不如他人的，能让皇帝写的落选吗？于是，这些大臣在阅看完每个人写的字之后，奏道：

> 御笔之妙，天矩自然，而仁孝诚敬之意流溢于楮墨之间，正与陵寝大事相称。圣祖仁皇帝在天之灵实为欣慰。②

雍正帝写的自然中选。当然，我们不能否认雍正帝的书法确实造诣很深，颇具功力。所以，景陵朱砂碑、神道碑和3块斗匾上的汉字都是雍正帝亲笔御书，并且在碑、匾的右下方钤盖“雍正尊亲之宝”的宝文。从景陵开始，这二碑三匾上的3种文字字体大小也趋于一致，表明了清朝统治者在处理民族关系手法上有了进一步的改善和提高。

乾隆帝即位以后，将雍正帝所创的这一做法不仅继承下来，而且扩大到皇后陵。其父的泰陵和其母的泰东陵的上述碑匾的文字均为乾隆帝的亲笔御书，全部钤盖“乾隆尊亲之宝”。从此以后，除惠陵之外，凡皇帝陵的二碑三匾上的字都是由嗣皇帝书写，并钤盖“××尊亲

①② 《世宗宪皇帝实录》卷十，《清实录》第7册，第182～183页，中华书局，1986年。

景陵神道碑上的汉字是雍正帝御笔

景陵神道碑上的“雍正尊亲之宝”

之宝”。如果嗣帝年岁太小，尚未入学，不能书写，只能由善书大臣代写，从此成为定制。慈安陵正式名称叫“普祥峪定东陵”，慈禧陵的正式名称叫“菩陀峪定东陵”，在清陵中字数最多，是一般皇后陵陵名字数的两倍，最特殊。明楼上的斗匾怎么写很是关键。在题写三匾两碑上的字时，光绪帝和宣统帝都很幼小，还不能写字，所以这些碑匾上的字怎么写，由谁写，用不用“某某尊亲之宝”，必须要提前奏请，得到钦准才行。下面是宣统元年（1909）闰二月二十九日，礼部奏请关于慈禧陵三匾二碑题写什么内容的奏折：

> 礼部谨奏为请旨事。光绪三十四年十月二十七日奉上谕：“菩陀峪万年吉地定为菩陀峪定东陵。”钦此。臣等查例开：钦定陵名后，臣部将明楼、大殿、大门应悬匾额及应书满洲、蒙古、汉文三种文字体具奏，交各该衙门办理等语。今查据工程处文称，菩陀峪系属重修，业经工竣。查与普祥峪相隔甚近，所有明楼、大殿、宫门、碑亭等工均大略相同等因片附前来。
>
> 恭查菩陀峪定东陵碑座、匾额应书字样，拟请遵照普祥峪定东陵规制，神道碑亭内碑上缮写“孝钦慈禧端佑康颐昭豫庄诚寿恭钦献崇熙配天兴圣显皇后之陵”字样。明楼内碑上缮写“孝钦显皇后之陵”字样。碑额上俱缮写“大清”二字。明楼匾额缮写“菩陀峪定东陵”字样。大殿、大门匾额缮写“隆恩殿”、“隆恩门”字样。其满、蒙、汉三样字体由内阁缮写。碑匾各式样文镌刻彩饰交内务府办理。至一切应行事宜，届期另行具奏。为此谨奏请旨。[①]

所以，虽然这些碑匾上钤盖着“宣统尊亲之宝”，实际上这些字都是内阁的善书大臣写的。

为什么惠陵不钤用宝文呢？情况是这样的：

光绪四年（1878）三月，同治帝的惠陵完工。负责工程事务的恭亲王奕䜣等向垂帘听政的两宫皇太后奏请惠陵的二碑三匾的书写等事

① 清宫档案《新整内务府档》“陵寝事务”，第0450包。

慈禧陵神道碑上的“宣统尊亲之宝”

宜。两宫皇太后在三月初八日降下一道懿旨：

> 恭亲王等奏恭查惠陵明楼等碑文、扁额等项应书字样，照式以满洲、蒙古、汉字三项合璧敬谨书写一折。著依议，敬谨办理。其片奏惠陵明楼、碑亭碑文及隆恩殿、宫门、明楼扁额应否照式钤用宝文等语。著毋庸钤用宝文。①

两宫皇太后没有批准惠陵的二碑三匾钤用“光绪尊亲之宝”的宝文，但没有说明原因。有可能出于光绪帝与同治帝不是长幼辈关系而是弟兄关系的考虑吧。

皇帝陵神道碑上刻的是皇帝的庙号和谥号，皇后陵的神道碑上刻的是皇后的谥号。当我们把碑上的谥号与史书上的谥号相比较时，发现除慈禧陵和光绪帝的崇陵外，所有碑上的谥号都不全，比如：孝陵少“定统建极显武”，景陵少“中和”，泰陵少“睿圣”，裕陵少“钦明”，昌陵少“光裕”，慕陵少“宽定”，定陵少“庄俭”，慈安陵少

① 《德宗景皇帝实录》卷六九，《清实录》第53册，第75页，中华书局，1986年。

“诚靖”，惠陵少“明肃”，这是什么原因呢？要弄清这个问题，首先应该知道皇帝、皇后上谥号的规律。

在正常情况下，清朝皇帝死后，由即位的子辈皇帝上20个字的谥号，孙辈皇帝即位后再加上两个字，达到22个字为止。葬入皇后陵的皇后，生前都是皇太后。皇太后死后，子辈皇帝给上12个字谥号，以后孙辈、曾孙辈皇帝各加两个字，到16个字不再增加。而神道碑上的谥号都是在帝、后死后，入葬前刻上去的，刻字时的谥号都是子辈皇帝给上的，所以就没有孙辈、曾孙辈皇帝加的谥号。前面所列举的碑上所少的字样都是孙、曾辈皇帝加的谥号，当时碑早已镌刻好，不能再增镌上去。所以上述碑上的谥号字都不全。

慈禧的谥号是特例，属于一次性加齐。光绪帝的谥号还未到孙辈继位，大清国就灭亡了，所以慈禧陵和崇陵神道碑上的谥号与史书记载是一致的。

早期的神道碑下的龟趺都比较矮小，越到晚期越高大。水盘早期的较矮，如孝陵的只有10厘米。到后来越来越高，惠陵的高24.7厘米。早期水盘四角的鱼、龟、虾、蟹形体较小，而晚期的较大。慈

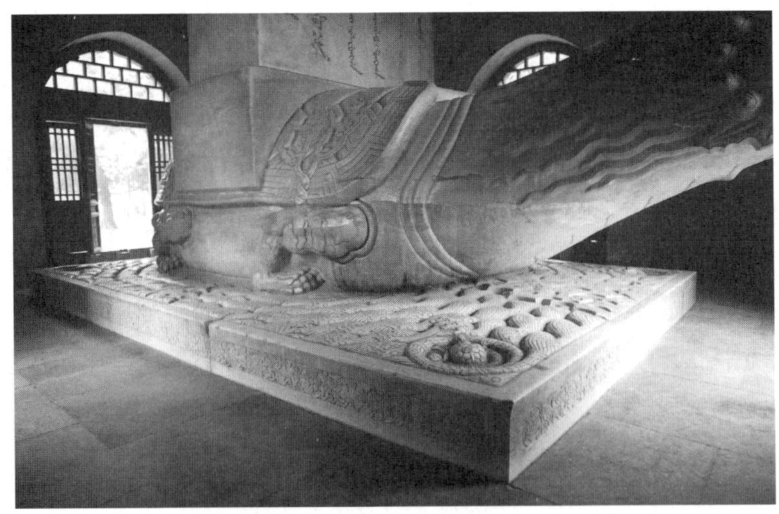

慈禧陵神道碑龟趺下的水盘

安陵和慈禧陵神道碑亭的水盘的立面雕刻缠枝莲花，当为清陵中的特例。

神道碑亭建在隆恩门之前，从碑上的文字就可以知道这座陵的墓主人是谁。这一点，对于道光朝以后不建圣德神功碑的各陵来说，尤其显得重要。

关外三陵没有神道碑亭。关内的12座神道碑亭，[①] 从雍正帝的泰陵神道碑亭开始设有券脸石，上面的雕刻最精美的当属定东陵。

（十一）东、西朝房

东、西朝房建在神道碑亭以北，神路的东西两侧。东、西朝房为单檐硬山顶，覆以黄琉璃瓦。每座面阔5间，有前廊，为直棂窗。门前设有垂带踏跺。屋内设有锅台、灶坑、高台等。每座房后都有两座用澄浆砖干摆的大烟筒。清西陵的东朝房后面还设有方形的晾奶房，清东陵则没有。

景陵西朝房

① 皇帝陵9座。昭西陵、慈安陵、慈禧陵三陵都有神道碑亭。

关内的9座皇帝陵，只有景陵和裕陵的东西朝房建在马槽沟以南，其他7陵均建在马槽沟以北。两朝房规制一样，相向而建。

东、西朝房是陵寝内务府员役备办祭品的场所。每逢大祭前，内务府的员役们在东朝房熬制奶茶，制办膳品；在西朝房内制做各种面食祭品，备办干鲜果品，所以东朝房又叫茶膳房。满族人把面食、点心叫饽饽，所以西朝房也叫饽饽房。帝、后陵的称朝房，妃园寝的则称厢房。

为什么要把茶膳房、饽饽房叫朝房呢？这是“事死如事生”理念的一种体现。营建规模宏大的陵寝，是推崇皇权，加强封建统治的一种手段，所以陵寝是按帝王生前居住的宫廷格局设计的，是按礼制的需要而规划的。皇帝生前，每次临朝升殿前，大臣们都要提前到午门外的朝房内恭候。皇帝死了，葬入了陵寝，仍要像生前那样有众臣来朝拜。茶膳房和饽饽房的位置和建筑形式与朝房相似，所以称朝房。

（十二）马槽沟及三路三孔拱桥

清朝陵寝大都依山而建，有的甚至建在山坡之上。为了避免山水冲刷陵寝，于是在陵寝的左右开挖了马槽沟，汇于陵前，然后由东或西流出。皇帝陵和皇后陵的马槽沟的泊岸都是用规整的豆渣条石成砌的。沟底用豆渣条石铺墁。早期的马槽沟稍窄浅，到中后期变得宽深。陵前的马槽沟最宽最规整。在皇帝陵前面的马槽沟的中轴线部位上并排建3座三孔拱桥，三桥的规制一样，中桥稍宽，所以称三路三孔拱桥。这种规制的桥关外三陵没有。在明陵中只有三路一孔拱桥。应该说清陵的三路三孔拱桥是以明陵的三路一孔拱桥为模式进一步发展的结果，这也是明清陵制的一个重要区别之一。在即将进入陵院之前，设置这组桥梁，其地位和作用之大是可想而知的。它相当于紫禁城太和门前的5座金水桥，也相当于太庙戟门前的5座玉带桥。尽管这三孔拱桥的规模逊于七孔、五孔神路拱桥，但这3座桥的并列，却显示了它的非凡气势。每座桥的桥面两侧都安装了青白石栏杆。早期的孝陵、景陵的三路三孔拱桥，桥栏杆的望柱头是二十四气式的，桥孔的上方没有吸水兽，桥的起拱比较平缓。从雍正帝的泰陵开始改用等级最高的龙凤望柱头，桥孔上方增加了吸水兽，而且桥的起拱越来越高，造型更加优美。

裕陵三路三孔拱桥

这3座桥各有各的用处。正中的桥与神路相连接，专供棺椁和神牌通行的。左边（东）的桥是供皇帝通行的。右边（西）桥是臣工通行的桥。营建裕陵时，又在三路三孔拱桥的两旁各修建了一座带栏板的三孔平桥，在陵上当差的杂役、兵丁等地位较低下的人就从平桥通行，从而使陵制更加完善合理。后来的慕陵、定陵、惠陵和崇陵均效仿之。

嘉庆帝的昌陵建于裕陵之后，本来应该效仿裕陵，也在三路三孔拱桥两侧各建一座平桥，由于昌陵“外式照泰陵”而建，而泰陵在三路三孔拱桥两侧没有任何桥座，所以昌陵也和泰陵一样，在拱桥两旁没有建平桥。慕陵只建一座三孔拱桥、两侧各建一座五孔平桥。

皇后陵除慕东陵外则只建一座三孔拱桥，两侧或各建一座三孔平桥，或不建平桥。

（十三）东西值房

东西值房，也叫东西值班房，位于隆恩门外东西两侧。单檐硬山卷棚顶，布筒瓦盖顶。面阔3间，两暗一明。进深1间。房后有一个小院。这里是护陵八旗官兵值班之所。

慈禧陵值班房

在清朝入关后的100多年间，值班房一直是临时性的木板房，冬不能防寒，夏不能隔热，不抗大风，难于耐久，而且容易引发火灾。皇陵绝大部分都是木结构建筑，最怕的就是火灾。乾隆帝在乾隆三十五年（1770）二月二十三日，谒东陵时发现了这一问题，在当天的回銮途中发出了一道谕旨：

> 各陵所有堆拨房屋系为永远守护、巩固万年所设，向为板房，易于糟朽，且火烛可虞，俱著改建瓦房。此项工程即交陵寝总管内务府大臣承办。[①]

① 《高宗纯皇帝实录》卷八五三，《清实录》第19册，第421页，中华书局，1986年。

从此以后，清朝皇陵的所有值班房都改建为砖石木结构的永久性建筑，这应该说是陵寝制度的一个进步。

（十四）隆恩门

定陵隆恩门

隆恩门，俗称宫门，是陵院的唯一大门，单檐歇山顶，面阔5间，进深2间，覆以黄琉璃瓦。吻兽上安设吻链。其基座为青白石须弥座，显示了这座门的地位。两山墙的上身糙砖灰砌，外皮抹饰红泥，提刷红浆。内皮抹饰黄泥，提刷黄浆。下碱内外均为澄浆砖干摆。门的左右稍间扇面墙的上身糙砖灰砌，内外均抹饰黄泥，提刷黄浆。下碱内外均澄浆砖干摆。中间和左右次间各开一门。中门是棺椁和神牌通行的门户，所以称神门；东门是皇帝通行的门户，所以称君门；西门是大臣通行的门户，所以称臣门。每个门扇上安装横纵各九行铜镀金门钉。中门之上外侧悬挂斗匾一方，上面的文字为“隆恩门”三字，满文居中，蒙文在左，汉字在右。每字均为镀金的铜板，用小铜钉钉在匾上。从景陵开始，匾上汉字均为皇帝亲笔御书，并钤用“××尊亲之宝”。在隆恩门内顶部只安装格井天花支条，不安天花板，因为斗匾在天花支条以上，如果装上天花板，就看不见斗匾了。但是在支条上面钉着红铜丝网子，以防止鸟雀和蝙蝠飞入。这种只有支条没有天花板的做法极为少见。隆恩门前后各有一座连面连三垂带踏跺。

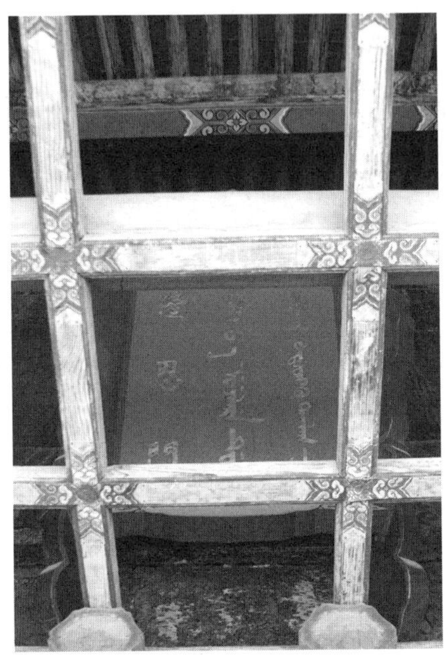

隆恩门天花支条上的斗匾

隆恩门前有一月台，正面（南）为礓䃰，左右的抄手踏跺为垂带踏跺。孝陵、景陵因为是早期陵寝，当时纯朴之风较浓，国家的经济实力还不太雄厚，在陵寝上有诸多的体现。所以隆恩门前月台的正面及两侧都是砖礓䃰，从泰陵开始正面改为石礓䃰，两侧抄手踏跺改为垂带踏跺，成为定制。

早期建的孝陵、景陵的隆恩门月台比较低矮，越到后来月台越高，这对于增强皇陵的威严无疑是有益的。

在清朝的12座皇帝陵中，有11座陵院的大门叫隆恩门，只有永陵的叫启运门。从建筑规制上，永陵的启运门规制最为俭朴，为单檐歇山顶，面阔3间带回廊。门前没有月台。福陵、昭陵的陵院大门名称没有沿袭永陵的启运门的叫法，改称隆恩门，建筑规制上也有了巨大的变化，改为楼台式3层檐歇山顶，由3个门改为1个门，神、君、臣及差役兵丁等共走一门。福、昭二陵的规制具有明显的城池防御性质，陵墙建成外砌雉堞，内砌宇墙，中间是马道的城墙形式。陵墙四角起建角楼。大门上建崇楼，下有门洞。这一切都带有古代城池的性质。将皇陵建成这种规制，应该说与当时的政治、军事形势有密切关系。

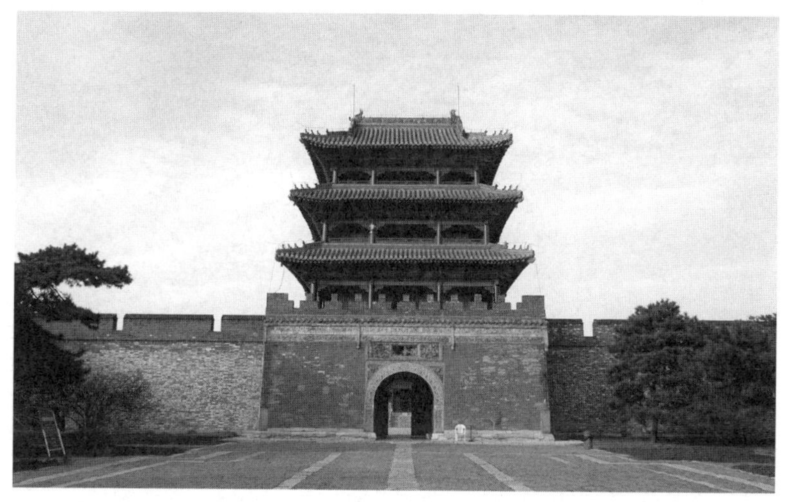

昭陵隆恩门

福陵、昭陵隆恩门不挂斗匾，而是将石匾镶嵌进墙体内。前后各一匾，也是满文居中，蒙文在左，汉字在右，而且是阳刻，满文字最大。昌西陵、慕东陵的隆恩门为面阔步3间。

（十五）东西燎炉

燎炉，也叫焚帛炉，位于陵寝的前院，东西配殿之南，东西相对。燎炉采用砖木建筑形式，单檐歇山顶，螭吻、垂兽、跑兽、仙人、斗栱、椽飞、隔扇一应俱全，实际上一根木料也没有，完全是琉璃件活和砖砌成。椽飞下面是精巧的五踩斗栱。绿色的额枋上是莲花和如意盒子彩画。炉身四面镶嵌着18扇六角菱花隔扇，朝对神路那面有一个长方形门口。底座为须弥座。燎炉内部，四壁及顶部均为铁板，顶部为拱券形，下面是3个铁槽，铁槽上是铁篦子。顶部两山面各有一个出烟孔。底座两侧下部各有一个扒灰口。整座建筑比例适中，色调和谐，雍容华美，精巧秀致，十分惹人喜爱。

景陵东燎炉

凡祭祀所用的纸、锞、祝版等都在燎炉内焚烧。

关外的三陵没有上面规制的燎炉，只建有焚帛亭，位于隆恩殿前的右侧。永陵的焚帛亭是砖砌的。福、昭二陵的焚帛亭是石雕的，形体很小，最高的约3米。关内清陵的燎炉完全仿照明陵建的。

（十六）东、西配殿

东、西配殿位于陵的前院，隆恩殿前的左右两侧，以神路为中轴线，对称相向而建。

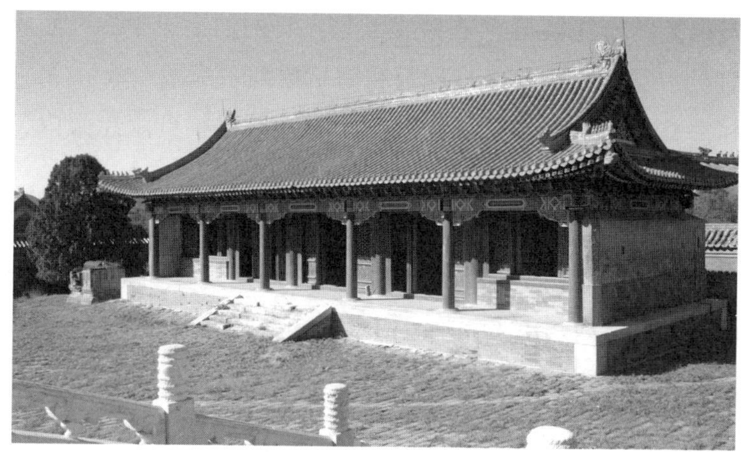

惠陵西配殿

入关后的清朝皇帝陵，除慕陵外，无论首陵的还是标准规制的皇帝陵、缩减规制的皇帝陵，配殿的规制都是一样的，单檐歇山顶，面阔5间，山面进深显3间，有前廊一步。实际上老檐柱以内没有金柱。两暗三明。两槽槛门，三槽隔扇门，每槽4扇，均为六角菱花窗棂。隔扇为六抹头，槛窗为四抹头。中间设门。廊内安装格井天花支条，没天花板。殿内为彻上明造，[①] 既不安装天花板，也不安装天花支条。梁枋檩桁等彩画，殿内和廊内地面铺墁金砖。中间的门前设垂带踏跺一座。山墙和檐墙的上身糙砖灰砌，里皮抹饰黄泥，提刷黄浆，外皮抹饰红泥，提刷红浆。下碱内外墙均用澄浆砖干摆。屋顶覆以黄琉璃瓦。盛京三陵的配殿，永陵是面阔3间，三面带廊，福陵配殿面阔5间，四面带廊。昭陵配殿面阔3间，四面带廊。三陵的槛窗和隔扇均是斜棂窗。慕陵配殿是面阔3间。

东、西配殿的功用是不一样的。东配殿是存放祝版和制帛的地方。祝版就是粘贴祝文的木版。制帛是一种用丝绸做的供品。陵寝所

① 指建筑物室内的顶部做法，如，天花不做装饰，更不用藻井，而让屋顶梁架结构完全暴露，人在室内抬头即能清楚地看见屋顶的梁架结构，称为“彻上明造”，也称“彻上露明造”。

用的是白色的奉先制帛。[①]在陵寝大祭[②]日的前一天早晨，陵寝奉祀礼部官员带领校尉用龙亭将祝版和制帛抬到东配殿存放。[③]第二天早晨，礼部官员率领校尉再用龙亭将祝版和制帛抬到隆恩殿内，供设在各桌案上。

东配殿还是临时供奉皇帝、皇后、皇贵妃神牌的地方。[④]本来隆恩殿是供奉帝、后、妃神牌的地方。如果遇到大修隆恩殿，需要将神牌提前从隆恩殿内移出来，临时供奉到东配殿内。等隆恩殿工程完竣后，再将神牌从东配殿移回隆恩殿。

有时皇帝临时到东配殿更换衣服。嘉庆五年（1800）三月十二

---

① 制帛是一种丝织的祭品。清朝的制帛有7种，第一种制帛叫“郊祀制帛”，在帛的最上面用满、汉两种文字织上“郊祀制帛”四字，汉字为篆书。有黄色、天青色两种颜色，在天坛祭天时用天青色，在地坛祭祀时用黄色。第二种叫“告祀制帛”，在帛的最上面用满、汉两种文字织上“告祀制帛”四字。这种制帛有青、黄两种颜色，在举行祈穀礼和常雩礼时皆用青色。第满三种叫“奉先制帛”，在帛的最上面用满、汉两种文字织“奉先制帛”四字，此帛为白色，太庙祭祀、皇陵祭祀及祭天、祈穀、常雩、祭地时的配位均用这种制帛。第四种叫“礼神制帛”，在帛的最上面用满、汉两种文字织“礼神制帛”四字。此帛有天青、黄、红、黑、白五色，这种帛用于社稷坛、日坛、月坛、先农坛、先蚕坛、历代帝王庙、孔庙、先医庙、关帝庙等处，各坛庙所用的帛的颜色也不一样。第五种叫“展亲制帛”，在帛的最上面用满、汉两种文字织“展亲制帛”四字，此帛为白色，祭祀太庙的东配殿功王时用。第六种叫“报功制帛”，在帛的最上面用满、汉两种文字织“报功制帛”四字，此帛也是白色，祭祀太庙的西配殿功臣以及昭忠祠、奖忠祠、双忠祠、旌勇祠、褒忠祠、显忠祠、睿忠亲王祠、定南武壮王祠均用时用这种制帛。第七种叫“素制帛”：上面无文字，白色，这种制帛用于历代帝王庙的两庑、先医庙配位及两庑、贤良祠、宏毅公祠、文襄公祠、恪僖创祠、勤襄公祠等。

② 清朝陵寝大祭有5个，即四时大祭和忌辰大祭。四时大祭即清明、中元、冬至、岁暮。

③ [清] 英廉重纂本：《昌瑞山万年统志》上函，卷二“祀典”。

④ [清] 崑冈等修，刘启端等纂，光绪朝《钦定大清会典事例》卷四二九，“礼部·大祀·陵寝”。载《续修四库全书》编纂委员会编：《续修四库全书》第804册，“史部，政书类”，第737页，上海古籍出版社，2002年。

日，嘉庆帝到裕陵行清明敷土礼时，曾到东配殿更换缟素。[①]道光二年（1823）三月清明节时，道光帝亲自到其父的昌陵行敷土礼，先后两次到昌陵东配殿更换衣服。[②]

西配殿从乾隆五十二年（1787）起，每逢皇帝、皇后的忌辰[③]大祭之日，东陵的隆福寺，西陵的永福寺派出13名喇嘛到西配殿念《药师经》。[④]

慕东陵的东、西配殿还有一个与众不同的功用，就是临时停放妃嫔棺椁。比如常妃金棺曾在东配殿暂安。[⑤]成贵妃、祥妃、恒嫔的金棺曾暂安在西配殿。[⑥]

（十七）隆恩殿

隆恩殿，也叫享殿，俗称大殿，位于陵寝前院靠北的中轴线上，是陵寝地面上规模最大、最重要的建筑。

关内的9座皇帝陵，除道光帝的慕陵外，无论首陵的还是标准规制的，其隆恩殿都是重檐歇山顶，面阔5间，进深3间，其基座为青白石须弥座。殿的两螭吻安设铜镀金吻链。东西稍间各安装六角菱花槛窗一槽。中间和东西次间各安装六角棱花隔扇一槽。山檐墙上身糙砖灰砌，内皮抹饰黄泥，提刷黄浆。外皮抹饰红泥，提刷红浆。下碱内外皆用澄浆砖干摆。

殿前接砌月台一座，基座也是青白石须弥座。月台陛五出，南面正中的踏跺中间设“龙凤呈祥”图案的御路石。青白石栏杆将隆恩殿

---

① [清] 崑冈等修，刘启端等纂，光绪朝《钦定大清会典事例》卷四三〇，“礼部·大祀·陵寝”。载《续修四库全书》编纂委员会编：《续修四库全书》第804册，“史部，政书类”，第750页，上海古籍出版社，2002年。

②《钦定礼部则例》卷一四四，“祠祭清吏司”，第13～14页。

③ 忌辰，就是皇帝及皇后死的日子。

④ 清宫档案《内务府来文》“陵寝事务”，第2927包。

⑤ 清宫档案《内务府来文》第213包。

⑥ 清宫档案《内务府来文》“陵寝事务”，第0448包。

昌陵隆恩殿

的东西北三面和月台的东西南三面围绕过来。标准规制的皇帝陵，隆恩殿及月台的石栏杆为龙凤柱头，云龙与云凤相间排列。柱身及栏板两面做盒子心。抱鼓石上两面雕刻卷云线。柱身、栏板、抱鼓石上都没有其他纹饰图案雕刻。关内的9座皇帝陵中，慕陵隆恩殿及月台周围没设石栏杆，定陵、惠陵、崇陵隆恩殿没有石栏杆围绕，只有月台有石栏杆围绕。其他8座皇帝陵的隆恩殿及月台均有石栏杆围绕。最为独特的就是孝陵。孝陵隆恩殿的石栏杆的特殊之处就是不是传统的龙凤柱头，而是绝大多数为鸾凤。而且鸾凤的姿势各异，所在柱头上的部位也不一样。这种柱头不仅在清陵中独一无二，就是在紫禁城中也难以找见。凡隆恩殿及月台的拐角处都向外伸出一个螭首，也叫苍龙头。这个螭首与紫禁城的三大殿和太庙的三大殿的螭首有所区别。清陵的螭首只起到装饰作用，而没有排水功能。

清朝关内的皇帝陵，除慕陵外，所有隆恩殿的月台上都设鼎式铜炉1对、铜鹿1对、铜鹤1对。利用鹿与鹤的谐音，寓意六合同春之意。六合，指东南西北上下6个方向，寓意宇宙。祭祀时，炉内和鹤内焚香。关外的3座皇帝陵隆恩殿（含永陵的启运殿）前也建有月台，但迄今未发现有设铜炉、铜鹿、铜鹤的记载。

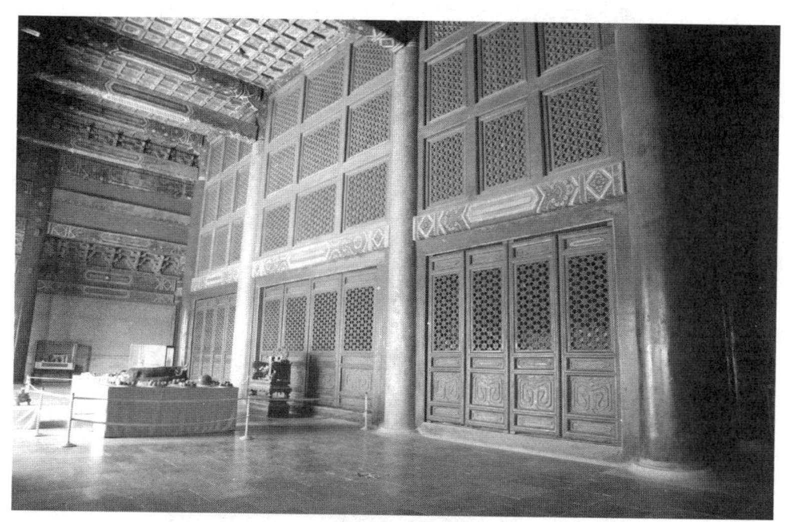

孝陵隆恩殿内景

隆恩殿内靠北墙建暖阁3间。暖阁的正面和隔断为六抹头的六角棱花隔扇门。暖阁内的石须弥座上设木制的神龛。神龛内设宝床。中暖阁内供奉皇帝和皇后的神牌。西暖阁内供奉皇贵妃的神牌。神牌的供奉也有一个演变过程。孝陵是清朝在关内营建的第一座皇陵，最初只将顺治帝的神牌供奉在中暖阁，而将孝康皇后的神牌供奉在东暖阁内，孝献皇后的神牌供奉在西暖阁内。[①] 笔者到孝陵隆恩殿实地考察，确实发现了东暖阁内有神龛下的石须弥座。后来随着陵寝制度的不断完善，遂将孝康皇后的神牌移到中暖阁内供奉，而孝献皇后的神牌却没有动，仍供在西暖阁，[②] 成为清朝唯一神牌供在西暖阁的皇后。以后皇后神牌供在中暖阁成了定制。

①[清]布兰泰原纂本：《昌瑞山万年统志》卷一，第11页。

②[清]崑冈等修，刘启端等纂，光绪朝《钦定大清会典事例》卷四二八，“礼部·大祀·陵寝”。载《续修四库全书》编纂委员会编：《续修四库全书》第804册，“史部，政书类”，第712页，上海古籍出版社，2002年。

崇陵隆恩殿内佛楼

皇帝陵隆恩殿内陈设十分豪华气派。根据清宫档案的记载，以乾隆帝的裕陵为例，介绍一下殿内及暖阁内的陈设：[①]

金漆香几五件，珐琅五供一分：炉一件、花瓶二件，内插灵芝一对、蜡阡二件，上插样蜡一对，铜镀金香盒一件，金漆戳灯十二盏：各随黄铜蜡托一个，明黄杭细单套各一件。

东边设酒桌二张，西边设酒案二张，每张各有明黄云缎面杭细里夹套一件，明黄油敦布夹垫子各一件，明黄纺丝油

① 清宫档案《新整内务府档》“陵寝事务”，第0444包。

单案面各一件，明黄油敦布夹套各一件。

中间设：

宝座三分：各随明黄粧缎靠背、迎手、坐褥、足垫一分，明黄云缎夹挖单三件，明黄油敦布夹挖单三件。宝座前设连三供案一张，明黄云缎面杭细里夹套一件，明黄油敦布单垫子一件，明黄纺丝油单案面一件，明黄油敦布夹套一件。

暖阁三间：

各挂明黄缎织金龙帐幔一架，东边供佛花一座，清明前一日安设，岁暮祭日请出焚化。

中暖阁内：明黄缎织金龙夹壁衣三件，宝椅三张，明黄粧褥三分：各随流苏四挂，明黄云缎挖单三件，明黄油敦布挖单三件，金漆戳灯二盏：各随黄铜蜡托一个，明黄杭细单套各一件。

龛内：明黄油敦布夹地平一件，高丽凉席一领，绛丝天花壁衣一分，绛丝幔一分，宝床一张，夹布垫连明黄片金面纺丝里床刷一件，明黄片金夹足垫一件，

床上设：黄红绿龙褥三床，褥上设绿锦夹垫一件，檀香木架一件，明黄片金面纺丝里帷幄一件，明黄龙被三床，三厢枕三个，迎手枕六个（穗全），朱红漆木托六个，明黄云缎夹垫二个，绿锦夹垫四个，明黄云缎面纺丝里迎手套六件，磁痰盒三件。

西暖阁虽然属于供皇贵妃神牌的地方，但里面陈设与中暖阁大同小异，故不赘述。其他各陵的隆恩殿及暖阁内的陈设也大致如此。

裕陵之前的孝、景、泰三陵的隆恩殿的东暖阁，一般尊藏一些陵图、玉碗之类。比如，孝陵东暖阁内藏有：

陵图二轴（一轴用黄绢糊木匣盛，另一轴用楠木匣盛）、玉碗二件（一系白玉，底刻“乾隆年制”，又刻一“中”字。一系青玉，底刻乾隆年制，又刻一“右”字。均用铁鋄金套盛）、蓍草六丛（盛用金花洋漆匣，上嵌金字二十二个，系“雍正元年吉月孝陵所产蓍草六丛，计三百茎，敬谨收内”）。

景陵东暖阁藏：

陵图二轴（盛用楠木匣）、玉碗五件（一系白玉，底刻“乾隆年制”，又刻一“中”字。青玉四件，底均刻“乾隆年制”，又各刻“诚、昭、懿、恭”各一字，均用铁鋄金套盛）、五本灵芝二匣（系雍正六年、十年景陵宝山上所产）、三本灵芝一匣（系雍正八年景陵宝山所产）、独本灵芝一匣（系雍正七年神路两仪树行内所产），共灵芝四匣，均刻木为山，植芝其上，缀以金草叶，盛以金花洋漆匣。[①]

清朝皇陵中第一个在隆恩殿东暖阁内建佛楼的是孝圣皇后的泰东陵。在皇帝陵中第一个建佛楼的是乾隆帝的裕陵。从此以后，除慕陵外，所有皇帝陵隆恩殿东暖阁内均建佛楼。有的文献上也有将佛楼称为仙楼的。佛楼完全用木件构成，除泰东陵的佛楼为一层外，所有的佛楼均为上下两层，楼顶为毗卢帽形。佛楼内供奉佛像。同时在东暖阁内还陈设墓主人生前喜爱的古玩玉器、名人书画及日常生活用品。对于现在来说，这些物品都是文物中的上品，其中有许多都是一级文物。这些藏品的多少与种类，不仅与当时国家的盛衰有关，更主要的是与墓主人的爱好有关，可以说各皇帝陵隆恩殿的东暖阁无异于一座文物宝库。乾隆帝裕陵的东暖阁藏品最多、价值最高，最具特色。

---

①[清]英廉重纂本：《昌瑞山万年统志》上函，卷之二“陈设”。

裕陵佛楼顶部（张元哲摄）

请看由马兰镇总兵官主编的记载东陵的专著《昌瑞山万年统志》关于裕陵东暖阁内的陈设和所藏物品记载：[①]

裕陵东暖阁内佛楼上尊藏紫檀木雕花供柜一座上嵌珊瑚珠十二个，松石八块。上设紫檀木佛龛一座外檐随穿假珠灯二对、铜灯二对、铜扁对一副、玻璃欢门十扇。内供铜胎佛一尊手捧大东珠一颗，连托重一钱，随玻璃背光座。紫檀木供案一张，上供象牙佛九尊、金七珍一份、八宝一份、奔巴壶一对内插孔雀翎吉祥草。八铃一件、紫檀木供案八张，上供铜胎八大菩萨八尊均随嵌玻璃背光座。案上各供八宝一份、金塔一对、金坛城一对、珊瑚树一对、珐琅五供一份香花瓶内插米珠花二枝，上嵌蓝宝石一块、红宝石二块。穿珠欢门幡一堂、象牙灯二对、象牙匾对一副。

佛龛前设红白毡垫一份上铺栽绒拜毯一件。御笔雕漆挂屏一件挂神龛内北面。御笔雕漆对一副挂神龛内两旁。御笔雕漆挂屏

① [清] 英廉重纂本：《昌瑞山万年统志》上函，卷之二“陈设”。

二件东西墙悬挂。

北面设：宝床一张上铺红白毡各一条。上设黄缎金龙坐褥、靠背、迎手各一份。上供圣容二轴盛用金洋皮匣。左边设白玉如意一柄盛用红雕漆匣。右边设磁痰盒一件、洋磁珐琅表一对盛用紫檀木匣。孝贤皇后挽诗一套计二册。填漆罩盖匣一件，内盛文徵明春秋荣杖挂屏一轴、柯九思临九成宫醴泉铭挂屏一轴、唐狮砚滴一件盛用雕漆匣。汉玉玩器十九件盛用紫檀木匣。汉玉宝二方、印色盒一件盛用紫檀木匣。成窑五彩盅[①]二件盛用紫檀木匣。赵孟頫秋郊饮马图手卷一轴、钱选孤山图手卷一轴、邓文远章草真迹一轴、赵孟頫书《道德经》一轴、定磁小盅一对盛用紫檀木嵌银字罩盖匣。白玉靶盅一件盛用紫檀木提梁匣。御临董其昌仿各家书法册页一套计二册。官窑木瓜盘一件盛用花梨木匣。哥窑圆洗一件盛用填漆匣。汉玉三喜壁一件盛用紫檀木描金匣。董其昌册页一册、马远册页一册、玉册十片：上刻《十全老人之宝说》。玉宝一方、御笔雕漆匾三面悬正面楼檐下。御笔雕漆匾二面悬暖阁内东墙上。紫檀木大案一张，上设《御制石鼓文序》一册、端砚十方盛用紫檀木玉字三层匣。《佛说无量寿佛经》一册盛用红雕漆匣。御制鸡雏图桌屏一件、御制缂丝心经一册盛用紫檀木匣。玉万年甲子玉十二辰各一份盛用紫檀木匣。青玉方盒一件内盛册页一册。玛瑙晶图书八方盛用紫檀木嵌螺甸匣。玉板金刚经十二块盛用金漆玻璃罩盖匣。御制诗一册盛用紫檀木嵌螺甸匣。圣制抑斋记碧玉册页一份、碧玉宝一方盛用紫檀木匣。

紫檀木大案一张，上设：青玉宋龙执壶一件盛用楠木匣。青玉宋龙杯盘一分计十二件，[②]盛用楠木匣。金胎西洋珐琅执壶一件上嵌珊瑚顶。金胎西洋珐琅杯盘一分盛用楠木匣。金胎珐琅西

---

① 原书因是繁体字，把“盅”都写成了繁体的“钟”字，如果用这个“钟”字，读者可能认为是钟表的“钟”。为了避免误会，本书改用“盅”字。下同。

② 《陵寝易知》载为二件。

番莲花杯盘二分盛用楠木匣。银里葫芦盖碗一件盛用楠木匣。珊瑚顶小金多木二件上嵌红宝石四十块、小珍珠三十六颗。御题诗青白玉碗二件盛用楠木匣。青白玉执壶一件盛用楠木匣。青白玉双鹿耳杯盘一分盛用楠木匣。御题诗红花白地磁盖盅二件盛用楠木匣。御题诗青玉盅一件、蕉叶式青白玉爹斗一件、白玉爹斗一件、银里葫芦盅一对、青玉碗二件、青白玉碟四件、诗意菱花双耳白玉碗一件、御题诗双耳青玉碗一件、御题诗金里红雕漆盅二件、御题诗碧玉碗一件、御题诗扎骨扎牙木碗一件随铁鋄金錾花套。白锦地红龙磁盅二件、嘉窑青花白地磁盅一件、五彩填漆春寿长方茶盘一件、汉玉把金叉子一把、御题诗汉玉把镶嵌轧银丝紫檀木银叉子一把、青白玉小盖盒一件、御题诗白玉盅一件、青白玉碟一件、御题诗五彩人物鸡缸磁杯一对、黑漆里葫芦碟一件、玛瑙盅一件、银里葫芦碗一件、陵图一轴、金漆戳灯一对、楠木香几一件、锡香炉一件、拜垫一件、珐琅火盆一件。

这150多件藏品中，多数都是一级文物、世上孤品，有的是价值连城的珍宝。其他陵寝虽然不如裕陵的多且价值高，但也有百件左右，价值也不可低估。

关内的9座皇帝陵的隆恩殿，无论是首陵、标准规制的陵，还是缩减规制的陵，其天花板，除道光帝的慕陵外，都是木制的格井天花，图案为金莲水草。殿内中间的4根钻金柱多为扫金或贴金的沥粉[①]缠枝莲花，柱子的根部为八宝图案，只有崇陵的4根钻金柱为沥

① 沥粉技术是我国传统的古建筑彩画工艺之一，即用装有用胶和白土子、面粉混合成的膏状物的物质，装在布袋里，安有喇叭筒状的尖端带孔的管子，通过挤压面袋，使膏状物质从管的尖孔中流出，沿着彩画图案描出隆起的花纹，上面涂胶后贴金箔、或银箔或泥金、上色，使图案高出物面，可增加立体感。这种古老的民间制作工艺早在盛唐时期就已广泛被采用。中国的沥粉工艺源远流长，在古建装饰中普遍应用。

粉盘龙图案。其余金柱皆饰以红油漆。暖阁正面的横披窗皆为双层六角菱花窗棂。内墙壁皆提刷黄浆，周边圈以红绿直线，没有图案。而关外三陵的隆恩殿（包括启运殿）都是彻上明造，没有天花板和支条。三陵隆恩殿内的柱子也不一样。永陵启运殿内的是红油漆柱子。福陵的是方圆柱，圆柱部分画龙，方柱部分饰以红漆。昭陵隆恩殿是六棱形的柱子，柱上彩画云龙，而不是沥粉贴金带八宝。

（十八）玉带河及桥

关内的皇帝陵，在隆恩殿后面，陵寝门的前面，往往有一道玉带河，河上有桥。在关内9座皇帝陵中，只有景陵、泰陵、昌陵在陵寝门前没有设玉带河，当然也就没有桥了。孝陵、裕陵、慕陵、定陵、惠陵、崇陵都设有玉带河。一般在陵寝门前的玉带河上所设的桥都是3座小平桥，桥面与河的泊岸相平，没有栏杆。在清朝帝陵中最具特色的玉带桥莫过于裕陵的玉带桥了。裕陵陵寝门前的玉带桥是并排的3座一孔拱券桥。桥的两侧安装了龙凤柱头的栏杆。更为新颖的是，桥栏杆的两端不是传统的抱鼓石，而是一条坐着的靠山龙，这种做法在清陵中是独一无二的。在明显陵的第二道大红门前的三路一孔拱桥

裕陵陵寝门及三路一孔拱桥

和紫禁城十八槐处的断虹桥的栏杆两端也是这种靠山龙。在裕陵的最初设计方案里，陵寝门前的玉带河上也是3座小平桥，和孝陵的一样[①]，是后来改为三路一孔拱桥的。这充分体现了乾隆帝的好大喜功，也反映出乾隆年间国家的雄厚财力。慕陵的玉带河比其他陵的宽，中间的三孔平桥带栏杆，龙凤柱头。两边的桥为三孔平桥。

陵寝门前有没有玉带河，设计的桥是什么样的，与承修大臣和设计师有直接的关系。

慕陵陵寝门前的玉带河及桥

（十九）陵寝门

“前朝后寝”是中国古代建筑群的传统格局，紫禁城最为典型。中轴线上的太和殿、中和殿、保和殿为前朝部分，乾清门以内的乾清宫、交泰殿、坤宁宫及东、西六宫为后寝部分。前朝是皇帝升朝理事、接见使臣、举行典礼的场所，而后寝则是皇帝及其后妃们居住的

① 清宫档案《工科题本》“建筑工程·陵寝坛庙”，第2包。直隶总督高斌等题本。

生活区域。不仅皇宫是按“前朝后寝”格局设计的，衙署、府邸及豪宅大院也是这样设计的。同样，皇陵也是按照“前朝后寝”格局设计的。前院的隆恩殿、东西配殿及东西焚帛炉属于前朝部分，而方城明楼、石五供、二柱门则属于后寝部分。陵寝门就是后寝部分的唯一门户。

孝陵陵寝门

清朝关内的9座皇帝陵中，除道光帝的慕陵外，陵寝门都是由3座并排的门组成，均为单檐歇山顶，面阔、进深各1间，覆以黄琉璃瓦。中门较大，门垛的上身前后两面都镶嵌琉璃的中心花和岔角花。在中心花和岔角花之间抹饰红泥，提刷红浆。瓦檐下的椽飞、斗栱都是琉璃件。过木外面嵌挂的琉璃件上是旋子彩画图案。门垛的下碱是青白石须弥座。两旁的门较小，瓦檐下没有椽飞、斗栱，而是冰盘檐子。在过木外面的琉璃板上也没有旋子彩画。门垛的上身没有镶嵌琉璃的中心花和岔角花。门垛的下碱不是须弥座，而是澄浆砖干摆，有青白石的腰线石和角柱石。两旁门的级别明显低于中门。在这3个门的前后均有垂带踏跺。门前均建有月台，月台前设垂带踏垛。两旁门的月台比中门的月台稍矮小些，但踏跺的级数一样。这3个门都安装实榻大门两扇。每扇门上安镀金铜门钉横纵各9行，共81个门钉。

早期的皇帝陵，如孝陵、景陵，因前后院地面落差较小，所以三座门前的月台比较低矮。到后期，可能出于排地宫内水顺畅的需要，前后院的地面落差明显增大，这样陵寝门前的月台也就明显增高。

从门的性质和功用上讲，应该叫陵寝门。因为有3个门，所以又叫“三座门”。因为门垛上装饰着许多琉璃花，所以又叫琉璃花门。叫陵寝门最为合适些。

这3个门和隆恩门的3个门一样，也分别称神门、君门和臣门。只有行展谒礼和敷土礼时，皇帝才进入陵寝门。如果不奉特旨，即使是贵为和硕亲王也不能进入陵寝门，只能在门外按翼排班侍立，叩拜行礼。

关外三陵没有陵寝门，没有明显的“前朝后寝”之分。

（二十）二柱门

进陵寝门迎面就是二柱门，建于神路之上。二柱门由两根巨大的四棱形石柱和一个门楼构成。两柱顶端各有一个蹲龙，面对面。而沈阳的福陵和昭陵的二柱门明显是出于完善礼制的需要后来增加的，两蹲龙不是面对面，而是都朝向北面的明楼。

二柱门的楼顶覆以黄琉璃瓦，七踩斗栱。两额枋之间是帘笼板。额枋上为旋子彩画。两根石柱分别立在滚墩石上。

清陵二柱门之设，完全是仿照明十三陵。二柱门并没有实际功用，棺椁既不从此门通过，谒陵的皇帝、皇太后、皇后也不从这门行走，完全是一座礼制性建筑。在清朝陵寝中，只有皇帝陵才可以建二柱门，皇后陵和妃园寝是不建二柱门的。从道光帝的宝华峪陵寝开始裁撤了二柱门。[①]

---

① 中国第一历史档案馆编：《嘉庆道光两朝上谕档》第27册，第369页，第1314条，广西师范大学出版社，2000年。

景陵二柱门

（二十一）石五供

慕东陵石五供

石五供位于二柱门北，明楼前的正中神路上。石五供由五供和祭台组成。所谓五供就是由一个香炉、两个烛台、两个花瓶共5件器物组成，因此称之为五供。香炉上有炉顶，花瓶上有灵芝花，烛台上有蜡烛和火焰，五供摆设在祭台上。祭台为长方形须弥座，早期陵寝的石五供的祭台由上下3块石构件组成。从嘉庆帝的昌陵开始，祭台由二块石料构成。从福陵到昌陵，五供的排列顺序是一样的，香炉居中，花瓶分居香炉两旁，烛台在五供的最外侧。从道光帝的昌西陵开始，将花瓶移到了最外侧。五供和祭台都是用青白石雕琢而成。石祭台一般长6米、宽1.5米、高1.4米左右。

石五供是一组十分精美的石雕作品。早期的五供，只有香炉的炉顶上才雕有云、龙等图案。炉体和花瓶、烛台上都没有雕刻纹饰，是光素的。从乾隆帝的裕陵开始，五供的每件器物上均雕刻兽面纹，香炉炉顶上仍雕云和龙。孝陵、景陵、泰陵的炉顶、瓶花、蜡烛与下面的器物是用一整块石料雕琢而成的。从乾隆帝的裕陵开始（昌陵除外），香炉的炉顶、花瓶上的花、烛台上的蜡烛和火焰由原来的青白石改用名贵的紫砂石，插在器体上。祭台的上枋上雕刻缠枝莲花，上下枭雕刻仰覆莲瓣，下枋雕刻八宝、暗八仙、杂宝以及各种吉祥图案。香炉的炉顶、花瓶上插的花和烛台上的蜡烛及火焰均为石制，虽

慈禧陵的石五供旧影

然不能实用，但它却象征着皇陵香烟永旺，神火不灭，仙花常开。长眠于地宫之内的皇帝、皇后，时刻都在饱纳着后代子孙们的供养。

清陵的石五供总的发展趋势是：形体越来越高大；雕刻的图案立体感越来越强烈；纹饰内容越来越丰富；所用材料越来越讲究。

虽然石五供是礼制上的设置，是象征性的，没有实用价值，但它所处的位置却是十分重要的。每次帝、后妃们来谒陵，都要在石五供北奠酒、行礼、举哀。

（二十二）方城

孝陵方城明楼、石五供和二柱门

在这里首先应该说明的是关外的福陵、昭陵的方城与关内清陵的方城是完全不同的建筑。福、昭二陵的方城指的是陵院的围墙及围成的院落，这个院落四角建有角楼。而关内清陵的方城是指明楼下面的方形城台。

关内皇帝陵和皇后陵的方城与明十三陵的方城是一样的，是一座方形的城台式建筑，位于石五供以北。孝陵和景陵的方城的下碱只有

定陵方城明楼

南侧和东西两侧是青白石须弥座的，北面不是须弥座，而是用澄浆砖干摆的。方城城身四面均用砍细澄浆砖干摆成砌。在方城的下部有一个南北贯通的砖隧道券，这是谒陵人进哑巴院、上方城明楼、宝城、宝顶的唯一通道。孝陵和景陵的隧道券内，地面是方砖铺墁，两侧墙的下碱不是须弥座，是干摆砖，有腰线石。从雍正帝的泰陵开始，方城的四面及隧道券内两侧墙的下碱均为青白石须弥座，地面铺墁青白石。隧道券的南口有青白石券脸石。从顺治帝的孝陵到嘉庆帝的昌陵，南券口的券脸石外侧都没有券砖。从咸丰帝的定陵开始，券脸石的外侧成砌五伏五券砖，这无疑增加了隧道券的坚固性，应该说这是陵寝建筑的一个进步。后来的惠陵、崇陵均效仿之。关内的8座皇帝陵中（慕陵因未建方城，故未计在内），只有泰陵和昌陵的方城的隧道券北口有券脸石，但券脸石外侧面没有五伏五券砖。在方城隧道券的南口安装实榻大门1副，饰以朱漆，每扇门上安装着横九纵九共81颗镀金铜门钉、兽面衔环铺首还有镀金饰叶等。在隧道券接近北口的地方，安装一槽隔扇门和月牙窗。

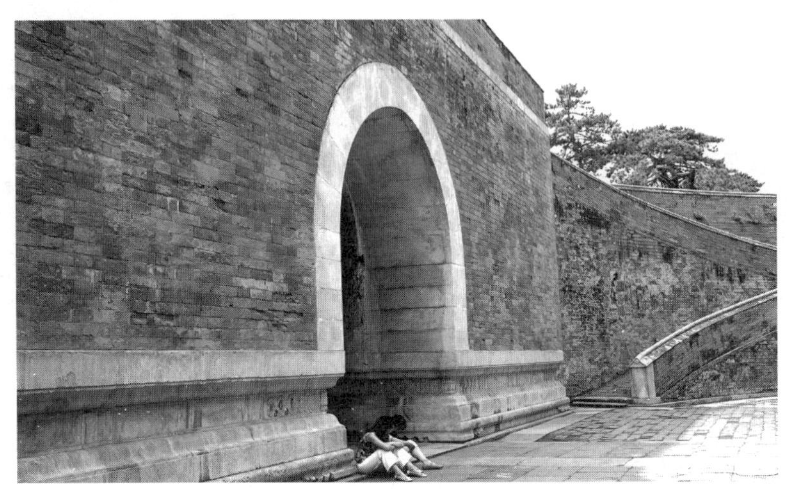

泰陵方城隧道券北口有券脸石

本来所有清朝皇帝陵的方城隧道券都是用澄浆砖发券，已成定制。可是在营建昌陵时，在嘉庆六年（1801），昌陵的承修大臣汪承霈等人向皇帝奏请，为了防止日久砖块酥碱，建议将方城的隧道用青白石发券，但遭到了嘉庆帝的严厉拒绝。[①]

方城的台面为方形，东、南、西三面做成雉堞（即垛口），北面成砌宇墙（也称女儿墙）。台面的中心建明楼。明楼周围的方城台面铺墁金砖。方城垛口、宇墙墙根下的地面上分别设有石制的荷叶沟。所谓荷叶沟，其实就是浅水沟。就是说方城台面的四面墙根内侧都设有荷叶沟。早期的荷叶沟都比较浅，到后来沟槽才逐渐加深。方城台面上的水通过方城左右两侧伸出垛口外的挑头沟嘴排出。

在方城前建月台一座。帝、后、妃入葬前，在月台上搭建芦殿，入葬前一天将棺椁停放在芦殿内的龙輴上，棺椁的头朝向地宫。进入地宫的斜坡墓道口就在方城隧道券内。到琉璃影壁之前这一段墓道是

① 《仁宗睿皇帝实录》卷九一，《清实录》第29册，第209页，中华书局，1986年。

露天的。从琉璃影壁开始才正式进入地宫的隧道砖券。帝、后、妃入葬后，将琉璃影壁以南的斜坡墓道用砖砌实填平。方城的月台前是砖礓磜。从定陵开始，方城前的月台和礓磜两侧都安装石栏杆，龙凤柱头。礓磜分上下为两部分，中间设叠落月台。

（二十三）明楼

明楼建在方城台面的正中，实际上就是朱砂碑的碑亭。方城的规制与神道碑亭相似，重檐歇山顶，覆以黄琉璃瓦。两螭吻安设铜镀金吻链。四面檐墙上身糙砖灰砌，外皮抹饰红泥，提刷红浆；内皮抹饰黄泥，提刷黄浆。下碱内外均为澄浆砖干摆。四面檐墙各辟一个券门。每个券门洞内安装4扇四抹头的直棂隔扇门。门扇之上安装月牙窗。明楼的台基为青白石座。每个券门前设青白石垂带踏跺。明楼的南面的上下两檐之间悬挂斗匾一方，上面用满、蒙、汉3种文字题写陵名，满文居中，蒙、汉文分居左右。孝陵及以前的帝陵明楼斗匾上的字均满文字大，蒙、汉字较小。从景陵开始3种字体趋于一致，且均为嗣皇帝御笔，钤盖“某某尊亲之宝”（惠陵除外）。

景陵明楼

纵观清朝皇帝陵的明楼，早期的都形体较大，敦实厚重，券门上没有券脸石。从咸丰帝的定陵开始，明楼的形体开始收小。券门嵌有青白石的券脸石，洁白的券脸石与朱红色的檐墙形成了鲜明的色彩对比，使明楼格外壮美。

明楼内正中立朱砂碑一统。碑座为长方形须弥座。碑首前后两面各雕刻二龙戏珠。阳面的碑额用满、蒙、汉3种文字篆刻“大清”二字。阴面碑额无字。碑首的两个侧面各雕刻一条云龙。碑首均彩绘。碑身正面用满、蒙、汉3种文字镌刻皇帝的庙号和庙谥。[①] 比如景陵的朱砂碑的碑文为“圣祖仁皇陵之陵”。碑阴无字。因碑身上饰有红色的朱砂，故称之为朱砂碑。明楼斗匾上的字也好，朱砂碑上的字也好，都是满文居中，蒙文在左，汉字在右。景陵以前都是满文字体大于蒙、汉两种字体。从景陵开始，3种字体大小趋于一致，而且改由皇帝御笔书写，钤盖“某某尊亲之宝”。惠陵除外。

清陵的朱砂碑从清初到清末有一个发展演变过程。早期的朱砂碑都比较高大，晚期的逐渐收小。从福陵到孝陵，朱砂碑的碑身边框没有任何纹饰。孝东陵的朱砂碑的两纵边开始出现彩画的云龙宝珠图案，但上下横边没有任何纹饰。景陵朱砂碑两纵边出现了沥粉的云龙宝珠图案，两横边仍没有任何纹饰。雍正帝的泰陵朱砂碑两竖边开始雕刻云龙和宝珠，但两横边还是没有任何纹饰。裕陵、昌陵皆效仿泰陵。道光帝的慕陵未建明楼，所以没有朱砂碑。从咸丰帝的定陵开始，朱砂碑的规制有了大的改革：一是碑座上搭袱子，相当于今天的台布。袱子的四角分别在碑座的四面下垂。袱子上雕刻云龙宝珠。碑身不仅两竖边雕刻云龙宝珠，两横边也雕刻云龙宝珠，而且朱砂碑较前明显收小。比如景陵朱砂碑碑身面阔153.5厘米，进深75.5厘米，

① 庙谥是庙第谥号的简称。清朝皇帝的谥号满额为22个字。庙谥排在22个字谥号的最后。庙谥是对谥号的高度概括和总结。所以，庙谥最受重视。顺治帝的庙谥为“章”字，康熙帝的庙谥为“仁”字。雍正帝的庙谥为“宪”字，乾隆帝的庙谥为“纯”字。

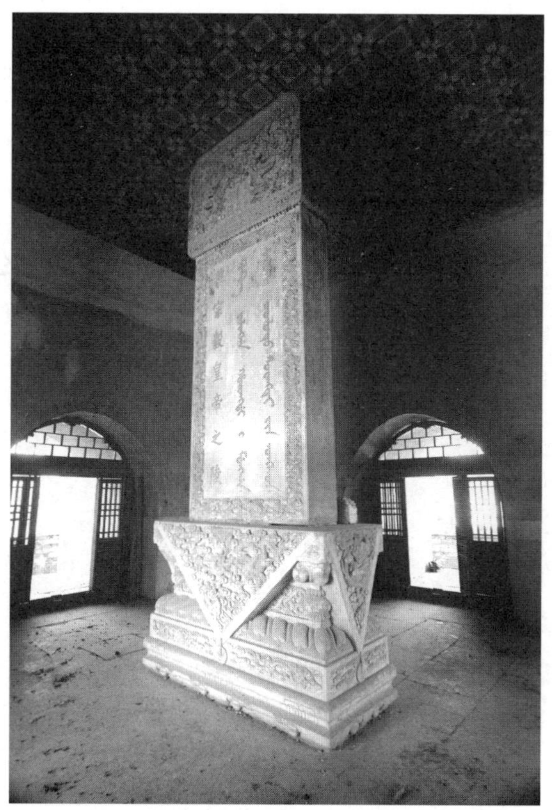

惠陵朱砂碑

高432厘米，而定陵的朱砂碑则分别是136.5厘米、41.5厘米、381厘米。后来的普祥峪定东陵（慈安陵）、菩陀峪定东陵（慈禧陵）、同治帝的惠陵和光绪帝的崇陵都效仿定陵，成为定制。

（二十四）哑巴院

哑巴院只有皇帝陵有，皇后陵和妃园寝没有。哑巴院位于方城以北，宝城以南，处于方城和宝城之间。这个小院的月牙城[①]正中贴砌

① 许多人认为月牙城是哑巴院，这是错误的理解。月牙城就是此院的北墙。《大清会典事例》记载："月牙城高二丈三尺，广十八丈七尺。正中琉璃影壁一座。"

一个琉璃影壁。此院的地面上，正中有一段神路，这里是全陵神路的起点，也是终点。神路两侧的地面均为砖墁地。院的东西两端各有一座砖砌的转向踏跺，拾级而上，可达明楼、宝顶。

泰陵哑巴院

泰陵哑巴院内的琉璃影壁

在这里有必要说明一下，许多人将哑巴院叫月牙城，这是不对的。实际上哑巴院北面的贴砌着琉璃影壁的那道面阔墙才叫月牙城。因为这道墙最初是弧形的，形似一勾弯月，所以称之为月牙城。

这个小院看起来并没有什么奇特之处，实际上它是一个至关重要的所在。这座琉璃影壁表面上起着美化装饰作用，其实更重要的是，它遮挡着地宫入口隧道券口上的券砖，如果没有这座影壁，通过墙上的券砖，一眼就可以看出是地宫的入口。院内的神路下面，是进入地宫的斜坡墓道，昔日帝、后的棺椁就是从这个斜坡慢慢送进地宫的。历朝封建帝王大都实行厚葬，死后把大量奇珍异宝葬入地宫，因此，帝王们最担心陵寝被盗。能不能有效地防止地宫被盗，地宫入口的保密自然就成了关键。民间传说：在营建陵寝时，为了保守地宫入口的秘密，传说凡哑巴院的工程所用的工匠、壮工都是哑巴。他们白天休息，夜间施工。上工下工的路上都蒙着眼睛，使他们不识途径，不知道施工的地点。完工后，把他们遣送到人烟稀少的边远地区居住。因为这个院子是哑巴修建的，所以叫哑巴院。实际上根本就不是这回事，完全是无稽之谈。

那为什么叫哑巴院呢？原来，在古建筑中，把那些比较隐蔽，从外面不易看到的部位和构件往往冠以“哑巴”一词，如哑巴椽、哑巴当、哑巴柱顶等。因为这个小院子很隐蔽，在外面看不到，所以被称为哑巴院。

清陵的哑巴院虽然效仿的是明陵，可是并没有照抄照搬。明陵的哑巴院的月牙城是弯曲的，琉璃影壁处于弧形的凸出部位。而清陵的10个哑巴院则没有这种规制。

清朝皇帝陵的10个哑巴院分3个类型。第一种是月牙城是弯曲的；第二种是院子呈长方形的；第三种是哑巴院两侧的宝城是弯曲的。关外的福陵、昭陵的哑巴院属于第一种。福、昭二陵的月牙城虽然也是弧形的，但与明陵的月牙城的弯曲方向正好相反。明陵的月牙城两端是向宝顶方向弯曲，而福、昭二陵的月牙城的两端则是向方城的方向弯曲；关内的孝陵、定陵、惠陵、崇陵的哑巴院属于第二种。这种哑巴院不仅月牙城是直的，而且两侧的宝城基本也是直的。因而哑巴院形成了一个长方形。靠左右宝城而建的转向磴道也是直的，形成南北方向；景陵、泰陵、裕陵、昌陵的哑巴院属于第三种。这种哑巴院的两侧宝城是弧形的，因而转向磴道也随之是弧形的。这种类型的哑巴院往往都比较宽敞。

福陵哑巴院，月牙城是弧形的

月牙城其实就是宝顶南侧的宝城，宝顶是圆形的，宝城也就应沿着宝顶的边缘走向而建。明陵的月牙城就是这样建的，所以月牙城两端向宝顶方向弯曲是有道理的。而福、昭二陵的月牙城两端却向方城方向弯曲，而在南侧形成了伸出的两个翼角。

为什么孝、定、惠、崇四陵的哑巴院是方形的呢？这与四陵的宝顶是南北狭长有直接的关系。这四陵的宝顶都是南北狭长的，所以宝城也随之是南北长方的，面阔较短，宝城南端与方城相接时，只要稍稍拐一个小弯就可以了，这样，宝城通过哑巴院地段时尚未拐弯，造成了哑巴院两侧的宝城是直的，所以哑巴院也就是方形的了。

为什么景陵、泰陵、裕陵、昌陵的哑巴院东西两侧的宝城是弧形的呢？因为这四陵的宝顶十分庞大，而且基本上是圆形的，这样宝顶外围的宝城也必然是圆形的，其东西方向的直径大大超过方城的面阔。宝城的南端要想与方城相接，必须从与月牙城相接处开始慢慢向内弯曲，最后才能较柔和谐调地与方城接到一起，因而形成了哑巴院两侧的宝城是弯曲的。

关内帝陵的哑巴院内的地面在神路两侧都设置了一个吊井桶，其实就是一个竖向的小井，井口是一个方形的石板，在石板上镂刻出几个圆形透眼来。这块方形盖石叫沟漏。关内的8个陵的哑巴院的沟漏除孝陵的是6个透眼外，其余七陵都是7个透眼，所以叫七星沟漏。这8座陵的沟漏中，孝、景、裕、定、惠、崇六陵均为圆形透眼，只有泰陵和昌陵特殊，这两陵的沟漏也是7个透眼，但不是圆形的，正中是方形的，周围6个是桃形的，桃尖都朝外。吊井桶下有一条横向的暗沟，一直通到宝城外。这样哑巴院里的水通过吊井桶、暗沟，就可以排到宝城之外。令人感到不解的是，福陵、昭陵没有设吊井桶，也没有发现其他形式的排水设施，不知哑巴院的水是怎么排出的。笔者曾多次到现场考察，也没有发现任何线索。

裕陵哑巴院内的七星沟漏

关于哑巴院内的转向礓道，福陵和昭陵不是转向的，是直上直下的，直接登陟可达明楼、宝城，而且是台阶的。孝、景、泰、裕、昌、定六陵都是砖礓礤。如果坡度较缓还可以，而孝陵、定陵的坡度很大，很陡，这样登陟十分困难，而且危险。从惠陵开始，转向踏跺改为石台阶，崇陵效仿之，应该说这也是一个进步。

（二十五）宝城

清陵宝城有3种。一种是永陵的宝城，实际上就是最后的八角形的马蹄院墙。第二种是带垛口、马道的城墙。第三种是在宝顶的下碱须弥座上紧贴宝顶砌的围墙。清朝的12座皇帝陵中，除永陵属于第一种和慕陵属于第三种外，其他10座皇帝陵的宝城都属于第二种。

第二种宝城仿明陵宝城环绕宝顶而建，其建筑规制与城池的城墙近似，完全用砖成砌，外皮用砍细澄浆砖干摆。宝城台面外沿成砌垛口，内沿用砍细澄浆砖干摆成砌宇墙。宇墙墙顶为两坡式，以黄琉璃瓦盖住脊。宝顶两侧的宇墙稍南各有一个豁口，安装两扇石栅栏门，此门供清明节行敷土礼时，敷土人上宝顶时出入的。宝城垛口与宇墙之间是马道。马道地面用澄浆砖平墁。宝城建在用豆渣石砌的泊岸上，墙皮外留出一米多宽的泊岸来。

这里值得一提的是，因为孝陵是仿明陵建的第一座陵寝，所以明陵的一些特点在孝陵体现得比较多些。明陵的宝城马道不是平的，而是越往后地面越升高，到宝城的最北面两侧马道相交处即宝顶的正后面，马道地面升得最高。孝陵也具有这一特点，而且是清陵中唯一的。

宝城台面内侧的宇墙根部设置多个排水孔，这样从宝顶上流下来的雨雪水就可以从这些排水孔流到宝城马道上来。宝城每侧伸出3个石制的挑头沟嘴，将宝顶上和马道上的水排出宝城之外。因为沟嘴伸出的很长，能使水远泄，不会冲刷墙身。为了避免从高高的挑头沟嘴流下来的水将地面墁砖冲击成坑，于是，在地面的落水处嵌墁上一块方块石，这样就有效地避免了水击成坑之虞。

孝陵宝城马道

从孝陵到定陵，宝城马道上靠近垛口根部没有设荷叶沟。从定东陵开始设荷叶沟。荷叶沟既能顺畅地排水，同时也能加固宝城。因此说荷叶沟的设置是陵寝制度的又一个进步。

关外的福陵和昭陵的宝城与关内的宝城相似。但与关内的宝城的排水方法相反。关内的宝城是通过石制的挑头沟嘴将水直接排出宝城之外，而福、昭二陵的马道是向内倾斜的，将马道上的水先排向宝城内，然后再排出宝城。这种往返徒劳的做法实在令人匪夷所思。

（二十六）宝顶

宝顶，就是坟头，也叫封土，古代叫方上。自从明朝的朱元璋对古代的陵寝进行改革以后，才将坟头改称宝顶。

宝顶的大小是墓主人地位高低、权力大小、身份尊卑的象征。宝顶越高大，墓主人的地位越尊贵，权力越大。所以历朝历代皇帝的坟头都十分高大。明、清两朝皇帝陵的宝顶虽然远逊于汉唐时期的皇帝封土，但在当时依然是皇帝的坟头为最大。朱元璋的明孝陵的宝顶直径为325米~400米。清陵的宝顶虽然比明陵的小，但清朝皇帝陵的宝顶的直径也有数十米。

定陵宝城宝顶

清朝的12座皇帝陵中，除永陵和慕陵外，其他10座陵的宝顶中，福、昭、景、泰、裕、昌为圆形宝顶，孝、定、惠、崇四陵为长条形宝顶。孝陵和定陵宝顶所以为长条形，是因为受地势的影响。这两陵都比较靠近山根，建陵的地势南北长而东西窄，不能容纳圆形的巨大宝顶，只能将宝顶建成长条形。惠陵仿定陵而建，崇陵又是仿惠陵而建，所以这两陵的宝顶也均为长条形。

宝顶建在地宫之上，用三七灰土[①]分多层夯筑而成。最上的几层在夯打时加添江米汁。凡宝顶都是隆起的土丘状，最高的顶部不在正中心，而是偏向后，这一特点长条状的宝顶体现得更为明显。

清朝皇陵的宝顶上根本不植树。凡现在看到的宝顶上的树都是自生的，不是人工栽的。这些树虽然对于美化环境，防风防沙有一定的作用，但树根深深地扎进夯土中去，使宝顶的夯土层裂成了很大缝隙，遇上风摇树干，裂缝越来越大，雨雪水灌入，一冻一化，长年累月，对于宝顶的破坏作用非常大。笔者认为，应该将宝顶上的这些自

① 三七灰土，即十分之三是石灰，十分之七是黄土（一种黏土），用水搅拌成泥后，用夯筑打，十分坚固。多用于建筑的基础。清代多用三七灰土。三七灰土不同于三合土。

生树全部砍伐，这样既有利于保护宝顶，又恢复了原貌。

（二十七）陵寝后院

这里所说的后院是指陵寝门以里，直到宝顶之后的罗圈墙。[①] 这部分院落又分两部分：一是从陵寝门到方城两旁的面阔墙为一部分。为了便于理解，咱们将这个院叫五供院；二是从方城两旁的面阔墙到最后的罗圈墙为第二部分，为了便于理解，咱们将这个院叫宝城院。从孝陵到昌陵，整个陵寝后院的面阔基本上与前院一样，而景陵、裕陵的宝顶巨大，所以宝城院的面阔要稍大于前院的面阔。从道光帝的慕陵开始，陵寝的后院面阔收缩，后院明显变窄。

定陵后院

孝陵、裕陵、定陵、惠陵、崇陵的陵寝后院设有玉带河。河水从宝城院里通过方城面阔墙下的水沟眼流到五供院，汇于方城前，然后

① 因为宝顶基本是圆形的，宝城是围绕宝顶所建的城墙，所以，宝城与宝顶外缘的走向是一致的，宝城也是弧形的。而宝城院的院墙是随着宝城随曲就弯，所以宝城院的围墙也是弧形的。凡弧形的院墙部分就叫罗圈墙。

再排到陵寝的前院。在玉带河上，凡是人通行的地段，都设有平便桥。景陵、泰陵、昌陵陵院内则没有玉带河之设。

（二十八）地宫

裕陵地宫第二道石门

地宫，也叫玄宫、元宫，俗称地下宫殿。地宫是安放帝后妃棺椁的地方，所以是陵寝的核心部位。营建陵寝，先建地宫。

清朝12座皇帝陵，永陵、福陵、昭陵、孝陵、景陵、泰陵地宫，因为至今还没有发掘清理，也没有找到相关的文字档案，所以这六座陵的地宫的具体规制现在还不清楚。因为裕陵地宫、崇陵地宫已经开启并清理，昌陵、慕陵、定陵、惠陵虽然没有打开，但已经找到了翔实的清宫档案，所以这六陵的地宫规制已经清楚了。除慕陵特殊外，另外五陵的地宫，无论是标准规制的，还是缩减规制的皇帝陵的地宫，都是九券四门，其间只是尺寸大小、册宝座摆放位置、棺床形制不同而已。

清朝皇帝陵的地宫规模逊于明陵。清朝皇帝陵地宫用砖石拱券而成，标准规制为九券四门，其间没有梁柱。这九道券从前到后依次是：隧道券、闪当券、罩门券、第一道门洞券、明堂券、第二道门洞券、穿堂券、第三道门洞券、金券。其中隧道券和闪当券为砖券。这九道券中，除明堂券和金券为横券外，其余七券皆为纵券。[①] 在石券中，以金券的空间为最大，明堂券次之，穿堂券更次之，门洞券最小。除隧道券地面为砖地面外，其他八券地面均为石墁。我们现在虽然还不知道泰陵地宫的规制是什么样，但从已找到的清宫档案中，我们知道了泰陵地宫的地面原设计方案是用青白石铺墁，后来改用二尺金砖铺墁。金砖之下是5层临青砖。[②] 根据所用金砖473块进行计算，其地宫落空面积与裕陵相差不多。因此推测，泰陵很有可能也是九券四门。

许多人认为，地宫各券是直接将石料砌到地宫里的，其实并非如此简单。天津大学王其亨教授经过潜心研究，发现了营建地宫的奥秘。原来地宫各券是这样建起来的：

先在陵旁选一个平坦之地，挖一个比地宫稍大的地槽，就像一个倒置的地宫槽，称样券坑。用旧样城砖按地宫券形砌成曲面下凹的券坑，称样制券。券两端的垂直墙部分用砖砌好。样制券的内轮廓尺寸与将来地宫石券的外轮廓尺寸相同。整个样制券实际上就是地宫拱券的一个阴模。然后将事先已琢制好的券石砌到样制券中，其砌法和精密程度与后来砌地宫时一样。砌好后的内轮廓尺寸及形状与以后的真地宫内轮廓尺寸、形状完全一样，不能有丝毫的误差，就像把地宫倒仰过来一样。这个仰置的地宫砌好后，将每块券石按一定顺序编写上号码，拆出，然后再砌到真地宫槽内。这是一项极其精细复杂的工

① 所谓横券，就是券的拱轴与地宫的中轴线垂直；所谓纵券，就是券的拱轴与地宫的轴线方向一致，且在一条直线上。横券、纵券是作者命的名，为了叙述方便，也便于读者理解。

② 清宫档案《工科题本》“乾隆二年”，第2包。

程，不能有丝毫的差错，否则就不会合上龙门，因而显示了我国古代匠师卓越的创造才能和高超的技艺。

裕、昌、定、惠、崇五陵地宫，均为四道石门。每道石门安石门两扇。每扇门上都雕刻一尊菩萨立像，合称“八大菩萨”。

“八大菩萨”都是哪8位菩萨，在佛教界有不同的说法。一说是：金刚手菩萨、观自在菩萨、虚空藏菩萨、金刚拳菩萨、文殊师利菩萨、才发心转法轮菩萨、虚空库菩萨、摧一切魔菩萨。另一说是：观自在菩萨、慈氏菩萨、虚空藏菩萨、普贤菩萨、金刚手菩萨、曼殊师利菩萨、除盖障菩萨、地藏菩萨。还有的说是：文殊师利菩萨、观世音菩萨、得大势至菩萨、无尽意菩萨、宝檀华菩萨、药王菩萨、药上菩萨。

那么，清朝皇帝陵地宫里的八大菩萨是哪八位呢？据清宫档案记载，这八位菩萨是：文殊菩萨、大势至菩萨、观音菩萨、地藏王菩萨、除盖障菩萨、虚空藏菩萨、慈氏菩萨、普贤菩萨。①

笔者亲眼见过裕陵、宝华峪陵寝（道光陵）和崇陵地宫里的八大菩萨雕像，其中以裕陵的为最佳。裕陵的菩萨像高约一米五左右，全部为女性形象。每位头戴莲花瓣佛冠，高梳发髻，两耳佩环，身披绶带，璎珞垂珠；下身穿羊肠大裙，袒胸露腹，赤脚立于莲花台上；身段苗条，体态婀娜，温柔慈祥，美丽端庄。莲花台下，海水粼粼，波光潋滟，简直像一幅仙女下凡图。古代匠师运用了立体感极强的高浮雕技法，有意突出了菩萨的主体形象，因而显得栩栩如生，楚楚动人。这八尊菩萨像糙看似乎没有什么区别，但仔细端详，却各有特点，手印和掌心朝向各不相同。无论手印、掌心怎么变化，每只手里都捏着一根藤蔓。藤蔓弯曲向上，顶端有一朵盛开的鲜花，衬以绿叶。因为这些花都位于每位菩萨的肩头之上，故称之为“肩花”。各位菩萨的肩花是一样的，但花朵上所托的器物却各不相同。肩花上托

① 清宫档案《定陵修建地宫殿宇房间等工销算黄册》黄册，簿037，1～7号。

的器物，是鉴别菩萨身份的重要标志，也是了解每位菩萨有何法力的根据。

第一道门的东扇门上，雕刻的是代表大智的文殊菩萨，西扇门上雕刻的是代表大力的大势至菩萨。

裕陵地宫第一道石门东扇上雕刻的文殊菩萨

第二道门的东扇门上，雕的是代表大慈大悲的观音菩萨。西扇门上，雕刻的是代表大愿的地藏王菩萨。

第三道门的东扇门上，雕刻的是除盖障菩萨。西扇门上雕刻的是虚空藏菩萨。

第四道门的东扇门上，雕刻的是代表大富大贵的慈氏菩萨。西扇

裕陵地宫第二道石门西扇石门上的地藏王菩萨

门上雕刻的是代表大行的普贤菩萨。

清朝皇帝陵的地宫里，虽然是同样的八大菩萨，但陵寝不同，营建的年代不同，表现形式也有差异。裕陵地宫的菩萨全为女性，而崇陵的八大菩萨中，第二道石门上的两尊菩萨有胡须，为男性。

清朝皇帝陵地宫中并非都雕八大菩萨。道光帝的慕陵地宫为四券二门，只有4扇石门，所以只雕了上述后面的四大菩萨。

根据清宫档案记载，定陵和惠陵地宫的八大菩萨和裕陵的一样。

孝、景、泰三陵地宫，既没有发掘开放，也没有找到有关文献，所以地宫里有没有八大菩萨雕刻尚有待考证。

崇陵地宫第二道石门西扇带胡须的菩萨像

门管扇，民间叫门连楹，是固定门扇上门轴用的。因为石门扇巨大，有万斤之重，如果门管扇用石料制作，显然承载不了石门的重量，于是就用铜铸造。皇帝陵地宫中的四道石门的门管扇都是铜的。有的陵的管扇是用红铜，有的是用黄铜。道光帝的宝华峪地宫门管扇是用红铜铸的，定陵的用黄铜铸的。其实，名之为铜管扇，实际上并不是纯铜，而是铜与锌的合金。在铸造宝华峪4件铜管扇时，领取宝泉局红铜条三万斤，倭铅（锌）二万斤。[1] 据档案记载，定陵金券的黄铜管扇长二丈二尺（折704厘米）、宽二尺五寸（折80厘米）、厚八

① 清宫档案《内务府来文》第2943包。

寸（折25.6厘米）。铜管扇并不是完全是铜铸的，为了增加门管扇的硬度和抗压力，在管扇里有一个铁心，定陵金券的铜管扇的铁心长一丈五尺二寸（折486.4厘米）、宽五寸（折16厘米）、厚二寸（折6.4厘米）。[①]

金券是地宫九券中的最后一券，也是最重要的一券。帝、后、妃的棺椁安放在金券的棺床上。棺床在档案和官书上称宝床。棺床靠金券的北墙，用巨大的青白石砌成。朝外的立面凿作须弥座形。清朝帝陵的棺床有两种形式。一种是平面呈长方形，按金券的通面阔展开，称为正面棺床；另一种由正面棺床沿东西墙分别向南伸展，直抵南墙，整个棺床形成倒“凹”字形，凹口朝向金券门口。两翼棺床称垂手棺床。无论哪种棺床，正面棺床中央都凿有圆形透眼，直径15厘米左右。这个透眼就是金井。皇帝的棺椁就安放在金井之上。皇后和皇贵妃棺椁分列皇帝棺椁的两旁。每个地宫只能有一个金井。每具棺椁四角分别卡倚精雕或彩绘的龙山石。

孝贤皇后棺椁四角的龙山石

① 清宫档案《菩陀峪万年吉地工程备要》卷七“亨部”。

龙山石的作用是固定棺椁，有3种形式：①雕刻云龙，带榫的，如裕陵的和慈安陵的；②雕刻云龙不带榫的，如慈禧陵的；③彩画云龙，不带榫，只是一个长方体，如崇陵的。这3种，以第一种的固定效果最佳。

皇帝陵地宫内设有须弥座形的方形册宝座，用石料雕成，用以陈放帝、后的香册、香宝箱。册在东旁，宝在西旁。如果有多组册宝，则以北为上。皇帝的在前，皇后的在后。如果一位皇后有多组册宝，则原上册宝[①]在前，加上册宝[②]在后。[③]如果有几位皇后，则原配皇后在皇帝之后，继后和皇帝生母依次排在原配皇后的后面。比如乾隆帝的裕陵地宫里有四组册宝座，北数第一组为乾隆帝的册宝，第二组为孝贤皇后的原上册宝，第三组为孝贤皇后的加上册宝，第四组为孝仪皇后的加上册宝。[④]皇贵妃无香册、香宝。册宝座的位置与入陈的册宝多少有直接关系。如果多，则摆放在明堂券内东西墙根下，如裕陵有四组册宝，金券摆放不下。如果少，则摆放在金券内，如崇陵只有两组册宝，则摆在了金券内的东西两侧。

裕陵地宫册宝座高50厘米，上平面为边长58厘米的正方形。其他陵寝的册宝座大同小异，规制一样，只是尺寸略有出入。

裕陵以前的永、福、昭、孝四陵尚不了解地宫的规制，所以地宫内有无雕刻也不清楚。在清朝皇帝陵地宫里，迄今为止，我们所知道的只有乾隆帝的裕陵和嘉庆帝的昌陵地宫里有经文佛像雕刻。昌陵地

---

① 所谓原上册宝，就是这位皇后死后第一次上的谥号而做的香册和香宝。

② 所谓加上册宝，就是这位皇后第二次加上谥号时所做的香册香宝。

③ [清] 崑冈等修，刘启端等纂，光绪朝《钦定清会典事例》卷四七二，“礼部·丧礼”。载《续修四库全书》编纂委员会编：《续修四库全书》第805册，“史部·政书类”，第447页，上海古籍出版社，2002年。

④ 孝仪皇后死在皇贵妃位上，第一次上的谥号是令懿皇贵妃。乾隆六十年九月公布其生的皇十五子永琰为皇太子后，她被追赠为孝仪皇后，嘉庆四年乾隆帝死后，嘉庆帝又给孝仪皇后的谥号加上10个字。乾隆帝在嘉庆四年九月十五日入葬裕陵时，只将孝仪皇后的加上册宝送入地宫陈放。

宫的经文佛像雕刻及相关图案，完全是临摹裕陵的。[①] 所以，知道裕陵地宫是什么样，也就知道昌陵地宫是什么样了。

裕陵地宫明堂券内东旁的4个册座

裕陵地宫雕刻图案的主要内容和位置是这样的：

先看石门楼的规制。门楼为单檐庑殿顶，采用的是砖木瓦结构形式。脊、吻、跑兽、瓦垅、檐部、门垛、门框等全部为石制。跑兽中没有仙人，只有狮子、天马、海马。檐部没有斗栱，为冰盘檐。上门槛外侧有4个石门簪。每个门簪看面阴刻一个梵文。左右门垛为马蹄柱形。门垛的上身正面阴刻7个梵字，侧面雕刻花瓶。门垛的下碱为须弥座形。上下枭刻仰伏莲花瓣，束腰雕刻法轮。地宫的第一、第二、第三道石门都有门楼，而且规制是一样的。只有第四道石门没有门楼，但有月光石。第一、第三道石门[②]南面的正脊之上和第四道石门的上门槛上的月光石上正中分别雕刻一尊佛像，两侧雕刻香几、执

① 中国第一历史档案馆编纂：《嘉庆道光两朝上谕档》第4册，第218页，第626条，广西师范大学出版社，2000年。

② 因明堂券是横券，所以，第二道石门的门楼正脊之上没月光石。

壶，执壶上插孔雀翎。执壶两侧各雕刻一个海螺。地宫的四道石门，每道门的上门槛的后面都安装着铜管扇。第四道门的门管扇最大，而且与上门槛是连成一体的铜铸件。

裕陵地宫第一道石门门楼及月光石

地宫的罩门券是石券，按顺序是第三券，位于闪当券以北，第一道石门之南。这道券无论平水墙[①]还是券顶[②]上都没有图案雕刻。只有石门门垛两旁的北墙上有香几、火焰宝珠等少部分花纹图案雕刻。

进入第一道门洞券，左右两壁的平水墙上雕刻四大天王。左侧（东侧）是北方多闻天王（北首）和西方广目天王（南首）。右侧（西侧）是东方持国天王（北首）和南方增长天王（南首）。这4位天王都顶盔贯甲，手持法器，威风凛凛，面目狰狞，守卫着地宫的头道石门。门洞的券顶是阴刻的梵文和藏文。过了第一道门洞券就是明堂券。明堂券是九券中仅小于金券的重要券堂。明堂券是横券，东西平水墙上是阴刻的藏文。月光石正中雕刻火焰宝珠，在火焰宝珠外围从内到外，依次雕刻轮、螺、伞、盖、花、罐、鱼、肠八宝图案及梵

① 这里的平水墙指的是地宫内四壁的与地面垂直的墙。平水墙往上就起拱，有了弧度。有弧度的部分称券顶。

② 这里的券顶是指地宫里平水墙之上的起拱、有弧度的部分。

文。在南面的平水墙上也阴刻藏文。在北面的平水墙上即第二道石门的两侧各雕刻一幅狮子驮宝瓶的图案。在券顶上雕刻五方佛。穿过第二道石门，进入第二道门洞券，东西平水墙上阴刻梵文。券顶上是两个喇嘛塔。

裕陵地宫第一道门洞券西壁上浮雕南方增长天王和东方持国天王

第二道门洞券以北就是穿堂券。穿堂券相当于连接明堂券与金券之间的过道。在穿堂券的东西平水墙上各雕刻一组五欲供。五欲供分别由明镜、琵琶、涂香、水果、天衣组成，暗寓人的眼、耳、鼻、舌、身所产生的色、声、香、味、触五种欲望。劝导莘莘世人生前要多做好事、善事，不做恶事、坏事，做到四大皆空、六根清净，死后才能进入极乐世界，修成正果。在穿堂券的券顶上，雕刻着纵向八排佛像，每排3尊，共24尊。这24尊佛像与第一、第三、第四道石门楼上的月光石上雕刻的3尊佛像和五方佛正中佛像周围的8尊小佛像组成了三十五佛。[①]

① [法] 王微：《乾隆裕陵棺椁藏文经咒释读》，载《故宫博物院院刊》2006年第一期，第048页。

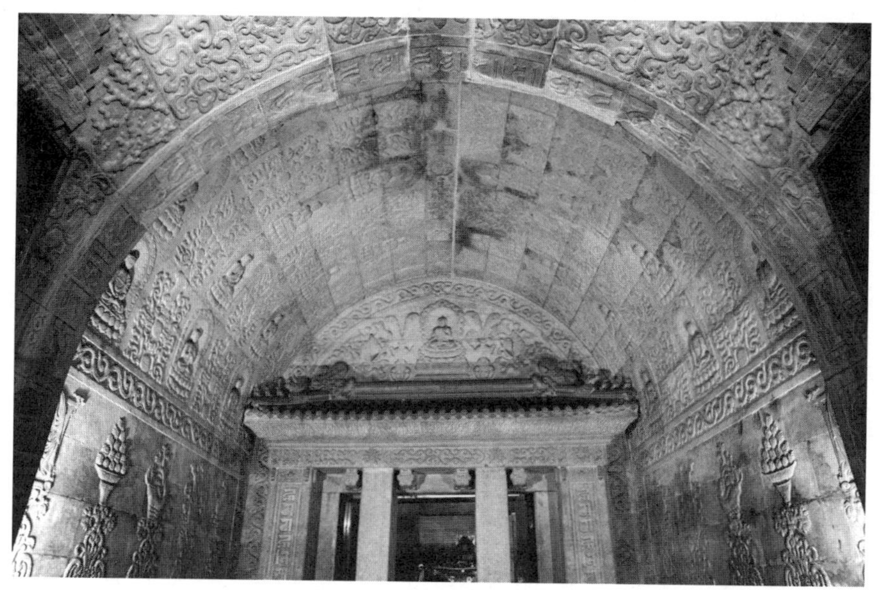

裕陵地宫穿堂券

第三道门洞券最小。两侧平水墙阴刻梵文。券顶阴刻藏文。

金券是最后一道券堂。在东西平水墙上阴刻藏文。在月光石上雕刻一尊佛像、梵文、火焰宝珠及八宝。在南北平水墙上，雕刻大量的梵文及纹饰。在券顶上，东西排列着3尊佛像。每尊佛像环以两层梵文。最外层是一圈莲花瓣。

据清宫档案记载，裕陵地宫共雕刻梵文647个字、藏文29464个字，合计共雕刻30111个字。[①] 裕陵地宫内的这些经文、佛像雕刻不是由胜水峪万年吉地工程处办理的，而是按另案工程，由皇宫的御书处办理的。这些图案、文字的雕刻用时3年。而昌陵地宫，同样是这些图案、文字，这项工程是由太平峪万年吉地工程处办理的，用工时不到一年，而且节省工价银1056.06两。[②]

昌陵以后的慕陵、定陵、惠陵、崇陵地宫，雕刻经文佛像遂成绝响。

① 清宫档案《朱批奏折》“建筑工程”，卷43～44　朱33。

② 清宫档案《内务府来文》“陵寝事务”，第2931包。

（二十九）神厨库

定陵神厨库

神厨库是杀牛宰羊，做肉类祭品的场所。在关外三陵中，也有类似这种功能的设施，但地点不固定，又比较分散。清朝入关后，仿明陵制度①，在陵前左侧建了神厨库，将厨房、库房和省牲的处所集中在一起。孝陵是清陵中第一个建神厨库的陵。以后皇帝陵和皇后陵都建神厨库，成为制度。

神厨库建于陵前的左（东）侧，一般在东朝房的后面。景陵东朝房后面就是东砂山，没有地方建，故将神厨库南移，建在了石像生的东旁。神厨库是一个独立的小院，坐东朝西。西墙有一个门楼。这组建筑的主体建筑是神厨，坐东朝西，单檐悬山顶，面阔5间，黄琉璃瓦顶。门前有垂带踏跺1座。屋内设锅灶。房后有砖砌烟筒1座。这里是陵寝礼部员役制作肉类祭品的厨房。在这个小院内的东南角有一个亭式建筑，叫省牲亭，是杀牛宰羊的地方。省牲亭为重檐歇山顶，四面各显3间，黄琉璃瓦顶，门朝西开。亭内靠东墙设锅台，安大铜锅两口。在亭内地面正中有一个石砌的池子，池底有排水暗道。在亭

① 明十三陵，从明仁宗的献陵开始建神厨库。

内的西南角有一口大铜水缸，称铜海，下半截嵌入地下，为便于舀水，缸微倾斜。两个灶门口在省牲亭的东墙外。在亭的东面有一个东出水的厦子，在厦子内烧火。在省牲亭外的东南角有一座用砍细澄浆砖砌的烟筒。在神厨前（西）的南北两侧各有一座单檐悬山顶的建筑，相向而建。这两座建筑是南神库和北神库，均面阔3间，黄琉璃瓦盖顶。这里是储存制作祭品原材料的库房。

在陵里当差值班的兵丁、内务府和礼部员役的日常生活和制作祭品，都需要大量的水。所以每座陵都要开挖水井，建盖井亭。至今尚未找到关外三陵井亭的准确位置。关内营建的最早的孝陵和景陵井亭距陵寝都相对较远。从泰陵开始，井亭都建在神厨库的南墙外，这既方便了日常用水，也给陵寝增加了一个景观。井亭为四角攒尖顶。但出于井亭的特殊功用和需要，没有做成将4条脊的上端攒到一起的形式，而是在顶部做成一个小方口。有人将这种形式叫盝顶是不对的，因为在《菩陀峪万年吉地工程备要》里记载为“四脊攒尖”，这表明井亭的这种屋顶形式属于一种特殊的四角攒尖顶。

第五节　妃园寝规制

清朝共建了10座妃园寝，关外2座，清东陵5座，清西陵3座。这10座妃园寝可分为4类，即草创规制、标准规制、逾制规制和缩减规制。

一、《大清会典事例》关于妃园寝规制的记载

（一）逾制的景陵皇贵妃园寝

景陵皇贵妃园寝。[①] 琉璃花门一座，广一丈八尺二寸，

① 凡《大清会典事例》记载的妃园寝，均不记载后院的方城、明楼、宝城宝顶。

广一丈八尺二寸、纵八尺八寸、檐高一丈一尺。前正中飨殿一座，广八丈二尺、纵四丈四尺五寸、檐高一丈三尺五寸。两庑各五间，广五丈五尺八寸、纵二丈四尺二寸、檐高一丈六尺二寸。东有燎炉一座，广九尺七寸、纵七尺、高七尺三寸。南有大门三，广四丈七尺二寸、纵二丈八尺六寸、檐高一丈二尺六寸。门外左右设班房。东西厢各五间，广五丈五尺、纵二丈一尺五寸、檐高九尺二寸。前有一洞石桥一座。[①] 围墙周长一百五十五丈、高一丈三尺。[②]

（二）规制标准的定陵妃园寝

定陵皇贵妃园寝，琉璃花门一座，广一丈九尺、纵六尺四寸、高称之。东西卡子墙高一丈一尺、长十九丈。正中飨殿一座，广七丈六尺、纵五丈二尺、檐高一丈八尺。东有燎炉一座，广九尺、纵六尺二寸、高九尺。南有大门三，广四丈五尺、纵三丈一尺六寸、檐高一丈四尺。门外设左右班房各二间。[③] 东西厢各五间。[④] 前有一洞石桥一座。[⑤] 围墙周长一百三十二丈、高一丈一尺五寸。[⑥]

---

① 实际上，景陵皇贵妃园寝的一孔拱桥东旁建二孔平便桥1座，西侧建三孔平石桥1座。《大清会典事例》中均未予记载。

② [清] 崑冈等修，刘启端等纂，光绪朝《钦定清会典事例》卷九四九，“工部·坟茔规制”。载《续修四库全书》编纂委员会编：《续修四库全书》第811册，“史部·政书类”，第432页，上海古籍出版社，2002年。

其实，各妃园寝都栽有仪行树，但《大清会典事例》却都未予记载。

③ 此处为误记。实为3间。

④ 此处丢记厢房尺寸。

⑤ 实际上，一孔拱桥东旁还建有一座三孔带栏板的平石桥。会典未记。

⑥ [清] 崑冈等修，刘启端等纂，光绪朝《钦定清会典事例》卷九四九，“工部·坟茔规制”。载《续修四库全书》编纂委员会编：《续修四库全书》第811册，“史部·政书类”，第434页，上海古籍出版社，2002年。

（三）规制缩减的昌陵妃园寝

昌陵皇贵妃园寝，琉璃花门一座，广一丈八尺、纵九尺、檐高一丈一尺三寸。[①] 前正中飨殿一座，广六丈、纵三丈四尺、檐高一丈三尺。东有燎炉一座，广九尺六寸、纵六尺八寸、高七尺三寸。南有大门三，广三丈八尺四寸、纵二丈、檐高一丈一尺五寸。门外设左右班房。东西厢各三间，广三丈一尺、纵一丈七尺、檐高九尺。前有一洞石桥一座。围墙周长一百四十五丈四尺、高一丈二尺。[②]

二、草创时期妃园寝的规制

属于草创规制的妃园寝有两座，都建在沈阳，即福陵妃园寝和昭陵妃园寝。这两座妃园寝的规制大同小异，都坐北朝南，长方形院落。大门3间，享殿3间，皆为硬山绿琉璃瓦顶，前后出廊。大门前有果房、茶膳房各一座，亦为硬山顶，青布瓦盖顶。与关内的妃园寝相比，其特点是：

首先，无论大门还是享殿，都是硬山顶，有前后廊；

其次，院墙是长方形的，没有罗圈墙；

第三，没有明显的“前朝后寝”格局，没有园寝门。

通过老照片得知，昭陵妃园寝原有茶房和果房，各面阔2间，都是单檐硬山顶，两房在一侧。有的专家认为这两座房子建在院内，在享殿前两侧，每座3间。笔者认为，这两座房子属于内务府人员做祭品的场所，应该建在大门以外，不应建在配殿的位置。而且老照片上已证明两房是在一侧，而且都是面阔2间。根据中国古建筑的中轴对

① 此处为误记。实际上，昌陵妃园寝没有园寝门。

② [清] 崑冈等修，刘启端等纂，光绪朝《钦定清会典事例》卷九四九，“工部·坟茔规制”。载《续修四库全书》编纂委员会编：《续修四库全书》第811册，“史部·政书类”，第433页，上海古籍出版社，2002年。

称的特点，在果房和茶房的对面还应该有两座面阔各两间的房子。当然这只是一种推测，还应以文献和考古发掘为准。

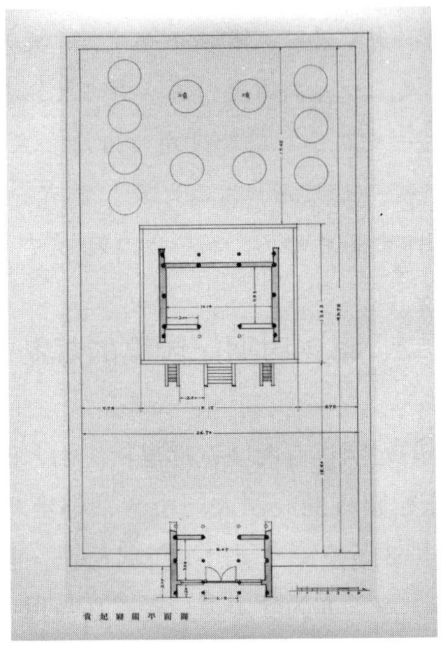

昭陵妃园寝平面图（载《奉天昭陵图谱》）

昭陵妃园寝享殿旧照

昭陵妃寝园茶房果房

福陵和昭陵的妃园寝是清朝营建得最早的妃园寝，规制还不完善，属于草创。入关以后，妃园寝规制才逐渐完善起来。

三、标准规制的妃园寝

崇陵妃园寝

这类园寝包括景陵妃园寝、泰陵妃园寝、定陵妃园寝、惠陵妃园寝、崇陵妃园寝5座。景陵妃园寝是清朝在关内建的第一座妃园寝。

标准规制的妃园寝规制如下①：园寝最前面有马槽沟一道，砖砌泊岸，正中建一孔拱桥1座，二十四气式柱头。拱桥旁有平桥1座。桥北面是一片宽敞的砖墁地，称砖海墁。海墁以北，有东、西厢房各5间，单檐硬山顶。厢房北面有东、西值班房各3间，单檐硬山卷棚顶。正中为大门，单檐歇山顶，面阔3间，进深2间。前院东侧有燎炉一座。院内正中有享殿一座，单檐歇山顶，面阔5间，殿前有月台。享殿后是园寝门3座，中门有门楼，前有月台。两侧门是随墙门，门前无月台。后院是众妃嫔的宝顶，东西横向呈弧形排列。凡内葬人地位较高的靠前排。如果在同排，地位较高的往中间排。地位较高的，其宝顶较大，反之，则较小。从大门两旁伸出的红墙把燎炉、享殿、园寝门、宝顶围拢起来，院落平面呈前方后圆形式。园寝分前后两进院落，形成明显的"前朝后寝"格局。大门、燎炉、享殿、墙顶均为绿琉璃瓦，厢房和值班房用布瓦盖顶。

景陵妃园寝效果图（贾嘉绘制）

①《钦定礼部则例》卷一四五"祠祭清吏司"，第5页。

妃园寝享殿内及暖阁的陈设，关内各园寝大同小异，现在以景陵妃园寝为例作以介绍：

享殿内暖阁三间。中暖阁神龛内香龛一座：金黄片金面黄绢里帷幄一分。红漆宝床一张，前挂金黄片金刷一件，上铺绿锦面金黄绢里垫子一件。金黄红绿妆缎面蓝缎里褥子三床。傍设金黄九龙被四床。中间金黄两头石青红妆缎顶三厢仙枕四个、绿锦迎手八个：随明黄云缎套八件、金黄油敦布套八件。搁迎手红油木座八个。金黄云缎面黄绢里幔帐一分。红油脚踏上罩金黄云缎缎套。铺地面高丽凉席一领。金黄油敦布夹垫子一件。神龛内挂金黄云缎壁衣一分。朝灯二座，随金黄绢单套二件。暖阁内设宝椅十二张，上铺金黄冰缎椅垫子十二件，盖宝椅金黄云缎面金黄绢里宄单十二件。随金黄油敦布宄单十二件。暖阁内挂金黄云缎壁衣三分。外挂金黄云缎冲天帐三分。

中暖阁与东、西暖阁的陈设基本相同。只有绿迎手8个，随金黄云缎套8件。不是随明黄云缎套8件。其他完相同。

殿内设宝座十二分：上铺金黄妆缎面黄绢里靠背、扶手、坐褥十二分。盖宝座金黄云缎面金黄绢里宄单十二件，随金黄油敦布宄单十二件。脚踏上罩金黄妆缎面黄绢里垫子十二件。大案三张，每一张上罩金黄云缎面金黄绢里案套一件、随金黄油敦布面黄绢里案套一件、金黄油敦布单垫子一件。两边酒案四张，随金黄云缎面黄绢里案套四件。金黄油敦布面黄绢里案套四件。铜镀金五供一分：瓶内插松竹梅花一对。铜镀金香盒一分、金漆香几五件、满堂红灯四盏：上罩金黄绢单套四件。[1]

标准规制的妃园寝与帝、后陵的重要区别是：

妃园寝用绿色琉璃瓦，帝后陵用黄琉璃瓦。

妃园寝享殿是单檐歇山顶，没有栏杆，殿前月台上不设鼎、鹤、鹿，不设御路石。

妃园寝只设燎炉1座，位于左（东）侧。帝后陵则设两座燎炉。

妃园寝大门面阔3间，帝后陵大门面阔5间。

妃园寝神路用砖铺墁，中心道板用方砖铺墁，没有牙石。神路不与帝后陵神路相接。

妃园寝不建碑亭、牌坊、石像生、石五供、二柱门。

标准规制的妃园寝不建方城、明楼和带雉堞的宝城。

妃园寝前的马槽沟上的拱桥为一孔，帝后陵为三孔。马槽沟泊岸没有压面石。园寝内没有玉带河。

妃园寝不建神厨库。

妃园寝的大门不能称隆恩门，享殿不能称隆恩殿；妃园寝大门、享殿不挂斗匾；茶膳、饽饽房不能称朝房，只能称厢房；妃园寝的“后寝”门户3座门只能称园寝门，不能称陵寝门。

妃园寝不设下马牌，只设下马桩。

这5座标准规制的妃园寝中，只有泰陵妃园寝的东西厢房是面阔3间，一孔拱桥旁没有平桥。其实标准规制的妃园寝也是经历了一个演变过程的。景陵妃园寝是清朝在关内建的第一座妃园寝，初建时，厢房也是面阔3间。乾隆元年（1736年），由于这座妃园寝内葬人日益增多，后院地方越来越少，祭品用量越来越大，在享殿内祭祀时显得狭窄。所以和亲王弘昼向乾隆帝建议，将园寝门及两侧的面阔墙拆

---

① 清宫档案《陵工事宜清册》（不分卷）“景陵并皇贵妃园寝、妃园寝、端悯固伦公主园寝陈设软片镀金银铜器皿细册”2708号。现藏日本东方文化院京都研究所。

掉，仿照昭西陵的样子，在享殿的两侧各砌一道面阔墙，在这两段墙上各开一个门，作为园寝门；将享殿前接添抱厦5间；把东西厢房由3间改为5间。[①] 后来的结果是，将厢房改为了5间，园寝门没有改。在享殿前只接了3间抱厦。

道光九年（1829年）二月，将景陵妃园寝享殿前的3间抱厦拆掉，将原抱厦的台基改作月台，[②] 至此才形成了今天的规制。泰陵妃园寝是清朝在关内建的第二座妃园寝，是清西陵建的第一座妃园寝。在建泰陵妃园寝时，必然要以景陵妃园寝的规制为蓝本，当时景陵妃园寝的厢房还是面阔3间。所以泰陵妃园寝的厢房自然也就是面阔3间了。自景陵妃园寝的厢房改为面阔5间后，清东陵以后所建的妃园寝均仿景陵妃园寝，厢房都是面阔5间。

四、逾制的妃园寝

清朝逾制的妃园寝有两座，皆在清东陵，一座是景陵皇贵妃园寝；一座是裕陵妃园寝。

景陵皇贵妃园寝是乾隆帝为了报答悫惠皇贵妃和惇怡皇贵妃的抚养之恩而修建的，特下旨“规制稍加展拓”。[③] 与标准规制的妃园寝相比，这座妃园寝在哪些方面“稍加展拓”了呢？

标准规制的妃园寝，宝顶建在长方形的砖石月台上，不建方城、明楼，也不建带雉堞的宝城，而这座妃园寝却建了两座方城、明楼和带雉堞的宝城，这在清朝妃园寝中是独一无二的。为了与帝后陵有所区别，明楼为单檐歇山顶，朱砂碑上用满、汉两种文字镌刻。明楼上不悬挂题写陵名的斗匾。

---

① 清宫档案《内务府奏案》“乾隆元年”，第5包。

② 清宫档案《内务府来文》第2946包。

③《高宗纯皇帝实录》卷四三，《清实录》第9册，第759页，中华书局，1986年。

裕陵妃园寝鸟瞰

标准规制的妃园寝不建东、西配殿，而这座妃园寝建了东、西配殿，而且都是面阔5间，比昌西陵、慕陵、慕东陵的3间配殿规模还大。

标准规制的妃园寝在享殿前不设丹陛石，而这座妃园寝的享殿月台前设了丹陛石，上面雕刻“丹凤朝阳”图案，一只展翅欲飞的凤凰亭立于山石之上，上有彩云缭绕，下有海水江崖，山石上还雕有吉祥兽蜥蜴，刻工精细，栩栩如生，称得上是件佳作。清朝妃园寝设丹陛石，仅此一例。

帝、后陵的朝房均有前廊，妃园寝的厢房无前廊。而这座妃园寝的厢房则设有前廊。

标准规制的妃园寝，在一孔拱桥一侧建平桥1座，而这座妃园寝，在一孔拱桥左侧建二孔便桥1座，在右侧建三孔平桥1座。这在清朝妃园寝中是唯一的。

因此说，景陵皇贵妃园寝在清朝妃园寝中是逾制的。

裕陵妃园寝初建时本是一座标准规制的妃园寝，因为要葬入乾隆帝的纯惠皇贵妃，特地对这座妃园寝进行了改建和增建。

1. 为了腾出增建方城、明楼的地方，将原来的园寝门及左右的面阔墙拆除，移建到享殿的两侧，园寝门由原来的3座变成了左右2座。这种形式很可能受昭西陵的影响。

2. 增建方城1座。在方城上建单檐歇山顶的明楼1座。在方城后建大宝顶1座，环以带雉堞、马道的宝城，其规制与景陵皇贵妃园寝的方城、明楼、宝城、宝顶是一样的。

3. 在前院增建东、西配殿各1座，单檐歇山顶，均为面阔5间。裕陵妃园寝是仅次于景陵皇贵妃园寝的逾制的妃园寝。

清朝这两座逾制的妃园寝都建于国家强盛、财力雄厚的乾隆朝，这充分表明陵寝的规制与国家的兴衰有着直接的关系。

五、缩减规制的妃园寝

缩减规制的妃园寝只有1座，就是昌陵妃园寝。所以说这座妃园寝是缩减规制的，主要有以下几个理由：

昌陵妃园寝享殿及园寝门

首先，这座妃园寝的享殿后没有建园寝门，只是在泊岸的边缘处砌一道宇墙，正中留出一个豁口，豁口处设一个石礓礤。而将园寝门建在了享殿左右的面阔墙上，而且不带门楼，都是随墙门。

其次，这座妃园寝的厢房都是面阔3间。

第三，一孔拱桥旁没有任何桥座。

昌陵妃园寝建于嘉庆四年（1799），与昌陵同时营建。嘉庆帝在谕旨中明确指示“妃衙门殿座、券池俱照泰陵式样建盖”[①]，可是实际上，昌陵妃园寝并没有照泰陵妃园寝规制建。在嘉庆初年，清朝虽然国势已走下坡路，但在建皇陵方面还是有钱的。既然如此，昌陵妃园寝为什么不仿照泰陵妃园寝规制建而把规制搞得这么低呢？还有待考证。

第六节　陵寝规制的发展变化和趋势

从顺治十八年（1661）筹建孝陵，到1914年年底崇陵全工告竣，在长达两个半世纪中，陵寝规制、结构形式、施工技术、建筑材料诸方面都发生了许多变化，这些变化的主要趋势，一是越来越科学合理、坚固耐久；二是越来越精美奢华；三是规制越来越缩减。这些变化一方面说明了社会的发展和建筑工艺的进步，也反映出清朝统治者们的生活更加奢侈，另外，从缩减规制方面也可以看出国力每况愈下，财政日渐匮乏的败势。

一、趋向更加科学合理、坚固耐久方面的变化

1. 自咸丰帝的定陵开始，方城的门洞券南口券脸石外成砌五伏五券砖；明楼门洞券增加券脸石。从泰陵开始，神道碑亭券门增加券脸石，而且券脸石上的雕刻纹饰越来越复杂、精美。

① 清宫档案《内务府来文》“陵寝事务”，第2930包。

2. 孝陵的七孔桥、五孔桥，景陵的五孔桥的桥洞都是砖券。自泰陵起，各拱券桥的桥洞均由砖券改为石券，券脸顶部加吸水兽。这样不仅使桥梁更坚固，而且更加美观。

3. 据迄今为止研究的成果表明，昌陵以前（包括昌陵）的各陵地宫都没有设置龙须沟。由于吸取了东陵宝华峪地宫出现渗水的惨痛教训，自慕陵起，包括妃园寝，地宫下面均设龙须沟，以排除地宫内积水，从此再无水患之虞。

4. 两座定东陵、惠陵、崇陵宝城都设置了青白石荷叶沟，既排水通畅，又防止渗水，也能使建筑更加坚固。以前帝后陵的宝城不设荷叶沟。

5. 泰陵以前的帝、后陵方城，东、西、南三面基座为石须弥座，北面及隧道券内基座为干摆砖，隧道券地面用砖铺墁。从泰陵开始，方城基座四面及隧道券内都是石须弥座，隧道券内地面都用青白条石

崇陵龙须沟出口

铺墁，从而使建筑既坚固又美观，更趋于完善。

6. 孝陵、景陵、孝东陵隆恩门前的月台正面及两侧都是砖礓礤。自泰陵起，月台前面改为石礓礤、两侧改为石踏跺。

7. 后期营建的惠陵、崇陵哑巴院内的转向踏跺由砖礓礤改为石台阶，既便于登陟，又坚固耐久。

8. 孝陵、孝东陵、景陵的东、西朝房的山墙无角柱石、压砖板。院墙拐角处无角柱石。自泰陵始，朝房山墙设角柱石、压砖板，院墙拐角设抱角石。两座定东陵的朝房山墙改为腰线石，这样使建筑既坚固又美观。

9. 孝陵、孝东陵、景陵、昭西陵的神道碑亭和明楼每面檐墙上只一根额枋。自泰陵起用大小额枋各一根，之间夹以优额垫板，这样既增加了承重力和木架间的联系，同时也更美观了。

10. 永陵的功德碑和福陵、昭陵、孝陵、孝东陵的朱砂碑、神道碑以及所有匾额上的文字，都是中间的满文明显比两旁的汉、蒙文字大，旨在突出满文作为国文的正统地位，从而反映出清朝统治者的民族偏见。从景陵起，3 种文字大小趋于相等，而且在石碑右下角用“××尊亲之宝”，从而使陵寝制度更加完善。

景陵神道碑汉字首次用皇帝的“尊亲之宝”

二、趋向精美、奢华方面的变化

1. 孝陵、孝东陵、景陵的三孔神路拱桥的栏杆望柱头都是二十四气望柱头，自泰陵起改为龙凤望柱头，从而提升了桥的级别，也使桥更加显得雍容华贵。

2. 孝陵石像生中的象、狻猊、狮子身上无装饰图案雕刻，比较接近实际、自然朴实。自景陵起，把象刻成“太平有象”的形象，身披鞍鞴，背驮宝瓶。狻猊增加项铃等雕刻。

3. 前期陵寝的石五供祭台比较矮小，雕刻的图案既少，立体感也不强；五供的形体也较小，无饕餮纹；祭台上下由3块石料组成；香炉炉顶与炉体为一块石料。到后来，祭台逐渐增高，吉祥图案增多，立体感变强；祭台由三块改由两块石料组成。五供形体不仅逐渐高大，更加秀美，比例适中和谐，而且上面雕刻饕餮纹或万蝠流云；炉顶、瓶花、烛连火焰另用紫砂石雕刻。

4. 前期陵寝的御路石（丹陛石）较小，为浅浮雕，到后来逐渐变大，并采用高浮雕技法。

5. 朱砂碑碑面四边框由无装饰到有彩画，到沥粉，到左右两边有云龙雕刻，到四边都有云龙雕刻；自定陵始，须弥座碑座加饰袱子（相当于台布，四角下垂，上雕云龙）雕刻。

6. 孝东陵内众妃嫔宝顶直接起自地面，无砖石月台和垂带踏跺。后来建的妃嫔宝顶均建在月台上，月台前设青白石的垂带踏跺。从定陵妃园寝开始，墓道入口处（月台踏跺前）还铺墁澄浆砖海墁。

7. 前期陵寝的宫门前、大殿前、三座门前的月台都较低矮，陵寝地面前后落差不大，越往后期，上述月台高度增加，陵寝地面前后落差变大。这样不仅使陵寝更加雄伟庄严，而且也使陵内雨水排泄更加顺畅。更重要的是能将地宫里出现的渗水通过龙须沟排出到马槽沟或玉带河内。

8. 陵院外的更道是八旗官兵的巡逻之道。前期陵寝的更道较低矮，泊岸用豆渣石压面。踏跺也用豆渣石。到后来更道越来越高，豆渣石改为青白石。

9. 方城两侧的随墙门内外均有踏跺，越到后期踏跺越高；由砖礓礤改为石踏跺；由单向踏跺改为转向踏跺。

10. 前期陵寝的方城、宝城的挑头沟咀较短小，石质低劣，形制简陋，工艺粗糙，上面也无纹饰雕刻，水落地面处是海墁砖。到后来沟咀变长，石质为标准的青白石并加刻花纹，造型渐趋秀美，水落处铺墁青白石，以免落水将砖击穿。

11. 早期的神道碑亭的水盘比较低矮，上面雕刻的海水江崖图案立体感不强。到后期，水盘升高，水盘上的海浪及四水族不仅形体大，而且立体感强。

三、趋向缩减规制方面的变化

清朝陵寝在规制上总的趋势还是逐步缩减的。主要原因是与国家的经济实力日渐衰微、国家政局动荡有密切的关系。清王朝从乾隆后期就已走下坡路。道光三年（1823）重修裕陵隆恩殿时，所需大件木料不得不靠拆卸王府、庙宇的方法来寻觅。建定陵时，为了省钱，使用了宝华峪大量的砖石旧料。咸丰初年因列强外侵，割地赔款，国内农民起义风起云涌，清王朝岌岌可危，财政极为困难，所以这个时期兴建的昌西陵和慕东陵在皇后陵中规制最低。清陵在缩减规制方面有以下几点：

1. 陵寝占地面积越来越小。

2. 神路越来越短。孝陵神路长达6公里，泰陵神路长2.5公里，惠、崇二陵神路只达陵前海墁边，不与首陵神路相接。

3. 石像生规模变小。孝陵有18对，个个形体高大。以后五座陵的石像生，除裕陵为8对外，其余均为5对。最后建的定陵的石像生形体更为缩小。

4. 五孔、七孔神路拱桥逐渐变小，详情前面已经介绍过了。

5. 前期陵寝前后院面阔一样，甚至后院比前院还宽，自慕陵始，后院窄于前院。

6. 朱砂碑逐渐变小。

7. 宝顶逐渐变小。

8. 自慕陵起，不仅裁撤了圣德神功碑亭、二柱门，而且地宫由起脊琉璃瓦顶改为蓑衣顶。取消了地宫雕刻经文、佛像。

第四章　陵寝的营建

第一节　陵寝的选址

一、陵址的标准

在我国，历朝历代的皇帝对陵址的选择都极为重视，因为他们认为，陵址风水的好坏关系到国家的兴衰、帝运的长短、子孙的多少。如果能将陵寝建在上吉佳壤、风水宝地之上，国家就会兴盛，帝祚就会长久，子孙就会兴旺。这种观念由来已久。唐朝大臣著名天文相卜家严善思曾经这样说："山川精气，上列为星。葬得其所，则神安而后嗣昌；失其宜，则神危而后嗣损。"[①] 雍正七年（1729）十二月，雍正帝命大臣会议选易县泰宁山太平峪为万年吉地时，大臣们在呈给皇帝的奏折中说："地脉之呈瑞，关乎天运之发祥。"[②]《昌瑞山万年统志》将陵寝建在昌瑞山说成是"巩万载之金汤，开亿年之统绪"[③]"开福祉之隆基，绵万年之景运"[④] 的大事。昭西陵的前身是暂安奉殿。雍正帝将暂安奉殿改建为昭西陵的理由就是"自孝庄文皇后安奉

① [宋] 欧阳修：《新唐书》卷二〇四，"方伎·严善思传"标点本，第18册，第5808页，中华书局，1975年。

②《世宗宪皇帝实录》卷八九，《清实录》第8册，第759页，中华书局，1986年。

③ [清] 英廉重纂本：《昌瑞山万年统志》上函卷首，第1页。

④ [清] 英廉重纂本：《昌瑞山万年统志》上函卷首，第6页。

以来，我圣祖仁皇帝历数绵长，海宇乂安，子孙繁衍，想孝庄文皇后在天之灵极为安妥”①，就是说，暂安奉殿这个地方能使国家昌盛，国泰民安，能使康熙帝在位时间长，能使他的子孙人丁兴旺，所以暂安奉殿这个地方一定是个上吉佳壤，风水宝地，基于此，才决定将暂安奉殿改建为昭西陵。

正因为那时人们认为好的陵址有如此之大、如此之神奇的作用，所以历朝封建皇帝对他们的陵址的选择极为重视。

既然如此，到底什么样的地方才称得上风水宝地、上吉佳壤呢？也就是说具备哪些条件、达到哪些标准才具有保国保帝保子孙的功能呢？

中国自古以来相卜兆域，选择陵址，靠的是风水理论。风水学是我国独创的一门学问，也称堪舆、卜宅、青乌、青囊、阴阳术、山水术等，包含了我国古代科学、哲学、美学、伦理学、地理学、建筑学等多门学问，长期以来，植根于上至皇家，下至平民百姓的各个层面。在建筑的选址、规划布局、经营建设中得到了普遍应用，起到了指导作用，收到了极佳的效果。毋庸讳言，几千年来，由于风水术士和封建统治者们的故弄玄虚、自我吹嘘，致使许多的封建糟粕、迷信的东西都融进了风水学之中，从而使许多人认为风水学是邪说、封建迷信，对它不屑一顾或嗤之以鼻。

近几十年来，经过有关专家、学者的不懈努力，使风水学逐渐得以正名。现在不仅有许多这方面的书籍出版，而且在实践中得到了广泛的应用。

清朝的陵寝绝大多数都是依山面水而建。所以，卜择陵址必须到有山有水的地方去寻找，而且有个不成文的规定，子孙的陵山要来自同一祖山，与祖陵的陵山是同一脉系。比如关外的盛京三陵，当时皇家认为三陵的陵山都来自长白山，长白山是三陵的总源头，是共用的祖山。雍正八年（1730）四月，大学士等会议福建总督高其

① 《世宗宪皇帝实录》卷一六，《清实录》第7册，第270页，中华书局，1986年。

倬等奏言：

恭阅福陵形势，其龙（指陵山——笔者）与永陵共祖同源，分宗抽干，高山天作，瑞气特钟，发自长岭之西，行于浑河之北。万峰拱照，毓秀钟灵；群水潆回，流辉裕庆。[①]

《盛京通志》载：

天柱山城东二十里即福陵，近则浑河环其前，辉山与兴隆岭峙其后；远则发源于长白，俯临沧海，王气所钟也。[②]

今天的承德市兴隆县境内的雾灵山是清东陵的“风水之大源，后龙之正脉”，“自东北蜿蜒而来，脉接昌瑞”。[③]雾灵山是清东陵的太祖山。昌瑞山是清东陵的少祖山，即靠山。《昌瑞山万年统志》对昌瑞山进行了如下描述：

昌瑞山原名丰台岭，一峰播笏，万岭回环。北开幛于雾灵，南列屏于燕壁。含华毓秀，来数千里长白之源；凤舞龙蟠，结亿万年灵区之兆。且其间百川旋绕，势尽朝宗；四境森严，象皆拱卫。实为天生福地，以巩我皇清万载金汤之基者也。[④]

昌瑞山钟灵毓秀，龙脉绵延，溯源虽发自雾灵，考始实远来于长白。萃数千里之精华，开亿万年之宝域。[⑤]

---

①《世宗宪皇帝实录》卷九三，《清实录》第8册，第248页，中华书局，1986年。

② 奉天府尹董秉忠撰：《盛京通志》卷九，第4页。康熙二十三年。

③ [清] 英廉重纂本：《昌瑞山万年统志》下函卷一，“山川”，第21页。

④ [清] 英廉重纂本：《昌瑞山万年统志》上函卷一，“志陵寝”，第1页。

⑤ [清] 英廉重纂本：《昌瑞山万年统志》下函卷之一“山川”，第60页。

这段论述意在表明，昌瑞山不仅来源于雾灵山，而且也来源于东北的长白山。这里的好风水能“巩我皇清万载金汤之基”。清东陵的各皇帝陵的靠山又都与昌瑞山为同一脉系。景陵在孝陵的左侧。裕陵在孝陵的右侧，其“胜水峪系昌瑞山右一脉”[①]。道光帝的宝华峪“其龙由雾灵山发脉，至遵化州界起为昌瑞山，作统龙之尊星，为入局之少祖。”[②]定陵“平安峪自昌瑞山右肩分支”[③]。惠陵的“双山峪从昌瑞山分支”[④]。

以上这些表明，清东陵的各皇帝陵的陵山都是孝陵的靠山昌瑞山的分支，属于同脉同源，而且昌瑞山来源于雾灵山，雾灵山又来源于长白山。

普陀山吉地說
謹看得
平安峪之東一里許普陀山
昌瑞山至鳳台山西峯再抽而起圓頂大金星中
腰出天皇龍作水木蘆鞭到頭開口立壬山
丙向其龍砂即借鳳台山右峯所護之脈
虎砂係平頂山所下之脚兩面纏護嚴
密前對天台山東嶺內水由右行過明堂
出辰巽方形如負扆有寵中峙是為上
吉之穴

普陀山吉地风水说帖

① 清宫档案《工科题本》“建筑工程·陵寝坛庙”，第2包。
② 清宫档案《录副奏折》案卷号13-2520，微缩号199-3217。
③ 清宫档案《朱批奏折》“工程”，第532包。
④ 清宫档案《宫中杂件》补第23包。

清东陵这样，清西陵也是这样。目前我们虽然还没有找到描述泰陵风水的文献，但从仅找到的昌陵和崇陵的档案可以知道这两陵的陵山与主陵泰陵的靠山永宁山都是同源同脉的。昌陵位于泰陵的西旁，其陵所在地也叫太平峪。档案上说昌陵的太平峪“与泰陵、泰东陵同发源于永宁山”[①]。崇陵的金龙峪是“起自后祖山”[②]。

综上所述，可以得出这样的一个结论，在相度皇帝陵址时，首先要考虑其陵山要与首陵的陵山同脉同源。[③]

在选择皇后陵的陵址时，必须要选择其陵山与其丈夫陵的陵山是同脉同源。比如泰东陵，当时的风水家们认为泰东陵的东正峪与泰陵的太平峪都来源于永宁山，东正峪与太平峪是从永宁山分出的两条支脉。[④]位于普祥峪、菩陀峪的慈安、慈禧的定东陵，与定陵同出一脉。恭亲王奕䜣等相度王大臣向两宫皇太后奏报相度万年吉地时是这样说的：

> 查定陵宝山系由昌瑞山分支西来，至此耸峙而止。以东即羊肠峪、顺水峪、平顶山、普陀山四处，均与定陵山势相连，实出一脉。再东即裕陵妃园寝，应毋庸议。其羊肠峪山水无情，顺水峪业已取用，此外并无与定陵一脉相连之地。[⑤]

奕䜣等人的话，再清楚不过地说明了选择皇后陵的陵址，其陵山必须要与其丈夫的陵山是同一脉息。所以，定陵以西的成子峪尽管是上吉佳壤，终因那里的山脉与定陵不是出自一脉而被放弃。[⑥]

---

①④ 清宫档案《内务府奏案》“嘉庆二年”，第326包。

② 中国第一历史档案馆编：《光绪朝朱批奏折》第30辑，第726页，中华书局，1995年。

③ 这种说法要限制在清东陵和清西陵，如果开辟新的陵园，则另当别论。

⑤ 清宫档案《朱批奏折》“礼仪”，第61包。

⑥ 载样式雷图档。转引自天津大学王蕾的硕士学位论文《清代定东陵建筑工程全案研究》第55页。（未发表）

清朝陵寝制度与明陵相比，一个最大的不同点就是因为皇后陵和妃园寝都是皇帝陵的附属陵寝，所以皇后陵和妃园寝都要建在本朝皇帝陵的旁边，或左或右。皇后陵的靠山要与皇帝陵的靠山属同一脉息，妃园寝也是这样。惠陵妃园寝地址的选择就是典型的一例。光绪元年（1875），惠陵陵址确定在双山峪之后，承修大臣又带领风水官相度妃园寝地址。风水官李唐、李振宇认为惠陵西旁的“西双山峪与惠陵一脉相连，金星山朝拱秀丽，砂环水绕，有情结穴。立癸山丁向兼子午三度，于园寝部位系属上吉之地”[①]。

以上是从宏观的角度上讲相度陵址在山脉的体系上的标准要求。具体到一个地方，具备什么条件才符合风水理论要求，才称得上上吉佳壤呢？道光二年（1822）七月十四日，道光帝对为自己相度吉地的大臣提出了这样一个指导原则：

> 国家定制，登极后选建万年吉地，总以地臻全美为重，不在宫殿壮丽以侈观瞻。[②]

他还说：

> 惟择钟灵坤毓，干脉延长之处以定福基，其四至之宽窄不必过拘。如果地臻全美，即较从前规制稍从俭约，朕心亦以为宜。[③]

那么，皇帝追求的“地臻全美”又是怎样的标准呢？那就是“龙穴砂水无美不收，形势理气诸吉咸备。”[④]龙、穴、砂、水是风水理

① 《惠陵工程记略》第一册。

② 《宣宗成皇帝实录》卷三八，《清实录》第33册，第680页，中华书局，1986年。

③ 清宫档案《内务来文》“陵寝事务”，第2942包。

④ 雍正七年己酉十二月壬寅，世宗谕大学士的谕旨中的话。见《世宗宪皇帝实录》卷八九，《清实录》第8册，第190页，中华书局，1986年。

论中相度陵址的最基本的几个要素。

所谓“龙”，指的就是山。来龙、龙脉就是山的脉络，山的蜿蜒奔腾、曲折走向的形状来脉。《管氏地理指蒙》一书是这样解释“龙”的：“指山为龙兮，象形势之腾伏。”“借龙之全体以喻夫山之形真。”[①]龙脉蜿蜒曲折，有长有短，有高有低，有主有枝，犹如人的经络和树一样。龙主要指的是陵寝所靠依的山。要求这些山要来脉深远，层峦叠嶂，气势雄伟，浑厚端庄。清东陵的昌瑞山和清西陵的永宁山都是非常理想、非常符合风水理论标准的陵山。前面已引用了对昌瑞山的描述了。下面看看对永宁山的描述。

《清朝文献通考》载：

> 山势自太行来，巍峨耸拔，脉秀力丰。峻岭崇山远拱于外；灵岩翠岫环卫其间。[②]

从朝山元宝山上远望永宁山

礼亲王昭梿在他的名著《啸亭杂录》里，对当年顺治帝选定昌瑞山为他的万年寿宫的情景进行了极为生动的描述：

> 章皇尝校猎遵化，至今孝陵处，停辔四顾曰：“此山王气葱郁非常，可以为朕寿宫。”因自取佩韘掷之，谕侍臣

① 转引自天津大学汪江华博士学位论文《清代惠陵建筑工程全案研究》第33页。（未发表）

② [清] 张廷玉等撰：《清朝文献通考》卷一五二，“王礼二八”，第6163页。

曰："鞢落处定为佳穴，即可因以起工。"后有善青乌者，视丘惊曰："虽命我辈足遍海内求之，不克得此吉壤也！"①

昌瑞山的全貌（吴晓平摄）

这段记载虽然有点神话色彩，但它一来表明了孝陵陵址是顺治帝亲自选的；二来表明昌瑞山的雄伟气势。

所谓"穴"，就是陵穴，也称穴中，就是后来的金井位置。穴位于主山之前，山水环抱的中心，是龙脉的终止之处，是万物精华的"气"的凝结点，是陵址的最佳中心。穴是陵寝各建筑的平面布局的基准点。因此说，穴位对于陵寝建筑来说极为重要。确定穴的位置叫点穴。穴位点得准与不准，有时关系到陵寝的成败。宝华峪陵寝所以地宫出现渗水，最后导致全陵被拆，就因为陵穴点得过于靠后。②

在点穴的同时还要察看陵址的土层厚度和质量。要求陵址的土层要深厚，土色要纯正，土质要细腻无沙,干而不燥。在乾隆帝的裕陵开工前刨验了土质土色，发现穴位之处的土"三尺有紫色土，四尺至八尺系纯细土，自九尺至一丈五尺零俱系紫黄色土"③，这些土"俱

① [清] 昭梿：《啸亭杂录》卷一，第4～5页，中华书局，1980年。

② 道光八年九月二十三日庚申，谕内阁："至戴均元带同各堪舆相度吉壤，曾据宋泗以点穴太后，恐穴中有石，应移前十丈。戴均元辄拘泥规制，仅止移前五丈，以致北面开出山石。"见《宣宗成皇帝实录》卷一四三，《清实录》第35册，第196页，中华书局，1986年。

③ 清宫档案《工科题本》"建筑工程·陵寝坛庙"，乾隆十年五月至十二月，第2包。

坚而细润而不泽，可以裁方截玉，实为上等佳土”。[①] 雍正帝在遵化所选的九凤朝阳山万年吉地所以终究被废，除了因“形局未全”的缺陷之外，另一个重大缺陷就是“穴中之土又带砂石”。[②] 昌西陵陵址原选定在昌陵妃园寝之南，就因为“地皮以下即有砂石，深至九尺渐有水泉”而被迫放弃。[③]

所谓“砂”，是指陵寝左右环抱的群山，形成对陵寝的围护、环抱、拱卫、辅弼的形势，或称左辅右弼，或称左右护砂，或称青龙砂、白虎砂。如对陵寝形成牛角、蝉翼形势，则称牛角砂、蝉翼砂。有的陵寝有多重砂山，有内外砂山。这些砂山环抱有情，加之砂山上广植树木，以使陵寝处于一个相对独立、安静的小环境之中，能使陵寝避风沙、防寒暑，气候湿润，形成了一个优美、舒适的相对独立的环境。砂山不仅有避风挡沙、美化环境的作用，而且还有遮挡外界干扰、聚拢视线的作用。清朝入关后的早期陵寝，砂山多为天然的自然山，后来的陵寝则多为人工堆积的山。

所谓“水”，就是陵寝外围及陵寝内的沟、河。在相度陵址时，素有“未看山时先看水，有山无水休寻地”的说法。因此，风水家认为“风水之法，得水为上”[④]。可见水在相度陵址中所占的地位是何等的重要。山主静，水主动，动静结合方为完美。俗话说依山傍水。如果只有山而无水，则是一个重大缺陷。陵寝内外的河流，不仅有装点美化的作用，而且还有净化、湿润空气，防火消灾的功能。

风水学博大精深、深奥难懂。一处理想的符合风水理论标准的上吉之地，用我们现在的话通俗地说，应该是这样的：这个地方要后有靠山，前面远有朝山即照山，近处有案山。3座山要在一条直线上，最好3座山都是自然形成的山。靠山也叫少祖山，要从远方的太祖山

① 清宫档案《录副奏折》“乾隆七年”，卷号3、4、5。

② 《世宗宪皇帝实录》卷八九，《清实录》第8册，第190页，中华书局，1986年。

③ 清宫档案《新整内务府档》第0450包。

④ 王其亨：《风水理论研究》第141页，天津大学出版社，1992年。

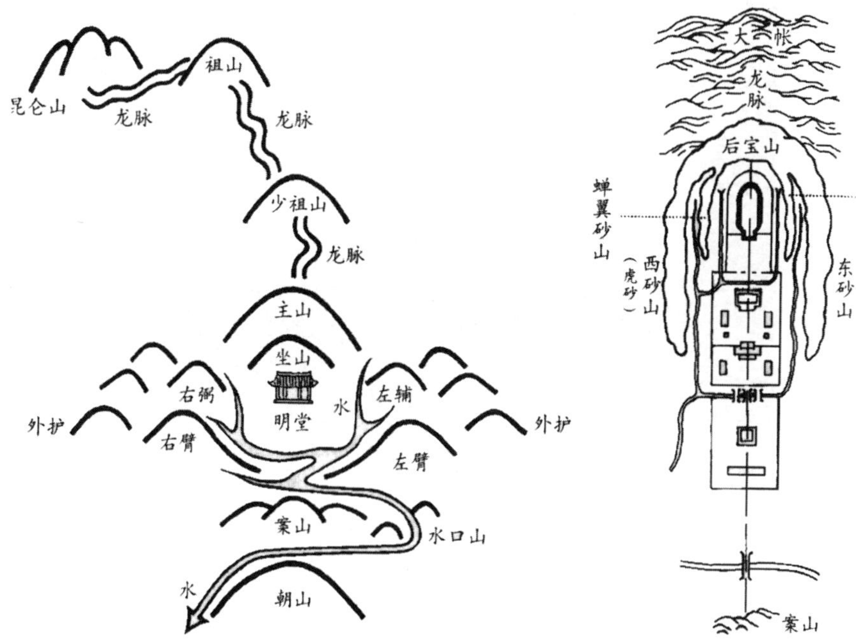

清代帝陵风水模式图（清・样式雷绘）

逶迤奔腾而来，到这里而止，而成为陵寝的靠山。靠山要高大端庄雄伟，层峦叠嶂，主峰中间兀起，两侧山峰逐次低下，形如笔架，状若锦屏，或山的最高处为双峰并峙，或状如马鞍，陵寝中轴线正对双峰中间或马鞍的凹处，或对山的主峰。无论山峰怎样，山的两端分别向前伸展抱拢，犹如太师椅的靠背和扶手一样。案山在陵寝的近前，顾名思义，案山就是桌案，相当于皇帝前面的龙书案一样。所以案山不能高耸峰尖，而应该是低矮平缓，如几案前横。朝山即照山，在陵寝的前面，比案山要远。朝山要巍峨高大，山峰高耸，山形端正。例如《昌瑞山万年统志》是这样描述孝陵、裕陵、惠陵共用朝山金星山的："前金星山特起一峰，丰而不浊，形如覆钟，端峙正南，有执笏朝天之势。"①

①[清] 英廉重纂本：《昌瑞山万年统志》下函，卷之一"山川"，第40页。

金星山是孝陵、裕陵、惠陵、惠妃园寝共用的朝山

另外，在陵寝的左右要有砂山陪护。砂山的走向不能笔直，而应蜿蜒曲折，与陵寝不远不近，对陵寝形成拱卫陪护之势。在陵寝的左右和陵院的内外，要有沟河夹流、环绕。因为陵寝都是依山而建，所以地势多呈坡状，北高南低，这样既强化了陵寝的威严气氛，同时也有利于排水。总而言之，陵址要求群山拱卫，众水环流，避风、朝阳、挡沙、免水冲，有一个独立的舒适的生态环境，土质优良。真正做到陵寝建筑的人文美与山川形胜的自然美有机地结合在一起，和谐自然，浑然一体，景物天成。只有具备了这些条件，才称得上是理想的陵址。在一定意义上说，风水学是一个环境选址学。

在我国历史上，大部分封建帝王都是即位后不久就选陵址，建陵寝，清朝也遵奉此制。但实际上并没有完全这样做。清朝的12个皇帝中，太祖努尔哈齐、太宗皇太极、同治帝、光绪帝生前既未选择陵址，更未营建陵寝。顺治帝虽然生前选定了陵址，但没有开工营建。康熙帝的景陵虽然在生前营建，由于当时的政治、经济情况，到康熙十五年（1676）才营建。真正在即位后就相度陵址、营建陵寝的只有雍正帝、乾隆帝、嘉庆帝、道光帝、咸丰帝。其中最积极的是道光帝和咸丰帝。道光帝的宝华峪陵寝在道光元年（1821）十月十八日卯时开工，这是清帝即位后，陵寝开工最早的。①

二、任命相度大臣

由于陵址风水的好坏关系到国家的兴衰、帝祚的长短、子孙的多少，所以，皇家对相度陵址的大臣的选派特别重视。一般都要派亲王、辅政大臣、大学士、尚书、侍郎等朝中亲信重臣，带着钦天监和从各部院衙门及从全国选调的著名堪舆家前往相度。找到一处理想的万年吉地，长则数年，短则几个月。由于相度大臣都是朝廷重臣，身兼许多要职，有时因差务繁忙，或因其中大臣获罪而降职或罢免，所以在整个选址过程中，相度大臣经常调整，也有时增加。万年吉地选定之后，这些相度大臣，特别是那些堪舆人员都要受到皇帝的奖赏。

孝陵陵址是顺治帝亲自选定的。他在相度吉地时，曾带着索尼、遏必隆、苏克萨哈等朝廷重臣。② 当时顺治帝只有十几岁，尽管勤学好问，但对于堪舆学还不可能十分熟悉，在相度陵址时，免不了要倾听和采纳这些朝廷重臣的意见。这3个人后来都是顺治帝的托孤大臣，被指派为康熙初年的辅政大臣。

参与选择康熙帝景陵陵址的相度大臣至今未见记载。

为雍正帝相度吉地的主要大臣是怡亲王允祥和福建总督高其倬。③ 当时参与选址的风水官员有管志宁、明图、任择善、海望、保

---

① 乾隆帝的裕陵于乾隆八年二月初十日动工；雍正帝的泰陵于雍正八年八月动工；嘉庆帝的昌陵于嘉庆四年二月十九日动工；咸丰帝的定陵于咸丰九月四月十三日动工。

② 在康熙六年七月议定苏克萨哈罪行时，引用了苏克萨哈的话，他说：“世祖皇帝卜地时，蒙谕：朕万岁后，尔等大臣之墓亦葬陵寝近地为善。我即叩谢：若得如此，幸甚!”“卜阅陵地，非我一人侍从，曾有索尼、遏必隆、我等三人一齐叩谢。”见《圣祖仁皇帝实录》卷二三，《清实录》第4册，第317页，中华书局，1986年。

③ 中国第一历史档案馆编：《雍正朝汉文谕旨汇编》第5册，第186页，广西师范大学出版社，1993年。

德、洪文澜等。

相度乾隆帝万年吉地的大臣是议政大臣、兵部尚书、军机大臣讷亲，户部尚书海望，工部左侍郎王紘等，后来的保和殿大学士、领衔军机大臣鄂尔泰也参与了陵址的选用。[①] 当时参与选址的风水官员有钦天监监正进爱、郎中董启祚、洪文澜、员外郎管志宁、博士齐克昌、钟志模以及刘性生等，[②] 其中的管志宁、洪文澜曾参与过泰陵的选址。

嘉庆帝的万年吉地是其父乾隆帝指定在西陵相度的，相度大臣有谁，有待考证。

道光帝的万年吉地，在东陵选择时，相度大臣是文渊阁大学士戴均元、工部尚书穆克登额、工部左侍郎阿克当阿。[③] 后来东陵宝华峪陵寝被废，又重新相度陵址，相度大臣主要都是尚书、侍郎、总督等，其中有户部尚书禧恩、礼部尚书耆英、户部左侍郎敬征、直隶总督那彦成等。[④] 为道光帝相度吉地的堪舆家有原云南候补州判戴泽同、浙江归安县教谕端木国瑚、兴武卫九帮领运千总张熊飞等。[⑤]

为咸丰帝相度万年吉地的有定郡王载铨、工部右侍郎彭蕴章、内务府大臣基溥、协办大学士户部尚书裕诚、礼部尚书奕湘。[⑥] 为相度万年吉地，特地将精通堪舆之术的江西巡抚陆应穀和江西教谕彭定澜调进京来，随同相度大臣前往相度。[⑦] 定陵陵址平安峪的选择和确定，陆应穀起了重要作用。

最初相度慈安和慈禧的万年吉地的大臣有体仁阁大学士周祖培、

---

① 清宫档案《工科题本》“建筑工程·陵寝坛庙”，乾隆十年五月至十二月，第2包。

② 清宫档案《朱批奏折》全宗04，类别01，案卷号5，文件号30。

③ 中国第一历史档案馆编：《嘉庆道光两朝上谕档》第26册，第178页，第577条，广西师范大学出版社，2000年。

④《宣宗成皇帝实录》卷一六八，《清实录》第35册，第604页，中华书局，1986年。

⑤ 清宫档案《内务府奏案》第463包。

⑥《文宗显皇帝实录》卷四三，《清实录》第40册，第593页，中华书局，1986年。

⑦《文宗显皇帝实录》卷二六〇，《清实录》第43册，第1034页，中华书局，1986年。

刑部尚书绵森、都察院左都御使全庆、理藩院左侍郎英元，[①] 后来又增派了恭亲王奕䜣为相度大臣，会同上述四人“仍带堪舆再行前往，公同相度。”

同治帝的惠陵陵址是在同治帝驾崩后才相度的，同治帝在位13年，比其父咸丰帝还长，可是生前却没有选吉地，建陵寝，这个疑问至今也未破解。惠陵陵址的相度大臣有恭亲王奕䜣、醇亲王奕譞、都察院左都御使魁龄、内阁学士翁同龢。[②] 主要风水官有礼部郎中张元益、四品衔刑部员外郎高士龙、四品衔候选同知李唐、从九品李振宇、签分湖北试用知县廖润鸿等。[③]

光绪帝的崇陵陵址的相度大臣有贝子溥伦、邮传部尚书陈璧。[④]

纵观以上各陵的相度大臣，最高的是亲王，最低的是侍郎和内阁学士，以同治帝的惠陵相度大臣级别最高，竟有两位和硕亲王。

相度陵址是一件很辛苦的事，不仅要往返跑许多的路，还要登山爬高涉险，这些相度大臣中，有的贵为亲王，都是朝中重臣，大部分都年事很高，平时养尊外优，不耐辛劳，但为了给皇帝找到一块风水好的陵址，他们顶风冒雨，不顾烈日严寒。对于这些，皇帝心里是清楚的，并予以表彰和关照。

雍正帝曾高度评价怡亲王允祥说：

> 怡亲王为朕办理大小庶务，无不用心周到。而于营度将来吉地一事甚为竭力殚心。从前在九凤朝阳山经划有年，后因其地未为全美，复于易州泰宁山太平峪周详相度，得一上吉之地。王往来审视，备极辛勤。又恐随从人等烦扰吾民，将

①《穆宗毅皇帝实录》卷一八三，《清实录》第49册，第286页，中华书局，1986年。

② 中国第一历史档案馆编：《咸丰同治两朝上谕档》第24册，第425页，第1125条，广西师范大学出版社，1998年。

③ 清宫档案《宫中杂件》补第23包。

④《宣统政纪》卷一，《清实录》第60册，第11页，中华书局，1986年。

饮馔之属俱不令前驱预备，常至昏夜始进一餐。其所择吉壤实由王亲自相度而得，而臣工之精地理者详加斟酌，询谋佥同，且以为此皆王忠赤之心感格神明，是以具此慧眼卓识也。[①]

为雍正帝相度万年吉地的另一位功臣是福建总督高其倬。雍正帝也给予了高度的评价，他说：

朕览高其倬等所奏太平峪吉地事宜，甚属妥协。大凡读书居官之人通晓堪舆者甚少，即或知之，又往往以此为讳，不肯身任其事。高其倬乃封疆大臣，为国家树绩建勋，为己身扬名垂誉，原不必以此为宣力见长之地，乃其心以为国家之事莫大于此，以一身协赞怡贤亲王肩此重任，筹度万全，无一毫瞻顾推诿之意，此实出于一片忠爱至诚之悃，不仅超群已也。[②]

参与选择定陵陵址的陆应榖，后来因归德失守被革职，于咸丰七年（1857）病死。咸丰九（1859）年，定陵破土动工时，咸丰帝回想起陆应榖为选择自己的万年吉地，辛辛苦苦，卓有劳绩，不应泯没。于是追赠他为巡抚衔，其子葆德由候补郎中以郎中归部即选。[③]

对于那些随同相度吉地的风水官，皇帝也予以关照和奖赏。在康熙四年（1665）三月，因荣亲王的葬期等事，在朝廷引发了一桩大案，钦天监的许多官员被斩，但康熙帝念及科漏科杜如预和五官挈壶正杨弘量“永陵、福陵、昭陵、孝陵风水皆系伊等看定，曾经效力”而保住了性命。[④]

---

①《世宗宪皇帝实录》卷九四，《清实录》第8册，第262～263页，中华书局，1986年。

②《世宗宪皇帝实录》卷九八，《清实录》第8册，第308页，中华书局，1986年。

③《清史列传》卷四十三，第3412～3413页，中华书局，1987年。

④《圣祖仁皇帝实录》卷一四，《清实录》第4册，第220页，中华书局，1986年。

对那些在相度陵址中出力有功的堪舆人员皇帝也要量予恩施，进行奖赏。比如：在选中西陵的龙泉峪为道光帝的万年吉地之后，道光帝对参与相度的勘舆人员分别进行奖赏，云南后补州判告假回籍的戴泽同著赏给六品顶带，以知县升用。现任浙江归安县教谕端木国瑚著赏给六品顶带，以内阁中书升用。现任兴武卫九帮领运千总张熊飞著以卫守备升用。[①]

三、相度陵址

随着清朝进关，入主中原，建立了大一统的国家，也把皇家陵园建在了关内的京城附近。首先是入关第一帝顺治帝的陵址选在了当时的直隶遵化县（今遵化市）的丰台岭（后来改名为昌瑞山）下，为以后清帝选陵址，建陵寝奠定了基本方位。第二帝康熙帝将陵寝建在了孝陵的东旁，为以后的清帝做出了样子。第三帝雍正帝本来应该效法其父康熙帝将陵寝建在孝陵、景陵附近，可是他却以东陵“无可营建之处”[②]为理由，将自己的陵最终建在了直隶的易县永宁山下，从此在关内出现了东陵和西陵两大皇家陵园。可是以后的皇帝陵究竟建在哪里，还没有明确的规定。“子随父葬”虽然是中国人葬丧上的传统做法，但清朝皇帝并不刻意追求，认真恪守。雍正帝将自己的陵址选在易县的泰宁山下之前，曾将东陵之外的遵化县城以北三十多里的九凤朝阳山确定为万年吉地。此处被废后，又派人到东北的盛京附近选出了11处备选吉地。[③]乾隆帝在选陵址时，念及父子之情，曾想将自己的陵建在西陵的泰陵附近，但这种想法后来又打消了。他曾派人到遵化的九凤朝阳山、霍家庄、密云县的董各庄（后来，乾隆帝的皇长子安亲定王永璜、皇三子循郡王永璋、皇五子荣纯亲王永琪葬在了

---

① 清宫档案《内务府奏案》第463包。

② 《世宗宪皇帝实录》卷八九，《清实录》第8册，第190页，中华书局，1986年。

③ 清宫档案《内务府来文》特第3包。

那里）[①]、易县的金家庄村北的瑞麟山[②]相度，并将那里作为备选吉地。最后，他为了平衡东陵和西陵的关系，才决定在东陵境内选择自己的万年吉地。相度大臣和风水官们经过反复相度，在东陵境内的诸多备选吉地中，认为“胜水峪来龙特达，起伏有力。左边贴身一股界气之水极其明晰，南面余气回作城廓之山最为周密。再刨验土色至一丈二尺，俱坚而细润而不泽，可以裁方切玉，实为上等佳土。惟左边贴身界气之砂稍低，须用人力培补……非万全完备之地”[③]他们“心犹未足”[④]。相度大臣讷亲、海望他们认为“奉天为我朝发祥之地，王气所钟，山川形胜自必更有不同”，“恭请谕旨，仍派大臣等带领董启祚等前往敬谨详细相度。”[⑤]乾隆帝以大局为重，不在细枝末节上吹毛求疵，在乾隆七年（1742）三月十七日降旨，决定“万年吉地定于胜水峪。”[⑥]可是，当时的钦天监监正进爱很不知趣，看不透事，就在皇帝已经决定将胜水峪确定为万年吉地之后“又欲改卜”[⑦]，使乾隆帝极为震怒，立刻下令将进爱治罪，将他革职，发配到庄浪效力赎罪。[⑧]

乾隆帝能够以大局为重，注意平衡东陵和西陵的关系，可是，他的子孙是否能做到这一点，能不能也像自己一样做到以理止情，以大局为重，他没有把握。他觉得应该制定一个妥善的方法，使以后的子孙有所遵循。几十年来，他一直在考虑这个问题。在他执政60年后，实践自己的许诺，把皇位禅让给了自己的皇十五子永琰，他当上了太上皇帝。这时他对今后如何建陵之事已有了解决的方法，成竹在胸。嘉庆元年（1796）十二月二十二日，乾隆帝发出了一道长谕，把

---

①③④⑤ 清宫档案《录副奏折》“内政”胶片，第19盒。

② 清宫档案《朱批奏折》案卷号5，文件号30。

⑥《高宗纯皇帝实录》卷一六三，《清实录》第11册，第47页，中华书局，1986年。

⑦ 清宫档案《内务府来文》“陵寝事务”，第2930包。

⑧《高宗纯皇帝实录》卷二六五，《清实录》第12册，第429页，中华书局，1986年。

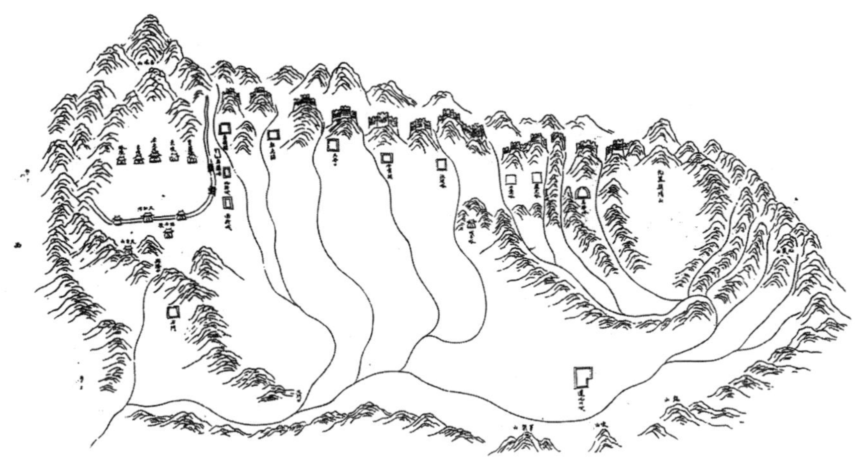

九凤朝阳山吉地与东陵的相对位置（清·样式雷绘）

九凤朝阳山（张志广摄）

他的想法公布于众。他在这道谕旨中是这样说的：

> 向例，皇帝登基后即应选择万年吉地。乾隆元年，朕绍登大宝，本欲于泰陵附近地方相建万年吉地。因思皇考陵寝在西，朕万年吉地设又近依皇考，万万年后，我子孙亦思近依祖父，俱选吉京西，则与东路孝陵、景陵日远日疏，不足以展孝思而申爱慕。是以朕万年吉地即建在东陵界内之圣水

峪。若嗣皇帝及孙曾辈因朕吉地在东择建，则又与泰陵疏隔，亦非似续相继之义。嗣皇帝万年吉地自应在西陵界内卜择。著各衙门即遵照此旨，在泰陵附近地方敬谨选建。至朕孙缵承统绪时，其吉地又当建在东陵界内。我朝景运庞鸿，庆延瓜瓞，承承继继，各依昭穆次序，迭分东西，一脉相联，不致递推递远。且遵化、易州两处山川深邃，灵秀所钟，其中吉地甚多，亦可不必于他处另为选择，有妨小民田产，实为万世良法。我子孙惟当恪遵朕旨，溯源笃本，衍庆延禧，亿万斯年，相承勿替，此则我大清无疆之福也。[①]

后来，人们就将乾隆帝制定的这个方法称之为“昭穆相建”。乾隆帝唯恐他的子孙不遵此旨，另辟新的皇家陵园，于是就在这道谕旨发出不到三个月，即嘉庆二年（1797）三月十五日，乾隆帝再一次重申他的“昭穆相建”制度，严禁后世开辟新的皇家陵园，他说：

前经降旨以嗣后万年吉地当各依昭穆次序，在东西陵界内分建，不必另卜他处。但堪舆术士每多立异邀功之习，所言最不可信。即如朕选择万年吉地时，定于东陵界内之胜水峪，而进爱又欲改卜，经朕查出，即将进爱治罪示惩。万世子孙皆当以此为法，庶不为形家之言所惑。且遵化、易州两处山川灵秀宽广，其中吉地甚多，我子孙务须恪遵前训，永垂法守，断不必另择他处，有妨民业。[②]

乾隆帝可谓苦口婆心，反复叮嘱。为了真正使自己创立的“昭穆相建”的葬制落到实处，他指定嗣皇帝颙琰的陵址在西陵境内选择。

① 清宫档案《上谕档》“嘉庆元年”，760号。

② 清宫档案《内务府来文》“陵寝事务”，第2930包。

嘉庆帝的昌陵是正式按照乾隆帝制定的“昭穆相建”的制度建的第一座陵寝，也是唯一的一座陵。为什么这样说呢？按昭穆顺序，本来道光帝的陵应建在东陵，可是道光帝却以东陵宝华峪陵寝地宫出现渗水为理由，将已建成的宝华峪陵寝全部拆除，搬到西陵重建。一向以标榜恪遵成宪、敬天法祖著称的道光帝这时早已将皇祖制定的“昭穆相建”抛到了九霄云外。他派出了多批相度大臣，在京畿一带重新相度万年吉地。这些相度大臣在密云[①]、遵化、丰润、蓟县、易州、房山[②]找到了许多备选吉地，其中不乏上吉佳壤。最后西陵的龙泉峪以“毗近昌陵”，“在昌陵之西，相去八里许”[③]而中选。道光帝在那里建起了慕陵，从而打乱和破坏了昭穆秩序，乾隆帝苦心制定的“昭穆相建”只执行了一代。

后来的咸丰帝、同治帝、光绪帝在选择陵址时，再也不提“昭穆相建”了。但是有一点还是遵循了乾隆帝的旨意，就是从咸丰帝开始，都是在东陵、西陵界内选址，再也未开辟新的皇家陵园。

有的人说咸丰帝的陵按乾隆帝的昭穆次序应建在西陵，因为其父的慕陵建在了西陵，为遵循父子分葬的昭穆次序，所以咸丰帝才将他的陵建在了东陵。这种说法是错误的。因为咸丰帝根本就没有遵照“昭穆相建”的办法，他是在东陵和西陵两地同时选的，以优者中选。这在《清实录》《大清会典》以及清宫档案中是有大量记载的。如果咸丰帝真的想“昭穆相建”，那么他就没有必要命相度大臣定郡

---

①《宣宗成皇帝实录》卷一六七，《清实录》第35册，第595页，中华书局，1986年。

②《宣宗成皇帝实录》卷一六八，《清实录》第35册，第600页、602页，中华书局，1986年。

③在清西陵的慕陵大殿前的月台上东旁立有一座方形石幢，上面镌刻着道光帝有关建陵的两道诗。在诗注上，道光帝说：“吉地形势毗近昌陵，望翠微之屏幛，俱在目前；联瑞气于桥山，宛依膝下。睇览神皋之磅礴，益深罔极之哀思。”他在注释中还说“皇考仁宗睿皇帝、皇妣孝淑睿皇后奉安昌陵，山川王气，毓瑞钟祥。兹龙泉峪在昌陵之西，相去八里许。五云在望，一脉相承，子臣依恋之忱，庶符夙愿也。”

王载铨等大臣去西陵相度万年吉地。[①] 咸丰帝也不会亲自去西陵界内的魏家沟等地去阅视。[②]

有人根据咸丰帝和同治帝父子二人都葬在了东陵，光绪帝的崇陵建在了西陵，而宣统帝溥仪的万年吉地后来也选在了西陵界内，于是得出结论：每隔两代昭穆相建。这种说法只是根据客观现象而做出的推论，没有任何文字依据，是站不住脚的。其实在选择同治帝的惠陵和光绪帝的崇陵陵址时，也都是在东陵和西陵同时选择的，[③] 哪个地方好就用哪个地方，“昭穆相建”制度早已被抛到了九霄云外。

要想找到一处理想的陵址，并非易事。有的要多次更换相度大臣，派出多拨相度大臣，反复相度。要选出许多备选吉地，经过筛选，好中选优。由相度大臣选出最佳的，上奏给皇帝，最后由皇帝钦定。如，为道光帝在东陵选陵址时，只向皇帝上奏了绕斗峪（宝华峪）。在西陵选陵址时，只上奏了龙泉峪。在为光绪帝选陵址时，最后只上奏了金龙峪。有时将不相上下的两个备选吉地同时上奏，由皇帝、皇太后钦定。比如在光绪元年（1875）为同治帝选择陵址时，相度大臣恭亲王奕䜣、醇亲王奕譞、都察院左都御使魁龄、内阁学士翁同龢在东陵和西陵界内选出了许多备选吉地，其中东陵的备选吉地就有双山峪、成子峪、松树沟、宝椅山、侯家山等。[④] 最后经他们筛选，剩下了双山峪。西陵的备选吉地有丁家沟、酸枣沟、莲花池、凤凰台、张格庄、五公山、红崖山、金龙峪等，[⑤] 最后剩下了金龙峪，

① 《文宗显皇帝实录》卷五三，《清实录》第40册，第704页，中华书局，1986年。

② 《文宗显皇帝实录》卷五四，《清实录》第40册，第721页，中华书局，1986年。

③ 同治十三年十二月癸未，谕内阁：“朕钦奉两宫皇太后懿旨：大行皇帝梓宫奉安山陵亟应选择佳壤，著派恭亲王奕䜣、醇亲王奕譞、魁龄、荣禄、翁同龢于东陵、西陵附近地方查看形势，敬谨相度。醇亲王奕譞、魁龄、荣禄、翁同龢著于前往履勘后，绘图贴说，会同恭亲王奕䜣悉心妥商，奏明请旨办理。”载《德宗景皇帝实录》卷一，《清实录》第52册，第87页，中华书局，1986年。

④ 清宫档案《宫中杂件》补23包。

⑤ [清] 翁同龢著、陈义杰整理：《翁同龢日记》第三册，第10971页，中华书局，1998年。

这两处都是上吉佳壤，各有千秋，他们不敢做决定，于是就把这两处同时上奏给了两宫皇太后。光绪元年（1875）二月二十一日，慈禧在养心殿西暖阁召见了相度大臣。慈禧详细询问了相度的情况，由恭亲王奕䜣和醇亲王奕譞作了主要回奏。最后，慈禧征询相度大臣是用双山峪还是用金龙峪时，善于辞令的恭亲王奕䜣回奏说："以理，则九龙峪固佳；以情，则臣下不敢赞。"[①] 奕䜣在这里所说的"理"是指乾隆帝制定的"昭穆相建"的规定；所说的"情"是指父子之情、母子之情、子女长依父母膝下之情。因为同治帝的父亲咸丰帝的定陵建在了东陵界内的平安峪，同治帝的母亲慈禧的陵选在了东陵境内的菩陀峪。奕䜣的意思是：如果遵照乾隆帝规定的"昭穆相建"的"理"，就应该用金龙峪；如果念及父母之情，考虑到中国人传统的子随父葬之"情"，同治帝的万年吉地就应选用双山峪。奕䜣的意思倾向于用双山峪，但又不敢作主，所以他不敢表态，让选用东陵双山峪的话从慈禧的口中说出。果然在第二天，两宫皇太后就颁发懿旨：

> 前经降旨派恭亲王奕䜣等于东、西陵附近地方敬谨相度大行皇帝山陵。醇亲王奕譞等前往履勘后会同恭亲王奕䜣奏明请旨。昨据该亲王等奏称：谨看得附近东陵之双山峪地势宽平，系属上吉之地等语。双山峪著定为惠陵，即行择吉兴工。[②]

在相度大臣向皇帝上奏所选吉地时，在奏折中往往用"绘图贴说"这个词。这个词是什么意思？在相度大臣向皇帝奏报所选吉地

① [清] 翁同龢著、陈义杰整理：《翁同龢日记》第三册，第1111页，中华书局，1998年。

② [清] 朱寿朋敬编：《东华续录》"光绪二"，第9页。《德宗景帝实录》卷四，《清实录》第52册，第134页，中华书局，1986年。

时，要把吉地绘成图纸，同时要将随同相度的风水官对所选吉地的风水写成“说帖”。所谓“说帖”，就是对吉地的风水进行全面论证，为什么说这个地方风水好，怎么好，有没有不足之处，有没有补救的方法等。有时简要的把风水情况写一张纸条上，贴在所绘的图纸上，这就叫“绘图贴说”。在向皇帝上奏所选吉地时，要把所选出的几个备选吉地的图和风水说帖都要同时呈递给皇帝，以供皇帝参阅选择。

下面请欣赏一下钦天监监正进爱为乾隆帝选择万年吉地的风水说帖：

> 臣等于本年九月初六日奉旨前往敬谨相度得密云县之董各庄、昌瑞山之万年峪并胜水峪、石芬峪，（遵化）之霍家庄等处内，董各庄罗城虽广，局势紧促，穴落平阳，似难大用。万年峪系正龙之缠护，并无结作。霍家庄山势粗浊，亦不足大用。惟有胜水峪自昌瑞山落脉，龙势曲折蜿蜒，由天市而转天皇。起太阳金星，开钳吐唇，峡中之水，个字分明。合襟紧凑，内结太极圆晕，外成万马明堂，立天屏而兼太微。龙穴向上，合三垣之格局，下乘三元之旺运。至于朝拱，主山尊严，罗城重环，水口紧密。诚天造地设之大地，应万年吉祥之佳名。从前相度得泰宁山附近并无如此地者也。[①]

从这篇说帖中可知，乾隆帝曾派人到西陵各处选择过陵址。中国第一历史档案馆藏有曾相度过易州东北金家庄村北瑞麟山的档案。[②]

在选择同治帝的惠陵陵址时，相度大臣将风水官张元益、高士龙、李唐、李振宇、廖润鸿对双山峪、成子峪、松树沟、宝椅山、侯家山几处备选吉地的风水说帖都呈递给了两宫皇太后。[③] 下面请看张

---

① 清宫档案《朱批奏折》“建筑工程”，文件号21。

② 清宫档案《朱批奏折》“案卷号5”，文件号30。

③ 清宫档案《宫中杂件》补23包。

元益、高士龙的风水说帖是怎样写的：

> 礼部郎中张元益、四品衔刑部员外郎高士龙谨瞻仰得景陵之东南双山峪由昌瑞山分支，起伏停顿，至玉顶山起祖过峡，曲折九节，又起少阴，金星落脉结穴，龙气舒展，堂局宽平。左青龙砂自本身分出，端正拱向，拦水聚气，后龙大溪水缠绕砂外，与明堂水相汇。汇处有金水长山横列关锁。右白虎砂自本身分出，平静纡缓，前有玉带近案，案外西南有天台、象山等山为侍从，东南有石门、三角等山为护卫，朝对金星大山，罗城周密，屏障全备。随龙众水俱由右到左，汇绕穴前，出辰巽方。立癸山丁向，丙子丙午分金。诚上吉之地。查玉顶山迤北为宝华峪，山下有东西车道，关碍风水，将来应斟酌水改。
>
> 又瞻仰得大西河西成子峪，由琉璃屏、黄花山分支至大杏花山，起祖过峡，又起天财，金星落脉结穴。谨查同治五年恭看万年吉地，瞻仰得成子峪龙旺血真，因不与定陵一脉，且在大西河以西，将来神路极难会合等情，呈明在案。此次周历详审，山势浑厚，堂局严密，护砂环抱。前有盘龙岭为近案，明堂水汇丑艮方，宜立辛山乙向，丁酉丁卯分金，亦上吉之地。
>
> 又瞻仰得松树沟，山势陡峻，并无脉气穴情。宝椅山饱面不开，并无堂局。侯家山局势散漫，并无护砂，均难取用。①

皇帝对自己的万年吉地非常重视，所以对相度大臣的奏折和风水官的风水说帖都认真地审阅。有清一代，亲自参与陵址选择的有顺治帝、道光帝、咸丰帝、光绪帝。昌瑞山下的孝陵陵址是顺治帝亲自选

① 清宫档案《宫中杂件》补23包。

崇陵地势图

定的。西陵界内的慕陵陵址是经过道光帝亲自实地验看后决定的。光绪十三年（1887）三月，光绪帝曾奉慈禧到易县梁格庄西北的九龙峪相度万年吉地，[①] 尽管这次没有将万年吉地最后确定下来，但也表明慈禧和光绪帝曾亲自参与了吉地的选择。表现最突出的就是咸丰帝。他对所选吉地的土色、所立的山向、前面对准的朝山等细节都一一过问。[②] 他在咸丰二年（1852）二月和九月，利用到西陵和东陵谒陵之

① 中国第一历史档案馆编：《光绪朝朱批奏折》第27辑，第638页，中华书局，1996年。

②《文宗显皇帝实录》卷七四，《清实录》第40册，第967页，中华书局，1986年。

机，先后到西陵的备选吉地魏家沟[①]、东陵的平安峪、成子峪、辅君山等备选吉地亲自阅视，根据风水说帖，在现场诘问众风水官。风水官的观点也不一致。对此，咸丰帝责令相度大臣“务期考核精详，勿涉游移两可之见。”[②]

第二节　陵寝的营建

一、任命承修大臣

陵址确定之后，下一步就是任命承修大臣。承修大臣对于陵寝的营建至关重要，所以皇帝往往要派他最信任的朝廷重臣来承担此任。承修大臣和相度大臣一样，因他们都身兼朝廷的许多重要职务，有时由于差务繁忙、职务升迁或获罪或死亡，承修大臣往往要更换，很少从始至终不换人的。目前景陵及景陵以前清陵的承修大臣，我们只知道孝陵的承修大臣有康熙初年的工部尚书傅维鳞，[③]其他的有待进一步考证。泰陵的承修大臣是我们目前查到的最早的，请看泰陵的承修大臣是怎样派的：

雍正八年四月十四日奉旨：天平峪（太平峪）一应工程著保德总理。

雍正八年四月十六日奉旨：天平峪事务属工部者，著交与鄂尔奇办理。属礼部者，交与傅德办理。

雍正八年九月二十九日内阁奉上谕：前派范时绎管理天

①《文宗显皇帝实录》卷五四，《清实录》第40册，第721页，中华书局，1986年。

②《文宗显皇帝实录》卷七二，《清实录》第40册，第939页，中华书局，1986年。

③傅维鳞：《四思堂文集》（上）第177页。

> 平峪工程事务，今范时绎派往北河，著散秩大臣英德代范时绎于工上往来行走察看，其一应钱粮工程等项已派常明、保德、鄂尔奇经管，英德不必管理。[①]

表明承修大臣各有分工，有总理工程的，有分别管理工部、礼部、钱粮的。这种任命承修大臣的方式与后来的派法明显不一样。而后来任命的承修大臣不再有这种情况。

孝圣皇后钮祜禄氏的泰东陵迄今为止尚不知承修大臣是谁。

裕陵的承修大臣有协办大学士、军机大臣、吏部尚书讷亲，军机大臣、户部尚书海望，工部尚书哈达哈，户部左侍郎三和，户部右侍阿里衮，都察院左副都御使德尔敏。[②] 这6个人当中，无论从排序上还是职务上，明显看出讷亲是6个人当中的首领，但并没有明确规定由他总理全面工程。

昌陵的最初的承修大臣是户部尚书范宜恒、礼部尚书德明、礼部左侍郎铁保、工部左侍郎成德、赵佑、总管内务府大臣缊布，也是6个人，职务最高的是尚书。[③] 到了嘉庆五年（1800）闰四月，嘉庆帝又将因获罪被革去户部右侍郎的孝淑皇后之兄即自己的大舅哥盛住以公爵授为西陵总管内务府大臣，作为昌陵（当时尚无昌陵之名，只称万年吉地）的承修大臣，常川驻工。[④] 这样，昌陵的承修大臣就多达七人。在这七人中，盛住虽然是获罪之员，排名在后，但他是公爵，又是皇帝的大舅哥，属于皇亲国戚，自然备受尊重，在七人当中说话、办事占地方，所以就成了事实上的承修大臣之首。

---

① 中国第一历史档案馆编：《雍正朝汉文谕旨汇编》第五册，第71页，广西师范大学出版社，1990年。

② 清宫档案《录副奏折》胶片，第19盒。

③《仁宗睿皇帝实录》卷四四，《清实录》第28册，第542页，中华书局，1986年。

④《仁宗睿皇帝实录》卷六六，《清实录》第28册，第887页，中华书局，1986年。

昌西陵是在孝和皇后死后才营建的。孝和皇后死于道光二十九年（1849）十二月十一日，一个月后即道光三十年（1850）正月十二日，道光帝任命定郡王载铨、吏部尚书文庆、工部右侍郎灵桂、彭蕴章为承修大臣。[①]

道光帝的宝华峪陵寝的承修大臣是庄亲王绵课、文渊阁大学士戴均元、户部尚书英和、兵部左侍郎阿克当阿。[②]

在咸丰八年（1858）七月任命的定陵的承修大臣是怡亲王载垣，郑亲王端华，军机大臣、武英殿大学士彭蕴章，军机大臣、协办大学士、户部尚书柏葰，礼部尚书瑞麟，兵部尚书全庆，户部左侍郎基溥，[③]共7个人。在清朝营建皇陵中，以定陵的承修大臣最多，等级也最高，有两位亲王。后来柏葰被杀，载垣、端华在辛酉政变中被赐死，承修大臣人员发生了重大变化。咸丰十一年（1861）十二月，定陵的承修大臣改为体仁阁大学士周祖培、吏部尚书全庆、刑部尚书绵森、已革大学士瑞麟、吏部右侍郎基溥以及总管内务府大臣明善。人数和职务级别上都比原来有所降低。同时还任命恭亲王奕䜣、户部左侍郎宝鋆总司稽察。任命总稽察，这是以前所没有的，这是一个重要变化。在这以后建的惠陵也由恭亲王奕䜣任总稽察。营建陵寝，增设总稽察，表明了朝廷对陵寝营建的重视，同时也表明了对这些承修大臣的一种制约，增加了监督机制。下面这道谕旨就明显说明了这一点：

咸丰十一年十二月庚午，又谕："定陵钦工一切应行事宜及收发款项，著派恭亲王、宝鋆总司稽察。其应办工程，仍著责成周祖培、全庆、绵森、瑞麟、基溥、明善敬谨办

①《宣宗成皇帝实录》卷四七六，《清实录》第39册，第992页，中华书局，1986年。

②《宣宗成皇帝实录》卷三三，《清实录》第23册，第411页，中华书局，1986年。

③《文宗显皇帝实录》卷二五九，《清实录》第43册，第1027页，中华书局，1986年。

理，不得稍有草率偷减等弊，以专责成。”①

慈安皇太后的普祥峪定东陵和慈禧皇太后的菩陀峪定东陵的陵址是在同治十二年（1873）三月十九日正式确定的，同时任命了两陵的承修大臣。

慈安陵的承修大臣是：咸丰帝的五弟惇亲王奕誴，协办大学士全庆，总管内务府大臣、都统春佑，工部右侍郎荣禄。

慈禧陵的承修大臣是：咸丰帝的七弟醇亲王奕谖，左都御史英元，总管内务府大臣、吏部左侍郎魁龄，总管内务府大臣、工部左侍郎明善。② 两天后即三月二十一日，以左都御使英元“差务较繁”，改派兵部尚书英桂代替英元为承修大臣。③

这两个陵的承修大臣都是4个人，都有一位亲王，这两个班子的阵容差不多。但这次没有派总稽察。

惠陵的承修大臣是醇亲王奕谖、左都御使魁龄、户部左侍郎荣禄、内阁学士翁同龢。恭亲王奕䜣总司稽察。④ 惠陵的承修大臣与两座定东陵的承修大臣有两点相同之处，一是都是四人，二是都由一位亲王领衔。惠陵是于光绪元年（1875）八月初三日午时动工的，⑤ 这时两座定东陵刚刚开工两年，醇亲王奕谖还是慈禧陵的领衔承修大臣，荣禄也是慈安陵的承修大臣，这表明一个人可以同时兼任两个陵的承修大臣。

---

① 中国第一历史档案馆编：《咸丰同治两朝上谕档》第11册，第580页，第1758条，广西师范大学出版社，1998年。《穆宗毅帝实录》卷一三，《清实录》第45册，第354页，中华书局，1986年。

② 《穆宗毅皇帝实录》卷三五〇，《清实录》第51册，第634页，中华书局，1986年。

③ 清宫档案《菩陀峪万年吉地工程备要》卷首，“谕旨”。

④ 《德宗景皇帝实录》卷四，《清实录》第52册，第134页，中华书局，1986年。

⑤ [清] 崑冈等修，刘启端等纂，光绪朝《钦定大清会典事例》卷四七四，“礼部·丧礼”。载《续修四库全书》编纂委员会编：《续修四库全书》第805册，“史部·政书类”，第479页，上海古籍出版社，2002年。

崇陵的承修大臣是载洵、溥伦、载泽、鹿传霖，前三人都是皇室成员，载洵是宣统帝溥仪的六叔，爵位是贝勒赏加郡王衔，溥伦是贝子，载泽是镇国公。鹿传霖是协办大学士。崇陵的承修大臣也是四位，虽然没有亲王，但级别也不低。[①] 随后又命庆亲王奕劻总司稽察。[②]

承修大臣负责整个陵寝的规划设计、招商承包、监督管理、施工营建等一切事务。因为这些承修大臣都是由皇帝直接任命派出的，所以都称钦差大臣。

这些承修大臣都是朝廷重臣，在朝廷身兼多种要职，所以，每座陵的承修大臣虽然有多位，但在施工营建时并不是都同时在工地现场指挥监督，而是轮换。轮换有两种形式，一是将整个工程分成几段，每段分别由承修大臣负责；另一种是这些承修大臣按月轮换。轮到每位承修大臣到工地值班时，都要提前向皇帝奏报，得到皇帝的批准，有时皇帝还要亲自接见，面授机宜。有时因在工地当差时间较长，皇帝要将他在朝廷的职务临时让别人署理。比如在道光元年（1821）十月，道光帝的东陵宝华峪陵寝将正式破土兴工，作为主要承修大臣的英和要去东陵宝华峪参加这一重要活动。他不仅是当时的户部尚书，而且还兼任步军统领。步军统领相当于今天的北京卫戍区司令员，负责京城的安全保卫，十分重要，时刻不能离开，所以，在他去东陵之前，道光帝特地让体仁阁大学士伯麟暂署步军统领。[③] 道光三年（1823）六月初九日，因英和再一次赴宝华峪万年吉地，又命庄郡王绵课署步军统领。[④]

有时承修大臣因为有更重要的公事要办，不能按时赴工地值班，要向皇帝奏报，由他人代替。比如在同治十三年（1874）三月，本来应该由吏部左侍郎魁龄到菩陀峪万年工地值班，可是他当时正担任科

① 《宣统政纪》卷四，《清实录》第60册，第77页，中华书局，1986年。

② 《宣统政纪》卷五，《清实录》第60册，第81页，中华书局，1986年。

③ 《宣宗成皇帝实录》卷二四，《清实录》第33册，第438页，中华书局，1986年。

④ 《宣宗成皇帝实录》卷五，《清实录》第33册，第950页，中华书局，1986年。

举考试的考官，入闱了，不能到工地值班了。于是，菩陀峪万年吉地领衔承修大臣醇亲王奕譞就向两宫皇后奏报了这件事，提出让当时任监督的二品大员景瑞代替魁龄值班。奕譞的这道奏折既反映了当时真实情况，也反映了当时的轮换制度，很有价值，特抄录于下：

臣奕譞等谨奏为拟派监督暂代承修大臣、住班监视工作，恭折具奏，仰祈圣鉴事：窃臣等奉命恭修菩陀峪万年吉地工程，前经奏准，每届开工之期，由臣奕（譞）、臣英（元）、臣魁（龄）、臣明（善）四人按月轮流住班，用资督率。上年八月间吉地开工，臣奕（譞）恭往住班，停工后始行回京。本年二月初二日开工之时，已由尚书英（元）按次住班。三月份轮应侍郎魁（龄）赴工接替，惟该侍郎现已入闱，不克前往。臣明（善）曾奉谕旨暂缓赴工住班。臣奕（譞）自当即时往替。第神机营马步队伍本年春季在苑豫备阅兵，大臣看视合操系属初次，须由臣奕（譞）亲往会阅，稽核队伍优劣。现在吉地各座槽内，桩钉渐次下齐，即应接打灰土，工程最关紧要，非有熟悉情形，实力督率之人住工监视不足以昭慎重。查监督副都统景（瑞）系臣奏明常川住工之员，于一切工程极为熟悉，且系二品大员，拟令该员暂代承修大臣魁（龄）住班督率。奕（譞）俟神机营校阅完竣即行启程赴工。如蒙俞允，俟命下之日，即饬该员遵照，并行知尚书英（元）回京供职。

所有拟派监督暂代承修大臣住工缘由，谨恭折具奏，伏乞圣鉴，训示遵行，谨奏请旨。

同治十三年三月十一日具奏，本日奉

旨：依议。钦此。[①]

---

① 清宫档案《菩陀峪万年吉地工程备要》卷一，“奏疏”。

在平时，承修大臣轮班到工地，每班一位承修大臣。但遇到关键时刻，有时全体承修大臣都要到工地，也有时二位承修大臣在场。比如在拟定陵寝规制之前对陵址的全面勘测时，全体承修大臣都要亲临现场。破土兴工是关键的一环，所以当慈禧陵破土开工时，醇亲王奕譞和另一位承修大臣春佑二人同时住工，现场坐镇，监督指挥。[①]

二、组建工程处

营建陵寝的工程处往往称“万年吉地工程处”，也称“办理万年吉地工程处”“钦差总理万年吉地工程处”，有时还冠以万年吉地的地名，如“胜水峪万年吉地工程处”“普祥峪万年吉地工程处”“菩陀峪万年吉地工程处”。有时还冠以“钦差”“办理”“恭办”字样。有时在“工程处”前还带有“总理”字样。

承修大臣任命以后，紧接着就由承修大臣们组建工程处。工程处是营建陵寝的最高指挥机关和核心。工程处主要由档房、印房、银库组成。档房又由样子房和算房组成。样子房主要负责现场的勘察、规划设计、图纸的绘制、制作烫样等。算房主要负责尺寸的核定、制定做法和编写工程黄册等。档房分别在京城和工地两处设置。在京城的叫“京档房”，在工地的叫“工次档房”。不同陵寝的档房所在的具体地点也不一样。比如，定陵工程处在京城的档房设在安定门外文昌庙内。[②]“普祥峪万年吉地工程处”和“菩陀峪万年吉地工程处”的工次档房设在马兰峪。[③]银库属于财务重地，直接关系到钱粮的收支，所

① 清宫档案《朱批奏折》“建筑工程”，122-4。

② 清宫档案《平安峪万年吉地工程备要》卷二，“奏章”。转引自天津大学曾辉所撰的硕士学位论文《清代定陵建筑工程全案研究》第215页。

③ 清宫档案《朱批奏折》“建筑工程”114-14载：“恭照万年吉地现已择吉动土开工，所有应办事宜自应次举办。伏查工次应设档房，以为在工官员人等办公之所。拟请由马兰镇总兵在于东口子门外附近地方选择院落宽敞官房两所，以备安设两处工程处档房。”这里所说的东口子门外就是马兰峪。

以银库的管理最为严格。派兵昼夜看守。惠陵工程处的银库由20名兵丁看守，委派一名监督担任“总司钱粮”，负责整个万年吉地的钱粮支出，责任綦重。为此，对银库的管理和银两的收放制定了非常严格的“章程”①。尽管对银库的管理如此之严，在营建定陵时，还发生了银两被盗的事件。同治四年（1865）八月初八日夜间，窃贼将银库西北山墙挖了一个大窟窿，将库内所存的九百五十两银子全部盗走。为此，将是日在银库值班的20名八旗官兵解交刑部审办。②

凡专案办理的重要陵寝建筑的修缮工程也都设立工程处，建立档房。光绪二十六年（1900）八国联军攻陷京城，慈禧携光绪帝逃到西安，重修慈禧陵工程也暂时停工。在停工期间，设置在神机营的京档房的档案和一万数千两银子“均遗失无存”。承修大臣庆亲王奕劻和文渊阁大学士荣禄向慈禧奏报这件事时，也没有讲清是被外国侵略军抢走，还是监守自盗，慈禧只是批道“知道了”③就了事了。

一座陵寝往往要营建四五年甚至更长的时间，工程处所存在的时间要比营建陵寝的时间更长。营建陵寝要与国家的许多部院衙门和各直省发生往来，所以，工程处要有自己的大印（相当于现在的公章）。因为工程处是临时机构，不是常设的国家正式机构，所以工程处的大印要用关防而不能用宝或印。清朝的关防一般为铜制，长方形，钮为近似柱状长把形。工程处组建后，承修大臣就要奏请颁发关防。笔者在清宫档案中找到了一份昌陵承修大臣要求颁发关防的奏折，内容如下：

谨奏为请旨事。

---

①《惠陵工程纪略》第四册。转引自汪江华博士学位论文《清代惠陵建筑工程全安研究》第101页。

②清宫档案《平安峪万年吉地工程备要》卷二，“奏章”。转引自天津大学曾辉所撰的硕士学位论文《清代定陵建筑工程全案研究》第205页。

③清宫档案《内务府来文》“陵寝事务”，第3003包。

恭照万年吉地钦定于太平峪建造，其工程事务命臣德明等敬谨查照旧例办理。钦此钦遵在案。伏思万年吉地大典攸关，一切事务俱关钱粮，从前俱经颁发钦差大臣关防。此次自应查照旧例办理，理合奏闻请旨，照例颁发钦差大臣关防，以昭信守，并请示臣等七人中钦点一人，令其掌管印钥。为此谨奏请旨。①

嘉庆帝很快就给予了批复：

钦差大臣关防著照例颁给并著成德、盛住二人择期前往。所有关防印钥著成德管带。成德若有事进京即移交盛住管带。②

慈安陵和慈禧陵的承修大臣各4位，是在同治十二年（1873）三月十九日任命的，9天后，即三月二十八日，这两陵的8位承修大臣联衔向两宫皇太后奏请颁发工程处关防，他们在奏折中说：

窃臣等于本年三月十九日恭奉谕旨，敬办普祥峪、菩陀峪工程。凡遇应行文件自应钤用关防，以昭信守。今臣等公同商酌拟请饬下礼部即行颁发关防二颗，迅交臣等分领。为此恭折奏闻，谨奏。③

这道奏折是在三月二十八日上奏的，当天两宫皇太后就批道：依议。

工程处的关防由礼部铸造。铸印的手续很复杂，关防的规格尺寸、印文的字样、写法、用铜的数量等都要事前向皇帝奏请，钦准

①② 清宫档案《内务府来文》“陵寝事务”，第2930包。

③ 清宫档案《朱批奏折》“建筑工程”，114-2号。

后，支领铜斤、制作印模、化铜铸造、加工打磨等一系列工作，并在铸印前还要将印模呈给皇帝验看，[①]钦准后才能开铸。所以，直到这年的六月初三日，工程处才领到新铸造的关防。[②]在领到关防之前，工程处给有关部院衙门的文移，均借用宗人府的印信。[③]惠陵工程处的关防在领到之前借用菩陀峪万年吉地的关防。[④]礼部将工程处的关防铸好后，承修大臣要派专人到礼部领取。取回来后，承修大臣要率领工程处的监督、监修等人员向新领到的关防行三跪九叩礼，礼毕，交档房值班监修敬谨看守。同时还要行文京内各衙门及直隶省，通知用印日期，俾昭信守。[⑤]

三、选派监督、监修

营建陵寝工程浩大，历时数年，而承修大臣只有几人，而且还要轮换值班，这样在承修大臣之下要有一大批精明能干的懂工程的办事官员在工地负责具体的工作。这些办事官员等级最高的是监督，其次是监修。监修之下还有许多具体的办事人员。

根据慈安陵和慈禧陵的营建情况得知，每位承修大臣可以推荐两位监督，多名监修。所推荐的人员大都是承修大臣的亲信。菩陀峪承修大臣醇亲王奕譞所推荐的监督之一是署理察哈尔副都统的景瑞，是朝廷的二品大员，未在京城做官，而且官职比较高，要想让他充任监督，必须要调回京师，另外派人去接替他的职务才行。于是，奕譞以密折的形式奏请了两宫皇太后。奕譞的奏折既讲明了监督的重要性，也表明了推荐人与被推荐人之间的关系，很具有代表性。下面将这道奏折抄录于下：

---

① 清宫档案《新整内务府档》“礼仪”，第0010包。

②③ 清宫档案《内务府来文》“陵寝事务”，第2978包。

④ [清]延昌：清宫档案《惠陵工程备要》卷一，“办公次序”。

⑤ [清]延昌：清宫档案《惠陵工程备要》卷一，“办公次序・开用印信”。

臣奕譞谨奏为要工需员恳恩调用署任官员以资得力仰祈圣鉴事。

窃臣奕譞现奉命办理菩陀峪工程，照案应派监督二员襄办。臣于所属文武各员内遍加选择廉洁干练堪充监修等差者，尚有其人。唯求一实力不辞劳怨而又工于书算、谨慎精详俾充监督之任，实难其选。查有现署察哈尔副都统景瑞随臣办理军旅十有一年，其敏捷有为，实为各属员之冠。合无仰恳天恩，照魁龄调用京员之案，将景瑞改为署京旗副都统，或竟撤去署任，俾充监督，实于公务大有裨益。臣实感鸿恩，曷其有极。如蒙俞允，现仍欠监督一缺，既未能得人，臣即宁缺弗滥，俟选择妥协，再行派委。臣为要工需员起见，谨恭折仰恳天恩，伏乞圣明洞鉴，再调配人员，原可无须封奏，惟因该员现在署任，未敢冒昧遽请，是以密陈合并陈明谨奏。[①]

奕譞的奏请得到了两宫皇太后的批准，很快就将景瑞从察哈尔调到了京师，补授正蓝旗蒙古副都统，[②]然后调到菩陀峪万年吉地任监督。景瑞这个监督因为是奕譞亲自要来的，是奕譞的亲信，所以在众多的监督中自然说话占地方，可以说是众监督之首。他曾代替承修大臣魁龄在工地值班。此一事足以表明他在工程中的地位和作用。本来每位承修大臣应该推荐两位监督，奕譞从众多官员中只认为景瑞最符合条件，还差一位监督，要想再找一位像景瑞这样的监督人选却十分困难，他宁可暂缺一人，也不降低标准。普祥峪万年吉地承修大臣惇亲王奕誴推荐的两位监督，一位是京察一等以五品京堂用之四品卿衔宗人府副理事官宗室钟泰；另一位是上届京察一等以五品京堂用之宗人府理事官宗室嵩溥。

作为宗人府宗令的道光帝的皇五子惇亲王奕誴，从自己的手下选

①② 清宫档案《菩陀峪万年吉地工程备要》卷一，“奏疏”。

择两位京察一等的宗室成员作为监督，表明也是很慎重的。两陵的承修大臣共8人，除了两位领衔的亲王外，那6位承修大臣每人也推荐了两名监督。

承修大臣协办大学士全庆推荐的监督是刑部郎中景维、道衔候选知府内阁侍读毓铭。

承修大臣兵部尚书英桂推荐的监督是候补五品京堂礼部员外郎云骑尉文晖、四品衔候补员外郎即补郎中候选知府兵部主事兼骑都尉贵成。

承修大臣总管内务府大臣、都统春佑推荐的监督是四品衔候补五品京堂花翎礼部郎中宗室豫璋、候选道户部银库郎中成光。

承修大臣总管内务府大臣、吏部左侍郎魁龄推荐的监督是三品衔花翎吏部郎中上行走前直隶热河道奎训、花翎知府衔即选道工部郎中阿克达春。

承修大臣总管内务府大臣、工部左侍郎明善推荐的监督是花翎道衔专以道员用补放后加布政使衔工部郎中玉珩、三品衔即选道选缺后加布政使衔礼部候补郎中员外郎麟椿。

承修大臣工部右侍郎荣禄推荐的监督是三品衔直隶候补道熙敬、花翎三品衔理藩院员外郎福裕。[①]

同治十二年（1873）四月初六日，各承修大臣推荐了上述监督的同时，也推荐了监修。每位承修大臣所推荐的监修人数没有严格的限制，可多可少，总之以实际需要为准。这次推荐监修，惇亲王奕誴推荐了10人，醇亲王奕譞推荐了6人，全庆推荐了12人，英桂推荐8人，春佑推荐了9人，魁龄推荐6人，明善推荐了6人，荣禄推荐了10人。以上共监修67人。[②]

所派出的监督、监修各官随时都有增减、变更的可能。四月初六日奏请拟派67名监修，三个多月后的闰六月二十八日，承修大臣发

① 清宫档案《朱批奏折》“建筑工程”，文件号码114-3、114-4。

② 清宫档案《朱批奏折》“建筑工程”，文件号码114-4。

现这67位监修不够用，于是，又奏请增加一些办事官和监修。其中醇亲王奕譞增加了13名办事官，英桂增加了7名监修，魁龄增加了8名监修，明善增加了9名监修。共增加了24名监修、13名办事官。[①]

一旦监督、监修人员有变化，要由其推荐的承修大臣具折向朝廷奏明变动的理由以及由谁替补的人选。比如在光绪二年（1876）十二月，因职务的变动，承修大臣英桂推荐的监修文奎不能再充任监修，于是英桂向朝廷奏请了这件事，并提出让吏部笔帖式常穆替补文奎充任监修。[②]

这些监督、监修其实都是朝廷各部院衙门在职官员。这些官员时有调动和升迁。有时因工程需要，离不开，承修大臣可以奏请挽留。比如在同治十二年（1873）十月，朝廷要将由承修大臣魁龄推荐的监督奎训补授云南迤东道当道员。承修大臣考虑到当时刚刚开工不久，正是紧要关头，人手十分紧缺。奎训自任监督以来，做事十分精详。工程上一时离不开他。于是，承修大臣奏请朝廷“将奎训暂留充当监督，俟全局规模定妥再行奏明，饬令赴任。”朝廷很快就同意了他们的请求。[③]

这些监督、监修各有分工，“或在工监察工作，督运木料，或在京档房办理文案，综合钱粮”[④]，有时也承包工程。承包工程有两种形式，一种是将整个陵寝工程分成几段，由这些监督、监修分段承修。[⑤]在营建昌陵时，采办各种物料分别由监督负责：采办石料由富森阿等3名监督负责；办运灰斤由嵩年等3名监督负责；办造琉璃料由田悟诚监督负责；监视活计、办运土方集料由4名监督负责；办造

①③ 清宫档案《菩陀峪万年吉地工程备要》卷一，“奏疏”。

② 清宫档案《菩陀峪万年吉地工程备要》卷三，“奏疏”。

④ 清宫档案《新整内务府档》0444包。

⑤ 清宫档案《朱批奏折》“建筑工程”，文件号码114-4。

糙砖瓦由2名监督负责；运送桅杆架木、临清砖金砖由两位监督负责。[①] 另一种是不分段，统一大包，比如在营建西陵界内的龙泉峪万年吉地（慕陵）时，承修大臣穆彰阿、敬征、宝兴、阿尔邦阿就让文祥等6位监督不分段落，一体承修。妃园寝工程令缉实等4位监督一体承修。其礼部、工部、八旗、内务府衙署、营房等项工程分别由这些人兼办，不再另派监督。[②] 京档房的一切事务由德顺等4位监督承办。昌陵妃园寝是由达琳、万升二位监督承修的。昌陵和昌陵妃园寝的内务府的营房是由监督富森阿、威赫承修的。[③]

四、绘图、做烫样

（一）实地勘测

万年吉地工程处组建后，选派了监督、监修，下一步最重要的工作就是决定陵寝的规制。决定陵寝规制要分两步走，第一步是绘图，第二步是做烫样。没有第一步就没有第二步。要绘图，必须先测量。这两步工作要由全体承修大臣共同参与。承修大臣们带领监督、监修、风水官、样式房、算房的工作人员到所选定的陵址现场进行勘察，定方向、点穴位、撒灰线、埋志桩，根据吉地的面积大小、宽窄、河流走向，确定陵寝的具体位置。其实，这些工作在选择陵址时已经糙线条地做过了，但这次是最后的具体而准确地定下来，将以前不太准确的地方进行更正和调整。在建咸丰帝的定陵时，曾对昭西陵、孝陵、孝东陵、景陵、裕陵进行了全面细致的丈量，[④] 为设计定陵建筑布局取得了第一手材料，有了重要的依据。在营建慈安陵和慈禧陵时就发生过一次非常重要的调整。事情是这样的：在当初确定慈

①③ 清宫档案《内务府来文》“陵寝事务”，第2930包。

② 清宫档案《内务府来文》第2946包。

④ 清宫档案《平安峪工程备要》卷一，“奏章”。

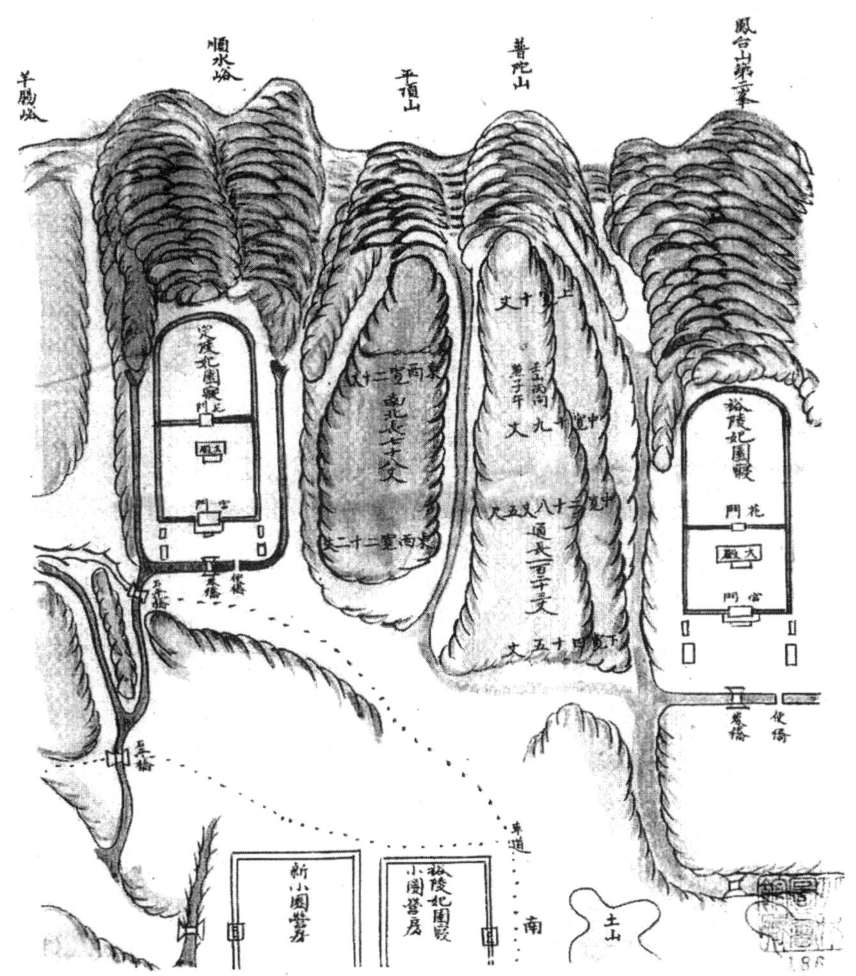

普陀山地势尺寸画样（中国国家图书馆藏）

安陵和慈禧陵的陵址时，两陵大体方位已经确定，两陵陵址是并排相连的。但是以惇亲王奕誴、醇亲王奕譞为首的两陵承修大臣带着相关人员到现场进行最后测量时，竟然发现两陵陵址不平列，慈安陵的陵址落后（北），而慈禧陵的陵址落前（南）。这样，既整体上不好看，有碍观瞻，更重要的是显得有尊有卑。于是，两陵的承修大臣经过与风水官和其他相关人员认真研究，认为只要将慈安陵的志桩下移一丈五尺二寸，西移四尺七寸五分，将慈禧陵的陵址志桩上移七尺四寸，东移八寸，两陵的陵址就平列了。于是，两陵的承修大臣将两陵吉地不平列的事上奏给垂帘听政的两宫皇太后，并提出了解决的方法。很快两宫皇太后就以皇帝上谕的形式批复：

> 惇亲王、醇亲王等奏详细察看吉地方位情形，绘图呈览一折。普祥峪、菩陀峪两处志桩经该亲王等带同堪舆敬谨复勘，两处方位未能平准，拟请……自应敬谨改移，以昭慎重，即著照惇亲王、醇亲王等所奏情形，妥慎办理。[①]

实地勘测是绘制图纸、制作烫样的基础，也可以说决定着陵寝的具体规制。为什么顺治帝的孝陵和咸丰帝的定陵的宝城、宝顶都是南北长、东西窄的长条形？就因为那里的地形南北狭长，东西窄小，受地势的直接限制。[②]为什么景陵的神厨库建在了远离东朝房的石像生之东？同样是受地形地势的限制。如果没有实地的具体测量，只凭着以往陵寝的正常规制绘图、做烫样，肯定是行不通的。

（二）绘图贴说

经过实地详细测量后，调用以往某些陵寝的档案，再到各陵进行实地考察，经过承修大臣与风水官、样式房的匠人共同商量，拟出陵寝的具体规制，绘出图纸，附上具体说明，由承修大臣联衔上奏给皇帝。在拟定慈安陵和慈禧陵规制时，两陵的承修大臣就调用了昭西陵、慕陵、宝华峪道光陵的折奏稿案、册档、黄册、蓝册等全卷

---

① 清宫档案《朱批奏折》“建筑工程”，文件号码114-5；清宫档案《菩陀峪万年吉地工程备要》“元部・卷首・谕旨”。

② 清宫档案《平安峪工程备要》卷一，“奏章”。载：“惟查由志桩处至龙虎砂山脚前，进深三十九丈，面阔十八丈，若仿照宝华峪宝城圆式，所有罗圈墙至琉璃花门按九道券规模，进深敷用，而面阔较狭。谨拟仿照孝陵宝城长圆式规制修建似觉合适。”

档案，[①] 到昭西陵和孝东陵进行了实地考察。[②] 为了绘制慈安陵、慈禧陵的陵图，两陵的万年吉地工程处特地发文给内务府，要求将样式雷的后人雷思起调到两陵工程处“预备绘图”。[③]

陵寝是皇帝、皇后死后的閟宫，是死后生活的另一个世界，所以每一个皇帝、每一位皇太后（凡皇后陵的墓主人都是皇太后）对自己的陵寝都极为关注，对陵寝的风水、规制、质量都经常过问，并不断地提出自己的改进意见，甚至提出建陵的指导方针。这方面的实例很多。比如在营建昌陵时，嘉庆二年（1797）九月十六日，大学士和珅（和珅虽然不是昌陵的承修大臣，但他是当时的文华殿大学士、首席军机大臣，相当于宰相，对于陵寝之事自然也要参与）将太平峪万年吉地图样呈送给皇帝时，面奉谕旨：“准其照样建造。其地宫照胜水峪，大碑楼将来在七孔桥之北建盖。其券外一切规制、妃衙门殿座、券池俱照泰陵式样建盖。”[④] 到了嘉庆五年（1800），嘉庆帝将他的上述建陵想法总结成“外式照泰陵，内式照裕陵”的指导方针。[⑤]

道光帝也为建陵提出了一个基本指导原则，即“总以地臻全美为重，不在宫殿壮丽以侈观瞻。”[⑥] 并亲自召见承修大臣，当面对宝华峪陵寝的规制作了十分详尽具体的指示：“地宫内之起脊琉璃黄瓦头停、金券内经文、佛像及二柱门俱行裁撤，其石像生一项量为收小，井上石栏无庸起建亭座”。[⑦] 后来，宝华峪陵寝因地宫出现渗水而被废后，在西陵界内选中了龙泉峪。这次道光帝对他的陵寝规制再一次进行了大刀阔斧的改革，主要有：裁撤方城、明楼、穿堂诸券、琉璃花

---

①③ 清宫档案《内务府来文》“陵寝事务”，第2978包。

② 清宫档案《菩陀峪万年吉地工程备要》卷一，“奏疏”。

④ 清宫档案《内务府来文》“陵寝事务”，第2930包。

⑤ 清宫档案《内务府来文》“陵寝事务”，第2931包。

⑥⑦《宣宗成皇帝实录》卷三八，《清实录》第33册，第679页，中华书局，1986年。

门、石像生；隆恩殿由重檐5间改为单檐3间带回廊，配殿由5间改为3间；神路不与泰陵神路相接。道光十一年（1831）四月，承修大臣穆彰阿等根据道光帝的旨意，将拟定的陵寝规制上奏。在这次所拟的陵寝规制中，穆彰阿等按传统的皇帝陵规制，在陵前马槽沟上建三路三孔拱券桥，道光帝改为中建一路三孔拱券桥，两侧各建五孔平桥1座，同时令“太监营房毋庸建立”①。

对于承修大臣呈送的所拟的陵寝规制，皇帝多数采用朱批或另颁谕旨的形式表示看法，提出意见。有时亲自召见承修大臣面谕。还有时采取传话的形式。比如在修建慈安陵和慈禧陵时，在同治十二年（1873）四月二十八日，承修大臣之一的魁龄亲自到工地向两位亲王和其他承修大臣传达谕旨：“两处神厨库均在菩陀峪东面，偏南即普祥峪神厨库，偏北即菩陀峪神厨库。”② 为什么要将慈安陵的神厨库放在慈禧陵的东旁呢？根据清朝陵制，帝、后陵的神厨库都应建在每座陵的左（东）旁。所以慈安陵的神厨库应建在普祥峪的东旁，菩陀峪的西旁。这样两陵之间就要有比神厨库还要宽的地方才行，由于这两个吉地紧挨着，中间根本没有建神厨库的地方，所以只能将慈安陵的神厨库建在慈禧陵的东旁，位于慈禧陵神厨库之南。这样安排设计，既解决了两陵之间地方小不能建神厨库的难题，同时也使得这两陵布局更加紧凑，也有利于观瞻。从中也可看出两位皇太后对自己的陵寝是多么用心、多么关注了。

（三）制作烫样

承修大臣根据皇帝、皇太后的谕旨对所拟定的陵寝规制进行认真地修改，然后再恭呈御览，钦准后，再制作烫样，恭呈御览。③

---

① 清宫档案《内务府来文》“陵寝事务”，第2946包。

② 清宫档案《朱批奏折》“建筑工程”，文件号码114-5；

③ 惇亲王奕誴、醇亲王奕譞在同治十二年五月初四的奏折中说：“谨将规制敬绘图说，一并恭呈御览，俟命下之日，再行烫样进呈。”见《朱批奏折》建筑工程，文件号码114-5。

所谓烫样，就是将实际建筑按一定的比例缩小的一种立体模型，是中国古建筑特有的产物，是为了给皇帝御览而制作的。制作烫样主要原材料有纸、秫秸和木头。因为需要熨烫，所以称烫样。据笔者所知，烫样有三种：一种是整组建筑群规模、建筑布局的烫样。在20世纪60年代和70年代，故宫博物院曾借拨给清东陵文物保管所几批文物，其中有一件是“普祥峪菩陀峪金陵烫样”。笔者曾任清东陵文物保管所文物保管员20多年，这件烫样曾亲手保管并在20世纪70年代末在慈禧陵东配殿展出过。后来在20世纪90年代，故宫博物院要搞一个古代建筑展览，需要这件文物，而这件“普祥峪菩陀峪金陵烫样”又恰恰是属于借给东陵的，所以，东陵文物保管所就将这件文物归还给了故宫博物院。这件“普祥峪菩陀峪金陵烫样”就是当年营建慈安陵和慈禧陵时，由样式房的匠人做的；另一种烫样是单体建筑的烫样；第三种是反映建筑局部结构或装修细节的烫样，如地宫结构、各种隔扇花罩等。根据清宫档案记载，在营建定陵时，曾做了裕陵地宫的烫样进呈。[①] 当年营建慈安、慈禧两宫皇太后陵寝的样式房的主要匠人雷思起是样式雷的第六代传人，两陵的承修大臣特地把他从宫廷要到万年吉地工程处，[②] 主持样式房工作，主要图纸和烫样都是雷思起亲手做的。皇帝根据烫样，往往要提出许多具体修改意见，这样承修大臣要遵照旨意进行修改，然后再做烫样，但这次所做的烫样并不是全陵的，而是仅做皇帝提出要改的那部分。比如，在建定陵时，咸丰帝提出将隆恩门前的月台两侧各增加东西向踏跺；撤掉隆恩殿东、西、北三面的石栏杆；在隆恩殿前檐齐檐柱东西各添叠落看面墙二段（后来又撤销了）；方城前的月台及礓礤两侧增加石栏杆等，都要分别制作烫样。[③]

---

① 清宫档案《咸丰八年拾壹月初一日吉日立万年吉地旨意档》；样式雷图档366－00212－001～018。

② 清宫档案《内务府来文》“陵寝事务”，第2978包。

③ 清宫档案《平安峪工程备要》卷六，“做法”。

关内的清朝皇帝陵，有的建龙凤门，有的建牌楼门。在建定陵时，承修大臣特地做了龙凤门和牌楼门的烫样呈递给皇帝，请求皇帝钦定。[①] 后来咸丰帝决定建牌楼门。

烫样恭呈御览，得到钦准后，承修大臣根据烫样，造具做法清册。[②] 所谓做法清册就是陵寝的具体施工做法。

五、成立勘估处

许多人往往忽略勘估处。其实勘估处的作用很大。按地位讲，勘估处与工程处是平等的。勘估处主要有两个职能，一是给整个陵寝工程造预算；二是负责工程验收。

陵寝图纸和烫样恭呈御览，获得钦准后，立即组织样式房和算房的相关工作人员造具工程做法清（细）册。同时由承修大臣联名奏请皇帝钦派勘估大臣。勘估大臣由朝廷各部院的堂官中选派，由承修大臣将所有这些堂官的衔名提供给皇帝，由皇帝从中钦点。勘估大臣人数和承修大臣一样，没有具体的人数规定，可多可少。比如，建定陵时，咸丰八年（1858）十二月初十日，承修大臣要求皇帝派勘估大臣二三员，而皇帝却派出了刑部尚书赵光、工部满尚书文彩、工部汉尚书许乃普、兵部右侍郎春佑四人。[③] 在同治十二年（1873）六月十八日，慈安陵、慈禧陵两陵的承修大臣联衔奏请钦派勘估大臣四五位，并列出了六部满汉大臣的衔名。当天就奉朱笔圈出吏部尚书毛昶熙、礼部尚书万青藜、户部右侍郎桂清、工部右侍郎讷仁为勘估大臣。[④] 惠陵的勘估大臣有兵部尚书广寿、礼部左侍郎察杭阿、刑部左侍郎黄钰和工部左侍郎何廷谦四人。[⑤] 勘估大臣派定后，再由勘估大臣请旨派员组建勘估处，在京设立办事机构，拣派书算等办事人员。他们根

①③ 清宫档案《平安峪工程备要》卷六，“做法”。

② 清宫档案《朱批奏折》建筑工程，文件号码114-10。

④ 清宫档案《朱批奏折》建筑工程，文件号码114-11。

⑤ [清] 延昌：清宫档案《惠陵工程备要》“办公次序”。

据吉地工程处移送来的陵寝图纸、烫样、做法清册等，参照以往各陵寝的工程成案，遵照国家制定的《工程做法则例》等法规文件，对整个陵寝工程进行详细核算，编制出具有预算性质的《工料钱粮约估》，写出总说性质的《做法分析钱粮清单》，以及工程处需要从工部、内务府等库存中提用物料的清单《行取物料清单》，勘估处将这些全部恭呈御览，待皇帝钦准后，再将图纸、烫样送还工程处，同时将钦准的《行取物料清单》《做法分析钱粮清单》《工料钱粮约估》移咨给承修大臣，以便让他们遵照施工。

在陵寝施工当中，工程做法以及营建项目稍有变化，都要由承修大臣随时奏请，钦准后由工程处写出详细做法，及时移咨勘估处，由勘估处勘估钱粮，并备案。[①] 最后工程告竣后，要由勘估大臣率领勘估处的相关人员，根据工程做法清册一一核对，进行验收。所以勘估处的存在时间与工程处基本一样。

平安峪万年吉地（定陵）承修大臣给皇帝的一件奏折清楚地说明了工程处的工作与勘估处工作之间的相互关系：

谨奏为遵旨修建平安峪万年吉地，奏请钦派大臣勘估钱粮事。

前经臣等敬谨酌拟宝城地宫殿座及前路各项规制先后烫样恭呈御览，奉旨允准在案。臣等遵即派委司员督饬书算人等按照烫样详核黄册成案，造具做法细册，奏请钦派大臣勘估钱粮，以便备办物料，并行文钦天监择吉兴修。谨将六部满汉大臣衔名开单，恭候钦派二三员核实勘估，伏候命下，臣等再将烫样并做法清册及黄册成案一并移咨勘估大臣查照办理。其现在不能豫为估算划除钱粮各项除俟开工后随时查明移咨勘估大臣核办外，谨缮清单先行呈览，为此谨奏请

① 清宫档案《菩陀峪万年吉地工程备要》卷五，“奏疏”（光绪七年七月十五日，奕誴等奏疏）。

旨。咸丰八年十二月初十日具奏。[①]

六、建陵经费

营建皇陵，在历朝历代都是国家的一笔巨大开支。在汉朝，要用国家全部收入的三分之一建皇陵。[②]到后来，建陵经费虽然占不了那么大比重，但仍是国家的一笔大开支，在盛世还不太明显，尤其是到了国家的晚期，财政极为困难的时候，建一座皇陵会给国家造成极大的负担。

在营建顺治帝的孝陵时，由于当时国家还不强盛，财政还很困难，为了筹集建陵经费和滇闽用兵军饷不足，不得不仿照明朝末年练饷例，在征收赋税时，每亩增加一分。后来考虑到“小民困苦”，“若不急停，以舒民困，必致失所”，所以除顺治十八年已派外，康熙元年通行停止。[③]到了雍正年间，清王朝的国力已十分强盛，所以在营建泰陵时，雍正帝一再降旨：“一应所需工料等项俱著动用内库银两办理”[④]，所谓内库银两就是皇宫内务府所存的银两，不从户部拨用，也就是说不动用国帑。这无疑表明了当时国家实力的雄厚。可是到后来，财政每况愈下，特别是从咸丰年间开始，由于清廷割地赔款，加上国内各种自然灾害频仍，国库岂止空虚，而是负债累累。刚刚即位不久的咸丰帝为了解决国家财政的困难，不得不熔化了乾隆年间的3口重达2000多斤的金钟，为了解决铸钱无铜的困难，竟将圆明园等皇家园囿陈设的228件铜鹤、铜瓶、铜龟熔化铸钱。[⑤]定陵是

① 清宫档案《平安峪工程备要》卷六，“做法”。

② [唐] 官修《晋书·索靖列传》第六册，第1115页载：“汉天子即位一年而为陵，天下贡赋三分之，一供宗庙，一供宾客，一供山陵。”中华书局，1986年。

③《圣祖仁皇帝实录》卷五，《清实录》第4册，第99～100页，中华书局，1986年。

④《世宗宪皇帝实录》卷八九，《清实录》第8册，第190～191页，中华书局，1986年。

⑤《清代档案史料丛编》第一辑，第5～14页、26～27页，中华书局。

于咸丰九年（1859）四月十三日申时正式破土兴工的。[①] 建每座皇帝陵都需要几百万两银子，当时户部根本拿不出这么多银子，只得采取各省摊派的方法。初步决定由直隶、山西、山东、河南、陕西、四川六省每年解拨一百万两银子，要求务于每年的正月解齐。第一年咸丰九年各省还都如期解齐，可是第二年，山东就欠解了十万两，四川欠解了六万两，河南应解的二十三万两一点未解，这就是说到了第二年，这六省只解交了六十一万两，欠解三十九万两，到了咸丰十一年各省已欠解工程银一百二十三万两。在这种情况下，负责度支的体仁阁大学士周祖培建议从广东粤海关税中动用三十万两。[②] 到了同治元年（1862）八月，各省已欠解工程银达一百八十三万两之多，尽管万年吉地工程处多次向各省催要，各省都当成耳边风，不理不睬。这时各省若不再解工程款，就有停工的可能，作为定陵工程总稽察的恭亲王奕䜣等不得不奏请以皇帝的名义严催各省速解工程款。[③] 可是4个月过去了，各省仍没有行动，恭亲王奕䜣再次要求皇帝严催各省。于是在同治元年（1862）十二月初二日，两宫皇太后再次以同治皇帝的名义向各省严催陵寝工程款。在这道上谕里，既动之以情，又威之以法，已把话说到了家。谕旨如下：

前因定陵工程饷需紧要，各省欠解银两至一百八十三万之多，曾经降旨，令各该省督抚监督等赶紧起解，现已四月之久，任催罔应，必至有停工待饷之虞，关系非轻。该督抚监督等均身受文宗显皇帝厚恩，工程一日不竣，则梓宫一日不能永远奉安，为臣子者，于心何忍！著文煜等激发天良，懔遵前旨，星速筹解，务于明年正月内全数解到，以资急用。如再迁延贻误，定即从严惩办。恐该督抚监督等不能当

① 清宫档案《新整内务府档》“礼仪”，第0010包。

② 清宫档案《平安峪工程备要》卷一，“奏章”。

③《穆宗毅皇帝实录》卷三八，《清实录》第45册，第1017页，中华书局，1986年。

此重咎也。[①]

尽管这道上谕采用了恩威并施的方法，说得如此严厉，只有直隶按数解交了，其他各省基本无动于衷。到同治二年（1863）各省仍欠解一百四十一万两之多。[②]到了同治四年（1865）六月，定陵工程即将告竣，广东粤海关和河南仍欠解工程银四十余万两，朝廷再一次降旨严催，限定数月内必须全数解清。[③]

同治十二年（1873），营建慈安陵和慈禧陵时，虽然出现了所谓的“同治中兴”，那只不过是虚假现象而已，犹如病危之人大限将至之前的“回光返照”。当时国家形势与康乾盛世早已不可同日而语，国家根本就拿不出几百万两银子来建陵，所以只得仿照当年建定陵时的办法，由各省摊派（包括闽海关六成洋税银）。[④]各省关每年向两个万年吉地解工程银一百二十万两。[⑤]尽管当时朝廷的财政也很困难，但营建这两座陵比建定时强多了，各省关基本上是按时按数解送的。

慈安、慈禧的陵是于同治十二年（1873）八月开工的。同治帝的惠陵是于光绪元年（1875）八月开工的。惠陵虽然只晚开工了两年，但工程费却比两陵困难多了。当时惠陵工程费也是摊派到各省，每年各省向惠陵解送工程银八十万两。仅据档案记载，光绪二年（1876）这八十万两银子的分配是这样的：山东、河南、江西、浙江，每省地丁银七万两；江苏、安徽、广东每省厘金七万两；两淮盐厘七万两；四川盐厘津贴银七万两；粤海关六成洋税银七万两；镇江关、天津关

---

①《穆宗毅皇帝实录》卷五一，《清实录》第45册，第1389～1390页，中华书局，1986年。

② 清宫档案《平安峪工程备要》卷一，“奏章”。

③《穆宗毅皇帝实录》卷一四四，《清实录》第48册，第396～397页，中华书局，1986年。

④ 清宫档案《朱批奏折》“建筑工程”，文件号码114–7。

⑤ 清宫档案《菩陀峪万年吉地工程备要》卷一，“奏疏”。

各六成洋税银五万两。[①] 因为各省关的财政情况也很紧张，一次拿不出这么多银子来，只得分批解拨，往往有拖欠情况，[②] 给正常施工带来了极大的困难。光绪元年（1875），慈安陵和慈禧陵的工程已全面铺开，正是用钱最多的时刻。惠陵和惠陵妃园寝及礼工部、内务府营房又于光绪元年同时开工，光绪二年（1876）被雷电击毁的孝陵神功圣德碑亭于光绪三年（1877）又破土动工。4座陵寝和1座神功圣德碑亭同时兴建，工匠云集，整个东陵到处是大兴土木的繁忙景象。这在清东陵的历史上是空前绝后的。营建皇陵用银似水，给清政府的财政背上了极为沉重的包袱。

惠陵承修大臣之一的翁同龢因为建惠陵经费不足，整日忧心忡忡，竟愁得“彻夜不寐”，从而发出了“帑项如此，乌能支巨工乎”的哀叹。[③] 惠陵规制是仿定陵的，在最初的设计方案中，惠陵有石像生5对，神路与孝陵神路相接。为了解决建陵经费严重短缺的难题，曾任同治帝师傅的工部尚书李鸿藻提议裁减石像生和神路，但遭到了惠陵领衔承修大臣醇亲王奕譞的反对。[④] 慈禧经过反复考虑，还是采纳了李鸿藻的建议，于光绪元年（1874）四月初七日，两宫皇太后降下懿旨：“惠陵现在择吉兴工，除神路及石像生无庸修建外，其余均照定陵规制。”[⑤] 原来设计的惠陵神路接到孝陵神路，长2300多米，取消神路，仅此一项就可节省白银20万两。再加上裁撤石像生，可节省的银两不下三四十万两。

为了减少陵寝的工程费用，光绪元年（1775）四月初七日，两宫

① 中国第一历史档案馆编：《光绪宣统两朝上谕档》第1册，第343页，广西师范大学出版社，1996年。

② 清宫档案《朱批奏折》“建筑工程”，文件号码125–28。

③ 李福泉主编、曹砚农著：《古代帝王陵寝实录》第45页，岳麓书社，1997年。

④《翁同龢日记》第1124页，中华书局，1989年。

⑤ 中国第一历史档案馆编：《光绪朝上谕档》第1册，第92页，第259条，广西师范大学出版社，1996年。

皇太后降下懿旨："所有普祥峪、菩陀峪万年吉地工程及惠陵工程需用木植著免纳工关税课，他处不得援以为例。"[①]

崇陵的营建跨越清朝和民国两个历史时期，始建于宣统元年（1909），于民国四年（1915）一月，将新建成的崇陵移交给清皇室。[②]根据《优待清室八条》，其中第五款是："德宗崇陵未完工程，如制妥修。其奉安典礼，仍如旧制。所有实用经费，均由中华民国支出。"[③]这就是说，崇陵经费是由清朝和民国共同担负的。

根据现有档案得知，在营建定陵、慈安陵、慈禧陵时，建陵经费不是一次都发放下去，而是分期分批下发，而且每次发放都要扣一成或两成，作为节省银。[④]

陵寝规制一旦钦准后，就要立即购买各种建陵材料，为破土动工做准备。如果等各省关把摊派的建陵经费解送到工地后再购买物料，就会影响施工进度。特别是当钦天监选择的破土兴工吉期比较临近的话，等各省解到经费再购物料就更来不及了。所以，承修大臣往往提前先借一部分银两购买物料，等正式建陵经费解到后再归还。比如，在建昌陵时，万年吉地工程处先后两次向内务府广储司借银，每次十万两。[⑤]在建慈安陵、慈禧陵时，两陵的承修大臣在同治十二年（1873）五月二十二日上书两宫皇太后："请饬户部酌定款项，每处每年解拨库平银若干万两，并酌定自某月内拨解起，嗣后按年源源接济，毋使迟滞，有误工作。"[⑥]承修大臣们计划得很好，未想到，钦天

---

① 中国第一历史档案馆编：《光绪朝上谕档》第1册，第93页，第262条，广西师范大学出版社，1996年。

② 崇陵建成后，于民国四年一月十三日正式移交给清室小朝廷内务府管理。见清宫档案《清西陵档案》，胶片第566号。

③《宣统政纪》卷七〇，《清实录》第60册，第1295页，中华书局，1986年。

④ 清宫档案《朱批奏折》"建筑工程"，文件号码114-4。

⑤ 清宫档案《内务府来文》"陵寝事务"，第2930包。

⑥ 清宫档案《朱批奏折》"建筑工程"，114-7。

监所选择的动土开工的吉期是同治十二年（1873）八月二十日，而户部规定各省关于九月内解到银两。这样，开工前就不能购买建陵物料。为此，两陵承修大臣在同治十二年六月二十二日联衔奏请两宫皇太后，先从户部借银二十五万两，以便购料。等各省关将银解到后再归还户部。当天就得到了钦准。① 三个月后，福建、广东、福州三省解来工程银二十五万两，工程处在十月初就将从户部借的银全部还清了。②

承修大臣、监督、监修以及工程处的办事人员的公费银、盘费、办公费及各种杂项开支，都从各省关所解的工程费的平余银③ 中列支。在营建慈安陵和慈禧陵时，每一两库平银扣除六分平余，④ 相当于扣6%的平余。

七、招商分修

清朝早期，无论建皇宫、坛庙、园囿，还是建陵寝，都是由官方直接设计、招募工匠、采办物料、监督施工。也就是说整个工程都是由官方承办。随着时代的进步，社会的发展，生产的进一步商业化，国家的工官制度也发生了很大的变化。最主要的标志就是以招商雇工制度取代了以往的匠役制度。所谓招商雇工制度就是把整个工程分段或按建筑分别由多家厂商承包。这些建筑厂商，当时叫“木厂”。名之为木厂，实际上是拥有各行匠役、技术全面、可以承做各种大型建筑的施工组织，相当于现在的建筑集团、建筑公司、工程队。这些木厂为私人经营，不归官方管辖。在不承包工程的平时，木厂仅有掌

① 清宫档案《朱批奏折》“建筑工程”，114-8。

② 清宫档案《朱批奏折》“建筑工程”，114-25。

③ 明、清各地在征收赋税中以加派、加征的份额解送给户部的，叫“平余”。亦称“余平”“随平”。清初，各省解缴户部的税银，每一千两要随解二十五两平余，分给户部的官吏。

④ 清宫档案《朱批奏折》“建筑工程”，114-15。

柜、坐柜（主管业务）、作公（管理事务）、负责文案、财务的人员以及各匠工头等十几个人。只有在有了承包工程业务时，才临时招雇大量匠役和民夫。比如，承包慈安陵和慈禧陵的木厂有广丰厂、天恩厂、天德厂、天利厂、祥茂厂五家。承包惠陵的木厂有八家，即广丰厂、恒和厂、祥茂厂、天德厂、万泰厂、恒顺厂、广恩厂、德和厂。[①] 慈禧陵重修时，由隆聚、乾生、天德、森昌、恒顺、兴隆六家承包。有时一家木厂承包几座建筑，也有时一座建筑由两家或更多家共同承包。比如在慈禧陵重修时，宝城、方城、地宫、明楼，由天德厂分修各建筑的东一半，隆聚厂分修西一半。隆恩殿，乾生厂分修东一半，森昌厂分修西一半。石五供只是焊补见新，竟由隆聚、乾生、天德、森昌四家来承包。[②] 1964年，在落架大修乾隆帝的裕陵圣德神功碑亭时，竟发现碑亭的4个翼角的内部木架结构是4种结构方式，这表明是由四家厂商承包的。但完工后，在外面一点儿也看不出来。

这些厂商按照钦定的规制、原材料的标准、施工的要求、工程作法，采办物料，组织施工。这一切过程要接受承修大臣、监督、监修的严密监督。

实际上，这些厂商在承包过程中，也有斗争。有时厂商或贿赂监督、监修，或相互勾结，造成工程质量低劣，出现豆腐渣工程。东陵王姓和李姓两家争包定陵东、西配殿和朝房的事就是生动例，前面已经讲过，这里就不细讲了。

招商分修的工官制度在某些方面也有一定的弊病。

八、建陵材料

建陵材料种类繁多，可以说无所不包。但最主要的有石料（包括

① [清] 延昌：清宫档案《惠陵工程备要》卷一，“办公次序”。

② 清宫档案《内务府来文》“陵寝事务”，第3001包。

青白石、豆渣石、紫砂石）、木料（包括楠木、[illegible]楠木、松木、柏木、杉木等）、瓦（包括琉璃瓦、布瓦、琉璃件活等）、砖（包括各种尺寸的金砖、澄浆砖、各式城砖）、铜、铁、金、石灰、黄土、各种颜料、绢、布、纸、麻、江米、香油、桐油、贴金油、片金土、土子、胶、白矾、糯米等。这些物品中，石、木一般临时采办，砖、瓦料临时烧造，其余物料从国家相关部门直接取用。所以，每座陵寝的《工程销算黄册》所列的总销算银两都是直接动用的银两，而那些直接取用的物品的价值是不包括总销算银两数内的。

下面介绍几种重要建陵材料的情况及来源地。

（一）石料

石料，是建陵材料中最重要的材料之一，是最基础的材料，多用于基础、碑石、石雕、栏杆、桥座、地宫、墁地、泊岸、神路等处。石料用量很大，直接关系到建筑的质量。

1. 青白石

青白石是石料中的上品。宫殿、皇家园囿、皇陵的石碑、石像生、华表、望柱、石五供、下马牌、殿宇、碑亭的基座、踏跺、栏杆、券石、角柱石、压面石、腰线石、神路的中心石、牙石、拱桥的桥面石、地宫的券石等处，用的都是青白石料。许多人把这些青白石统称为汉白玉是不妥的。其实青白石是一种广义的称呼，是相对豆渣石、紫砂石而称的。青白石包括白渣石、汉白玉、艾叶青等。据一位工程师讲，在石塘，白渣石位于汉白玉的上层。白渣石洁白细润，容易雕刻，观赏性很强，石质细腻但不坚实，实际上就是已经开始风化的汉白玉石。原建的慈安陵、慈禧陵和惠陵用了许多白渣石，当时很美观，但很容易风化，所以这几座陵现在有的踏跺的阶条石、石栏杆风化得很严重。汉白玉也是白色的，但带有一种玉质感，柔润细腻华美，比白渣石坚硬，更显得雍容华贵。艾叶青是一种呈浅灰色、青灰色，并伴有各种灰色花纹及斑痕（俗称大罗丝转、小罗丝转）的石料。其质地细腻，纹理华美，是一种上等石材，抛光后油光发亮，给人以“淡青”之感，有如“艾叶”，故称之为“艾叶青”。它的硬度、耐压性比汉白玉还要好。康熙帝的景陵、乾隆帝的裕陵原建石料及慈禧陵重建时所改用的石料用的都是艾叶青。在立裕陵的圣德神功碑时，嘉庆帝特别降旨，其规制及石料都要仿景陵功德碑，裕陵的圣德神功碑要用艾叶青石。[①] 这无疑表明了艾叶青的名贵。但在皇宫档案上，无论是白渣石、汉白玉，还是艾叶青，都统称青白石。

关内的清陵，无论是东陵还是西陵，所用的青白石，绝大部分都是采自北京房山县（今北京市房山区）西山大石窝。[②] 有一些陵寝的部分建筑也使用了蓟县（今天津蓟州区）盘山的石料，比如，裕陵圣德神功碑亭的底座压面石和陡板用的就是蓟县盘山石料。[③] 盘山石料与房山西山大石窝石料相比，颜色发暗，不白，石性较软，易于酥碱。但盘山距东陵较近，只有40多公里，开采、拉运都比较方便，可以节省许多经费。所以，嘉庆五年（1800）在营建裕陵圣德神功碑亭时，除了碑身、龙趺、水盘、栏杆、下碱须弥座、华表使用的是房山西山大石窝石料外，其他压面、台帮、埋头、陡板、阶条等处均用的是盘山石料。[④] 从石料上相比，裕陵的圣德神碑亭逊景陵一筹。

青白石在陵寝中用量很大，而且都是重要部位，所以青白石的好坏直接关系到陵寝的工程质量。因此，皇帝、皇太后对所用的石料特别重视。承修大臣在陵寝开工之前，先派司员带着工头到各石塘详细查看，“择其石质坚固净洁透润，堪以应用者指定数处”[⑤]，并将各石塘的石样随奏折一并恭呈御览，得到钦准后再开采。房山西山大石窝有多处产石的石塘，每处所产的石料不尽相同，各有千秋。因此根据各石塘所产石料的特点，决定陵上各石构件石料由哪个石塘开采。比

① 清宫档案《朱批奏折》“内政礼仪”，第25包；“建筑工程”，52-8、114-27。

② 清宫档案《录副奏折》胶片，第251卷；清宫档案《朱批奏折》“建筑工程”，114-27。

③④ 清宫档案《内务府来文》“陵寝事务”，第2931包。

⑤清宫档案《朱批奏折》“建筑工程”，114-27。

如在营建慈禧陵时，娘娘庙后塘口所采之石用于制作宝床、石门、门框；东六塘塘口所采之石用于成砌地宫平水墙；中六塘塘口所采之石用于地宫券石；塔坡塘口所采之石用于明楼、须弥座、脱落槛、中槛；东上水塘塘口所采之石用于制作明楼沟咀和阶条；中上水塘塘口所采之石用于铺墁地宫地面；八郎庙西塘口所采之石用于制作地宫石门楼、马蹄柱子、朱砂碑、下马牌、省牲亭池底、柱顶、压面、三孔拱桥桥面；六间房塘口所采之石用于神道碑碑身、水盘、碑趺、须弥座等。[①] 同时还有备用石塘，一旦某石塘石料不足或质量出现问题，就使用备用石塘的石料。在开采之前，为慎重起见，承修大臣还要亲自到所选定的石塘去验看，是否与所恭呈的石样相符。[②]

2. 豆渣石

豆渣石是一种比较粗糙而坚硬的石料，颜色因产地不同而不一样，但总的来说比青白石浑暗。这种石料因坚硬粗糙而不适合雕刻，所以在皇陵中多用于沟河的泊岸（压面石以下部分）、河底及石碑、石五供等的底垫石、墁地石和一些不太显眼的踏跺等。这种石料在陵寝中用量很大。营建东陵各陵，所用的豆渣石都采自陵园以东的鲇鱼关、茅山和上关，[③] 以鲇鱼关的豆渣石最为著名，采量也最大。营建昌陵圣德神功碑亭时，所用的豆渣石采自北京北的昌平州。[④] 但营建西陵的其他陵寝所用的豆渣石是否也用的是昌平州的，还有待进一步考证。据档案记载，营建慈禧陵所用的鲇鱼口（即鲇鱼关）豆渣石，如果折成宽厚均1尺，则长50938丈8尺9分3厘。[⑤]

采办豆渣石也和青白石一样，确定好石塘后，恭呈石样给皇帝，承修大臣还要亲自到石塘去验看，同时也要有备用石塘。根据清宫档

---

① 清宫档案《朱批奏折》“建筑工程”，114–30。

② 清宫档案《朱批奏折》“建筑工程”，114–27、114–31。

③ 清宫档案《朱批奏折》“建筑工程”，114–27。

④ 清宫档案《录副奏折》胶片，第251卷。

⑤ 清宫档案《菩陀峪万年吉地修建地宫殿宇房间等工销算银两通总黄册》簿035，卷一二四。

案记载，茅山塘口所产豆渣石用于大殿、宫门、配殿底垫、沟底、沟帮各座背底石等项。头坑塘口石料系两处金券内大槽背底、平水墙背后、罗圈墙外更道、挡水坝、马槽沟泊岸、埋头石等项应用；二坑塘口石料系两处东西中马槽沟沟底、沟帮、水簸箕、石便桥、玉带河泊岸、红墙外更道、龙须沟沟底、沟盖、各座背底石等项应用；上关石塘口石料和鲇鱼池塘山石料系备用开采。[①]

3. 紫砂石

紫砂石，在陵寝建筑中用量较小，主要用于石五供中的香炉上的炉顶、花瓶上插的花和烛台上插的蜡烛和火焰。[②] 但东陵的裕陵以前，西陵的慕陵以前（昌西陵建于慕陵之后）的陵寝，上面所说的石五供上的这些构件大都是青白石的，所以用量很小。其他地方尚未发现有用紫砂石的地方。陵寝所用的紫砂石采自北京门头沟区（原宛平县）的马鞍山。这种紫砂石是紫红色，质地较硬，可以镌刻，可以做文房四宝中的砚台。现在清东陵，只有咸丰帝的定陵石五供中的香炉上仅存半个紫砂石的炉顶。昌西陵、慕陵、慕东陵、崇陵的五供上多少都保留一定数量的紫砂石件，其中以慕东陵的为最全。据清宫档案记载，营建慈禧陵所用的马鞍山紫砂石折宽厚各一尺，则长一丈八尺八寸七分四厘。[③]

4. 花斑石

花斑石，在明清皇陵中均有使用，但用量较小。此石呈紫红色或紫黄色，有许多花纹，十分华美，质地比较坚硬。紫禁城的乾清宫、坤宁宫走廊地面就是用花斑石铺墁的。明永陵的方城、宝城垛口均为花斑石。明定陵的方城、宝城垛口原来和永陵一样，也是花斑石的，后来在乾隆五十年至五十二年间维修明十三陵时，废弃了花斑石而改

---

① 清宫档案《朱批奏折》“建筑工程”，114-30。

② 清宫档案《菩陀峪万年吉地工程备要》卷十六“利部”石五供一座做法。

③ 清宫档案《菩陀峪万年吉地修建地宫殿宇房间等工销算银两通总黄册》簿035，卷一二四。

用澄浆砖，将大约五百多块花斑石运回了北京“以备其他工程应用”。[①] 清朝陵寝只有嘉庆帝的昌陵隆恩殿地面是用花斑石铺墁的，而东、西两配殿仍为金砖铺墁，仅此一例。据档案记载，在营建裕陵时，乾隆十三年（1748），乾隆帝曾降旨将裕陵所有殿宇内地面均铺墁花斑石。[②] 后来不知是什么原因而作罢。有的人说乾隆帝想用明定陵方城、宝城的花斑石修自己的陵。裕陵早在乾隆十七年就建成了，乾隆帝不会在自己的陵建成后因要用花斑石而大规模重修十三陵的。花斑石产自三河县（今三河市）、涞源县、怀来县、顺义县（今北京市顺义区）等地。[③]

（二）木料

建陵的木料用量极大，品种也很多，这里只介绍几种主要的木料。

1. 楠木

楠木是我国特产的驰名世界的极为珍贵的木材，主要产地为四川、湖北、湖南、云南、广西、广东、福建等省。四川是最主要产地。按现代植物学定性，楠木为樟科常绿大乔木，有许多品种，如：紫楠、大叶楠、红楠、宜昌楠、桢楠等。[④] 楠木纹理华美，质地均匀、紧凑、细腻，性温和，耐腐蚀、抗虫蛀，在高低温下不易变形，适合雕刻。楠木还有一种独特的清幽香气。楠木几乎集各种木料优点于一身。目前楠木已被我国列为保护物种。桢楠中有一品种，因木中呈现的一道道木纹光影变幻，像猫的眼睛，细密瑰丽，温润柔和，在光的照耀下发出丝丝金光，非常漂亮，故名为金丝楠木，是楠木中的极品。正因为楠木有如此众多的优点，所以就成了皇家的御用木料。

---

① 胡汉生：《明朝帝王陵》第141页，北京燕山出版社，2001年。

② 清宫档案《内务府来文》“修建工程”，第1944包。

③ 杜仙洲主编：《中国古建筑修缮技术》第236页，中国建筑工业出版社，1987年。

④ 中国紫禁城学会编：《中国紫禁城学会论文集》第二集，第234页，紫禁城出版社，2002年。

不仅皇家的宝座、帝后棺椁以及皇宫内的陈设的一些重要木器家具使用金丝楠木，更主要的是皇宫、园囿、皇陵、与皇家有关系的重要寺庙的殿宇主要木构件差不多都使用楠木，除此之外的建筑一律严禁使用。

明朝所用的楠木数量很大，由于过度采伐，到了明末清初，楠木已濒临灭绝。在康熙初年营建顺治帝的孝陵时，一来由于当时国家财政的困难，再加上楠木的奇缺，不得不将在明嘉靖三十五年（1556）在北京北海西岸建的一组楠木建筑清馥殿拆掉，将其木料用到了孝陵隆恩殿和东西配殿上。[①] 在20世纪90年代初维修孝陵时得到了印证。康熙初年，为营建太和殿，虽有采伐楠木之举，但实际上采伐很少，康熙帝考虑到楠木之少，采伐之难，下达了禁止采伐楠木之令，代之以东北的松木。[②] 康熙帝的景陵是于康熙十五年（1676）建的。因为当时楠木奇缺，内务府大臣建议拆用“包衣佐领下人等所居房屋”上的楠木。还建议令江南有关省份采办楠木解送。康熙帝没有采纳这个建议，他说：“修造地宫，但当敬慎坚固为之。殿门虽用楠木，年久仍至损坏。今因采取楠木，致拆毁包衣佐领下人等所居房屋，又令江浙解送，劳苦人民，朕心不忍。著将沙河殿楼楠木取用。如不足，应否添用松木修造及减损尺寸，可会同内阁并尚书明珠议奏。”[③] 表明了康熙帝关心百姓疾苦、务实的思想。

可是雍正帝和乾隆帝却一改康熙帝的做法。从清宫档案中得知，在营建泰陵和裕陵时，使用了大量楠木。这些楠木都是来自川、广、云、贵、湖北、湖南、福建诸省。当时楠木已经十分稀少难寻，这种情况雍正帝心里非常清楚，因此他曾谕工部“但楠木难得，如果不

---

① 中国紫禁城学会编：《中国紫禁城学会论文集》第二集，第240页，紫禁城出版社，2002年。

② 中国紫禁城学会编：《中国紫禁城学会论文集》第二集，第241页，紫禁城出版社，2002年。

③ 中国第一历史档案馆整理：《康熙起居注》第一册，第315页，中华书局，1984年。

得，即松木亦堪应用。”[①] 据清宫档案记载，从通州运到泰陵的直径三尺二寸、长三丈五尺一根的楠杉木有164根，直径二尺二寸、长二丈一尺一根的圆枋楠木有4886根。[②] 泰陵建成后，剩下的香楠木还有410件。[③] 乾隆帝的万年吉地于乾隆七年（1742）三月就确定在东陵界内的胜水峪，在开工之前，工程处经过初步估算，需用楠木5597件。[④] 为了不耽误开工时使用，令四川、广东、湖南、福建四省先行备办。摊派给四川1902件、广东2010件、湖南1235件、福建470件。[⑤] 后来，裕陵所用楠木数量有所变化，而且所摊派的省份也不只这四省。在清朝皇陵中，使用楠木最多的就是泰陵和裕陵。

到了嘉庆四年（1799），嘉庆帝营建自己的陵寝时，在使用楠木上遇到了麻烦。本来建昌陵也想使用楠木，无奈当时声势浩大的苗民和白莲教大起义遍布楠木的主产地四川、湖北、陕西等省，严重地影响了楠木的采伐和运输，加上雍正、乾隆两朝的大量采伐，所存楠木已经很少。因此，为了解决楠木之缺，曾将北京东直门的城楼拆除，但所能使用的楠木构件如杯水车薪。于是，承修大臣们又奏请拆掉京城内所有用楠木的庙宇。嘉庆帝觉得不妥，最后决定将隆恩殿、东西配殿、隆恩门、神道碑亭、明楼等中路上的主要建筑全部改用松木。[⑥] 令人意想不到的是，一向以节俭著称的道光帝最初在东陵宝华峪建陵时就没有使用楠木，使用的是东北的黄松，[⑦] 可是在西陵龙泉峪重建时，隆恩殿和东西配殿的木料全部用的是楠木。[⑧] 道光帝在为其父营建昌陵圣德神功碑亭时，尚令四川、湖南等省采办了部分楠

① 清宫档案《工科题本》“陵寝坛庙”，乾隆七年，第3包。
② 陈宝蓉：《清西陵纵横》第104页，河北人民出版社，1987年。
③ 陈宝蓉：《清西陵纵横》第105页，河北人民出版社，1987年。
④ 清宫档案《工科题本》“陵寝工程”，乾隆十六年，第2包。
⑤ 清代宫史研究会编：《清代宫史论丛》第513页，紫禁城出版社，2001年。
⑥ 清宫档案《内务府来文》“陵寝事务”，第2930包。
⑦《宣宗成皇帝实录》卷二一六，《清实录》第36册，第267页，中华书局，1986年。
⑧ 陈宝蓉：《清西陵纵横》第162页，河北人民出版社，1987年。

木。[1] 自道光帝的慕陵之后，在皇陵中使用大木构件楠木遂成绝响。从总的方面说，清朝皇陵所使用的楠木数量远不如明陵多。

2. 松木

松木是清朝皇陵所用木材中最主要的木种，也是用量最大的木种。在建昌陵时，嘉庆帝面对楠木难觅的困难，不得不面谕承修大臣之一的他的大舅哥盛住："向来吉地殿宇俱系油饰彩画，木质不露于外，即易以松木未尝不可。"[2] 昌陵所用的松木采自热河的围场。嘉庆八年（1803）拆建裕陵隆恩殿时用的是围场的黄松。嘉庆十六年（1811）重修景陵圣德神功碑亭时使用的是今辽宁的杉松。[3] 建道光帝的宝华峪陵寝及道光初年拆修裕陵隆恩殿所用的是今辽宁省的黄松。建咸丰帝的定陵用的是今内蒙古多伦诺尔的细丝黄松。[4] 光绪三十二年（1906）重修景陵隆恩殿时所用的是围场的细丝黄花松。[5] 从文献可知，从嘉庆朝开始，到咸丰朝止，黄松是建陵用的主要木种，采自围场和东北。

3. 杉木

杉木是常绿乔木，树干通直，高大，木材纹理直，材质轻软，结构细致，不开裂，耐腐蚀，为优良木材，是我国资源最丰富的木材树种之一。杉树在我国分布较广，北自淮河以南，南至雷州半岛，东自江苏、浙江、福建沿海，西至康藏高原东南部河谷地区，均有分布，在16省地区均有生长。杉木最大的优点就是不开裂，耐腐蚀，遇潮湿不变形。过去民间许多家庭用的锅盖、锯的锯梁大都是用杉木做的，利用的就是这个优点。清陵的天花板、天花支条、望板大都使用杉木，[6] 利用的是这种木料体轻、耐腐、不易变形的特点。每建一陵，朝廷都

① 《宣宗成皇帝实录》卷六九，《清实录》第34册，第98页，中华书局，1986年。

② 清宫档案《内务府来文》"陵寝事务"，第2930包。

③ 清宫档案《朱批奏折》"建筑工程"，文件号56-35。

④ 《文宗显皇帝实录》卷二六六，《清实录》第43册，第1118页，中华书局，1986年。

⑤⑥ 清宫档案《录副奏折》"工程"胶片，第534盒。

要摊派给江南各省采办大量的杉木。在建陵所用的木料中，除楠木、松木之外，用量最大的就是杉木了。据档案记载，原建慈禧陵用杉木20457.995立方尺。[①]

4. 樟木

樟木是传统的名贵木材，常绿乔木，木质细密，有天然的美丽纹理，质地坚韧，不易折断，也不易产生裂纹，是自古以来雕刻工艺的首选材料。另外，香樟木能够散发出特殊的浓郁的香气，经年不衰，有防蛀、防霉和杀菌的作用。樟木是制作衣柜的良好木料。清东陵地区的老百姓一旦崴了脚，就用樟木水泡脚，据说疗效不错。樟木主要产于长江以南及西南各地。一些陵寝的主要建筑的椽飞、斗栱用樟木制作。笔者曾听在20世纪80年代初修缮过顺治帝孝陵神功圣德碑亭的老木工师傅说过，这座碑亭的椽飞用的就是樟木。毁于光绪三十一年（1905）的景陵隆恩殿的椽飞、斗栱用的也是樟木。[②]

5. 桜楠木

清宫档案上称桜楠木，也称梃楠木、桜柟木，俗称铜操铁操、铜铁木，在植物学定义中尚不知何名。此木为红褐色或黑褐色，坚硬异常，比重很大，不易变形。民间做锯拐子（锯两端的横木，连接锯条之用）、铯床子、秤杆都用这种木料。这种木料主要产自东南亚一带。光绪三十一年（1905）为了修缮惠陵隆恩殿，厂商曾特地到新加坡去购买这种木料。[③]

到目前的研究清朝陵寝的著述中，只讲到同治帝的惠陵和光绪帝的崇陵使用的是桜楠木，称之为“铜梁铁柱”，其实慈安陵和慈禧陵（初建）使用的也是桜楠木，这在清宫档案上有极其明确的记载。[④]笔者为核实此事，特地到实地进行了多次考察，发现慈安陵主要建筑的木

① 清宫档案《菩陀峪万年吉地修建地宫殿宇房间等工采买楠木桅杉架木杉槁销算银总黄册》簿035，卷一二三。

② 清宫档案《录副奏折》“工程”胶片，第534盒。

③ 清宫档案《录副奏折》“工程”胶片，第536盒。

④ 清宫档案《朱批奏折》“建筑工程”，118–29。

料确实是楸楠木。根据实际考察发现惠陵妃园寝享殿用的也是这种木料。据清宫档案记载，慈禧陵共采买楸楠木63762.645立方尺。[①] 按市价每尺连运脚实银2两8钱计算，[②] 采买楸楠木共用银178535.406两。

6. 黄花梨木

黄花梨木，学名为降香黄檀木又称海南黄檀木、海南黄花梨木，也有叫海南檀的，是一种十分珍贵稀少的名贵木材。黄花梨木主要产于我国的海南省，海南岛吊罗山尖峰岭低海拔的平原和丘陵地区，多生长在吊罗山海拔100米左右阳光充足的地方。其木材的名贵程度仅次于紫檀木，是黄花梨木的极佳的性质决定的。该木木性极为稳定，不管寒暑都不变形，不开裂，不弯曲，有一定的韧性，其色泽黄润，材质细密，纹理柔美，香气沁人。其木性不静不喧，肌理如行云流水，或隐或现，疖疤处圆浑似钱，花纹似“鬼面”尤为珍贵。适合制作各种家具，因而黄花梨木被视为美材，备受皇家的青睐，是宫廷家具制品的首选用材。黄花梨生长缓慢，虽经百年仍粗不盈握，由于明清统治者的过度砍伐，黄花梨木急剧减少，至清朝晚期，日益匮乏，现已成凤毛麟角。

从光绪二十一年（1895）以后，慈禧陵开始重修，将隆恩殿、东西配殿及方城、明楼等全部拆除重建。在这次重修时，隆恩殿、东西配殿，除斗栱仍用南柏木外，其他木构件均改用黄花梨木。[③] 这是清陵中唯一使用黄花梨木的陵寝。

7. 柏木

柏树为常绿乔木，在中国分布极广，北起内蒙古、吉林，南至广东及广西北部；人工栽培范围几遍全国。柏树生长很慢，其木质坚硬细密，纹理直，耐腐蚀，有香气。在陵寝建筑中，柏木用量很大。柏

① 清宫档案《菩陀峪万年吉地修建地宫殿宇房间等工采买楠木桅杉架木杉槁销算银总黄册》簿035，卷一二三。

② 这个价钱也是上述档案记载的。

③ 清宫档案《录副奏折》“工程”胶片，第534盒。

木有多种，陵寝建筑主要用的是侧柏，用来制作柏木桩和柏木钉，桩和钉都是一头粗一头细，这样容易插入地里。柏木桩一般长一丈五尺（合4.8米[①]），大径七寸（合0.224米），小径五寸（合0.16米）。柏木钉有两种尺寸，一种是长一丈，另一种长七尺。[②]每根桩和每根钉都是用一棵活柏树做成。在每座建筑的槽坑挖好后，将桩、钉夯入地里，增加地基的密度，而且活柏木在地下不容易糟朽。据档案记载，慈禧陵用长一丈五尺、大径七寸、小径五寸的柏木桩7242根。用长一丈、径四寸柏木地钉17778根。用长七尺，径三寸五分柏木地钉80699根。[③]惠陵地宫及方城就用柏木桩2553根、柏木钉21376根。[④]整个陵寝需用多少柏木桩、柏木钉也就可想而知了，所砍伐的柏树之多也就可想而知了。

宝华峪陵寝三路三孔拱桥遗址下的柏木钉

① 按清营造尺每尺折0.32米计算。

② 清宫档案《菩陀峪万年吉地各工程销算黄删》簿029，卷四九。

③ 清宫档案《菩陀峪万年吉地修建地宫殿宇房间等工销算银两通总黄册》簿035，卷一二四。

④ 清宫档案《双山峪惠陵销算黄册》卷五《双山峪惠陵地宫土作销算黄册》。转引自天津大学汪江华博士学位论文《清代惠陵建筑工程全案研究》第239页。

（三）砖

建陵所用的砖大体上分3种，即金砖、澄浆砖和城砖。

1. 金砖

这里所说的金砖并非是用黄金铸造的砖，而是用一种特殊的土，经过加工细做，烧制出来的砖。这种砖因为经过打磨油泡，不仅平整光亮，而且质地坚细，敲之若金属般铿然有声，故名金砖。金砖，古时专供宫殿、皇陵、御苑等重要建筑内铺墁地面用的一种高质量的砖。凡金砖都是正方形，主要规格有二尺二、二尺、一尺七、一尺四见方等几种。皇陵所用的金砖大都产于江苏苏州。因为苏州土质细腻，含胶状体丰富，可塑性强，制成的金砖坚硬密实，而且苏州靠近大运河，运输方便，可以从水路直达北京通州。

清皇陵的方城台面、明楼、隆恩殿、东西配殿、隆恩门、朝房、神道碑亭、神厨、神库、省牲亭、圣德神功碑亭等地面都铺墁金砖。所用金砖的规格与建筑内部空间的大小和重要程度有关，以隆恩殿内的地面所用金砖尺寸最大。

皇陵工程是国家第一号工程，属于钦工，所以对金砖的要求特别严，要求“必须颜色纯正，质体坚腻，棱角周正，声音响亮，方能解运”①。因砖体重大，火候难以控制，难以保证烧出来的砖块块都合格，为了保证皇陵用砖的质量，要在所摊派砖的额数之外另备一定数量的副砖以备挑选，比例是十正三副，也就是要多制出30%的副砖。据清宫档案记载，同治帝的惠陵共用各种规格的金砖4109块。② 慈禧陵用二尺二寸金砖1500块、二尺金砖1500块、一尺七金砖1500块，另备10%的副砖。③ 泰陵地

① 清宫档案《朱批奏折》“建筑工程”，52-20。见乾隆十四年二月十二日署理江苏巡抚罗雅尔哈善的奏折。

② 清宫档案《惠陵工程备要》卷三。转引自天津大学汪江华博士学位论文《清代惠陵建筑工程全案研究》第276页。

③ 清宫档案《菩陀峪万年吉地工程备要》卷十二，“亨部”。

宫用二尺金砖500块。[①]在营建慈安陵和慈禧陵时，经奏准，工部特令江苏巡抚按照工程处的要求，“认真烧造，务须泥性细润，力求坚固并照旧样每块加厚一寸，以期经久”。[②]

2. 澄浆砖

通过澄浆的方式烧制的一种特细腻的砖，敲之有声，断之无孔，质地细腻，坚硬茁实，不碱不蚀，所以，称为澄浆砖。这种砖可以用干摆[③]的方式成砌墙体，铺墁地面。山东省临清县（现临清市）所产的澄浆砖质量最好，最为著名，所以，往往将澄浆砖称为临清砖。在清朝皇陵中，殿宇的墙体及围墙的下碱以及方城、宝城、宇墙等墙体都用澄浆砖干摆成砌。陵院内外的地面、神路的表层、圣德神功碑亭外的海墁也都用澄浆砖铺墁。通过实地考证，景陵圣德神功碑亭的四面檐墙也都是用澄浆砖砌的。所以，皇陵的澄浆砖用量很大。乾隆帝的裕陵用临清砖为881900余块。[④]皇陵对澄浆砖的规格和质量要求特别高。按工部所颁尺寸，每块砖宽七寸二分。在建裕陵时，工部特地行文临清县，每块砖要加宽三分。当砖块送到工地时，要“逐块敲验，内有沙土未净及声音不能一律响亮之砖，驳饬另造。”[⑤]清陵所用的澄浆砖绝大部分来自山东省的临清县[⑥]，但有时也在北京或陵寝工地附近烧制。比如，在道光元年（1821）九月初六日，昌陵圣德神功碑亭外海墁盖面砖需用临清县产的澄浆砖46000块，要求在道光十年（1830）春天运到工地。当这些砖运到工地进行验收时，发现“砖质

① 实际泰陵地宫用二尺金砖473块，另有27块备用。见清宫档案《工科题本》“乾隆二年”，第2包。

② 清宫档案《菩陀峪万年吉地工程备要》卷十二，同治十二年二月初九日工部谨奏为行取金砖循例奏明仰祈圣鉴事。

③ 干摆是古代一种工艺复杂的高级砌墙方法。因为砌成的墙体外表的砖缝不用灰，又经过打磨，几乎看不出砖缝来，非常平整。干摆俗称磨砖对缝。实际上，每块砖的五面都要进行加工，叫“五扒皮”。砖外露的那面最宽最厚，往里越来越薄越窄，这样成砌时，实际上每块砖的五面都用灰。

④⑤ 清宫档案《朱批奏折》“建筑工程”，12-15。

⑥清宫档案《工科题本》“陵寝坛庙”，乾隆七年，第3包。

粗松，砂眼太多，难以选用”[①]，如果让临清重新烧造已来不及，只得在京城烧造。临清烧造的不合格的46000澄浆砖砖款由承办之人罚赔，不准开销。

景陵明楼檐墙下碱的干摆澄浆砖

3. 城砖

城砖的种类、规格很多，如停城、沙城、大城样（大样）、二城样（二样）、大沙滚、小沙滚等。[②] 城砖的尺寸往往大于澄浆砖，质量低于澄浆砖。在使用时一般不用砍磨加工，直接使用。

在皇陵工程中，城砖的用量在所有砖中最大，超过了澄浆砖。陵的院墙、殿堂的山墙、檐墙的上身（上身大于下碱）都用城砖灰砌；泊岸、地宫等处石料的背后大都也用城砖成砌；所有陵院内外的海墁砖的盖面砖下和神路的盖面砖下都铺墁城砖。城砖下是夯土。妃园寝马槽沟泊岸也用城砖成砌，在安装慈安陵和慈禧陵的避雷针时，笔者曾亲眼所见，慈禧陵院内外的海墁砖有4层，最上层为澄浆砖干摆，

① 《宣宗成皇帝实录》卷一七一，《清实录》第35册，第664页，中华书局，1986年。

② 杜仙洲主编：《中国古建筑修缮技术》第97页，中国建筑工业出版社，1987年。

下3层为城砖。而慈安陵则为3层，下两层为城砖。其他陵则多为2层，盖面澄浆砖下只1层城砖。迄今尚未发现有3层和4层的。由此可知城砖用量之大，也可知慈禧陵工程质量之好。道光帝的宝华峪陵寝所用各种大小砖块有一千万余件。[①] 如果所用金砖按5000块计，澄浆砖按100万块计，其余所用城砖多达850万块。

墙体的各部位用砖及名称

因陵寝所用的城砖数量大，所以或在京城烧制，[②] 或在陵寝工地附近设厂烧制，这样既可以节省大量的经费，又取用方便。[③]

（四）瓦料

瓦料包括琉璃瓦料和布瓦料两种。布瓦料只有值班房和妃园寝的厢房使用。所以布瓦料用量相对较小，绝大部分为琉璃瓦料。琉璃瓦料的种类很多，主要有各规格的筒瓦、板瓦、脊筒、吻兽、勾头、滴子、当沟等几十种，用于屋顶和墙顶。每陵所用的琉璃瓦料也相当可

① 清宫档案《内务府来文》“陵寝事务”，第2944包。

② 清宫档案《录副奏折》胶片，第251卷。

③ 转引自天津大学汪江华博士学位论文《清代惠陵建筑工程全案研究》第276页。

观，仅慈禧陵的神道碑亭就用琉璃瓦料15097件。[①]

在清代，琉璃厂有京城琉璃厂和西山琉璃厂两家。最初由京城琉璃厂烧造，后来两家并存。最后因京城琉璃厂久废，由西山琉璃厂一家烧造。[②]

（五）石灰

石灰是建陵材料中的重要一种。制作三七灰土、砌墙、墁砖等离不开石灰。东陵建陵用的石灰主要来自玉田县的古树（枯树）和遵化州的大老峪。[③] 另外还有房山的西山韩溪。[④] 蓟州的井儿峪、禅房峪。[⑤] 西陵建陵用的石灰主要来自韩溪、涞水的坛山[⑥]、易州的琅山村，[⑦] 其中以房山西山的韩溪石灰质量最好，抿瓦、灌浆、抹墙皮等重要施工部位都用韩溪石灰。像拌灰土等活儿用坛山石灰。[⑧] 据档案记载，慈禧陵用韩溪白灰56654884斤，每千斤银1两5钱，计用银84982两3钱2分6厘。[⑨]

（六）铜

铜，是建陵中的又一种重要材料，主要用于铸造地宫石门上的门管扇，明楼、隆恩殿、隆恩门斗匾上的铜字；制作明楼、隆恩殿、隆

---

① 清宫档案《菩陀峪万年吉地工程备要》卷十三，“利部”。

② 转引自天津大学汪江华博士学位论文《清代惠陵建筑工程全案研究》第276页。

③ 清宫档案《工科题本》“建筑工程·陵寝坛庙”，乾隆十年五月至十二月，第2包。

④ 清宫档案《内务府来文》“陵寝事务”，第2944包。

⑤ [清]崑冈等修，刘启端等纂，光绪朝《钦定清会典事例》卷九四五，“工部·陵工修建”。载《续修四库全书》编纂委员会编：《续修四库全书》第811册，“史部·政书类”，第404页，上海古籍出版社，2002年。

⑥⑧ 清宫档案《录副奏折》胶片，第251卷。

⑦ 转引自天津大学汪江华博士学位论文《清代惠陵建筑工程全案研究》第277页。

⑨清宫档案《菩陀峪万年吉地修建地宫殿宇房间等工销算银两通总黄册》簿035，卷一二四。

恩门、神道碑亭、圣德神功碑亭正吻两侧下垂的吻链（工程黄册上称见广识大），各建筑头停上的瓦顶帽，各实塌大门上的铜门钉、铺首、面页，各六角棱花的隔扇、槛窗上的面页，檐部斗栱的幪网（鸟网），隆恩殿月台上的铜鼎式炉、铜鹤、铜鹿，陵院内的吉祥缸、省牲亭内的铜海、铜锅等都是用铜的地方，用铜量很大。据档案记载，道光帝在东陵宝华峪建的陵寝，铸造地宫内的4件门管扇用红铜条30000斤、倭铅20000斤；[①] 铸造宝华峪妃园寝和公主园寝门管扇6件，[②] 共用红铜条21384斤8两，倭元14256斤6两；各殿座门钉等项活计用红铜条16000余斤、倭铅4000余斤；铸造鼎式炉、鹤、鹿、缸、海、锅、寿山福海等活计用红铜条46549斤3两、倭元31032斤13两。[③] 咸丰帝的定陵，铸造地宫4件门管扇，共用红铜39039斤

泰陵隆恩殿月台上铜鼎

① 清宫档案《内务府来文》第2943包。

② 宝华峪妃园寝共建地宫15座，分成3排，每排5座。第一排为5座石券；第二排为5座砖券；第三排为5座砖池，只有石券才设有石门，安有门管扇。所以，妃园寝有5根门管扇。东陵许家峪的端悯固伦公主园寝中，只有正中的端悯固伦公主地宫安有门管扇。两座园寝共计有门管扇6根。

③ 清宫档案《内务府来文》第2944包。

2两、倭元26026斤2两、叶铁2264斤4两。[1]以此推算，建一座皇帝陵或皇后陵，用铜量约8万斤。这些铜大部分直接取自京城的户部宝泉局。有时也从陵寝工地的当地购买。建慈禧陵所用的门管扇及其他铜构件的铜就是在当地购买的。[2]

泰陵隆恩殿前的铜鹿

泰东陵内的铜吉祥缸

① 清宫档案《菩陀峪万年吉地工程备要》卷七，“亨部”。

② 清宫档案《菩陀峪万年吉地工程备要》卷二，“奏疏”。

（七）铁

建陵所用的铁比铜更多。建陵所用的各种钉子、折叶、钌铞、铁箍，连接砖石的扒锔、铁银锭、门管扇铁芯、瓦钉和门钉等，都是铁的。在建咸丰帝的定陵时，用叶铁313166斤6钱、平铁1441746斤6两5钱。[①] 在建慈禧陵时，用的叶铁有340612斤4两2钱、平铁1801773斤9两3钱。[②] 这些铁都是直接从京城取用。由于慈安陵、慈禧陵两陵同时营建，用铁量太大，京城户部库存没有那么多，于是谕令山西省添办。为了减少中间环节，缩短时间，以济要需，经奏准，令山西将所办铁斤直接解赴工程处。[③]

（八）金

营建皇陵所用的金的数量，比铜、铁少多了，主要用于门钉、瓦钉帽、面页上的镀金；隆恩殿四根钻金柱上的用金、所有彩画上的用金。皇陵的铜活用金有3种方法，一是镀金；二是贴金；三是扫金。咸丰帝的定陵铜活，如果使用镀金的方法，则需用金叶1006两8钱4分3厘。如果用贴金的方法，除了见广识大必须用镀金外，则用金叶126两9分6厘。[④] 很显然，镀金用金量大于贴金用金量。重修慈禧陵时，由于隆恩殿、东西配殿的所有彩画完全贴金，内墙壁上身的雕砖全部扫金，外露的64根柱子全部用镀金盘龙盘绕，所以用金量猛增，需用叶子金达4592两1钱4分3毫。[⑤]

（九）其他材料

以上介绍的只是用量比较大的建陵物料。下面以建慈禧陵为例，

① 清宫档案《定陵工程黄册》（通总）黄册，簿037，一号。

② 清宫档案《菩陀峪万年吉地修建地宫殿宇房间等工打造铸造铁料并钉铁槽活销算银总黄册》簿035，卷一二〇。

③ 清宫档案《菩陀峪万年吉地工程备要》卷三。

④ 清宫档案《内务府奏案》第18包。

⑤ 清宫档案《内务府来文》“陵寝事务”，第3005包。

介绍从京城户部直接领取的物料：

坎锡 2938斤两14两2钱。

黑铅 1947斤6两。

叶铁 340612斤4两2钱。

平铁 1801773斤9两3钱。

江米 108石4斗3升6合9勺。

三号高丽纸 11297张。

黄色高丽纸 77张。

宽2尺明黄绫 70丈2尺6寸6分。

宽2尺白云纱 46丈5尺6寸6分。

宽2尺山西绢 258丈6尺8寸4分。

宽1尺2寸白布 1184丈8尺。

白粗布 24丈7尺9寸4分。

宽1尺2寸夏布 683丈9尺6分。

严生漆 1183斤11两1钱。

退光漆 899斤8两1钱。

广熟漆 1755斤8两。

笼罩漆 1213斤7两3钱。

贴金漆 192斤4两1钱。

桐油 43647斤14两5钱。

香油 427斤12两3钱。

贴金油 285斤13两2钱。

白丝 19斤14两9分。

丝棉 8斤3两8钱。

白麻 5057斤1两7分。

水胶 1216斤13两4钱。

鹿胶 191斤14两2钱。

白矾 6840斤4两。

青粉 193斤1两1钱。

土粉 377斤10两6钱。

定粉 1281斤9钱。

黄丹 2428斤3两4钱。

土子 2420斤

陀僧 265斤2两7钱。

油黄 277斤14两9钱。

彩黄 105斤7两4钱。

土黄 3675斤11两4钱。

臜黄 12两。

槐子 27斤7两4钱。

包金土 17515斤。

广靛花 762斤3两1钱。

天大青 603斤11两。

天二青 292斤15两7钱。

南梅花青 459斤。

乾大绿 1952斤6西2钱。

浮大绿 457斤13两2钱。

二绿 1347斤13两5钱。

石三绿 153斤8两1钱。

锅巴绿 34斤6两4钱。

漆朱 1545斤4两3钱。

银朱 2316斤2两2钱。

红标朱 795斤5两2钱。

头红土 10176斤11两9钱。

二红土 119109斤。

片红土 2831斤15两2钱。

胭脂 615斤半。

南烟子 27斤11两6钱。

烟子 54053斤3两3钱。

三寸三分见方红金 170块99帖7张。[①]

三寸三分见方黄金 324块17帖7张。[②]

以上所列，都是直接从京城户部取用的部分材料，并不是全部材料。还有许多建筑材料没有介绍，也不是从京城户部取用，比如山石、虎皮石、河光石、黄土等。

（十）桅杉架木

桅杉架木就是建陵时，为了搭盖各种厂棚、罩棚、支搭脚手架子所使用的杉木桅杆、通稍及长短架木，不用于陵寝的建筑上，是建陵用的辅助材料，属于工具性质。这些材料用量很大。在建咸丰帝的定陵时，用大桅433根、二三桅1839根、鲇鱼头大杉槁3001根、通稍架木9715根、长短架木6303根。[③] 营建慈禧陵时，用通稍架木10527根、长短架木11559根。[④]

这些桅杉架木，主要来源有四个，一是到南方采伐；二是在当地购买；三是从长芦取用；[⑤] 四是从东、西陵的工部取用。[⑥]

九、破土与开工

（一）破土与动工

破土，也称动土、取土、起土。动工也称开工、兴工。有一些人把破土与动工当成一码事，认为破土就是动工，实则不然。破土是破

① 这里所说的红金以及下面提到的黄金，都是金箔。

②④ 清宫档案《菩陀峪万年吉地修建地宫殿宇房间等工销算银两通总黄册》簿035，卷一二四。

③⑤ 清宫档案《定陵工程黄册》（通总），黄册，簿037，一号。

⑥ 清宫档案《录副奏折》胶片，第251卷。

土皮，动工是动工干活。当然有时破土与动工同时举行，那就是一码事了。破土也好，动工也好，其日期都要经过钦天监选择，由皇帝钦定。破土，顾名思义，就是破土皮，只是示意性地表示工程的开始，并不是真的开始施工干活儿。许多的时候往往先破土，过几天、几个月甚至跨年再动工。比如：嘉庆帝的昌陵在嘉庆四年（1799）二月二十九日动土，到嘉庆五年（1800）三月才动工。[①]慈安陵和慈禧陵是于同治十二年（1873）七月二十九日辰时动土，同年八月二十日未时开工。[②]惠陵于光绪元年（1873）三月十二日午时动土，[③]同年八月初三日午时兴工[④]。崇陵是宣统元年（1909）二月初八日卯时动土，[⑤]同年闰二月十七日兴工。[⑥]这样的事例很多。

为什么破土与动工有时不一致呢？主要有以下几个原因：

（1）钦天监所选的日期称为吉期，是最好的日子，钦天监选择吉期时，往往要选两个日期，供皇帝挑选、钦定。皇帝钦定后就不能再变。可是所选的吉期，当时各项准备工作还没有做好，还不能施工，干不了活儿，但还要必须在所选的吉期开工。于是就先动土，表示工程已经启动。然后等各种准备工作就绪后再动工。昌陵破工与动工分开就属于这种情况。嘉庆四年（1799）二月时，架木还没有到位，到本年冬季才运到工地，所以在二月二十九日动土后，到翌年的农历三月才动工营建。[⑦]

---

① 清宫档案《内务府来文》“礼仪”，第79包；《内务府来文》“陵寝事务”，第2931包。

② 清宫档案《朱批奏折》“建筑工程”，114-11。

③ [清] 延昌：清宫档案《惠陵工程备要》卷一。

④ [清] 崑冈等修，刘启端等纂，光绪朝《钦定清会典事例》卷四七四，“礼部・丧礼”。载《续修四库全书》编纂委员会编：《续修四库全书》第805册，“史部・政书类”，第479页，上海古籍出版社，2002年。

⑤ 清宫档案《军机处来文》“礼仪”，178号。

⑥《宣统政纪》卷九，《清实录》第60册，第162页，中华书局，1986年。

⑦ 清宫档案《内务府来文》“礼仪”，第79包；《内务府来文》“陵寝事务”，第2931包。

（2）有时所选的吉期正是冬季，天寒地冻，不适合开工营建，要到大地解冻，春暖花开时才能动工。比如，重修慈禧陵时，在光绪二十一年（1895）十一月二十四日破土，第二年二月二十五日动工，就属于这种情况。因为十一月二十四日正是寒冷的冬季。[①] 重修大臣奕劻、荣禄在光绪二十一年九月写给慈禧的一件奏折中说得非常清楚：

> 臣等伏查菩陀峪万年吉地工程重大，自应及时开工，惟现届冬令，天气渐寒，工程工作诸多未便。臣等公同商酌，拟请将本年方向相宜应修各工于本年内先行择吉动土，明春择吉开工兴修，以昭慎重。[②]

（3）有时受方向限制。比如，在乾隆四十八年（1783）十一月，本来定在乾隆四十九年（1784）动工维修泰陵和泰东陵，可是“惟四十九年南方系太岁方，不宜动土。若俟五十年始行修理，未免过迟，益致渗漏糟朽。应请交钦天监于年内诹吉，行令陵寝大臣先于两陵应动各工处所略为刨动，以便明岁兴修。”[③] 就是说，在乾隆四十八年破了土，四十九年就可以动土兴修了。在清朝陵寝中，属于这种情况也不少。

其实不仅皇家工程讲破土和兴工，在民间也很讲究。笔者曾亲眼看见一家村民，在半夜上房揭掉几块瓦，算是破了土，然后白天才找人正式拆房。把老房拆除后在原址上建立新房。这表明所选的破土时间正在半夜。民间选择吉期靠的是地方的风水先生。

（二）破土与开工的礼仪

破土标志陵寝工程的开始，所以其礼仪比动工要隆重。在典礼仪式上，由皇帝钦派的大臣、官员向后土、司工之神、山神[④] 行告祭

① 清宫档案《录副奏折》“光绪二十一年”，第21包。

② 清宫档案《录副奏折》“工程”胶片，第534盒。

③ 清宫档案《内务府来文》“陵寝事务”，第2926包。

④ 东陵，要告祭昌瑞山神；西陵，要告祭永宁山神。

礼，要恭读祝文。整个活动由太常寺办理。祝文由翰林院撰拟。[①]礼部提前要把有关破土告祭一事向皇帝奏报，请求皇帝钦派大臣官员前往陵寝工地。为什么要向这三神行告祭礼呢？后土是掌管大地之神。司工之神是掌管民间所有工程之神。山神（东陵为昌瑞山神，西陵为永宁山神）是整个陵园的山神。这三神与陵寝的营建有着直接的关系。向这三位神行告祭礼，意思是我们要营建某某皇陵了，免不了要打扰你们，表示歉意。更重要的是祈求他们予以保佑。在营建顺治帝的孝陵时，朝廷对孝陵工程的破土极为重视，事前令礼部会同有关衙门会议了破土仪式的有关事项和参加人员，决定“遣武职大臣一员，内院大学士一员，礼部、工部堂官各一员，总管内务府官一员，科道官各一员，率领钦天监看风水官同往详视”[②]，级别之高，人员之多，足以表明陵寝破土礼之重要，朝廷之重视。礼仪的细节未见记载。翁同龢是惠陵的承修大臣，他参加过惠陵的破土典礼，通过他的日记得知，破土礼在工地的一个棚内举行。惠陵的领衔承修大臣醇亲王奕譞等人率领在工官员行三跪九叩礼，然后在惠陵的穴位处即陵寝建成后金井所在的位置，用银镐金铲掘土。皇帝陵和皇后陵的这种土称之为“吉土”，妃园寝穴位处的土称之为“气土”。将吉土用黄绫袋盛之，气土用红布袋盛之，分别放入黄斗、红斗中，各拴木牌，注以文字说明。黄斗上盖着黄龙袱，置于黄桌上，由8个人用黄杠抬着，派3位监修护送到陵寝承办事务衙门尊藏。[③]将来皇帝、皇后、妃嫔入葬时，再将吉土、气土连袋放入金井和气眼[④]中。

如果动工与破土是同一日期，那么破土与动工的典礼合并举行。如果动工晚于破土，则动工的礼仪比破土礼仪相对比较简单。特别是

① 清宫档案《内务府来文》“礼仪”，第79包。

② 《圣祖仁皇帝实录》卷七，《清实录》第4册，第122页，中华书局，1986年。

③ 清宫档案《朱批奏折》“建筑工程”，114-23；《翁同龢日记》第1120页。样式雷图档366-00223，《(惠陵）旨意堂司谕》。转引自天津大学汪江华博士学位论文《清代惠陵建筑工程全案研究》第249页。

④ 皇帝陵和皇后陵的称“金井”，妃园寝的称“气眼”。

每届冬季和夏季停工后的再开工，则礼仪更为简单，皇帝不钦派大臣参加，只是由在工承修大臣或监督率领董工官员行一跪三叩礼。[①]

十、停工与复工

因为营建陵寝工期较长，要跨越几个年度。每到严冬到来，天寒地冻，不宜施工；夏季到来，烈日当头，酷热难当，也不宜施工，所以每到这个时候，都要停工，以避开严冬和酷暑，等到春暖和秋凉时再开工。一般规律是每年的夏至前后停工，[②] 每年的霜降前后停工。[③] 这样，每年都要有两次停工，两次开工。一般夏季停工较短，大约有一个月或一个半月。冬季停工较长，约有四个月或四个半月左右。关于在夏天停工的原因，慈安陵和慈禧陵两陵的领衔承修大臣惇亲王奕誴、醇亲王奕譞在给两宫皇太后要求停工的奏折中说得十分清楚：

> 查现在节过夏至，气候亢炎。搭有罩棚各槽尚可安砌材料，其余露明各处适当酷暑烈日之中工作，殊为不便。且时令过热，夫匠多有生病者。至入伏以后，大雨时行，尤不便工作。兹据各商禀请，拟于本月二十日后暂行停工，俟交秋择吉再行动工。[④]

说是停工，实际上并不全部停工。从工程处来说，大量减员，承修大臣全部回京供职。工地除留几名监修带领少数吏役坚持在工地检查工作外，其他人员都撤回。从工地来说，还有相当一部分工作要做。比如在工程初期，在冬季停工期间，要利用冬季大地结冻之时，

① 转引自天津大学汪江华博士学位论文《清代惠陵建筑工程全案研究》第249页。

② 清宫档案《朱批奏折》“建筑工程”，115-12。

③④ 清宫档案《朱批奏折》“建筑工程”，117-17。

抓紧采石挽运到工；搭盖各种材料棚座和地槽上的罩棚；在工程中后期，利用冬季停工期间，制作各种石构件，砍砖磨砖，石活雕刻、镌刻碑文、殿座上梁等，总之，在停工期间凡是能干的活儿都不停工。

停工结束后的开工日期不是由工程处决定，先经过钦天监选择日期，经钦准后再开工。开工时也要举行简单仪式，监督、监修各员行一跪三叩头礼。[①]

除冬季和夏季的例行停工外，有时遇到恶劣的天气，如连降大雨，使露天工作不能进行时，也要停工，时间较短，长则几天，称为挂队。[②] 这种临时性的停工、复工由在工的承修大臣或监督、监修决定。

逢夏至和霜降停工，也不是规定非在夏至和霜降这两个节气的正日子停工，是灵活的，根据具体情况可以提前，也可以推迟，并不是死板的。比如同治十二年（1873）五月二十七日是夏至，[③] 从五月二十日就开始停工了。[④] 在光绪四年（1878）五月就发生了因工程紧急，推迟了夏季的停工。事情是这样的：这年的五月二十一日是夏至，天气已经十分炎热，已决定在五月十九日停工。这时各殿宇所用的琉璃瓦件全部运送到了工地，而各殿堂的苫盖灰背的工作也即将完成。灰背苫完就应立刻上瓦，一气呵成，这样，瓦与灰背就能紧密相粘接，不易跑坡渗露，建筑就会坚固耐久。鉴于这种情况，承修大臣惇亲王奕誴急忙奏请推迟停工，抓紧上瓦。他的请求很快得到了钦准。[⑤]

十一、工地秩序的维护

每营建一座皇陵或重大另案工程，在庄严肃穆的皇家陵园之内，

---

① [清] 延昌：清宫档案《惠陵工程备要》卷一，“全工事宜”。

② 引自天津大学汪江华博士学位论文《清代惠陵建筑工程全案研究》第248页。

③《穆宗毅皇帝实录》卷三五二，《清实录》第51册，第661页，中华书局，1986年。该年五月甲辰为夏至，五月戊寅为朔日，甲辰正是五月二十七日。

④ 清宫档案《朱批奏折》“建筑工程”，115-12。

⑤ 清宫档案《朱批奏折》“建筑工程”，119-8。

工匠云集，成千上万，良莠不齐；各种建筑材料堆积如山，容易丢失。工地秩序的好坏直接关系到施工进度和质量。因此，皇家对工地的秩序十分重视，有一套成功的管理办法。

（一）派兵常驻弹压

为了维护工地秩序，特派专司护陵的绿营派兵常驻工地弹压，一是看守物料，防止丢失；二来弹压夫役闹事。东陵由马兰镇绿营总兵官派出，西陵由泰宁镇绿营总兵官派出。万年吉地一经确定，吉地的安全保卫事宜就责成负责陵园保卫的绿营总兵官全面负责，“从各营内酌派弁兵轮班看守”。[①] 陵寝承修大臣虽然贵为亲王、大学士、各部堂官，但他们没有兵权。尽管工地由绿营派兵驻守弹压已成定制，但仍需奏请皇帝钦准后，再咨明兵部暨总兵官遵照办理。在营建咸丰帝的定陵时，马兰镇总兵官曾派绿营马兵24名、守兵56名，由两名经制外委带领常驻工地弹压。在营建慈安陵和慈禧陵时，承修大臣惇亲王奕誴、醇亲王奕譞等上书两宫皇太后，要求仿照定陵成案，每处万年吉地派马兵24名、守兵56名，经制外委两名，驻守工地弹压。两宫皇太后自然同意，立即批道：“依议”。[②] 不同的时期、不同的陵寝、不同的工程，所派的弹压工程的官兵人数也不一样。比如在重修慈禧陵时，所派的有马兰镇绿营官2员、兵20名。在此之外，又派内务府官2员、差役10名，“常川在工，俾资弹压”[③]。

清东陵也好，清西陵也好，陵园之内有多座陵寝，特别是到了晚期，陵寝比较密集，相距很近。数以万计的匠役、车马进入陵园，云集工地，对整个陵园秩序及毗邻的陵寝的安全都会带来一定的隐患，对此，皇家采取了一定的防范措施。比如，在营建慈安陵和慈禧陵的时候，两陵大工并举，其匠役之多，空前绝后，而这两陵工地东与裕

① 《宣宗成皇帝实录》卷二〇一，《清实录》第35册，第1155页，中华书局，1986年。

② 清宫档案《朱批奏折》“建筑工程”，114–20。

③ 清宫档案《录副奏折》“光绪二十二年”，第48包。

陵和裕陵妃园寝相接，西与定陵和定陵妃园寝相连，近在咫尺。因此，对这四座陵寝也加强了保卫力量。按规定，平时皇帝陵和皇后陵各设值班房2座，每天章京2员率10名甲兵巡逻看守值班。妃园寝也设八旗兵值班房2座，每天章京1员率5名甲兵巡逻看守值班。这次为了加强保卫力量，在裕陵和定陵墙外各建2座堆拨（相当于值班房），每天增派章京2员、甲兵10名，与原值班官兵一体巡逻防守。两座妃园寝，每天各增派章京1员、甲兵5名，与原值班官兵分两处班房值班。①

（二）在工地设立公所

陵寝开工以后，工匠众多，良莠不齐，匠役之间、匠役与地方民众之间，经常发生一些打架斗殴的事情，驻守工地的官兵只能起到弹压的作用，但没有刑讯治罪判刑之权，还要交地方官办理。在东陵，只能交遵化州办理。在西陵只能交易州办理。而这两州距陵寝工地有60多里远，很不方便。于是，经过钦准，由遵化州或易州“派委明白干练佐贰官一员，随带刑役人等，设立公所于工次附近地方，如有员役争斗等事，即交委员秉公办理。”② 这种设立公所的做法曾在光绪二十二年（1896）重修慈禧陵时使用过。在这之前是否用过，还有待考证。

（三）在神路处安设鹿角木

鹿角木是用木杆交叉制成的架子，是一种可以移动的障碍物。营建陵寝，工匠成千上万，拉运材料的车辆络绎不绝，为了防止跨越和辗轧神路，在神路的重要地段和路口设置鹿角木。在慈安陵和慈禧陵动工之前，在孝陵神路设置了鹿角60架、在景陵神路旁设置了20架、在裕陵神路旁设置了20架。③

① 清宫档案《朱批奏折》“建筑工程”，123-4。

② 清宫档案《录副奏折》“光绪二十二年”，第48包。

③ 清宫档案《朱批奏折》“陵寝工程”，121-21。

十二、变更原设计工程做法

勘估处对陵寝工程钱粮的勘估是以工程处提供的工程总设计方案为准的。这个总设计方案当时称之为原估做法。但在工程具体实施时，常常要对原估做法进行变更。这个变更包括对原来做法的改变、所用材料的改变、增加新的项目、减少原来的项目等多种情况。变更后的做法称之为续估做法。在施工过程中，发生变更原工程做法的事屡见不鲜。其实不仅营建陵寝如此，在所有工程中都会经常发生变更原设计方案的事，这都是非常正常的。发生变更原估做法主要有以下几方面原因：

（一）在实际施工过程中发现原估做法不当。这不仅包括出现了原估时意想不到的情况，也包括原估本身的不当

1. 在营建裕陵圣德神功碑亭时，原估做法，头停苫背5层，提浆5遍，后来改为苫被3层，提浆3遍；原估地脚所下长一丈的柏木钉，开槽时，发现地下多系山地，与土厚的平地不同，没有必要使用一丈长的木钉，于是改用七尺长的柏木钉。[①]

2. 比如，在营建慈禧陵时，石五供下四面海墁，原估灰土二步，平墁大砖2层。在施工时，发现此处地面均系新垫之土，因为石五供都是巨大的石料，极为沉重，担心会把地面压沉，造成石五供歪斜。为此决定改变原估做法，添筑灰土二步后，先行立墁粗砖1层，再平墁粗细砖2层。[②]

（二）为使建筑更坚固，结构更科学合理

比如，在营建慈禧陵时，原估时方城顶部台面铺墁二尺二寸金砖。后来考虑到“恐经雨水浸灌，下面券墙受湿”，于是决定“将明

① 清宫档案《内务府来文》“陵寝事务”，嘉庆五年九月，第2931包。

② 清宫档案《菩陀峪万年吉地工程备要》卷二，“奏疏”。

楼台帮下安青白石土衬，并滴水石板，墁地金砖下铺做锡底背一层”。[①] 仅这一项，就用坎锡2938斤14两2钱、黑铅1947斤6两、松香15斤11两7钱、黑炭244斤4两9钱。[②]

（三）使陵寝制度更加完善

1. 清朝的福陵、昭陵、孝陵、景陵都建有二柱门。可是雍正帝的泰陵原估方案中却没有二柱门，[③] 后来增加了二柱门。

2. 裕陵原估方案中没有石像生、牌楼门、一孔拱桥，[④] 后来增加了这3座建筑。

（四）使陵寝建筑更精美豪华

1. 比如裕陵原估方案中，在陵寝门前的玉带河上建3座小平桥，后来改为三路三孔拱桥，成了清陵中的唯一。

2. 慈安陵和慈禧陵原估方案中，神道碑亭的四个券门上没有券脸石，后来增加了青白石券脸石，[⑤] 而且在券脸石上增加了精美的石雕图案。

3. 慈安陵和慈禧陵原估方案中，地宫第二道石门上的月光石上（南面）本来是光素的，没有雕刻图案，后来在月光石上增加了三龙二凤的雕刻图案。神道碑亭内的水盘原高三寸，后来改为高八寸。在周围立面上增加了缠枝莲花图案雕刻。[⑥]

---

① 清宫档案《菩陀峪万年吉地工程备要》卷十五，“利部”。

② 清宫档案《菩陀峪万年吉地修建方城铺焊锡背销算银总黄册》035，卷一一九。

③ 清宫档案《工科题本》“乾隆五年”，第2包。

④ 清宫档案《工科题本》“建筑工程·陵寝坛庙”，乾隆十年五月至十二月，第2包。

⑤ 清宫档案《菩陀峪万年吉地工程备要》卷八，“亨部”。

⑥ 清宫档案《朱批奏折》“建筑工程”，116-3。

慈禧陵的神道碑亭原设计时不带券脸石，后来改为带券脸石

（五）受工程经费紧张的影响

最典型的例子就是同治帝的惠陵，原设计方案设有石像生5对，神路与孝陵相接。后来因经费紧张，裁撤了石像生，只保留1对石望柱；惠陵神路不与孝陵神路相接。[①]

（六）受皇帝、皇太后个人意志的影响

关于这方面的事例很多，这里只举几例。

1. 裕陵原估方案中，因景陵和泰陵没有石像生，所以也没有设置。后来乾隆帝给景、泰二陵补建了石像生后，也为自己的陵寝增加了石像生。[②]

2. 从实际考察得知，裕陵地宫金券内除了正面棺床（档案上称宝床）外，两侧还设有垂手棺床，棺床平面呈倒“凹”字形。根据档案得知，定陵地宫也有垂手棺床，而且每侧的垂手棺床有两个棺位。[③]

---

① 陈义杰点校：《翁同龢日记》第1124页，中华书局，1989年。转引自天津大学汪江华博士学位论文《清代惠陵建筑工程全案研究》第144页。

② 清宫档案《朱批奏折》内政类，“礼仪宫廷·陵寝事务”，第96包。

③ 清宫档案《定陵修建地宫宫殿房间等工销算黄册》，黄册037，1–7号。

惠陵地宫金券内原设计方案，地宫金券两侧也有垂手棺床；从福陵到定陵，除慕陵外，哑巴院内的转向礓道，均为砖礓礤，惠陵原设计方案也是这样。光绪元年（1875）四月二十五日，醇亲王奕譞面奉懿旨：惠陵地宫金券内“用正床五张，垂床撤去。方城后转向礓礤礓道改踏跺。”① 其实，这一改变是非常必要的。葬入惠陵的只有同治帝和孝哲皇后二人，正面棺床尚有富裕，垂手棺床根本没有用，只会浪费工料和经费。转向礓道改为石台阶形式，既坚固耐久，又登陟十分安全便利。

3. 在这方面最具典型的当为慈禧，她出于私心，不顾祖制，对惠陵妃园寝规制横加干涉一事。事情是这样的：当惠陵陵址确定在东陵界内的双山峪之后，经风水官相度，认为与双山峪毗邻的西双山峪是建惠陵妃园寝的好地方。于是承修大臣魁龄和翁同龢令书算人员绘图贴说，上奏两宫皇太后，要求将西双山峪定为惠陵妃园寝福地，并建议仿定陵妃园寝规制营建。两宫皇太后同意将西双山峪定为妃园寝福地，但不同意按定陵妃园寝规制建，懿旨令：“妃园寝所有券座著分为两层，前一层石券一座，加罗圈墙一道。后一层砖券三座，外罗圈墙一道。”同时，懿旨还让承修大臣醇亲王奕譞到景陵皇贵妃园寝“敬谨详查一切规制，回京时绘图贴说覆奏。”② 奕譞不敢怠慢，马上带着有关人员到景陵皇贵妃园寝进行勘查测量，绘图贴说。奕譞心里非常明白，慈禧命他去景陵皇贵妃园寝勘查的目的是想按这座园寝的规制来建惠陵妃园寝。景陵皇贵妃园寝是清朝妃园寝中等级最高的，建有方城、明楼、宝城、配殿，那是因为乾隆帝为了报答两位太妃的抚养之恩才修建了等级逾制的妃园寝的。按景陵皇贵妃园寝规制建惠陵妃园寝，不仅情理上说不通，而且在实际施工中还有许多的困难。于是奕譞在覆奏时委婉地讲了实际困难。对于奕譞的建议，慈禧全然不顾，光绪元年（1875）四月初七日，皇太后再降懿旨：“所有石券一

① 样式雷图档366-00223，《（惠陵）堂司谕事》。转引自天津大学汪江华博士学位论文《清代惠陵建筑工程全案研究》第146页。

② 清宫档案《惠陵工程记略》第一册。

座，著照太妃园寝修建并添设石五供。其砖券三座、罗圈墙两道，著仍遵前旨办理。”① 承修大臣见慈禧一意孤行，只得按懿旨进行设计勘估。后来由于诸大臣的反对，也可能由于经费的短缺，于光绪元年（1875）七月二十三日，醇亲王奕譞面奉懿旨：“所有现修妃园寝前经谕令添修宝城、方城、明楼暨石台五供、梓罗圈墙，均著撤去，仍修石券一座，其砖券三座著往前挪修。外罗圈墙并著收小。”第二天，恭亲王奕䜣又面奉懿旨：“现修妃园寝著勿庸添修配殿，一切规制均照（定陵）妃园寝修建。”② 如果真的按慈禧的懿旨建，惠陵妃园寝将超过景陵皇贵妃园寝，将成为清朝规制最高的妃园寝。此事充分表明了皇帝、皇太后的个人意志对陵寝规制的影响力。

（七）受某些大臣的影响

在陵寝的营建过程中，一些大臣对陵寝的原设计方案也会提出变更建议。

1. 比如，在营建雍正帝的泰陵时，原设计方案地宫内地面用青白石铺墁，后来经武英殿大学士马尔赛等大臣的建议改用金砖铺墁。皇帝采纳了这个建议。③

2. 在营建嘉庆帝的昌陵时，承修大臣汪承霈等人认为方城隧道券用临清砖发券，日久恐怕酥碱，因此建议改用青白石发券。④ 虽然嘉庆帝没有采纳这个建议，但表明大臣有变更原估做法的权力。

3. 在营建惠陵时，因建陵经费紧张，采纳了文华殿大学士李鸿藻等人的建议，裁撤了石像生，取消了惠陵神路与孝陵神路相接。⑤

---

① 中国第一历史档案馆编：《光绪朝上谕档》第1册，第93页，第263条，广西师范大学出版社，1996年。

② 清宫档案《惠陵工程备要》卷一，“全工事宜”。

③ 清宫档案《工科题本》“乾隆二年”，第2包。

④《仁宗睿皇帝实录》卷九一，《清实录》第29册，第209页，中华书局，1986年。

⑤ 转引自天津大学汪江华博士学位论文《清代惠陵建筑工程全案研究》第144页。

4. 惠陵石像生被取消后，留下了一对望柱。望柱原来位于石像生的南端，靠近五孔拱桥。为了有利观瞻，承修大臣们把这对望柱先后移动了6次。又根据恭亲王奕䜣的意见，仿照天安门华表石栏杆的样式，给惠陵两根望柱增加了石栏杆，[①] 这是之前所有清朝皇帝陵的望柱所没有的。

惠陵双望柱

5. 慈安陵和慈禧陵是在同治十二年（1873）八月二十日动工兴建的，可是到了光绪元年（1875）十月就将原设计方案变动了4次，[②] 此时距完工还有4年，在这4年中又有多次变动。每次变动都有几十项。

因为原估做法是经皇帝、皇太后同意并批准的，所以每次改变原估做法，必须由承修大臣向皇帝或皇太后奏请，钦准后，由工程处的样式房做出变更后的设计画样，甚至还要做出烫样，再会同算房缮造《续估工程作法》清册，奏准后，将上述画样、清册移咨勘估处。勘

① 样式雷图档366-00210，《(惠陵) 堂司谕日记随工事》。转引自天津大学汪江华博士学位论文《清代惠陵建筑工程全案研究》第146页。

② 清宫档案《朱批奏折》“建筑工程”，116-26。

估处根据画样和清册进行勘估，编制《续估工料钱粮》细册，缮具清单，奏准后再交付工程处，同时，行文户部增拨银两，再付诸实施。每次变更原估做法，往往增加银两时多。在营建慈安陵和慈禧陵时，竟先后6次变更原估做法。

笔者在中国第一历史档案馆找到了一份《普祥峪万年吉地第四次变通做法缘由及清单》，非常完整，内容丰富，对于了解工程做法、变更原估做法原因、运作程序很有价值。下面不吝笔墨，将这份珍贵档案抄录于下，以飨读者。

臣奕譞等谨奏为续行恭拟普祥峪万年吉地工程第四次变通做法缘由恭折奏闻仰祈圣鉴事。

恭查万年吉地各座工程自开工后，臣等督率监督、监修逐日在工细心讲求，凡在应行更改做法之处，均经随时恭修汇总奏明办理在案。嗣经臣等于住工时详细查看，现修各座工程内尚有未尽妥协之处，随时斟酌，或因原估券座前月光石另安石片年久，恐致走错闪裂，或因各项工程内背底、背后粗砖年久亦恐酥碱以及地势跨空添筑灰土，均经臣等公同详细商酌变通做法，以期巩固而昭慎重。谨将变通改做各项工程敬缮清单，恭呈御览。俟命下之日，臣等造册，移咨勘估大臣核算。嗣后如有应行随时添改变通之处，再由臣等汇总奏明办理。所有续行添改变通做法缘由，谨恭折奏闻，伏乞皇太后、皇上圣鉴，谨奏

于光绪元年十月二十九日具奏，本日奉旨：依议。钦此。

光绪元年十月二十九日

臣奕譞、臣春佑、臣荣禄、臣宜振感冒

谨将酌拟普详峪万年吉地变通改做各项工程谨缮清单，恭呈御览。

一　金券过梁上原估券石南面另安青白石月光石，高三层，另安石片。恐致走错。今拟：金券过梁上改安青白券石带月光石一件，通长一丈四尺，宽二尺六寸。迎面做月光，背面打瓦垅。

一　门洞券原估正脊一道，计青白石三块，并上面及两边另安青白石、月光石墙。正脊三块恐年久闪裂不齐。今拟：门洞券前口改安青白石正脊带月光石一件，通长一丈八尺、宽二尺、高一尺五寸外，下面做阳榫，上面落磕绊。迎面采做正吻压带条、当沟并改安正脊上及瓦片两边月光墙。

一　门洞券内瓦片原估系冰盘檐子成做，今拟：瓦片前三面添改细錾檐椽、飞檐并斗科。

一　门洞券北头月光墙原估系净面月光墙。今拟：月光墙添改錾做山水起云，左龙右凤细花活。

一　闪当券、隧道券前口随青白石，下碱各添安角柱二根。隧道券原估平水墙下衬角埋深糙砌新样城砖。隧道券背底糙砌随式城砖，上面立墁砍细澄浆城砖，埋深粗砖。恐不吃重。今拟：隧道券平水墙下衬脚埋深改安豆渣石，北口添安青白石角柱二根，上面安铁锭、熟铁拉扯。隧道背底改安豆渣级石。俟工竣，级石空当用糙砌随式墙砖背平，上面仍立墁砍细澄浆城砖一层。

一　宝城原估垛口与城身细砖相连成砌，下泊岸青白石压面二路，背后豆渣石一路。今拟：宝城垛口下添安青白石压面石一层，宽三尺，厚八寸，铺至垛口里面，采作荷叶沟。下泊岸仍安青白石压面二路，往里随城根下添安青白石土衬一层，厚一尺三寸，内采作金边，宽三寸，明高三寸。

一　地宫方城以外龙须沟，原估沟盖上过河灰土，恐不坚固。今拟：地宫方城以外龙须沟沟盖上添安豆渣石过梁一层，并露明地脚因下地钉，续落槽深一尺，加筑大夯灰土二步。

一　方城根下并前月台根下，原估豆渣石埋深八尺，仅只外面垒石一进，恐不坚固。今拟：将城根下埋深石加宽加厚。月台下并礓䃰下埋深石一并加宽，铺至城下，以期稳固。

一　方城券洞内根脚下，原估用粗砖垒至地平以上，接砌细砖。今拟：将方城券根下粗砖均改用豆渣石垒砌。

一　方城券洞内两旁券墙下，原估用细砖往上垒墙，恐致受潮，砖质酥碱。今拟：将券墙下脚与地平接连处安青白石土衬一层。墙中腰安青白石腰线石一层。拐角处各安角柱石并接砌隧道两边。露明改安青白石象眼接砌隧道，背底改安豆渣级石。俟工竣，级石空当用糙砌随式城砖背平，上面仍立墁砍细澄浆城砖一层。

一　方城前礓䃰原估用细砖立墁，恐致行走躧伤砖牙不齐。今拟：将方城前礓䃰暂不墁砖，用豆渣石铺做层叠台阶，俟将来再行立墁细砖。

一　扒道券阶级之下原估用粗砖垒砌。今拟：将阶级之下改用豆渣石垒砌。

一　明楼底座并四面柱顶分位，原估均自城面粗砖上安放，恐粗砖不能吃重。今拟：将明楼底座之下不用粗砖，改为自灰土以上用豆渣石垒砌，到上再安青白石底座并柱顶石。

一　明楼四面台帮以外方城上顶地面，原估用金砖铺墁，恐经雨水浸灌，或致下面券洞城墙受湿。今拟：将明楼台帮下添安青白石土衬一层，并周围添安青白石滴水板，其墁地金砖下铺做锡背一层。

一　明楼内原估青白石底垫一块，长一丈三尺六寸，丈尺较短，不甚吃重。今拟：明楼内碑座下底垫石一块改长一丈九尺。

一　罗圈墙东面更道外南头地势跨空一段，长十四丈，宽四尺，连埋深高六尺三寸，切近于中马槽沟帮，恐经雨水浸刷，不甚坚固。今拟：添安豆渣石泊岸一段。

一　琉璃花门前踏跺埋深原估糙砌新样城砖，恐不吃重。今拟：琉璃花门前踏跺埋深改安豆渣石级石，背后添安豆渣石一进。

一　琉璃花门前月台三座，原估后口无角柱。今拟：添安青白石角柱十件内：中座计二件、二次座计二件、两边计二件、掐当泊岸分位计四件。

一　琉璃花门东边泊岸东头埋深一段，长一丈五尺，原估背后糙砖，外皮豆渣石，恐砖沉蛰。今拟：撤去背后糙砖，俱安豆渣石。

一　大殿内，原估用大柱三十四根，插金柁进深九尺。今拟：两山明间南缝撤去贴落金柱头二个，添安通金柱两根，共三十六根，内里钻金廊进深改做一丈一尺。

一　大殿钻金柱分位之下，原估拦土砖恐不坚固。今拟：改筑大夯灰土。

一　大殿暖阁内宝龛下原估石须弥座。今拟：须弥石座三面续添錾做细花活。石座下添安青白石三面土衬。

一　大殿前后廊内装箱，原估系大夯灰土，上年已筑五步。今拟：已筑灰土五步之上改砌城砖灌浆。

一　大殿周围台帮外口宽四尺二寸五分。月台三面外口宽三尺五寸分位。原拟大夯灰土二步。今拟：改筑小夯灰土二步。添筑小夯灰土二步。

一　大殿月台前至宫门后台基海墁分位，原有掩槽砖渣，恐不落实。今拟：将砖渣起刨出运，续添大夯灰土二步。

一　东西配殿二座，周围台帮外口宽二尺分位，原估并无灰土。今拟：添筑小夯灰土二步。

一　宫门院内面阔墙、进深墙里面下脚，原估细砖成砌，并无土衬石。今拟：添安青白石土衬一层。

一　宫门前月台三面台帮外口均宽一尺分位。今拟：改筑小夯灰土四步。

一　宫门周围台帮外口宽三尺分位，三面原拟大夯灰土二步。今拟：改筑小夯土二步，添筑小夯土二步。

一　宫门两边面阔红墙并进深红墙里皮埋深砖外口，面阔墙宽二尺五寸，进深墙宽二尺分位。今拟：改筑小夯灰土四步。

一　宫门东西面阔墙脚分位各长二丈，埋深粗砖恐不坚实。今拟：撤去墙脚埋深粗砖高二尺，改安豆渣石。

一　宫门东西进深叠落墙分位埋深各长三丈，宽五尺，高九尺，糙砖垒砌，恐不坚实。今拟：撤去埋深糙砖，改用豆渣石垒砌。

一　宫门东西进深红墙更道北头露明细砖分位里表糙砖各长三丈七尺四寸，高一丈外，下埋深三尺，恐不坚固。今拟：撤去糙砖，改用豆渣石垒砌。并将青白石踏跺改为上下两座。

一　宫门西进深红墙更道外至西马槽沟，原估灰土海墁。今拟：添墁背底旧样城砖，上面平墁细澄浆城砖各一层。

一　中马槽沟内后段西面沟帮一段长三丈，原拟背后粗砖，恐不坚固。今拟：撤去背后砖，改安豆渣石一进，宽二尺五寸，厚一尺五寸。

一　中马槽沟内中段西面沟帮一段长二十八丈一尺，原拟背后粗砖，恐不坚固。今拟：撤去背后砖，改安豆渣石一进，宽二尺五寸，高六尺。

一　中马槽沟沟内前段西面沟帮一段，长二丈。原拟背后粗砖，恐不坚固。今拟：撤去背后砖，改安豆渣石一进，宽二尺五寸，厚一尺五寸。

一　三孔石券桥一座，金刚墙背后、雁翅撞券桥两头背后并桥面背后等处，原估均用粗砖，恐砖沉蛰。今拟：撤去各处背后砖，俱改用背后豆渣石。

一　三孔石券桥一座，因上年曾拟雁翅较长。今拟：桥两头添安青白石栏杆板四堂。

一　东西石平桥两座，两头背后砖。今拟：撤去背后砖，改用背后豆渣石。

一　碑亭一座，原估无券脸石。今拟；四面券洞添安青白石券脸，添搭罩棚一座。

一　碑亭分位，原估埋深三尺五寸，地势较矮。今拟：地面增高一尺二寸，改埋深四尺七寸。

一　碑座下添安豆渣石底垫一层，豆渣石磉墩一层，俱厚一尺二寸。

水盘原拟高三寸。今拟：改露明高八寸，周围凿做花活。

一　碑亭南北御路二段，地面较矮。今拟：地面二段各增高一尺二寸。

一　神厨一座，原估后檐台帮无柏木桩。今拟：柱顶分位每个添下柏木桩五根，并后檐台帮两头抱角分位添下柏木桩一路。

一　神库二座，地势跨下。原估小夯灰土五步。今拟：添筑小夯灰土六步。

一　省牲亭一座，原估地势跨下太甚，并无柏木桩。今拟：添筑衬平大夯灰土六步，柱顶分位每个加添柏木桩五根。周围台帮满添柏木桩一路。

一　神厨库院墙分位，原估地势跨下太甚，后面院墙又系旱河，恐被雨水冲刷，不甚稳固。今拟：院墙前面并两边进深西一半添筑大夯灰土九步，后面并两边进深东一半添筑大夯灰土二十三步。

一　神厨库海墁地势跨下。今拟：添筑大夯灰土六步。

一　神厨库护脚泊岸，原估露明高八尺，后面又系旱河。今拟：露明泊岸加高八尺，地脚续筑大夯灰土三步。

一　神厨库后原拟护脚泊岸以外经雨水冲刷，不甚坚固。今拟：续添豆渣石外护脚泊岸一段，连南拐角，通长二十四丈九尺六寸，底宽六尺，顶宽四尺。南头明高八尺，北头明高三尺，埋深三尺，每层打磕绊，槽内下柏木桩三路，其余满下柏木钉，筑打大夯灰土六步。

一　神厨库外西、南二面，上年曾拟添修细砖泊岸一道。今拟：将泊岸上口用白石压面一层，背后安豆渣石一进。泊岸下脚安白石土衬一层，埋深豆渣石二层。正对库门安下行台阶级一座。

一　井亭分位，因地势较矮。今拟：添修砖泊岸一道，通面阔二十丈四尺八寸，南北进深五丈三尺，西面进深一丈。周围安青白石压面。前面安青白石角柱二根。

一　井亭内井筒，原估灰土城砖背后，下截掐砌山石，中间筑打黄土四十一步。往上筑打大夯灰土十一步。又因井筒落深。今拟：井筒下截添安豆渣石，高十五层，每层厚一尺。往上仍用砖接砌。撤去原估背后灰土、黄土，改筑大夯灰土六十三步。往上接筑小夯灰土十一步。

一　下马牌二座，原估满下桩钉，筑打大夯灰土五步。因刨槽内有碎石，桩钉不能深下，今拟：撤去桩钉并大夯灰土，改筑小夯灰土五步。槽底再落深五尺五寸。四面开宽各二尺，添筑小夯灰土十一步。其露明高一尺八寸，周围用青白石土衬一层，台帮计一进，压面一层，内里豆渣石装箱，上面满铺青白石台面一层。

一 西马槽沟西面分水石坝南头分位较窄，如遇大雨，水流过急，冲刷河帮。今拟：西面沟帮南头一段长十五丈均开宽三尺，高九尺。

一 分水石坝东面沟帮外口分位地势跨下，一段长七丈五尺，均宽三丈一尺，高九尺。今拟：添筑大夯灰土。[①]

正是这件《清单》使我们知道了慈禧陵的神道碑亭原设计方案没有券脸石等许多难得的历史资料。

十三、对承修大臣及监督、监修等工程人员的褒奖和惩罚

（一）褒奖

无论建一座新陵寝，还是专案大修工程，在工程进行中和完工时，朝廷都要对承修大臣和监督、监修等工程人员进行褒奖，成为制度。

1. 在陵寝（皇帝陵和皇后陵）工程进行中的重要时刻进行褒奖

比如地宫合龙、[②]隆恩殿上梁供梁，承修大臣向皇帝进行奏报相关情况，要求皇帝予以褒奖。[③]下面抄录一份慈禧陵上梁、合龙仰邀褒奖的奏折：

臣奕谖等谨奏为菩陀峪万年吉地金券合龙、大殿上梁，拟将出力人员两案并保，恳恩优奖，以昭激劝事：窃臣等于

① 清宫档案《朱批奏折》“建筑工程”，116-26。

② 清朝皇帝陵和皇后陵的地宫都是石券。在建地宫时，当砌上最后的顶部的龙门券石的时候，两侧的券石相接合在一起，故称作合龙。

③ 光绪元年八月间，菩陀峪万年吉地地宫合龙、隆恩殿上梁供梁时，承修大臣醇亲王奕谖曾奏请朝廷予以奖励，得到了恩准。转引自天津大学王蕾硕士学位论文《清代定东陵陵建筑工程全案研究》第229页。

同治十二年三月奉命恭修吉地工程，当即奏派监督、监修，督饬书算人等查勘地势，相度情形，于秋间诹吉开工。该员等均能实力经营，认真监查，恪恭将事，历时三年，于今岁八月十六日寅时遵吉将金券合龙。大殿、宫门等处上梁。一切均臻妥协。仰蒙圣驾降临，周历阅视。应修工作均有规模。在工出力人员不无微劳，足录……

光绪元年十月二十二日

臣奕譞、臣英桂、臣魁龄①

惇亲王奕誴也有同样内容的奏折。

2. 根据承修大臣的奏报，对工程的出力官员进行褒奖

比如在道光四年（1824）七月十六日，“以承办万年吉地工程出力，赏知县赵佩琳、盐大使宋泗、六品顶带钦天监挈壶正姚绍基等一级”。②

3. 皇帝阅视陵寝工程时进行褒奖

皇帝对自己陵寝的营建十分关注，他们利用展谒祖陵之机，往往都要到自己的陵寝工地进行阅视。为了以资鼓励，对在工人员进行奖励。比如道光五年（1825）二月二十三日，道光帝在谒完昭西陵、孝陵、孝东陵、景陵、裕陵之后，不顾一天的劳累，又到宝华峪阅视自己的陵寝工程。他看了以后比较满意，当天就发出一道谕旨：

朕于本日恭谒祖陵，礼毕，前至宝华峪亲阅万年吉地。虽现办工程不过十分之一，而在工承办各员等敬谨将事，尚属奋勉。所有户部郎中牛坤著加恩赏给四品顶带，并发给小卷缎一百件，一两重银锞一千个，交英和等查明在工人员分

---

①清宫档案《录副奏折》“工程”胶片，第533盒。

②《宣宗成皇帝实录》卷七十，《清实录》第34册，第115页，中华书局，1986年。

别赏赉，以示鼓励。[①]

4. 竣工时进行奖赏

比如，光绪五年（1879）六月二十二日，慈安陵的领衔承修大臣惇亲王奕誴、慈禧陵领衔承修大臣醇亲王奕譞联名向两宫皇太后奏报两陵全工告竣，请求派大臣查验。当天两宫皇太后就降旨：

> 本年三月间亲诣吉地阅视工程，悉臻妥协。现在一律告竣。在工王大臣等敬谨将事，自应优加恩赉以奖勤劳。惇亲王奕誴著赏食亲王双俸，并交宗人府从优议叙。醇亲王奕譞著交宗人府从优议叙，并颁发御书“天工寅亮”匾一方，赏给醇亲王以示优异。步军统领荣禄著赏给大卷八丝缎二疋，并交部从优议叙。户部右侍郎宜振著赏给头品顶戴，并交部从优议叙。协办大学士全庆著交部从优议叙。前镶黄旗汉军都统春佑著赐祭一坛。兵部尚书广寿著交部从优议叙。马兰镇总兵景瑞著赏给二品顶戴，并交部从优议叙。致仕大学士英桂著交部从优议叙。前户部尚书魁龄、前工部左侍郎明善著各赐祭一坛。余依议。[②]

5. 皇帝、皇后护送墓主人棺椁入葬陵寝时，见到陵寝宏伟坚固，大加奖赏

乾隆十七年（1852）十月二十七日，乾隆帝将孝贤皇后、慧贤皇贵妃、哲悯皇贵妃送入地宫，奉安礼成后，以万年吉地工程坚固宏整，将承修大臣工部右侍郎等人交部分别议叙。[③] 嘉庆八年（1803）

①《宣宗成皇帝实录》卷七十九，《清实录》第34册，第279页，中华书局，1986年。

② 中国第一历史档案馆编：《光绪朝上谕档》第5册，第219页，第670条，广西师范大学出版社，1996年。

③《高宗纯皇帝实录》卷四二五，《清实录》第14册，第566页，中华书局，1986年。

十月二十二日，孝淑皇后葬入地宫。在前一天即十月二十一日，嘉庆帝在十月二十日就赶到了西陵。二十一日谒毕泰陵、泰东陵以后，来到刚刚建成的自己的陵寝（即后来的昌陵），见建筑宏整坚固，龙心大悦。当天（孝淑入葬前一天）就发出上谕，对上到承修大臣，下到工匠头一百多人分别进行了赏赐。[①] 道光七年（1817），东陵境内的宝华峪陵寝建成后，在当年的九月二十二日，道光帝亲自将已死19年的原配妻子孝穆皇后葬入了地宫。当天道光帝就以万年吉地工程坚固宏整，免原承修大臣故庄襄亲王绵课应缴前借俸银四万两；晋致仕文渊阁大学士戴均元太子太师，其子员外郎诗亨以郎中用；赏还热河都统英和一品顶带花翎；赏工部尚书穆彰阿缎匹；右侍郎阿尔邦阿、户部左侍郎敬征、马兰镇总兵官宝兴花翎；并予前兼管工程之江西布政使继昌等议叙有差。[②] 咸丰帝及孝德皇后是在同治四年（1865）九月二十二日葬入定陵地宫的。在入葬的当天，两宫皇太后以同治帝的名义，对陵寝承修大臣及出力人员进行赏赉。[③] 光绪五年（1879）三月二十六日，同治帝和孝哲皇后葬入惠陵的当天，两宫皇太后阅视惠陵工程整齐坚固，对承修大臣及工程出力人员予以奖励议叙，以励勤劳。[④]

不仅建帝后陵对承修大臣和施工人员进行褒奖，就是营建陵寝的八旗兵营房、礼部营房、内务府营房，竣工时，也要褒奖。仅举一例：根据清朝陵制，陵寝建成后，有时并不马上营建为陵寝服务的这些营房。只有等墓主人入葬以后，有了祭祀活动了，才开始营建这些营房。咸丰帝的定陵和妃园寝完工于同治四年（1865）八月底，同年

① 中国第一历史档案馆编：《嘉庆道光两朝上谕档》第8册，第395页，第1039条，广西师范大学出版社，2000年。

②《宣宗成皇帝实录》卷一二六，《清实录》第34册，第1106页，中华书局，1986年。

③ 中国第一历史档案馆编：《咸丰同治两朝上谕档》第15册，第448页，第1042条，广西师范大学出版社，1998年。

④ 中国第一历史档案馆编：《光绪朝上谕档》第5册，第103页，第319条，广西师范大学出版社，1996年。

九月二十二日，咸丰帝、孝德皇后葬入定陵。九月二十五日，云嫔、玉嫔及三位常在葬入了定陵妃园寝。[①] 园寝内既然葬入了墓主人，相应的八旗、礼部、内务府的营房也必须随之建立。经过紧张施工，到同治五年（1866年）九月全工告竣。为此，承修大臣向两宫皇太后奏请奖励。下面抄录一段奏折，供读者欣赏：

> 谨奏为请旨事：窃查定陵应行修建之礼部、八旗营房及大小圈营房各工，自去岁（同治四年——笔者）秋间兴办以来，督催匠役上紧工作，兹于本年九月内一律完竣交工。后又复清理积年稿件核办黄册，均属妥协。该官吏等从事一载有余，不无微劳足录。除出力较次者不敢奏请奖励外，谨择其尤为出力之官吏七员敬缮清单，恭呈御览。可否量加鼓励以昭激劝之处，出自天恩，谨恭折具奏请旨。[②]

每次奖赏，大致分为两步进行。首先，由皇帝或皇太后发布谕旨，对陵寝的承修大臣进行奖赏，然后命承修大臣将表现好、出力的监督、监修、工匠头以及八旗、绿营、地方官员列出名单，拟出奖赏意见，上报皇帝。然后皇帝根据情况予以奖赏。

（二）惩罚

皇帝不仅对建陵有贡献、出力的大臣官员予以奖赏、升叙，同时对那些在营建陵寝中敷衍塞责、偷工减料、弄虚作假、出现工程事故，特别是贪赃枉法的官员进行严惩治罪。在此举5个事例。

1. 裕陵隆恩殿重修案

乾隆帝的裕陵完工于乾隆十七年（1752），后期工程主要承修大

---

① 清宫档案《新整内务府档》“礼仪”，第0006包。

② 清宫档案《平安峪万年吉地程备要》卷二，“奏章”。转引自曾辉天津大学硕士学位论文《清代定陵建筑工程全案研究》第217页。

裕陵隆恩殿

臣有保和殿大学士傅恒、户部尚书海望、侍郎三和等大臣。没想到过了十几年，到了乾隆三十五年（1770）隆恩殿的木构件就出现了严重糟朽，这时傅恒和海望都已去世，于是乾隆帝就让傅恒的次子福隆安、三和进行了赔修。[①] 可是过了29年，到了嘉庆四年（1799），又发现隆恩殿有糟朽情形。由于当时正在紧张办理乾隆帝的奉安大典，无暇顾及，以后几年又连续因山向不宜动工，只得向后推迟。到了嘉庆八年（1803）裕陵隆恩殿的木件糟朽更为严重，于是，派庄亲王绵课、工部左侍郎苏楞额、刑部右侍郎戴均元专门办理裕陵隆恩殿的拆卸和重建工程。他们在拆卸隆恩殿时发现"钻金等柱或系里外间段糟朽，或系中间已成空槽，甚至西北一柱通身已全霉烂，甫经拆卸，即自行折断，完整者仅有八根。其余檩、梁、望板等项核计糟朽数有四五成至七八成不等。"[②] 嘉庆帝得知这一情况后非常气恼。因傅恒、福隆安、海望都已故去，于是就将傅恒之孙福隆安之子丰绅济伦和海

①②《仁宗睿皇帝实录》卷一一八，《清实录》第29册，第577页，中华书局，1986年。

望之孙永来的所有职任、差使全行革去（丰绅济伦保留公爵），交部严议，并发往裕陵工地，作为普通司员，交承修大臣差遣委派。对其他承修大臣和监督的嫡派有官职的子孙均有不同程度的处分。[①] 这次重修裕陵隆恩殿工程从嘉庆八年（1803）七月初二日兴工，到第二年的八月二十五日，全工告竣。[②]

没想到刚过18年，到了道光二年（1822）年三月，又发现裕陵隆恩殿“有金柱糟朽及各项鼓裂处所”，[③] 于是从道光三年到道光四年正月又进行了一次重修，同时对嘉庆八年那次的重修大臣进行了惩罚：将庄亲王绵课降为郡王。将大学士戴均元加恩降四级留任，革去经筵讲官、太子太保，毋庸管理刑部事务。将苏楞额革职。仍令他们三人为这次重修大臣，以观后效。并让上次重修的其他官员分别轻重进行赔款。[④]

2. 昌陵工程侵贪案

昌陵主体工程于嘉庆八年（1803）完工。嘉庆十三年（1808）六月，砖商孙兴邦揭发笔帖式双福等人在办理昌陵工程时有侵贪行为，对此事嘉庆帝极为重视。通过追查，发现原承修大臣、嘉庆帝的大舅哥盛住侵贪工程银最多，达9万余两，还有其他许多官员程度不同的都有侵贪行为。盛住是这个贪污集团的罪魁祸首。嘉庆帝极为震怒。因盛住已死，只得将以前赏给他的副都统衔予以斥革，并追回对他的所有恤典。对其他贪污官员，一律革职圈禁，将家产严密查抄。罪行较重的双福、鹤龄定为斩立决。从监狱中提出后，对双福施以刑夹，将鹤龄重责三十大板。在行刑时，令盛住的3个儿子、两个孙子环跪观看，并告诉他们：夹责、被打板的不是双福、鹤龄，而是盛住。刑

①《仁宗睿皇帝实录》卷一一八，《清实录》第29册，第577页，中华书局，1986年。

② 清宫档案《朱批奏折》“建筑工程”，54–22。

③ 清宫档案《朱批奏折》“建筑工程”，81–12。

④《宣宗成皇帝实录》卷三一，《清实录》第33册，第544～545页，中华书局，1986年。

夹、打板后，将双福、鹤龄绑赴市曹，立行斩首。然后将盛住的三子二孙及其家人分别发往黑龙江和吉林效力赎罪，照拟夹刑。案犯成文、李如枚、延福拟斩，秋后处决。[①]后来到秋后勾决时，加恩免于处决，并对那些与盛住同时为承修大臣的官员分别进行了惩处。[②]

这起大案是有清一代建陵史上最严重的一桩大案。

昌陵前景

3. 昌陵工程低劣案

嘉庆十三年（1808）六月，总理西陵事务大臣、贝勒永鋆向嘉庆帝奏报万年吉地（昌陵）的宫门、明楼等处出现渗漏。[③]昌陵刚刚建

①《仁宗睿皇帝实录》卷一九八，《清实录》第30册，第631页，中华书局，1986年。

②《仁宗睿皇帝实录》卷一九七，《清实录》第30册，第623页，中华书局，1986年。

③《仁宗睿皇帝实录》卷一九八，《清实录》第30册，第626页，中华书局，1986年。

成几年，怎么会出现渗漏？这件事立刻引起了嘉庆帝的高度重视，很快就派协办大学士、刑部尚书长麟等人前去查看。通过实地查看，他们继而发现地宫极为潮湿，穿堂、二柱门、陵寝门、配殿、朝房、神厨库都有渗漏、做不如式等情形；明楼、隆恩殿、神道碑亭也都做不如式，表明整个工程草率低劣。于是对原陵寝承修大臣、监督、监修承办各官员所列罪行等次，分别令其赔缴银两，交到内务府广储司银库。①

4. 昌陵石像生做假案

昌陵石像生及龙凤门

派往昌陵查验工程的协办大学士、刑部尚书长麟等人在昌陵查验期间，有人密报昌陵的石像生中的右边石人头上盔缨小柱、右边石狮项下铃铛、左边石象左牙稍尖各有粘接之处。经过实地验看，属实。于是将石像生原监督交部严加议处外，令原监督、商人如式各赔修一半。②

① 清宫档案《新整内务府档》“修建工程”，第0356包。

② 清宫档案《内务府档》“修建工程”，第356包。

5. 宝华峪地宫出水案

宝华峪遗址

东陵宝华峪陵寝于道光七年（1827）九月建成后，当年九月二十二日就将孝穆皇后葬入了地宫。第二年八月底，东陵的守护大臣就向皇帝奏报发现地宫出现了积水。[①] 经过派大臣查验，情况完全属实。对此，道光帝极为恼怒，大骂办理工程的官员“丧尽天良”，认为英和“其罪尤重”，将他先行革去顶带，拔去花翎，革职。戴均元革去太子太师之衔，降为三品顶带。戴均元之子戴诗亨降为员外郎候补。总监督、内阁侍读学士牛坤、监督内务府郎中百寿、员外郎延凤、郎中庆玉、监修主事定善、候补笔帖式长淳、副司库玛彦布俱革职，交留京办事王大臣会同刑部严审。穆彰阿交部严加议处。前马兰镇总兵官继昌、广泰均交部议处。庄亲王绵课、阿克当阿、嵩年、庆惠因已故去，免予议处。[②] 九月十二日，道光帝谒毕诸陵后又亲自到宝华峪陵寝地宫验看，果然地宫内有积水，最深时竟达一尺六七寸，将棺床

① 清宫档案《内务府来文》第131包。

② 《宣宗成皇帝实录》卷一四二，《清实录》第35册，第178页，中华书局，1986年。

上的孝穆皇后的棺椁都浸泡了二寸，比派去验看大臣奏报的情况还严重得多。道光帝更加恼怒，认为前天对办工官员的处理太轻了，“不足示惩”。于是再次下令：将绵课之子庄亲王奕賨降为郡王，将戴均元革职。英和之子兵部侍郎奎照、通政使奎耀俱革职，作为拜唐阿，赴工次效力赎罪。[①] 当道光帝得知由于英和的阻止，宝华峪陵寝地宫才未设龙须沟后，九月十四日，道光帝下令将英和锁拿，交刑部究审。继昌、广泰在马兰镇总兵官任上时，曾办理过宝华峪工程，因此被降三级调用。[②] 九月十九日又下令，将英和、牛坤、百寿、延凤、定善、长淳、玛彦布等七人的家产全部查抄入官。[③]

九月二十三日，道光帝认为戴均元提前归田，居心可恶，下令将他逮捕解京，交刑部治罪。[④]

九月二十五日，道光帝降旨，罚赔办工官员：绵课办工最久，罚赔银十万两。穆克登额罚赔银三万两，阿克当阿罚赔银四万两，穆彰阿罚赔银八千两，阿尔邦阿罚赔银二千两。嵩年、继昌各罚赔银三万两。广泰罚赔银六千两。庆惠罚赔银八千两，宝兴罚赔银二千两，并令他们“俱著按限完缴，毋许稍有延宕”。[⑤]

九月二十六日，道光帝又降旨，将绵课的另外4个儿子的爵位全部革去，“以示惩儆”。[⑥]

---

①《宣宗成皇帝实录》卷一四二，《清实录》第35册，第180页，中华书局，1986年。

②《宣宗成皇帝实录》卷一四二，《清实录》第35册，第182页，中华书局，1986年。

③《宣宗成皇帝实录》卷一四三，《清实录》第35册，第186页，中华书局，1986年。

④《宣宗成皇帝实录》卷一四三，《清实录》第35册，第196页，中华书局，1986年。

⑤《宣宗成皇帝实录》卷一四三，《清实录》第35册，第197页，中华书局，1986年。

⑥《宣宗成皇帝实录》卷一四三，《清实录》第35册，第198页，中华书局，1986年。

道光八年（1828）十月初四日，道光帝对此案做了最后处理：本应将英和拟斩，但念其“曾任尚书、协办大学士，于此案讯无赃私，尚可宽其一线”“著加恩发往黑龙江充当苦差，以示朕法外之仁”，其子奎照、奎耀随其父前往黑龙江。英和的孙子锡祉的荫生、候补员外郎被革去。牛坤发往伊犁效力赎罪。百寿、延风发往乌鲁木齐效力赎罪。定善、长淳、玛彦布俱发往军台效力赎罪。郎中庆玉在宝华峪工次效力。[①]

十一月二十三日，道光帝念戴均元“尚未始终经手工程，且已年逾八旬，耄不加刑，著加恩免其死罪，并免发遣，即行逐回原籍，用施法外之仁”，其子孙官职均被革去。[②]

此案最初，道光帝在盛怒之下，曾想诛杀几位陵寝承修大臣，当时的皇太后即后来的孝和皇后闻知后，劝道光帝不要因为家事而诛杀国家大臣，[③] 所以此案虽大，并没有一位大臣被杀。

十四、植 树

历朝历代对陵寝的树木都非常重视，他们认为“陵寝以风水为重，荫护以树木为先”。[④] 栽植树木能“护卫风水，远壮仪观”。[⑤] 树木不仅可以庄严气氛，美化环境，而且还可以净化空气，遮挡风沙。所以说树木是陵寝的重要组成部分。清朝皇帝对陵寝树木非常重视。陵寝的树木主要分布在陵寝的前院、后院、神路两旁、砂山、后宝山

① 《宣宗成皇帝实录》卷一四四，《清实录》第35册，第203～204页，中华书局，1986年。

② 《宣宗成皇帝实录》卷一四七，《清实录》第35册，第214页，中华书局，1986年。

③ 赵尔巽等撰《清史稿》传150，第38册，第11411～11412页，中华书局，1976年。

④ 王其亨：《风水理论研究》第141页，天津大学出社，1992年。

⑤ 清宫档案《内务府来文》“陵寝事务”，第2936包。

上。院内和神路两旁的树木成排成行，数目有准确记载。这些树木称之为仪树。仪树之外称之为海树。据《昌瑞山万年统志》一书记载，仅东陵各陵的仪树就有169519株[①]。到同治十二年（1873）十月初，西陵的泰陵、泰东陵、昌陵、昌西陵、慕陵、慕东陵六陵共有仪树101444棵。[②]所谓海树，就是仪树之外的不成行成排的树木。仅东陵的海树就有上百万株。皇陵的树除仪树、海树外，还有蟠龙松。蟠龙松并不高，树干弯曲，犹如一条龙，树冠很大。《昌瑞山万年统志》一书对蟠龙松有生动的描述：

> 蟠龙松均高不及丈，枝干横斜，广荫数亩，架以朱栏，有鳞鬣开张，屈曲纷拿之状。[③]

据记载，东陵共有蟠龙松13株，其中孝陵宝城前有2株，三孔桥南左右各2株。孝东陵三孔桥南1株。裕陵宝城前有2株，神道碑亭前左右各2株。

皇陵的树以松树为主。还有桧柏、杨树[④]、枫树、柳树、柏树，“神路两旁各封以树”。[⑤]孝陵神路每侧原有10行柏树，后来不断回干，均以松树补栽。所以，后来孝陵神路两侧差不多都成了松树。[⑥]

根据惯例，每座陵寝营建的后期或在即将完工之前，都要广植树木，作为一项重要项目来办。慕陵始建于道光十一年（1831），完工

---

①[清]英廉重纂本：《昌瑞山万年统志》上函，卷二“仪树”。

②③清宫档案《内务府来文》“陵寝事务”，第2978包。

④《宣宗成皇帝实录》卷二四三，《清实录》第36册，第244页，中华书局，1986年。

⑤[清]崑冈等修，刘启端等纂，光绪朝《钦定清会典事例》卷九四三至九四四，“工部·陵寝规制”。载《续修四库全书》编纂委员会编：《续修四库全书》第811册，“史部·政书类”，第383～401页，上海古籍出版社，2002年。

⑥清朝官员：《陵寝易知》卷一，“礼·仪树”。

于道光十五年（1835）。在道光十三年（1833）三月，承修大臣穆彰阿就着手仪树的栽植工作。[①] 咸丰帝的定陵是在同治四年（1865）完工的，在同治二年就开始仪树的栽植工作。[②] 慈安陵和慈禧陵是在即将竣工的光绪五年（1879）五月才开始筹备栽树的。[③] 两陵共栽仪行树、蟠龙松、引路松和海树32473棵，用银32004两5钱。[④]

所栽幼树的来源，一部分到外地采买树苗，如西陵到涞源县上老荒去购买树秧；[⑤] 一部分在陵园内由皇家自己培育树苗；一部分在陵园内的“海树内详细查勘，择其枝棵壮嫩者若干株，奏明签记，明年冬令移栽”；光绪帝的崇陵建成于民国三年（1914）年底，当时清朝已经灭亡，崇陵的树木是清朝遗臣梁鼎芬靠向王公大臣捐募款项栽植的。[⑥] 崇陵情况当属特例。

栽植陵寝树木的日期要经过钦天监敬选吉期。[⑦] 栽植人员有时专派人员，有时由陵寝内务府和陵寝绿营负责。所栽植的树木有3年的保活期限（《大清会典事例》称保固期）。在限内，栽植人员“勤加浇灌，稍有萎缩，即行换补”。[⑧] 3年期满后交陵寝官员管理。

为了加强对陵寝树木的管理，清朝皇帝在每座皇帝陵和部分皇后陵的内务府成员内专门设置了“树户”一职，一般每陵设树户70

---

①《宣宗成皇帝实录》卷二四三，《清实录》第36册，第653页，中华书局，1986年。

②《穆宗毅皇帝实录》卷八九，《清实录》第46册，第892页，中华书局，1986年。

③ 中国第一历史档案馆编：《光绪朝朱批奏折》第27辑，第142页，中华书局，1995年。

④ 中国第一历史档案馆编：《光绪朝朱批奏折》第27辑，第113页，中华书局，1995年。

⑤ 清代宫史研究会编：《清代皇宫陵寝》第149～150页，紫禁城出版社，1995年。

⑥ 徐广源：《清西陵史话》第265～266页，齐鲁书社，2010年。

⑦《宣宗成皇帝实录》卷三〇一，《清实录》第37册，第679页，中华书局，1986年。

⑧ 清宫档案《内务府来文》“陵寝事务”，第2936包。

名，根据树木的多少，也有设40名或50名的。[①]

关于仪树的回干和补栽。陵园内的十几万株仪行树，每年都有回干树木。凡回干多少树木，每年冬初都要由总兵官向皇帝奏报并进行补栽，成为制度。[②] 第二年将补栽的情况和成活多少也要向皇帝奏报，并请皇帝派大臣到陵寝实地验看上年的补栽、成活情况，同时验看本年的仪树回干情况。对于海树，并不是回干多少就补栽多少，而是“稀疏处照例补栽，其稠密之处，毋庸补栽。”[③]

最初栽植树株在春季，后来发现“不如冬季栽种为妥。下雪后将树根周围以雪培之，则新种之树易长”，所以在乾隆二十八年（1763）皇帝下令“所有应种树株即于冬季栽种”[④]。后来又进一步规定，每次要在冬至前进行补栽。[⑤] 每次补栽树株，都要根据《钦定协纪辨方书》选择吉期。[⑥] 伐掉回干树时，也要由钦天监选择吉期。[⑦] 所伐掉的回干树木，大部分作为木柴，供做供品时烧用。那些又粗又长的回干树可以做木料用的，岁修时或另案专修工程时使用，抵消工程费用。[⑧] 将可用的回干树木用于工程，本来是一个节省开支的好方法，可是竟被一些人钻了空子，将一些长大的活树当成枯树运出陵园变卖，从中获利。朝廷发现这个问题后，于是在乾隆二十四年（1759）奏准：“东陵回干木植岁有余剩，多为长大材料，因须变价，

---

①［清］英廉重纂本：《昌瑞山万年统志》上函，卷六“官制”。

②中国第一历史档案馆编：《光绪朝朱批奏折》第27辑，“陵寝事务”，第042页，中华书局，1995年。

③④［清］崑冈等修，刘启端等纂，光绪朝《钦定清会典事例》卷九四八，“工部·陵寝·栽种树株”。载《续修四库全书》编纂委员会编：《续修四库全书》第811册，“史部·政书类”，第429页，上海古籍出版社，2002年。

⑤中国第一历史档案馆编：《光绪朝朱批奏折》第29辑，“陵寝事务”，第508页，中华书局，1996年。

⑥清宫档案《新整内务府档》第0450包。

⑦《宣宗成皇帝实录》卷二九九，《清实录》第37册，第651页，中华书局，1986年。

⑧清宫档案《朱批奏折》“建筑工程”，74–9。

以致匪徒指鲜为干，偷卖弊由于此。嗣后，无论大干旁枝，俱令锯短，劈作片柴，除供本年额需及存备次年接用，余俱交地方官变价，报明藩司，即于该州应领树夫工食等项，照数扣除。其细碎分赏官员，仍照原议。至贴记回干树株，应令该管总兵督率员弁开报，仍亲往抽查。”①

为了使所补栽的树株在质量上得到保证，严令不许用幼小的树抵顶，为了保活，规定所栽的新树有3年的保固期，也就是每棵新树过了3年，确实成活了，才可以报销。② 如果在3年之内发现树死了，由所栽人赔栽。如果发现有以小树抵顶者，不但本人受到处分，不予报销，而且所派出负责栽树的官员也要受到处分。

对于栽种树株，朝廷制订了比较详细的奖惩办法。咸丰六年（1756）奏准：

> 陵寝重地，仪行树株三年限外，仪树每千株回干不及十株者免议。十株以上，该管官罚俸六个月。三十株以上，罚俸一年。五十株以上降一级留任。行树每千株回干不及五株者免议。五株以上，该管官罚俸六个月。二十株以上，罚俸一年。三十株以上降一级留任。其仪树每千株回干一百株以上、行树每千株回干五十株以上，该管官均降一级调用。并将失察之该管大臣罚俸一年。如有勤慎浇灌，千株内并无一株回干者，系仪树，准其记录一次；系行树，准其记录二次。责令该管大臣于年终汇报时，分析咨部办理。倘经管人员以多报少，由该管大臣随时指明严参。将捏报之员革职。

① [清] 崑冈等修，刘启端等纂，光绪朝《钦定清会典事例》卷九四八，“工部·陵寝·栽种树株”。载《续修四库全书》编纂委员会编：《续修四库全书》第811册，“史部·政书类”，第429页，上海古籍出版社，2002年。

②《高宗纯皇帝实录》卷七四八，《清实录》第18册，第234页，中华书局，1985年。

系该管大臣查出参奏者，免议。倘别经发觉，将该大臣照不应重公罪律降二级留任。[①]

后来，可能考虑到千株行树少于五株才免于处分，有点过严，所以进行了调整，在九年后即同治四年（1765）议准：

陵寝树株，自同治五年分起，栽种已届三年限外，仪树每千株回干二十株，行树每千株回干十株者，免议。二十株、十株以上者，分别议处。仪树千株回干至一成半、行树千株回干至一成[②]，将浇灌不力之员从重议处；失察之该管大臣一并交部议处。如浇灌得力，每千株内无一回干者，准予奖叙。[③]

第三节 陵寝的竣工

一、奏请验收

陵寝建成后，承修大臣要向皇帝奏报，并请求派大臣去验收。因为当年营建陵寝时是由勘估处的勘估大臣做的勘估，造的预算，所以所派的验收大臣一般都是当年的勘估大臣。[④] 验收大臣根据工程处提供的工程做法清册和当年的勘估各种清册认真进行核对查验。然后把

---

① [清] 崑冈等修，刘启端等纂，光绪朝《钦定清会典事例》卷九四八，“工部·陵寝·栽种树株”。载《续修四库全书》编纂委员会编：《续修四库全书》第811册，“史部·政书类”，第431页，上海古籍出版社，2002年。

② 一成半为15%；一成为10%。

③ [清] 崑冈等修，刘启端等纂，光绪朝《钦定清会典事例》卷九四八，“工部·陵寝·栽种树株”。载《续修四库全书》编纂委员会编：《续修四库全书》第811册，“史部·政书类”，第432页，上海古籍出版社，2002年。

④ 中国第一历史档案馆编：《光绪朝上谕档》第5册，第219页，第670条，广西师范大学出版社，1996年。

验收结果上奏给皇帝。在一般情况下，都能验收合格。

在勘估大臣正式验收之前，承修大臣先要查收。这里可能有些人不太明白：陵寝工程是由承修大臣领工办理的，为什么要由承修大臣先查收呢？因为在清朝后期，陵寝工程是由各家木厂分别承包的。这样承修大臣就成了甲方，木厂成了乙方。所以在竣工时，承修大臣必须先要验收工程，这与后来的勘估大臣的验收是不一样的。笔者在中国第一历史档案馆找到了一件普祥峪万年吉地承修大臣惇亲王奕誴等向两宫皇太后和皇帝请示去东陵查收工程的奏请折：

> 臣奕誴等谨奏为恭折奏闻仰祈圣鉴事。恭照普祥峪万年吉地于同治十二年八月间开工敬谨兴修，所有各座工程本年三月已蒙皇太后、皇上亲临阅视。[①] 其续作油饰各工现在约可次第报齐。臣等届期恭请圣训敬谨前往查收，理合先行奏闻，伏乞皇太后、皇上圣鉴。谨奏。
>
> 于光绪五年五月二十九日具奏，本日奉旨：知道了。钦此。
>
> 光绪五年五月二十九日
>
> 臣奕誴、臣荣禄、臣宜振[②]

这表明，慈安陵和慈禧陵在竣工前，承修大臣都亲自到工地进行了查收。实际上这次查收是给后来的勘估大臣验收打基础。

不但营建一座新的陵寝是这样，专案维修工程也是这样。庆亲王奕劻是慈禧陵重修工程的承修大臣，在正式验收前，慈禧在光绪三十四年（1908）十月十四日派奕劻驰往东陵去验收菩陀峪万年吉地工程。[③] 当时慈禧正在病中，作为领班军机大臣、总理大臣的庆亲王奕

① 光绪五年三月二十六日同治帝和孝哲毅皇后葬入惠陵。入葬的前一天即三月二十五日，两宫皇太后在光绪帝的奉陪下，亲自到普祥峪和菩陀峪万年吉地进行了阅视。当时两陵寝即将完工。

② 清宫档案《光绪朝朱批奏折》“建筑工程”，119-24。

③ [清] 朱寿朋：《光绪朝东华录》第5册，第6020页。

劻在这个关键时刻是时刻不能离开京都的，可为什么慈禧却让他远去东陵验收工程呢？据宣统帝溥仪讲，这里面另有慈禧的一番政治用意。慈禧在死前几天闻听袁世凯准备废掉光绪帝，拥立奕劻的儿子载振为皇帝，这是慈禧万万不能同意的。为了阻止此事的发生，慈禧以让奕劻去东陵验收陵寝工程为名，故意把奕劻调出北京，然后把北洋军的段祺瑞的第六镇军队调出北京到涞水，然后把陆军部铁良统辖的第一镇调进北京接防。同时宣布载沣为监国摄政王，立溥仪为皇位继承人。十月二十一日，当奕劻从东陵回来时，这一切都已成定局，从而阻止了袁世凯和奕劻的阴谋。①

按当时规定，工程竣工应由当年的勘估大臣验收。由于一项工程，特别是建一座新的陵寝，工期比较长，需要几年的时间，勘估大臣的人事变化很大，有时工程结束时原来的勘估大臣或已经作古，或已休致，造成原勘估大臣无人，这时就要派非原估大臣充任验收大臣。比如，在营建慈安陵时，通往定陵的神路并没有建。在慈安皇太后入葬后，于光绪七年（1881）九月才开始修建这段神路，第二年建成，需要原勘估大臣验收。可是这时原勘估大臣仅剩的吏部尚书万青藜已经休致，不能再前去验收。于是，惇亲王奕誴奏请从六部堂官中拣派二人前往验收，并开列了六部堂官的16人名单供皇太后简派。结果奉朱笔圈出了工部尚书宗室瑞联、礼部右侍郎许庚身。②

二、移交陵寝，保固十年

经勘估大臣验收合格后，承修大臣就要将新建的陵寝移交给陵寝守护大臣和绿营总兵官。守护大臣和总兵官带领八旗总管、章京等司员对新建的陵寝各建筑详细查看、接收，关门上锁，派八旗官兵驻守看护，“督饬新设官员、差役人等将内外地面随时清理洁净，小心守

① 溥仪：《我的前半生》第20页。

② 清宫档案《朱批奏折》“建筑工程”，120-7。

护”。[①]

慈禧陵重修工程完工后，于光绪三十四年（1908）十月十八日，承修大臣庆亲王奕劻与东陵守护大臣载瀛、寿全、马兰镇总兵官恩霖进行了移交。[②]

当时朝廷规定，新建的陵寝有10年的保固期。承修大臣由工程费中拿出5000两银子交陵寝承办事务衙门保管。在10年保固期内，如出现小的残破之处，由原陵寝承修大臣负责修理，费用从这5000两银子中列支。如出现较重情形，“饬令承修监督著落原修商人照例认赔”。[③] 10年保固期满后，陵寝出现残破应修之处，纳入陵寝岁修工程，由陵寝守护大臣上奏朝廷，查验后，由工部办理。

陵寝移交后，交接双方都要将交接情况上奏皇帝知道。

10年保固期满时，原来建陵时的总司稽察大臣要向皇帝奏报某陵保固期满，以后陵寝出现残破渗漏，归入岁修工程。[④]

咸丰帝的定陵是在同治四年（1865）八月底完工的，没想到第二年七月，隆恩门、配殿就出现了渗漏，定陵妃园寝地面出现了沉陷。东陵守护大臣马上向朝廷汇报，朝廷派人通知了原承修大臣。[⑤] 承修大臣于是派人到实地查勘，后来进行了维修。随后东陵守护大臣把这件事上奏了皇帝知道。

笔者在中国第一历史档案馆找到了一件惇亲王奕誴的奏折，把奏报陵工完工、勘估大臣验收、陵寝移交、保固期限、陵寝维修等事都讲了。这件奏折很有代表性，很有价值，抄录于下：

臣奕誴等谨奏为修建万年吉地工竣，循案请饬守护大臣查收经管以专责成事。

① 清宫档案《朱批奏折》“建筑工程”，110-10。

② 清宫档案《朱批奏折》“工程”胶片，第5盒。

③④ 清宫档案《宫中杂件》“奏折”，第2576包。

⑤ 清宫档案《朱批奏折》“建筑工程”，111-11。

窃臣等前因承修普祥峪万年吉地全工告成，于本年六月间奏请饬下原估大臣查验在案。现准勘估大臣万青藜覆奏内称“已将前项工程敬谨查收，均与做法相符”等因抄录原奏知照前来。循案应将修竣各工移交守护大臣敬谨经理。

伏思未报工竣，责在承修；一经查收，责在守护。现在所交一切工程均关紧要，必须随时修整，庶可经久如新。除将前由臣奕譞奏准仿照定陵成案工程处筹拨银五千两交东陵承办事务衙门作为十年保固期限内随时粘修之项，应由臣等行令该衙门领取备用外，所有修竣各工应请旨饬下守护大臣严饬该管官兵小心看守，如遇有零星粘修之处，随时办理，各有专司而要工永期巩固。谨将循案移交修竣工程缘由恭折奏闻，伏乞皇太后、皇上圣鉴。恭候命下之日，再将各项工作清单咨行该守护大臣查收经管，合并声明，谨奏。

于光绪五年九月十一日具奏，本日奉旨“依议。”钦此。

光绪五年九月十一日

臣奕譞　臣荣禄　臣宜振假[①]

三、造具工程黄册，奏销钱粮

造具工程黄册是一件很麻烦很复杂的事。要把全陵的每座建筑规制、做法、用料多少、用工多少、用银多少按作（石、木、瓦、土、彩画等）详细记载下来，最后还要有一本通总黄册。黄册用极工整的小楷字书写，每卷装订一册，线装本，封面为黄纸。每一陵的工程黄册有数百卷之多，分装多函。咸丰帝的定陵工程黄册有32函。[②] 普祥

① 清宫档案《朱批奏折》“建筑工程”，119-29。

② 清宫档案《平安峪万年吉地工程备要》卷二，“奏章”。转引自曾辉天津大学硕士学位论文《清代定陵建筑工程全案研究》第216页。

峪定东陵黄册共14函，126册。[①] 惠陵工程黄册46函。[②] 工程黄册做完后，陵寝承修大臣向皇帝奏报陵寝所用的钱粮情况，请求奏销，同时将工程黄册呈献给皇帝。据笔者所知，如今中国第一历史档案馆藏有定陵、慈安陵、慈禧陵、惠陵、崇陵及定陵妃园寝的工程黄册。

四、撤销工程处

撤销工程处是最后一道程序。

按理说陵寝建成，移交给陵寝守护大臣后，工程处的职责已全部结束，就应该及时撤销。可事实上，许多陵寝的工程处不是将陵寝移交后就撤销的。工程处往往要几年甚至十几年后才正式撤销。比如裕陵在乾隆十七年（1752）完工，孝贤皇后、慧贤皇贵妃、哲悯皇贵妃在这年的十月二十七日葬入地宫，这时工程处就应撤销，可实际上，胜水峪万年吉地工程处到乾隆三十八年（1773）十一月才撤销，竟比竣工晚了21年之久。[③] 因为后来胜水峪工程处还承办了西陵的泰东陵地宫的经文佛像雕刻工程，承办了乾隆二十二年（1757）的怡嫔、揆常在入葬裕陵妃园寝时开填隧道、拆砌月台的工程，承办了朱华山端慧皇太子园寝内的添建十三阿哥砖券工程，[④] 承办了乾隆二十五年（1760）改建扩建裕陵妃园寝的工程。[⑤] 而且在乾隆三十七年（1772）十一月，乾隆帝在谕旨中明确说“孝贤皇后陵寝早已完竣，其应行修补之处，著交部办理”[⑥]。昌陵万年吉地工程处还承办了昌陵妃园寝

① 内务府抄本，现藏中国第一历史档案馆。转引自王其亨《中国建筑史论选集·当代中国建筑史家十书》第365页，辽宁美术出版社，2014年。

② [清] 延昌：清宫档案《惠陵工程备要》卷一，“办公次序”。

③《高宗纯皇帝实录》卷九四二，《清实录》第20册，第735页，中华书局，1986年。

④ 清宫档案《内务府来文》“陵寝事务”，第2924包。

⑤ 清宫档案《内务府来文》第2000包。

⑥《高宗纯皇帝实录》卷九二，《清实录》第20册，第335页，中华书局，1985年。

的工程。[①] 咸丰帝的定陵本来在同治四年（1865）八月就已竣工，可是工程处又添修了后宝山三面的砂山，又添修了陵后的挡水石坝。[②] 又承建了定陵的八旗、礼部、内务府营房工程。[③] 所以定陵工程处到同治五年（1866）十二月才撤销。

撤销工程处，主要做三件大事：一是缴回所颁发的工程处关防给礼部；[④] 二是将建陵以来所有的奏折、奏稿、来文、图纸、烫样、黄册、所提档案等全部上交宫廷内务府保存；三是将工程所剩银两全部送交户部。当然工程处撤销之前，承修大臣必须先向皇帝奏请，在奏折中将工程的所有情况主要包括用银情况向皇帝奏报，经皇帝同意后方可撤销。

钦差总理胜水峪万年吉地工程处在乾隆三十八年（1773）十一月撤销时，送交内务府的档案有：原奏1纸、奏折片69件、纸样15件、稿3145件。[⑤] 另外，黄册2本、细册316本、御书处奏销过地宫镌刻经文佛像黄册6本送交工部。[⑥] 菩陀峪万年吉地工程处在光绪七年（1881）七月二十日撤销时，送交给内务府的档案等有：奏折奏稿170件、堂谕稿280件、行文稿523件、来文稿492件、原估做法册105本、续估做法册278本、销算蓝册218本、全工烫样1份、碑样1份、钱粮稿437件、钱粮本薄61本、工程存册15本。[⑦]

这里需要明确两点：

（1）现在许多人著书立说时，往往把工程处撤销的日期作为陵寝完工的日期，比如，把裕陵的完工日期说成是乾隆三十八年（1773）。

---

① 清宫档案《内务府来文》“陵寝事务”，第2930包。

② 清宫档案《内务府来文》“陵寝事务”，第2970包。

③ 清宫档案《平安峪万年吉地工程备要》卷二，“奏章”。转引自曾辉天津大学硕士学位论文《清代定陵建筑工程全案研究》第215页。

④ [清] 延昌：清宫档案《惠陵工程备要》卷一，“办公次序”。

⑤ 清宫档案《内务府来文》“陵寝事务”，第2922包。

⑥ 清宫档案《内务府来文》“陵寝事务”，第2924包。

⑦ 清宫档案《内务府来文》“陵寝事务”，第2986包。

这种计算方法是不对的。上面已经讲了许多陵寝的工程处是在陵寝建成后多年才撤销的例子。这里就不多说了。

（2）现在也有的人把帝后入葬前对陵寝的维修的完工视为陵寝的完工，这同样是不对的。清朝有许多陵寝是在皇帝或皇太后生前建成的，当皇帝驾崩时，陵寝已建成多年，比如，景陵建成于康熙二十年，康熙帝死时，陵寝已建成了41年。裕陵建成于乾隆十七年，到乾隆帝死时，陵寝已建成48年。乾隆帝的生母孝圣皇后的泰东陵始建于乾隆二年，虽然竣工日期尚未找到，估计最多到乾隆八年也建成了。孝圣皇后死于乾隆四十二年，泰东陵已建成了34年。这些陵寝到皇帝、皇后死时，许多建筑已出现了残破，油漆彩画也已陈旧褪色，漆皮驳落，个别椽飞糟朽、砖块酥碱、破碎，所以在皇帝、皇后入葬前，嗣皇帝要派大臣对陵寝进行全面修理，油饰一新。康熙帝刚去世半个月，雍正帝就在康熙六十一年（1722）十一月二十八日谕总理事务王大臣：

> 陵寝自修理以来，历有年所，今应重加修缮，彩画表饰。著议奏。[①]

不久就派去了康熙帝的皇十七子允礼、户部尚书孙渣齐以及佛保到景陵负责全面的修缮工程。

孝圣皇后死于乾隆四十二年（1777）正月二十三日，第二天即二十四日，乾隆帝就派諴郡王弘畅、工部右侍郎刘浩前往泰东陵办理全面修缮事宜。[②] 乾隆帝死于嘉庆四年（1799）正月初三日，正月二十六日，嘉庆帝就发出一道谕旨：

> 圣（胜）水峪陵寝修理已阅多年，有应行彩画装饰之

---

①《世宗宪皇帝实录》卷一，《清实录》第7册，第43页，中华书局，1985年。

②《高宗纯皇帝实录》卷一〇二五，《清实录》第21册，第739页，中华书局，1986年。

处，著总理丧仪王大臣开列名单进呈，候朕简派。[①]

嘉庆帝死后12天即嘉庆二十五年（1820）八月初七日，道光帝就派郑亲王乌尔恭阿、定亲王绵恩、工部尚书苏楞额、总管内务府大臣和世泰去监修太平峪（昌陵）陵工，同时为守护人员建盖房屋，由户部预领银10万两。[②]

很明显，把帝、后入葬前的维修竣工当作陵寝的建成是不对的。

第四节　陵寝营建的办公次序和兴修次序

清朝从多次的建陵实践中，积累了丰富的经验和教训，到后期总结出了一套完整严密的办公次序和兴修次序。派充惠陵总监督的四品衔知府用候选同知工部主事延昌在他的《惠陵工程备要》中记载了惠陵的“办公次序”和“兴修次序”，虽然记录的是惠陵的，但具有普遍意义，非常珍贵难得。下面就分别将惠陵的“办公次序”和“兴修次序”抄录于下，供读者研究。

一、办公次序

谨查惠陵工程处自光绪元年正月起至五年十月止，恭办一切事宜次序。

目录：

懿旨钦遵：钦奉懿旨：附近东陵之双山峪地势宽平，属上吉之地，著定为惠陵。钦此。

① 中国第一历史档案馆编：《嘉庆道光两朝上谕档》第4册，第40页，第93条，广西师范大学出版社，2000年。

②《宣宗成皇帝实录》卷二，《清实录》第33册，第75、117页，中华书局，1986年。

钦派承修： 钦奉谕旨，即行择吉兴工。著派醇亲王奕譞、魁龄、荣禄、翁同龢敬谨办理。钦此。

奏派人员： 具折奏请钦派监督、监修、办事官各员，以资差遣。

设立档房： 择于神机营内设立公所即工程处档房也。

派修商人： 各堂点派承修木厂八家，曰广丰、恒和、祥茂、天德、万泰、恒顺、广恩、德和也。

借用关防： 应行事件借用菩陀峪万年吉地关防，因本工关防尚未领到。

呈进图说： 吉穴看定，其尺寸做法及一切规制注说绘图，恭呈御览。

钦定规制： 钦奉懿旨：著照定陵规制承修。钦此。

钦定位次： 此妃园寝福地位次也，石券一座、砖券一座（笔者注：砖券应为三座，此处写一座是笔误），钦定妥协，遵照兴修。

撤石像生： 此五孔券桥以北规制也，钦奉裁撤，又省钜款。

筹拨经费： 奏请经费由户部指拨。各省自元年始，每年统计解拨本工库平银八十万两。

总司钱粮： 所有银粮出入派监督副都统景祺总司其事，以专责成。

帮办钱粮： 各堂另派帮办监修八员相助为理。

收发款项： 每遇解饷到京，刻即兑收发给回批。各商有应领之款，随时开放。

八成放商： 修工银两按八成提放。

二成节省： 提存二成节省之款，以备各项支用。

动用余平： 档房住班次伙食及赴工堂官、监督、监修、办事官、书役、马差人等盘费，均由此款动支。

每月奏销：每月汇总将所用之款奏销一次。

设立银库：亦于神机营内附近粮饷处地面设立，用资照料。

添派吏役：头段公事系办事官专司书写，二三四段均系添派吏役，以便缮办。

添派马差：此头段听差兵也。所有京档房及工次往来禀信折件，专交马差驰递，以期迅速。

添样式房：专办陵寝画样及规制、烫样等事，名雷思起，其子名雷延昌皆专门名家，恭办有年矣。

拣派算房：专办全工一切销算事件，名陈文焕、王云汉者，亦恭办有年，妥实可靠。

呈进烫样：全工烫样已齐，恭呈御览后钦遵办理。

奏派勘估：具折奏请钦派勘估大臣，估算全工钱粮，蒙派广寿、察杭阿、黄钰、何延谦。

钦派总司：钦奉懿旨：著派恭亲王总司稽察。钦此。

奏派总司：各堂于监督内奏请派充总司监督各员，头段常瑛、二段德寿、三段文秀、四段延昌，后又派总司监督容贵。

恭请关防：元年六月初一日，奉派监修花尚阿、长禄赴礼部恭请惠陵关防。是日承修大臣率总司监督各员行三跪九叩礼，礼毕锉去印爪即交档房值班监修，敬谨看守。

开用印信：六月初一日，开用印信，当即行文京内各衙门及直省用印日期，俾昭信守。

住班章程：自头段起，每堂监修住五日一换，每日监修一员。此外，非住班之期，仍按分定班次到档房值日。

请钥章程：按照章程，系头段监修永远请钥，二三四各段监修轮流送钥呈划印薄。

画稿章程：各段轮流呈画各本堂印簿。

递折章程：各段轮流呈递。

立考勤簿：各段督、修、办事官例应逐日到档房自画考勤簿，以儆勤惰。

堂官住工：开工之始，堂官轮流住工，日支薪水银三两，其跟役、马匹均照章支领。

开工住班：各段督、修轮流住班，监督日支银二两，监修日支银一两五钱，其余人、骑照章支领。按开工日，每段一督二修三书四役。

停工住班：薪水仍照旧支领，不过停工月分，监修一员、书吏一名、听差二名而已。

发给护照：各员每值赴工住班之际，发给护照，所为沿途验票放行，勿得留难阻滞。

园寝规制：钦奉懿旨：所有妃园寝宝城、方城、明楼、石台五供、梓罗圈墙，均著撤去，并著毋庸添修配殿。其一切规制均著照妃园寝建修。钦此。

续拨经费：又经奏拨经费，由户部指拨，各省自三年为始，于应拨修工库平银八十万两之外，每年添拨库银四十万两。

修理桥道：桥道修理为行走练车之用。

查看石塘：查看青白石塘所为挑选石料也。

押运练车：拣派监修各员弹压练车，由石塘挽运石料，以备应用。

查验练车：练车行至安定门外，由各监督轮班查验，均至由天定茶社会齐。

呈进石样：选择上好青白石样恭呈御览。

采买[illegible]：由外洋采买大件木料，谓之棪楠，体质坚实之至。

采买桅架：桅木、架木亦工程不可少之物，随时采买，万勿稍停。

呈进木样：此桜楠木样并有樟杉等木样，一并呈进。

呈进土样：此小夯灰土样也，每筑一步抽挖一方，以备呈进。

采买叶铁：叶铁片铁也，此项山西采买。

咨取颜料：应用颜料甚多，向由颜料库咨取。

铸造管扇：咨行造办处按式铸造及一切铜质活计。

行取金砖：咨行江苏巡抚，照案烧造金砖，寄京备用。

琉璃瓦料：咨行工部转咨琉璃窑照数行取。

拨用砖瓦：钦奉懿旨，将两吉地已经解到琉璃瓦、金砖全行拨用。

借拨款项：曾经具奏请由户部神机营、总理各国事务衙门，共借拨银六十八万两，以资接济。

围幄衾枕：咨行织造衙门，照式恭办。

派查麦地：所有行走练车轧伤麦地之处，派员查明，酌给银两，以示体恤。

酌增例价：本工采办各项，若照例价发款，商力实有未逮，援照例价酌增焉。

请旨奖励：合龙、上梁以后，具折请旨可否奖励。

初次保奖：合龙、上梁以后，奏请奖励，盖初次也。

代奏谢恩：具折代奏，恭谢天恩。

咨保差役：在工差役不无微劳，酌量咨保，以示鼓励。

碑文字样：碑文系满、蒙、汉三体字样，向由内阁恭领。

匾额字样：匾额系满、蒙、汉三体字样，向由造办处恭领。

免用宝文：恭查向章碑匾均用宝文，此次奉旨：勿庸盖用。

奏催解款：全工将次告竣，所有各省解拨款款项应奏催拨解。

奏明工竣：全工修竣，应行奏明。

行知勘估：全工修竣，行知勘估大臣。

勘估查验：勘估大臣照例查验。

移交守护：勘估大臣查验后，咨覆本工，即行移交守护大臣接管。

保固年限：工程保固年限向系十年，此次乃照旧案办理。

岁修银两：提拨岁修之款五千两交东陵承办事务衙门收存。

奉安事宜：所有奉移迁殿奉安事宜，俱详于杂记门内。

恩旨奖励：奉安礼成，钦奉懿旨，赏给承修王大臣及总司监督等奖励，亦向章也。

代奏谢恩：具折代奏，恭谢天恩。

具折谢恩：承修王大臣皆自行具折谢恩。

二次保奖：遵保在工出力各员，盖二次请奖也。

代奏谢恩：具折代奏，恭谢天恩。

咨保差役：在工差役，酌量咨保。

余款交库：修工余剩银两，全行移交部库。

回交架木：余剩架木，交回工部。

汇总奏销：全工事竣，应行奏销，将始末用款开列清单恭呈御览，盖汇总大奏销也。

进呈黄册：全工规制做法及动用款项，逐一敬缮黄册四十六函，恭呈御览。

回缴关防：谨将关防回缴礼部。

裁撤档房：工程处京档房即行裁撤。

移交烫样：惠陵暨妃园寝福地两分烫样，均移交内务府收存。

移交稿案：全工稿案亦移交内务府收存。

咨回各员：所有前调各员，应咨回各该衙门当差，又咨明吏部各员，并无经手未完事件。

全工事毕：全工至此事乃毕。

二、兴工次序

据《惠陵工程备要·兴修次序》记载，惠陵工程具体工作项目和内容实施程序如下：

惠陵暨妃园寝福地各座自光绪元年八月开工起至五年闰三月完工止，做法次序。

目录

相度地势：钦遵于东西两陵地方敬谨相度，择佳壤焉。

详定志桩：志桩即点穴之处，穴已点定，再加详慎，用桩志之也。是时，带同风水官李唐、李振宇看定惠陵癸山丁向兼子午三度；妃园寝福地兼子午五度。

丈量灰线：全局规制丈量妥协后，其尺寸形势用灰线志之。

全局顺溜：自北而南，各段地面顺溜成做，以防积水之患。

详细抄平：灰线既定，再将各座平高垫低之处俟清晨风定时，用水平详细抄出，将来建盖后始能合局。此全工第一紧要关键也。

遵吉破土：遵照钦天监选择吉期，一律破土，并将吉土、气土盛于袋内，恭送惠（东）陵承办事务衙门。

砍伐树株：各座地面凡有碍工作树株尽行伐除。

铲除草皮：即将草皮铲除净尽，以便工作。

成砌线墩：地面既净，又将灰线复行丈量，即砌线墩，所有中线及高低尺丈俱用墨线画于线墩之上，并注写清楚，以示准绳，以免舛误。

遵吉开工：遵照钦天监选择吉期，一律开工，不仅破土也。

各座刨槽：谨按灰线刨槽，槽口废槽在内，地高者撤土，地窪者壝槽也。

筑下桩丁：木之径大而长者曰桩，径小而短者曰丁，均以柏木为之。桩用铁碣筑下，丁用铁锤筑下，所为坚地基也。本工奉堂谕，另绘桩图，注明落深尺寸，详尽之地。

安掐当石：桩丁筑毕，即用锯截去，仍留五寸桩丁头，再用河光碎石掐桩丁夹空处坚益。

灌桃花浆：灰浆泡妥，灌于掐当石隙间，以防石子走错。

小夯灰土：地宫及各殿座、桥座，均用小夯筑打，盖四成灰，六成土也。灌浆已毕，俟其阴干，接筑灰土，按筑成五寸为一步，为天家始能用焉。至于逐细层次，详于杂记门内。

大夯灰土：地面均筑大夯，向不起挖样土。

起挖样土：按小夯灰土每筑成一步后，后于废槽处抽挖灰土一块，各曰样土，照例进呈。惟底步、顶步向不起挖。

砌底垫石：灰土步数筑齐，接安底垫豆渣石料，每安一层，随灌灰浆，以灌足为度。

砌埋深石：垫底石料以上接安者，均谓之埋深石，皆系豆渣石料，以其不露明之意也。

砌压面石：即露明之谓，有青白石，豆渣石之不同，然名目亦不一矣。

安龙须沟：地宫自金券起，安有龙须沟二道，顺溜成砌。自此以后，均系地宫做法。

砌平水墙：金券各面接砌青白石墙。平水者，立墙也。

接安券石：金券以南门券共九道，次第接安青白石料。

接安石门：各门券石料成砌时，接安青白石门扇，共八件。

接錾佛像：门扇安齐，接錾菩萨像八尊，每扇一尊。

安铜管扇：金券门扇以上，谨安铜质管扇，即如寻常住屋门上之上槛也。

安石瓦片：各门券以上次第接安者。所谓石瓦片，盖青白石大件整石錾成瓦陇形势（式）也。

宝床安位：金券平水墙既有规模，谨将青白石宝床安位。

砌背后石：青白券石以后，接砌背后豆渣石料。

砌背后砖：背后石料以后，接砌背后城砖。

打背后土：背后城砖以后，接筑背后小夯灰土，又名填镶土。

接砌城身：背后土以后，接砌城身澄浆砖料。

接砌女墙：城身以后，接砌澄浆砖女墙。

筑打宝顶：城身之内，接筑小夯灰土，直到宝顶作长圆形式。

抹包金泥：宝顶筑妥，接抹包金细泥。包金者，金红色也。

接砌方城：方城在地宫以南，所有城身亦用澄浆砖接砌。

接砌明楼：明楼在方城以上，一切砖料次第接安。

竖立碑座：明楼以内，应遵照钦天监选择吉期，敬谨安设青白石碑座，竖立青白石碑身。

砌罗圈墙：宝城以后，应有罗圈墙，次第接作。

各座磉墩：各座压面石安齐后，应接砌豆渣石磉墩石料。磉墩者，柱顶石之谓也。自此以后系殿座、宫门、碑亭、厨库、井亭、牌楼、望柱、下马牌等项做法。

遵吉竖柱：遵照钦天监选择吉期，敬谨竖柱。

遵吉上梁：遵照钦天监选择吉期，敬谨将各座上梁。

金券合龙：遵照钦天监选择吉期，即将金券所留券石一块敬谨合龙，此钜典也。

大殿上梁：遵照钦天监选择吉期，即将隆恩殿敬谨上梁，亦钜典也。

接砌墙身：柱木竖立后，接砌澄浆砖墙身。

接钉椽望：竖柱上梁以后，用松杉等木接钉椽木望板。

苫灰泥背：椽望钉齐，接苫泥灰顶背。

抵琉璃瓦：灰泥背苫妥，用铁排子轧实，接安琉璃瓦件。正陵用黄色琉璃，妃园寝福地用绿色琉璃。至于瓦件名目详于杂记门内。

安瓦帽钉：钉之名有二，曰腰钉，曰檐钉。钉之体质亦有二，有琉璃，有黄铜，中间均安有铁钉，自瓦背穿下，直达椽望，收防瓦料脱落之病。

接砌各墙：有面宽、进深之不同，次第砌筑大砖，墙顶亦砌琉璃瓦件。

接安窗棂：窗棂做妥，次第接安。

接安门扇：门扇做妥，次第接安。

接安天花：殿内天花板也。

供奉宝匣：此节专为隆恩殿正脊而设，谨将珍宝及五彩线供在其中。

大殿合龙：宝匣供妥，谨将大殿合龙，此一敬谨事也。

安设石台：即石台五供。

细墁金砖：正陵（笔者注：指惠陵）及妃园寝福地各座应墁金砖之处，一律细墁。

地面墁砖：正陵及妃园寝福地各座应墁澄浆方砖之处，一律细墁。

抹饰墙垣：均以红土泥抹之。

各座油饰：此层工作为日甚久，所有次第做法详于杂记门内。

接钉檐网： 各作油饰后应钉檐网之处，照例接钉，以防鸟集。

成砌水盘： 此碑亭内工作也。水盘在碑趺以下，用四块青白石镶安，四角錾鱼、龟、虾、蟹，此外皆錾水纹，錾工极细。

碑趺安位： 水盘砌妥，接安碑趺，即鼍龙也。

碑身安位： 碑趺安位后，接立碑身，亦钜典也。

监立牌柱： 牌楼门压面石安妥，即接竖青白石柱，柱身用天秤竖立。

接安抱鼓： 柱身立齐，接安抱鼓。抱鼓者，牌柱以下之石也。

竖立望柱： 望柱形式系按六面成做，细錾云龙，巍然独立矣。

接安龙顶： 望柱以上之石。

接安栏杆： 望柱以下之石。

立下马牌： 牌有东西之分，盖两座焉。

安盘甃井： 盘者，井底本盘；甃者，层层接砌也。

接砌井身： 周围井身均用大城砖接砌。

安河光石： 井身背后石料。

打背后土： 河光石背后灰土。

接砌井阑： 井口以上石料。

接淘井水： 井水须淘干净，以接换新泉为度。

神厨安灶： 厨内灶口，次第安砌。

神厨安锅： 厨内广锅次第安妥。至于锅口件数尺寸详于杂记门内。

安省牲池： 省牲亭内工作，所为退牲之用。

朝房锅灶： 东西朝房应安锅灶，亦一律接砌。

安装板石：装板者，桥座以下底垫石也。自此以后，系桥座做法。

砌河底石：此项石料在桥座以外。

砌河泊岸：河底两旁，用豆渣石层层垒。

抱角山石：泊岸尽处接砌山石抱角，盖求坚实之意。

安金刚墙：装板石上接安金刚墙，桥座始基也。其名目有分水金刚墙、雁翅金刚墙之不同。

接安桥券：金刚墙砌妥，即将桥券接安。桥券者，桥洞之谓也。

砌背后石：桥券之外，接安豆渣石料，谓之背后石。

砌背后砖：背后石之外，接安大糙砖，谓之背后砖。

接安仰天：砖石砌齐，接安桥面青白石，即之仰天之谓也。

接安栏板：仰天石以上，桥边所安者。

接安栏杆：阑杆上石料。

安如意石：桥翅应安者，谓之如意石。如牌楼门柱身以下抱鼓石样也。

下铁银锭：河底石砌齐以后，按接缝处镶安铁银锭并灌浆，以防走错。

立下马桩：此妃园寝一孔石券桥以南工作也。桩身以木为之，如望柱规制，不过小其局势。

培补龙脉：宝城罗圈墙以外，山势较低，查明龙脉，敬谨培补。自此以后，皆外局也。

接堆砂山：此东西大砂山也，用素土接堆，做成环抱形势。

蝉翼砂山：此东西里层小砂山也，亦用素土培堆。

添建汛拨：于全局之外，查清段落，添建汛拨房间，以期看守。至于某段名目某房数目，详于杂记门内。

修风水墙：东西面风水墙有坍塌缺欠处，赶紧修补，以昭严密而杜往来。

修补涵洞：风水墙以下放水处，谓之涵洞，亦应修补，以期疏通而免穿越。

修建大圈：大圈，所以备惠陵差也，及时修建，俾专责成。至于房间数目详于杂记门内。

修建小圈：小圈，所以备妃园寝差也，及时修建，俾专责成。至于房间数目详于杂记门内。

修建营房：营房，所以备各项差也，于东风水墙外，在定陵八旗营房以南。赶紧兴修，责成有自。至于房间数目详于杂记门内。

开吉祥门：向例，各陵住户有病重者，人或已故者，均由吉祥门抬出，不准在风水墙内成殓，以示禁令，此吉祥门之所由开也。

填运料门：每逢各陵兴修之始，择于风水墙就近相宜处暂开缺口以便运料。大工告竣，赶紧填塞，恐碍风水。

砖石磨细：全工次第报齐时，再将砖石加细磨细，俾壮观瞻。

敬刻碑文：遵将明楼、碑亭两处碑身，敬谨镌刻碑文，盖用满、蒙、汉三体字。东西下马牌文亦然。

菩萨开光：地宫石门八扇，佛像錾齐，于全工未竣之前择吉开光。

册宝石座：遵照向章，于明堂券内安设二座。①

神牌恭制：神牌以栗木为之，在东配殿恭制。其恭制层次详于杂记门内。

悬挂斗匾：明楼匾额曰："惠陵"；大殿匾额曰："隆恩殿"；宫门匾额曰："隆恩门"，谨此三座，敬谨悬挂。届期

① 惠陵册宝座应为2组4座，帝后各1组、每组2座。

钦派大臣前往行礼，本工监督随之。

清理地面：详查各段地面砖石瓦灰等项，随时运出，所为洒扫净洁。

栽种仪树：工作既毕，举凡后宝山、内外砂山、前段神路各处，均应次第栽种仪树，此系由马兰镇办理。

试掩石门：监督、监修各员于奉安之前，敬诣工次，饬令后段商人用木框、木门扎成石门形式，每日试掩，所为届时灵便无滞也。

吉土还位：俟奉安时，谨将尊藏东陵承办事务衙门之吉土请回，还补金井原穴。

石门永闭：奉安礼毕，自金券起，逐层掩闭石门，以期妥速而昭敬慎。

成砌影壁：门已闭齐，于哑巴院内北面成砌琉璃影壁，半月始毕乃事。

大葬礼成：至此则大葬礼成矣。

全工告竣：工次一切事宜，告厥成功焉。

工作补遗

搭大罩棚：开工后刨槽已毕，时近隆冬，接搭地宫大罩棚，以备次年筑打灰土之用。

成搭圈厂：各段承修商人成搭堆积物料圈厂。

成搭戗桥：工作稍有规模，必须成搭戗桥，以备上下往来之路。

成搭圈梓：专指门券桥而言。盖圈梓者，用杉槁扎架，所为支撑有力也。

刨挖客土：本工之土曰槽土，外运之土曰客土。刨挖挽运所以补槽土之不足也。

运豆渣石：豆渣石，糙石也，此项石料向在东陵鲇鱼关各塘口开采，专为底垫、埋深等处之用。

挽运物料：盖言各项物料指不胜数。

抬运料杠：料杠以十六人为之，分量极重，非此等愚笨人不能胜任。

运土口袋：运土人夫俗呼曰“散夫”，以口袋装土往来运动，亦万不可少之事。

鸣锣上工：清晨鸣锣，各工毕集。

鸣锣收工：傍晚鸣锣各工回散。

唱念夯歌：每逢打夯必高唱夯歌，抑扬顿挫，颇耐人听，因另有番声调也。

早晚卖歇：早晚鸣锣吃饭时即暂停歇，如有不歇之人，名曰“卖歇”，格外加钱以示鼓舞而多工作。

收工卖晚：每日傍晚收工倘仍有不歇者，又名曰“卖晚”，其加钱之处与卖歇一律办理。

下雨挂队：挂队停工之谓也。

开写花名：各项人夫姓名谓之“花名”，逐日开写以防错乱之弊。

各项工饭：工饭数目各有不同，俱详于杂记门内。

停工錾石：停工者，伏暑隆冬时也，工作不便，惟有督催各匠役錾做石活，以便开工应用。

隆冬保护：时值隆冬，所有已成工作恐其冻裂，用砖木加意保护，以免疏虞。

龙亭道路：龙亭向过之路于工完时，改为收小并添安石槛，禁止车马践踏，恐伤龙脉。

延昌是惠陵工程的总监督之一，参与了惠陵营建的全过程，以他的亲身经历，写出了这本《惠陵工程备要》，内容真实可靠，可以说是整个工程的真实记录。“办公顺序”和“兴工顺序”及“工作补遗”不仅揭示了陵寝办公顺序和施工顺序，而且还披露了官书所不载、档案难寻觅的许多宝贵史料。这里试举几例：

（1）记载牌楼门的大石柱用天秤竖立。这就纠正了民间和某些书中所说的用屯土的方法。

（2）记载了惠陵方向是癸山丁向兼子午3度；惠陵妃园寝方向是癸山丁向兼子午5度。如此精准的朝向在官书上是很少记载的。惠陵和惠陵妃园寝都是以金星山为朝山的，两陵寝方向相差2度。

（3）记载了惠陵金井里的土称吉工，妃园寝的土称气土，破土后，分别存放在东陵承办事务衙门，入葬前再放入金井内的史实。

（4）记载了柏木桩和柏木钉的准确尺寸和往地里插入的方法。

（5）记载了地宫石门上雕刻的菩萨是需要开光的，而且在陵寝竣工前择吉开光。

（6）记载了下马桩以木为之，如望柱规制，但小于望柱。位置在一孔拱桥南。以前只知道妃园寝不设下马牌，只设下马桩。但下马桩是什么质地、在什么位置、什么样，都不知道。下马桩的问题得到了初步解决。

（7）记载了惠陵地宫的两组册宝座设在明堂券内。因为崇陵的册宝座设在金券内，崇陵是仿惠陵建的，因此以前认为惠陵的册宝座也在金券内，得到了纠正。

（8）记载了演习关闭石门。石门是用木框、木板做成石门的样子。为了做到稳妥，皇帝、皇后入葬前，都要演习关闭石门，但以前不知用什么材料做石门演习。

（9）记载了陵园内的员役、兵丁等得了重病或已死去，不得在陵园内盛殓，必须从吉祥门抬出。以前只是听传说，这次得到了文字证明。

（10）记载了什么叫卖歇、卖晚、挂队等名词。这些施工中的细节在书和档案中是少有记载的。

以上只是简单的例子，意在表明“办公顺序”和“兴工顺序”的重要性。天津大学建筑学院著名建筑专家王其享教授对此十分重视，曾专门著文讲了其重要性，并选入《中国建筑史论选集·当代中国建筑史家十书》。[①]

第五节　陵寝的岁修和专案大修

这里先介绍一下什么叫岁修和专案大修。

所谓岁修，就是每年用钱很少的零星小工程。比如，渗漏、部分瓦片脱落、破碎、部分椽飞的糟朽、石活归安、油漆爆裂、修补坍倒的墙垣等。

所谓专案大修，指的是大型建筑的屋顶揭瓦、重建，用钱多，用时长。如光绪三年（1877）重建孝陵神功圣德碑亭工程、光绪三十二年（1906）重建景陵隆恩殿工程、光绪二十一年（1895）重修慈禧陵。凡专案大修工程，都要由皇帝钦派承修大臣，组建工程处、勘估处。

《钦定大清会典事例》对动用钱粮，岁修或专案大修陵寝有明确的规定："旧例，岁咨工部陆续给发。每具领以五百两为则，留存马兰（峪）永济库。凡遇奇零工程及祭飨办运器用，均承报承办事务衙门，动支存库银及时备办，事竣呈报核销。不敷备用，再请给发。如工程稍大者，报部别行核给。

康熙八年题准：凡有应修之处，不拘年分，由部具题，交礼部选择吉日，即行修理。"[②]

乾隆十八年核准：陵寝风水围墙以及水洞栅栏铁棂等项如有应修，由马兰、泰宁二镇察报，陵寝工部郎中呈明承办事务衙门，委官

① 王其亨：《中国建筑史论选集·当代中国建筑史家十书》第80～85页，辽宁美术出版社，2014年。

②［清］崑冈等修，刘启端等纂，光绪朝《钦定清会典事例》卷九四八，"工部·陵寝动用钱粮"。载《续修四库全书》编纂委员会编：《续修四库全书》第811册，"史部·政书类"，第425页，上海古籍出版社，2002年。

会同勘实，咨部核覆，由部酌给兴举，仍令该镇委监修官随工查验。工竣造册出结，报部核销。

乾隆二十一年谕："陵寝妥侑先灵，襄事人员理宜有所专属。向来在陵办事司官皆由在京司官内论俸升用，其总理事务之贝勒等既非本部堂官，而在京堂官又相距路遥，无从稽察，遇有应修工程，虽照例委官查估，究未能核实妥确，殊非敬事之道。其如何俾有专属及应修大小各工如何稽察考核，以昭慎重之处，著各该部详议具奏。"钦此遵旨议定：陵寝工部司官从前原属在京工部。自乾隆五年将石门郎中等官归并贝勒等管辖，是以遇有应修大小各工，均由该贝勒等委该处工部司官估修，所需钱粮向不具奏，均咨在京工部办理。嗣后陵寝工部司官仍归在京工部管理。但该处司官原由各衙门内司官论俸升补，多有不谙工程者，如遇奇零粘补工程，陵寝重地亦未便不时兴作，应于每年十月内，令该贝勒等通行查勘，将实在应修之处，汇总具奏，由部委谙练工程司官前往会同该处官员详查。果系应修者，即行确估，由部核给钱粮，委部员前往会同该处司官修理。仍令该贝勒等不时稽查，统俟工竣报部，由部别委司官按例核算，造册奏销。倘遇必需即行修理之工，亦令该贝勒等随时具奏，照此办理。

再东陵、西陵向例由部支领备用银自五百两以至二三千两不等，以为祭祀及岁修之用。嗣后毋庸豫行支给。至每年清明、中元、冬至、岁暮祭祀并修理器皿等项必需之银，仍令该总理等先期分案咨部核给，由部入于月折奏闻。[①]

乾隆二十九年奏东陵、西陵岁修工程，奉旨："该部侍郎理应亲往查看。如果有应行修理之处，详细查明，再派司员敬谨修理。"

乾隆四十五年奏准：陵寝风水围墙，遇有坍塌，随时查明咨部，饬令岁修司员即行修理，报部核销。

---

①[清]崑冈等修，刘启端等纂，光绪朝《钦定清会典事例》卷九四八，"工部·陵寝动用钱粮"。载《续修四库全书》编纂委员会编：《续修四库全书》第811册，"史部·政书类"，第426页，上海古籍出版社，2002年。

嘉庆五年（1800）十月十一日谕内阁："御史长绣奏慎重陵寝工程，以归简易一折。所奏事属可行。陵寝岁修工程理宜敬谨修饰。向来零星工程系由工部派员前往照估修理。工竣回京后，遇有零修之处，作为次年岁修，未免延缓，不足以昭慎重。"嗣后陵寝岁修于每年十月奏请，钦派工部侍郎一员带同司员前往详细估勘。所有应修之处就近专委石门工部司员敬谨办理，由陵寝该管大臣董率稽查，以专责成而归简易。所需钱粮仍由工部支领报销。①

光绪七年谕："工部奏修理陵工请照向章办理等语。向来东陵、西陵遇有异常紧要工程，原准随时奏报，专案办理。近来该管大臣于奏报岁修、另案工程时，复添入专案急修等工，殊与向章不符。该大臣如遇异常紧要工程，仍著随时专折奏请估修。其余一概并入另案。不得于奏报岁修另案工程时列入专案等项名目，以归划一。"②

光绪八年又奏准："东陵岁修工运银，不得逾九百两，由永济库领。西陵岁修工运银，不得逾八百两，由节慎库领。"③

① 《仁宗睿皇帝实录》卷七五，《清实录》第28册，第1002页，中华书局，1986年。

②③ [清] 崑冈等修，刘启端等纂，光绪朝《钦定清会典事例》卷九四八，"工部·陵寝动用钱粮"。载《续修四库全书》编纂委员会编：《续修四库全书》，第811册，"史部·政书类"，第428页，上海古籍出版社，2002年。

第五章　陵山、陵址、陵寝的命名

第一节　陵山的命名

从明朝开始，陵寝差不多都依山而建。风水家们把陵寝所依靠的山称为靠山（也称为少祖山）。这些山或没有名字，或有名字也是当地老百姓起的俗称，不太文雅。于是，皇帝就给当作陵寝靠山的山起了一个既文雅又吉祥好听的名字，称之为赐以嘉名。首开此例的是明成祖朱棣。永乐七年（1409），明成祖选中了北京北昌平县（现北京昌平区）境内的黄土山下为陵址。在这一年的五月初八日，明成祖朱棣带着廖均卿等风水师来到黄土山下，让廖均卿点了穴之后，下旨封黄土山为天寿山。[①] 明朝的这种做法为清朝所接受并沿用。

清朝，在封陵山以嘉名时，还要遣官前往行告祭礼。[②]

一、命名启运山、积庆山、天柱山、隆业山

顺治八年（1651）十月二十一日，顺治帝“封肇祖原皇帝、兴祖直皇帝陵山曰启运山。景祖翼皇帝、显祖宣皇帝陵山曰积庆山。福陵

① 胡汉生：《明代帝陵风水说》第123页，北京燕山出版社，2008年。

② 《世祖章皇帝实录》卷六一，《清实录》第3册，第480页，中华书局，1986年。[清]英廉重纂本：《昌瑞山万年统志》上函，卷之一“志陵寝”，光绪十二年。

山曰天柱山。昭陵山曰隆业山”。[①]

二、命名昌瑞山

昌瑞山（颜色较暗者为昌瑞山）

顺治帝孝陵的靠山原名叫丰台岭，被确定为陵址并在筹建孝陵期间，在康熙二年（1663）二月初八日，康熙帝遣官告祭山神，敕封丰台岭为凤台山，不久又改称为昌瑞山。[②]

三、命名永宁山

自雍正帝的泰陵建在了易县之后，清朝在关内出现了第二处皇家陵园。乾隆元年（1736）二月二十四日，将雍正帝的万年吉地命名为“泰陵”以后，五月二十一日，总理事务大臣、保和殿大学士鄂尔泰等大臣向乾隆帝上了一道奏章，要求赐陵山以嘉名。他们在奏章

①《世祖章皇帝实录》卷六一，《清实录》第3册，第480页，中华书局，1986年。最初，肇、兴、景、显四祖都葬在如今的永陵内。天命九年（1624年）四月，努尔哈齐将景、显二祖及其他人迁到辽阳的东京陵。东京陵所在的山叫杨鲁山。到顺治十五年（1658年）又将景、显二祖迁回原处。顺治八年（1651），顺治帝给各陵山赐嘉名时，景、显二祖尚未迁回。顺治帝所封的启运山就是后来永陵的靠山。所封的积庆山就是景、显二祖所在的杨鲁山。

②[清]英廉重纂本：《昌瑞山万年统志》上函，卷一“志陵寝”。

中说：

> 臣等窃惟帝王崇亲之典备极尊隆，山陵营建之区每加封号。妥神灵于宝域，山岳增荣；启昌炽之庥符，名称祀异。盛朝因以为制，史编历有可稽。……再考彝章，隆规宜备。睹高山之天作，实拱卫之佳城。况吉地之钟祥，更默符于泰祉。昔凤凰来集，显示嘉征；兹灵爽凭依，永凝福祐。应表灵山之懿号，式开昌运于嘉名。经臣等敬谨酌拟字样，恭呈御览，伏候钦定。

鄂尔泰等人提前拟了“永宁山”“昇平山”“凝佑山”“仪凤山”4个山名供皇帝选用。当日奉旨：“泰陵山名用‘永宁’字样。”[①] 从此，泰宁山改名为永宁山。泰者，安定、平安之意。

泰宁山这个名字，原本就是一个很吉祥的嘉名，况泰宁与永宁在含意上，并没有多大的区别。所以改者，笔者认为很可能是因为泰宁山的“泰”字与泰陵的“泰”字重复，为了避免相重，才改为永宁山。永宁山和启运山、天柱山、隆业山、昌瑞山一样，给每一座山立一个神牌，上写某山之神，将清陵的五座陵山（积庆山不计在内）的牌位供设在地坛的皇祇室内的东西配位。在先农坛坛南也设有五座山形石龛，西数第二龛又并列设5个小龛，每个小龛内分别设清陵的五座陵山的神牌，届时祭祀。

每逢皇帝、皇后入葬山陵之前和入葬之后，除了告祭天、地、太庙、社稷、奉先殿、各陵、后土之神外，还要告祭陵山山神（东陵告祭昌瑞山神，西陵告祭永宁山神）。[②]

---

① 清宫档案《录副奏折》胶片，第19盒。

② 关于帝后入葬前告祭昌瑞山神或永宁山神，在《清实录》中记载不一，有的记载是以梓宫到陵，告祭，有的以入葬日期告祭；还有的未予记载。笔者认为很可能与《清实录》的编纂者有关，没有统一。详情待考。

地坛供奉的部分清朝陵山神牌

先农坛供奉的清朝五座陵山神牌

由此可知，并不是每座陵的陵山都赐以嘉名，而是只给首陵的陵山赐以嘉名。比如明十三陵，只给长陵的陵山赐以嘉名，清东陵只给孝陵的陵山赐以嘉名，清西陵只给泰陵的陵山赐以嘉名，那些非主陵的陵山则不赐嘉名。

第二节　陵址的命名

努尔哈齐的福陵建在沈阳东郊的石嘴头山。石嘴头山既是福陵的陵山，又是福陵的所在之地。后来石嘴头山被封为天柱山。昭陵、孝陵、景陵在营建之前，由于档案阙失，其陵址至今不知叫什么名字。雍正帝的泰陵所在地叫太平峪，个别档案也有叫天平峪的。[①] 乾隆帝的陵址叫胜水峪（个别档案上有写圣水峪的），嘉庆帝的陵址也叫太平峪。这些陵址的名称未见有赐名的记载。清朝将陵址赐以嘉名为道光帝所首创。每次赐嘉名，先由大臣提前拟出几个名字供皇帝挑选。

一、赐名宝华峪

道光元年（1821）五月，为道光帝相度万年吉地的文渊阁大学士戴均元、工部尚书穆克登额、工部左侍郎阿克当阿经过反复相度，最后认为东陵界内的绕斗峪“土丰脉秀，气聚水交”，“洵局势之全佳，为坤舆之最吉”，向道光帝建议“于此处兴建万年吉地”。[②] 道光帝采纳了他们的建议，将绕斗峪定为万年吉地。于道光元年（1821）十月十八日卯时开工。[③] 可能因“绕斗峪”这个名字不太文雅，开工不到五个月，大臣拟定了“宝华峪”“饶九峪”“万有峪”3个名字供皇帝挑选，[④] 于道光二年（1822）三月初十日，道光帝下旨，将绕斗峪赐名为宝华峪。[⑤]

---

① 中国第一历史档案馆编：《雍正朝汉文谕旨汇编》第五册，第71、116页，广西师范大学出版社，1999年。

② 清宫档案《录副奏折》，微缩号199-3217。

③ 中国第一历史档案馆编：《嘉庆道光两朝上谕档》第26册，第394页，第1320条，广西师范大学出版社，2000年。

④ 中国第一历史档案馆编：《嘉庆道光两朝上谕档》第27册，第114页，第381条，广西师范大学出版社，2000年。

⑤《宣宗成皇帝实录》卷三一，《清实录》第33册，第552页，中华书局，1986年。

二、赐名龙泉峪

道光帝以地宫出现渗水为理由，废弃了宝华峪陵寝，派大臣重新相度万年吉地。后来户部尚书禧恩在西陵界内相中了一块地方，道光帝亲临阅视，感到非常满意，决定此地为万年吉地，并赐以嘉名。大臣们拟了“龙泉峪”“麟祥岫”“兴安峪”“毓芝岩”4个名，[①]供皇帝挑选，道光帝选用了“龙泉峪”。[②]

三、赐名普祥峪、菩陀峪

慈安陵所在地原名叫平顶山，慈禧陵所在地原名叫普陀山。同治十二年（1873）三月初九日是清明节，这一天，同治帝奉两宫皇太后到定陵行完敷土礼和大飨礼之后，到平顶山和普陀山阅视了一番，见那里“地势雄秀，山川环抱”，[③]感到很满意，决定这两个地方为两宫皇太后的万年吉地。三月十五日，大臣们拟定了“秀华峪、吉祥峪、兴隆峪、福华峪、嘉祥峪、普祥峪”6个名字供皇帝选用。同治帝亲自将平顶山改名为“普祥峪”，将普陀山改名为“菩陀峪”。[④]

四、赐名金龙峪

光绪帝的崇陵所在地原名叫魏家沟，[⑤]同治年间改名为九龙峪，[⑥]最

① 清宫档案《道光朝上谕档》第141卷。

②《宣宗成皇帝实录》卷一八四，《清实录》第35册，第926页，中华书局，1986年。

③《穆宗毅皇帝实录》卷三五〇，《清实录》第51册，第634页，中华书局，1986年。

④ 清宫档案《上谕档》胶片300。“菩陀峪”一名不在所拟6个名字之中。

⑤《高宗纯皇帝实录》卷九十，《清实录》第10册，第392页，中华书局，1986年。

⑥ 王其亨：《光绪生前于西陵金龙峪择定万年吉地的史实》。载故宫博物院院刊，1989年第1期，第93页。

后改名为金龙峪。[①]

赐陵址以嘉名，有3个原因：一是可能原来没有名字。赐名龙泉峪属于这种情况；二是原来的名字不太文雅。将绕斗峪改名为宝华峪就属于这种；三是出于祈福求祥。赐名普祥峪、菩陀峪属于这种情况。

第三节 陵寝的命名

一、陵名的起源和历史沿革

“陵”字本来是大土山的意思。[②]因为封建君主的坟丘堆筑得十分高大，如山一样，所以从战国中期开始，人们就把封建君主的坟丘称为陵。[③]在史籍中最早出现陵的记载的是《史记·赵世家》，该书记载赵肃侯十五年（公元前335）“起寿陵”。在秦汉之际，也将皇帝的陵叫山，比如将秦始皇的陵墓称为“骊山”，[④]将汉高祖刘邦的陵墓称“长山”“长陵山”。[⑤]

西汉诸陵的陵名，多与陵寝所在的地名或所近依的乡村名、河流名有关系。比如，刘邦的陵所在地古称“长平”或“长平阪”，所以称长山或长陵；[⑥]汉文帝刘恒的陵墓在灞水的西岸，所以其陵称霸陵。[⑦]汉景帝刘启的陵墓因建在当时的弋阳县，所以其陵叫阳陵。[⑧]汉

① 王其亨：《清代帝陵建筑制度沿革》。载清代宫史研究会编论文集第三辑《清代皇宫陵寝》第16页，紫禁城出版社，1995年。

②《辞海》（缩印本）第437页，上海辞书出版社，1980年。

③ 杨宽：《中国古代陵寝制度史研究》第13页，上海古籍出版社，1985年。

④ 杨宽：《中国古代陵寝制度史研究》第14页，上海古籍出版社，1985年。

⑤ 刘庆柱、李毓芳：《西汉十一陵》第6页，陕西人民出版社，1987年。

⑥ 阎崇东：《两汉帝陵》（历代帝后陵寝研究书系）第43页，中国青年出版社，2007年。也有人认为刘邦的陵之所以称长陵，是取的当时的都城长安的第一个字。

⑦ 刘庆柱、李毓芳：《西汉十一陵》第35页，陕西人民出版社，1987年。

⑧ 刘庆柱、李毓芳：《西汉十一陵》第41页。阎崇东：《两汉帝陵》（历代帝后陵寝研究书系）一书说阳陵建在易阳县。

武帝刘彻的陵墓因建于槐里县的茂乡，所以称茂陵。[①] 汉宣帝刘询的陵墓建于当时的杜县，所以称杜陵。[②] 汉元帝刘奭的渭陵是因为其所在地在渭城有关。[③] 也有人说渭陵之名也可能与其陵临近渭水有关。[④] 汉成帝刘骜的陵墓最初因建在延乡而名延陵，[⑤] 后来又改在步昌亭重建寿陵，所以又改名昌陵。[⑥]

由汉世祖光武帝刘秀创建的东汉，各陵的陵名用的完全是祈福求祥的吉祥字，与所在的地名毫无关系。[⑦] 从此以后各朝均沿此制，直至清朝。这样就出现了一个容易重名的弊病。一个陵名往往许多朝代都重复使用。仅明、清两朝就有7个陵名是重复的。[⑧]

东西汉时期的陵名都是一个字（陵字不计），到了三国时期，陵名没有规律，有的是一个字，比如蜀汉昭烈帝刘备的惠陵、东吴景帝孙休的定陵。还有是两个字的，比如魏文帝曹丕的首阳陵，明帝曹叡高平陵。有的以生前的封号和死后的谥号称其陵，没有专门命的陵名，如曹髦生前被封为高贵乡公，其陵则称高贵乡公陵。曹奂死后谥为元帝，他的陵则为元帝陵。还有的皇帝没有陵名，如蜀汉后主刘禅，他的陵墓就以他的乳名称之，叫阿斗陵。[⑨]

两晋时的陵名较三国时期有了明显的规律，基本上都是两个字。特别是东晋的陵名，第二字都是“平”字，变化的都是第一个字，当

① 阎崇东：《两汉帝陵》（历代帝后陵寝研究书系）第44页，中国青年出版社，2007年。

② 刘庆柱、李毓芳：《西汉十一陵》第79页，陕西人民出版社，1987年。

③ 刘庆柱、李毓芳：《西汉十一陵》第107页，陕西人民出版社，1987年。

④ 阎崇东：《两汉帝陵》（历代帝后陵寝研究书系）第44～45页，中国青年出版社，2007年。

⑤ 刘庆柱、李毓芳：《西汉十一陵》第114页，陕西人民出版社，1987年。

⑥ 刘庆柱、李毓芳：《西汉十一陵》第118页，陕西人民出版社，1987年。

⑦ 阎崇东：《两汉帝陵》（历代帝后陵寝研究书系）第45页，中国青年出版社，2007年。

⑧ 明清两朝的7个重复陵名是：孝、景、裕、泰、永、昭、定陵。

⑨ 潘伟武：《魏晋南北朝隋陵》（历代帝后陵寝研究书系）第598～599页，中国青年出版社，2004年。

然都是吉祥字。如元帝司马睿的陵叫建平陵，穆帝的陵叫永平陵。[①]只有废帝司马奕叫吴陵，这可能与他被废，陵墓位于江苏省的（原）吴县有关。西晋六陵均为两个字的名，规律性不强，有3个中间是“阳”字的，两个中间是“平”字的。只有宣帝司马懿的陵既不带“阳”字，也不带“平”字，叫高原陵。[②]

十六国期间的陵名更无规律，有两个字的，也有一个字的。[③]

南北朝时期的陵名总的来说规律性也不强，用一字、二字及生前封号的都有。其中只有南朝宋陵的陵名还比较有规律，12座陵中，有10座陵是两个字，而且第二个字都是“宁”字。[④]

隋朝历史很短，只有38年，历经三帝，其中隋炀帝杨广未正式建陵，其墓后来人只称炀帝陵。其父杨坚陵称泰陵。炀帝之孙杨侑的陵称庄陵。[⑤]

唐朝陵寝的陵名均为一个字，20个陵中有5座陵的陵名与清陵重复。[⑥]

五代十国是中国历史上又一个严重分裂的时期。从公元907年朱温废唐建梁称帝，到公元960年赵匡胤北宋代周，历时54年。尽管这一时期分裂严重，争战纷繁，极不统一，但这一时期的各皇帝的陵名却很一致，都是一个字的。[⑦]

---

① 潘伟武：《魏晋南北朝隋陵》（历代帝后陵寝研究书系）第600页，中国青年出版社，2004年。

② 潘伟武：《魏晋南北朝隋陵》（历代帝后陵寝研究书系）第599页，中国青年出版社，2004年。

③ 潘伟武：《魏晋南北朝隋陵》（历代帝后陵寝研究书系）第601～603页，中国青年出版社，2004年。

④ 潘伟武：《魏晋南北朝隋陵》（历代帝后陵寝研究书系）第603～610页，中国青年出版社，2004年。

⑤ 潘伟武：《魏晋南北朝隋陵》（历代帝后陵寝研究书系）第610页，中国青年出版社，2004年。

⑥ 刘向阳：《唐代帝王陵墓》第360～361页，三秦出版社，2003年。

⑦ 王重光、陈爱娣：《中国帝陵》第211～212页，上海古籍出版社，1996年。

两宋时期的皇帝陵的陵名很有规律，都是两个字，第一个字都是“永”字，以第二个字来辨别是哪个皇帝陵。比如宋太祖赵匡胤的陵叫永昌陵，宋高宗赵构的陵叫永思陵。①

辽、夏、金，虽然都是由少数民族建立的王朝，但它们的陵命也深受中原汉族王朝的影响，陵名绝大部分都是一个字，而且都是吉祥字。

辽陵已知有陵名的7陵中，有4座陵是一个字，有3座陵是两个字。②

凡已知的西夏陵和金陵，陵名都是一个字。③

元朝皇帝、皇后死后，一律秘密入葬，深埋地下，地面上不留任何痕迹，所以也就没有陵寝。没有陵寝自然也就没有陵名。④

明朝陵名大部分都是一个字的，都是吉祥字。但有两个特例，一是埋葬明太祖朱元璋的高祖、曾祖、祖父的江苏省盱眙县管镇乡的陵寝却没有命名，只叫祖陵。另一个是埋葬朱元璋父母的安徽凤阳的陵寝也没有陵名，只称皇陵。⑤还有代宗朱祁钰的陵，设有陵名，只叫景泰陵。

二、清朝陵寝的命名

清朝，无论是皇帝陵、皇后陵，还是妃园寝的命名，都有一套十分完备的制度。当然也经历了一个由不完善到完善的一个过程。

（一）皇帝陵的命名

中国历史上，皇帝陵陵名由嗣帝命名的多些，但也不是一概这

① 陈朝云：《南北宋陵》（历代帝后陵寝研究书系）第301、322页，中国青年出版社，2004年。

②③ 阎崇东：《辽夏金元陵》（历代帝后陵寝研究书系）第417页，中国青年出版社，2004年。

④ 王重光、陈爱娣：《中国帝陵》第292页，上海古籍出版社，1996年。

⑤ 胡汉生：《明朝帝王陵》第1、38页，北京燕山出版社，2001年。

样，也有墓主人生前为自己的陵命名的。比如宋太祖赵匡胤就是在他生前尚未建陵时就为自己的陵命名为“永昌”陵了。[1]明成祖朱棣的长陵因为仁孝皇后的入葬，也是在朱棣生前命名的。

清朝皇帝陵的陵名都是在皇帝死后，入葬前由嗣皇帝来命名。这里分皇帝生前就已将陵建成的命名和皇帝死后建陵的命名两种情况。

1. 皇帝生前建的陵的命名

属于这种情况的有景陵、泰陵、裕陵、昌陵、定陵。这种情况的陵的命名要经过几个阶段。

第一阶段只称万年吉地，[2]多数还加上万年吉地所在地的地名，如称雍正帝的陵为“太平峪万年吉地”，[3]称乾隆帝的陵为“胜水峪万年吉地”，[4]称道光帝的陵为“龙泉峪万年吉地”，[5]有时也只称吉地。[6]

第二阶段是死在皇帝之前的皇后葬入皇帝陵后，就以这个皇后的谥号为陵名，如乾隆十七年（1752）十月二十七日，孝贤皇后及慧贤皇贵妃、哲悯皇贵妃葬入地宫后，就不再称“胜水峪万年吉地”，而改称“孝贤皇后陵寝”。[7]嘉庆帝的孝淑皇后于嘉庆八年（1803）十月二十二日葬入地宫后，[8]称“孝淑皇后陵”。[9]如果第一个皇后入葬后，

---

① 陈朝云：《南北宋陵》第31页，中国青年出版社，2004年。

② 《钦定四库全书·吏部·世宗宪皇帝上谕内阁》卷四十八，雍正帝在雍正四年九月二十五日上谕内阁的谕旨中说：“又工部奏请万年吉地需用楠木等项令各省备办……”清朝早期的陵寝如盛京三陵、孝陵、景陵尚未发现称万年吉地的。

③ 《世宗宪皇帝实录》卷八九，《清实录》第8册，第190页，中华书局，1986年。

④ 清宫档案《录副奏折》胶片，第19盒，第2340条。

⑤ 清宫档案《上谕档》胶片，第173盒。

⑥ 清宫档案《内务府来文》“陵寝事务”，第2931包。

⑦ 《高宗纯皇帝实录》卷四五六，《清实录》第14册，第943页，中华书局，1986年。

⑧ 中国第一历史档案馆编：《嘉庆道光两朝上谕档》第8册，第395页，第1038条，广西师范大学出版社，2000年。

⑨ 《仁宗睿皇帝实录》卷一二四，《清实录》第29册，第677页，中华书局，1986年。

又葬入了第二个皇后甚至第三个皇后，那么这个陵名就将这两个或三个皇后的谥号都加上，如康熙帝的陵在康熙二十年（1681）三月初八日葬入了仁孝皇后（后来改谥为孝诚皇后）、孝昭皇后之后，则称“仁孝皇后、孝昭皇后陵”。[①]康熙帝的第三位皇后孝懿皇后在康熙二十八年（1689）十月二十日入葬后，[②]又称“仁孝皇后、孝昭皇后、孝懿皇后陵”。[③]嘉庆帝的生母孝仪皇后死于皇贵妃的位上，谥号为令懿皇贵妃，于乾隆四十年（1775）十月二十六日辰时葬入孝贤皇后陵。乾隆六十年（1795）十月二十七日举行了册赠孝仪皇后礼。[④]刚过半个月，在十一月十二日冬至这天遣官祭各陵时，陵名就由“孝贤皇后陵”改为“孝贤皇后、孝仪皇后陵”。[⑤]

建于西陵境内龙泉峪的道光帝的陵，道光十五年（1835）十二月十一日，孝穆皇后、孝慎皇后葬入了地宫，[⑥]从此称“孝穆皇后、孝慎皇后陵”。[⑦]道光二十年（1840）十一月初九日，孝全皇后又葬入了慕陵地宫，[⑧]本来陵名应叫“孝穆皇后、孝慎皇后、孝全皇后陵”，可是一向标榜敬天法祖、恪遵成宪的道光帝并没有这样做。当礼部等衙门向他奏请孝全皇后入葬后，陵名“应如何恭称之处”时，道光帝却

①《圣祖仁皇帝实录》卷九九，《清实录》第4册，第1243页，中华书局，1986年。

②《圣祖仁皇帝实录》卷一四二，《清实录》第5册，第568页，中华书局，1986年。

③《圣祖仁皇帝实录》卷一四四，《清实录》第5册，第589～590页，中华书局，1986年。

④《高宗纯皇帝实录》卷一四八九，《清实录》第27册，第932页，中华书局，1986年。

⑤《高宗纯皇帝实录》卷一四九〇，《清实录》第27册，第946页，中华书局，1986年。

⑥《宣宗成皇帝实录》卷二七五，《清实录》第37册，第243页，中华书局，1986年。

⑦《宣宗成皇帝实录》卷二七六，《清实录》第37册，第260页，中华书局，1986年。

⑧《宣宗成皇帝实录》卷三四一，《清实录》第38册，第185页，中华书局，1986年。

降旨，称“龙泉峪皇后陵寝”。[1]实际上却没有这样称之，依然按规定称为“孝穆皇后、孝慎皇后、孝全皇后陵”。[2]

皇帝陵在正式命名之前，在称万年吉地或皇后陵期间，在本章、折奏、文移中遇到这种陵的称谓，也要抬写，以示尊重。东陵的宝华峪陵寝被废后，道光十五年（1835）七月初五日，道光帝特地颁谕：“事后题奏事件，于‘宝华峪’字样，均著毋庸抬写。”[3]

在称皇后陵期间，在康熙年间，这个陵名与已命名的各祖陵陵名是放在一起称呼的，也就是说地位是一样的，是并列的。比如，康熙二十年（1681）三月初八日葬入仁孝皇后、孝昭皇后之后，陵名称“仁孝皇后、孝昭皇后陵”。这年的十一月十二日是冬至。冬至是皇陵大祭之日，皇帝要遣官分别祭各陵。在《圣祖仁皇帝实录》中是这样记载的：“辛酉冬至，遣官祭永陵、福陵、昭陵、孝陵、仁孝皇后、孝昭皇后陵。”[4]其他各大祭日也都用这样格式书写。可是，从乾隆时就开始发生了变化。乾隆十七年（1752）十月二十七日，孝贤皇后及慧贤皇贵妃、哲悯皇贵妃入葬地宫后，陵名称孝贤皇后陵。这年的十一月十六日是冬至，皇帝要遣官祭各陵。《高宗纯皇帝实录》是这样记载的：“十一月癸酉冬至，遣官祭永陵、福陵、昭陵、昭西陵、孝陵、孝东陵、景陵、泰陵。遣官祭孝贤皇后陵。”[5]可以看出，把“孝贤皇后陵”单独分了出来，未与各祖陵同列。

第三阶段是最后确定陵名。皇帝驾崩以后，新即位的皇帝要发出

---

①《宣宗成皇帝实录》卷三四〇，《清实录》第38册，第178页，中华书局，1986年。

②《宣宗成皇帝实录》卷三四三，《清实录》第38册，第230页，中华书局，1986年。

③《宣宗成皇帝实录》卷二六九，《清实录》第37册，第132页，中华书局，1986年。

④《圣祖仁皇帝实录》卷九八，《清实录》第4册，第1239页，中华书局，1986年。

⑤《高宗纯皇帝实录》卷四二七，《清实录》第14册，第582页，中华书局，1986年。

谕旨，命大学士、礼部等大臣为大行皇帝的陵寝拟定陵名。大臣们遵旨，经过会议后，由职务最高的大臣向皇帝奏报所拟定的陵名及其理由。一般拟定6个陵名，供皇帝选用。在为雍正帝的陵寝确定陵名时，乾隆元年（1736）二月二十四日，内阁大学士尹泰将所拟的“泰、裕、瑞、宁、长、兴”6个字上奏给皇帝，乾隆帝选用了“泰”字，从此便称泰陵。[①] 笔者有幸从中国第一历史档案馆找到一件确定嘉庆帝陵名的奏折，现抄录如下：

谨奏为请旨事。

窃为佳城肇建，宅兆永安。寿藏爰营，祥祺允卜。隆嘉名于吉壤，洵帝者之上仪；妥灵爽于神区，为天下之大孝。详稽史册，秉合彝章。钦惟仁宗睿皇帝德符乾健，泽普坤维。八埏昭骏烈之光；九土乐庞洪之福。诒燕翼而承堂构，鼎祚是基；仰龙髯而展桥山，旅楹宜肃。我皇上孝思肫挚，典礼周详。虔惟灵驾之奉移，预命亲臣而董理。卫畿辅而葱葱郁郁，峪号太平；辨昭穆而继继绳绳，殿隆大享。松楸乍抚，不胜木本之悲；麟象既陈，宜极鸿名之贲。益彰诚敬，用启灵长。臣等敬谨酌拟陵名六字，恭呈御览，伏候钦定一字。为此恭折具奏请旨。

恭拟夹单陵名六字：昌、定、康、穆、惠、熙。

嘉庆二十五年九月初六日　大学士臣托津等具奏[②]

在正常情况下，皇帝在大臣们所拟的6个字中，选中一个字，然后用朱笔在这个字的上方画个小圈，或皇帝用笔写上用某字。只有康熙帝的陵名确定的方式与众不同。雍正元年（1723）二月十七日，“大学士等恭拟圣祖仁皇帝陵名进呈，上览奏，哀恸不止，亲刺指

① 清宫档案《录副奏折》胶片，第19盒。

② 清宫档案《新整内务府档》“礼仪”，0073包。

血，圈出景陵字样”。[①]

乾隆帝的裕陵是在嘉庆四年（1799）三月初八日确定的，[②] 8天以后，在《仁宗睿皇帝实录》中就改称了“裕陵”。[③]一个多月以后，嘉庆帝向众臣特地又特降旨说：“此后本章、折奏内遇有’胜水峪’字样，俱著写‘裕陵’字样。”[④]可是在这年的七月十五日中元节这天遣官祭各陵时，在《仁宗睿皇帝实录》中仍称“孝贤皇后、孝仪皇后陵寝”。[⑤]更令人不解的是，在嘉庆四年（1799）九月初七日，乾隆帝的梓宫奉移到陵寝隆恩殿以后，当天以乾隆帝梓宫到达陵寝，遣官告祭各陵时，《仁宗睿皇帝实录》竟是这样记载的：“以高宗纯皇帝梓宫至陵，遣官告祭昭西陵、孝陵、孝东陵、景陵、孝贤纯皇后、孝仪纯皇后陵并裕陵后土、昌瑞山之神。”[⑥]在一句话里，一座陵竟用了两个名称。

道光帝的慕陵是在道光三十年（1850）二月初九日确定的。[⑦]

咸丰帝的定陵陵名是在咸丰十一年（1861）十一月初八日确定的。[⑧]

无论第几阶段的陵名，只要皇帝已经明文规定了，所有章奏、文移都必须遵照书写，如有违反，就要受到处分。比如孝全皇后入葬后，道光帝明确了龙泉峪陵名的称谓，可是太常寺在具题冬至致祭的一道本章中，没有按照新的陵名书写，遭到了道光帝的斥责，下令将

① 《世宗宪皇帝实录》卷四，《清实录》第7册，第104页，中华书局，1986年。

② 《仁宗睿皇帝实录》卷四〇，《清实录》第28册，第479页，中华书局，1986年。

③ 《仁宗睿皇帝实录》卷四一，《清实录》第28册，第487页，中华书局，1986年。

④ 中国第一历史档案馆编：《嘉庆道光两朝上谕档》第4册，第146页，第431条，广西师范大学出版社，2000年。

⑤ 《仁宗睿皇帝实录》卷五一，《清实录》第28册，第649页，中华书局，1986年。

⑥ 《仁宗睿皇帝实录》卷五〇，《清实录》第28册，第597页，中华书局，1986年。

⑦ 《文宗显皇帝实录》卷三，《清实录》第40册，第91页，中华书局，1986年。

⑧ 《穆宗毅皇帝实录》卷九，《清实录》第45册，第248页，中华书局，1986年。

太常寺堂官“交部察议”。[①]

慕陵石牌坊南面上的陵名

慕陵石牌坊北面道光帝的朱谕

关于慕陵的命名，比较特殊。据道光帝说，他十分仰慕盛京三陵的规制，[②] 说自己的陵寝是仿照盛京三陵的规制建的，所以他很希望自己的陵叫慕陵，以表达自己的这份心意。可是碍于制度，自己又不能给自己的陵命名，只能由嗣皇帝来命名。为了达到称慕陵这个目的，他经过深思熟虑，想出了一个方法。他提前写了一道朱谕：“敬瞻东北，永慕无穷，云山密迩，呜呼！其慕与慕也。”[③] 道光二十八年（1848）三月，他展谒西陵时带上了这道朱谕。三月十二日，他谒毕泰陵、泰东陵、昌陵后，来到了龙泉峪陵寝隆恩殿，坐在御座上，

① 《宣宗成皇帝实录》卷三四〇，《清实录》第38册，第178页，中华书局，1986年。

② 《宣宗成皇帝实录》卷三八，《清实录》第33册，第679页，中华书局，1986年。

③ 《文宗显皇帝实录》卷三，《清实录》第40册，第91页，中华书局，1986年。

把所带的朱谕拿出来，命皇四子奕詝和皇六子奕䜣当众各念一遍，然后把朱谕放在一个匣子里，藏于隆恩殿东暖阁内。[①]过了22个月，道光帝驾崩。咸丰帝即位不久，在道光三十年（1850）二月初四日，忽然想起了这道朱谕，急于想看，于是，命军机大臣急速通知西陵泰宁镇总兵官德春“将此匣妥慎封固，即日派委妥员恭赍送京，交军机处呈览”。[②]咸丰帝很快就收到了送来的朱谕。他看了多遍，“寻释再三”，才悟出了他父亲的用意，当即决定将龙泉峪陵寝命名为“慕陵”，于是“和泪濡墨，敬谨书写，命武英殿选工镌刻”[③]在慕陵石牌坊正中的石匾上。幸亏咸丰帝比较聪颖，及时悟出了他皇父的良苦用心。如果咸丰帝忘记了藏在陵寝隆恩殿的这道朱谕；或者没有忘记，但没有悟出他皇父的用意；或者虽然悟出了，但为时已晚，陵名已确定了，并且已公布于众，甚至已镌刻在了陵寝的石匾上，怎么办？很可能将错就错，顺其自然了，不会称“慕陵”了。那时九泉之下的道光帝则只能摇头叹气了。

2. 皇帝死后建的陵的命名

清朝，皇帝驾崩后才开始建陵的有四祖的永陵、太祖努尔哈齐的福陵、太宗皇太极的昭陵、顺治帝的孝陵、同治帝的惠陵和光绪帝的崇陵。

这些在皇帝驾崩后才建陵的命名，有两种情况，一是先入葬，后命名；二是入葬前命名。

（1）先入葬，后命名

这类陵寝有永陵和福陵。

永陵最早称赫图阿拉老陵、四祖陵、兴京陵。[④]按照正常规律，辈分最高、建得最早的陵寝获得的陵名也应该最早，起码不能晚于后

① 《文宗显皇帝实录》卷五五，《清实录》第40册，第727页，中华书局，1986年。
② 《文宗显皇帝实录》卷三，《清实录》第40册，第88页，中华书局，1986年。
③ 《文宗显皇帝实录》卷三，《清实录》第40册，第92页，中华书局，1986年。
④ 李凤民：《兴京永陵》第1页，东北大学出版社，1996年。

来建的陵寝。可是这座清朝第一陵，却是在顺治十六年（1659年）九月二十三日才被命名为“永陵”的，[①] 比努尔哈齐的福陵晚23年，比皇太极的昭陵晚15年。

太祖努尔哈齐是在天命十一年（天启六年，1626）八月十一日驾崩的，而他的陵寝却是在天聪三年（崇祯二年，1629）建的，同年二月十三日丑刻，将太祖努尔哈齐和孝慈高皇后葬入了陵内，[②] 初称先汗陵、太祖陵。[③] 到崇德元年（崇祯九年，1636）四月十二日，太宗皇太极称帝即位后第二天才将其父的陵命名为福陵。[④]

（2）皇帝死后，入葬前确定陵名

这类陵寝有昭陵、孝陵、惠陵和崇陵。

太宗皇太极的昭陵是在崇德八年（崇祯十六年，1663）八月始建的。[⑤] 一年后的小祥日即逝世一周年的顺治元年（1644）八月初九日这天，将太宗皇太极的遗体火化，八月十一日将太宗皇太极的宝宫葬入昭陵。《世祖章皇帝实录》是这样记载的：“丙寅，恭奉大行皇帝宝宫安葬昭陵。”[⑥] 这时已出现了“昭陵”。但在《世祖章皇帝实录》里没有发现有命名昭陵的记载。那么昭陵是在什么时候命名的呢？据《大清三朝实录采要》记载，太宗火化毕，“荐名昭陵”。[⑦] 这说明昭陵

---

① 《世祖章皇帝实录》卷一二八，《清实录》第3册，第996页，中华书局，1986年。辛巳谕礼部：“兴京祖陵乃发祥重地，宜隆显号，以展孝思。今尊称为永陵。应行典礼，尔部即察例具奏。”

② 《太宗文皇帝实录》卷五，《清实录》第2册，第69页，中华书局，1986年。

③ 李凤民、陆海英：《沈阳福陵》第1页，东北大学出版社，1996年。

④ 《太宗文皇帝实录》卷二八，《清实录》第2册，第364页，中华书局，1986年。

⑤ 在文献中没有昭陵始建的准确日期，根据《世祖章皇帝实录》记载：“学士詹霸升阶至东侧跪，读祝文。文曰：维崇德八年癸未九月壬辰朔越二十一日壬子孝子嗣皇帝福临敢昭告于皇考神位之前曰：我皇考升遐倏逾旬月，哀慕无穷，典仪有恪。兹者山陵告成，恭奉梓宫敬安陵寝。谨告。”以此分析，昭陵当建于上月，即八月。

⑥ 《世祖章皇帝实录》卷七，《清实录》第3册，第996页，中华书局，1986年。

⑦ 李凤民、陆海英：《盛京昭陵》第126～127页，沈阳出版社，1994年。

陵名是在顺治元年（1644）八月十一日将太宗皇太极宝宫葬入陵寝的同一天确定的。

顺治帝是在顺治十八年（1661）正月初七日驾崩的，康熙二年（1663）六月初六日入葬地宫的。[①] 孝陵陵名是于康熙元年（1662）三月初一日确定的。[②]

同治帝是在同治十三年（1874）十二月初五日驾崩的。其陵寝是于光绪元年（1875）二月二十二日确定东陵的双山峪为陵址的，同时命名为惠陵的。[③]

光绪帝崩于光绪三十四年（1908）十月二十一日。同年十二月十四日在决定金龙峪为陵址的同时，命名为崇陵。[④]

（二）皇后陵的命名

清朝共建了7座皇后陵即昭西陵、孝东陵、泰东陵、昌西陵、慕东陵、普祥峪定东陵、菩陀峪定东陵。这7座皇后陵的命名有6种情况。

按皇后陵营建的顺序，清朝建的第一座皇后陵是顺治帝的孝惠皇后的孝东陵。所以孝东陵的命名方法对后来的皇后陵的命名方法影响极大。孝东陵约建成于康熙三十二年（1693）十一月左右。[⑤] 孝惠皇后是在康熙五十六年（1717）十二月初六日酉时病逝的，[⑥] 是在康熙

---

①《圣祖仁皇帝实录》卷九，《清实录》第4册，第149页，中华书局，1986年。

②《圣祖仁皇帝实录》卷六，《清实录》第4册，第107页，中华书局，1986年。

③《圣祖仁皇帝实录》卷四，《清实录》第52册，第134页，中华书局，1986年。

④《宣统政纪》卷四，《清实录》第60册，第76页，中华书局，1986年。

⑤《圣祖仁皇帝实录》卷一六一，《清实录》第5册，中华书局，1986年。第762页载，康熙三十二年十一月“乙巳，是日，上奉皇太后阅视孝陵东旁宝城。”这里所说的孝陵东旁宝城就是孝东陵。根据清朝惯例，一般都在陵寝建成后才阅视宝城。特别这次是康熙帝专门陪着皇太后，即后来的孝惠章皇后去阅视她将来的陵寝，更不会在施工中去阅视，只能在陵寝建成后阅视。以此分析推断，孝东陵当建成于康熙三十二年十一月左右。

⑥ 中国第一历史档案馆整理：《康熙起居注》第三册，第2469页，中华书局，1984年。

五十七年（1718）四月初七日入葬的，当时还没有正式陵名，只称新陵。[①] 孝惠皇后入葬不久就改称孝惠章皇后陵。[②] 康熙五十八年（1719）二月二十一日，礼部专为孝惠皇后陵的命名一事向康熙帝上了一道本章，说：

> 古来帝后有不合葬而自为陵者，俱就方位定名。今孝惠章皇后陵即在孝陵之东，不必另立陵名。臣等恭拟“孝东陵”字样，仰候钦定。[③]

康熙帝对礼部的命名方法及所拟定的陵名表示同意，挥笔批道：“是”。从此，孝惠皇后的陵正式称“孝东陵”。

礼部所说的命名方法，具体讲是这样的：因皇后陵是皇帝陵的附属陵寝，建在皇帝陵的东旁或西旁，所以没有必要另立陵名，皇后陵的名称应随着皇帝陵的名称而命名。第一个字用皇帝陵的第一个字，第二个字用皇后陵所在皇帝陵的方位字，如果位于皇帝陵的东旁，则用“东”字；位于西旁，则用“西”字。因孝惠皇后的陵位于孝陵东旁，所以命名为孝东陵。以后清朝所建的皇后陵均按这种方法命名，成为定制。

这种命名方法有许多好处，看陵名就可以知道这座陵是皇后陵，是哪位皇帝的皇后，这座皇后陵在其夫君陵的哪一旁。

清朝早期的皇后陵未见有称万年吉地的记载。从泰东陵开始，在正式命名前称万年吉地。

孝庄皇后的昭西陵的前身是暂安奉殿，始建于康熙二十七年（1688）

---

①《圣祖仁皇帝实录》卷二七八，《清实录》第6册，第726页，中华书局，1986年。

②《圣祖仁皇帝实录》卷二八二，《清实录》第6册，第761页，中华书局，1986年。

③《圣祖仁皇帝实录》卷二八三，《清实录》第6册，第767页，中华书局，1986年。

年初。当时还不是陵寝，类似于殡宫。雍正帝即位后，决定将暂安奉殿改建为陵寝。雍正二年（1724）十一月二十一日，雍正帝正式将孝庄皇后的陵命名为昭西陵。[①]昭西陵之名是由曾孙雍正帝给命名的。

泰东陵是雍正帝的孝圣皇后的陵，建成于乾隆八年（1843）左右。孝圣皇后病逝于乾隆四十二年（1777）正月二十三日。正月二十八日（乙未）乾隆帝谕曰："大行皇太后万年吉地今定为泰东陵。此后著各衙门敬谨遵照缮写。"[②]将正月二十八日定为泰东陵的命名日期似乎没有问题。可是在正月二十四日内阁曾奉上谕："泰东陵为皇太后万年吉地，典礼綦重，著派諴郡王弘畅、侍郎刘浩前往敬谨办理。"[③]这表明在孝圣皇后死的第二天就已出现了"泰东陵"之名，而且这道谕旨的主要内容是派弘畅、刘浩去泰东陵办理入葬典礼，泰东陵之称是顺着叫出来的。应该以"泰东陵"第一次出现的日期为准，所以泰东陵的命名日期应该是乾隆四十二年正月二十四日。

昌西陵是嘉庆帝的孝和皇后的陵寝。孝和皇后在道光朝当了29年皇太后，道光帝也没有给她建陵寝。孝和皇后于道光二十九年（1849）十二月十一日申刻病死。[④]刚过一个月，即道光三十年（1850）正月十二日，道光帝就发出谕旨："昌陵迤西择有佳壤，地基宽广，山川气势环抱，本拟为太行皇太后吉地，今谨定为昌西陵。明年诹吉兴工。所有备办物料、相度形势，必应先期敬谨将事……"[⑤]这表明在孝和皇后死后直接就将所选的吉地命名为昌西陵，没有称万年吉地的阶段。

---

①《世宗宪皇帝实录》卷二六，《清实录》第7册，中华书局，1986年。第408页载："辛酉，诸王大臣等恭拟孝庄文皇后暂安奉殿为昭西陵。得旨：是。"

②《高宗纯皇帝实录》卷一〇二五，《清实录》第21册，第745页，中华书局，1986年。

③ 中国第一历史档案馆编：《乾隆朝上谕档》第8册，第528页，中国档案出版社，1991年。

④《宣宗成皇帝实录》卷四七五，《清实录》第39册，第969页，中华书局，1986年。

⑤《宣宗成皇帝实录》卷四七六，《清实录》第39册，第992页，中华书局，1986年。

慕东陵是道光帝的孝静皇后的陵寝。慕东陵原来是慕陵的妃园寝，后来因为葬入了孝静皇后，将园寝经过改建，才升格为皇后陵，于咸丰五年（1855）八月初八日确定陵名为慕东陵。[①]

只有孝贞皇后（慈安）和孝钦皇后（慈禧）的陵是在死后、入葬前给陵寝命的名。慈安的陵于光绪七年（1881）三月二十一日命名为“普祥峪定东陵”。[②]慈禧的陵是于光绪三十四年（1908）十月二十七日被命名为“菩陀峪定东陵”的。[③]这两座皇后陵的陵名在清朝皇后陵中最为特殊。因为孝贞皇后（慈安）和孝钦皇后（慈禧）都是咸丰帝的皇后，她们俩的陵又都在定陵东旁，所以都叫定东陵。为了以示区别，特地将两陵所在的地名分别冠在“定东陵”字样之前。

从以上7座皇后陵的命名情况可以得知，为皇后陵命名，不用大臣们拟定几个陵名供皇帝挑选，因为命名规则、方法是固定的，没有选择的余地，所以由皇帝直接决定就可以了。

（三）妃园寝的命名

为了以示尊卑有别，在清朝只有皇帝的墓和皇后的墓才可以称陵，妃子墓不能称陵，只能称园寝。在明朝，妃子墓不称园寝，而是称坟或墓。

清朝妃园寝名称的确定大体分3个阶段。

第一阶段：妃园寝初建时有时称妃衙门，[④]但妃园寝的名称并不是一律在初建时都称妃衙门，有时也称妃园寝，两种称谓混用。[⑤]比

①《文宗显皇帝实录》卷一七四，《清实录》第42册，第944页，中华书局，1986年。

②《德宗景皇帝实录》卷一二八，《清实录》第53册，第849页，中华书局，1986年。

③《宣统政纪》卷一，《清实录》第60册，第17页，中华书局，1986年。

④ 清宫档案《内务府来文》“陵寝事务”，第2922包载：“钦差总理妃衙门阿哥园寝工程事务事务处为咨取事。办理妃衙门、阿哥园寝工程事务事务处案呈，恭照泰陵隆恩殿、配殿等处隔扇、槛窗糊饰所需云纱移咨内务府支领应用在案。”

⑤ 清宫档案《内务府来文》“陵寝事务”，第2931包。

如，道光帝的宝华峪妃园寝在道光七年（1827）建成后，道光帝亲自参加了这年的九月二十二日孝穆皇后的入葬典礼。在入葬的前一天，孝穆皇后的梓宫奉移到方城前的芦殿内安放毕，道光帝“亲临奠酒毕，阅视宝城并妃园寝”。[①] 有时也将新建成的妃园寝不叫妃衙门，叫妃福地。至今只发现惠陵的妃园寝曾叫妃福地。[②]

以上是葬入墓主人之前妃园寝的名称。

第二阶段：墓主人入葬以后到皇帝陵正式命名之前的妃园寝名称

这一阶段的妃园寝名称是比较复杂的，十分混乱的。有称妃衙门的，有在妃衙门前加地名的，有称妃园寝的，有以皇帝陵所在的地名后加妃园寝的，可以说多种多样。但总的脉络是：如果葬入了一位墓主人，则以这位墓主人的位号和封号后加“园寝”二字。如，道光七年（1827）九月二十四日，道光帝的平贵人葬入了东陵的宝华峪西旁的妃园寝以后，则称平贵人园寝。[③] 如果葬两个人或两个人以上，或者以后又陆续葬几批妃嫔，则以其中地位最高的妃嫔的封号位号命名。如，在嘉庆八年（1803）十月，嘉庆帝的恕妃、简嫔、逊嫔葬入了昌陵妃园寝后，[④] 此园寝称昌陵恕妃衙门。道光十五年（1835）九月十八日，和裕皇贵妃葬入昌陵妃园寝后，道光帝于道光十六年（1836）三月初九日谕内阁：

> 嗣后凡遇应书“昌陵恕妃衙门”著书作“和裕皇贵妃园寝”。“龙泉峪平贵人园寝”著书作“龙泉峪妃园寝”，并著礼部通行各该处一体遵行。[⑤]

---

①《宣宗成皇帝实录》卷一二六，《清实录》第35册，第1103页，中华书局，1986年。

② 清宫档案《内务府来文》第126包。

③《宣宗成皇帝实录》卷一二六，《清实录》第34册，第1110页，中华书局，1986年。

④ 清宫档案《新整内务府档》第0450包。

⑤ 清宫档案《上谕档》胶片，第188盒。

又比如，乾隆二十七年（1762）裕陵妃园寝内已葬入了仪嫔、怡嫔、秀贵人、张常在、揆常在。自乾隆二十七年（1762）四月十九日将纯惠皇贵妃入葬后，该园寝称作纯惠皇贵妃园寝。[①]

第三阶段：妃园寝的最后命名。妃园寝的最后命名是随着皇帝陵的最后命名而确定的。比如，乾隆帝的陵最后正式命名为“裕陵”之后，那么妃园寝就正式称“裕陵妃园寝”，但仍有时称纯惠皇贵妃园寝。

总的来说，清朝妃园寝的名称比较混乱，随意性比较强，有时同时用多种称谓。有时明明皇帝陵的陵名已经确定，却仍称以前的名称。如乾隆八年（1743）九月，乾隆帝第一次到盛京拜谒祖陵时，同时遣官祭福陵和昭陵的妃园寝，当时则称福陵的妃园寝为寿康太妃园寝，称昭陵的妃园寝为宸妃、懿靖大贵妃、康惠淑妃园寝。[②] 一直到道光九年（1829）九月，道光帝去盛京祭祖时仍是这样称福陵和昭陵的妃园寝。[③] 有时皇帝陵的陵名确定以后，妃园寝的名称前只加皇帝陵的第一个字，不带陵字，如称定陵妃园寝为定妃园寝。[④]

皇家对妃园寝的名称没有具体的明文规定，称谓比较混乱，随意性较强。就以裕陵妃园寝为例作进一步说明。

裕陵妃园寝始建于乾隆十年（1745）。[⑤] 乾隆十七年（1752）十月时称裕陵妃园寝为“妃园寝”。[⑥] 乾隆二十七年（1762）四月十九日葬入纯惠皇贵妃后，裕陵妃园寝在几十年中有多种称谓，有时称“皇贵妃园寝”，[⑦] 有时称“孝贤皇后陵寝皇贵妃衙门”，[⑧] 有时称“胜水峪妃衙

① 清宫档案《内务府来文》“礼仪”，第34包。

② 《高宗纯皇帝实录》卷二十一，《清实录》第11册，第577页，中华书局，1986年。

③ 《宣宗成皇帝实录》卷一六〇，《清实录》第35册，第474页，中华书局，1986年。但道光帝谒盛京祖陵，遣大臣祭昭陵妃园寝时，则只称“懿靖大贵妃、康惠淑妃园寝”，去掉了宸妃之名。原因待考。

④ [清] 英廉重纂本：《昌瑞山万年统志》卷一“志陵寝”，见定妃园寝图。

⑤ 清宫档案《内务府来文》第2000包。

⑥ 清宫档案《新整内务府档》“礼仪”，第61包。

⑦ 清宫档案《内务府来文》第14包。

⑧ 清宫档案《内务府来文》第17包。

门”,[①] 有时称“纯惠皇贵妃园寝”。[②] 乾隆四十年（1775）十月，礼部在奏请庆贵妃神牌供入妃园寝神龛之事的奏折内，既称“孝贤皇后陵之皇贵妃园寝”，又称“纯惠皇贵妃园寝”。[③] 这种两种称谓同时出现在一个折奏中的事不仅这一次。[④] 到乾隆五十三年（1788）九月，还有称“东陵妃衙门”的。嘉庆十二年（1807年）十月，奉移婉贵妃、惇妃、恭嫔到裕陵妃园寝时，銮仪卫的来文中称“纯惠皇贵太妃园寝”,[⑤] 而内务府的来文中却称“纯惠皇贵妃园寝”。[⑥] 从道光朝开始，才多称“裕陵妃园寝”。[⑦]

三、陵名的含意

前面已经讲过，自东汉到清朝，陵名都采用吉祥字语，加之多为一个字，少数两个字，所以造成了陵名多重复的现象。陵名的含意大体分三种类型：一是表明对江山社稷、后代子孙的保佑荫庇作用；二是对其一生功德勋业的评价和概括；三是后世子孙的希望和寄托。有的陵名的含意兼而有之。

永陵是清朝建得最早的陵寝，墓主人都是清朝皇帝的祖先。永陵是在顺治十六年（1659年）九月二十三日命名的。“永”字含有长久、永远之意。将老祖宗的陵命名为永陵，含有大清江山永固、国祚绵长、永远昌盛之意。在中国历史上，秦悼武王赢荡、西魏文帝元宝炬、武则天祖父武华、南唐烈祖李昇、前蜀高祖王建、金太祖之父劾里钵、明世宗朱厚熜的陵都称永陵。

①② 清宫档案《内务府来文》第34包。

③ 清宫档案《内务府来文》第32包。

④ 清宫档案《内务府来文》第38包。

⑤ 清宫档案《銮仪卫档》“仪仗”，56号。

⑥ 清宫档案《内务府来文》第95包。

⑦《宣宗成皇帝实录》卷四六，《清实录》第33册，第817页，中华书局，1986年。

清太祖努尔哈齐是清朝江山社稷的奠基人，他的陵命名叫福陵，其寓意是福大命大、洪福齐天、福泽无穷。他的勋业功德造福于后世子孙。历史上唐武宗李炎的生母宣懿皇后韦氏的陵也叫福陵。

太宗皇太极的陵名昭陵，其昭字有“明亮、彰明、显扬”之意。清朝对昭字的解释是“高朗有融曰昭，圣闻周达曰昭，明德有劳曰昭，威仪恭明曰昭，遐隐无遗曰昭，容仪恭美曰昭”。[①] 将太宗皇太极的陵命名为昭陵，意在弘扬和彰显太宗皇太极创建大清王朝的不世之勋劳。

关于为什么将太宗皇太极的陵命名为昭陵，有人说是仿照唐太宗李世民的昭陵。李世民是唐朝的第二代君主，庙号是太宗，陵名叫昭陵，而皇太极也是第二代君主，庙号也是太宗，所以才将皇太极的陵命名为昭陵。[②] 其依据是乾隆帝就这样说的。实际上这种说法是站不住脚的。李世民确实是唐朝的第二代君主，庙号是太宗，在顺治元年（1544）八月十一日，给皇太极的陵命名时，皇太极还没有“太宗”这一庙号，给皇太极上“太宗”庙号是在顺治元年十月初七日[③]，比给陵命名晚将近两个月；再者说，在给皇太极的陵命名时，当时清朝还没有入关。刚刚建立的清王朝还是一个偏邦小国。这个小国能不能站住脚，能不能长久，能不能打败李自成农民起义军，能不能取代明朝，夺得天下，建立大一统的国家，这些还都是未知数。清朝还不能与大唐王朝相比，而且皇太极是清朝的实际创建者，是清朝的第一帝。从努尔哈齐那里算他才是第二代君主，这时的皇太极怎么能与唐太宗李世民相提并论？怎么会因为李世民的庙号是“太宗”，陵名叫“昭陵”才将皇太极的陵也命名为昭陵呢？更何况乾隆帝也没有明确说太宗的昭陵是仿唐太宗李世民的陵名。乾隆帝是怎么说的呢？乾隆八年（1743），乾隆帝第一次去盛京祭祖时，拜谒了昭陵后，作了一首“昭陵石马歌”。在这首歌中有“遐思我祖如唐宗，陵园

① [清] 吴振棫：《养吉斋丛录》卷十二，第133、136页。

② 李凤民、陆海英：《盛京昭陵》第127页，沈阳出版社，1994年。

③《世祖章皇帝实录》卷九，《清实录》第3册，第93页，中华书局，1986年。

庙号先后同”一句。[①] 乾隆四十八年（1783）第四次盛京祭祖时，作了一首“恭谒昭陵”的诗，其中有“昭陵名偶同贞观”一句。[②] 这两句话根本就没有皇太极的陵名是仿照李世民的陵名命名的意思，只是说“先后同”和“偶同”，有偶然巧合的意思。所以，皇太极的陵名是仿李世民的陵名命名的说法是不成立的。

乾隆帝为什么要把皇太极与李世民联系在一起呢？这是有他的用意的。我们都知道唐太宗李世民是中国封建社会中著名的君主，声望很高。唐朝是中国封建社会的极盛时期，有“盛唐”之誉，把皇太极与唐太宗联系起来，就等于告诉天下臣民：我们大清王朝就会像当年的大唐一样强盛、长久，无疑会提高皇太极的地位。乾隆帝这样做完全是出于政治目的。

关于皇太极的陵名叫昭陵，还有一种说法是出自“昭穆制度”。[③] 什么叫昭穆？左为昭，右为穆。在古代的宗法制度中，在坟墓的位次和神牌的排列上常用昭穆。东北的三陵，永陵为首，其次为福陵，第三是昭陵。如果按昭穆排列，永陵应居中，福陵居昭位，昭陵居穆位。实际上，三陵的位置根本就未按昭穆关系排列。所以皇太极的昭陵名称从昭穆关系上看，怎么也联系不上，风马牛不相及。如果这种说法成立的话，位于穆位的陵就应该称“穆陵”了，这显然是不可能的。所以说这种说法是讲不通的。

除了清太宗皇太极的陵与唐太宗李世民的陵重名外，北周世宗宇文毓的陵、吴烈祖景皇帝杨渥的陵、南汉中宗刘晟的陵、明穆宗朱载垕的陵都叫昭陵。

明太祖朱元璋的陵称孝陵，顺治帝的陵也称孝陵。为什么两个大王朝的统一中国的君主的陵都叫孝陵呢？在辞典里对“孝”字的解释

---

① [清] 蒋溥等奉敕编：《御制诗集》初集，卷一八。《文渊阁四库全书》（景印）第一三〇二册，第316～1303页，台湾商务印书馆。

② [清] 董诰等奉敕编：《御制诗集》四集，卷九九。《文渊阁四库全书》（景印）第一三〇八册，第888～1308页，台湾商务印书馆。

③ 李凤民、陆海英：《盛京昭陵》第127页，沈阳出版社，1994年。

是“善视父母”。[①]儒家一向主张“孝，礼之始也。”；“孝悌也者，其为人之本欤”；“礼有五经，莫重于孝。”；“百善孝为先”。陵寝是皇家后世子孙瞻仰、敬祀、缅怀先祖功德的圣地。清朝皇帝认为“圣天子孝先天下，首重山陵”。[②]封建皇帝一向主张和提倡以孝治天下。他们把“孝治”作为统率万民、治理国家、维护皇权一种极为重要的形式和手段。清朝对“孝”字的解释是：“慈惠爱民曰孝，协时肇宇曰孝，五宗安之曰孝，德加百姓曰孝。”[③]清廷将入关统一华夏第一君顺治帝的陵寝命名为孝陵，其寓意就是训诫后世子孙要孝敬祖先，恩惠百姓，敬天法祖，以达到维护和加强皇权统治的目的。在历史上，命名为孝陵的，除明太祖朱元璋之外，还有北周的高祖武皇帝宇文邕的陵寝。

康熙帝的景陵的“景”字，清朝的解释是“光有令绪为景，耆意大图曰景，明照旁周曰景，布义行纲曰景，由义而济曰景，布义行刚曰景。”[④]历史上称景陵的还有北魏世宗宣武皇帝元恪的陵、唐宪宗李纯的陵、金世宗之父睿宗的陵、明宣宗朱瞻基的陵。

雍正帝的泰陵的“泰”字有平安、通畅、安宁之意。清朝官方的解释是“循理安舒曰泰，临政无慢曰泰。”[⑤]康熙帝晚年，政尚宽和，吏治废弛，贪污横行，朋党之风极盛。雍正帝即位后，以严明继之，采取坚决措施，整顿吏治，打击朋党，严惩贪污，使社会秩序安宁，生产发展，国力明显增强，可谓国泰民安，为乾隆盛世的出现奠定了坚实的基础。雍正帝励精图治，勤于政事，日理万机，废寝忘食。用他自己的话说“朕立志以勤先天下，凡大小臣工奏折，悉皆手批。”[⑥]雍正帝是历史上最勤政的皇帝之一。纵观雍正帝的一生及

---

①《辞海》（缩印本）第1237页，上海辞书出版社，1982年。

②[清]英廉重纂本：《昌瑞山万年统志》卷首“原纂统志序”。

③④[清]吴振棫：《养吉斋丛录》卷十二，第133、136页，北京古籍出版社，1983年。

⑤[清]吴振棫：《养吉斋丛录》卷十二，第142页，北京古籍出版社，1983年。

⑥《雍正朱批谕旨·鄂尔泰》转引自冯佐哲、姜相顺《略论雍正》；载于左步青：《康雍乾三帝评议》第287～288页，紫禁城出版社，1986年。

其治国之道，用“泰”字命名其陵，是很恰当的。在历史上，叫泰陵的，还有隋文帝杨坚的陵、唐玄宗李隆基的陵、西夏景宗李元昊的陵、金太祖之叔父肃宗的陵、明孝宗朱祐樘的陵。

乾隆帝裕陵的“裕”字有“富裕、宽宏”之意。清朝对“裕”字的解释是“建中垂统曰裕，仁圣祐启曰裕，性量宽平曰裕，镇静守度曰裕，宽和不迫曰裕。”[①]乾隆帝享国六十年，又当了3年太上皇帝，在位期间，国富民安，四海升平，达到了清朝的鼎盛时期。其陵寝以“裕”字命名，是很恰当的。在历史上，叫裕陵的还有西夏李继迁的陵、金章宗之父完颜允恭的陵、明英宗朱祁镇的陵。

嘉庆帝的昌陵，其“昌”字有兴盛、繁荣、美好之意。虽然清朝从乾隆后期由鼎盛的巅峰开始走下坡路，到了嘉庆帝即位后，国门尚未被帝国列强打开，在表面上仍保持着天朝大国的形象，但实际上国力已远非昔日可比。到了道光帝即位时更是每况愈下。将嘉庆帝的陵命名为“昌陵”，反映了当时清朝统治者希望大清国能继续繁荣昌盛的愿望。五代后晋高祖其父石绍雍的陵、西汉成帝刘骜的废陵曾叫昌陵。

道光帝的陵为什么叫慕陵，前文已经讲过，此处不再赘述。在历史上尚未发现有称慕陵的。

咸丰帝的定陵，“定”字有平定、安定之意。咸丰帝刚即位时，正赶上太平天国和捻军起义，农民起义风起云涌，声势浩大，严重地威胁着清朝统治，直到咸丰帝驾崩也未能平定这两支农民起义。同时在这期间，外国侵略者加紧了对中国的侵略和掠夺，发动了第二次鸦片战争。清政府被迫与侵略国签订了许多不平等条约，割地赔款，丧权辱国。咸丰十年（1860）八月初，英法侵略军攻打北京，形势非常危急，咸丰帝急匆匆逃往热河避暑山庄避难。[②]八月二十二日，英法

①[清]吴振棫：《养吉斋丛录》卷十二，第133～136页，北京古籍出版社，1983年。

②《文宗显皇帝实录》卷三二八，《清实录》第44册，中华书局，1987年。第877页载：“己巳，上诣安佑宫行礼。以秋狝木兰，自圆明园启銮，皇长子随驾。”

侵略军闯入圆明园，到处烧杀、肆意抢掠。[1]八月二十九日，英法侵略军攻陷北京。[2]九月初五、初六两天，当英法侵略军把能抢的抢了，能拿的拿了，能破坏的破坏了之后，下令放火，烧毁了这座清朝苦心经营一百多年、聚集无数古今艺术珍品、综合中外艺术之大成、举世罕有的世界文化瑰宝——圆明三园，在数日之内变成了一片废墟。[3]同时被烧的还有其他皇家林园，使中国文化遭到了空前的浩劫。整个咸丰朝兵荒马乱，多灾多难，咸丰帝几乎没过过一天安稳平静遂心的日子。咸丰帝面对悲惨时局，痛心疾首，束手无策，急得他真想痛哭一场，他面对满朝文武大臣十分痛心地说：

> 予蒙天恩，承考命，临御天下六年于兹，四海无一日安静，万姓罹兵燹之灾，返躬自问，天恩未报，祖考之恩未报，若稍自遐逸，是诚何心哉？予不敢亦不忍也。……兴念及此，真堪一痛哭也！[4]

咸丰帝的陵就是在这种社会背景下建成的。将他的陵命名为“定陵”，表达了当时朝廷迫切希望国家尽快恢复安定、平静、和平、稳定生活的愿望。在历史上，命名为定陵的有，三国时期吴国景皇帝孙休的陵、北魏肃宗孝明帝元诩的陵、北周宣帝宇文赟的陵、唐中宗李显的陵、金太祖的祖父景祖乌古廼和明神宗朱翊钧的陵。

同治帝的陵叫惠陵。其“惠”字有仁慈、聪明之意。清朝对惠字的解释是“爱民好与曰惠，威德可怀曰惠，泽及万世曰惠，仁恕中存曰惠，慈恩广被曰惠，勤施无私曰惠，抚宇心殷曰惠，兴利裕民曰

①《文宗显皇帝实录》卷三二九，《清实录》第44册，第895页，中华书局，1987年。

②③ 阎崇年、田珏、韩恒煜：《中国历史大事编年》第五卷（清近代），第557页，北京出版社，1987年。

④《文宗显皇帝实录》卷一八八，《清实录》第43册，第10～11页，中华书局，1987年。

惠。”[①] 同治帝6岁即位，18岁亲政，19岁驾崩，虽说在位13年，实际上没有什么政绩可言。将其陵命名为惠陵，其实是一种溢美之称。在中国历史上，蜀国的昭烈帝刘备的陵、唐让皇帝的恭皇后的陵、五代后晋高祖的三代祖石郴的陵、五代后周周世宗的刘皇后的陵都叫惠陵。

崇陵是光绪帝的陵。“崇”字有高、尊敬之意。唐朝的德宗李适的庙号是“德宗”，陵名叫“崇陵”。不仅光绪帝的陵名与李适的一样，光绪帝的庙号也与李适的一样，这只是巧合。

四、陵名的避讳

不仅皇帝的名字要避讳，皇帝陵的陵名也要避讳。康熙帝的陵命名为“景陵”之后，在雍正四年（1726）七月二十八日，雍正帝发现湖广安陆府属有一个县叫景陵县，“心甚不安”，指责该督抚“不具奏请改，于心独安乎？”于是，责成内阁为此县拟定新的县名。内阁很快将所拟的新县名上奏皇帝，“得旨：著改为天门县。”[②]

清廷明确规定：“列圣、列后陵名清语，八旗大臣、官员、兵丁等不得以命名。如有，应行敬避者。现任大臣自行具奏更改。官员、兵丁等呈明该管大臣更改。”[③]

《钦定大清会典》明文规定：

> 各陵名清语俱系敬谨尊上，即如恩特和墨（永陵——笔者注，下同）、瑚图灵阿（福陵）、额勒登额（昭陵）、孝顺阿（孝陵）、安巴灵武（景陵）、额勒和（泰陵）、托谟宏武（裕陵）之清语，均非臣下命名所应用。著交八旗令现任大

---

① [清] 吴振棫：《养吉斋丛录》卷十二，第134、142页，北京古籍出版社，1983年。

② 《世宗宪皇帝实录》卷四六，《清实录》第7册，第703页，中华书局，1986年。

③ 《钦定礼部则例》卷一四三，“祠祭清吏司”，第18页。

臣内有以此等清语命名者，即著自行具奏更改。官员、兵丁内有以此等清语命名者，即著呈明该管大臣更改。嗣后八旗臣仆俱不得以此等清语命名。所有黑龙江副都统衔总管色尔衮原赏之巴图鲁名号著改为强谦巴图鲁。[①]

一些地方官员对上述皇帝的谕旨并不认真研究、理解，认为汉字中涉及陵名的也要改，比如，四川省将一名叫樊泰详的县丞改名为樊仲翔，将一名叫张景超的贡生改名为张步超。对此，嘉庆帝在嘉庆九年（1804）六月十五日再一次作了明确规定：

前因山陵称号各清语非臣下所当命名，应行一律更改。当经明降谕旨专指清语而言。至各陵称号汉字臣民等如有以“景”字、“泰”字等字样命名而下一字系“林”、“龄”等字者，两字相连，两音相叶，如策丹王福之原名者，是以更改，其专用“景”字、“泰”字等字命名者，原不在敬避之例。[②]

五、悬挂陵名匾额

（一）什么是匾额

清朝，凡是建有明楼的皇帝陵和皇后陵，题写陵名的匾额都悬挂在明楼南面的上下檐之间。

在这里有必要先讲一下匾和额的问题。其实匾和额是不一样的，横为匾，竖为额。紫禁城的午门、太和殿、乾清宫等外檐下的都为

①《钦定大清会典事例》卷一一四〇，第24册，台湾新文丰出版公司，1976年。

②《仁宗睿皇帝实录》卷一三〇，《清实录》第29册，第762页，中华书局，1986年。

额，乾清宫内悬挂的“正大光明”和承德避暑山庄门内悬挂的“避暑山庄”等都是匾。可是在许多书中往往把匾和额连用，称为“匾额”。这就造成了混乱，单从字面上难以分清实际上挂的是匾还是额。额也叫斗匾，因为所有的额四边都用立板围起来，形成一个斗状，称斗匾还比较容易让人明白。

（二）陵寝斗匾的规制和质地

清朝关内帝、后陵的隆恩门、隆恩殿、明楼上所悬挂的都是没有雕龙的斗匾。在清朝官书和档案里多称为匾额，在档案中有时也有称斗匾的。①

斗匾的常规做法是四边为曲线边沿的斜侧板，上侧板叫上盖，下侧板叫底，两旁侧板叫立帮，围成一个“斗”形。中心的平板叫匾心。上盖两端出头，两立帮下出头。装饰形式有两种，一种是盖、底、帮上都无纹饰雕刻，只有边线用金，这种斗匾，盖、底、帮都为红色。另一种是盖、底、帮上都镂雕立体的云龙。等级最高、最尊贵的为九龙斗匾②。紫禁城的午门、太和殿、中和殿、乾清宫、坤宁宫、钟粹宫等斗匾属于第一种。养心殿、皇极殿、储秀宫、长春宫、太极殿、宁寿宫、颐和轩等及太庙的享殿、历代帝王庙等处的斗匾均为九龙斗匾。这些雕龙均为金色，或贴金、扫金，也可能泥金。

无论哪种形式的斗匾，匾心基本都是一样的，都是以深蓝色（也有叫群青色的）为底色，字为金色。斗匾上的字多为镀金铜字。清朝皇宫、陵寝、皇家园囿的斗匾上的文字或满汉合璧，或满、蒙、汉3种字体，也有4种和5种字体的。

笔者在中国第一历史档案馆找到了一件记述景陵斗匾的史料，抄录如下：

---

① 清宫档案《新整内务府档》第0450包。

② 九龙匾，盖上雕三龙，底和两立帮各雕两条龙。

> 计开：景陵明楼、隆恩殿、隆恩门三处俱系火焰边立匾，共三扇，各心子内满、蒙、汉铜镀金字，青地杖。火焰黄金边线，里素地杖析面边。背后朱红油地杖、灰麻布地杖。[①]

据档案记载，慈禧陵的3块斗匾都是用樟木做的，满、蒙、汉3种字都是铜镀金的[②]。铜字厚约2毫米～3毫米，每个铜字上有许多的小孔，是钉铜钉用的。

关内清陵的所有斗匾规制都是一样的，只是尺寸大小不同。上盖、底及两立帮都无纹饰，红色底、金边。

每一座新的皇帝陵建成后，在制做斗匾时往往都仿照前一代陵寝的斗匾规制。比如泰陵建成后，就是仿照景陵的碑匾式样、做法做的。[③]慈禧陵的斗匾是仿照慈安陵的斗匾做的。[④]

按常理，一座陵寝的各建筑上的斗匾，规制和装饰应该是统一的。可是如今关外福陵和昭陵明楼上的斗匾与隆恩殿的斗匾的装饰却不一致。福陵、昭陵两明楼的斗匾的盖、底和立帮上的云龙都是彩绘的，而两陵隆恩殿斗匾立帮上的云龙却是雕刻的。福、昭二陵的明楼先后于1962年和1937年被雷电击中烧毁，现在我们看到的都不是原来的，是后来重做的。所以，两陵明楼的斗匾原来到底什么样，为什么与隆恩殿的斗匾不一致，还有待考证。

关内清陵的斗匾规制与明陵的基本一样。

清陵标示陵名的形式有3种：第一种是普遍采用的在明楼上悬挂斗匾的形式。采用这种形式的有福陵、昭陵、昭西陵、孝陵、孝东陵、景陵、泰陵、泰东陵、裕陵、昌陵、定陵、普祥峪定东陵（慈安陵）、菩陀峪定东陵（慈禧陵）、惠陵、崇陵15座陵。第二种是镌刻在石匾上。因为昌西陵、慕陵、慕东陵三陵没建明楼，无处悬挂斗

① 清宫档案《新整内务府档》“礼仪”，第2922包。

② 清宫档案《内务府来文》“陵寝事务”，第0450包。

③ 清宫档案《内务府档》第0447包。

④ 清宫档案《新整内务府档》“陵寝事务”，第0450包。

匾，所以就将陵名镌刻在陵寝门中门门口以上的石匾上。[①] 第三种形式是不标明陵名，这种做法只有永陵。因为永陵既没有建明楼，也没有建陵寝门，没有标陵名的地方，所以，永陵也就成了清朝帝、后陵中唯一没有标示陵名的陵寝。

福陵明楼斗匾（复制）

景陵明楼斗匾（复制）

① 慕陵的陵名镌刻在石牌坊中门南侧的石匾上。昌西陵和慕东陵的陵名镌刻在陵寝门中门南侧的门口以上的横匾上。

（三）斗匾的悬挂

清朝皇帝陵和皇后陵的斗匾要在皇帝、皇后入葬前悬挂。悬挂日期要由钦天监选择。悬挂的前一天要由皇帝钦派大臣到皇帝或皇后的几筵前（梓宫前）行告祭礼，[①] 恭读祭文。还要派大臣亲临陵寝现场举行悬挂斗匾典礼。[②] 每块斗匾是用4个铁挺钩悬挂起来的。据档案记载，菩陀峪定东陵（慈禧陵）的3块斗匾是于宣统元年（1909）九月初九日卯时（5～7时）悬挂的，前一天的辰时（7～9时）在慈禧的几筵前行的告祭礼。[③] 给菩陀峪定东陵（慈禧陵）做并挂3块斗匾，包括做挺钩、做包装箱，共用了白银4663两6钱。[④]

笔者找到了悬挂泰陵三匾时的告祭文，抄录如下：

陵园邃穆，森拱卫于崇岗；殿宇清严，盛鬱葱于佳气。上璇题而展敬，遵彝典以告虔。

钦惟皇考世宗宪皇帝，道备中和；功隆参赞。敬天勤政；允昭奕世之章程；法祖诚民，溥洽万方之膏泽。盛德由于天亶，至圣多能；大孝本于性成，终身孺慕。方圣祖临池之暇，趋庭而尽得精神；洎景陵启隧之时，濡墨而虔题匾额。孝思通于天地；宏章焕若日星。当今吉兆以已成；适际灵舆之将驾。谨稽旧典，扬谟烈于无穷；敬颂隆恩，俨音容之如在。于戏！吮毫染翰，瞻弓剑以增悲；僾见忾闻，仰衣冠而永慕。

谨告。[⑤]

---

①《高宗纯皇帝实录》卷二八，《清实录》第9册，第600页，中华书局，1986年。

②[清]延昌：清宫档案《惠陵工程备要》卷一，"全工事宜"。惠陵挂斗匾，派庄亲王载勋到同治帝几筵前告祭。派礼部左侍郎奎润到惠陵行礼。

③ 清宫档案《孝钦显皇后大事档》白26。

④ 清宫档案《内务府来文》"修建工程"，第2105包。

⑤《皇朝文典》第一册，卷三，第17页。

再请看悬挂泰东陵斗匾时的告祭文：

惟乾隆四十二年岁次丁酉　月　朔越　日子皇帝恭遣　敢昭告于皇妣孝圣慈宣康惠敦和敬天光圣宪皇后神　前曰：

奥区卜宅，崇榱桷以维新；吉兆绥神，巩川原而式固。

兹届蒇珠邱之礼；爰悬琼榜之书。洒墨亲题；瞻云永慕。缅凭依之如在，陟降三霄；仰规制之弥隆，昭垂奕祀。从此日星炳焕，常通佳气于桥山；庶期霜露沾濡，式妥慈歆于閟寝。

谨告。[1]

自从雍正帝首创皇帝陵的三匾二碑的汉字由嗣皇帝御笔亲书并钤用“尊亲之宝”的制度以后，皇帝陵中除惠陵外，都这样做，并将这一做法扩大到了皇后陵。

昌西陵和慕东陵的陵名匾、隆恩殿匾、隆恩门匾本来都是咸丰帝的御笔所书，[2]可是这两陵的上述斗匾上却没有钤用“咸丰尊亲之宝”。据笔者考证，可能是以下原因：昌西陵是咸丰二年（1852）八月下旬竣工的，[3]经钦天监择吉，定于咸丰三年（1853）二月二十六日孝和皇后葬入昌西陵地宫。[4]这样题写并镌刻匾额的工作就要提前办理。西陵的泰东陵的碑匾上虽然都用了“乾隆尊亲之宝”，但乾隆帝与孝圣皇后是母子关系，而咸丰帝与孝和皇后是祖孙关系，是否在

① 《皇朝文典》第一册，卷三，第22页。

② 《文宗显皇帝实录》卷八五，《清实录》第41册，第110页，中华书局，1986年。《文宗显皇帝实录》卷二二三，《清实录》第43册，第491页，中华书局，1987年。

③ 清宫档案《内务府来文》第2959包。

④ 中国第一历史档案馆编：《咸丰同治两朝上谕档》第2册，第369页，第1121条，广西师范大学出版社，1998年。

匾额上也用“咸丰尊亲之宝”，咸丰帝不清楚。他想到了昭西陵是雍正帝建的，孝庄皇后是雍正帝的曾祖母，也不是母子关系。于是在咸丰二年十一月十七日，咸丰帝给马兰镇总兵官庆锡发了一道谕旨：昭西陵“隆恩门、隆恩殿扁额上所用之宝系何字样，著庆锡敬谨查明覆奏。”[①] 实际上昭西陵的神道碑、朱砂碑、隆恩门斗匾、隆恩殿斗匾、明楼上斗匾均没有用“雍正尊亲之宝”。[②] 庆锡在覆奏中自然说昭西陵碑匾上没有用“雍正尊亲之宝”。咸丰帝见昭西陵没有用宝，昌西陵自然也就不用“咸丰尊亲之宝”了。至于慕东陵匾额也没用“咸丰尊亲之宝”，咸丰帝不是孝静皇后所生，本来对于孝静皇后的丧礼已大为减杀，其陵寝的匾额不用“咸丰尊亲之宝”也就在情理之中了。

以上只是笔者的考证，还有待文献的佐证。

① 中国第一历史档案馆编：《咸丰同治两朝上谕档》第2册，第406页，第1215条，广西师范大学出版社，1998年。

② 雍正帝亲写景陵的二碑三匾上的汉字，并钤用“雍正尊亲之宝”，在当时是出于对皇父康熙帝的无限崇敬之意，并没有将此做法作为制度传承下去的想法。所以，昭西陵的二碑三匾上不仅没有用“雍正尊亲之宝”，就连碑匾上的汉字都不是雍正帝所书，这是不难理解的。建泰东陵时，乾隆帝才仿其父雍正帝的做法，亲写碑匾上的汉字并用“尊亲之宝”，以后遂成定制。

第六章 陵寝的管理和保卫

第一节 升县为州

明、清两朝为了加强对皇陵的管理，往往把皇陵所在地的隶属级别和管理权提高。明朝，从明成祖朱棣的长陵建在北京的昌平县（现昌平区）境内的天寿山下之后，各皇帝陵及部分妃子墓也都建在了那里。正德元年（1506）从南京吏部尚书林瀚请求，升昌平县为昌平州，隶密云、顺义、怀柔三县。[①]

康熙二年（1663）直隶遵化县（现遵化市）境内的昌瑞山一带被划为皇家陵园，开始营建孝陵。康熙十五年（1676），御史程文彝上书皇帝，以“遵化县为陵寝重地，理宜加隆”，奏请仿明朝升昌平县（现北京昌平区）为州之例，将遵化县升为州，“以培根本，以崇孝治。”[②] 康熙十五年（1676）十一月十九日，遵化县被正式升为遵化州，辖丰润一县。改设知州、州判、吏目、学正、训导各一员。[③]仍属顺天府，以通永道分辖之而隶于东路同知。

雍正八年（1730），雍正帝的万年吉地确定在直隶易县的泰宁山下，随即开工营建。到了雍正十一年（1733）十一月，直隶总督李卫

① [清] 顾炎武：《昌平山水记》卷上，第4页，北京古籍出版社，1982年。

② [清] 英廉重纂本：《昌瑞山万年统志》下函，卷一“沿革”。

③ 《圣祖仁皇帝实录》卷六四，《清实录》第4册，第823页，中华书局，1985年。

为使万年吉地“体统更觉整肃，而保护风水，万福攸同，垂之亿禩而愈隆”，奏请将保定府的涞水、山西省的广昌隶属易县。这年的十一月二十七日，雍正帝批准了他的请求，将易县升为直隶州，辖涞水、广昌二县。[①]

遵化县（现遵化市）的昌瑞山下，继孝陵之后，又先后营建了景陵、景陵妃园寝、孝东陵。到了乾隆八年（1743），乾隆帝的裕陵（当时称胜水峪万年吉地）又已开工。于是总理东陵三陵事务的康熙帝的第二十二子贝勒允祜奏请皇帝仿易州升直隶州之例，将遵化州升为直隶州，下辖玉田、丰润二县。乾隆帝看了允祜的奏折之后，谕军机大臣：

> 若因州县承办事务起见，尚属可行。但当申明孝陵、景陵俱在州境，近复选定万年吉地。如此立言，方为合理。不应因万年吉地而改制也。尔等可寄信与高斌（笔者注：直隶总督，慧贤皇贵妃之父），令其知此意题请。所属二县是否合宜，亦著高斌斟酌，叙入疏内。[②]

乾隆帝让军机大臣们将他的这道谕旨传给贝勒允祜知道。

时隔不久，直隶总督高斌遵照皇帝的旨意，向朝廷写了一道奏疏，要求将遵化州升为直隶州。高斌是这样说的：

> 遵化州地方，萃山川之灵秀，纪形胜于神皋，肃卫祖陵，久称重地。近复于胜水峪选建万年吉地，天开宝城，庆龙脉之绵长；星拱皇图，宜鸿模之式廓。

---

①《世宗宪皇帝实录》卷一三七，《清实录》第8册，第753页，中华书局，1985年。

②《高宗纯皇帝实录》卷一九二，《清实录》第11册，第471～472页，中华书局，1986年。

今遵化州拱卫三陵，复建万年吉地，请照易州之例，升为直隶州。[①]

乾隆帝自然准奏，乾隆八年（1743）七月十一日，遵化州升为直隶州，辖丰润、玉田二县。

第二节　陵寝的管理机构

清朝皇陵的管理机构有内务府、礼部、工部；保卫机构有八旗、绿营。其中的内务府、礼部、八旗是按陵设置，绿营和工部是整个陵园设置一个。关内东陵和西陵的整个陵寝的最高长官是东陵守护大臣和西陵守护大臣。

一、陵寝守护大臣及承办事务衙门

（一）守护大臣

陵寝守护大臣的设置经历了几十年，到嘉庆年间才最后形成制度，经历了一个由不完善到完善的过程。最初起源于景陵的看护。

顺治帝入葬孝陵之后，当时昌瑞山下只有孝陵，管理孝陵的最高长官是总管。康熙帝是于康熙六十一年（1722）十一月十三日病逝的。在这年的十二月初六日，雍正帝就看护陵寝一事发出了一道上谕：

满汉部院、八旗大臣等、诸侍卫、近侍及执事人，以受皇考数十年豢养深恩，不忍远离梓宫，奏请愿往陵寝守护者

① 《高宗纯皇帝实录》卷一九六，《清实录》第11册，第522～523页，中华书局，1986年。

甚众，若尽行遣去，势有不能。朕念皇考陵寝如照定例，止令总管关防等守护，朕心实为不忍。朕意欲于诸弟中派出一人，封以王爵；子侄内派出二人，封以公爵，永远恭代朕躬守护陵寝。此处另降谕旨外，应将大学士一员、尚书二员、侍郎二员、领侍卫内大臣一员、内务府总管一员、副都统二员、散秩大臣二员、乾清门侍卫四员、近侍四员、侍卫蓝翎四十员，派出守护。伊等缺出不必补人。此所派官员，将现任满汉大臣及原品食俸、原品致仕并从前委署人员职名，查明开列具奏。[①]

6天以后，即康熙六十一年（1722）十二月十二日，雍正帝就命文华殿大学士萧永藻、致仕礼部尚书凯音布、礼部尚书陈元龙、刑部右侍郎周道新、原任侍郎穆尔泰、都统马三奇、石文英、副都统胡必图、谈巴、领侍卫内大臣宗室敬恒、散秩大臣伍格、巴渣尔、内务府总管大臣董殿邦等往马兰峪护视陵寝。[②]

雍正元年（1723）二月二十七日，雍正帝命文华殿大学士萧永藻总理三陵[③]内外事务。内务府总管董殿邦管理三陵包衣佐领下官员、执事、太监等事务。[④]由此可知，这些大臣名义上是看护景陵的，实际上是管理整个皇陵（后来的东陵）的，这是清朝皇陵设置守护大臣的滥觞。这时代替雍正帝守景陵的一王二公还没有选派。

雍正元年（1723）三月二十七日，康熙帝的梓宫从景山寿皇殿奉移遵化景陵，雍正帝亲自护送。[⑤]四月初二日到达景陵，将梓宫停放

① 雍正帝《上谕内阁》卷二。此条上谕在《世宗宪皇帝实录》中这个日期内未载。雍正二年七月十日谕旨中重提了这条谕旨的部分内容。

② 《世宗宪皇帝实录》卷二，《清实录》第7册，第56页，中华书局，1985年。

③ 这里的三陵指的是孝陵、孝东陵、景陵（此时景陵尚未命名）。孝庄文皇后的昭西陵还未改建，还称暂安奉殿。

④ 《世宗宪皇帝实录》卷四，《清实录》第7册，第111页，中华书局，1985年。

⑤ 《世宗宪皇帝实录》卷五，《清实录》第7册，第123页，中华书局，1985年。

在隆恩殿内。[①] 根据钦天监所选的吉期，雍正元年九月初一日才葬入地宫，距入葬还有五个月的时间，所以，就在四月初二日梓宫到达景陵这一天，雍正帝对他的三哥诚亲王允祉说：

> 朕送皇考梓宫至陵寝，不忍遽去，欲留数日，以尽朕心。诸王大臣劝奏恳切，明日祭毕，朕将回銮。王暂留数日，将陵寝一应典礼酌定，著诸人俱照定例遵行。再贝子允禵著留陵寝附近汤泉居住，俾得于大祀之日，行礼尽心。[②]

这次将诚亲王允祉留住陵寝"数日"，是为了"酌定典礼"，不是派出的看护景陵的王爷。只有允禵才是派出的第一位守护景陵的大臣。

雍正元年（1723）五月二十三日，雍正帝晋封允禵为郡王。[③]《世宗宪皇帝实录》中有这样一段记载：

> 雍正二年七月辛亥。谕总理事务王大臣等：皇考陵寝关系重大，若照定例，祇派总管等守护，朕衷实切不安。朕意于朕兄弟内酌令一人封以王爵，子侄内二人封以公爵，用代朕躬居守山陵。从前已经降旨。该部现在营造房屋。随酌令郡王允禵代朕前往居住。且谕允禵若欲携带家眷前往，亦听其带往。既而奏伊福金患病。朕即降旨，择医生之善者命往。如若水土不宜，可来京医治。若必须允禵亲看医治，则允禵亦应据实陈奏。且福金疾病并非一旦得之，其病势岂不能预知者。乃今忽奏福金患病奄逝，现在照郡王例办理外，尔王大臣会同拉锡佛伦议奏。
>
> 寻议：应照郡王例办理，安葬黄花山。允禵释服后，仍

①②《世宗宪皇帝实录》卷六，《清实录》第7册，第126页，中华书局，1985年。

③《世宗宪皇帝实录》卷七，《清实录》第7册，第150页，中华书局，1985年。

在祭祀处行走。

从之。[①]

许多人把这次作为允禵被派去看守景陵的开始。仔细研读这段记载，并非如此。这段表明允禵早已派驻景陵，而且其福金（乾隆年改为福晋）也随其同往，而且其福金很可能病死在看守景陵的住所。允禵被派驻景陵应该是雍正元年（1723）四月初二日雍正帝命诚亲王允祉留住景陵数日那次。上面的记载主要解决的是如何处理允禵福金的事宜。

雍正四年（1726）五月初二日，雍正帝下令将允禵从景陵撤回，将他禁锢在景山寿皇殿附近。[②] 同年五月十八日，雍正帝封他的皇十五弟允禑为多罗贝勒，代替允禵去看护景陵。[③] 雍正八年（1730）二月十八日，雍正帝晋封允禑为愉郡王。[④]

康熙六十一年（1722）十二月初六日，雍正帝提出了派往看护景陵的官员、侍卫人数，经各部院衙门开列职名，皇帝钦定，除以前所派的允禵、允禑外，其他人员有：

奉恩辅国公：鲁斌、法尔珊。

大学士：文华殿大学士萧永藻。

领侍卫内大臣宗室公：景恒（也叫敬恒）。

散秩内大臣和硕额驸：松阿延（也叫舜阿颜、舜安颜）。

散秩内大臣：巴札尔（巴渣尔）、武格。

都统、侯：马三奇、石文英。

尚书：开音布（凯音布）、陈元龙。

---

①《世宗宪皇帝实录》卷二二，《清实录》第7册，第354页，中华书局，1985年。

②《世宗宪皇帝实录》卷四四，《清实录》第7册，第642~643页，中华书局，1985年。

③《世宗宪皇帝实录》卷四四，《清实录》第7册，第659页，中华书局，1985年。

④ 中国第一历史档案馆编：《雍正朝汉文谕旨》第五册，第21~22页，广西师范大学出版社，2008年。

散秩内大臣、兼副都统：塔穆巴。

副都统：胡必图。

侍郎：穆尔泰、周道新。

内务府总管：董殿邦。

御前侍卫四员：关保、佟保、桑格、常明。

乾清门侍卫四员：额滕吉（宗室）、吴善、鄂伦达、观音保（觉罗）。

侍卫四十员内：

头等侍卫三员：德保、马口、法喀。

二等侍卫七员：凤格（觉逻）、鼐格（觉逻）、刘保柱、巴尔萨、常保、保住、七十三。

三等侍卫十八员：安楚护、盖州、四海、常寿、噶迈、砗砷（觉罗）、喀尔满色、德麟、佛保、萨哈达、辉玉、那颜泰、酸住、邦恺、邵西颜、拴住、巴尔虎达、恩特。

蓝翎侍卫十二员：查克信、仓米、伍什泰、萨郎阿、拉达哈、吹扎布、索住、鄂齐尔、偏图、达海、苏伦泰、马思哈。[①]

自愉郡王允禑于雍正九年（1731）二月初二日去世[②]以后，派到东陵的再也没有郡王。

随着职务的变化、致仕和自然的死亡，又遇缺不补，到了乾隆五年（1740），守护景陵的官员、侍卫仅剩下面这些人了：

三陵总理贝勒：允祜（康熙帝皇二十二子）。

奉恩辅国公：禄庆。

内务府总管：常在。

侍卫十二员，其中。

二等侍卫：鼐格（觉逻）、巴尔萨、保住、七十三。

三等侍卫：砗砷（觉罗）、德麟、萨哈达、邵西颜。

---

①［清］英廉重纂本：《昌瑞山万年统志》上函，卷六“志建设·官制”。

②《世宗宪皇帝实录》卷一〇三，《清实录》第8册，第359页，中华书局，1985年。《清皇室四谱》载，允禑死于二月初一日。

蓝翎侍卫：伍什泰、拉达哈、偏图、马思哈。[①]

康熙帝的皇二十三子允祁从乾隆九年（1744）四月二十日派到东陵总理三陵事务，[②]一直到乾隆五十年（1785）七月二十七日死，[③]一直在东陵任守护大臣，长达41年之久，他是清王朝任陵寝守护大臣时间最长的。

雍正帝死后第十六天即雍正十三年（1735）九月初九日，乾隆帝仿照当年其父派宗室成员和大臣看守景陵的做法，派康熙帝的皇二十子允祎等人及许多大臣前去易县守护泰陵。乾隆帝是这样说的：

> 皇考山陵重地，朕心寤寐瞻依，祇以躬膺付托，办理万几，未能亲往守护，而朕弟年长者祇和亲王一人，现在协办事务，又未能代朕前往。再四思维，公允祎乃皇考之弟，有服劳奉事之义，著晋封贝勒，令其前往守护。贝勒斐苏、公弘眺亦令同往。再照景陵之例，应派领侍卫内大臣一员、尚书二员、侍郎二员、内务府总管一员、副都统二员、乾清门侍卫八员、侍卫四十员。领侍卫内大臣著派哈达；尚书著派魏廷珍、宪德；都统著派迈禄、高起。散秩大臣著派侯图巴、沙晋；侍郎著派留保、阿克敦；内务府总管著派盛安；副都统著派侯田存德、于永世；乾清门侍卫著派郭尔多、达哈素、那尔泰、托伦、素尔鼐、阿兰泰、六十一、鄂尔塞前往守护。侍卫四十员著领侍卫内大臣开列请旨。尔等务期敬谨居心，恪勤将事，以仰报皇考豢养隆恩，庶不负朕郑重派往之意。[④]

---

① [清] 英廉重纂本：《昌瑞山万年统志》上函，卷六“志建设·官制”。

②《高宗纯皇帝实录》卷二一五，《清实录》第11册，第757页，中华书局，1985年。

③《高宗纯皇帝实录》卷一二三六，《清实录》第24册，第359页，中华书局，1986年。

④《高宗纯皇帝实录》卷三，《清实录》第9册，第190～191页，中华书局，1985年。

与当年派往景陵的大臣相比，没有派郡王和大学士，最高的是贝勒。

嘉庆四年（1799）正月初三日，乾隆帝驾崩。这年的三月十三日，礼部向皇帝上了一道奏疏：

礼部谨奏为奏闻事。恭照圣祖仁皇帝奉移时，奉世宗宪皇帝谕旨，派王一人、公二人、大学士一人、尚书二人、侍郎二人、领侍卫内大臣一人、内务府总管一人、副都统二人、散秩大臣二人、乾清门侍卫二人、御前侍卫二人、侍卫四十人前往守护。

又查世宗宪皇帝奉移时，奉高宗纯皇帝谕旨，派贝勒二人、公一人、领侍卫内大臣二人、尚书二人、都统二人、散秩大臣二人、侍郎二人、内务府大臣一人、副都统二人、乾清门侍卫八人、侍卫四十人前往守护，俱系有缺停补各在案。

今裕陵可否照景陵办理或照泰陵办理之处，伏候钦定。所有应行派出大臣、官员、侍卫及给与住房等事，交各该衙门自行办理具奏，候旨遵行。为此谨奏请旨。[①]

嘉庆四年三月十三日奉旨：

本年九月初二日皇考梓宫奉移时，前往守护之大臣、官员、侍卫等即恭照守护泰陵之例派往。除王公、内务府大臣现在有人，毋庸另派外，仍派领侍卫内大臣一人、散秩大臣二人、侍郎二人、副都统二人、乾清门侍卫八人、侍卫四十人前往守护。其应行给与住房，著特清额查照原奏办理。[②]

① 清宫档案《内务府来文》“陵寝事务”，第2930包。

② 中国第一历史档案馆编：《嘉庆道光两朝上谕档》第4册，第91页，第281条，广西师范大学出版社，2000年。

这时的东陵守护大臣是绵亿[①]和弘谦[②]。

三天后即三月十六日，嘉庆帝派领侍卫内大臣苏凌阿、尚书德福、梁肯堂、都统观音保、隆兴、散秩大臣鄂勒毕图、德生、侍郎鄂岳、韩鑅、副都统隆安、周缉武。[③]同一天，嘉庆帝还派出了总管1名、首领2名、太监28名前往东陵守护裕陵，并给与建造营房。[④]

道光帝即位后，仿照守护景陵、泰陵、裕陵的成例，在嘉庆二十五年（1820）十月初四日，派领侍卫内大臣景安；尚书苏楞额、李奕畴；都统扎拉芬、庆溥；散秩大臣棍布扎布、西拉布；侍郎阿明阿、叶绍楏；副都统永祚、富英阿前去守护昌陵。[⑤]派去的还有数十名侍卫。[⑥]

道光二年（1822）十月十九日，道光帝命守护昌陵的领侍卫内大臣景安、尚书李奕畴、都统庆溥、副都统富英阿以原品休致，[⑦]这样，守护昌陵的大臣官员就只剩下了7位。

嘉庆九年（1804），嘉庆帝曾将守护裕陵的年老的十几名侍卫撤回京城。

道光二年（1822）十月二十日，道光帝下令将守护昌陵的年老又无差使的14名侍卫撤离昌陵回京，如能当差，以原品继续当差。如

---

① 绵亿，乾隆帝皇五子荣纯亲王永琪的第五子，此人才华横溢，“性聪敏，善书法，诵古今经史，出口如瓶泻水”。嘉庆四年正月初三日被晋封为荣郡王，被派到裕陵。

② 弘谦，康熙帝第二十三子允祁的第五子，固山贝子。

③《仁宗睿皇帝实录》卷四一，《清实录》第28册，第487页，中华书局，1985年。

④ 中国第一历史档案馆编：《嘉庆道光两朝上谕档》第4册，第93页，第292条，广西师范大学出版社，1986年。

⑤ 中国第一历史档案馆编：《嘉庆道光两朝上谕档》第25册，第446页，第1270条，广西师范大学出版社，2000年。

⑥ 在文献上虽然没有找到正式派侍卫守护昌陵的记载，但从以后的从昌陵撤回年老侍卫的记载中可知在派守护陵的大臣时也派去了侍卫。

⑦《宣宗成皇帝实录》卷四三，《清实录》第33册，第766页，中华书局，1986年。休致，即官员退休。

精力已衰，不能当差，则以原品休致。[1]

道光三年（1823）九月二十一日，道光帝再一次谕内阁，将守护昌陵的6名年老侍卫调回京城，能当差的以原品继续当差，过于年迈，精力不足，不能当差的，则以原品休致，与上年所办之例，赏食马甲钱粮。[2]

这三次将年老官员、侍卫调回京城的谕旨，都是在道光帝祭拜了他父亲的昌陵后发出的，很显然，或是道光帝看到了这些老态龙钟、行动维艰的官员和侍卫而有所启示，或听到了他们的请求才做出的决定。

到了道光二十八年（1848）四月，所派去看护各陵的官员、侍卫已经不多了，且都已年迈，道光帝想"此项人等先经派往，旋又撤回，其中且多衰老之员，既于守护难期得力，即可无庸派往"，于是在这个月的十一日决定"此例著永远停止，交军机大臣敬谨存记。"[3]

从此，派官员、侍卫守护陵寝的制度只实行了4代，便就此结束，从道光帝的慕陵开始，再也不派官员、侍卫守护陵寝了。

在这里需要明确一点，雍正帝创建的守护陵寝的人员包括两部分，一是代表皇帝的皇室成员也就是最初的一王二公，他们都姓爱新觉罗，属于宗室成员，是金枝玉叶，是驻守皇陵的最高长官，是代替皇帝守陵的；二是随这些王公同去的朝廷大臣、官员和侍卫等。道光二十八年（1848）决定停派的是第二部分成员。

前面已经讲过，真正派去守护皇陵的王爷只有允禵和允祹二人。以后多为镇国公和辅国公，少数是贝勒、贝子。

从雍正朝到嘉庆初年，守护陵寝的任期没有明确规定，短则一二年，长则几十年，比如，康熙帝的皇二十三子贝勒允祁在东陵当了41

① 《宣宗成皇帝实录》卷四三，《清实录》第33册，第767页，中华书局，1986年。

② 《宣宗成皇帝实录》卷五八，《清实录》第34册，第1033页，中华书局，1986年。

③ 中国第一历史档案馆编：《嘉庆道光两朝上谕档》第53册，第125页，第409条，广西师范大学出版社，2000年。

年的陵寝守护大臣。

嘉庆六年（1801）二月二十七日，嘉庆帝谕内阁：

> 向来守护陵寝王、贝勒、贝子、公，本无定额，亦无一定年限，但伊等守护年久，亦应量为更换。贝子永硕、永泽，人俱小心谨慎，永硕著派赴东陵守护，于朕三月启銮前一二日前往更换绵亿。俟朕三月释服后，令绵亿随扈回京。永泽著派赴西陵守护，令其于半月内收拾行装前往更换，弘蠡即行回京。所有宗人府右宗人一缺即著弘蠡补授。绵亿著授为正蓝旗蒙古都统。嗣后守护陵寝之贝勒、贝子、公，著宗人府每届三年具奏一次，呈递在京之贝勒、贝子、公等名签，候朕酌量更换。其在京之王等毋庸具奏，有应更换者，朕随时酌换。至现在守护裕陵大臣内年老有病之德福、观音保、周绰武俱著回旗，其有世职者，仍照原职当差。其无世职者，著原品休致。梁肯堂、韩鑅均著原品休致回籍。[①]

从此以后，基本上是按这个规定实行的，从此成为定制。无论是东陵，还是西陵，代表皇帝守护皇陵的叫陵寝守护大臣，东陵和西陵分别同时是两人，分住东府和西府。

不过也有特殊情况，比如，在嘉庆二十三年（1818）五月，曾经任东陵守护大臣41年的允祁的第五子弘谦的长子奉恩镇国公永康在东陵任守护大臣已满3年，根据规定，宗人府奏请皇帝换人，五月二十三日，嘉庆帝谕：

> 永康系二十三贝子之孙，自伊祖父守护东陵已历多年，

---

①《仁宗睿皇帝实录》卷七九，《清实录》第29册，第27～28页，中华书局，1986年。中国第一历史档案馆编：《嘉庆道光两朝上谕档》第6册，第53页，第177条，广西师范大学出版社，2000年。

> 诸务语习，况其京中府第业经交官，若将其更换来京，转恐不免拮据。永康著加恩，毋庸更换，令其永远守护东陵。[①]

清室成员很多，都将什么样的人派到皇陵担任守护大臣呢？

曾任过清朝四川总督、云贵总督的吴振棫，在他的名著《养吉斋丛录》中这样说：

> 曩时，陵寝奉安之后，简满汉大臣数员至陵守护，谓之守陵，率皆曾获愆咎，恩眷衰退者。越数年仍蒙放还。宣宗晚年，命停此例，其谕旨在军机处有记，未奉明发，故外廷鲜有知者。[②]

吴振棫说的确实是这样。虽然不能说派去守陵的官员百分之百的都是年老失宠、犯有过失的官员，可以说皇帝的心腹宠臣绝不会派去守陵。

第一个派去守陵的允禵虽然是雍正帝的同母弟，在政治上却是雍正帝的死对头。雍正帝认为他“无知狂悖，气傲心高”，[③]将他派去守护景陵，“原欲其瞻仰景陵，感发天良”，[④]实际上对他是一种变相软禁。

文华殿大学士萧永藻生于顺治元年（1644），到雍正元年（1723）已80岁，身体再好，精力也大不如前，将他派到景陵看护，显然有让他退居二线之意。

---

①《仁宗睿皇帝实录》卷三四二，《清实录》第32册，第527页，中华书局，1986年。

②[清]吴振棫：《养吉斋丛录》卷之七，第69页，北京古籍出版社，1983年。

③《世宗宪皇帝实录》卷七，《清实录》第7册，第150页，中华书局，1985年。

④《世宗宪皇帝实录》卷四四，《清实录》第7册，第642页，中华书局，1985年。

苏凌阿因为是和珅的弟弟和琳的姻亲，才被授为东阁大学士，到了嘉庆四年（1799）他已经83岁了，“年老龙钟，昏愦充位”，“跪起维艰”，[①]“双耳重听，衰惫难堪”，[②]又因为他与和珅有亲戚关系，仍让他当差。嘉庆四年（1799）正月十八日，嘉庆帝下令赐和珅自尽的当天，便勒令苏凌阿以原品休致，让他去守护裕陵。由于他年事已高，又遭到了这次政治上的打击，苏凌阿在当年就死了。

和亲王弘昼的第四子永琨“声名平常”，嘉庆帝担心他在乌里雅苏台将军任上出现劣迹不好办，出于保护，于是将他调回京师，授以都统之职。可是永琨在任都统期间，“糊涂不晓事体”，受到参奏。嘉庆帝认为“若仍留都统之任，恐将来又获罪戾，转非朕保全之意”，于是在嘉庆四年（1799）五月三十日，下令“革去都统，赏给奉恩将军，前往东陵当差”。[③]看来，守陵成了保护所。

福长安是孝贤皇后之侄，保和殿大学士兼军机大臣赠郡王衔傅恒的第四子。在乾隆年间和嘉庆初年官至军机大臣、户部尚书，封一等侯。嘉庆四年（1799）正月初三日，乾隆帝病逝，在正月初八日，嘉庆帝指责福长安与和珅同党，将他革职夺爵，逮捕下狱治罪。[④]正月十八日，加恩将斩立决改为斩监候，秋后处决。[⑤]嘉庆四年（1799）八月，朝审时，嘉庆帝并没有将福长安处死，而是加恩宽免了他的死罪。八月十九日，嘉庆帝是这样说的：

念福长安蒙皇考豢养二十余年，即使伊冥顽不灵，不念恩遇，而朕方当触目成哀之时，即当年御用器物犬马犹不忍

---

①《仁宗睿皇帝实录》卷三八，《清实录》第28册，第434页，中华书局，1986年。

② 中国第一历史档案馆编：《嘉庆道光两朝上谕档》第4册，第26页，第64条，广西师范大学出版社，2000年。

③《仁宗睿皇帝实录》卷四五，《清实录》第28册，第554页，中华书局，1986年。

④《仁宗睿皇帝实录》卷三七，《清实录》第28册，第418页，中华书局，1986年。

⑤ 中国第一历史档案馆编：《嘉庆道光两朝上谕档》第4册，第32页，第70条，广西师范大学出版社，2000年。

弃置，况福长安之稍有趋走微劳，譬如小犬之曾蒙驯饲禁中者乎？今届奉移山陵之期，福长安稍有人心，自必以身获重罪不能叩送梓宫，痛心涕泣，深自愧悔，纵伊无此心，而朕心究竟有所不忍。福长安著加恩释放，伊平日在皇考前常有捧茶之职事，今著前往裕陵，永远充供茶拜唐阿，俾其敬依陵寝，感念皇考深恩，时加内省。且伊父傅恒坟墓亦在附近地方，福长安并可追思伊父从前克承眷注，永保令名，将必抚衷自问，于为臣为子之道，今竟何如耶！[①]

当年赫赫有名的军机大臣、户部尚书的福长安竟成了低微的陵寝茶房拜唐阿！

绵德是乾隆帝的皇长孙，定亲王永璜的长子。永璜死后，绵德袭亲王爵，后来因事降为郡王。乾隆四十一年（1776）正月初二日因与礼部郎中秦雄褒有往来，互有馈赠，被降为闲散宗室。[②]乾隆四十二年（1777）孝圣皇后死后，在入葬泰东陵之前，于二月初二日，乾隆帝封绵德为镇国公，去西陵看守泰陵和泰东陵，充任西陵守护大臣。[③]连皇长孙都不例外。

嘉庆六年（1801）二月二十七日，将年已衰老的太仆寺卿特克慎、鸿胪寺卿翁方纲、通政使司参议观岱“俱著以原品前往裕陵守护”。又将声名平常的光禄寺卿蒋赐棨降为四品，将妄陈章奏的詹事府少詹事富森布降为五品并其子，“均令前往裕陵守护”[④]。

嘉庆二十五年（1820）十月初四日，道光帝发出谕旨，派领侍卫

① 《仁宗睿皇帝实录》卷五〇，《清实录》第28册，第631页，中华书局，1986年。

② 中国第一历史档案馆编：《乾隆朝上谕档》第8册，第127页，第326条，中国档案出版社，1991年。

③ 中国第一历史档案馆编：《乾隆朝上谕档》第8册，第543页，第1384条，中国档案出版社，1991年。

④ 《仁宗睿皇帝实录》卷七九，《清实录》第29册，第28页，中华书局，1986年。

内大臣景安等人去守护昌陵。谕旨刚发出时间不长，道光帝担心一些人会认为被派去守陵的人是因为犯了错误才守陵的，于是，在当天又发了一道谕旨进行了解释说明：

> 本日降旨派出守护昌陵大臣内尚书景安、苏楞额并无过失。因念伊二人俱年近八旬，若仍令办理部务，恐精神不能周到，或致因公获咎，转非保全之道。伊二人俱受皇考深恩，俾得依恃桥山，藉伸忱悃。想伊等自必知感也。[①]

这种解释无异于欲盖弥彰。

（二）守护大臣府邸

被派到遵化州马兰峪看护景陵的数十位官员、侍卫等，由国家拨款，在马兰峪一带营建官房供他们居住。一座王府和两座公府建在马兰峪东边的马兰河东岸，即现在的河东村，王府在前（南），两座公府东西并排，在王府后面（北）。侍卫房建在今马兰峪东南1公里的仓房村。国家拨银2万两，盖房子32所，每所6间，每位侍卫给房1所。[②] 雍正元年（1723）正月十四日，工部将绘制的派去守陵的王、公、官员房屋的图纸上奏给皇帝，雍正帝批示道：

> 王府衙门两边添造房各三间，周围亦著添造房屋，毋过一百间。余依议。[③]

因为派去的官员很多，所建造的房屋自然很多，所以到了雍正元年（1723）九月，这些房屋还没有竣工。于是，雍正帝在这个月的二

---

① 《宣宗成皇帝实录》卷六，《清实录》第33册，第143页，中华书局，1986年。

② 清宫档案《朱批奏折》“工程”，乾隆胶片第一卷。

③ 中国第一历史档案馆编：《雍正朝汉文谕旨汇编》第一册，第17页，广西师范大学出版社，2008年。

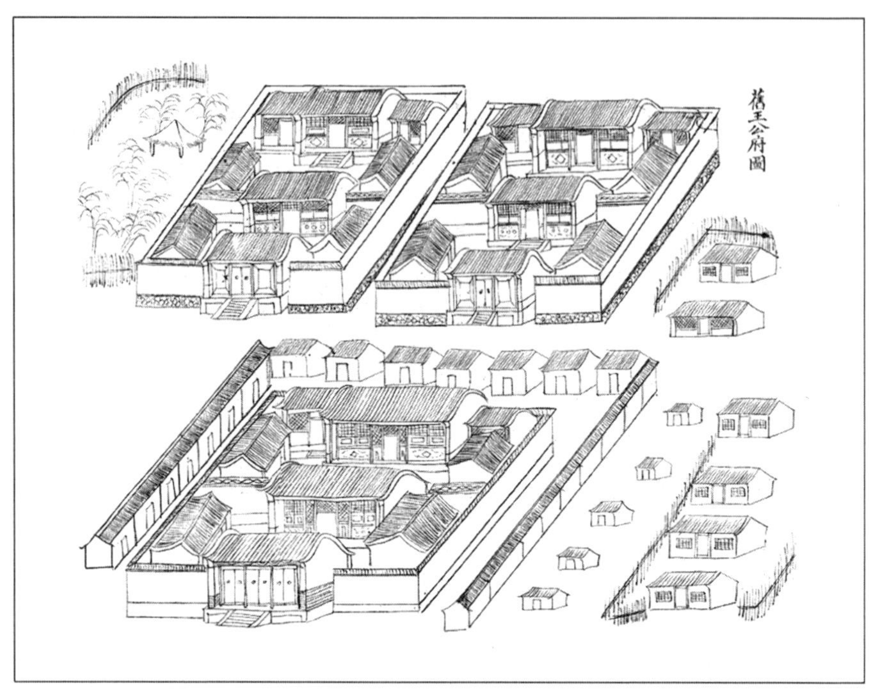

载在《昌瑞山万年统志》上的最初建的王府和公府示意图

十六日谕驻景陵的文华殿大学士萧永藻：

> 景陵处官房尚未造完，所派侍卫内有愿于冬季回京者，令其回京。明年房屋造完再去。若遇大祭日令伊等速去。其中有愿在彼处住者，著给行粮。[①]

由马兰镇总兵官英廉编纂的《昌瑞山万年统志》记载了建在马兰峪东的一座王府、两座公府的营建情况：

> 随蒙恩赐建王、公府三处。王府一处，大小房计四十间；王府后公府二处，每处大小房二十间。二处共计房四十

① 《世宗宪皇帝实录》卷一一，《清实录》第7册，第212页，中华书局，1985年。

间，系前任镇臣范时绎、总管郎泰支领工部帑银监造，于雍正三年盖造完竣，具奏，奉旨分给居住，永护山陵，后因年久失修，半就倾圮，实难居住，一迁于马兰峪西关路北南向。一迁于东关外南横街东向，二处官房分住，称为东西府云。[①]

马兰峪虽然是京东名镇，但物质条件远不如京师。这些被派去守陵的王公贵族，又多因失宠、年老、犯错被贬到那里，心情长期郁闷压抑；那些虽未犯错，但因年老，精力衰退的老臣被派去守陵，一来心情不好，二来离开生活条件优越的京都，肯定不宜颐养天年，所以，这些人名义上看守皇陵，实际上很少在陵寝居住，经常返回京城，以享天伦之乐。再加上素有“官不修衙，客不修店”的传统，所以，王府和公府年久失修，破烂不堪，实在难以居住，大约于道光年间，两座公府不得不迁建到马兰峪。位于东关横街子的府第称东府，

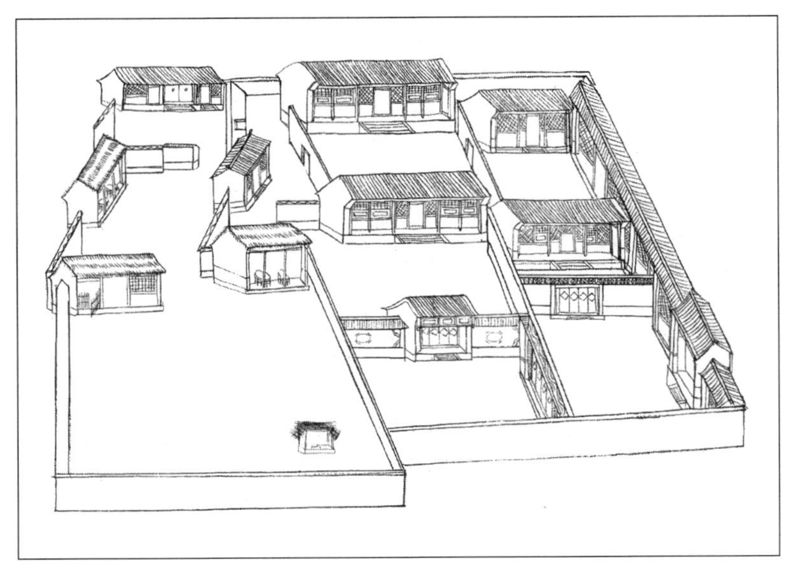

载在《昌瑞山万年统志》上的东府图

① [清] 英廉重纂本：《昌瑞山万年统志》下函，卷之五“王公府考辨”。

位于西关的府第称西府。这两座府第，宏大豪华，轩堂大厦，鳞次栉比，并建有花园，原来的王府、公府则日渐荒凉败落而不复存在。

现存的东府大殿

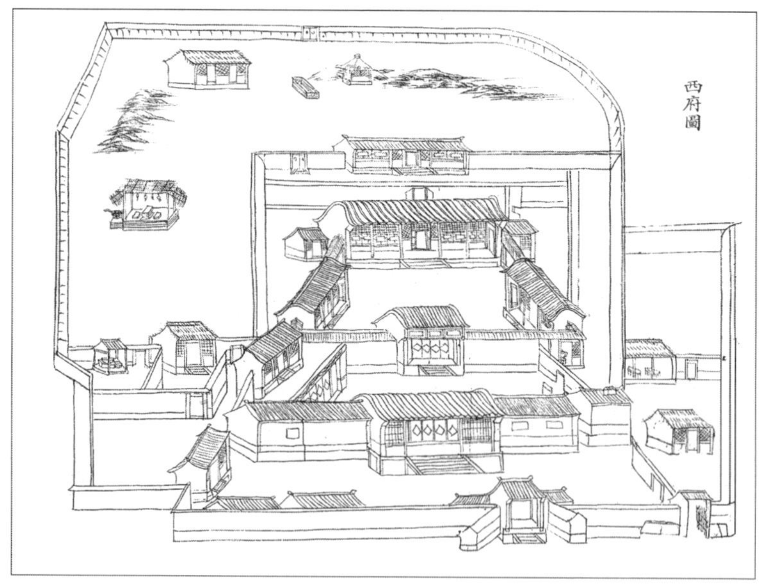

载在《昌瑞山万年统志》上的西府示意图

20世纪30年代初被当作兴隆办事处的西府旧照片

西陵守护大臣的府第营建晚于东陵，派宗室成员和大臣守陵始于乾隆初年，所以西陵没有建王府，只建了东府和西府。西陵的东、西府建在了今华北村西陵中学所在地。东陵和西陵的每处两位守护大臣分住东府和西府。两府没有高低贵贱之分，有时东、西府大臣互换；也有时一个人先后几次任陵寝守护大臣，比如贝勒奕绸在道光二十年至道光二十三年任东陵守护大臣三年。在道光二十八年至咸丰元年又当了三年东陵守护大臣。[①] 据统计，从道光十三年（1833）至1912年（民国元年）这79年之中，驻守东陵东府的守护大臣共38名，除7名贝子外，其余31名均为公；居住西府的37名，其中贝勒4名、贝子5名、公28名。[②]

在清朝末年，发生了驻在东陵的两位守护大臣同时投井自尽的事。究竟是什么大事竟逼得两位体尊权重的皇室成员、金枝玉叶轻生

①② 清朝东陵官员编：《陵寝易知》“历任贝子公内务府大臣各项官员”。

的呢？事情是这样的：

光绪二十六年（1900）七月，八国联军进攻北京，慈禧挟光绪帝等逃出北京。九月十六日、十七日、二十二日、二十三日、二十四日，先后有部分外国侵略军窜到东陵，寻衅闹事，恫吓守陵官员，对陵寝的威胁很大。当时，东陵驻东府的守护大臣是辅国公寿全，驻西府的是辅国公光裕。这两位守护大臣闻听此事，既恐慌害怕，又十分为难：率领护陵官兵跟洋兵打吧，不一定能胜，即使胜了，将来朝廷一旦怪罪下来也承担不起；不打吧，列祖列宗的陵寝时刻有遭到不测的危险，一旦出现毁坏、丢失物品及列祖列宗受辱等重大事件，是自己的极大失职，将来也是吃罪不起。左思右想，实无良策，被逼无奈，于是，在九月十八日上午10时左右，两位守护大臣同时投井自尽。东府幸亏抢救及时，将寿全救活，西府的光裕未能救活，死了。[①]

光绪二十六年（1900）九月二十四日，光绪帝发出谕旨：

前因京师大小文武官员如有矢志殉节、临难捐躯者，朝廷允宜褒扬，以彰忠孝。

1900年八国联军闯入景陵旧照

① 清朝东陵官员编：《陵寝易知》卷五，“旌表”。

九月二十九日，寿全和马兰镇总兵官堃岫联名上折，将光裕投井而死的事上奏朝廷，并将他家“身后萧条，伊子广寿年仅十岁，伶仃尤堪悯恻”的情况也上奏了，要求朝廷对光裕给予表彰、抚恤。十一月初二日，光绪帝发出谕旨，认为光裕“平日当差勤慎，派往守护陵寝，亦复尽心职守。本年九月间，目击时艰，忧愤自尽，洵属大节懔然。”于是，追赠他为贝子衔，交宗人府从优议恤，入祀昭忠祠，并赐给光裕“勤愍”的谥号。他的儿子广寿，在他父亲丧期过后，可以承袭他父亲的爵位。[①]

（三）陵寝承办事务衙门

派陵寝守护大臣的初期，负责与朝廷的文牍往来的机构叫总理三陵事务衙门，后来改称“承办事务衙门”，东陵的称“东陵承办事务衙门”，西陵的称“西陵承办事务衙门”，由陵寝守护大臣和护陵的绿营总兵官共同主持，下设主事二员、笔帖式二员等办事司员。[②]东陵承办事务衙门设在马兰峪东关路北，坐北朝南。此衙门的规制在文献上没有记载，笔者的家距此衙门只有约30米，此衙门到20世纪70年代才拆除，至今，这座衙门的前后左右的一些地方名称还以衙门称之，如“衙门头”“衙门后头”“衙门西胡同”等。根据《昌瑞山万年统志》上的绘图和实际调查，东陵承办事务衙门的建筑规制如下：大门面阔3间，进深1间。门前有砖砌大影壁1座。前院东西厢房各2间，进深1间。垂花门1座，门两侧为面阔墙。后院东西配殿各3间，进深1间。正殿面阔3间，进深2间，有前廊。东西耳房各2间。全部建筑均为单檐硬山卷棚顶，布筒瓦。据笔者考证，东陵承办事务衙门设在御书阁内。

① 中国第一历史档案馆编：《光绪朝朱批奏折》第29辑，第598页，中华书局，1996年。

② [清]英廉重纂本：《昌瑞山万年统志》上函，卷之六“官制”。

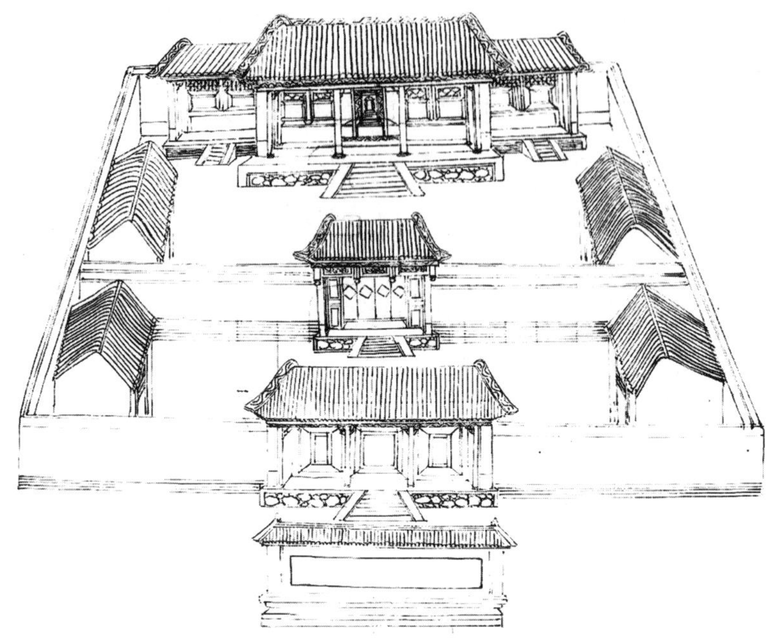

《昌瑞山万年统志》上载的御书阁

泰陵承办事务关防

泰陵承办事务关防印面

泰陵承办事务关防印文

泰陵承办事务关防

东陵承办事务衙门和西陵的泰陵承办事务衙门所用的关防原来用的都是工部关防，东陵的关防最初字样为“陵工管理事务关防”，西陵的关防最初字样为“泰陵管理修造事务关防”。到乾隆十二年（1747）改铸新关防，东陵的新关防印文为“东陵承办事务关防”。西陵新关防印文为“泰陵承办事务关防”。[①] 东、西陵的承办事务衙门的关防都是铜质，柱钮，满、汉文合璧，篆体，阳刻，印面长9.5厘米、宽6厘米、高11.5厘米。[②]

二、陵寝内务府

（一）陵寝总管内务府大臣

设置内务府机构为清朝所首创。内务府不与国家的行政机构系统相混，而是直接为皇帝、后妃、皇帝的子女服务。凡宫内之典礼、仓储、财务、物品、工程等事，皆归内务府负责，是综理皇宫事务的总机构，有时简称“内府”。总管内务府大臣是皇家事务的大管家。而皇陵的内务府则是为已死的皇帝、后妃及其子女服务的机构。清朝皇陵的内务府，隶属中央的内务府。

清朝关内皇陵的内务府是按陵设置的，管理各陵内务府的总长官，东陵的称东陵总管内务府大臣，西陵的称西陵总管内务府大臣。

早期的陵寝总管内务府大臣是专职专任，东陵的第一任总管内务府大臣是董殿邦，他原来是皇宫的总管内务府大臣。他是在康熙六十一年十二月十二日（1723年1月18日），随文华殿大学士萧永藻等大臣被雍正帝派往马兰峪守护景陵的，并令其“管理三陵包衣佐领下官员、执事、太监等事务”的。[③]

乾隆四十年（1775）九月二十三日，马兰镇总兵官永昌调任天津镇总兵官，东陵第十七任总管内务府大臣满斗实授马兰镇总兵官，同

① 清宫档案《军机处·议覆档》胶片，第6卷。

② 故宫博物院编、朱诚如主编：《清史图典》第五册，“雍正朝”，第100页，紫禁城出版社，2002年。

③《世宗宪皇帝实录》卷四，《清实录》第7册，第111页，中华书局，1985年。

时仍兼任东陵总管内务府大臣。[①]从此以后，凡马兰镇总兵官和西陵泰宁镇总兵官大都兼任东、西陵总管内务府大臣，成为定制，一直到清朝灭亡以后。[②]但也有特殊情况，总兵官不兼任陵寝总管内务府大臣。如乾隆十一年（1746）前后，西陵的总管内务府大臣觉和托和他的继任佛伦就不是泰宁镇总兵。[③]嘉庆四年（1799）五月二十一日谕内阁："明德著补授西陵总管内务府大臣，范建丰毋庸兼管，著专管泰宁镇总兵事务。"[④]

（二）陵寝内务府人员的设置

陵寝内务府也叫"内关防"，[⑤]皇帝陵与皇后陵的设置差不多。

皇帝陵的设置大致如下：郎中1员、员外郎1员、主事1员、尚膳正1员、尚茶正1员、内管领1员、副管领1员、笔帖式2员、膳房拜唐阿9名、茶房拜唐阿7名、香灯拜唐阿2名、领催2名、闲散拜唐阿28名、首领太监1名、太监3名、扫院人（也叫院行）1名、树户70名。一座陵的内务府共有员役130人左右。[⑥]但也不是所有皇帝陵的内务府人员组成及人数都完全一样，比如，有的陵的内务府的人员设置除了上面的人员外，还设有尚膳副1员、尚茶副1员，还有的陵的闲散拜唐阿是38人。皇后陵的内务府人数比皇帝陵略有减少。

---

①《高宗纯皇帝实录》卷九九一，《清实录》第21册，第238页，中华书局，1986年。

② 乾隆四十二年二月，满斗因案回京期间，曾派原革职的仓场侍郎嘉谟任东陵总管内务府大臣一段时间。嘉谟于当年故，东陵总管内务府大臣一职由马兰镇总兵保宁兼任。

③《高宗纯皇帝实录》卷二六五，《清实录》第12册，第429页，中华书局，1986年。

④ 中国第一历史档案馆编：《嘉庆道光两朝上谕档》第4册，第177页，第517条，广西师范大学出版社，2000年。

⑤ [清] 英廉重纂本：《昌瑞山万年统志》上函，卷之六"官制"。

⑥ 清朝东陵官员编：《陵寝易知》卷四，"官制"。

妃园寝的内务府人数比帝、后陵的明显减少，约为帝、后陵的一半左右，一般不设郎中、员外郎、主事；也很少设尚膳正和尚茶正。设置等级最高的是景陵皇贵妃园寝，该园寝设员外郎1员、尚膳正1员、委副内管领1员、膳房拜唐阿4名、茶房拜唐阿4名、领催1名、闲散拜唐阿14名。妃园寝内务府设置人员最少、规格最低的是景陵妃园寝，设副内管领1员、膳房拜唐阿10名、茶房拜唐阿6名、领催1名、闲散拜唐阿37名。[①] 景陵妃园寝葬人最多，祭祀和管理事宜最为繁重，不知何以所设内务府人员反而最少，有待考证。

乾隆元年（1736）七月，泰陵工程即将告竣，经礼部奏请、皇帝钦准，决定泰陵内务府设总管1员（这里说的总管是指总管内务府大臣，不是八旗总管——笔者注）、员外郎1员、主事1员、内管领1员、副管领1员、膳房总领2员、茶房总领1员、笔帖式2员。[②] 当然，还有各种的拜唐阿、领催、太监、树户等人。

在乾隆帝入葬之前的嘉庆四年（1799）三月十六日，嘉庆帝派总管（总管太监）1名、首领2名、太监28名，守护裕陵。[③]

清朝入关后，从顺治帝的孝陵到道光帝的慕陵，无论是皇帝陵，还是皇后陵，乃至妃园寝，内务府组成人员中都设有一定数额的太监。这些太监的职责主要是祭祀时请送神牌、掸扫殿宇、燃点香灯、安设香饼、斟注供酒等。[④] 最初，每座帝后陵设首领太监2名、太监10名，妃园寝设太监10名。[⑤] 后来，每座帝、后陵设首领太监1名，太监5名。[⑥] 每座妃园寝所设太监名额，尚有待考证。在乾隆四十八年（1783）和四十九年（1784），皇帝对各陵太监进行过裁减，每陵

①［清］英廉重纂本：《昌瑞山万年统志》下函，卷之六“官制”。

②《高宗纯皇帝实录》卷二二，《清实录》第9册，第523页，中华书局，1985年。

③ 中国第一历史档案馆编：《嘉庆道光两朝上谕档》第4册，第93页，第292条，广西师范大学出版社，2000年。

④ 清朝东陵官员编：《陵寝易知》卷三，“仪注”。

⑤［清］布兰泰原纂本：《昌瑞山万年统志》第五卷，“赏赉”“俸饷”。

⑥ 清宫档案《奏销档》乾隆五十三年十月至十一月，411号。

仅剩首领太监1名，太监3名，妃园寝2名。[①] 乾隆五十五年（1790）十二月，乾隆帝谕泰陵内务府总管："嗣后东、西两陵各妃衙门太监缺出，不必拨补"。[②]

从嘉庆帝的昌陵妃园寝开始，以后妃园寝就不再设太监。原妃园寝太监差务，由皇帝陵或皇后陵的太监承应。

到了道光九年（1829）十月底，东陵各陵内务府的太监名额如下：

昭西陵：首领太监1名，太监2名。

孝　陵：首领太监1名，太监2名。

孝东陵：首领太监1名，太监3名。

景　陵：首领太监1名，太监3名。

裕　陵：首领太监1名，太监3名。

孝穆皇后陵寝[③]：首领太监1名，太监6名。[④]

从道光十六年（1836）起，"东陵和西陵所悬太监之缺，历年均奉朱批，暂停拨补"。[⑤] 从孝和皇后的昌西陵开始，清陵内务府再也不设太监了。

不但皇帝陵、皇后陵和妃园寝设内务府，就是陵园之外的陪葬墓根据级别高低也设置一定数量的内务府人员。比如东陵：

端慧皇太子园寝设：副管领1员、尚膳副1员、尚茶副1员、领催1名、闲散拜唐阿19名。这是清朝陪葬墓中内务府设置最高的。

同是保姆园墓，奉圣夫人园墓设园丁15人，而保圣夫人园墓则设园丁10名。[⑥]

---

① 清宫档案《奏销档》乾隆五十三年十月至十一月，411号。

② 清宫档案《内务府来文》"陵寝事务"，第2933包。

③ 孝穆皇后陵寝，就是东陵宝华峪的道光陵，当时虽然已发现了地宫渗水，但还没有拆。

④ 清宫档案《内务府来文》"陵寝事务"，第2946包。

⑤ 清宫档案《内务府来文》"掌仪司来文"，第3526包。

⑥ 清朝东陵官员编：《陵寝易知》卷四，"官制"。

同是亲王园寝，理密亲王园寝设领催1名、闲散拜唐阿7名，而荣亲王园寝则设领催1名、闲散拜唐阿5名。

端悯固伦公主园寝则设领催1名、闲散拜唐阿9名，比亲王园寝还多两名拜唐阿。①

各妃园寝的内务府人员设置并不是一次性设满额的，是随着墓主人的增加，祭祀差务的不断加重而逐步增加，最后达到规定的名额。比如，定陵妃园寝完工于同治四年（1865），同年九月二十五日葬入了云嫔、玉嫔、鑫常在、瑃常在、玶常在，②这些人地位比较低，不设神牌，祭祀活动不太繁重，所以只设了茶房拜唐阿4名、膳房拜唐阿5名、领催1名、闲散拜唐阿19名。光绪三年（1877）九月初八日，禧妃葬入了定陵妃园寝，神牌供入了园寝享殿，祭祀活动明显增多，原来设的内务府人员已经不够用，于是，兼任东陵总管内务府大臣的马兰镇总兵官景瑞向两宫皇太后奏请仿照裕陵妃园寝添设员役数目成案，为定陵妃园寝内务府增设尚膳副1员、委副内管领1员、茶房拜唐阿4名、膳房拜唐阿5名、闲散拜唐阿18名。景瑞的请求很快就得到了钦准。③

拜唐阿是没有品级的当差干活人。以前陵寝内务府拣选拜唐阿，需要备选都到京城，由皇帝亲自验看。到了嘉庆五年（1800）六月，皇帝考虑到“东陵、西陵所有应行送京引见之茶饭、香灯拜唐阿等俱系微末之差，道路遥远，往返不无靡费”，于是，在这个月的二十一日降旨“嗣后遇有缺出，著交各该管大臣拣选奏补，不必送京引见，以示体恤。”④

以上介绍的是陵寝内务府的在编员役。因为祭祀时，制备的供品

---

① 清朝东陵官员编：《陵寝易知》卷四，“官制”。

② 清宫档案《内务府奏案》第18包。

③ 中国第一历史档案馆编：《光绪朝朱批奏折》第27辑，第260页，中华书局，1995年。

④ 中国第一历史档案馆编：《光绪朝朱批奏折》第27辑，第071页，中华书局，1995年。

数量大、差务重，仅靠这些在编人员是不够的，所以在膳房和茶房又设了许多干各种杂活的妇女。这些妇女都是陵上员役的妻室。[①]

《陵寝易知》

《陵寝易知》记载了这些执事妇人共分7行：

茶房妇人承行熬奶、起奶皮、做酸奶、奶干等事；
膳房妇人承行做供菜、煮饭等事；
果房妇人承行办造摆设果品等事；
米上妇人承行拣米；
菜上妇人承行造办小菜；
白面饽饽妇人承行轧烂子面；
黄面饽饽妇人承行轧江黄米面、炸糕等事；
以上妇人如遇举哀，俱轮流进宫门举哀。[②]

① 清宫档案《内务府来文》第126包。
② 清朝东陵官员编：《陵寝易知》卷三，“仪注”。

膳房和茶房所设的妇女多少不等，每房各有一名妇人头目，其余妇女当时称“伴”。一件内务府档案记载了光绪二十二年（1896）三月东陵各陵内务府茶膳房的妇女人数：

昭西陵：茶房妇人头目1名、伴4名。膳房妇人头目1名、伴6名。

孝陵：茶房妇人头目1名、伴5名。膳房妇人头目1名、伴6名。

孝东陵：茶房妇人头目1名、伴6名。膳房妇人头目1名、伴8名。

景陵皇贵妃园寝、景陵妃园寝：茶房妇人头目1名、伴12名。膳房妇人头目1名、伴17名。

裕陵并纯惠皇贵妃园寝：茶房妇人头目1名、伴9名。膳房妇人头目1名、伴13名。

定陵并妃园寝：茶房妇人头目1名、伴15名。膳房妇人头目1名、伴15名。

定东陵：茶房妇人头目1名、伴4名。膳房妇人头目1名、伴6名。

惠陵：茶房妇人头目1名、伴5名。膳房妇人头目1名、伴5名。

端悯固伦公主园寝：茶房妇人头目1名、伴2名。膳房妇人头目1名、伴2名。

端慧皇太子园寝：茶房妇人头目1名、伴2名。膳房妇人头目1名、伴2名。

以上共有头目20名、伴144名，合计164人。①

到了清朝晚期，清东陵的内务府在编人员有1100人左右（妇人不计在内）。

（三）陵寝内务府的职责

陵寝内务府的主要职责是：到礼部金银器皿库支领、送还祭陵所

① 清宫档案《内务府来文》“陵寝事务”，第2999包。

用的金银器皿；置办祭陵用的各种祭品及奶茶；管理树木；开启、关闭隆恩门、隆恩殿门；打扫地面，支、放雨褡，燃、熄灯火；请、送神牌；摆放桌张，陈列祭品，递献奶茶。

在清朝的官方史书和档案里，没有关于皇陵内务府、礼部、八旗职责的详细介绍。值得庆幸的是东陵的绿营总兵官和陵寝官员，先后编辑了《昌瑞山万年统志》和《陵寝易知》两部书，全面详细记载了东陵的各种情况，为我们今天研究清朝皇陵提供了极为珍贵的历史资料。从中我们也了解到了这些管理机构和保卫机构的职责细节。比如每陵内务府掌管每陵礼部金器皿库房内每个箱子的锁钥，粘贴每个箱子上的两个封条之一；隆恩殿内、隆恩殿外月台、陵寝门以内地面由内务府扫院人、树户打扫。陵寝门内的仪树由内务府的树户管理、割除树下柴草；隆恩门由内务府官员带领领催、差役人在八旗该班章京、甲兵眼同下开启、关闭；祭祀所用的奶茶、膳品、饽饽、干鲜果品等由内务府员役及妇人在东朝房和西朝房内制备，并由内务府员役将茶桌、膳桌抬进陵内，并负责陈列供品；由太监请、送神牌、递香盒、点灯燃香、熄火、供献茶、酒；支拆凉棚、安撤桌张、进撤酒尊、酒器、支放雨搭等。[①]

（四）内务府关防

清朝的官印有5种，即宝、印、关防、图记、条记。宝的级别最高，一般为帝后、亲王、皇贵妃、贵妃所用。印次之。国家的正式机构的官印都称印。宝和印的印面多为正方形。关防，多为非国家的政府行政机构或临时机构的印都称关防。关防为长方形，直钮，满、汉两种文字。有银、铜、木三种质地，铜质为多。清朝皇陵的内务府、礼部、八旗的官印均为铜质直钮的关防，满、汉两种文字。

东陵从康熙六十一年十二月十二日（1723年1月18日），派董殿邦为第一任总管内务府大臣开始，东陵总管内务府大臣就没有自己的

① 清朝东陵官员编：《陵寝易知》卷三，“仪注”。

关防。雍正四年（1726），董殿邦被革职，由景陵内务府掌关防郎中来保[1]补授为东陵的总管内务府大臣，[2]但仍兼景陵掌关防郎中（即内务府郎中）。[3]从此以后，东陵总管内务府大臣均兼任景陵内务府郎中并掌景陵内务府关防，成为定制。嘉庆十五年（1810），因东陵总管内务府大臣自乾隆四十一年（1776）由马兰镇总兵官兼任，事务繁杂，难以再继续兼任景陵内务府郎中之职，所以奉旨将昭西陵郎中广安调任景陵郎中，仍兼昭西陵郎中。[4]东陵总管内务府一切文移稿件仍用景陵内务府的关防。

颁给泰陵内务府的关防汉文为“泰陵修造关防”，由总管掌管。[5]

乾隆十二年（1747）对东陵和西陵承办事务衙门、内务府、工部所用的关防重新改铸，孝陵原内务府关防汉字字样为“修造孝陵关防”，满文字样为“[illegible]”，后改为“孝陵办理事务关防”，满文字样为“[illegible]”。景陵内务府的关防字样，最初汉文为“景陵修造关防”，满文字样为“[illegible]”。新关防字样，汉字为“景陵内务府总管关防”，满文字样为“[illegible]”西陵的泰陵原内务府关防字样为“泰陵修造关防”，改为“泰陵内务府总管关防”。[6]铜质，柱钮，满汉文合璧，篆体，阳刻，印面长9.5厘米、宽6厘米、高11.7厘米。

① 来保，（1681～1764），喜塔腊氏，字学圃，满洲正白旗，从东陵调回京师后，先后被授为刑部尚书、礼部尚书、加太卫太保、领侍卫内大臣、吏部尚书、协办大学士、武英殿大学士、进太子太傅，兼管兵部、刑部事。后又兼等礼部事。乾隆二十九年卒，终年84岁，谥文端，赠太保，祀贤良祠，深受乾隆帝重用。

② 雍正四年尚无“东陵”之称，为便于读者理解，故此称之。

③ 清宫档案《新整内务府档》“陵寝事务”，第0449包。

④ 清朝东陵官员编：《陵寝易知》卷四，“官制”。

⑤《高宗纯皇帝实录》卷二二，《清实录》第9册，第523页，中华书局，1986年。

⑥ 清宫档案《军机处·议覆档》胶片，第6卷。

泰陵内务府总管之关防

泰陵内务府总管之关防印面

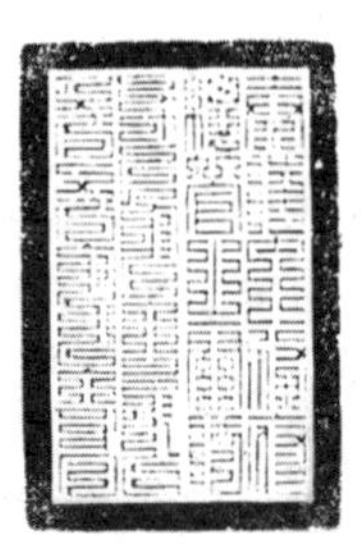
泰陵内务府总管之关防印文

泰陵总管内务府关防

（五）陵寝内务府营房

无论是东陵还是西陵，凡内务府营房几乎都建在陵园之内，也就是风水墙之内。只有两个特例：

一个是孝东陵的内务府营房。孝东陵的内务府营房建在风水墙外的马兰峪城东南，初称“东新城”[①]“孝东圈”，后来简称“东圈”。[②]现在这个名称仍在沿用。整个营房为长方形，东西宽132米，南北长500米。东、南、西、北各有一门。北门楼为2层，上层门楼是庙，供奉真武大帝。[③]南门口有一座很大的砖砌影壁。影壁的北侧面正中有一个佛龛，内供观世音铜像。龛前有一个砖台，用来摆放供品。贯通南北门的大街是营房内最宽的大街。大街两侧各有十几条东西方向的胡同。因为这些胡同都是对称的，皆与主街相连，就像蜈蚣、蚰蜒一样，非常规整，所以，人们将这条南北向主街称为“蜈蚣街”、“蚰

① [清] 布兰泰原纂本：《昌瑞山万年统志》下函，卷四“马兰峪考辨”。

② [清] 何崧泰、史朴纂修：《遵化通志》卷一“陵寝图考”，第5页，光绪十二年刻本。

③ 经过实地调查，所供神像有3种说法，一是空心佛；二是真武大帝；三是关羽。后来，笔者又反复找当地老人调查，最终确定是真武大帝。笔者的家距这个门楼只有70多米，年幼时多次去门楼上玩，根据记忆，神像为金脸，手持宝剑，与紫禁城御花园钦安殿的真武像极为相似。

蜓胡同”。

在这条街的两旁栽植整齐的槐树，每条胡同口两棵，到20世纪50年代初这些树还有，每株槐树的直径有2米左右，整条街形成一条林荫大道。笔者亲眼见过这条街上的大树，如今这条街基本保持着原来的格局，但这些树早已不复存在了。这条街是目前马兰峪最宽最直的大街。

另一个就是昭西陵内务府营房，也在陵园之外。昭西陵前身是暂安奉殿，虽然不是陵，属于殡宫性质，由于已停放了孝庄皇后的棺椁，也要像皇后陵那样对待，按时按节进行祭祀，这样相应的管理机构和保卫机构必须设立。因此在康熙二十七年（1688）四月十九日孝庄皇后的棺椁停到暂安奉殿以后，就设立了内务府、礼部、八旗。景陵的礼部和八旗营房建在一起，位于陵园风水墙外，这两个机构用一道墙围起来，称“新城”。将“新城”往南接，暂安奉殿（昭西陵）的这3个机构就建在南接的城内。因此，就将这3个机构所在地称“南新城”。①

早期的关内清陵，只有皇帝陵和皇后陵建内务府营房，妃园寝不单建内务府营房，妃园寝的内务府人员都住在帝、后陵的内务府营房内，所以景陵皇贵妃园寝、景陵妃园寝没有内务府营房。

早期的孝陵和景陵的内务府营房分别称东沟（现称西沟）和新东沟（现称东沟），不带陵名，也不称圈。

从泰陵妃园寝开始，单独建立妃园寝内务府营房，而且营房名称冠以陵名。比如，泰陵的内务府营房称“泰陵内务府营房”，裕陵妃园寝内务府营房称“裕陵妃园寝内务府营房”。因这些营房的外围都用很高大的砖墙圈起来，所以将这些营房称之为“圈”。

东陵的内务府营房从裕陵开始，凡皇帝陵的称“大圈”，冠以陵字，如裕陵内务府营房称“裕陵大圈”或“裕大圈”，或简称“裕大”；凡妃园寝内务府营房称“小圈”，冠以陵名，如惠陵妃园寝内务府营房称“惠陵小圈”或“惠小圈”，或简称“惠小”。直到现在这些

① [清] 布兰泰原纂本：《昌瑞山万年统志》下函，卷四“志图考”。

名称仍在使用。

西陵各陵的内务府营房，除慕陵内务府营房称大圈，慕东陵内务府营房称小圈之外，其他陵都不称圈，只称某陵内务府营房。

东陵有5座皇帝陵、4座皇后陵，按说应该有9个圈。可是在东陵地区却有“九陵八圈”的说法。这是为什么呢？原来在康熙二十七年（1688）在新城向南接建南新城时，暂安奉殿的内务府、礼部和兵部这三个机构员役只分片居住，之间没有围墙相隔，只在东、南、北三面建了围墙，将这三机构的房屋围起来，与原新城东墙、西墙相接，形成了一个整体围墙，暂安奉殿的内务府、礼部和八旗没有单独的营房即圈。因为没有单独建内务府营房，[①]这样5座皇帝陵、4座皇后陵，却只建了8座内务府营房即圈，所以才出现了“九陵八圈”。

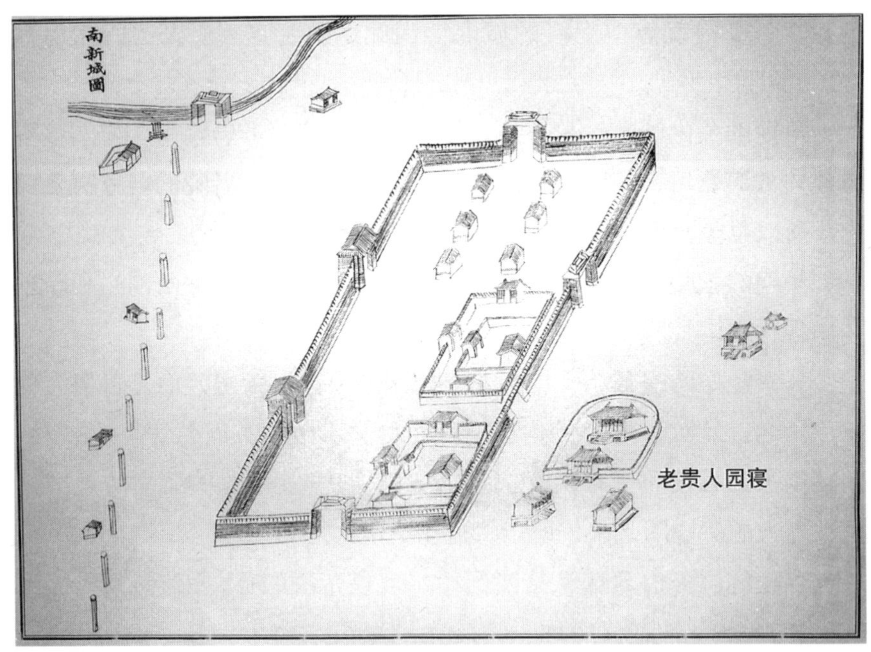

《昌瑞山万年统志》中绘制的新城、南新城与东侧的老贵人园寝

① [清] 何崧泰、史朴纂修：《遵化通志》卷一“陵寝图考”，第5页，光绪十二年刻本。

“新城”匾

“南新城”匾

清王朝为什么唯独把内务府营房建在陵园之内呢？这与中国传统的“事死如事生”的观念有直接关系。内务府人员都是皇帝的奴仆，是专门伺候帝、后、妃的生活起居的，为了差遣驱使方便，这些人必须随时随刻恭候在帝、后、妃的身边，召之即到。帝、后、妃葬入了陵寝，进入了另一个世界，仍需要这些奴仆们昼夜伺候在身边，为了驱使方便，才将陵寝的内务府营房建在陵园之内。

每座陵的内务府营房都建在该陵的附近。为了表示他们的奴仆地位和对主子的虔诚恭敬之意，营房内的房子都朝向他们所当差的陵寝，因为清陵都是坐北朝南，所以这些营房的房子不是东厢房，就是西厢房，或者是倒座房，没有一座是正房，所以人们将这些房子称为“望陵房”。根据实地调查，景陵的内务府营房即今天的东沟村，在景陵东面，所以东沟原来的围墙只开西门，每个院子的大门都朝西开，所有住的房子都是东厢房。裕陵内务府营房和裕陵妃园寝内务府营房即裕大圈和裕小圈，都在裕陵和裕陵妃园寝的西南，所以，这两座营房的外围墙都只开东大门，围墙内的房子都是西厢房。定陵的内务府营房和定陵妃园寝的内务府营房即定大圈和定小圈都在定陵和妃园寝的东南，所以这两个营房内的房子都是东厢房。定陵内务府营房开西门和北门。定陵妃园寝内务府营房只开西门，房子都是东厢房。慈安陵的内务府营房在慈安陵的南面，慈禧陵的内务府营房在慈禧陵的东南面，所以这两座陵的内务府营房的房子都是朝向北的倒座房。因为慈禧陵重修过，所以，当地百姓称慈安陵为旧太后陵，称慈禧陵为新太后陵，因而慈安陵的内务府营房叫旧太圈，慈禧陵的内务府营叫新太圈。惠陵和惠陵妃园寝的内务府营房都在两陵的东南面，所以，这两陵的内务府营房即惠大圈和惠小圈的房子都是东厢房，朝向西。惠大圈和惠小圈南北排列，惠大圈在南，惠小圈在北，都开西门，门前有石平桥。

建于陵园风水墙外的孝东陵和建于南新城之内的昭西陵内务府人员所住的房子都不是“望陵房”，都是坐北面南的正房。

内务府营房的营建日期是这样的：

如果陵寝建成后，墓主人尚健在，陵里的地宫空着，内务府营房及礼部、兵部营房暂不营建，等墓主人死后再建。比如，普祥峪定东陵（慈安陵）于光绪五年（1879）六月建成，当时慈安皇太后尚健在，所以就没建内务府等营房。两年后，即光绪七年（1881）七月初十日，慈安皇太后去世了，同年的四月二十二日，惇亲王奕誴就奏请慈禧皇太后营建普祥峪定东陵的内务府、礼部、八旗营房。[①] 于同年五月十七日辰时开工。[②]

如果陵寝是在墓主人（包括合葬到皇帝陵内的皇后）去世后建的，或在营建中去世的，陵寝建成后墓主人就要入葬地宫，随之就有祭祀活动，那么这座陵的内务府、礼部、八旗营房则要在营建陵寝的同时营建，如泰陵、惠陵等。[③]

泰陵建成后，于乾隆元年（1735）在东口子门内建泰陵内务府营房1座，其中：总管衙门房4间；官7员，房28间；首领太监4名，房12间；茶膳上人14名，房28间；拜唐阿40名，房80间。以上共房152间。

在泰东陵东边建泰东陵内务府营房1座，其中：衙门1座，4间；官6员，房24间；笔帖式2员，房4间；首领1员，房3间；太监3名，房6间；茶膳上人12名，房24间；拜唐阿30名，房60间。以上共房125间。

建盖泰陵妃园寝内务府营房1座，其中：官2员，房8间；茶膳上人10名，房20间；拜唐阿20名，房40间。以上共房68间。

端亲王园寝和阿哥园寝各建内务府营房1座，每座营房建拜唐阿10名，房20间。[④]

昌陵内务府大小营房2座，计：大门4座，官员房14所，其中10所每所房4间，4所房每所房3间。笔帖式、拜唐阿、领催房104所，每所房2间。太监房、碾房6所，每所房3间，共房128所，计房282间。昌陵内务府大小营房是仿照泰陵内务府营房建的。[⑤]

---

① 中国第一历史档案馆编：《光绪朝朱批奏折》第27辑，第260页，中华书局，1996年。

② 中国第一历史档案馆编：《光绪朝朱批奏折》第27辑，第284页，中华书局，1996年。

③ 清宫档案《录副奏折》“陵寝事务”，光绪五年。

④ 清宫档案《内务府档》“陵寝事务”，第0449包。

⑤ 清宫档案《内务府来文》“陵寝事务”，第2932包。

景陵内务府营房，南北长80丈、东西宽48丈。裕陵内务府营房南北长100丈、东西宽60丈。裕陵妃园寝内务府营房南北长60丈，东西宽40丈。[①]

在营建道光帝的东陵宝华峪陵寝和妃园寝时，因为道光帝的原配皇后孝穆皇后及平贵人已去世，等待入葬，所以同时营建了内务府大圈和小圈。这两座内务府圈位于宝华峪妃园寝西旁，景陵内务府营房（今东沟村）以南，两个营房南北排列，大圈在北，小圈在南。大、小圈的房间情况是这样的：

大圈：

官员住房8所，每所4间，计33间。拜唐阿住房78所，每所2间，计156间。碾房1所，计3间。营门2座，大影壁2座，更房2间、食水井3眼。以上共大小房间195间。

小圈：

官员住房2所，每所4间，计8间。拜唐阿住房40所，每所2间，计80间。碾房1所，计2间。营门1座，大影壁1座，更房1间、食水井2眼。以上共大小房间92间。[②]

后来，因宝华峪陵寝拆除西迁，所以在道光十三年（1833），道光帝命将宝华峪已经建起来的内务府大小圈及礼工部营房全部拆除，将拆下的砖、瓦、石等料交石门工部存贮备用。[③]后来，经马兰镇总兵官兼东陵总管内务府大臣容照的奏请，将宝华峪内务府营房36间房子“留作官学及赏给该首领太监等居住”。[④]再后来，东陵的许多官员将房子也建在了这个未拆的圈内，形成了现在的南大村。后来的事实表明，不仅保留了36间房子，连周围的大墙都未拆除，笔者曾亲眼看到过大围墙和东大门。东大门是单檐硬山顶，面阔1间。

---

① 清宫档案《舆图》178，第一号。

② 清宫档案《北图舆图》197，第十二号。

③《宣宗成皇帝实录》卷二四七，《清实录》第36册，第717页，中华书局，1986年。

④ 清宫档案《上谕档》胶片，第190盒。

中国第一历史档案馆藏有定陵《内务府大营房修建等工销算银两通总黄册》，得知了定陵内务府营房的基本规制是这样的：

西大门1座，1间，门内影壁1座。

西门内有官员房4所，每所正房1座，每座3间。

厢房1座，每座1间。

门楼1座、影壁1座。

4所官员房的院墙、隔断墙、影壁凑长636丈2尺2寸。

北大门1座，1间，门内影壁1座。看守房2座，每座1间。

北门内官员房4所。每所正房1座，每座3间。

厢房1座，每座1间。

门楼1座、影壁1座。

4所官员房的院墙、隔断墙、影壁凑长547丈2尺1寸。

拜唐阿房78所，每所房1座，每座2间，门楼78座。

碾房1所，3间房1座，门楼1座。

外围大墙凑长235丈4尺4寸。

甬路凑长247丈7尺8寸。

食水井3眼。

开挖洩水沟1道，随石平桥1座，

护脚泊岸1段。

木板桥1座。

整个工程，除直接领用的松木、杉木、架木、叶铁、平铁、桐油、烟子未动用银两外，共销算工料银133019两7钱7分9厘。[①]

根据实地调查，现在定陵内务府营房即定大圈只有西门，北门已堵砌上了。

中国第一历史档案馆还藏有《定陵内务府小营房修建等工销算银两通总黄册》，得知定陵妃园寝内务府营房的基本规制是这样的：

官员房2座，每座3间。耳房2座，每座1间。

---

①清宫档案《黄册》，055-056。

拜唐阿房40座，每座2间。

茶房、饽饽房2座，每座3间、后接厦1间。

晾饽饽房1座，2间。

碾房1座，2间。

定陵妃园寝内务府小圈的拜唐阿住房都是两间东厢房

定陵妃园寝内务府小圈的房子及门楼都朝向西，这是唯一幸存的门楼

西大门1座，计1间。看守房1间。门楼43座。影壁1座，长1丈9尺。

食水井2眼。

外围大墙凑长167丈8尺4寸。

西门外一孔石平桥1座。

除直接领用的物料未用银两外，共销算银两74040两4钱1厘。[①]

笔者对定陵妃园寝内务府营房即定小圈进行过多次考察。这个小圈的房子确实都是东厢房，而且大部分都是每座2间。确实只有西门1座。门内有大影壁1座。影壁的西侧面正中有佛龛1个，供奉观世音菩萨。影壁背后即东面建小庙1座，只有1间，单檐卷棚顶。据定小村的79岁的老人马俊昌讲，小庙内供的是关羽，旁边还有关平、周仓。这座庙虽然规模很小，但神像底座却是用青白石雕刻的须弥座，雕刻得很精美。如今这些石雕构件仍保留在这座小庙的原址上。

定陵妃园寝内务府小圈西门内的关帝庙神像下的石须弥座

①清宫档案《黄册》，055，第6号册。

从负责营建慈安陵神路、内务府、礼部、八旗营房的惇亲王奕誴的一件奏折中，得知了慈安陵内务府营房的基本规制：

官员房6座，每座3间，随厢房6座，每座各1间。

门楼6座，并院墙、甬路。

衙署内办事房1座，计3间，两山耳房2间。

衙署内值房2座，每座3间。

衙署大门1座，计1间，并院墙、甬路。

拜唐阿房44座，每座2间，随门楼44座，并院墙、甬路。

营门2座，每座1间，随外围大墙1道。

营门内，看守房2座，每座1间。

食水井2眼。

西面、北面围墙外洩水沟1道，随过水涵洞1座，石平桥1座。

西面围墙外护脚河光石泊岸1段。①

三、奉祀礼部

（一）礼部的职责

陵寝礼部也叫奉祀礼部。清朝陵寝的礼部与朝廷所设的礼部的职权有明显的不同。朝廷的礼部主管全国的礼仪、教育、贡举、祭祀等，而陵寝的礼部的职责是：生产和供应制做祭品所用的面、油、糖、果、酒、畜等物品；主持祭礼仪式并监礼、赞礼、读祭文、焚化祝文、纸锞；芟除杂草、打扫地面、管理金银器皿库。

如果细分，礼部的扫院人和割草人负责陵寝前院享殿月台以下的地面和院墙外周围以及神路的打扫；仪树、山树行外草薪系礼部割草人刈割，地面系割草人打扫；保存金银器皿，并掌管库房门及内层门

① 中国第一历史档案馆编：《光绪朝朱批奏折》第27辑，第304页，中华书局，1996年。

的钥匙；在神厨库内宰杀牛羊，制作太牢、少牢等肉类祭品；负责监礼、赞礼、书写祝文、读祝文、捧帛、数帛、恭导官员入陵；祭祀前，在礼部官员的监视下，由屠户抬请牲匣进殿内，将肉槽抬到妃园寝的凉棚内[①]；供应制做供品的各种原材料；喂养牛羊。

（二）礼部人员的设置

各陵的内务府整个东陵和西陵各有一个总长官——东陵总管内务府大臣，初设专职大臣，从乾隆四十一年（1776）开始由马兰镇总兵官兼任。可是各陵的礼部却没有设整个陵园的总长官，而是直接隶于陵寝守护大臣。

礼部人员的设置，皇帝陵与皇后陵基本一样，设置如下（以孝陵为例）：

郎中：1员。

员外郎：2员。

赞礼郎：4员。

读祝官：2员。

牛吏：2名。

挤奶人：2名。

打果人：4名，每逢大小祭祀领送金银器皿库钥匙并启闭库门，查点金银器皿。

割草人 40名，刈除树行间的杂草。

扫院人 16名，打扫陵寝前院地面和陵外地面。

喂牛人 15名。

屠户 12名，宰杀牛羊。

校尉 20名，抬龙亭。

鹰手 4名，交野鸡。

果户 4名，交干鲜果品。

---

① 清朝东陵官员编：《陵寝易知》卷三，“仪注”。

网户 4名，交鲤鱼。

面匠 2名，交白面。

粉匠 2名，交团粉芝麻。

油匠 2名，交苏油。

酱匠 2名，交盐酱瓜子。

酒匠 2名，交江米酒。

糖匠 2名，交江米糖。

每座帝、后陵的礼部人员设置大同小异。

一般妃园寝的礼部设置如下：

读祝官 2员。

赞礼郎 3员。

校尉 12名，抬龙亭。

割草人 20名。

扫院人 8名。

端慧皇太子园寝的礼部设置如下：

赞礼郎 3员。

读祝官 2员。

六行匠役：每行各1名。

惠陵妃园寝建成后，在墓主人入葬前，因为没有祭祀活动，礼部只设了割草人20名、扫院人8名。[①]

各陵的奉祀礼部没有本陵的关防。以东陵为例，乾隆二年(1737)，因为“昭西陵、孝陵、孝东陵、景陵相距甚近，所设郎中等官，毋庸各立关防，应将各旧关防缴部，别铸给‘孝陵奉祀礼部关防’。将各部院郎中暨现任陵寝郎中选拟正陪，引见请旨。命一人掌关防。凡一切陵寝事务，令其会同各官办理，以马兰峪礼部衙门为办事公所，照各部院章程，设立经承二名，每事立稿存案，以期典礼

① [清] 英廉重纂本：《昌瑞山万年统志》下函，卷之六“官制”。

划一”[①]。

（三）礼部营房

礼部营房都建在陵园的风水墙之外。东陵的各陵礼部营房与本陵的八旗（兵部）营房建在一起，有共用的围墙和大门。根据对裕陵、定陵、惠陵、慈安陵和慈禧陵五陵的礼部和八旗营房的实地调查，礼部的房间在东半部，八旗房间在西半部，中间有一条较宽的大道。围墙四面各有一门，墙外有排水沟，门前的排水沟上建石平桥。围墙内的房子与内务府营房子不一样，不是“望陵房”，主房都是坐北朝南的正房。

皇后陵的礼部营房，因为“果楼、冰窖、暖窖附入皇帝陵的果楼、冰窖、暖窖之中”，又因为只给官员、赞礼郎、读祝官、挤奶人、喂牛人官房，其余丁役照案不给官房，[②] 所以，皇后陵的礼部营房规模小于皇帝陵的规模。

东陵的妃园寝礼部不单独建营房，礼部人员住在皇帝陵的礼部营房内。

西陵的妃园寝礼部单独建营房。[③]

现在根据清宫档案的记载，将几座陵的礼部营房规制介绍如下：

1. 昌陵礼工二部营房规制

首先需要说明的是，西陵的每陵的礼部官员往往与本陵的工部官员“俱在一署办事”的，所以，礼部营房内也建有工部人员的房间。而且昌陵礼部营房利用了一部分旧有房子。

---

① [清] 崑冈等修，刘启端等纂，光绪朝《钦定大清会典事例》卷四二八，“礼部 · 大祀 · 陵寝二”。载《续修四库全书》编纂委员会编：《续修四库全书》第804册，“史部，政书类”，第728页，上海古籍出版社，2002年。《高宗纯皇帝实录》卷一三，《清实录》第9册，第389页，中华书局影印本，1985年。

② 中国第一历史档案馆编：《光绪朝朱批奏折》第27辑，第277页，中华书局，1996年。

③ 那凤英：《清西陵探源》第51页，河北科学技术出版社，2004年。

官员房24座，计房73间。

档案、牛吏差役人等房96所，计房192间。

祭品房2座，计10间。

果楼1座，计3间。

暖果窖1座。

黑牛、乳牛、羊圈房3座，计房9间。

磨料房1座，计5间。

大门4间。

共计房297间。

再金银器皿库前接添龙亭库1座，计3间；后抱厦1间；看守房2座，计2间；粘修旧祝版房3间、看守房1间；补盖看守房1间；拆修门罩1座；挪盖大门楼1座；堆拨房2间。[①]

2. 慕陵礼部营房规制

慕陵奉祀礼部营房1座，郎中1员，员外郎2员，各给房3间、耳房1间。

读祝官2员、赞礼郎4员，各给房3间。

牛羊吏2名，各给房2间。

挤奶人2名，各给房2间。

打果人2名，各给房2间。

差役128名，各给房1间。

更房2间。

黑牛棚1棚。

乳牛棚1座。

羊棚1座。

草料房3间。

磨房1间。

---

① 清宫档案《新整内务府档》第0450包。

衙署内：龙亭库1座、祝版房1间、果楼1座、暖窖1座、司堂1座、档案房3间、六行房6间、兵丁房2间、值班房2间。[①]

3. 定陵礼部营房的规制

果楼1座，3间。

金银器皿库1座，3间；围墙凑长21丈3尺2寸。

冰窖1座。

暖果窖1座。

看守房2座，计4间。

祝版房1座，3间；大门1座，1间；祝版房外围大墙及照壁墙共凑长80丈3尺3寸。

油面房1座，5间。

糖酱房1座，5间。

办事房1座，5间。

酒房2座，每座2间。

果楼等处甬路凑长34丈1尺8寸。

牛吏人等住房4座，每座4间。

磨料房1座，3间。

铡草房1座，2间。

牛吏、铡草、磨料、打果、挤奶人住房，门楼10座，院墙、影壁共凑长112丈3尺，甬路凑长23丈5尺8寸。黑牛、乳牛圈房2座，每座3间；门楼2座；围墙、隔断墙凑长55丈5尺6寸。

牛棚前甬路凑长9丈5尺。

羊圈围墙、隔断墙凑长19丈7尺5寸。

门楼1座。

官员房3座，每座3间。

东山耳房3座，每座1间。

---

① 清宫档案《内务府来文》“陵寝事务”，第0448包。

门楼3座，院墙、隔断墙、影壁共凑长83丈6尺。院内甬路凑长27丈3尺。

员外郎住房1座，3间，东山耳房1间。

读祝官、赞礼郎住房11座，每座3间。门楼12座，院墙、隔断墙、影壁凑长334丈4尺。院内甬路凑长72丈9尺。

笔帖式住房2座，每座2间。

差役人住房84座，共168间、门楼170座。院墙、隔断墙、影壁凑长1438丈1尺6寸。院内甬路凑长557丈6尺。

看守房3座，每座1间。

大门3座，每座1间；大门内影壁3座。

外围大墙凑长336丈4尺2寸。

大门外添修一孔石平桥1座，拆修1座石平桥2座。

食水井4眼。

营建这座礼部营房，除直接领用的材料未动银两外，共销算银178885两2钱6分8厘。①

4. 普祥峪定东陵（慈安陵）礼部营房规制

龙亭库1座，3间，前月台1座。

金银器皿库1座，3间。

造供房1座，5间。

办事房1座，5间。

值班房1座，5间。

大门1座，1间，随围墙、甬路。

读祝官、赞礼郎房6座，每座3间，随门楼6座，并院墙、甬路。

牛圈房2座，每座3间，随门楼2座，并院墙、甬路。

羊圈房2座，每座5间，随门楼2座，并院墙、甬路。

磨料房1座，5间。

---

① 清宫档案《黄册》，055-056。《礼部营房修建等工销算银两通总》叁号。

圈内值房1座，3间。

牛羊圈大门1座，1间，随围墙1道。

牛吏、挤奶人房2座，每座4间，随门楼4座，并院墙、甬路。

喂牛人房15座，每座2间，随门楼15座，并院墙、甬路。

营门2座，每座1间，随外围大墙。

营门内看守房2座，内1座2间，1座1间。

食水井3眼。

围墙外，洩水沟1道，随石平桥2座，过水涵洞1座。[①]

东陵的孝陵礼、兵部营房建在马兰峪老城内。景陵的礼、兵部营房建在马兰峪以南4公里的新城内。昭西陵礼、兵部营房建在南新城内。裕陵、定陵、惠陵的礼、兵部营房建在马兰峪东南1.5公里的平坦之地。3座营房南北排列，裕陵营房在北，定陵营房居中，惠陵营房在最南。慈安陵营房在定陵营房之西，慈禧陵营房在惠陵营房之西、慈安陵营房之南。每座营房之间相距只有几十米。5座营房连成一片，号称五营房。清朝灭亡后，五营房变成了村庄，连成了一片，昔日的守陵人变成了村民。人民公社化时，以五营房为中心，加上周围几个村庄，建立了营房公社，后改营房满族乡，最后并入了马兰峪镇。

清西陵，除泰东陵的礼部营房和八旗营房建在一起外，其他陵的礼部营房和八旗营房不建在一起，妃园寝也单独建营房。比如，泰陵礼部营房建在安河以东，而泰陵八旗营房建在半壁店。[②]昌陵的礼部营房建在易州署之鲁班庙地方，而昌陵八旗营房却建在了易州署之范各庄。[③]慕陵礼部营房在华北村，而慕陵八旗营房

---

① 中国第一历史档案馆编：《光绪朝朱批奏折》第27辑，第304～305页，中华书局，1996年。

② 清宫档案《新整内务府档》“陵寝事务”，第0449包。

③ 清宫档案《内务府来文》第2935包。那凤英著《清西陵探源》载，昌陵礼部营房建在下岭，八旗营房建在北百泉。《内务府来文》所记的地名都是嘉庆十年的地名，《清西陵探源》所记的地名为现在的地名。名称很可能有变化。

在慕各庄。[①]

四、陵寝工部

（一）陵寝工部的职责

陵寝工部主要负责各陵寝的一般性维修和保养，也就是所说的“岁修”。从朝廷工部请领银500两，存库备用，每次竣工后造册向朝廷工部核销。凡有重大兴建和修缮工程即专案工程，则由朝廷钦派大臣实地查看勘估，造册报送朝廷审核批准，然后由皇帝委派承修大臣办理，钱粮由朝廷另拨。

陵寝工部还承担制做祭陵用的部分金银器皿等差使。

制造各陵寝清明节祭陵时在帝、后及妃嫔等墓主人神牌前和宝顶前供放的大佛花、小佛花；制备清明节行敷土礼所用的黄布鞋套、筐、扁担；准备敷土礼用的净土；制备祭祀时焚烧的五色纸、三色纸、素纸、金银锞等。[②]

各妃园寝四时大祭时，工部司员还负责安放桌张、摆列酒樽等。

每月工部官员带领匠役搜检松虫一次。[③]

（二）陵寝工部的人员设置、隶属及关防

从陵寝工部的职责可以看出，陵寝建筑的维修和祭祀是离不开工部的。所以，陵寝工部是随着陵寝的建立而设置的。陵寝工部并非像内务府、礼部、八旗那样按陵设置，东陵和西陵各设一个，负责整个陵园陵寝的维修、制造事务。东陵工部设于康熙初年，因建在陵园以南的石门，所以也称“石门工部”。东陵的工部关防于康熙二

---

① 那凤英：《清西陵探源》第274～275页，河北科学技术出版社，2004年。

② 清宫档案《工部则例》卷八十二，“屯田司”。

③ 清朝东陵官员编：《陵寝易知》卷三，“仪注”。

十五年（1686）九月颁发，其关防汉文为“陵工管理修造事务工部”。其关防由陵寝守护大臣掌管。乾隆十二年（1747）五月，将原关防收回，颁发新关防。新关防的汉文为“东陵工部办理事务关防”。[①]

清东陵文物管理处现藏有东陵工部关防1枚，全为铜制。印面长9.7厘米、宽6.2厘米，台高2厘米，柄长9.9厘米。满汉两种文字，汉文为“东陵工部办理事务关防”，满汉文均为篆书，阳刻。台的侧面（长边）一侧阴刻“乾隆十六年五月　日；乾字六千五百六号”。台的背面（印面的背面）一侧阴刻“东陵工部办理事务关防，礼部造”，楷书。另一侧阴刻同样内容的满文。

东陵工部关防

① 清宫档案《工部则例》卷八十二，“屯田司”。

东陵工部关防印文

西陵工部建于乾隆元年（1736）七月，因为泰陵是西陵建的第一座陵，所以，所颁关防的汉文为“泰陵管理修造事务工部”。[①]西陵的工部设在易州（今易县）城内。

乾隆五年（1740）以前，东陵和西陵的工部司员直接由朝廷的工部管辖。乾隆五年，经马兰镇总兵官布兰泰奏请，将石门工部的官员改由东陵守护大臣所管。这样每遇大小各项工程由陵寝守护大臣直接派工部司员估修，所需钱粮不向国家工部奏报，直接咨明工部办理。这种做法被认为是“殊非敬事之道”，所以从乾隆二十四年（1759）以后，东、西二陵的工部又改归朝廷工部管辖。[②]

① 《高宗纯皇帝实录》卷二二，《清实录》第9册，第523页，中华书局，1985年。

② 清宫档案《朱批奏折》“建筑工程”，17～15。

（三）陵寝工部的人员设置及衙门

东陵的石门工部设置，由马兰镇绿营总兵官编纂的《昌瑞山万年统志》记载如下：

郎中1员、员外郎4员、笔帖式4员、书吏2名（悬缺）。

匠役140名，计13行，其中：锡匠6名、搭材匠8名、锞子匠6名、桶匠7名、木匠26名、裁缝匠7名、瓦匠32名、打纸匠6名、石匠7名、铁匠7名、油匠13名、锯匠7名、裱匠8名。①

每新建一座皇帝陵或皇后陵，增加匠役40名。②

可是，《钦定大清会典事例》关于东陵的工部设置却有所不同：“郎中一人、员外郎四人、经制经承二名、匠役一百四十名、守库把总一人、巡兵四十名（由马兰镇拨给）。”③

西陵的工部在乾隆元年（1736）七月设置：“郎中一员、员外郎一员、笔帖式二员”。④后来，增加员外郎二员。

西陵工部到光绪年间设置如下：“给泰陵工部办理事务关防。郎中一人、员外郎六人、主事二人、经制经承二名、匠役共一百一十名。守库把总一人、巡兵四十名（由泰宁镇拨）。”⑤

“东陵的石门工部衙署二十四间（其中工部大堂三间）⑥、库房十

---

①[清]英廉重纂本：《昌瑞山万年统志》下函，卷之六“官制”。根据布兰泰原纂的《昌瑞山万年统志》记载，石门工部还设有“作管”一名。其他书均无“作管”的记载。

②清朝东陵官员编：《陵寝易知》卷四，“官制”。

③[清]崑冈等修，刘启端等纂，光绪朝《钦定清会典事例》卷九四五，“工部·陵工修建”。载《续修四库全书》编纂委员会编：《续修四库全书》第811册，“史部·政书类”，第402页，上海古籍出版社，2002年。

④《高宗纯皇帝实录》卷二二，《清实录》第9册，第523页，中华书局，1985年。在实录中，只提到了泰陵工部的官员，未提及各行匠役人数。

⑤[清]崑冈等修，刘启端等纂，光绪朝《钦定大清会典事例》卷九百四十五，“工部，陵工兴建”。载《续修四库全书》编纂委员会编：《续修四库全书》第811册，“史部·政书类”，第402页，上海古籍出版社，2002年。

⑥清宫档案《录副奏折》“工程”胶片，第534盒。

九间。郎中、员外郎每人给房三间，笔帖式每人给房二间。”

西陵的工部衙门大致是这样的：“衙署房二十间、库房十六间、郎中、员外郎、主事每人各给房四间。笔帖式二人，各给房二间”。①

（四）关于陵寝工部的困惑

笔者在多年的清陵研究中，对于陵寝工部存在以下两个困惑：

困惑一：按《陵寝易知》《昌瑞山万年统志》记载，每新建一座陵，要增加各行匠役40名。以东陵为例，东陵有皇帝陵5座、皇后陵4座，如果每陵有匠役40名计算，东陵工部应有匠役360名。可是成书约于光绪十年（1884）的《昌瑞山万年统志》一书，记载石门工部只有匠役140名，尚不到一半。

困惑二：是否为工部单建营房。

乾隆元年（1736）九月十六日，负责修建泰陵的和硕恒亲王弘晊、户部尚书海望等大臣在向乾隆帝奏报泰陵全工告竣的奏折中说：“……再守护陵寝之贝勒、公、大臣、侍卫、并官员、执事人等房屋以及礼工二部衙署、八旗官弁营房一切工程亦俱各修造完工。”②

在营建昌陵各营房的奏折中说：“兹于本年十二月初八日准礼部咨称：尚书纪昀奏准，所有万年吉地暨妃园寝应设礼工部八旗营房官员兵丁房间，仍照泰陵规制修建。”还说：“窃查泰陵、泰东陵现有礼、工二部官员衙署俱在一署办事。今此次应建礼、工二部衙署，臣等公同商酌，或可同在一处办事，无庸另行添设。”③

道光十一年（1831）二月，慕陵承修大臣工部尚书穆彰阿等大臣在向皇帝奏报选派监督各员的奏折中说：“……其礼工部衙署、八旗、内务府营房及添修墙垣等项核计即令该员等分别兼办，毋庸另委

---

①［清］崑冈等修，刘启端等纂，光绪朝《钦定清会典事例》卷九四七，“工部·廨舍营房”。载《续修四库全书》编纂委员会编：《续修四库全书》第811册，“史部·政书类”，第422页，上海古籍出版社，2002年。

② 清宫档案《工科题本》“乾隆元年”，第3包。

③ 清宫档案《新整内务府档》第0450包。

监督。”①

通过以上史料来看，似乎各陵工部也分别建有营房，而且与礼部营房不仅同时建立，而且建在一起，两机构官员在一起办公。但在文献中却没有发现礼部营房内有工部人员住的房间，也没有发现有工部营房的营建、规制的记载。通过实地调查，也没有发现有各陵的工部营房。西陵工部到底是按陵设置还是整个陵园统一设置，还不太明了。

第三节　陵寝的保卫机构

陵寝的保卫机构有八旗和绿营。

一、八　旗

（一）八旗的职责

陵寝的八旗指的就是八旗官兵，在陵寝也称兵部。清王朝对皇陵的安全极为重视，派遣最亲信的八旗兵进驻陵园内，保卫各陵寝。八旗兵是按陵设置。他们的职责是沿陵院外的更道昼夜巡逻，每陵寝宫门外的值班房就是他们的栖息之所；掌管礼部金银器皿库外层门的钥匙；参与陵寝的部分祭祀活动，比如，章京、骁骑校与礼部的赞礼郎抬请果桌。妃园寝大祭时，披甲人抬请肉槽安于凉棚内。将祭品桌抬请到享殿内和各宝顶前。②

景陵总管还有一项其他陵寝总管所没有的特殊职责，即管辖喜峰口、冷口、罗文峪三处的满洲八旗官兵。情况是这样的，雍正十年（1732），雍正帝谕：“附近京畿之小城驻防满洲兵丁俱系协领官等管辖，因无总管之大臣，故教训兵丁、稽察官员之事殊为疏忽，虽在

① 清宫档案《内务府来文》第2946包。

② 清朝东陵官员编：《陵寝易知》卷三，“仪注”。

地方妄行生事，亦无约束之人。应交相近居住之大臣令其兼辖。附近陵寝者即交陵寝处大臣管辖。附近天津者即交天津都统管辖。若相近无有大臣居住之处，由京城内特派大臣一员令其总理。每年前往稽察一次。则官兵自然奋勉，遵奉法度。在地方不致有妄行生事之人矣。著大学士鄂尔泰详察议奏。”经鄂尔泰等大臣会议并得到皇帝批准，做出如下决定：“直隶驻防官兵，永平府、玉田、三河县、顺义县四处属山海关总管兼辖。喜峰口、冷口、罗文峪三处属景陵总管兼辖。”①

景陵总管的这一额外差使，在《昌瑞山万年统志》和《陵寝易知》两部书中都没有记载，是在光绪朝《钦定大清会典事例》中发现的。

朝廷规定，陵寝的八旗总管任期5年，满5年就要调回京师，换新的总管。道光二十一年（1841年）九月，西陵守护大臣载钧奏请皇帝将任满的总管庆禄留任。遭到了道光帝的严厉拒绝。② 可是到了同治朝，朝廷对期满5年的八旗总管，经守护大臣奏请，同意继续留任。比如泰陵总管庆秀到同治十一年（1872）八月已经继续留任到期。经西陵守护大臣载钢、荣颐和泰宁镇总兵官清安的奏请，又同意第二次留任。③

关于陵寝八旗总管的人选，道光八年（1828）五月奉旨：“嗣后东陵、西陵总管缺出，著该管大臣于本处翼长内秉公拣选一员送京，与京旗应升人员一体带领引见。如翼长中不得其人，毋许冒滥充数。”④

① [清] 崑冈等修，刘启端等纂，光绪朝《钦定清会典事例》卷五四四，“兵部·官制”。载《续修四库全书》编纂委员会编：《续修四库全书》第806册，“史部·政书类”，第519页，上海古籍出版社，2002年。

②《宣宗成皇帝实录》卷三五七，《清实录》第38册，第451页，中华书局，1986年。

③ 中国第一历史档案馆编：《光绪朝朱批奏折》第27辑，“陵寝事务”，第006页，中华书局，1995年。

④ 中国第一历史档案馆编：《光绪朝朱批奏折》第27辑，“陵寝事务”，第089页，中华书局，1995年。

（二）八旗的人员设置

皇帝陵八旗的设置：

总管1员、翼长2员、章京16员、骁骑校2员、领催4名、披甲人76名、养育兵8名，共109人。顺治帝的孝陵在此基础上又增加三等轻车都尉1员（世职）、佐领1员（世职）、云骑尉1员（世职）（道光十九年因树株被砍，革退）。[①]

皇后陵的八旗人员设置，除慕东陵设有总管1员、翼长2员之外，[②]其他皇后陵不设总管和翼长外，其余设置与皇帝陵一样，即：章京16员、骁骑校2员、领催4名、披甲76名、养育兵8名，共106人。

妃园寝的八旗人员设置约为皇后陵人数的一半，即：章京8员、骁骑校1员、领催2名、披甲38名、养育兵8名，共57人。

景陵皇贵妃园寝的八旗，除章京设4员之外，其他人员设置与妃园寝一样。[③]

端慧皇太子园寝的八旗人员设置与一般妃园寝的设置一样。

到光绪晚期，东陵共有八旗官兵约1200多人。

泰陵八旗设于乾隆元年（1736）七月，是西陵最早设的八旗。设总管1员、副总管2员、笔帖式2员、每旗防御2员[④]、八旗披甲人80人，每旗拴马1匹，总管亲随披甲人1名。

朝廷规定，陵寝的八旗章京应该由本旗的骁骑校中拣补，[⑤]可

---

①《陵寝易知》和光绪十二年刻本《遵化通志》均有“云骑尉”的条目，唯重修本的《昌瑞山万年统志》一书未记载此条，可能云骑尉因道光十九年被革后永不再补，才未载。

②[清]崑冈等修，刘启端等纂，光绪朝《钦定清会典事例》，卷九四七，“工部·廨舍营房”。载《续修四库全书》编纂委员会编：《续修四库全书》，第811册，“史部·政书类”，第424页，上海古籍出版社，2002年。

③[清]英廉重纂本：《昌瑞山万年统志》下函，卷之六“官制”。

④[清]崑冈等修，刘启端等纂，光绪朝《钦定清会典事例》中，将章京都称为防御。

⑤《文宗显皇帝实录》卷二一九，《清实录》第43册，第431页，中华书局，1986年。

是，有时也由陵寝的奉祀礼部的读祝官和赞礼郎中拣补。[①]

乾隆二年（1737）以前，皇陵的八旗人员中不设骁骑校和领催。乾隆二年（1737）十一月，经辅国公法尔珊奏请，每陵增加骁骑校2员。乾隆四年（1739）六月，经马兰镇总兵官布兰泰奏请，每陵又增加领催4名。[②]

东、西陵八旗养育兵的设置始于同治十年（1871），东陵添设88名，西陵添设56名。[③]

东陵和西陵的八旗不设整个陵园的总长官，都直隶于陵寝守护大臣。总管是每座陵寝八旗兵的最高长官，任期5年。[④]

（三）兵部的关防

景陵兵部关防

① 中国第一历史档案馆编：《光绪朝朱批奏折》第27辑，“陵寝事务”，第007页，中华书局，1995年。

② 清宫档案《乾隆朝上谕档》第1册，第420页。

③ [清] 崑冈等修，刘启端等纂，光绪朝《钦定清会典事例》卷二五八，“户部·俸饷”。载《续修四库全书》编纂委员会编：《续修四库全书》第820册，“史部·政书类”，第145页，上海古籍出版社，2002年。

④《宣宗成皇帝实录》卷三五七，《清实录》第38册，第451页，中华书局，1986年。

景陵兵部关防印文

乾隆初颁发给泰陵兵部的关防字样为“泰陵看守山河关防”。[1]

清东陵文物管理处现藏有景陵和裕陵的两枚关防，规制、质地基本是一样的，只是年号、日期的不同，尺寸微有差异。现只介绍一下景陵的兵部关防：全为铜制，印面长9.65厘米、宽6.3厘米，台高2厘米，柄长10厘米。满、汉两种文字，汉文为“景陵看守山河关防”，满、汉文字均为篆书，阳刻。台的侧面（长边）一侧阴刻“乾隆十六年五月　日；乾字一万八百十号”。台的背面（印面的背面）一边阴刻“景陵看守山河关防，礼部造”，楷书，另一边阴刻同样内容的满文。

（四）八旗营房

保卫皇陵的八旗官兵的营房建在陵园的风水墙外。东陵的八旗营房都与本陵的礼部营房建在一个营房内（详情请见礼部营房的介

①《高宗纯皇帝实录》卷二二，《清实录》第9册，第523页，中华书局，1985年。

绍），而且妃园寝的八旗不单独建营房，而是住在皇帝陵的八旗营房内。八旗营房不称圈。

以咸丰帝的定陵为例，介绍一下八旗营房的规制：

定陵的八旗营房位于马兰峪东南1.5公里，北为裕陵的八旗营房，南为惠陵的八旗营房，西为普祥峪定东陵（慈安陵）的八旗营房。营房内南北贯通的大街以东为礼部房间，以西为八旗房间。八旗营房情况如下：

正副总管住房3座，每座3间；厢房4座[①]，每座2间；大门3座，每座1间；二门楼3座。

章京住房24座[②]，每座3间；耳房24座，每座1间。

骁骑校住房3座，每座3间。

笔帖式住房2座，每座2间。

印房3座[③]，内正房3间，厢房2间、耳房1间。

披甲人住房60座，每座4间。

看守房2座，每座1间。

外围大门2座[④]，每座1间。

官员门楼28座。

笔帖式、披甲人门楼122座。

大门内影壁2座，各长1丈9尺。

外围大墙凑长202丈9尺2寸。

总管、章京、骁骑校、印房、披甲人院墙、隔断墙凑长1225丈9尺3寸。

---

① 3座住房之所以有4座厢房，是因为总管院内有东西厢房，副总管院只有东厢房。

② 皇帝陵设章京16员，妃园寝设章京8员，所以，建章京住房24座，这也是妃园寝八旗官兵住在皇帝陵八旗营房的证明。

③ 印房3座，指1座正房、2座厢房。

④ 每座营房四面各有大门1座，计有大门4座。所以礼部、八旗营房各建2座。

披甲人山石院墙、隔断墙凑长650丈3尺2寸。

影壁共凑长171丈8尺5寸。

甬路共凑长632丈2尺8寸。

食水井4眼。

粘修大门外石平桥2座。

关帝殿1座，3间，拆盖山门1座。院墙凑长24丈3尺2寸。随门口2座。海墁甬路凑长5丈7尺2寸。

通共销算工料银146043两4钱6分1厘。[①]

据实地调查，东陵的八旗营房内都建关帝庙1座，在营房的北门内，坐北面南。笔者曾亲眼见过裕陵、定陵、惠陵三陵的八旗营房的外围墙和关帝庙。如今，这些八旗营房都已成了村庄，但名称仍沿用旧名。

定陵营房村界标志

西陵礼部、八旗营房的设置与东陵不一样：

东陵礼部和八旗建在一座营房内，而西陵大都分建（礼部营房部分）；东陵妃园寝的八旗与该朝的皇帝陵的八旗建在一座营房内，不

① 清宫档案《黄册》，055，第4号。

单独建营房。而西陵的妃园寝的八旗却单独建营房。比如泰陵八旗营房建在半壁店，泰陵妃园寝的八旗营房建在南百泉。[①] 昌陵建成后，仿泰陵和妃园寝八旗营房分建的成例，昌陵和妃园寝的八旗也分建两座。建官员房32所，计房131间；披甲人房120所，计房240间；营门5间，通共计房376间。[②]

慕东陵的管理机构在清陵中最为复杂，多次增加编制。慕东陵最初是慕陵的妃园寝，其管理机构最初按妃园寝设置。咸丰七年（1857）孝静皇后葬入后，妃园寝升格为皇后陵，需要增加保卫力量，于是，在“咸丰七年经奏准，慕东陵添设防御八人，各给房四间，骁骑校一人，给房三间。领催马甲四十名，各给房二间”。庄顺皇贵妃是道光帝晚年的宠妃，她是醇亲王奕譞的生母，是光绪帝的祖母。因此，“光绪十九年奏准，慕东陵庄顺皇贵妃位前加崇致祭。内务府、八旗、礼部三处添设官役。应建内务府官房，每员各二间，共房七十八间。八旗营房防御，每员四间，骁骑校每员三间。领催马甲每名二间。官厅五间、马棚二间、草料房二间、清汉学房六间，共房九十间。礼部赞礼郎三员，每员三间。读祝官二员，每员三间。校尉十二名，每名一间。共房三十四间。一切规模均照慕东陵旧制。”[③]

二、绿 营

（一）皇陵绿营兵的沿革及设置

绿营兵是清朝国家军队的一种。清朝在统一全国过程中，将收编的明军和其他汉人按明军旧制组建的一种军队，因军旗为绿色，故名

① 清宫档案《新整内务府档》“陵寝事务”，第0449包。

② 清宫档案《新整内务府档》第0450包。

③ [清] 崑冈等修，刘启端等纂，光绪朝《钦定清会典事例》卷九四七，“工部·廨舍营房”。载《续修四库全书》编纂委员会编：《续修四库全书》第811册，“史部·政书类”，第424页，上海古籍出版社，2002年。

绿旗兵，又因以营为基层单位编制亦称绿营兵。

清朝，东陵整个陵园分前圈和后龙两部分。以孝陵的后靠山昌瑞山为分界，山以南是前圈，以北为后龙。各陵寝均建在昌瑞山南麓的前圈内，后龙则群山卓立，万岭奔腾，密林覆盖，云蒸雾绕，为风水禁区。整个东陵陵园面积为2500平方公里，其范围之广为清朝陵园之冠。派到皇陵护陵的八旗兵仅有1200人左右，只能进驻各陵直接保护，根本没有兵力再维护整个陵园的安全，因此，只能靠绿旗兵来担负这项护陵任务。

东陵昌瑞山东侧的马兰关亦称马兰口，为长城隘口，南与马兰峪相望，东傍崇山峻岭，西倚昌瑞山左翼之山，是前圈和后龙的交界处。南可控制前圈，北可统驭后龙，地位非常重要。

马兰关旧有东西二城。[①] 东城周围230丈，连垛高2丈，有城门2座，南门名“马兰谷关”，西门无字。西城周围150.8丈，高一丈七八尺不等，城门2座，东门名“永镇”，南门名“建安”。东、西两城的北墙就是万里长城，西城西墙是风水围墙。风水围墙北端与长城相接。东、西两城之间的那段长城是一个豁口，名“正关城口”。明朝时东城和西城内均系民居。

顺治年间，马兰关由马兰峪都司管辖。康熙初年，马兰峪、马兰关以西被划为皇家陵园，为加强防卫力量，康熙二年（1663），清政府派副将一员镇守马兰关。[②] 将东、西两城内的居民迁往东城南关，两城改为绿营兵营。第一任副将是镶蓝旗汉军参领陈承明，于康熙二年（1663）二月十六日到任。[③] 雍正元年（1723）二月十八日，改协为镇，将马兰关第十七任副将范时绎升为马兰镇总兵官。[④] 总兵官下辖的绿营兵的建制称镇。相当于现在的军分区。清制，“镇”前冠以此镇军队的驻防的地名，所以驻扎在马兰关（当时也称马兰口）的

---

① 此二城称东城和西城，在当地也称东营、西营。

② [清] 布兰泰原纂本：《昌瑞山万年统志》第四卷·上，“志建设”。

③ [清] 英廉重修本：《昌瑞山万年统志》下函，卷之六“志爵秩”。

④《世宗宪皇帝实录》卷四，《清实录》第7册，第104页，中华书局，1985年。

绿营称马兰镇。[①] 在此之前，东陵（当时并无东陵之称，为便于读者理解，才称东陵）内已建起了顺治帝的孝陵、孝惠皇后的孝东陵、康熙帝的景陵和景陵妃园寝。雍正元年（1723）九月初一日，康熙帝梓宫入葬景陵。在入葬前把马兰关副将提升为总兵，改协为镇，这是清廷为加强陵园防守力量而采取的一项重要措施。

马兰关正关城口处长城遗址

马兰关东城西侧的老城墙

① 总兵官，简称总兵，通称总镇，别称镇台，秩武正二品，掌一镇军政，统辖所属官兵，受提督节制，其直辖营兵称镇标。清初，总兵无定品，系左右都督、都督、同知、佥事各衔，乾隆十八年（1753）始定品秩。

乾隆帝即位后，对马兰镇总兵的身份进一步提升。从乾隆元年（1736）到宣统三年（1911）的175年中的86任总兵中，只有5个人是汉军旗人或汉人，其他总兵官都是满洲旗人，个别是蒙古旗人。[①]

雍正帝的泰陵在建成之前，于雍正十三年（1735）十月二十九日，采纳直隶总督李卫的建议，仿照东陵绿营改协为镇的做法，将泰陵所在的易州泰宁协改协为镇，并添设中军遊击1员、千总2员、把总4员、外委千总1员、外委把总1员、马步军400名。[②]雍正十三年（1735）十二月十六日，以副都统公元为泰宁镇第一任总兵官。[③]

清王朝于宣统三年十二月二十五日（1912年2月12日）灭亡以后，马兰镇总兵之设又延续了10余年，到20世纪20年代时，总兵已由中华民国大总统任命。[④]大约于20世纪30年代，总兵之设已不复存在。

（二）皇陵绿营的职责

《昌瑞山万年统志》一书明确指出："马兰镇之设也原以敬卫山陵，防维风水。"[⑤]皇陵绿营有以下职责：

（1）防护整个陵园的安全，防火、防盗，禁止民人进入陵园内采药、开荒、种地、开矿。具体分工是这样的：

马兰镇镇标左、右两营专门负责保护前圈的安全。曹家路、墙子路营专门保护后龙的安全。黄花山营专司保护黄花山下的王爷园寝、端慧皇太子园寝、十二贝勒园。余丁营担负巡逻村庄、协防、割伐火道等差。遵、蓟两营专司稽查边关要口，巡逻地面和护送差使。[⑥]

（2）开割、清理火道，沿风水墙昼夜巡逻；在后龙内和外围进行巡逻保护。

---

①[清]英廉重纂本：《昌瑞山万年统志》下函，卷之六"志爵秩"；清朝东陵官员编：《陵寝易知》卷五，"历任贝子、公、内务府大臣各项官员"。

②《高宗纯皇帝实录》卷五，《清实录》第9册，第252页，中华书局，1985年。

③《高宗纯皇帝实录》卷九，《清实录》第9册，第317页，中华书局，1985年。

④清宫档案《新整溥仪档》第207包，宣统六至十四年。

⑤⑥[清]英廉重纂本：《昌瑞山万年统志》下函，卷之二"志建设"。

（3）护送来往东陵的重要钦差。如光绪二十四年（1898）闰三月初，慈禧曾派内务府官员到东陵，将慈禧陵地宫金井里的一件珍珠手串取回皇宫。马兰镇绿营派两位千总和10名马兵沿途护送。

（4）维护、弹压陵园内施工工地的秩序（前面在讲营建陵寝时，介绍过派绿营官兵维护工地秩序的事，此不赘述）。

（5）马兰镇绿营向有捕捉小鹿（活鹿），贡献朝廷，以备祭祀之用的差使。乾隆初年，规定每年恭进活小鹿20只。从乾隆四十四年（1779）开始，每年要贡献60只。到了咸丰二年（1852）后，由于祭祀所用的活鹿数量增多，令马兰镇绿营每年贡献活小鹿90只。捕捉这些活鹿给马兰镇增加了沉重的负担。要想得到90只小活鹿，需要捕捉大约200只才能凑齐，[①] 到秋季统一送交皇宫。这样就得先建鹿圈，将随时捕到的鹿只先送到圈内饲养，需要派专人管理，需要大量的食物。清王朝灭亡后，才结束了这项差使。这个鹿圈设在马兰峪西北的一个山沟里，位于风水墙内，至今仍叫“鹿圈沟”。

西陵泰宁镇绿营也有向朝廷贡献活鹿的差使。

每当皇帝谒陵时，直隶总督、古北口提督、东陵马兰镇向来都有在行在向皇帝进献活麀鹿的做法。道光十二年（1832）二月十二日，道光帝谕“嗣后俱著停止”。[②] 这就是说，于行在向皇帝进献活麀鹿的做法于道光十二年才停止。但马兰镇和泰宁镇向皇宫进献活鹿的做法，至少一直延续到清亡后的1912年。

（6）保护风水墙各门户，巡逻各陵神路及神路上的相关建筑，比如各陵的下马牌、圣德神功碑亭、龙凤门、神路桥等。[③]

（7）保护陵园外各陪葬墓。

（8）保护京城至东陵、京城到热河避暑山庄的沿途两路行宫。

---

① [清] 英廉重纂本：《昌瑞山万年统志》下函，卷之八“志建置”。

② 《宣宗成皇帝实录》卷二〇五，《清实录》第36册，第28页，中华书局，1986年。

③ [清] 布兰泰原纂本：《昌瑞山万年统志》第四卷·上，“志建设”。

（三）皇陵绿营的兵力部署和官兵名额

清朝，昌瑞山一带最早驻扎绿营兵始自顺治十五年（1658），那时顺治帝的孝陵还没有建。由皇贵妃董鄂氏（孝献皇后）生的顺治帝的皇四子荣亲王殇于顺治十五年（1658）正月二十四日，不久就为他在黄花山下的丈烟台建了荣亲王园寝，当年的八月二十七日葬入园寝内，随后不久就派绿营官兵守护，设守备1员、左右两哨千总2员、守兵100名。康熙二年（1663）营建孝陵后，当年二月，派陈承明为副将驻守马兰关，分为两营，左营守备1员、千总1员、把总2员；右营守备1员、千总1员、把总2员；兵丁600名，其中马兵180名、守兵420名。康熙二年（1663）五月，看护荣亲王园寝的绿营官兵归并孝陵副将管辖。①

马兰镇绿营的兵力是随着陵园范围的不断扩大、陵寝的不断增多而增加的。

马兰关南栅楼上的“马兰镇”匾，左边刻有满文

康熙二十七年（1688）四月，孝庄皇后梓宫奉安暂安奉殿后，添设千总2员、把总4员、兵丁400名，其中马兵120名、守兵280名。

①[清] 布兰泰原纂本：《昌瑞山万年统志》第四卷·上，“志建设”。

康熙三十一年（1692），因建暂安奉殿金银器皿库，官员不敷用，增添千总 1 员、把总 2 员。

雍正元年（1723）马兰镇绿营改协为镇，升副将为总兵官，标下添设遊击 1 员。[①]

马兰镇绿营最初只辖镇标两营和黄花山营。雍正十三年（1735）经马兰镇总兵官吴正奏请，于乾隆元年（1736）增加余丁营。雍正二年（1724）以后，曹家路、墙子路两营归并马兰镇所管。雍正十三年（1735），经马兰镇总兵官吴正奏请，“将曹家路都司一员、黑吉二关把总二员、马兵二十三名、守兵一百四十五名归并马兰镇管辖”。[②]到乾隆五年（1740），马兰镇全镇绿营兵丁有1888名。[③]乾隆二十二年（1757），马兰镇总兵官图尔禅[④]奏：“陵寝前面关系最严，而围墙外即属提标三屯协之遵化、蓟州所管，惟附近风水仅一墙之隔，难于越界巡查。请将遵、蓟二营归马兰镇节制，俾于地方有益。”[⑤]经钦准，于是，将遵化州和蓟州两营归马兰镇总兵官管理。[⑥]嘉庆五年（1800），直隶提督特清额[⑦]奏：“马兰镇之设首重风水，而遵蓟二营，虽有兼辖之例，实无专制之责，且二营之于陵寝即为东西二面之门户，应将遵化营遊击、城守营千总一员、两哨及罗、石把总四员、经制外委一员、额外外委一员、蓟州营都司一员、城守营千总一员、盘山汛千总一员、两哨把总二员、看守行宫经制外委五员、额外外委一员均归并马兰镇专管，庶于风水地方均为严密。”[⑧]从此，遵化、蓟州两营也归并马兰镇，这样，马兰镇就下辖8个营了。

①[清] 布兰泰原纂本：《昌瑞山万年统志》第八卷·上，“志爵秩”。

②③[清] 布兰泰原纂本：《昌瑞山万年统志》第四卷·上，“志建设”。

④《清实录》为“图尔善”，《昌瑞山万年统志》为“图尔禅”，是一个人，翻译的问题。

⑤[清] 英廉重纂本：《昌瑞山万年统志》下函，卷之八“志建设”。

⑥《高宗纯皇帝实录》卷五四〇，《清实录》第 15 册，第 826 页，中华书局，1986 年。

⑦特清额在嘉庆三年至四年曾任马兰镇总兵官。

⑧[清] 英廉重纂本：《昌瑞山万年统志》下函，卷之八“政绩”。

绿营的兵力是随着陵寝的增加而增加的。咸丰初年，马兰镇镇标两营兵力为1040名，其中马兵264名，守兵776名，咸丰十年（1860），因在平安峪兴建咸丰帝的定陵，添设经制外委2员、马兵24名、守兵16名。同治十二年（1873），因兴建普祥峪定东陵（慈安陵）和菩陀峪定东陵（慈禧陵），添设千总1员、把总2员、经制外委4员、马兵48名、守兵112名。光绪二年（1876），因建同治帝的惠陵，添设千总1员、把总2员、经制外委4员、马兵36名，守兵84名。[①]这样，镇标两营的总兵力达1420名，其中，马兵376名，守兵1044名。

到光绪十二年（1886），马兰镇绿营总兵力及部署是这样的：

马兰镇总兵官下设中军遊击1员。

镇标左营设：守备1员、千总4员、把总7员、经制外委12员、额外外委34员。

镇标右营设：守备1员、千总3员、把总7员、经制外委13员、额外外委31员。

镇标两营共计有大小官弁115员。两营的主要任务是保护内火道以南至前圈范围的安全。两营各下辖3个分汛。

左营分汛鲇鱼关，设把总1员、守兵53名。左营分汛大洼，设把总1员、额外外委2员、守兵48名。左营分汛老厂沟，设把总1员、经制外委1员、额外外委1员、马兵1名、守兵69名。以上3分汛专司守护左侧一带风水地方。

右营分汛黄崖关，设千总1员、额外外委2名、马兵1名、守兵68名。右营分汛将军关，设把总1员、额外外委1名、守兵55名。右营分汛专司守护右侧一带风水地方。

曹家路设都司1员、千总1员、经制外委1员、额外外委2名、马兵15名、守兵68名。

路属黑峪关，设把总1员、额外外委1名、马兵4名、守兵48名。

---

①[清]英廉重纂本：《昌瑞山万年统志》下函，卷之八“志建设”。

路属吉家营，设把总1员、额外外委1名，马兵4名、守兵32名。

路属板谷岭，设把总1员、额外外委1名、马兵5名、守兵12名。

路属窄道子，设把总1员、额外外委1名、马兵8名、守兵29名。

墙子路，设都司1员、把总1员、经制外委2员、额外外委6名、马兵23名、守兵117名。

路属杨家堡，设千总1员、额外外委1名、马兵1名、守兵51名。

路属镇罗关，设把总1员、经制外委1员、额外外委2名、马兵3名、守兵100名。

以上曹、墙二营专司守护后龙一带安全。

黄花山，设守备1员、外委千总1员、额外外委1名、守兵44名。

朱华山，设千总1员、经制外委1员、额外外委1名、守兵49名。黄花山营官兵专门保护这8座园寝安全。

余丁营，设把总1员、经制外委1员、余丁196名。其主要职责是帮助正兵割除火道，日常则巡逻村庄，维护地方治安。

遵化营，设遊击1员、城守千总1员、把总2员、经制外委1员、额外外委1名、马兵25名、守兵77名。

遵化营所属的罗文峪，设把总1员、守兵30名。

遵化营所属的石门汛，设把总1员、额外外委1名、马兵4名、守兵38名。

蓟州营，设都司1员、城守千总1员、把总2员、额外外委1名、马兵50名、守兵98名。

蓟州营所属的盘山汛，设经制外委1员、额外外委1名、守兵16名。

蓟州营所属的隆福寺，设经制外委1员、守兵16名。

蓟州营所属的桃花寺，设经制外委1员、守兵10名。

蓟州营所属的白涧，设经制外委1员、守兵7名。

蓟州营所属的邦均汛，设经制外委1员、马兵1名、守兵4名。

遵、蓟二营无保护东陵陵园安全的职责，主要是巡缉地面、护送各项差使、维护村庄治安。而罗文峪又以稽查边塞要口为主；隆福寺、桃花寺、盘山、白涧四汛以保护这4处行宫安全为主。

据记载，光绪九年（1883），马兰镇八营共有大小官弁186名（按营汛逐个统计，为187名）[①]、兵丁2971名（逐营汛统计，为2969名），陵园内外大小拨汛340多个（遵、蓟二营未计在内）。

乾隆三年（1738）十月，直隶总督李卫奏："泰宁镇属向设官弁兵丁共一千名，守护泰陵风水。现除各项差使，仅存兵六十余名。又续添端亲王、怀亲王、三阿哥三处园寝，不敷巡抚看守。请酌添千总一员、把总一员、步兵一百名。"[②]李卫的奏请很快得到了皇帝的批准。

到清朝晚期，西陵泰宁镇绿营共有多少官兵，尚待考证。

在国家遇到紧急情况和裁减绿营兵力时，专司保护皇陵的绿营兵力不许抽调和裁员。[③]

（四）皇陵绿营的衙署、相关机构及营房

以东陵的马兰镇绿营为例，作以简单介绍。

职司保护皇陵风水禁地安全的马兰镇绿营的所有指挥机关和后勤机关星罗棋布般地都建在了马兰关一带，同时还建起了义学、官厅、万寿宫和与之相适应的众多庙宇，数量之多，密度之高，极为罕见。其中主要有总兵署、演武厅、教场、中军遊击署、左营守备署、右营守备署、左营马圈、右营马圈、军器库、火药库、广裕仓、万寿宫；义学三处、官厅一座；庙宇主要有关帝庙、真武庙、二郎庙、玉皇庙、龙王庙、土地庙、娘娘庙、菩萨庙、火神庙、五道庙、药王庙、马王庙、山神庙、满堂佛等。下面择其主要介绍一下。

---

①[清]英廉重纂本：《昌瑞山万年统志》下函，卷之八"官制"。

②《高宗纯皇帝实录》卷七八，《清实录》第10册，第231页，中华书局，1986年。

③《宣宗成皇帝实录》卷三五九，《清实录》第38册，第481页，中华书局，1986年。

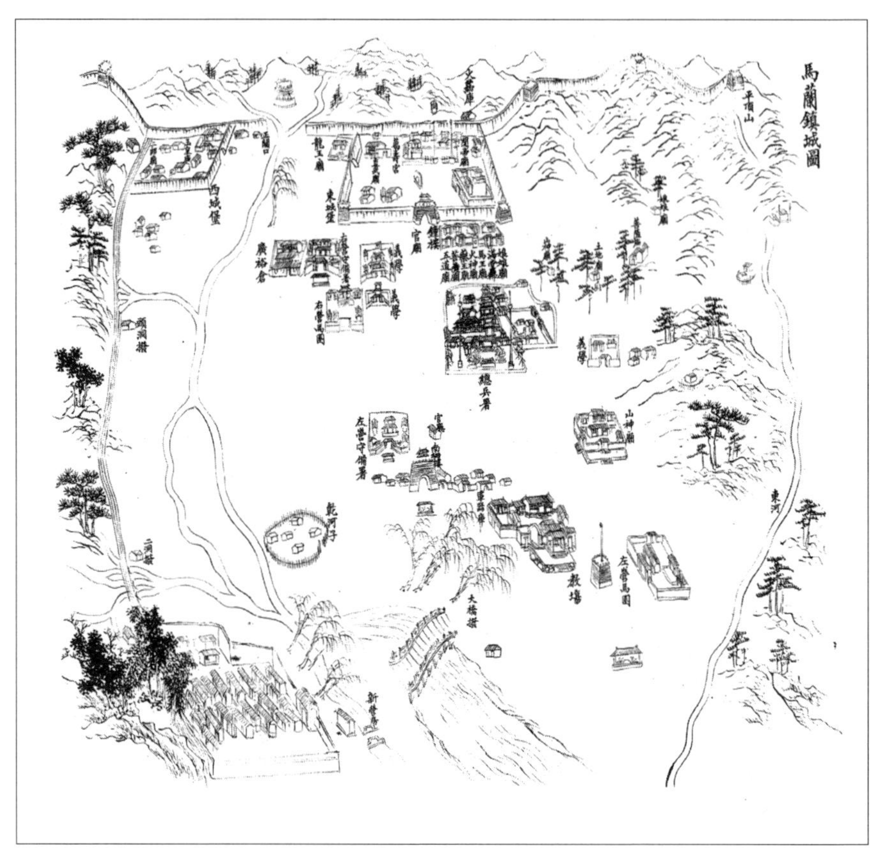

清代马兰关图

1. 总兵署

总兵署也叫总兵衙门，坐北朝南，是总兵官办公、居住的地方，是马兰镇绿营的最高军事指挥机关。

在康熙十年（1671）之前，副将衙门设在马兰关东城内。康熙十年，副将卢崇耀在东城南门外东南置买民地，捐俸建盖副将衙署一所，共房72间。雍正元年（1723），第十七任副将升任总兵官的范时绎又捐资盖房56间，竖立旗杆二根。当时大堂仅3间，上悬雍正二年（1724）雍正帝赐给范时驿的“世济其美”御匾。左右耳房各一间半。西书房6间。大堂下东西科房共6间。西执事房6间。大堂前为仪门3间。仪门下东为土地祠1间。仪门前为大门3间。左员役房7间、关帝庙1间。右官厅5间、军牢房3间。大门外左右各有一座吹手楼。大门前照壁1座，周围环以木栅栏。东西辕门各1座。大堂东房6间。大堂后为二堂5间。东西厢房各3间。二堂后为三堂5间。三堂后为住宅。住宅后为照房12间。署西，前任副将刘俊杰①建盖绥靖楼1座。署东，前任镇臣永常②建盖箭亭3间。③

以上是乾隆六年（1741）时的总兵署，只有百余间房子，其中，只有大门、大堂、二堂等几座建筑十几间房子是瓦房，其余都是草房。到光绪九年（1883）上述的总兵署已历150年之久，其间虽然时有粘修，但坍塌倾圮渗漏十分严重。光绪九年（1883），新上任的马兰镇总兵官英廉到任以后，“目睹署内房间殊不观瞻，若不设法修整，几无办公之所”，因为当时“国家库款支绌，未便请项修理”，于是，英廉采取捐献养廉银的方法，对总兵署所有房间“一律兴修，其中增添移改，量无不宜”，5年后全工告竣。④

新建成的总兵署较前不仅房间增多，规模扩大，而且全部改为瓦房，没有草房。其具体规制是这样的：

总兵署分中、东、西三路，以中路为主。布局是这样的：大门5间，门前有石狮1对、旗杆2根，击鼓楼分列门前左右。大门迎面有一座巨大的影壁，据当地老百姓讲，影壁上画海水江崖，海水之上画着一轮冉冉上升的红日。衙门大门的东侧有瓦正房5间，东为号房，西为旗牌房。衙门大门的西侧有瓦正房6间，东为差官房，西为军牢房。大门内仪门1座，东西角门各一。进仪门，为一个院落，东厢房

---

① 刘俊杰为马兰关第十五任副将，系镶黄旗汉军参领，于康熙五十三年五月初六日到任，康熙六十年二月十六日升云南楚姚蒙景镇总兵官去任。

② 永常为马兰镇第八任总兵官。系正白旗满洲人，由副都统补授总兵，乾隆元年正月二十五日到任，乾隆三年四月内奉旨升授直隶提督。

③ [清] 布兰泰原纂本：《昌瑞山万年统志》第四卷 · 下，“志建设”，城垣路库府署各图考辨。

④ [清] 英廉重纂本：《昌瑞山万年统志》下函，卷之五“志图考”。

3间，为银库。西厢房3间，为伴当房。正面大堂5间，西耳房2间，为巡捕官厅。后屏门1，东西厢房各3间，均为郭什哈班房。迎面二堂5间，后宅门1座，东西厢房各3间，正面三堂5间。后屏门1，西厢房3间，四堂5间。（此为中路）

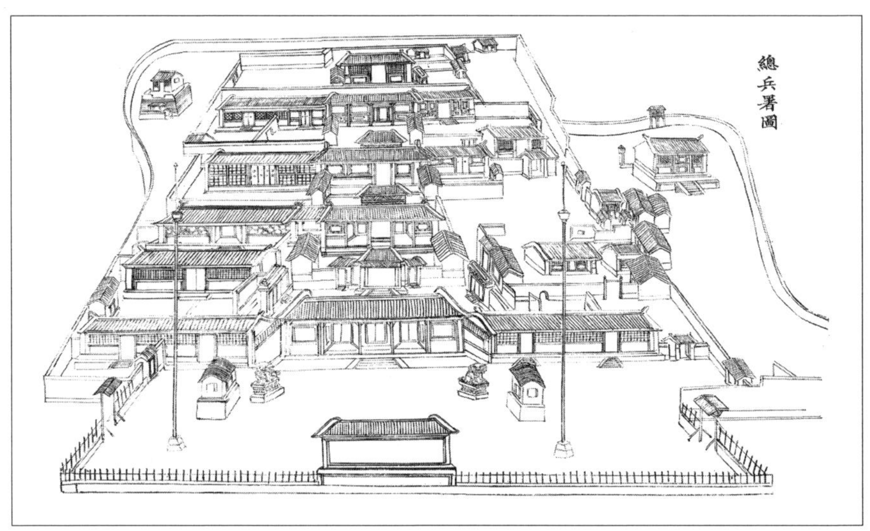

《昌瑞山万年统志》一书中的马兰镇总兵署图

衙门的大门内西屏门1座，为科房院，正房5间，为办事之所。西厢房2间，后卷房5间。二堂之西为西书房5间。三堂之西为内书房6间。署之西北隅有生观楼1座。（此为西路）

大门内东屏门1座，二堂之东为茶房3间。三堂之东为内厨房3间。东为大厨房3间。东北隅更房2间，稍南为土地神祠1座。又南为马圈，内马棚3间，车棚3间，西厢房3间，耳房1间。东北隅为马王庙1座。南为马圈1座。马圈东为箭亭。院内正房3间，西厢房3间，抱厦1间，为看箭之所。南养鸡草房3间。

以上共计瓦房120余间，围墙200余丈。[①]

---

①[清]英廉重纂本：《昌瑞山万年统志》下函，卷之五“志图考”。

清朝灭亡，马兰镇绿营撤销以后，由于总兵署没有人居住，失于修缮，坍塌倒坏，一些尚好的房子被收为公有。在人民公社期间一部分房子成为马兰关二村大队队部。2005年二堂还存在，2006年11月因不慎失火，将唯一幸存下来的二堂烧毁。

被烧前的马兰镇总兵衙门二堂

2. 教场和演武厅

马兰镇绿营的教场和演武厅位于总兵署的东南约一公里。

教场，也称教军场，是教习武艺、操练队伍、排兵布阵、派兵点将的场所。在教场的东侧建有一座高台，正中立有一个高杆，从图上看不出是旗杆还是灯笼杆。台面四边砌有垛口。据当地人传说，每当演习马步骑射时，有十几名号手在台上吹号，以助军威。在教场南面有一座大影壁。

教场的北面是演武厅。一般情况下，演武厅与教场都建在一起。演武厅是古代高级将领切磋武艺，观赏军事操练、阅兵的地方。康熙三十八年（1699），马兰关副将管源忠[①]“捐建六楹厅三间，前四楹

① 管源忠，马兰关绿营第十一任副将，镶黄旗汉军参领。于康熙三十七年三月二十六日到任，康熙三十九年七月十八日升为江西南昌镇总兵官。

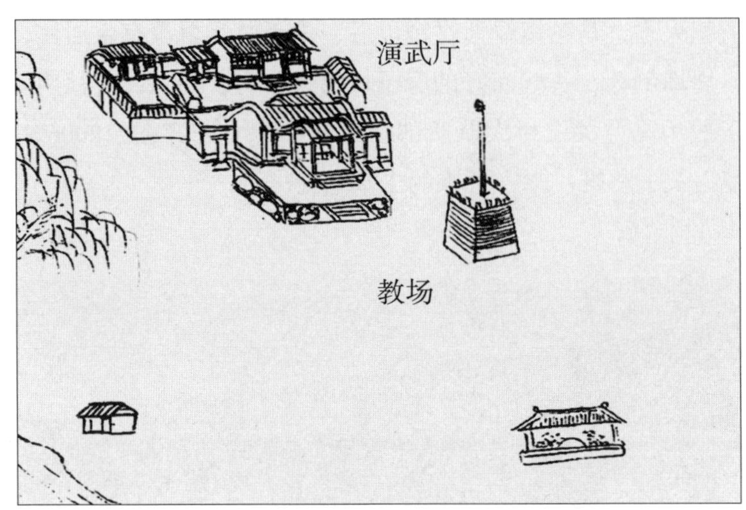

马兰镇教场和演武厅

2016年出土的马兰镇教场台子上镶嵌的“令台”匾

卷棚三间，外月台一座，高二尺。”厅内悬挂的匾曰“惟德是怀”。屏上的对联是：

陵寝千秋当凤穴，职司重地屏藩，敢忘简阅；

长城万里接龙山，身作要区保障，焉惮勤劳。

山墙上的对联是：

舞盾扬戈，果使心运乎手，手应乎心，何用黄公妙术；
整军饬旅，止期将得夫兵，兵知夫将，便是孙子神筹。

卷棚上的对联曰：

为将便当训士；
戢兵所以安民。

康熙六十年（1721），副将管承泽[①]重修过演武厅。乾隆四年（1739）马兰镇总兵官布兰泰[②]又捐俸对总兵署进行了维修。[③]

3. 军器库

军器库是储存军械、炮位、兵刃、药铅的库房。作为拥有数千军队的马兰镇绿营建立军器库是完全必要的，也在情理之中。可是在改协建镇后的42年当中，马兰镇竟没有一座军器库。马兰镇镇标两营的所有军器分别储存在两营的守备署内。西营守备署内的房间本来就不敷用，加之低矮潮湿，所存军器经常受潮，极大地影响了军队的战斗力。于是，在乾隆二十九（1764），中军遊击额尔登额向总兵官色

① 管承泽，是马兰关绿营第十六任副将，镶黄旗汉军参领。于康熙六十年三月十二日到任，雍正元年正月初八日奉调回京去任。

② 布兰泰，是马兰镇第十任总兵，正白旗满洲人，由副都统补授总兵，于乾隆四年正月十五日到任，于风水地方多有建白。纂辑《昌瑞山万年统志》。于乾隆十二年十二月十二日丁母忧回京守制。乾隆十七年九月三十日病逝。奉旨：“布兰泰历任封疆，宣力有年。今患病溘逝，深为轸恻，应得恤典，著察例具奏，该部知道。”（《上谕档》第二册，中国档案出版社）

③ [清] 布兰泰原纂本：《昌瑞山万年统志》第四卷·下，“志建设”，城垣路库府署各图考辨。

克慎[①]禀请，建议在教军场演武厅北的空闲地建盖专用的军器库。色克慎完全同意，筹款集资营建。建成的军器库，南北库各5间，西厢房3间，中为大门，次为看守房，环以围墙。[②]

4. 广裕仓

原来的旧仓在总兵署的西面，前仓、后仓各5间。东西仓各3间。有大门1座、值宿房1座，始建年代不详。同治十年（1871）六月，镇标两营守备认为仓库的地势不太合宜，经过请示总兵官同意后，遂将旧仓迁到右营守备署之西。新仓前后共3层，每层各5间。前层大门1间，值宿房1间。中层穿堂1间。左右正仓各2间。后层正仓5间。这座仓库的正式名称叫广裕仓，专门储存马兰镇镇标两营官兵所用的粮食。[③]

5. 绿营营房

这里只讲马兰镇镇标的左右两营的营房。前面已经讲了，东、西城原为民居。清朝在马兰关设绿营后，就将东、西两城的居民迁出，两城改为绿营兵营。随着两营兵力的不断增加，两城内已容纳不下。于是在教场西南、大道西旁建了一座新的营房。据当地老人讲，这座新营房建于咸丰年间。根据分析，这种说法有一定道理。

这座新建的绿营营房叫“官房”，这个名称是历史传下来的。光绪九年（1859），由马兰镇总兵官英廉重纂的《昌瑞山万年统志》一书的图考中，称这座营房为“新营房”。这座新营房以西为正，坐西朝东，里面的房子绝大部分都是西厢房。围墙只有一座东大门。大门内外各有一座影壁，里面的大街小巷都东西方向和南北方向，如同棋盘一样，非常规整。这座营房的西墙外就是东陵的风水墙。营房的东北角因为有从北来的一条河流，到东北角拐向东流，为了防止河水泛

① 色克慎，是第十九任马兰镇总兵。正白旗蒙古人。由勋旧佐领副都统补授总兵，乾隆二十三年十月二十日到任，乾隆二十七年九月二十一日升补直隶提督。

②③ [清] 英廉重纂本：《昌瑞山万年统志》下函，卷之八“志建置”。

滥时冲坏营墙，于是就将营房东北角的墙凹进去，这样营房的围墙平面布局就形成了一个刀形，因此这座营房俗称“刀把官房”。当地流传着有关形成刀把的故事。

《昌瑞山万年统志》一书中的官房图

马兰关官房原东大门，门口内有影壁

马兰镇绿营新营房—官房围墙

官房的东北角凹进去了

如今，这座营房的围墙仍保留着原状，只是里面的西厢房都改为正房了。原来的西厢房笔者曾亲眼看到过，在20世纪80年代还存在几座。官房有东大门，面阔1间，硬山顶，2009年拆除了原大门，改为单檐歇山顶。

6. 西陵的绿营

西陵的绿营最初叫泰宁协，改协为镇以后叫泰宁镇。总兵署设在梁格庄。梁格庄在西陵之东，西距梁格庄行宫只有1公里，在现在的梁格庄粮站所在地。据记载，西陵改协为镇以后，“改造总兵衙署百二十间，大门以外，照壁、石狮、旗杆、栅栏等项照旧设立。将原有副将衙署改为新增遊击驻扎。都司衙署改为守备驻扎。增设千总二人，各盖衙署六间。把总四人，各盖衙署五间。外委千总、把总各一人，各给房三间。增兵四百名，除二百名分拨房山、涞水二县外，余下二百名各盖营房二间。每马兵二名，给马棚一间。”[①] 据光绪朝《钦定大清会典事例》载：“易州总兵官一人、副将一人、参将二人、遊击二人、守备五人、千总十人、把总二十人。”

副将衙署设在南百泉村，建有“副将衙署二十间。两营把总各给房三间。兵丁营房二百间”。

都司衙署设在北百泉村，有“衙署房十四间，千总房四间、把总房三间、兵丁营房二百间”。

下龙华村的“守备、千总、把总、兵丁营房数与北百泉同”。[②]

第四节　陵寝的几项管理制度

一、晾殿、掸尘及藏品的晾晒

无论皇帝陵、皇后陵的隆恩殿，还是妃园寝的享殿内，都悬挂帷幄、壁衣，桌椅、供案等都罩以乞单。特别是皇帝陵、皇后陵隆恩殿的暖阁和佛楼内，都藏有大量的衣物、珍玩。乾隆帝的裕陵隆恩殿东

① [清] 崑冈等修，刘启端等纂，光绪朝《钦定清会典事例》卷九四七，“工部·廨舍营房”。载《续修四库全书》编纂委员会编：《续修四库全书》第811册，“史部·政书类”，第423页，上海古籍出版社，2002年。

② 那凤英：《清西陵探源》第52～53页，河北科学技术出版社，2004年。

暖阁内还藏有许多名人书画。所以，隆恩殿和享殿要定期进行通风透光，对殿内所有设施要掸扫尘土、打扫地面。对珍藏的古玩、书画等进行晾晒，称之为“晾殿”。

当时规定：每逢大祭、小祭前一天，太监（后期无太监，由内务府司员）进殿内掸扫一次；每年六月初六日，晾殿一次，同时晾晒藏品；每年的十二月二十六日，掸尘一次。无论晾殿还是掸尘，都由内务府官员带领有关人员进行。①

咸丰六年（1856）六月初六日，在裕陵晾殿时，内务府司员不慎将元代著名画家钱选画的《孤山图》手卷撕裂。这件《孤山图》可称得上价值连城，是一件国宝级文物。将国宝级名画弄坏，这还了得！事情发生后，东陵守护大臣永康、继善，马兰镇总兵官绵森马上联名将这件事上奏给了皇帝。六月二十日，咸丰帝发布上谕，下令将“裕陵员外郎铁朴、主事德荣、内管领庆恒、内副管领兆瑞均交部议处。永康、继善、绵森未能事先谆饬，著一并交各该衙门议处。开裂手卷即著派员送交内务府修整。”②

二、新到任的陵寝守护大臣和绿营总兵官对全陵园的清点和检查

陵寝守护大臣是代表皇帝看守祖陵的，是皇陵的最高长官，负责皇陵的所有事务。马兰镇总兵官不仅负责整个陵园的安全，而且还兼任整个陵园的总管内务府大臣。所以，每逢新的陵寝守护大臣和马兰镇总兵官上任后，首先要将由京城出发、到任、谒陵的日期先向皇帝奏报。③上任后要做的第一件事就是清点、验看各陵的物品陈设、各

---

① 清朝东陵官员编：《陵寝易知》卷三，“仪注”，光绪十二年。

② 《文宗显皇帝实录》卷二〇一，《清实录》第43册，第185页，中华书局，1987年。

③ 中国第一历史档案馆编：《光绪朝朱批奏折》第27辑，“陵寝事务”，第009页，中华书局，1995年。

陵礼部金银器皿库所存的金银器皿、各牛羊圈的牛羊数量、永济库所存的银两、永济仓所存的粮食、永济当所存的架本银钱、石门工部所存的各项物料等，令各该管各官出具印押，甘结存案。还要到各陵和妃园寝周历检查，检查八旗、绿营的巡逻保卫状况，然后把清点检查情况具折上奏皇帝。

因为盛京将军兼任总管内务府大臣，[①] 所以，新上任的盛京将军到任后，不仅要到盛京三陵查点金银器皿、尊藏物品，还要到盛京皇宫的敬典阁、崇谟阁进行清点所藏物品。[②]

下面分别抄录一份陵寝守护大臣和总兵官检查清点后写给皇帝的奏折。

东陵守护大臣寿全的奏折：

奴才寿全跪奏为循例查明各项事宜恭折仰祈圣鉴事。

窃奴才荷蒙天恩，畀以守护陵寝重任，所有应办一切事宜惟当殚竭愚诚，认真经理。

自奴才抵任后，即派司员随同奴才亲诣各陵按册详查陈设软片、金银器皿，俱属相符。并查奉祀礼部各圈喂养牛羊，足额无缺。永济库、永济仓、永济当现存银钱各款及石门工部库存物料均与印册相符。当经该管各员出具印押，甘结存案。

奴才复恭诣各陵暨各园寝，周历详查，所有仪行树株，一律青葱密茂。八旗、绿营守护官兵昼夜严密巡逻，均属敬谨妥协，地面亦皆安谧。

所有奴才循例查明各项事宜缘由，理合恭折奏闻，伏乞皇太后、皇上圣鉴。谨奏。

---

①《高宗纯皇帝实录》卷九五四，《清实录》第20册，第929页，中华书局，1986年。

② 中国第一历史档案馆编：《光绪朝朱批奏折》第27辑，第147页，中华书局，1995年。

光绪二十九年十一月二十二日奉旨：知道了。钦此。[①]

马兰镇总兵官松安的奏折：

奴才松安跪奏为循案恭查陈设及仓库存项，恭折仰祈圣鉴事。

窃奴才蒙恩，补授马兰镇总兵兼总管内务府大臣，前于奏报日期折内声明应管事宜，次第详查后另行具奏在案。

现经奴才带同司员、章京敬诣各陵寝、园寝殿庭内，将尊藏陈列、器皿并铺垫各项逐件按册点查，均与应存数目相符。至裕陵隆恩殿东暖阁佛楼上供器等项，谨查所存档内恭录乾隆四十九年五月钦奉谕旨："东暖阁佛楼上楼梯著撤下，嗣后永远不必安设。其上面相连楼梯之活栏杆著钉安坚固。"等因钦此。所有楼上尊藏各件，据该管司员等结报件数相符。其各陵礼部库存、祭祀供用金银器皿、各圈额养牛羊、石门工部库存物料并永济仓、永济库、筹备库、永济当现存尾零银米及架本钱文等项亦俱按册查核，并无亏短。奴才仍饬各该管司员等随时认真稽查，以昭慎重。

所有循案恭查陈设等项各缘由，理合恭折具奏，伏乞皇上圣鉴。谨奏。

奉旨：知道了。

光绪二十三年五月十一日[②]

在松安折中提到了清查裕陵隆恩殿东暖阁佛楼的情况和乾隆帝的谕旨，在前面的寿全的奏折中没有提到这些。可是，在其他守护大臣

① 清宫档案《朱批奏折》"礼仪"，第88包。

② 中国第一历史档案馆编：《光绪朝朱批奏折》第29辑，第225～226页，中华书局，1996年。

的类似奏折中却有此项内容。总之，守护大臣和马兰镇总兵官上任后清查的内容和项目基本上是一样的。这种做法已成了奉行不替的制度。

三、河道的清淤

清朝皇陵，通常陵院内有玉带河（有的陵有，有的陵没有），陵院左右和前面有马槽沟。前导部分的七孔桥、五孔桥及平桥下的河道天长日久，就会有淤泥杂物、垃圾堵塞。特别是陵前的马槽沟内，在陵上当差的员役往往把一些垃圾等废弃物扔到沟内，不仅观之不雅，而且使水流不畅。咸丰二年（1852）正月，马兰镇总兵官庆锡[①]经过对东陵各陵所有河道查勘后，奏请对河道进行清理疏浚。咸丰帝于是派精通风水之术的陆应榖到东陵进行了一次查看。陆应榖回京后向皇帝回奏，认为东陵各河道确实应该进行疏通。于是，咸丰帝就批准了庆锡的请求，责成他办理此事。同时派吏部尚书奕湘、兵部左侍郎恩华对这项工程进行了查估（造预算）。此项工程于当年的五月就完成了，各河道水流畅通。庆锡要求清理河道应该形成制度，坚持下去，皇帝非常同意。于是规定：从此以后，“陵寝远近各河道，著责令内务府、礼部并镇标弁兵，于每年秋末冬初，敬谨清理，仍著该总兵于年终奏报一次，并著自本年为始，准其于撙节归公银两项下，由永济库动支银二百两，分赏出力兵役，以示体恤”。咸丰帝在谕旨中严令：“陵寝罗圈墙外，东西马槽沟及三路三孔桥下堆积秽土现已全行除净，倘八旗值班官兵并内务府茶膳房、礼部员役不知慎重，即著从严参办。”[②]

---

①庆锡，正蓝旗宗室荫生。他于道光二十七年二月二十五日补授总兵兼管内务府，三月内在燕郊行宫接印任事。八月十七日因病奏请回京调养。道光二十八年十二月署正红旗汉军副都统，仍授东陵马兰镇总兵之职。道光三十年八月告假回京。道光三十年十二月第三次任马兰镇总兵，咸丰四年十二月初一日谕令解任，因事回京。

②《文宗显皇帝实录》卷六一，《清实录》第40册，第808页，中华书局，1986年。

具体分工是：陵院以内的大小水道由内务府负责疏浚清除；陵院以外马槽沟、五孔桥以内河道由礼部负责疏浚清除；五孔桥以外河道、涵洞内外，所有淤泥、柴草由马兰镇绿营官兵负责清除、芟割。[①]

惠陵西侧的马槽沟

西陵的情况与东陵相似。于是，在东陵之后，西陵泰宁镇总兵德春也对西陵各河道进行了疏浚。[②] 从此以后成为定制。

四、杂草的芟割

无论东陵还是西陵，风水墙内树木参天，隐天蔽日。树下枯枝败叶堆积很多，加之每年的树下都长满杂草，这既观之不雅，也容易引起火灾。所以清廷规定，围墙以内（前圈）的荒草每年割除一次，农历九月初一日开割，如遇闰月，从八月初一日开割。马兰镇总兵衙门先期在路口贴出布告，晓谕满、汉军民人等届期进入围墙内割草，各

① 清宫奏折《朱批奏折》“礼仪”，第63包。

② 《文宗显皇帝实录》卷六五，《清实录》第40册，第855页，中华书局，1986年。

口门官兵严格搜查出入，严禁夹带火镰、烟包及其他易燃物品，至次年三月初一日停割。[①]

将草割除之后，树行内还会有许多的碎草和落下的树叶，所以每年的春夏之交，马兰镇总兵官都要派千总、把总2员，带领兵丁100名，进入风水墙内把树行内的枯枝败叶打扫干净。进入风水墙时，派人稽查，严禁这些官兵携带违禁物品，不许闲人混入陵园。[②]

五、捕捉松虫

清朝陵园之内主要树种是松树。松虫是对松树的最大威胁。一旦闹起虫灾来，如果捕捉不力，树叶被吃尽，树就会死去。所以，清廷对松虫的捕捉非常重视。内务府的树户每月都要搜检松虫一次。冬、春二季俱在树根之下搜小虫。夏季搜树上虫，秋季搜蛾茧。[③]

在马兰峪城西门外，近依东陵的风水墙，那里建有一座庙，正中供奉虫王、两侧供龙王、五道神、山神和土地，本名为五圣祠。每逢东陵闹虫灾，东陵守护大臣、马兰镇总兵官及其他陵寝官员都纷纷前去烧香、行礼，祈求虫王保护松树，松虫速灭，树木茂盛。据说每每灵验。所以将此庙称为虫王庙。在咸丰八年（1858）九月，东陵守护大臣载华、端秀、马兰镇总兵官绵森向咸丰帝奏报了这件事。于是咸丰帝颁谕，将此庙改名为五神祠，并颁“吉云永护”的御书匾额。[④]光绪八年（1882）和光绪二十三年（1897），又两次颁发匾额。光绪二十三年匾上的文字为“神功昭佑”。[⑤]

① [清] 布兰泰原纂本：《昌瑞山万年统志》第四卷·下，“志建设”。

②《宣宗成皇帝实录》卷二九六，《清实录》第37册，第596页，中华书局，1986年。

③ 清朝东陵官员编：《陵寝易知》卷三，“仪注”。

④ 清宫档案《上传档》第169号。《文宗显皇帝实录》卷二六三，《清实录》第43册，第1081页，中华书局，1987年。

⑤《德宗景皇帝实录》卷四〇九，《清实录》第57册，第339页，中华书局，1987年。

六、金银器皿的保存和支送

每座陵都有一套祭祀用的金银器皿，分别存放在本陵的礼部营房内的金银器皿库内。据手抄本的《昭西陵录》记载，仅昭西陵就有金器5件，重103两7钱。镀金银器103件，共1740两4钱。银器28件，重399两1钱9分。除此之外，还有大量镀金、镀银铜器和铜器。这些非金即银的器皿是非常贵重的，所以采取了十分严密的保管和领送制度，大致是这样的：

这些金银器分装在许多的箱子内。每个箱子上的锁钥由内务府官员掌管。每个箱子上贴有两个封条，一个封条由礼部贴，另一个封条由内务府贴。每个封条上写着封的日期和贴封条的机构。库房门和内层门锁钥由礼部官员掌管。外层大门的锁钥由兵部（八旗）官员掌管。大祭的前两天、小祭的前一天，内务府官员同尚膳正、尚茶正、内管领等官各一员带领茶膳拜唐阿、领催等差役人带着盖着内务府印的支领单据到礼部金银器皿库去支领。礼部官员带领打果人，眼同值班八旗章京、披甲人开门锁，将装有器皿的箱子抬到礼部大堂。内务府官员同礼部官员去封开锁，按照支领单上开列的器皿和数量领出。这些器皿领出后，回陵交各房值宿差役看守。祭祀结束后，内务府官一员仍同尚膳正、尚茶正、内管领等官各一员带领茶膳拜唐阿、领催等差役人送回礼部衙门金银器皿库。当堂，礼部官清点查收，装箱入库。内务府锁上箱子上的锁。礼部和内务府各在箱子上贴上一个封条。礼部官员出具实收，交内务府官员持回存案。[①] 礼部依次锁上库门、内层门锁，八旗官员锁外层门锁。[②] 至此结束。

为了清楚了解各陵金银器皿具体都有哪些种类，各有多少，什么质地，下面以景陵为例作具体介绍：

---

① [清] 英廉重纂本：《昌瑞山万年统志》上函，卷之二“祀典”。

② 清朝东陵官员编：《陵寝易知》卷三，“仪注”。

景陵帝后五位

膳房用：

镀金银匙五张　　　　　　镀金银厢[①]牙筯四双

镀金藤筯一双　　　　　　镀金银耳碗一件

镀金银大碗二十五件　　　镀金银大盘五件

镀金银中盘三十件　　　　镀金银碟二十五件

镀金银大方五件　　　　　镀金银碗盖八件

镀金银盘盖八件　　　　　镀金银碟盖十件

共镀金银器一百二十六件，共重一千七百五十六两九分。

茶房用：

镀金银茶座五件　　　　　镀金银茶桶一件

镀金银马杓一件　　　　　镀金银云叶厢角桌一张

珐琅盖碗四件盖四件，库存碗四件，陵存二件，库存二件。

共镀金器七件　共重一千三十七两。

饽饽房用：

镀金银匙五张　　　　　　镀金银厢牙筯五双

镀金银爵十五件　　　　　镀金银大碗十五件

镀金银小方五件　　　　　镀金银中碗三十五件

镀金银大盘五件　　　　　镀金银中盘九十件

镀金银小盘一百七十五件　镀金银碟十件

镀金银节壶二件　　　　　镀金银奠池二件

镀金银马杓二件

共镀金器三百六十六件，共重五千二百三十四两五钱。

敬敏皇贵妃

膳房用：

镀金银匙一张　　　　　　镀金银厢牙筯一双

---

①应该用“镶”字，因档案上用的是“厢”字，为了保持档案的原貌，故仍用“厢”字。下同。

镀金银碗五件　　　　　　镀金银大盘一件
镀金银中盘六件　　　　　镀金银碟五件
镀金银大方一件　　　　　银小盘十三件
银瓶一件　　　　　　　　银马杓一件

共镀金器二十件，共重四百零一两三钱九分。

共银器十五件，共重二百十七两五钱。

茶房用：

镀金银茶座一件　　　　　银茶桶三件
银马杓一件

共银器四件，共重二百十八两一钱。

饽饽房用：

镀金银匙一张　　　　　　镀金银厢牙筯一双
镀金银爵三件　　　　　　银大碗四件
银中碗四件　　　　　　　银大盘四件
银中盘十七件　　　　　　银小盘二十四件
银碟二件　　　　　　　　银马杓二件
银鐘[①]五件　　　　　　 银方一件

共镀金器五件，共重十四两零九分。

共银器六十三件，共重七百九十七两零八分。

奠酒应用：

金奠池一件三等金　　　　金珐琅鐘碟一分二件三等金
珐琅执壶一件　　　　　　镀金银鐘碟一分二件
铁鋄金云叶厢角桌一张陵存

共金器三件，共重一百十八两一钱。

共镀金器二件，共重六两五钱。[②]

---

① 此字应该用“盅”，因原档上用的是“鐘”，为尊重原档原貌，故仍用“鐘”字。下同。

② 清宫档案《陵工事宜清册》（不分卷）“景陵并皇贵妃园寝、妃园寝、端悯固伦公主园寝陈设软片镀金银铜器皿细册”2708号。现藏日本东方文化院京都研究所。

七、人不能死在陵园内并盛殓

内务府营房除孝东陵、昭西陵之外，都建在陵园之内；每座陵寝都有八旗官兵昼夜巡逻。这样陵园之内居住着数千人之多。人的生老病死是大自然的规律，谁也改变不了。生活在陵园之内的这些人生病、死亡是屡见不鲜的，也是正常的。皇陵是皇帝、皇后及其妃嫔的墓地，是神圣不可侵犯的。当时规定，那些在陵上当差的和他们的家属是不能死在陵园之内，即或得的是急病，未来得及抬出陵园就死了，也不得在陵园之内盛殓。所以，陵园里的人一旦得了较重的病，发现难以治愈，必须马上送出陵园。在陵园之外的马兰峪城南，靠近风水墙的地方，设了两个会馆，专门负责从陵园送出来的急重病人的治疗和抬出来的遗体的丧事办理。这些重病人和遗体都是从风水墙的吉祥口抬出陵园的。①

本来，这些人病情较重，生命垂危，需要静养。有些本来可以治好的病人，经过这一番折腾，加重了病情，也没有希望了。所以，凡是从吉祥口抬出的病人，十有九死。谁都非常害怕从此口被送出，因此称吉祥口为“鬼门关”。因为叫“鬼门关”的人越来越多，时间一长，吉祥口这个名儿逐渐被人们忘记了，而“鬼门关”这个名儿却已家喻户晓，老少皆知，至今还在沿用。

八、向皇帝奏报雨雪虫雹情况

清朝，皇帝为了及时全面了解、掌握全国各地的旱涝等灾情，令各地督抚提镇定期汇报当地的雨雪情况。同样，也规定皇陵的守护大臣和陵寝总兵官也要经常奏报皇陵的雨、雪、虫、雹等情况。下面抄录一件光绪六年（1880）十月，东陵守护大臣荣毓、荣颐，马兰镇总兵官景瑞向皇太后和皇上奏报东陵下雪的情况：

①[清] 延昌：清宫档案《惠陵工程备要》卷一，“办公次序”。

> 兹于本年十月二十三日未时降雪，入夜益密，至亥时止。奴才等奉查陵寝前山内外地方得雪二寸有余。奴才景瑞所管后龙山各营汛地方，据报于是日得雪三四寸不等。为此谨具奏闻。[①]

第五节　对陵寝暨陵园的保卫

一、对陵寝的保卫

八旗兵是清王朝打江山、创基业的嫡系军队，深受皇帝的信任，所以派八旗兵进入陵园，直接担负保卫皇陵的任务。帝、后陵每陵设章京16员、甲兵80名，分成8班，每班由2名章京带领10名甲兵，采用传筹的方法，沿着陵寝院墙外的更道昼夜巡逻。妃园寝官兵减半。八旗总管和翼长不时地进行稽查。每陵宫门前的值班房就是这些值班的八旗官兵的歇息、躲风雨、避寒暑的处所。

二、对前圈的防护

（一）什么叫前圈

“前圈”之名只有东陵有。昌瑞山以南、风水墙以内的区域叫“前圈”，也就是陵寝建筑所在之地。昌瑞山以北的广大风水禁地叫“后龙”。清西陵没有“前圈”和“后龙”之分，但有风水墙。东陵的前圈东、西、南三面是以风水墙为界线的，前圈的北面是昌瑞山。

这里所讲的“前圈的防护”，对于西陵来说，就是指风水墙内的

① 中国第一历史档案馆编：《光绪朝朱批奏折》第29辑，“陵寝事务”，第145页，中华书局，1995年。

各陵寝所在的地域，并不包括陵后的广大风水禁区。

（二）什么是风水墙

现在东陵黄花山南侧的风水墙

陵园的围墙称风水围墙，简称风水墙，保护陵园风水之意。康熙二年（1663），孝陵建立后，就在前圈的东、南、西三面建起了风水围墙，墙共长6439丈4尺8寸、高1丈3尺。[①] 前圈东面的围墙，北起马兰关正门城口西侧的万里长城，往南依次经过二洞、九洞、水洞、府君山、马兰峪城西的东口门。东门口系八旗官兵、内务府员役出入之门，后因有碍“龙脉”，改筑为小门，禁止车辆碾轧。往南依次为旧吉祥口，后来将此门堵塞。围墙由旧吉祥口折而向东，达龙王庙，转南跨六道河，过1公里余为新东口门，稍南为新吉祥口，再往南一直到南新城城西。前圈南面的围墙，东起南新城城西，往西约3公里

① [清] 崑冈等修，刘启端等纂，光绪朝《钦定清会典事例》卷九四三，“工部·陵寝规制”。载《续修四库全书》编纂委员会编：《续修四库全书》第811册，“史部·政书类”，第386页，上海古籍出版社，2002年。

为东便门，从昭西陵后面穿过，1公里许与大红门相接。大红门以西依次为新开口，又西2公里余为西便门。往西再折向北，由大杏花山抵黄花山。大杏花山与黄花山之间是苇子峪山口，当地百姓叫小红门，出此门往西可达朱华山端慧皇太子园寝和6座王爷园寝。东侧围墙有12处水关，西侧有10处水关。所有各口门均设堆拨，派兵长年驻守。[①] 如今，南面大红门两侧的风水围墙尚存1公里左右，较为完整，西侧的西岫子、小红门一带尚有部分残垣断壁，东侧围墙毁坏，基本无存。在20世纪70年代，一些桥涵尚有遗迹。在清朝，除九月初一日后的开割圈内荒草之日外，百姓平民是不允许进入围墙之内的。

清东陵大红门西角门及西风水墙

（三）对前圈的防护措施

为了加强对陵园的防护，马兰镇历任总兵官处心积虑，挖空心思，制定了一系列保护、巡逻方法。

在前圈之内，设拨汛和巡逻兵昼夜驻守、巡查。乾隆四年（1739）

①[清]英廉重纂本：《昌瑞山万年统志》下函，卷之五“志图考”。

仅在前圈内就设拨汛17处，比如在孝陵下马牌处设兵10名，在孝陵神路设兵2名，在景陵下马牌处设兵12名，在景陵神路设兵3名，景陵红桩设兵2名，景陵妃园寝设兵2名，孝陵神功圣德碑亭设兵2名，龙凤门设兵6名。[①] 当时，东陵风水墙内只有孝陵、孝东陵、景陵、景陵皇贵妃园寝、景陵妃园寝。到了光绪年间，又增加了裕陵、裕陵妃园寝、定陵、慈安陵、慈禧陵、定陵妃园寝、惠陵、惠陵妃园寝，各陵的牌楼门、神路等处都要设拨汛，派兵驻守，所设的拨汛更多。同时派查山兵和夜巡兵，由千总、把总、外委带领巡逻。前圈内到处是茂密的树林，为了加强防范，进行“北海巡”“游巡”“中海巡”“南海巡”。[②]

在前圈之外，采用传筹法。乾隆初年，马兰镇总兵官布兰泰首先创造了签牌挨拨传递法，周而复始，为法甚严。乾隆二十五年（1760），总兵官图尔禅认为以前的方法虽好，但不完备，特别是夜间疏于防范，有漏洞，于是他制定了一个传筹夜巡法，制筹6根，左右两营各3根，每夜互相传递3次。每晚初更，左营派兵2名，执筹1根，从正关城（马兰关长城口）出发，沿风水围墙外围依次传递到二道洞、三道洞、府君山、东口门、吉祥口、堂子山、龙王庙、南新庄、杨树沟、东便门、大红门、新开口、八道洞、西便门、雁飞岭等处，最后传送到右翼苇子峪，由汛弁查收，第三根天明送到。同样，从初更起，右营从苇子峪派兵2名，执筹1根，沿着上述相反方向，依次传递到左翼正关城。这样，一夜之间，前圈东南西三面总有巡逻之兵。沿内火道和外火道也采取了类似的传筹方法，只是白天传递巡逻。各营汛立有号簿，如有阻滞迟误或发生意外情况，随时登记注明，以便稽查。

乾隆四十三年（1778），马兰镇总兵官保宁认为传筹夜巡法仍有不足之处。一年之间，不同的季节，昼夜长短不一，如果控制不严，迟速由兵自便，后半夜难免就会出现悬空。鉴于这种原因，又增加4

①② [清] 布兰泰原纂本：《昌瑞山万年统志》卷之四“防护”，乾隆六年纂。

根筹，共计10根。每夜有5个更次，每个更次，左右两营各发筹1根。在正关城和苇子峪各设更香，以记时辰。这样，夜间每个更次都有巡逻之兵，不会出现悬空现象。①

嘉庆十二年（1807），东陵守护大臣弘谦奏请对东陵的七处隘口"添派满洲官兵与绿营互相巡缉"。于是，嘉庆帝令马兰镇总兵官庆杰"详查具奏"。庆杰回奏说："其中如鲇鱼关、兴隆口、西峰口、苇子峪四处均系外层山口，已有绿营弁兵把守，毋庸再设旗员。惟查东口、东便门、正关口三处系围墙禁门要口，请添派八旗章京、骁骑校等官兵，互相稽查，庶防守益昭慎重。"于是，嘉庆帝命"于各陵额设章京、骁骑校、兵丁内拨出旗兵六员、满兵二十四名，分作两班更替，在东口、东便门、正关口三处轮番巡缉，毋稍疏懈，并著石门工部照绿营拨房，一体建盖草房三处，俾资栖止。"②

西陵沿风水墙的防护与东陵大体相同。

三、对后龙的防护

东陵的"后龙"面积辽阔，崇山峻岭，密林覆盖，杳无人烟，保护这一带的安全难度很大。驻守东陵的历任绿营副将、总兵官尽职尽责，想出了许多方法来保卫后龙的安全。他们采取了开火道、立界桩、挂界牌、划官山等多种措施，采用了多种形式的巡逻方法，事实证明这些措施和方法还是比较行之有效的。下面分别作以简单介绍。

（一）开割火道

火道，就是防火之道。为了防止火势蔓延，用人力开出来的隔离带。在面积辽阔的陵园，特别是后龙一带，漫山遍野，到处是茂密的

①[清]英廉重纂本：《昌瑞山万年统志》下函，卷之三"巡签"，光绪十二年。

②[清]崑冈等修，刘启端等纂，光绪朝《钦定清会典事例》卷九四五，"工部·陵寝工部官役""陵工兴建、陵寝禁令一"。载《续修四库全书》编纂委员会编：《续修四库全书》第811册，"史部·政书类"，第407页，上海古籍出版社，2002年。

林木、丛生的杂草，枯枝败叶累年堆积，极易引起火灾。为了防止外界的火灾蔓延到陵园之内，采取了开割火道的措施。开火道是为保护陵园安全而采取的一项重要措施。

东陵大体上共分内外3层火道，即里火道、内火道、外火道。

康熙二年（1663年），在后龙的东、北、西三面开割出一条宽30丈～40丈不等、长84华里的火道。当时后龙面积还比较小，火道以北的分水岭居中，一条火道斜向东南，至鲇鱼关北的鹰窝山止，长41.5华里；另一条从分水岭斜向西南，至昌瑞山西面的关门子（当地人称券门子）止，长42.5华里。这条火道后来称内火道。在火道之内，把一切树木、杂草芟除干净。芟割火道，每年由白露节开始，马兰镇镇标左右两营各派兵100名，由千总、把总2员带领，督率芟割。[①]

在雍正、乾隆年间，先后经马兰镇总兵官范时绎、吴正、永常奏请，将后龙范围向北扩展到雾灵山，与滦平、承德二县相接，向西，扩展到密云县的杨家堡、墙子路一带。从乾隆元年（1736）开始，从陵园东侧的灵沟窝起，向北沿大洼、老厂沟、窄道子，向西沿板谷岭、黑峪关、曹家路、吉家营，折向南，经杨家堡、墙子路、镇罗关、将军关、黄崖关、青山岭一带营汛，开割一条宽20丈、长320华里的火道。[②] 这条火道称外火道。

嘉庆八年（1803年）马兰镇总兵官兴长以“昌瑞山为列圣凭依之地，前卫陵寝，后连龙脉，关系甚重，其风水内界虽设有火道，均相距十数里至二十余里不等。火道以南纵横百数余里，其间之荒蓁落叶递年存积。每至冬春之时风高物燥，刻刻堪虞。拟请于昌瑞山后围一带重开阔道三十丈左。左首自左营正关城起，至右营之龙洞峪止，计长一十五余里。”[③] 兴长的奏请，皇帝没有同意。

道光七年（1827），马兰镇总兵官宝兴又奏请“在昌瑞山后山梁

①② [清] 英廉重纂本：《昌瑞山万年统志》下函，卷之七“火道”，光绪十二年。

③ [清] 英廉重纂本：《昌瑞山万年统志》下函，卷之七“红白青桩火道”，光绪十二年。

开修里火道一段，长二十一里半，宽十丈”。[①] 但仍未得到皇帝的允准。

光绪二年（1876）八月，马兰镇总兵官景瑞再次奏请按当年前任总兵官宝兴所说，在昌瑞山后开割火道，东起马兰关正关城口，西至定陵西仪行树止，这条火道称里火道。[②] 这次得到了垂帘听政的两宫皇太后的钦准。

清东陵陵区火道、拨汛设置示意图

①② [清] 英廉重纂本：《昌瑞山万年统志》下函，卷之六“政绩”，光绪十二年。

以上是后龙内的3条火道。

乾隆四十六年（1781），经马兰镇总兵官保宁奏请，在前圈南面的天台山山梁上开割了一条宽20丈、长13华里的火道。道光六年（1826），经马兰镇总兵官庆惠奏请，在前圈西面的苇子峪口门外开割了一条火道，南从雁飞岭起,北至低头安止，长18华里，同治五年（1866），以“恭值定陵甫经奉安，而西北边内外尤当严加防护，方昭敬慎”为由，经马兰镇总兵官景霖奏请，于陵园西侧的旧火道边以南至前圈西南的牤牛山止，开割了一条宽10丈、长10华里的火道。整个后龙火道长507华里。①

在清东陵200多年的历史中，没有发生过重大火灾，毫无疑问，这些火道是起了很大作用的。同时，火道也是陵园边界的标志之一。

（二）立界桩、界石

界桩分红桩、白桩和青桩三种，外火道长320华里，沿火道内侧，每里立木桩3根，共960根，饰以红色，故称红桩。在火道以外的山口四达之地立界石10块。在长达300多里的火道外，仅立界石10处，界石之间相距30多里，不能互相照应，不足以标示界限，所以在乾隆七年（1742）三月，马兰镇总兵官布兰泰会同石门工部员外郎伊思哈、三陵总理衙门包衣员外郎兼茶膳总领和善，带领员役、工匠沿着外火道外界，与红桩相对竖立白桩960根，白桩高八尺，埋深二尺。这些白桩与10处界石相接连，界石上写着“风水外界”四字。②这样，红桩为内界，白桩为外界，彼此相照，一目了然。

乾隆三十五年（1770），直隶总督杨廷璋上书乾隆帝说：“伏思陵寝所在非同他处可比，禁防宜倍加严，况该处跬步皆山，更非人烟聚集之处，地之宽广既稍加开展，亦于小民无碍。查红、白桩相距甚近，若照原设限制之外听民自便，或设窑烧炭，不特地脉攸关，而于火烛实系堪虞。”③因此，杨廷璋要求在距白桩10华里之外安竖青桩。

---

①②③ [清] 英廉重纂本：《昌瑞山万年统志》下函，卷之七“志界限”。

乾隆帝准奏，于是，在遵化州所属的大安口至榆树沟一带竖桩24根。在蓟州所属的熊羔子峪至赵北沟竖桩17根。曹家路所管的南峪口及黑峪关、吉家营、窄道子、板谷岭一带竖桩15根。热河同知所管的大陡岭至夹马石竖桩16根，以上共竖桩72根。每根青桩上挂牌一面，上写“后龙风水重地，凡木桩以内，军民人等不准越入设窑烧炭，各宜凛遵。如敢故违，严拿从重治罪”。每年二月、十月令各地方厅员牧令会同都司、守备定期亲自巡查一次，并令各专管之巡检、千、把总等官带领兵丁不时巡查。还令乡保、牌头按月出具“所管并无违禁设窑烧炭”甘结，送官备案。设有违犯，将乡保、牌头一并究办。[①]

10年以后，即乾隆四十五年（1780），马兰镇总兵官保宁给乾隆帝上了一道奏章，他说：“查前任直督杨廷璋奏请开展界限，安桩悬牌，明白晓谕，使小民知有禁令，不致误罹王章，立法诚善，惟是后龙风水周围原设红、白桩，禁限计三百二十里，白桩外开展十里，共计周围五百余里，而仅设青桩七十二根，每根相隔四五里至七八里不等，其间树木遮蔽，山谷曲折，界限实为不清，往往拿获设窑烧炭及盗伐树木之人，因未能指清界限以致互相狡卸推诿，乃至差委将备带领熟悉弁兵前往查勘，亦无非照依近桩遥为悬揣，究不能切有实据，以致每遇事故，殊费周章，实因禁桩遥隔不连之故。本镇职司守护，目击情形，不能不筹划变通办理，量度形势，莫若就原竖禁桩相隔觉远之处，夹中添补桩、牌，总使明显联络，兵民易于观视，遇有事故，亦可随地查拿，不致奸徒漏网。”皇帝准奏后，在鲇鱼关所管地界添补青桩22根，老厂沟所管地界添补青桩34根，黄崖关所管地界添补青桩17根，将军关所管地界添补青桩11根，曹家路所管地界添补青桩114根，墙子路所管地界添补青桩30根。以上共计添补青桩228根，加上原有72根，共计300根。

① [清] 英廉重纂本：《昌瑞山万年统志》下函，卷之七“志界限”。

又，乾隆六十年（1795），马兰镇总兵官爱兴阿认为“鲇、老、黄、将及曹路各营路等处添补的桩牌仍觉稍稀，界限实难明晰，无知匪民犹易误犯禁界”，所以，又在桩牌中间随火道曲折之处相度形势又添补了一些青桩：鲇鱼关加添青桩70根，老厂沟加添青桩69根，黄崖关加添青桩8根，将军关加添青桩7根，曹家路及所属加添青桩384根，墙子路及所属加添青桩320根。以上共计加添858根，加上原有300根，共有青桩1158根。①

道光二年（1822），经马兰镇总兵官嵩年奏准，在杨家堡所属之榆林沟至大马蹄沟开出明界一道，计长32里3分，照依红白桩之例，每里3根，共安青桩92根。

经保宁、爱兴阿先后两次加添，但仍未达到每里3根青桩之数，为了使青桩与红、白桩体制保持一致，又按每里3根，重新调补了青桩。

道光五年（1825），经直隶提督武隆阿奏请，将青桩内用碎石浮垒的界石，改换为高大石碣，上面深镌“禁地界石”字样，以期经久。

据记载，东陵共立红、白、青桩17751根、界石21661块。②

这些界桩和界石一经竖立确定后就不能轻易改移。如果需要改移，必须奏请皇帝钦准，否则就要受到严厉的治罪。在道光二十年（1840）五月，西陵泰宁镇总兵官鄂尔端和中军遊击喜顺未经请旨，擅自挪移白桩，圈占民田故冢，十一月被朝廷闻知后，道光帝十分气恼，斥责他俩“大胆妄为，可恶之至”，于是，下令将鄂尔端革职，发往黑龙江充当苦差。将喜顺革职，发往乌鲁木齐充当苦差，以示惩儆。易州直隶州知州阿达顺被发往军台效力赎罪。西陵守护大臣贝子载钧、公溥吉受到了罚俸五年的处分。③

---

①② [清] 英廉重纂本：《昌瑞山万年统志》下函，卷之七“志界限”。

③《宣宗成皇帝实录》卷三四一，《清实录》第38册，第190页，中华书局，1986年。

（三）划官山

所谓划官山，就是在青桩之外划出一定宽度的范围作为官山，官山外沿为陵园的外界限，就等于进一步扩大了保护范围。

道光二年（1822），在杨家堡的网子沟发生了盗砍树木一案。刑部提议在青桩外应标明官山界址，除鲇鱼关等10处青桩外尽系荒山，并无树株，不立官山界石外，将墙子路、杨家堡、镇罗关等处有树官山，不拘里数，只以山树林边所止之处为界，共立界石6块，界石上刻写着“禁地官山界石”字样。计：墙子路所管之栅子沟立界石1块，距安子岭青桩35里；墙子路所管之菠萝台立界石1块，距马蹄沟青桩35里；杨家堡所管之大黄崖口外大石湖立界石1块，距杨老石青桩27里；杨家堡所管之小黄崖口外界牌峪立界石1块，距马蹄沟青桩45里；镇罗关所管之北水峪立界石1块，距朱槽沟青桩25里；镇罗关所管之花岭安立界石1块，相距三道沟青桩35里。[①]

（四）对后龙的巡逻保护

从康熙二年（1663）到乾隆三十五年（1770）这一时期，关于东陵的防护措施，笔者尚未找到有关的详尽资料，因此暂付阙如。

乾隆三十五年（1770），马兰镇总兵官旺保禄[②]创建分段防守之法，将镇标两营所管内火道以南，至前圈的天台山以北的辽阔区域分为八段，限定界址，以两营千总、把总15员、经制外委15员按年轮流驻守，每段派千总、把总一员、经制外委一员督率各汛弁兵昼夜巡防。[③]

道光十五年（1835），马兰镇总兵官容照[④]又将后龙地面分为4段，

① [清] 英廉重纂本：《昌瑞山万年统志》下函，卷之七“志界限”。

② 旺保禄，正红旗满洲人，乾隆三十四年十一月初十日由湖南阮州协副将补授总兵，于乾隆三十四年十一月二十日到任，乾隆三十八年闰三月初二日调补天津镇总兵。

③ [清] 英廉重纂本：《昌瑞山万年统志》下函，卷之三“志防护”，光绪十二年。

④ 容照，正白旗满洲人，由三等子爵都察院左都御史补授马兰镇总兵兼管内务府，于道光十五年十月到任，道光十九年七月内因案解任回京。

所有各处拨汛亦按地势之远近要易，分归各段专辖。得到了道光帝的钦准。[①]

道光十六年（1836），容照仿照西陵的做法，由分水岭、昌瑞山、大红门、石牌坊分中，左边分为8段，右边分为7段，分派千、把各官15员督率本哨本司弁兵专汛巡防。如果在哪段发生事故，或有偷懒旷误之兵，均以该段官是问。奉旨依议遵行。[②]

容照制定的上述巡防方法刚刚执行两年多，新上任的马兰镇总兵官琦琛[③]就提出了否定意见。道光十九年（1839）九月，他在给道光帝的奏折中说：

> 东陵风水，地方广大，林密山深。前于乾隆三十五年间经总镇旺保禄始定分管专防之法，官弁既有专责，遇事更无诿卸，实属妥善周详，是以循行六十年未经更易。乃至道光十七年总镇容照奏请仿照西陵分段章程办理在案，自系慎重风水之意，然东、西陵事虽一体，而地方大小不同，形势迥异。今镇标两营自分段交千、把总各管本哨司弁兵之后二年有余，而员弁各分畛域，兵丁各拘本管，意有彼此观望之势，既与巡防无益，又与应办差务多窒碍难行，实难循照办理。谨请将两营所管地方仍归旧制，按年轮派千、把总、经制外委驻守巡查，以昭核实，俾收实效。[④]

道光帝对琦琛的奏请十分重视，在认真考虑了他的奏请之后，在九月二十一日，谕内阁：

---

①②④ [清] 英廉重纂本：《昌瑞山万年统志》下函，卷之三“志防护”，光绪十二年。

③ 琦琛，镶蓝旗满洲戊寅科举人，道光十九年七月初四日由泰宁镇总兵调补马兰镇总兵兼东陵总管内务府大臣，道光十九年七月二十五日到任，当年十二月内因查抄郎中庆玉案内奉旨回京。

> 马兰镇标左右两营管理东陵风水地方，向系分为八段，按年轮派千把总一员、经制外委一员，专责防守。前经容照奏准，仿照泰宁镇章程，按千、把总额数，分为十五段，各管各汛。兹据琦琛奏称，自改为分汛各管之后，员弁兵丁各分畛域，诸多窒碍难行，亦于巡防无益，自系实在情形。著照所请，即将马兰镇标左右两营所管地方并各处要口仍改归旧制，按年轮派千、把总、经制外委在彼驻守防护，以专责成。该总兵仍当严饬所属各官认真督率，实力巡防。如有懈玩，立即惩办，以重防守，而收实效。[①]

道光帝批准了琦琛的请求，废除了容照所制定的章程，又恢复了乾隆三十五年（1720）旺保禄创建的分段防守法。

37年以后，光绪二年（1876），马兰镇总兵官景瑞“溯考前章，力求整饬”，仿照分防办法，把镇标左右两营所管地面改为20段，分隶千、把总20员专汛驻守。4年以后，即光绪六年（1880），中军遊击等官员纷纷反映说：“分段以来，专管千、把，时有别差，未能兼顾，其大小汛所仍系经制、额外防守，且兵丁每遇要差，互相抽撤，亦有缓不济急，究系名实相悖。”因此，又废掉了景瑞创建的章程，恢复了前章。[②]

道光十一年（1831），马兰镇总兵官钟昌[③]制定了更为周密的后龙一带的巡逻方法。钟昌选定后龙居中之地兴隆山（今兴隆县城关一

---

①《宣宗成皇帝实录》卷三二六，《清实录》第37册，第1125页，中华书局，1986年。

②[清]英廉重纂本：《昌瑞山万年统志》下函，卷之三“志防护”，光绪十二年。

③钟昌，系正白旗满洲己巳科进士，道光十一年三月十五日由京营总兵官补授马兰镇总兵官兼东陵内务府大臣。于道光十一年二月二十九日到任（这个日期与补授日期有点矛盾，但书中确实这样载的），所有东陵的兰阳书院及本镇义学均经此公创建。道光十一年十二月二十八日补授仓场侍郎。离任前因景陵西饽饽房后檐失火案，道光十二年二月十四日降四级调用。

带地方）作为总巡会哨之地。每月左右两营各派兵两起，每次两翼同日并出，分东、西两路巡查，最后俱赴兴隆山会哨。会哨后返回时，第二起又从两翼出发，约20日轮流一次。

曹家路、墙子路两营巡逻弁兵由北往南巡查，也到兴隆山会哨。

左营的鲇鱼关、大洼、老厂沟三分汛和右营的黄崖关、将军关、青山岭三分汛，每次各派外委1名、兵丁5名，沿内火道巡查，到双洞子会哨。[①]

由内火道到昌瑞山一带后龙部分，分为6段，每段派外委1名、兵5名往来穿梭巡逻，每10日轮替1次。[②]

这样，多支巡逻弁兵，有的从北到南穿行，有的从西到东往返，遍布整个后龙一带，可以说很周详严密了。

道光十五年（1835），总兵官容照先后两次到内外火道亲自巡视，觉得以前所定的各种巡逻方法虽然严密周详，但仍有美中不足之处。各拨汛的驻守弁兵和巡逻弁兵长期在外，其勤惰优劣很难了解掌握，难免有玩忽职守之弊。内外火道纵横数百里，山深林密，路径交错，虽设有许多拨汛，但贼匪还是很容易隐藏，不好查拿。于是，容照把外火道以内、内火道以外广大地面分为四段，制作多块木牌，牌上编写号码，加盖印信，把牌分发给各段巡逻弁兵，每次按汛递送，限定日期，然后将牌逐日收回，以此作为每日巡逻之兵的凭证。因各段远近不一，制牌十一面，每日发牌一面，到第十一日发完，第十二日收回发出的第一牌，到总兵衙门挂号呈缴，到第二十二日，第十一面牌收回，以后再按此法循环办理。其他各段巡查方法与第一段相同，唯有日期不同。第二段往返用13日，第三段用10日，第四段用16日。在巡逻往返途中，如遇大雪封山或山洪暴发，路阻难行，迟滞时日，要在号簿内登记，可免究办。

---

①［清］英廉重纂本：《昌瑞山万年统志》下函，卷之三“志防护”，光绪十二年。

② 中国第一历史档案馆编：《嘉庆道光两朝朱批奏折》第36辑，第249页，第689条，中华书局，2000年。

为了防止巡逻弁兵在巡逻途中偷懒作弊，又制作了6面合缝牌。合缝牌分上下两半面，连接起来是一整块。在牌子上写明发往地点、出发日期，在合缝处加盖印章，将6个下半面牌分别交给曹家路、墙子路、兴隆山、窄道子、大洼、黄崖关等6关汛保存，6个上半面牌由马兰镇总兵衙门收管。何时派弁兵到某处巡查，就把某处的上半面牌发交给该弁兵，查至某处，就将存留在那里的下半面牌换回，把上半面牌留在那里。容照制定的这种方法受到了皇帝的称赞，道光帝在上谕中说："详阅奏折，甚属详明周到，于风水重地自属有益，务要认真稽查，有犯立惩，断不可日久又成具文也。"[①]

作为一镇主帅的马兰镇总兵官，也常到陵园内外进行实地巡视。前文提到的多种防护方法，都是历任总兵官在实地考察巡视后，针对实际情况而提出来的。总兵官景霖曾于同治七年（1868）到内外火道进行了一次巡查，并把巡查结果上奏给皇帝。景霖建议从同治八年（1869）开始，总兵官与中军遊击轮流间年到内外火道进行一次巡视，起行前要把出发的日期及主要巡查的目的上奏皇帝。巡查结束，要把回署日期、巡查结果上奏给皇帝。总兵官外出巡查时，要带着总兵官的印信而行，途中遇事可随时处理。本镇内的日常事务，委托中军遊击办理。总兵官和中军遊击定期巡查，后来成了定制。

下面是一份当时马兰镇总兵官文瑞巡视火道起程前写给皇帝的奏折：[②]

奴才文瑞跪奏为恭报巡查风水火道起程日期恭折奏闻仰祈圣鉴事。

恭照陵寝后龙火道向于每年节交白露，责成各该管营汛将火道荒草一律芟除，打扫干净，俾昭慎重。曾于同治七年

① [清] 英廉重纂本：《昌瑞山万年统志》下函，卷之三"巡签"。

② 中国第一历史档案馆编：《光绪朝朱批奏折》第29辑，"陵寝事务"，第145页，中华书局，1996年。

间经前任总兵景霖奏准，自同治八年为始，总兵与中军遊击轮流间年往查一次，并总兵巡查之年，由永济库动支经费银三百两，历经办理在案。今轮应奴才巡查之年，所有经费银两，自应按照新章支领八成银二百四十两。兹据各营汛呈报，芟割火道将次完竣，奴才即于九月初四日起程，前赴后龙周历查看，除俟查毕再行具奏外，兹将奴才起程日期理合恭折奏闻，伏乞皇上圣鉴。谨奏。

奉旨：知道了。

光绪二十二年九月初一日

不仅马兰镇总兵官、中军遊击定期巡查火道、界桩，皇帝还要经常派朝廷大员到东陵和西陵查看红桩。每逢皇帝、皇太后恭谒东陵或西陵之时，都要按惯例，派出御前侍卫1员、乾清门侍卫1员、随扈侍郎1员查看红桩，然后到行宫向皇帝覆命，不必具折。比如，在道光八年（1828）八月，道光帝谒东陵时，就钦派御前侍卫桂轮、乾清门侍卫奕山、礼部左侍郎舒英前去查看东陵红桩，然后到隆福寺行宫覆命。[①] 道光二十年（1840）十月二十四日，命吏部左侍郎桂轮、礼部右侍郎萨迎阿、乾清门侍卫常安“恭诣西陵查看红桩”。[②] 光绪五年（1879）三月十六日，侍卫索布多尔札布、乾清门侍卫海龄、兵部左侍郎崑冈查看东陵红桩。[③]

有时派大臣查看红桩并不是因皇帝谒陵按成例查看红桩，而是因办理案子涉及了红桩问题。比如，在道光十八年（1838）三月初七日，道光帝就派乾清门侍卫常安、礼部右侍郎连贵、左副都御史善焘

① 中国第一历史档案馆编：《嘉庆道光两朝上谕档》第33册，第241页，第856条，广西师范大学出版社，2000年。

② 《宣宗成皇帝实录》卷三四〇，《清实录》第38册，第175页，中华书局，1986年。

③ 中国第一历史档案馆编：《光绪朝上谕档》第5册，第83页，第245条，广西师范大学出版社，1996年。

到西陵查看红桩。[①]

四、绿营的训练

马兰镇绿营的 8 营，总官兵约 3100 多人，遵、蓟二营无保护陵寝风水的任务，其余 6 营 2000 多绿营官兵专门负责保护陵园的安全。陵园内外设大小拨汛 340 多个，每拨汛驻兵 2～5 名不等。马兰镇绿营不仅要保卫陵园安全，同时还承担着许多额外杂差。凡帝后谒陵以及帝、后、妃入葬陵寝的大小白差，都要由马兰镇绿营担负警卫。凡兴建新的陵寝以及大规模的维修工程，也都由马兰镇绿营负责看护、弹压、维持秩序。因此，马兰镇历任总兵官都感到兵力不足，常出现“顾此失彼”的现象，所以，马兰镇绿营就不能像一般驻守各地的军队那样按部就班地定期操练，只能利用空闲季节轮流操演训练。一般每年二月十五日开操，三月十五日暂停；七月寻觅野鸡卵事毕后再起操，至七月底停止；下半年，十月底起操，到年底封印止。一年之间，训练不过数月，每月又不过数次。

镇标两营，暇月逢二、七日操演步箭，逢五、十日操演马箭。

余丁营暇月逢一、六日操演弓箭、鸟枪、藤牌技艺。

鲇鱼关兵丁暇月逢二、五、八日操演鸟枪。

老厂沟兵丁暇月逢二、五、八日操演马步箭，逢一、四、七日操演鸟枪。

将军关兵丁暇月逢二、五、八日操演马步箭，逢一、四、七日操演鸟枪。

曹家路各汛官兵暇月逢一、四、七日操演马箭，二、五、八日操演鸟枪、藤牌，三、六、九日操演步箭。

墙子路各汛官兵暇月逢三、六、九日操演马步箭，逢二、五、八

---

① 《宣宗成皇帝实录》卷三〇七，《清实录》第 37 册，第 783 页，中华书局，1986 年。

日操演鸟枪、藤牌。

黄花山营暇月逢二、七日操演弓箭，逢四、九日操演鸟枪、藤牌。

凡操演鸟枪，都要到远离陵园的地方进行。[①]

五、有关保护皇陵的法规和条例

除皇宫大内以外，皇家陵园可称得上头等禁区。为保护皇陵及风水的安全，清廷做出许多规定，颁布了一系列法令条文，并载入了《大清律》。

光绪朝《钦定大清会典事例》规定：

> 原定陵寝外围墙外周环每里立红桩三为界，禁止樵采耕种。距红桩四十步设白桩，又于白桩十里外设青桩，上悬禁牌，令军民人等不得于青桩内取土取石，设窑烧炭，违禁者论罪。
>
> 嘉庆九年奏准：嗣后凡在红桩以内盗砍树株、取土取石、开窑烧炭、放火烧山者，仍照旧例办理。其在红桩以外白桩以内，所有民间取土取石不及一丈，自种私树概不禁止外，其开山取石、掘地成濠、开窑烧造、放火烧山者，即照红桩以内减一等，为首发近边充军。从犯杖一百、徒三年。白桩以外，青桩以内，再减一等办理。[②]

嘉庆十三年（1808），马兰镇总兵官在当地张贴布告云：

①[清] 英廉重纂本：《昌瑞山万年统志》下函，卷之三“操演”。

②[清] 崑冈等修，刘启端等纂，光绪朝《钦定清会典事例》卷九四五，“工部·陵寝禁令”。载《续修四库全书》编纂委员会编：《续修四库全书》第811册，“史部·政书类”，第404页，上海古籍出版社，2002年。

为剀切晓谕停止开种有树山地事。

照得马兰峪陵寝地界，东北为滦平、遵化，西北蓟州、平谷、密云等州县，所管青桩至白桩十里界内多有连接风水来龙，例应修养树株，以资培护。其间本不应有居民田地，缘相沿日久，国家轸念民依，未令迁移，仅禁樵采、窑炭。凡在青桩内居民，自当顶戴皇恩，守法耕作，不应贪多违禁，贪开山岭林边之地。而山田陡狭，零星土性寒薄，今年耕地，明年撂荒，此处不堪长发，势必更移他处，希图微利，致废林山。试思尔等民墓上场，偶被践踏，尚知鸣官究治，况是天家风水联脉之山，岂容私自滥开！前经奏明，勘查严禁，但恐青、白桩间继开田地一概清查，难免兵役藉端骚扰，仰体圣主惠爱黎元之意，合先遍行出示，剀切晓谕尔等，青桩以内民人各宜激发天良，所用沟壑平地光山熟田，仍照常听其耕作不禁外，凡林木茂盛山上新开零星田亩概行停止耕种，或是影射报科者，应赴该管州县报名消除，不得因循干犯禁令。此次本镇业经遍历亲查，秋间复往查验，倘青桩以内有树山上尚有耕种田地者，定即行知该管文武员弁，严查究治不贷。①

在《大清律例增修统纂集成》一书中，关于皇陵的有关规定是这样记载的：

车马过陵者及守陵官民入陵者，百步外下马，违者以大不敬论，杖一百。

凡山前山后各有禁限。如红桩以内盗砍树株、取土取石、开窑烧造、放火烧山者，比照盗大祀神御物律斩，奏请

① 清宫档案《录副奏折》“陵寝礼仪”3-6，嘉庆朝。

定夺。为从者，发近边充军。若红桩以外，官山界限以内，除采樵枝叶仍照旧例，毋庸禁止，并民间修理房茔，取土刨坑，不及丈余，取用山上浮石，长不及丈及砍取自种私树者，一概不禁外，其有盗砍官树、开山采石、掘地成濠、开窑烧造、放火烧山，在红桩以外，白桩以内者，即照红桩以内减一等，为首者，发近边充军；从犯，杖一百，徒三年。如在白桩以外，青桩以内者，为首杖一百，徒三年；从犯减一等，杖九十，徒二年半。如在青桩以外，官山以内者，为首杖九十，徒二年半；从犯减一等，杖八十，徒二年。计赃重于徒罪者，各加一等。官山界址在二十里以外，即以二十里为限，若在二十里以内，即以官山所止之处为限。

弁兵受贿，故纵本犯，罪应军徒者，与囚同罪。赃重者计减以枉法，从重论。本犯罪应斩决者，将该弁兵等拟以绞决。其未经得贿，潜通信息，致犯逃避，本犯罪应军徒者，亦与囚同罪。本犯罪应斩决首，将该弁兵等减发极边烟瘴充军。仅止疏于防范者，兵丁杖一百，官弁交部议处。

树株关系山陵荫护，盗砍与取土、取石、开窑放火者，俱于山陵有伤，亦大不敬也，不论监守、常人，为首者斩，为从者充军。

禁山前后，盗枯树枝、土石者，应仍照本律。若于禁限外盗者，仍以盗山野柴草木石论。

私入红桩火道以内，偷打牲畜，为首，于附近犯事地方枷号两个月，满日改发极边烟瘴充军；为从，枷号一个月，杖一百，徒三年。其因起意在内偷牲遗失火种，以致延烧草木者，于附近犯事地方枷号两个月，满日发新疆酌拨种地当差；为从，枷号一个月，杖一百，徒三年。

如延烧殿宇墙垣，为首拟绞监候，为从杖一百，流三千里。

凡旗民人等在红桩以内偷挖人参至五十两以上者，为首，比照盗大祀神御物律斩，奏请定夺；为从，发新疆给兵丁为奴。二十两以上，为首，发新疆给兵丁为奴；为从，杖一百，流三千里。十两以上，为首，实发云贵两广烟瘴地方充军；为从，杖一百，流二千里。十两以上，为首，发近边充军；为从，杖一百，徒三年。

在红桩以外，白桩以内偷挖人参至五十两以上者，为首，拟绞监候；为从，发近边充军。二十两以上，为首，实发云贵两广烟瘴充军；为从，杖一百，流二千里。十两以上，为首，发近边充军。十两以下，为首，杖一百，流三千里。为从，俱杖一百，徒三年。

在白桩以外，青桩以内偷挖者，各于已得例上减一等。知情贩卖者，减私挖罪一等，不知者不坐。得参人犯，首从俱刺‘盗官参’三字。未得参与贩卖者，俱免刺字，参入官。旗人有犯，销除旗档，照民人一律办理。弁兵受贿故纵，本犯罪不应死者，与犯人同罪。赃重者计赃以枉法从重论。本犯罪应斩决者，为首之弁兵拟绞立决。本犯罪应绞候者，该兵发新疆分别当差为奴。其止疏于防范者，兵丁杖一百，官弁交部议处。

在清末民初，任过孝东陵员外郎的黄振之（1883～1970，满名重兴）撰写的《清东陵浅说》（草稿）中记载：

> 附近各县百姓偷砍海树，私运出山，窝藏贩卖者，该管县官应得失查之罪，降一级调用；知府降一级留任；道员罚俸一年，这是失查公罪。若包庇者，县官降二级调用，知府降一级调用，道员降一级留任。查出捷报免议。

嘉庆十二年（1807）六月，文渊阁大学士、军机大臣庆桂、董诰，户部尚书、军机大臣戴衢亨，户部左侍郎、军机大臣托津等拟定了一个缉捕陵园盗犯的奖赏章程。这个章程规定：

> 潜入陵园界内盗犯在伤损树株之前就被拿获，如果是被本官弁拿获首犯，给本官弁记录二次；拿获伙犯一二名，记录一次；拿获三名以上者，记录二次。如被本兵丁拿获首犯，赏银八两，帮同拿获者减半赏给。如果树株已被盗砍后才被本官兵捕获，可以将功抵罪，免其查议。如果盗贼被邻官兵拿获而树株尚未被砍伐，拿获首犯的官弁加一级，兵丁赏银十两，记大功一次；帮同拿获者赏银五两，记功一次。如果伙犯被官兵拿获，拿获一二名，记录一次，按名递加至四名以上者，记录四次。兵丁拿获伙犯一二名者，赏银五两；拿获三名以上者，赏银十两；帮同拿获者，减半赏给。如果本官兵疏于防范，树株已被盗砍，而邻官兵能将首伙各犯拿获，官弁拿获首犯，以应升之缺即行升用，先换顶带；官弁拿获伙犯一二名者，加一级；拿获三名以上者，加二级。兵丁拿获首犯者，赏银十六两，以外委升补；帮同拿获者，赏银六两，记大功一次。兵丁拿获伙犯一二名者，赏银六两，记功一次；拿获三名以上者，赏银十二两；帮同拿获者，减半赏给。如果是受上司派遣专门巡查之官兵拿获到盗

犯，首先要查明是在指派的巡逻范围之内还是之外，树株是已砍还是未砍，分别按上述条例一律升赏。在章程中同时严令巡查弁兵不许妄拿无辜，藉图获利。如果发现有妄拿者，奏明朝廷，照妄拿平民例治罪。[①]

道光二年（1822）五月，刑部制订了一个《风水重地青桩外官山界内盗伐树株及弁兵疏防贿纵罪名各条》，呈递给了道光帝，道光帝审阅后，非常满意，在五月十四日，以谕旨的形式予以发布。这道谕旨是这样说的：

刑部奏酌拟《风水重地青桩外官山界内盗伐树株及弁兵疏防贿纵罪名各条》。官山界址道里远近不同，自应仿照白桩青桩旧制，立定界限，俾附近居民不致再有误犯。至弁兵专司防守，亦宜明定科条，著照所议。嗣后如在青桩以外、官山界内有盗砍官树，开山采石、掘地成濠、开窑烧造、放火烧山者，均照青桩内于犯满徒罪上减一等，杖九十，徒二年半。从犯再减一等。计赃重于徒罪者加一等。其砍取自种私树及采樵枝叶并取土取石者，一概毋庸禁止。仍照青桩以内，计长不得逾丈。如官山界址在二十里以外，即以二十里为限。若在二十里以内，即以官山所止之处为限。弁兵等受贿故纵者，如贼犯罪应军徒，即将该弁兵等照与囚同罪律分别问拟。赃重者计赃以枉法从重论。若贼犯罪应斩决，即将该弁兵等拟以绞决。未经得贿，潜通信息，致贼犯逃避者，贼犯罪应军徒，即将该弁兵等与囚同科。如贼犯罪应斩决者，将该弁兵等减发极边烟瘴充军。仅止疏于防范者，兵丁杖一百，官弁交部议处。该部即行知陵寝衙门暨直隶总督，一体遵照并纂入则例，永远遵行。至青桩以外官山以内，应

① 清宫档案《录副奏折》“陵寝礼仪”3-6，嘉庆朝。

如何所议里数，定立界石以处，著该管衙门妥议具奏。[①]

道光二年（1822）五月二十六日，兵部制订了一个《陵寝禁地盗树处分条例》，内容如下：

> 红桩内失察盗贼，偷砍树木，专汛兼辖官均革职，总兵降三级调用，提督降二级调用。
>
> 若失察系白桩界内，处分照红桩内量减。专汛官仍议革职。兼辖、统辖降三级调用。总兵降二级调用，提督降一级调用。
>
> 至青桩内失察处分照白桩内酌减。专汛降二级调用，兼辖、统辖降一级调用。总兵降一级留用，提督罚俸一年。
>
> 各界专汛失察，邻汛拿获盗犯，除专汛官仍照各界本例定议外，其兼辖各官减等议处。汛弁得财包庇或得财通信，致盗贼远飏，系属私罪，毋庸分别红桩白桩，均交刑部从重治罪。计赃以枉法从重论。如该管上司明知徇隐，均议革职。仅止失察，照本例上加一等。并请酌定鼓励。盗贼潜入禁内，并未伤损树株，专汛官拿获首犯，加一级。伙犯每名纪录一次。拿获邻汛首犯加一级，纪录二次。伙犯每名纪录二次。
>
> 均纂入则例。[②]

清廷不仅对平民百姓严加防范，一有触犯，严加治罪，就是对长期驻守陵园，专司守护的官兵们，一旦发现他们做出有碍风水、违犯禁令的事来，也绝不宽恕，严惩不贷。这样的事例很多，仅举以下几例。

乾隆四十三年（1778）八月十七日，绿营兵丁陶文启、张宗信奉命在后龙苇塘沟守夜，因夜间寒冷，烤火取暖，不慎引起火灾，燃烧

①《宣宗成皇帝实录》卷三五，《清实录》第33册，第630页，中华书局，1986年。

②《宣宗成皇帝实录》卷三五，《清实录》第33册，第642页，中华书局，1986年。

一片荒草，并未烧毁树株。把总李文瑞畏罪自刎身死，都司欧陛诏被革职，兵丁张宗信畏罪潜逃。此案经刑部审理，将陶、张二人从重发往伊犁给与厄鲁特为奴。[①]

道光六年（1826），外委崔思通嘱令兵丁招引外人偷入红桩以内打猎，从中分得猎物。此事被上司察觉，将崔思通发往新疆充当苦差。

道光二十八年（1848）二月，内务府幼丁关六儿偷砍红桩内幼小松树28株之多，道光帝亲自下令将其处斩。[②]

不仅兵丁们违犯禁令、妨碍风水要严加惩处，即使东陵守护大臣、马兰镇总兵官这样的皇室成员、朝廷大员，一旦有所冒犯，皇帝也不轻恕。仅举几例：

乾隆四十二年（1777）二月，马兰镇总兵官满斗将景陵后宝山上的一段石墙拆掉，又将头道沟、二道沟一带的树株砍伐840多棵，被人控告，革职交刑部审讯。当时的东陵守护大臣、贝子、康熙帝的第皇二十三子允祁因没有发现满斗的违禁活动，未能参劾，坐失察罪，交送宗人府严加议处，被降为镇国公。[③]

嘉庆十一年（1806）正月，因陵园树株被盗砍，马兰镇总兵官丰伸济伦被革职，调回京师。接任丰伸济伦的新总兵官巴宁阿刚上任4个月，因木门沟树株被盗，不仅被革职，还被发遣到吉林充当苦差。[④]

道光二年（1822）五月，对于贼犯盗砍树株，汛弁得贿包庇，漫无察觉，负恩溺职，于是，道光帝在五月二十日发布上谕，将马兰镇总兵官庆惠革职，“赏给拜唐阿，在上虞备用处当差，以赎前愆”。前古北口提督徐锟以溺职罪革职。[⑤]

①《高宗纯皇帝实录》卷一〇四〇，《清实录》第21册，第928页，中华书局，1986年。

② 清宫档案《上传档》142。

③《高宗纯皇帝实录》卷一〇二七，《清实录》第21册，第771页，中华书局，1986年。

④ [清] 英廉重纂本：《昌瑞山万年统志》下函，卷之六“志爵秩”。

⑤《宣宗成皇帝实录》卷三六，《清实录》第33册，第636页，中华书局，1986年。

即使是在清王朝灭亡11年以后的1922年，因孝陵神功圣德碑亭附近有3棵回干树，3棵柏树，4棵小柏树被盗窃，东陵守护大臣、奉恩辅国公溥钊坐失察罪，被罚俸3年；内务府郎中麟昭、员外郎训艺被罚俸1年。[①]

民间有传说，神路横走罚，竖走杀。其实在大清国的禁令和各种规定中并未见到这样的记载。

第六节　盛京三陵的管理机构及职责

盛京三陵即辽宁省新宾县的永陵、沈阳东郊的福陵和沈阳北郊的昭陵。

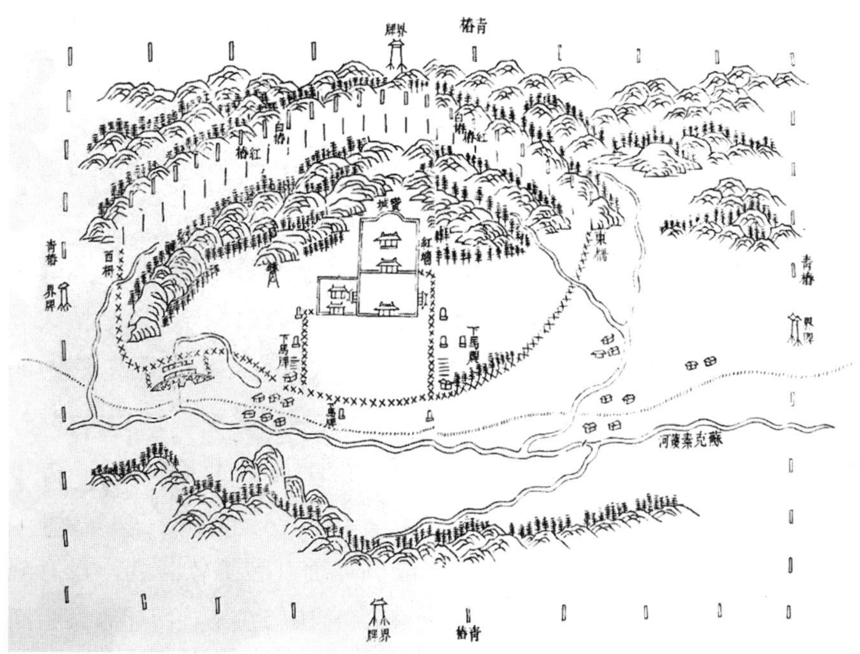

乾隆四十年奉敕编辑的《盛京通志》上的永陵图

① 清宫档案《新整内务府档》“陵寝事务”，第0449包。

总的来说，三陵的最高长官是三陵总理大臣，此职由盛京将军兼任。同时盛京将军还兼任总管内务府大臣。[①] 三陵总理大臣的办事机构是三陵总理事务衙门，相当于关内东、西陵的承办事务衙门。每一座陵各设总管衙门和关防衙门。另外每陵还设有“舅姨子孙”和“千丁人夫”。盛京三陵的机构与关内清陵相比，最大的区别是，盛京三陵不单独设礼部、工部。陵寝中涉及礼部、工部职责的由盛京五部中的礼部和工部负责。另外，盛京三陵的防护保卫差使全部由八旗官兵担负，而没有绿营兵。

一、总管衙门

盛京三陵，由于初建时规模较小，祭陵制度也不完善，所以陵寝的管理、防护人员也较少，没有专门的机构。后来，随着陵寝规模的扩大，管理和防护制度的日益健全，于是，顺、康年间，盛京三陵各建立了总管衙门。

总管衙门是专门保护陵寝的武职机构，相当于关内清陵的“兵部”。总管衙门直接受盛京三陵总理大臣节制。

总管衙门的最高长官是总管，正三品，掌关防。下设左、右翼长各 1 人，各管 4 旗。每旗设防御 2 人，共设防御 16 人。设笔帖式 2 人、领催 4 人、马兵（披甲人）170 或 180 人不等（其中舅氏子孙 100 人左右）。另外，还设有世袭轻车都尉、世袭云骑尉、世袭骑都尉、世袭六、七、八品官等。各陵设置不尽相同，人数也多寡不一。办事衙门设在陵寝附近。

盛京三陵的总管任职期限。乾隆朝以前（包括乾隆朝）没有规定。嘉庆二十三年（1818）十月初十日，嘉庆帝在第二次盛京祭祖回銮途中，发出谕旨，对盛京三陵总管的任职期限作了明确规定：“永

① 《高宗纯皇帝实录》卷九五四，《清实录》第 20 册，第 929 页，中华书局，1986 年。

陵、福陵、昭陵总管等向无更换年限，守护未免年久，著加恩嗣后俟满五年奏请更换回京，仍在本任上行走。”①

总管衙门的主要职责是：管理陵寝的山河、道路、树株以及陵园内的安全。在陵寝内外设多座堆拨房，驻守兵丁，分3班，每10天轮换一次，昼夜巡逻守护。每到陵寝祭祀时，总管还要随班行礼，督率官兵看管山河、道路、门户，查验祭品。

二、关防衙门

关防衙门是管理陵寝的重要文职机构，它的职责主要有两项，一是制作祭品，承办祭祀，管理陵内陈设，清理保护陵内环境。二是负责陵寝的日常维修。关防衙门相当于关内清陵的内务府和奉祀礼部。

关防衙门设掌关防官1员、副关防官2员、内管领1员、副内管领1员、尚膳正1员、尚茶正1员、尚茶副1员、尚膳副 1员、笔帖式2人、尚膳人、尚茶人、拜唐阿、摆桌人、院户、领催、厨役、壮丁、役妇以及各行匠役数10人，总数达一百六七十人左右。关防衙门设在陵寝附近，下设碾房、库房、黑牛馆、乳牛馆、冰窖、果房、膳房、茶房、饽饽房、油房、粉房、酱房、省牲所、器皿库等。②

盛京三陵的各陵关防衙门，官员和差役的设置不都一样，人数有多有少，各不同时期也有变化，但大体变化不大，其职掌也是固定的。

三、“舅姨子孙”

在守护盛京三陵的八旗官兵中，有一些特殊身份的人物。他们比一般的八旗官兵的地位高，享有优厚的待遇。原来，他们都是皇亲国

① 《仁宗睿皇帝实录》卷三四八，《清实录》第32册，第597页，中华书局，1986年。

② 李凤民等：《兴京永陵》第65页，东北大学出版社，1996年。

戚。具体地说，他们不是皇帝舅家的子弟，就是皇帝姨家的后代。舅家子孙称“舅氏子孙”，姨家子孙称“姨娘子孙”，合称“舅姨子孙”。

显祖塔克世娶了喜塔拉氏阿古都督之女厄墨气为妻，诞生了大清的奠基人努尔哈齐。从此，喜塔拉氏一族便身价倍增，成为大清国的皇亲国戚，受到特殊礼遇。阿古都督有3个儿子，论辈分，都是努尔哈齐的舅父，他们的子孙也就被大清皇帝尊称为“舅氏子孙”。叶赫那拉氏阿什达尔汉是孝慈高皇后的弟弟，自然也就是太宗皇太极的舅父。所以，阿什达尔汉的子孙也是“舅氏子孙”。

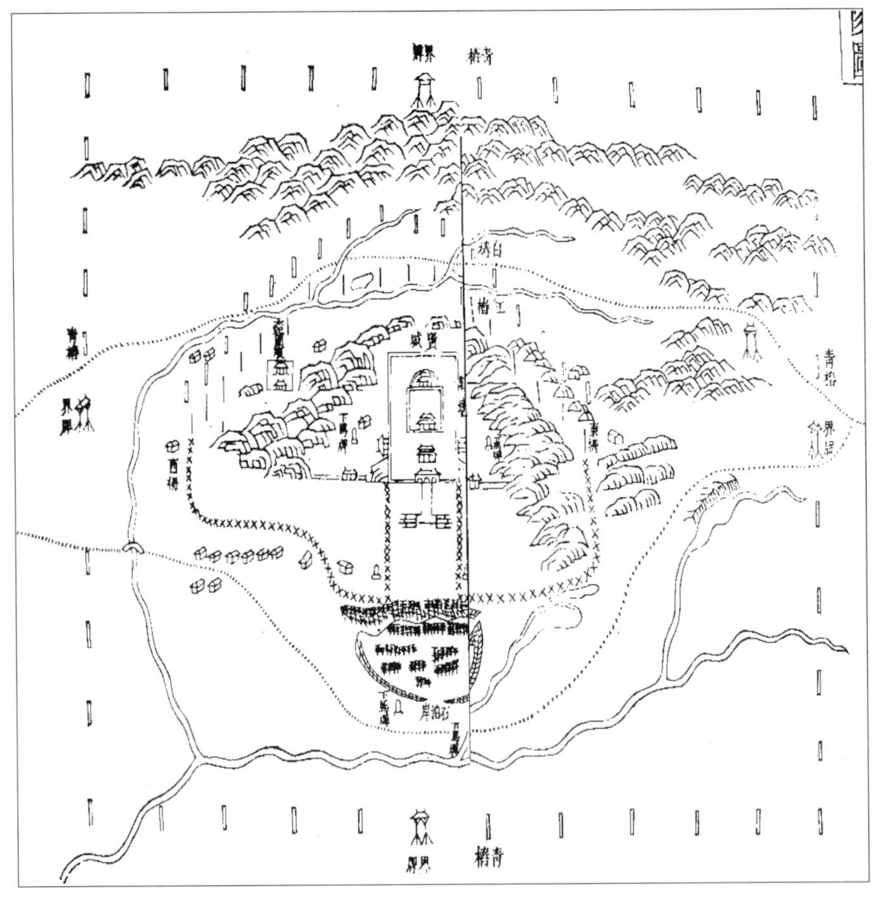

福陵范围图

萨克达氏微领的妻子也是阿古都督的女儿，因而，微领是努尔哈齐的姨父。海西乌喇部的首领满泰、满泰之叔常住，以及乌喇部的瓜尔佳氏胡尔哈器都是皇太极的姨父。因此，他们的子孙都被尊称为“姨娘子孙”。[①] 这些“舅氏子孙”和“姨娘子孙”分别被派去看守盛京三陵。永陵设舅氏子孙兵100名，章京品级官3名。福陵设舅姨子孙兵100名，章京品级官65名。昭陵设舅姨子孙专缺120名，让他们世代看守皇陵。永陵的舅氏子孙兵，每名每月廪赡银2两，随缺地60亩。章京品级官优于兵。福陵的舅姨子孙兵章京品级，每人每月给银2两，随缺地150亩。昭陵舅姨子孙兵每月给银2两，给随缺地90亩，章京品级兵每月给银2两，给随缺地120亩。

清朝为什么让这些舅姨子孙们世代看守皇陵呢？原因有两个：一个是出于照顾这些皇亲国戚，使他们生活有保证，世受皇恩；二是这些人都是皇亲国戚，让他们看守皇陵，放心可靠。

四、“千丁人夫”

在盛京三陵的数以千计的杂役人员中，有一支专门烧制砖瓦和干杂役的队伍，因为每陵这种人都有千人左右，所以称之为“千丁人夫”。

千丁人夫是怎么来的呢？原来，努尔哈齐在征战中收降了一部分汉族官员和百姓。其中有一部分人是专门制造火器的工匠和夫役。后来皇太极为了提高军队的作战能力，就把这部分人组织起来，让他们铸造红衣大炮。红衣大炮在战斗中发挥了很大威力。由于这些人建立了功勋，皇太极就把他们派到皇陵当差，各陵1000人，各陵设佐领1员。[②] 他们的主要职责就是烧造砖瓦、石灰，芟割火道。冬季打扫陵内外积雪。

---

① 李凤民、陆海英：《盛京昭陵》第83页，沈阳出版社，1994年。

② 李凤民、陆海英：《沈阳福陵》第91页，东北大学出版社，1996年。

千丁人夫虽然被皇帝视为有功人员，照顾他们到陵上当差，但与舅姨子孙相比还相差悬殊。他们长期从事繁重的体力劳动，生活待遇很低。

这3座陵的外围也树立了红、白、青三色界桩，设置鹿角、界牌。[①]

① 李凤民等：《兴京永陵》第65页，东北大学出版社，1996年。

第七章　陵寝的祭祀

中国的封建统治者，向来主张“圣天子孝先天下，首重山陵。”[①]他们把祭祀祖陵视为“关乎天运之发祥”“巩万代之金汤，开亿世之统绪”的大事，是“展孝报本”“敬天法祖”的实施。因此，封建帝王对祭祀祖陵十分重视。

清朝统治者入关以后，受汉族文化的影响，在历代王朝祭陵礼仪的基础上，通过改革，融入了满族的特点，于是，形成了与历代不同的清朝祭陵制度和礼仪。清朝皇帝对祭陵的重视程度与前朝帝王相比，有过之无不及。乾隆四十三年（1778），乾隆帝第三次到盛京展谒祖陵，礼成后告诫他的子孙说：

> 轻故都而惮于远涉，或偶诣祖陵，视同延揽古迹而漠不动心，是则忘本而泯良。……或我子孙尚知遵朕此旨，欲莅陪京，而其时无识之臣工妄以为人主当端处法宫，综理庶政，不宜轻出关外，此即我朝之乱臣贼子，当律以悖命之罪，诛之毋赦！[②]

①[清]布兰泰原纂本：《昌瑞山万年统志》卷之一“序”，乾隆六年纂。

②[清]崑冈等修，刘启端等纂，光绪朝《钦定大清会典事例》卷四二九，“礼部·大祀·陵寝”。载《续修四库全书》编纂委员会编：《续修四库全书》第804册，“史部，政书类”，第741页，上海古籍出版社，2002年。

嘉庆帝对于皇父的这一谕旨坚决执行。在嘉庆十年（1805），嘉庆帝曾亲诣盛京展谒祖陵一次。12年后，到了嘉庆二十二年（1817）五月底，嘉庆帝向臣工表达了准备在下一年再一次展谒盛京三陵的意向。松筠是乾嘉年间的名臣能臣，忠正不阿，敢言。当时松筠身任武英殿大学士,以天气大旱为由，劝阻皇帝勿往盛京。对此，嘉庆帝非常气恼，下令革去松筠的大学士、御前大臣、领侍卫内大臣、都统等所有职务及各项差使，以二品顶带补授察哈尔八旗都统。[①] 结果，在嘉庆二十三年（1818），嘉庆帝毅然第二次诣盛京祭祖。嘉庆二十五年（1820）六月，在一次案件中，涉及松筠，为此，嘉庆帝又想起了三年前松筠阻止他巡幸盛京祭祖的事，恼从心来，斥责他“丧心病狂，乖谬已极”，一下子又将他降为本旗骁骑校。[②] 一个多月后，嘉庆帝病死。嘉庆二十五年（1820）九月初十日，嘉庆帝的梓宫从乾清宫奉移景山观德殿，出东华门。道光帝步行哭泣恭送。百官皆白袍俯伏道的左旁哭送。这时道光帝忽然走到路边，扶一跪伏者之手，大哭失声。跪伏者亦抢地大哭。这一情景都被当场的大臣官员看到了。原来，这位道边跪伏者就是3个月前被降为骁骑校的朝廷重臣、武英殿大学士松筠。第二天，松筠就被起用，授为都察院左副都御使。[③] 不到一个月，于十月初五日，又晋升松筠为都察院左都御使。[④]

由这件事可以知道，清朝皇帝对祭祀祖陵是何等的重视！

---

①《仁宗睿皇帝实录》卷三三一，《清实录》第32册，第361页，中华书局，1986年。

②《仁宗睿皇帝实录》卷三七二，《清实录》第32册，第918页，中华书局，1986年。

③[清]梁章钜：《归田琐记》，上海古籍出版社，2012年。

④《宣宗成皇帝实录》卷一，《清实录》第33册，第144页，中华书局，1986年。

第一节　清朝皇陵祭祀的沿革

清朝皇陵的祭祀经历了由简单到复杂，由不完善到逐渐完善的过程。到了乾隆时期才正式完善。

大致的演变经过是这样的：

天聪六年（1632）二月初九日，太宗皇太极率诸贝勒大臣诣太祖陵（福陵）行时享礼。[①] 这是清朝官方史书中记载的第一次举行皇陵时享祭祀。

天聪九年（1635）十二月二十一日，太宗皇太极率诸贝勒大臣诣太祖陵，以察哈尔汗妻子举国来归，兼获玉玺及莽古尔泰、德格类、莽古济等逆党伏法，焚楮祭告太祖，特读祝文，由大贝勒代善献爵。太宗皇太极跪行礼。[②] 这是清朝举行的第一次告祭礼。

天聪十年（1636）三月初一日，这天是清明节，太宗皇太极率诸贝勒大臣诣太祖陵，亲祭太祖山陵。[③] 这是清王朝举行的第一次清明祭祀，但未提到敷土。

崇德元年（1636）四月十一日，以营建太庙，遣官捧祝文祭告太祖山陵时，定岁除日、清明日祭陵用牛 1，遣守陵官行礼。东京陵用牛 2，遣宗室、觉罗大臣行礼。福陵用牛 1 羊 2，遣大臣 1 人行礼。忌辰、孟秋望日（七月十五日），万寿圣节，点香烛、献果酒，均遣大臣 1 人奠帛、读祝行礼。每月朔望致祭，用牛 1，点香烛，献酒果，不读祝奠帛，遣守陵官行礼。

崇德二年（1637）六月十九日，以征朝鲜，臣服其国及克明皮岛捷音，遣官祭告福陵。这是有清以来第一次以战争胜利的喜讯告祭祖

---

①《太宗文皇帝实录》卷一一，《清实录》第 2 册，第 154～155 页，中华书局，1985 年。

②《太宗文皇帝实录》卷二六，《清实录》第 2 册，第 338～339 页，中华书局，1985 年。

③《太宗文皇帝实录》卷二八，《清实录》第 2 册，第 355 页，中华书局，1985 年。

陵。[①]

崇德四年（1639）五月初九日以征明大捷，祭告福陵，太宗皇太极亲诣行礼。[②]

顺治元年（1644）七月初八日，以中原平定，迁都于燕京，遣官祭告福陵。[③]

顺治二年（1645）正月初七日，礼部奏言：凡恭遇万寿圣节，应遣官祭福陵、昭陵，只上香，供果酒，不读祝。从之。[④]

顺治二年（1645）二月初四日，礼部奏言："凡遇清明等节，应令驻防盛京总管官分率城守章京往祭福陵、昭陵，其东京、兴京祖陵令城守官奠祭。"[⑤]这表明，此时的清明节还不是大祭，也没有敷土礼。

顺治三年（1646）正月十五日，定盛京每年岁除、清明及庆贺祭昭陵如福陵礼。每月朔望于福陵、昭陵献果酒、燃香烛。祭祖庙照京师牲用生，祭福陵、昭陵牲仍用熟。罢昭陵每日致祭。[⑥]

顺治八年（1651）四月十二日，以恭上昭圣慈寿皇太后尊号礼成，遣官祭四祖陵（即后来的永陵）、福陵、昭陵。[⑦]到后来，为皇太后上徽号不再告祭山陵。

顺治八年（1651）六月二十日，定诸陵祀典：

兴京、东京四祖陵于冬至、岁暮、清明、中元、十月朔，俱致祭，其祭品，冬至、岁暮、清明各用牛1，献果酒，上饭，上羹、供香烛、焚帛、读祝文；中元、十月朔各用羊1、献果酒、供香烛、焚

①《太宗文皇帝实录》卷三六，《清实录》第2册，第465页，中华书局，1985年。

②《太宗文皇帝实录》卷四六，《清实录》第2册，第612～613页，中华书局，1985年。

③《世祖章皇帝实录》卷六，《清实录》第3册，第66页，中华书局，1985年。

④《世祖章皇帝实录》卷一三，《清实录》第3册，第119～120页，中华书局，1985年。

⑤《世祖章皇帝实录》卷一四，《清实录》第3册，第125页，中华书局，1985年。

⑥《世祖章皇帝实录》卷二三，《清实录》第3册，第200页，中华书局，1985年。

⑦《世祖章皇帝实录》卷五六，《清实录》第3册，第446～447页，中华书局，1985年。

帛、读祝文，五祭俱遣宗室、觉罗大臣致祭。每月朔望，荐熟羊1、献果酒、供香烛，令守陵章京致祭。

祭福陵、昭陵，上躬往，自左门入。若遣官自右门入。祭文、祭品悉由中门入。福陵于牌楼门前下马。昭陵，诸王则于立狮子处下马，官民则于树红桩处下马。

福陵、昭陵除清明、中元、岁暮照常致祭外，每岁十月朔、冬至亦各致祭一次，其祭品，十月朔用酒果、供香烛；冬至用牛羊豕，[①] 献酒果，上饭，上羹、供香烛、焚帛、读祝文。诸陵祭肉，用生。

定和硕亲王以下文武三品官以上专往或路过盛京，到福陵、昭陵红门遥祭礼仪（详见后文“红门遥祭”条）。[②]

顺治九年（1652）正月二十九日，礼部题：“福陵、昭陵俱在享殿之内，应照常于享殿内致祭。至兴京、东京二陵享殿俱建于前，陵寝既用一垣，凡祭祀时，应在享殿内设祭，开后门望陵行礼。从之。”[③] 从这条史料可以知道两条重要信息：第一，当时，福陵和昭陵的墓主人的骨灰坛子存在享殿内；第二，东京陵的享殿也和永陵一样也留有后门。

顺治十五年十二月二十四日（1659年1月16日），礼部再定三品以上官员到盛京或路过盛京时，到福、昭二陵行红门遥祭礼仪（详见后文“红门遥祭”条）。[④]

顺治十七年（1660），派宗室、觉罗数人居盛京，每祭陵日令其行礼。[⑤]

---

① 豕，即猪。

② 《世祖章皇帝实录》卷五七，《清实录》第3册，第455～456页，中华书局，1985年。

③ 《世祖章皇帝实录》卷六二，《清实录》第3册，第489页，中华书局，1985年。

④ 《世祖章皇帝实录》卷一二二，《清实录》第3册，第947页，中华书局，1985年。

⑤ 清高宗敕撰：《清朝文献通考》第二册，卷一五三，“王礼二十九”，考6183页，商务印书馆，1936年。

康熙二年（1663）十一月十九日，礼部题：“福陵、昭陵、孝陵四季大祭之时，神牌安设座位致祭。其圣诞、忌辰、十月初一日及每月朔望祭祀，既无祝帛，应不动神牌，揭幔祭献。得旨：是。”[①]

康熙三年（1664）正月三十日，再定王以下三品以上官员到盛京或路过盛京时，到福、昭二陵行红门遥祭礼仪（详见后文“红门遥祭”条）。[②]

定清明节上土仪，每岁清明于各陵上土十有三担，承祭官、总管、关防官率官兵十有三人升宝顶上土，预于界外取土贮陵垣洁净处候用。

又定：陵寝祭享易豕为羊，并酌定祭品。

康熙八年（1669），停止宗室觉罗居住盛京。每年四陵四时大祭，遣多罗贝勒以下奉国将军、觉罗男爵以上前往致祭。[③]

康熙九年（1670）八月十三日，康熙帝奉太皇太后、皇太后，携皇后及王以下文武大臣，从北京启銮，到直隶遵化县的昌瑞山下祭顺治帝的孝陵。这是清王朝入关以后举行的第一次祭陵大典。[④]

康熙十五年（1676），定陵寝祭品、祭仪。议准：陵寝供献酌定用五十盘今六十盘，每年清明、孟秋望、冬至、岁暮各遣官一人，陈太牢、俎豆，上香、奠帛、献爵、读文致祭。遣官由宗人府具题；三月十八日万寿圣节[⑤]及十月朔，陵寝献果酒，不读祝、奠帛，遣守陵官上香行礼。各陵忌辰行礼同。以上由太常寺具题；每月朔望，陵寝各献羊一、果实十二盘，守陵官上香行礼。[⑥]

---

①《圣祖仁皇帝实录》卷十，《清实录》第4册，第163页，中华书局，1985年。

②《圣祖仁皇帝实录》卷十一，《清实录》第4册，第170页，中华书局，1985年。

③ 清高宗敕撰：《清朝文献通考》第二册，卷一五三，“王礼二十九”，考6184页，商务印书馆，1936年。

④《圣祖仁皇帝实录》卷三三，《清实录》第4册，第454页，中华书局，1985年。

⑤ 三月十八日为康熙帝的生日。

⑥ 清高宗敕撰：《清朝文献通考》第二册，卷一五三，“王礼二十九”，考6186页，商务印书馆，1936年。

康熙十八年（1679）七月初二日，宗人府议准：盛京三陵每年四时祭祀应令盛京将军、副都统、侍郎内派令致祭。孝陵仍遣在京大臣致祭。如有大事致祭四陵，俱应于和硕亲王以下、镇国将军及觉罗、民官文武大臣内遣祭。[①]

康熙二十二年十二月十一日（1684年1月27日），宗人府题：旧例，四时致祭，盛京三陵派盛京官致祭。孝陵、仁孝皇后、孝昭皇后陵遣贝勒以下奉国将军、觉罗阿思哈尼哈番以上往祭。若遇大事，则四陵暨仁孝皇后、孝昭皇后陵俱将和硕亲王以下，觉罗阿思尼哈番及文武大臣以上题请遣祭。今议：孝陵、仁孝皇后、孝昭皇后陵四时祭祀及遇大事致祭四陵，俱将和硕亲王以下，宗室公以上派出遣祭。得旨：是。[②]

康熙三十六年（1697）十月，谕曰："暂安奉殿非系山陵，地方既近，嗣后凡忌辰致祭，著照四时大飨礼行。"[③] 这是将帝后忌辰改为大祭的滥觞。

雍正四年（1726）八月二十七日，定圣祖仁皇帝忌辰致祭仪。清制，皇帝去世后头周年、二周年、三周年都要举行隆重的祭祀，如果已入葬了，则要在方城明楼前搭台、支黄幄，隆重祭祀。雍正三年（1725）十一月十三日是康熙帝的三周年忌日，雍正帝亲自到景陵祭祀了皇父。到了雍正四年（1726），康熙帝第四个周年怎么祭祀？是按旧例作为小祭还是仍按前三年的祭祀？为此，大臣们提前奏请皇帝怎么办。雍正帝谕诸王大臣、内阁、九卿等：

> 我圣祖仁皇帝三年大礼已满。朕追念罔极深恩，欲于皇

①《圣祖仁皇帝实录》卷八二，《清实录》第4册，第1043页，中华书局，1985年。

②《圣祖仁皇帝实录》卷一一五，《清实录》第4册，第168页，中华书局，1985年。

③ 清高宗敕撰：《清朝文献通考》第二册，卷一五三，"王礼二十九"，考6188页，商务印书馆，1936年。

考忌辰每岁遵照三年以内祭祀之礼永远举行，恭读祝文，用申诚悃。朕受皇考教育，恩慈至深至厚，终身永慕无有穷期，岂三年礼制之所能限？况天下亿万臣民感戴皇考深恩厚泽六十余年，自古帝王罕能比并。一切礼仪亦非定制所得拘也。朕举行此礼乃自展其思慕诚切之衷，至与旧制相合与否皆不遑计及。此礼亦惟朕躬特行之于我皇考，后世子孙不得奉为成例。其应行礼仪著该部定议具奏。[①]

众大臣经过会议后，礼部于九月十五日向雍正帝回奏说：

皇上御极以来，恪守三年之制，斋居素服，凡晨昏之瞻拜，朔望之祭享，以至山陵之致敬，庙寝之告虔，无一时不思哀思敬，无一事不尽礼尽诚，千古未有之大孝也。复以圣祖仁皇帝之慈恩，亿万臣民所共感戴。一切礼仪非定制可拘。今于圣祖仁皇帝忌辰，每年应遵照周年祭祀之例恭读祝文致祭，永远举行。

得旨："是。"[②]届期，内务府、礼部、工部、太常寺、光禄寺及有执事各该衙门先期奏请遣堂官前往。于在京王公大臣内或钦命一人主祭，在京王公各官三分之一遣往陪祭，永远遵行。[③]雍正帝特地强调这种做法是他"特行之于我皇考，后世子孙不得奉为成例。"也就是说后世子孙不要跟我学。这应该说是将皇帝和皇后的忌辰改为大祭的前奏。

---

①《世宗宪皇帝实录》卷四七，《清实录》第7册，第712页，中华书局，1985年。

②《世宗宪皇帝实录》卷四八，《清实录》第7册，第726～727页，中华书局，1985年。

③ 清高宗敕撰：《清朝文献通考》第二册，卷一五三，"王礼二十九"，考6189页，商务印书馆，1936年。

列祖列后忌辰致祭由小祭升为大祭。雍正十三年（1735）十一月十三日是乾隆帝即位后遇到的第一个康熙帝的忌辰。按小祭还是按大祭办理？十月十三日，大臣们就奏请皇帝。乾隆帝谕总理事务王大臣、办理礼部事务王大臣等：

> 据礼部以十一月十三日恭遇皇祖圣祖仁皇帝忌辰或照陵寝忌辰祭祀礼致祭，或照四时大祭礼致祭之处具奏。朕思皇考大行皇帝诚孝纯笃，哀慕无穷。三年之后每遇圣祖仁皇帝忌辰于景陵祭祀之礼，特加隆备，并降谕旨："谓此礼惟朕躬特行之于皇考，后世子孙不得奉为成例。"但朕仰体皇考孝思，于皇祖圣祖仁皇帝忌辰祭祀之礼意欲仍照旧例举行。至于率亲率祖理本同原，孝享明禋不容或异。嗣后恭遇列祖列后忌辰应否遵照致祭景陵之礼一体举行，以展报本追远之意。王大臣会同礼部定议具奏。

很快，大臣们就会议出了结果：

> 各陵寝四时大祭，牲用太牢，献帛爵，读祝文致祭于隆恩殿，具服行礼。从前圣祖仁皇帝于孝庄文皇后忌辰此礼行之最久，原与各忌辰祭祀之礼不同。至圣祖仁皇帝忌辰系照周年致祭，礼特加隆。曾奉大行皇帝谕旨，不得奉为成例。今详酌典礼，十一月十三日圣祖仁皇帝忌辰应照陵寝四时大祭礼遣官承祭。在陵官员咸令陪祀，永远遵行。并请嗣后恭遇列祖列后忌辰均照陵寝四时大飨礼举行。从之。[①]

从此以后，所有皇帝、皇后的忌辰都按四时大祭办理。这是清朝皇陵祭祀的重要里程碑。

---

①《高宗纯皇帝实录》卷四，《清实录》第9册，第226页，中华书局，1985年。

乾隆三年（1738）三月，改清明节敷土13担为1担（详见下面的敷土礼部分）。

确定各帝后陵帷幄颜色。雍正五年（1727）七月初二日，谕礼部："昭西陵帷幄用金黄色。孝东陵帷幄用明黄色。陵寝神龛、宝座供奉之物理应同色，但供奉多年，不敢轻易更换。俟年代久远，遇应更换之时，著俱用明黄色。"①

乾隆六年（1741），定永陵、福陵、昭陵四时大享。福陵、昭陵忌辰祭享均由盛京礼部于往驻盛京宗室将军六人内按名拟定正陪咨送太常寺具题，永钦命承祭行礼。福陵每月朔望令掌关防官上香行礼。昭陵、永陵每月朔望由礼部轮委宗室将军二人行礼。如钦定后遇有事故，无应补宗室将军，请于奉天将军、副都统、侍郎内酌补行礼，将职名送太常寺奏闻。其小祭酌补行礼大臣，照常注册。②

第二节　清帝祭陵的次数、季节及相关活动

清朝以前，将祭陵称上陵礼，始自东汉光武帝，③ 从光武帝以降，乃至明朝，上陵礼多遣官恭代，皇帝很少亲身前往。有许多皇帝一生都不迈进陵园一步。而清朝皇帝则对祭陵极为重视，多亲自前往祭陵。

一、各清帝祭陵的次数

入关后的10位清帝中，除顺治帝和宣统帝没有谒陵活动外，其余8位清帝共谒东、西陵210次（包括送帝后入葬等活动），列表如下：

---

①《世宗宪皇帝实录》卷五九，《清实录》第7册，第896页，中华书局，1985年。

② 清高宗敕撰：《清朝通典》卷四七，"礼·吉七"，第2308页，商务印书馆，1935年。

③ 中国第一历史档案馆整理：《康熙起居注》第二册，第1272页，中华书局，1984年。

清朝关内各帝谒陵次数表

皇帝	去东陵次数	去西陵次数	去盛京	合计
康熙帝	47		3	50
雍正帝	8			8
乾隆帝	26	39	4	69
嘉庆帝	27	13	2	42
道光帝	9	15	1	25
咸丰帝	1	5		6
同治帝	2	1		3
光绪帝	5	2		7
合计	125	75	10	210

从这个表可以看出，自出现了东陵和西陵之后，凡是皇帝的父亲在哪边，这个皇帝去哪边祭陵的次数就多些，并非东陵西陵均衡去展谒。

根据每个皇帝的在位时间和祭陵的次数，经过计算，得出每个皇帝在位期间平均每年谒陵次数。

清朝关内皇帝平均每年谒陵次数表

康熙帝	雍正帝	乾隆帝	嘉庆帝	道光帝	咸丰帝	同治帝	光绪帝
0.91	0.61	1.15	1.68	0.83	0.54	0.23	0.26

从这个表中可以看出，以嘉庆帝年均次数为最多，乾隆帝次之，康熙帝第三，同治帝最低。

为什么在位时间最长的康熙帝反不如乾隆帝和嘉庆帝年均次数多呢？主要有以下原因：

（1）康熙帝8岁即位，到康熙六年（1667）才亲政。因年龄小，又未亲政，自然谒陵要少。

（2）康熙年间，发生了三藩叛乱，从康熙十二年到二十年，这8年当中，康熙帝把主要时间和精力放在平叛上，所以在康熙十二年、十三年、十五年、十八年、十九年，这5年的时间里未能谒陵，尽管时间如此紧张，在平叛的8年中还7次谒陵。

（3）康熙年间关内只有遵化祖陵一处，还没有西陵，而从乾隆年开始，有了东陵和西陵两处，为了平衡两陵的关系，皇帝要到东陵、西陵两处去展谒，比如，乾隆帝有7个年份同时谒二陵，嘉庆帝有11个年份同时谒东、西二陵，嘉庆七年一年中3次谒二陵（东陵2次、西陵1次），嘉庆五年中4次谒二陵（东陵3次、西陵1次）。假设当时只有一处祖陵，其谒陵次必然会减半，那么年均数就会少于康熙帝。

（4）康熙帝于康熙二十九年（1690）七月、三十五年（1696）二月、三十五年九月、三十六年（1697）二月，先后四次御驾亲征噶尔丹，在外时间第一次23天，第二次在外98天，第三次在外91天，第四次在外100天，忙于平叛，也影响了谒陵的次数。

（5）康熙帝外出巡视活动很多，他一生6次南巡、5诣五台山、2次古北口避暑、1次奉太皇太后赤城汤泉疗疾、1次西巡、34次巡视畿甸，43次木兰秋狝和巡视塞外，这也影响了他的谒陵次数。

（6）康熙帝遇到的大丧事多于嘉庆帝和乾隆帝。康熙帝一生办理了太皇太后（孝庄皇后）、仁宪皇太后（孝惠皇后）、慈和皇太后（孝康皇后）孝诚皇后、孝昭皇后、孝懿皇后6起大丧事，而嘉庆帝只办理过皇父乾隆帝、孝淑皇后两次大丧事。乾隆帝办理过皇父雍正帝、崇庆皇太后（孝圣皇后）、孝贤皇后3次大丧事。康熙帝办理的大丧事多，也影响了谒陵的次数。

（7）康熙十七年（1678）和康熙二十年（1681）两次奉太皇太后去遵化汤泉疗疾其间，每次都是两次谒陵，但都只按1次计算，这样就少计了2次。

如果没有以上7个方面原因，谒陵次数之多，谒陵之诚，当属康熙皇帝。

对于康熙帝谒陵之勤之诚，大臣们是这样评论的：

> 我皇上奉先思孝，于岁时禘祫宗庙，享尝之祭，既尽志备物，必躬必亲。而又念梓宫所藏，实在陵寝，感春秋霜露之变，兴思慕眷念之诚，行展省拜谒之礼。自亲政以后，无岁不举行，或一岁再行，不以道路之远、鞍马之烦，而少有间辍。展拜之际，洞洞属属，俨然肃然。思灵爽之凭依，俨音容之如在。盖自致斋祼献馈献，以至加爵徹俎，登降上下，莫不致敬致悫，通于神明。溯古帝王以来，史册纪载所未有也。[①]

皇帝是在什么情况和因什么原因才去谒陵呢？有以下几种情况：

（1）利用政务比较闲暇之时。清帝谒陵多数属于这种情况。

（2）皇帝木兰秋狝或巡视塞外往返途中就近或路过。比如，康熙四十九年、五十年、五十二年、五十五年[②]都是去热河途中先到遵化祖陵谒陵。康熙三十年（1691）九月从塞外回銮途中谒的陵。[③]乾隆四十五年（1780）九月，乾隆帝从避暑山庄回銮途中，展谒了东陵和西陵。[④]

（3）去盛京祭祖往返途中谒陵。比如康熙二十一年（1682）二月，康熙帝第二次去盛京祭祖时，途中路过遵化，展谒了孝陵。[⑤]康

① 中国第一历史档案馆整理：《康熙起居注》第二册，第1272页，中华书局，1984年。

② 《圣祖仁皇帝实录》卷二七，《清实录》第6册，第651页，中华书局，1985年。

③ 《圣祖仁皇帝实录》卷一五三，《清实录》第5册，第688页，中华书局，1985年。

④ 《高宗纯皇帝实录》卷一一一三，《清实录》第22册，第884页，中华书局，1986年。

⑤ 《圣祖仁皇帝实录》卷一〇一，《清实录》第5册，第14页，中华书局，1985年。

熙三十七年（1698）第三次盛京祭祖回銮途中展谒了孝陵。[①]乾隆四十八年（1783）十月，乾隆帝第四次盛京祭祖回銮途中展谒了东陵。[②]

（4）到外地巡游往返途中谒陵。比如，乾隆十一年（1746）九月，乾隆帝奉皇太后巡幸五台山，在去的途中先谒了泰陵。[③]乾隆十五年（1750）八月，乾隆帝奉皇太后巡幸嵩洛，先谒了东陵和西陵。[④]

（5）康熙帝专门陪着太皇太后到遵化温泉疗疾期间展谒陵寝。康熙帝奉祖母至孝，先后于康熙十一年（1672）八月、十七年（1678）九月、二十年（1681）三月，3次陪祖母太皇太后到温泉疗疾。3次总天数为152天，其中，第二次陪祖母64天之久。每次在温泉驻跸期间，康熙帝都展谒孝陵。[⑤]

（6）皇太后、皇帝、皇后梓宫奉移山陵、奉安地宫、周年忌日、平叛胜利、收复失地等事，皇帝亲奉、亲临，告祭各陵。这种情况比较多，就不举例了。

二、祭陵季节

关于皇帝谒陵的季节，主要在春季、秋季和冬季，其他月份很少举行。请看下面的表便一目了然。

---

①《圣祖仁皇帝实录》卷一九一，《清实录》第5册，第1021页，中华书局，1985年。

②《高宗纯皇帝实录》卷一一九一，《清实录》第23册，第920页，中华书局，1986年。

③《高宗纯皇帝实录》卷二七四，《清实录》第12册，第588页，中华书局，1986年。

④《高宗纯皇帝实录》卷三七一，《清实录》第13册，第1098页，中华书局，1986年。

⑤《圣祖仁皇帝实录》卷九五，《清实录》第4册，第1196页，中华书局，1985年。

清朝各皇帝祭陵月份一览表

皇帝	正	二	三	四	五	六	七	八	九	十	十一	十二	合计
圣祖	3	4	3	2	2			2	4	7	17	6	50
世宗	1	3	2					1			1		8
高宗	4	28	14	2				7	8	5	1		69
仁宗	2	7	22					3	6	2			42
宣宗		5	11					1	5	2	1		25
文宗	1	1	1	1					2				6
穆宗		1	1						1				3
德宗		2	4						1				7
合计	11	51	58	5	2			14	27	16	20	6	210

从这张表中可以明显看出，清帝谒陵次数最多的是二月、三月和九月。五月只有2次，六月和七月一次也没有，因为这两个月是最酷热难当之时。康熙帝谒陵涉及10个月份，雍正帝涉及5个月份，乾隆帝涉及8个月份，嘉庆帝涉及6个月份，道光帝涉及7个月份，咸丰帝涉及5个月份，同治帝和光绪帝涉及的月份最少，都只涉及3个月份。

康熙帝所以涉及的月份多，是有其特殊原因的。比如，在四月份的两次谒陵，一次是康熙二十七年（1688）亲自护送太皇太后梓宫奉安暂安奉殿；另一次是视察永定河河工和修理陵寝龙口。五月份的两次，一次是康熙二十一年（1682）从盛京祭祖回来路过陵寝；另一次是过分想念祖母。康熙帝在送祖母梓宫到暂安奉殿，于四月二十二日回皇宫的。因过于想念祖母，刚时隔一个月，于五月二十三日又启銮去暂安奉殿祭祀祖母，距暂安奉殿还有10里远，康熙帝就哭泣不止，到了暂安奉殿行了三跪九叩大礼，痛哭不止，然后祭奠了孝陵，又到自己的陵为两位皇后奠酒，即日驻跸新城内。第二天又到暂安奉殿痛哭了祖母良久，然后才回銮。[①] 康熙二十七年这一年，康熙帝竟四次谒昭西陵。

十二月份的6次谒陵，其中康熙二十三年十二月和二十四年十二月这两次是因为行岁除礼。[②] 康熙二十七年十二月和二十九年十二月这两次因为是祖母孝庄皇后的头周年和三周年。为什么康熙二十八年孝庄皇后的二周年康熙帝没去亲祭呢？康熙帝的一道谕旨讲清了其中的原因，在十二月十二日，他说：

> 孝庄文皇后再期致祭，朕本欲亲诣行礼，因头痛灼艾，至今未愈，祭期已在目前。太医院官再三劝阻，谓候值寒威，不可出行。其令皇太子、诸皇子前往恭代行礼。[③]

在十二月二十五日孝庄皇后二周年这天派去暂安奉殿行礼的有皇太子允礽、皇三子允祉、皇四子胤禛。[④] 康熙三十年十二月那次是孝庄皇后的忌辰。康熙五十七年十二月那次是专门为了祭祀孝惠皇后的。这年的四月初七日孝惠皇后奉安新陵地宫（当时陵还没有命名，翌年才命名为孝东陵），[⑤] 因当时康熙帝正患足疾，实在不能前往，经诸大臣和众皇子的多次劝阻，才未亲送梓宫并参加葬礼。[⑥] 到了这年

---

①《圣祖仁皇帝实录》卷一三五，《清实录》第5册，第468页，中华书局，1985年。

②《圣祖仁皇帝实录》卷一一八，《清实录》第5册，第142页；《圣祖仁皇帝实录》卷一二三，《清实录》第5册，第309页。中华书局，1985年。

③《圣祖仁皇帝实录》卷一四三，《清实录》第5册，第142页，中华书局，1985年。

④《圣祖仁皇帝实录》卷一四三，《清实录》第5册，第142页；《圣祖仁皇帝实录》卷一二三，《清实录》第5册，第580页。中华书局，1985年。

⑤《圣祖仁皇帝实录》卷二七八，《清实录》第6册，第142页，中华书局，1985年。

⑥《圣祖仁皇帝实录》卷二七八，《清实录》第6册，第724页，中华书局，1985年。

的十二月，康熙帝足疾基本痊愈，于是决定前往谒陵，以补上次未能亲送、参加葬礼的遗憾。十二月十九日赶到孝惠皇后陵（第二年被命名为孝东陵），“哀恸良久，奠酒读文致祭”毕才展谒暂安奉殿和孝陵，改变了以往先谒暂安奉殿，再谒孝陵的做法，[①] 表达了康熙帝对孝惠皇后的深厚的母子之情。

清朝入关以后，举行的第一次祭陵大典是在康熙九年（1670）八月二十日和二十一日在孝陵举行的，这次祭陵由康熙帝奉太皇太后（孝庄皇后）、仁宪皇太后（孝惠皇后）偕中宫皇后（孝诚皇后）同往，这次祭陵人员级别最高、人数最多，而且最为隆重，是清朝皇帝210次祭陵中规模最大的一次。在《清实录》中，皇帝每次大祭所读的祭文都不记载，唯独这次祭陵载入了祭文内容，很是珍贵，现抄录于下：

> 孝子嗣皇帝玄烨敢昭告于世祖体天隆运英睿钦文大德弘功至仁纯孝章皇帝、孝康慈和庄懿恭惠崇天育圣章皇后、孝献庄和至德宣仁温惠端敬皇后尊灵曰：仰惟皇考，功兼创守，德并乾坤。肇一统之弘模；开万年之景运。升遐以来，忽已十载，山陵在望，未获展祭，臣怀罔极，凄怆弥深。今遵慈命，躬侍太皇太后、皇太后，率诸王贝勒文武群臣，敬谒隆恩殿，虔将祀事，用展孝思。伏祈圣灵歆鉴，俯纳微忱。尚飨。[②]

三、皇帝在谒陵期间的相关活动

皇帝谒陵，不仅仅展谒、祭祀皇帝陵和皇后陵，还附带做许多与谒陵有关的活动。

① 《圣祖仁皇帝实录》卷二八二，《清实录》第6册，第758页，中华书局，1985年。

② 《圣祖仁皇帝实录》卷三三，《清实录》第4册，第515页，中华书局，1985年。

（一）对跸路经过的州县百姓的额赋适当减免

每次皇帝谒陵以及帝后棺椁奉移山陵，都要提前通知沿途各州县做准备，修垫道路、[①]支搭桥梁，黄土铺道，净水泼街，其间难免有踩踏禾苗，影响农事活动之事，给沿途百姓带来了一定的损失和负担。所以每次谒陵，皇帝都要适当减免沿途州县百姓的当年或翌年的部分额赋（书上有时说地丁钱粮，有时说正额）。[②]康熙十年（1671）九月，康熙帝第一次去盛京祭祖，在九月二十三日颁谕："自山海关至奉天府所属地方，康熙十年，十一年分正项钱粮，俱著豁免，以示朕加恩之意。"[③]这是迄今为止笔者查到的第一次谒陵蠲免百姓额赋。去东陵，沿途经过通州、三河、蓟州、遵化州。去西陵沿途经过宛平县、良乡、涿州、房山、涞水、易州。[④]如果是丰收年景，则减免额赋的十分之三，如果是歉收之年则减免十分之五。[⑤]有时因奉移帝、后梓宫，对地方影响较大，减免十分之五，比如嘉庆八年（1803）十月，孝淑皇后梓宫奉安地宫，减免十分之五。[⑥]乾隆四十二年（1777）四月，孝圣皇后梓宫入葬泰东陵时，减免沿途各州县地丁钱粮十分之五，减免易州十分之七。[⑦]嘉庆四年（1799）九月，乾隆帝梓宫入葬裕陵时，将大兴、通州、三河、蓟州、遵化五州县本年应征钱粮"普

---

①《仁宗睿皇帝实录》卷五一，《清实录》第28册，第646页，中华书局，1986年。

②《高宗纯皇帝实录》卷一九六，《清实录》第11册，第521页，中华书局，1985年。

③《圣祖仁皇帝实录》卷三六，《清实录》第4册，第492页，中华书局，1985年。

④《宣宗成皇帝实录》卷一四，《清实录》第33册，第270页，中华书局，1986年。

⑤《高宗纯皇帝实录》卷三七一，《清实录》第13册，第1098页，中华书局，1986年。

⑥《仁宗睿皇帝实录》卷一二二，《清实录》第29册，第640页，中华书局，1986年。

⑦《高宗纯皇帝实录》卷一〇三〇，《清实录》第21册，第812页，中华书局，1986年。

行蠲免”。[1] 嘉庆帝在护送乾隆帝梓宫途中“亲见黄童白叟跪列道旁，瞻望灵舆，同深哀慕，仰见皇考六十余年厚泽深仁，沦肌浃髓”，深受感动。又因这五州县这一年遭到了严重虫灾，所以又降旨将明年即嘉庆五年的应征钱粮减免十分之三。[2] 有时不但减免额赋，还同时赏给沿途州县贫民棉衣。比如，嘉庆七年（1802）正月，嘉庆帝去东陵参加乾隆帝的三周年大祭，不仅减免了通州、三河、蓟州、遵化四州县额赋的三分之一，同时还赏给了四州县的贫民二万件棉衣。[3] 赏给谒西陵跸路经过涿州、良乡、房山、涞水、易州五州县贫民棉衣一万件。[4] 在正常情况下，如果一年中有两次或多次谒陵，当年只减免一次。但也有特殊情况。比如，嘉庆十四年（1809）二月已减免了东、西陵沿途州县的额赋三分之一，[5] 可是，在谒陵期间正好下了春雨，极适合农田耕作，丰收有望，嘉庆帝十分高兴，以“春膏普被”，再免东陵和西陵跸路经过州县额赋的十分之二。[6] 道光三十年（1850）九月，咸丰帝护送“宣宗成皇帝梓宫奉移山陵，免经过之宛平、良乡、涿、房山、涞水、易六州县来年额赋暨各项旗租，并赏给平毁麦田籽种银。”[7] 咸丰二年（1852）二月初三日，“以宣宗成皇帝梓宫奉安山陵，恭奉神牌黄舆回京，所有宛平、良乡、涿、房山、涞水、易等州县沿途经过地方本年蠲剩钱粮，著加恩全行蠲免，用示朕推恩布惠，有加无已至意。”[8] 同治元年（1862）九月，咸丰帝和孝德皇后梓宫奉移东陵隆福寺暂安处暂安，“所有由京至遵化州一带

①② 《仁宗睿皇帝实录》卷五一，《清实录》第28册，第646页，中华书局，1986年。

③ 《仁宗睿皇帝实录》卷九三，《清实录》第29册，第235页，中华书局，1986年。

④ 《仁宗睿皇帝实录》卷九三，《清实录》第29册，第240页，中华书局，1986年。

⑤ 《仁宗睿皇帝实录》卷二〇七，《清实录》第30册，第773页，中华书局，1986年。

⑥ 《仁宗睿皇帝实录》卷二〇七，《清实录》第30册，第775页；《仁宗睿皇帝实录》卷二〇八，《清实录》第30册，第787页，中华书局，1986年。

⑦ 《文宗显皇帝实录》卷一七，《清实录》第40册，第246页，中华书局，1986年。

⑧ 中国第一历史档案馆编：《咸丰同治两朝上谕档》第2册，第35页，第125条，广西师范大学出版社，1998年。

经过地方，除隙地不计外，凡有平毁麦田者，再加恩每亩赏给银一钱，俾农民购买籽种，藉资补助”；[①]“将沿途经过之大兴、通州、三河、蓟州四州县地方本年地丁钱粮蠲免十分之五。遵化州蠲免十分之七。”[②]光绪五年（1879）三月，光绪帝奉两宫皇太后去东陵参加同治帝和孝哲皇后的入葬惠陵地宫大典，去东陵时，将大兴、通州、三河、蓟州、遵化五州县“应征本年钱粮全行蠲免”。[③]

光绪二十九年（1903）三月初九日是清明节，光绪帝奉慈禧皇太后展谒西陵，于初八日这天从北京永定门火车站乘火车，当天就到了西陵，驻跸梁格庄行宫，第二天就诣各陵行敷土礼和隆恩殿大享礼。由于乘坐的是火车，给沿途各地方减轻了许多负担，但也减免了“跸路经过直隶宛平、良乡、涿、新城、涞水、易、房山、清苑、定兴、安肃十州县地方本年额赋十分之三。”[④]

（二）对护陵官兵和看守沿途行宫的兵丁进行赏赐

皇帝谒陵时，还时常对清理沿途跸路和守陵的兵丁予以赏赐，或赏半个月钱粮，或赏一个月钱粮。比如在嘉庆七年（1802）正月，嘉庆帝去东陵时，就“赏跸路除道及守陵兵丁一月钱粮”[⑤]。有时还赏赐沿途看守行宫的弁兵。比如在嘉庆十四年（1809）三月，嘉庆帝展谒西陵时，“赏跸路经过看守各行宫弁兵半月钱粮”[⑥]。为了保障帝、后、妃沿途的安全，严防某些官员、差役借机对百姓骚扰、车马毁坏庄稼、民产，每次皇帝谒陵都派大臣充任管道大臣，一旦出现问题，

①② 中国第一历史档案馆编：《咸丰同治两朝上谕档》第1册，第517页，第1237条，广西师范大学出版社，1998年。

③ 中国第一历史档案馆编：《光绪朝上谕档》第5册，第87页，第256条，广西师范大学出版社，1996年。

④《德宗景皇帝实录》卷五一三，《清实录》第59册，第777页，中华书局，1987年。

⑤《仁宗睿皇帝实录》卷九三，《清实录》第58册，第236页，中华书局，1986年。

⑥《仁宗睿皇帝实录》卷二〇八，《清实录》第30册，第786页，中华书局，1986年。

"惟管道大臣是问"，并著直隶总督饬知地方官"一体管束，以昭严肃"。[①] 有时，皇帝对守陵官员们也进行奖励。比如乾隆元年（1736）正月，乾隆帝第一次展谒东陵时，出手大方，对陵寝大臣、随扈文武大臣官员、兵丁大加赏赐：扈从侍卫、护军参领、司员、旗员、委护军参领、每人赏银20两，护军校、骁骑校、小京官、笔帖式、各项拜唐阿达、步军校等，每人各赏银10两。各项拜唐阿、护军、领催、马甲、匠役、食钱粮人等各赏一月钱粮。[②] 如嘉庆十四年（1809）二月，对参与祭祀的东陵陵寝官员、执事人员或记录4次，或2次，或1次。[③] 历次帝后梓宫奉移、入葬山陵，对从京畿各州县雇用的杠夫、给帝、后、妃抬轿的銮仪卫校尉赏银。[④] 光绪二十九年（1903）三月清明节，光绪帝奉慈禧乘火车展谒西陵时，"赏永福寺讽经喇嘛卷缎银两。赏守护梁格庄行宫弁兵半月钱粮。赏恭请皇太后轿暨御营请轿校尉银。赏豫备皇太后车辆并御营车辆及关防营内廷主位车辆各项官员兵丁等银。"[⑤] 这是清朝皇帝、后妃第一次乘火车谒陵。

（三）对妃园寝及沿途王公大臣墓和陵园陪葬墓进行祭祀

康熙帝三次盛京祭祖陵，未见有遣臣祭福陵妃园寝和昭陵妃园寝的记载。而福陵、昭陵、东陵、西陵都有妃园寝，盛京三陵及东陵、西陵都有许多陪葬墓，沿途也有许多王公、大臣墓。皇帝每次谒陵，多遣官致祭，有时还亲身前往奠酒。

---

① 中国第一历史档案馆编：《咸丰同治两朝上谕档》第1册，第519页，第1243条，广西师范大学出版社，1998年。

②《高宗纯皇帝实录》卷一〇，《清实录》第9册，第340页，中华书局，1985年。

③《仁宗睿皇帝实录》卷二〇七，《清实录》第30册，第774页，中华书局，1986年。

④ 中国第一历史档案馆编：《咸丰同治两朝上谕档》第1册，第522页，第1253、1254、1259条，广西师范大学出版社，1998年。

⑤《德宗景皇帝实录》卷五一三，《清实录》第58册，第777页，中华书局，1987年。

康熙十年（1671）九月，康熙帝第一次去东北展谒祖陵时，“遣官祭诸王暨功臣墓”,[①] 这是查到的第一次皇帝在谒陵期间遣官祭沿途暨陪葬王、大臣墓。康熙帝于康熙二十一年（1682），第二次东北祭祖时，扩大了祭祀王公大臣墓的范围，而且在《圣祖仁皇帝实录》上记载了所遣大臣的职务、姓名，被祭的王公大臣姓名和爵位。[②] 康熙三十七年（1698）十月，康熙帝第三次盛京祭祖时，不仅遣官祭王公大臣墓，而且还亲临开国佐运勋臣武勋王扬古利、直义公费英东、弘毅公额亦都墓，“设床偏西北向，上坐床上设奠池，各奠酒三卮。”[③]

康熙帝曾在康熙二十年（1681）三月[④] 和康熙二十五年（1686）十一月十九日先后两次到景陵东旁的妃园寝为自己的慧妃奠酒。[⑤]

康熙帝借谒陵之机，先后于康熙二十二年（1683）十二月、二十三年（1684）十二月、二十四年（1685）十二月、二十五年（1686）十二月，四次到顺治帝的保姆奉圣夫人园墓奠酒。[⑥]

乾隆帝四次去盛京祭祖，每次都遣官祭福陵、昭陵之寿康太妃、宸妃、懿靖大贵妃、康惠淑妃园寝并公主园寝，[⑦] 遣官祭王公大臣和功臣墓。有时还亲奠克勤郡王岳讬园寝[⑧]、武勋王扬古利、弘毅公额

---

①《圣祖仁皇帝实录》卷三六，《清实录》第4册，第492页，中华书局，1985年。

②《圣祖仁皇帝实录》卷一〇一，《清实录》第5册，第17页，中华书局，1985年。

③《圣祖仁皇帝实录》卷一九〇，《清实录》第5册，第1019页，中华书局，1985年。

④ 中国第一历史档案馆整理：《康熙起居注》第一册，第672页，中华书局，1984年。

⑤ 中国第一历史档案馆整理：《康熙起居注》第二册，第1564页，中华书局，1984年。

⑥ 中国第一历史档案馆整理：《康熙起居注》第二册，第1414页，中华书局，1984年。奉圣夫人朴氏是顺治帝的乳母，后来又看护过年幼的康熙帝，是顺康父子两帝的保姆。

⑦《高宗纯皇帝实录》卷二〇一，《清实录》第11册，第577页，中华书局，1985年。

⑧《高宗纯皇帝实录》卷二〇一，《清实录》第11册，第584页，中华书局，1985年。

亦都、直义公费英东园寝赐奠。[①]

乾隆帝在乾隆十年（1745）二月，在谒毕东陵诸陵后，曾到景陵皇贵妃园寝给悫惠皇贵妃奠酒。[②] 乾隆三十五年（1770）二月，谒毕各陵后，再一次到景陵皇贵妃园寝为悫惠皇贵妃、惇怡皇贵妃奠酒。[③] 道光九年（1829）十月，道光帝去盛京展谒三陵时，亲自到克勤郡王、扬古利、费英东、额亦都等王公、功臣墓赐奠，其余陪葬墓遣官致祭。[④]

自嘉庆八年（1803）十月，恕妃、逊嫔、简嫔入葬昌陵妃园寝以后，嘉庆帝每次展谒西陵，差不多都到自己的妃园寝奠酒，[⑤] 而且多次到公主园寝赐奠。[⑥] 道光二年（1822）三月，道光帝展谒东陵时，曾到裕陵妃园寝和端慧皇太子园寝酹酒。[⑦] 道光三年（1823）九月，从西陵回銮途中，道光帝到尚在王佐村的自己的长女端悯固伦公主园寝赐奠，并到已故体仁阁大学士朱珪墓赐奠。[⑧] 道光十六年（1836）三月，道光帝展谒东陵时，再次到端慧皇太子园寝奠酒。[⑨] 道光十八年（1838）三月，谒陵[⑩] 和道光二十年（1840）十一月，在参加完

①《高宗纯皇帝实录》卷二〇一，《清实录》第11册，第585页，中华书局，1985年。

②《高宗纯皇帝实录》卷二三五，《清实录》第12册，第27页，中华书局，1985年。

③《高宗纯皇帝实录》卷八五三，《清实录》第19册，第420页，中华书局，1986年。

④ 中国第一历史档案馆编：《嘉庆道光两朝上谕档》第34册，第213页，第686条，广西师范大学出版社，2000年。

⑤《仁宗睿皇帝实录》卷一二二，《清实录》第29册，第642页，中华书局，1986年。

⑥《仁宗睿皇帝实录》卷三四〇，《清实录》第32册，第490页，中华书局，1986年。

⑦《宣宗成皇帝实录》卷三一，《清实录》第33册，第546页，中华书局，1986年。

⑧《宣宗成皇帝实录》卷五九，《清实录》第33册，第1006页，中华书局，1986年。

⑨《宣宗成皇帝实录》卷三二〇，《清实录》第37册，第787页，中华书局，1986年。

⑩《宣宗成皇帝实录》卷三〇七，《清实录》第37册，第787页，中华书局，1986年。

孝全皇后的入葬典礼后，又到孝全皇后所生的皇三女端顺固伦公主园寝赐奠。[1]同治十二年（1873）三月初九日，同治帝在定陵举行完清明节敷土礼和隆恩殿大享礼之后，又到朱华山下的端慧皇太子园寝酹酒。[2]

皇帝到东陵祭陵时，遣大臣致祭沿途和陵园的哪些陪葬墓，一直没有找到一个明确的单子，但从乾隆元年（1736）正月二十七日的一道谕旨中还能知道个大概，谕旨是这样说的：

> 谕宗人府曰："裕宪亲王等园寝，著派履亲王、和亲王、贝勒允祜、公奇通阿、都统查尔泰等分往奠祭。其在马兰峪、黄花山等处园寝，俟景陵行礼毕，再行前往。如在他处者，于沿途就近前往。"[3]

从这道谕旨中，可以知道黄花山下的荣亲王园寝、理密亲王允礽园寝、裕宪亲王福全园寝、纯靖亲王隆禧园寝、直郡王允禔园寝是在遣官致祭之列的。

一等忠勇公、保和殿大学士傅恒是乾隆帝的股肱心膂重臣，卒于乾隆三十五年（1770）七月，葬在东陵陵园外西南。乾隆三十九年（1774）二月二十七日，乾隆帝谒陵礼成后，亲自到傅恒墓奠酒。[4]乾隆四十一年（1776）二月初九日，谕："朕恭谒陵寝，向俱出派王大臣祭奠沿途王等园寝。嗣后，原任大学士傅恒坟墓亦著入于祭奠之

①《宣宗成皇帝实录》卷三四一，《清实录》第38册，第185页，中华书局，1986年。

②《穆宗毅皇帝实录》卷三五〇，《清实录》第51册，第248页，中华书局，1987年。

③《高宗纯皇帝实录》卷一一，《清实录》第9册，第584页，中华书局，1985年。

④《高宗纯皇帝实录》卷九五三，《清实录》第20册，第921页，中华书局，1986年。

内，一体出派”[①]。在道光十六年（1836）二月二十二日，道光帝在到达东陵前一天，谕：“端慧皇太子园寝、贝勒永堪园寝著派奕绮；端悯固伦公主园寝著派奕絪；原任公爵佟国维、佟国纲坟墓，著派盛福，分往赐奠。其原任大学士傅恒、原任大学士贝子福康安坟墓，嗣后著不必奏请赐奠。”[②]道光十九年（1839）三月，道光帝谕总管内务府大臣等：“嗣后每次恭谒东陵礼成后，著将大学士公长龄一并开列，奏请派员赐奠。”[③]从这两道谕旨中可知，除上面已提到的5座园寝外，还有端慧皇太子园寝等7座园寝。恂郡王允禵卒于乾隆二十年（1755），葬黄花山下。总计合起来，每次皇帝谒陵需要遣官致祭的园寝不少于14座之多。

令人不解的是，不知什么原因，傅恒、福康安父子在道光帝心中失宠，竟被撤出赐奠之列。而在功绩方面不如傅恒父子的长龄因为是道光帝的宠臣，竟列入了赐奠之列。看来“一朝天子一朝臣”一点不假。

端慧皇太子园寝是东陵最重要的陪葬墓，其地位仅次于帝、后陵，每年四时大祭和十月朔都要遣官致祭。皇帝展谒东陵必然要遣官致祭。清朝皇帝从嘉庆帝开始，每个清帝都亲自到该园寝奠酒。咸丰帝在咸丰二年（1852）九月展谒东陵时，九月十四日，在谒毕各陵后的当天即“诣端慧皇太子园寝奠酒”。[④]在两天后即九月十六日，咸丰帝再一次“幸朱华山爵酒”。[⑤]不知为什么连续两次到该园寝奠酒，这是极少见的。令人不解的是，不知为什么第二次只提“朱华山”，不

①《高宗纯皇帝实录》卷一〇〇二，《清实录》第21册，第420页，中华书局，1985年。

②《宣宗成皇帝实录》卷二七九，《清实录》第37册，第300页，中华书局，1986年。

③《宣宗成皇帝实录》卷三二〇，《清实录》第37册，第1006页，中华书局，1986年

④《文宗显皇帝实录》卷七一，《清实录》第40册，第936页，中华书局，1986年。

⑤《文宗显皇帝实录》卷七二，《清实录》第40册，第938页，中华书局，1986年。

提“端慧皇太子园寝”？为什么前用“奠酒”，后用“酹酒”？这里面有什么奥秘，尚不清楚。

在中国第一历史档案馆找到了一件西陵陪葬墓和沿途王大臣、公主墓的单子，现抄录于下：

西陵沿途附近王、大臣园寝、坟墓

弘晖端亲王并弘昀阿哥、弘盼阿哥、福宜阿哥园寝　章各庄

弘时阿哥并长子永珅园寝　章各庄

福惠怀亲王园寝　王各庄

硕塞承泽裕亲王园寝　慈家坞

博果铎庄靖亲王园寝　慈家坞

允祥怡贤亲王园寝　水东村

裕悼亲王园寝　北红庄

允祐淳度亲王园寝　深石村

允礼果毅亲王园寝　约各庄

弘瞻果恭郡王园寝　约各庄

允禧慎靖郡王园寝　落萍村

允祎简靖贝勒园寝　黄和庄

永瑢质庄亲王园寝　落萍村

绵亿荣恪郡王园寝　大灰厂

原任大学士朱珪　吕村

庄敬和硕公主园寝　燕家村

庄静固伦公主园寝　燕家村

慧安和硕公主园寝　范各庄

慧愍固伦公主园寝　范各庄

端顺固伦公主园寝　陈门庄[①]

① 清宫档案《陵寝事务》第0449包。

光绪十三年（1887）三月，光绪帝奉慈禧皇太后展谒西陵。在十一日发出了一道遣官分诣各园寝赐奠的谕旨：

> 庄敬和硕公主园寝著派载漪，庄静固伦公主园寝著派载澍，慧安和硕公主园寝著派溥龄，慧愍固伦公主园寝著派载濂，端顺固伦公主园寝著派载泽，怡贤亲王园寝著派全佑，质庄亲王园寝著派椿寿，荣恪郡王园寝著派立山，原任大学士朱珪坟墓著派锡光，分往赐奠。[①]

这道谕旨中所赐祭的沿途和西陵陪葬墓与上面的名单相比，没有端亲王园寝、弘时阿哥园寝、福惠园寝、承泽裕亲王园寝、庄靖亲王园寝、淳度亲王园寝、果毅亲王园寝、果恭郡王园寝、裕悼亲王园寝、慎靖郡王园寝、简靖贝勒园寝。不知是支派较远，还是轮流遣官而祭，有待进一步考证。

（四）相度万年吉地

利用谒陵之便，相度万年吉地，这在清帝中不乏其例。

按照国家定制，新皇帝即位以后就应该选择万年吉地，营建陵寝。[②]康熙帝即位后，由于连续要办理顺治帝、孝康皇后两起大丧，还要给顺治帝营建孝陵，加之平定南明小朝廷、三藩叛乱，内部又有鳌拜集团专权，所以没有及时相度陵址，营建陵寝。没想到康熙十三年（1654）嫡皇后赫舍哩氏去世，建陵之事不得不提到日程上来。康熙十四年（1675）十月，康熙帝利用展谒孝陵之便，亲自到孝陵附近相度了自己的陵址。[③]乾隆帝即位以后，从乾隆三年（1738）就开始

①《德宗景皇帝实录》卷二四〇，《清实录》第55册，第237页，中华书局，1987年。

②中国第一历史档案馆编：《嘉庆道光两朝上谕档》第26册，第394页，第686条，广西师范大学出版社，2000年。

③康熙三十四年版遵化知州郑侨年续修的《遵化州志》卷之一。

相度万年吉地，[①] 历经数年的广泛相度，到乾隆七年（1742）基本确定在东陵界内的胜水峪，但动土开工日期还需要皇帝亲自决定。乾隆七年（1742）三月十七日降旨：

> 万年吉地定于胜水峪，其一应工料等物，著该部照例办理。至动土兴工日期，俟朕谒陵之便，亲临阅视，再降谕旨。[②]

道光帝废弃了已建成的东陵宝华峪陵寝之后，派大臣在京畿、直隶一带重新寻找万年吉地。道光九年（1829）十月，道光帝在从盛京回銮途中，利用顺道展谒东陵之机，亲自到备选吉地成子峪相度，命马兰镇总兵官黄文煜提前整修道路。[③] 在道光十一年（1831），户部尚书禧恩等在西陵附近找到了一块地方，认为风水很好，上奏给皇帝。道光帝闻知非常高兴，他吸取了上次选宝华峪陵址未亲临阅视的教训，这年的二月二十三日是清明节，于是利用到昌陵行敷土礼和大享礼之便，在前一天行展谒礼之后，阅视了那个地方，“形势甚合朕意”，于是就将那里定为万年吉地，并赐名为“龙泉峪”。[④]

咸丰帝利用谒陵之便相度万年吉地更为典型。咸丰二年（1852）二月底，咸丰帝去西陵参加其皇父道光帝的奉安大典。在二月二十七日，“上至梁格庄行宫停跸，阅视魏家沟山势”。[⑤] 咸丰二年九月，咸丰帝利用展谒东陵之机，在谒陵第二天即九月十五日亲自到备选吉地

① 清宫档案《录副奏折》卷3～4。

② 中国第一历史档案馆编：《乾隆朝上谕档》第1册，第769页，第1967条，中国档案出版社，1991年。

③ 中国第一历史档案馆编：《嘉庆道光两朝上谕档》第34册，第309页，第1031条，广西师范大学出版社，2000年。

④ 中国第一历史档案馆编：《嘉庆道光两朝上谕档》第36册，第54页，第215条，广西师范大学出版社，2000年。《宣宗成皇帝实录》卷一八四，《清实录》第35册，第926页，中华书局，1986年。

⑤《文宗显皇帝实录》卷五四，《清实录》第40册，第721页，中华书局，1986年。

成子峪、平安峪“阅视山势”。[①] 在九月十六日，又到备选吉地“辅君山、平安峪阅视山势”。[②] 这是咸丰帝一生中唯一一次谒东陵。这次谒东陵，既不是为某陵行敷土礼，也不是参加某帝、后的奉安大典和陵寝大祭，只是一次寻常谒陵。以此分析，他这次谒东陵的目的主要是相度自己的万年吉地。

同治十二年（1873）三月初九日是清明节，同治帝奉两宫皇太后到东陵，亲诣定陵行敷土礼和隆恩殿大享礼。利用这个机会，同治帝陪着两宫皇太后到定陵以东的平顶山和普陀山阅视山势，见那里“地势雄秀，山川环抱”，感到十分满意，不久两地定为两宫皇太后的万年吉地。[③]

光绪十三年（1887）三月，光绪帝奉慈禧展谒西陵。在十一日这天，光绪帝陪着慈禧皇太后亲自到九龙峪（原名魏家沟）为光绪帝相度万年吉地。[④]

（五）阅视万年吉地工程

皇帝利用谒陵之便阅视正在兴建中的陵寝工程屡见不鲜。

康熙十六年（1677）九月十二日那次谒孝陵，主要目的就是阅视景陵工程。《康熙起居注》载“驾往阅仁孝皇后山陵”。[⑤]

康熙三十二年（1693）十一月初六日，康熙帝谒毕各陵后，“奉皇太后阅视孝陵东旁宝城”。[⑥]

---

①《文宗显皇帝实录》卷七一，《清实录》第40册，第936页，中华书局，1986年。

②《文宗显皇帝实录》卷七二，《清实录》第40册，第938页，中华书局，1986年。

③ 中国第一历史档案馆编：《咸丰同治两朝上谕档》第23册，第88页，第273条，广西师范大学出版社，1998年。

④ 中国第一历史档案馆编：《光绪朝朱批奏折》第27辑，第638页，中华书局，1996年。

⑤中国第一历史档案馆整理：《康熙起居注》第一册，第326页，中华书局，1984年。

⑥《圣祖仁皇帝实录》卷一六一，《清实录》第5册，第762页，中华书局，1985年。

嘉庆十二年（1807）三月二十一日，嘉庆帝利用谒西陵之便，到自己陵的地宫阅视，“见地宫内土性燥洁，工程亦俱坚固”，[①] 十分满意。

道光五年（1825）二月二十三日，道光帝利用谒东陵之便，“至宝华峪亲阅万年吉地”，对办工各员进行了赏赉。[②] 道光七年（1837）九月二十二日，孝穆皇后葬入了宝华峪地宫，[③] 未想到第二年八月底就发现地宫里可能有水，[④] 于是，道光帝派宗室户部左侍郎敬征前往东陵会同马兰镇总兵官宝兴到地宫查看，果然有水。[⑤] 对此，道光帝十分气恼，于是在道光八年（1838）九月十二日谒毕各陵后，道光帝急急忙忙赶到宝华峪陵寝，亲自到地宫进行了查看，发现地宫渗水情况比敬征奏报的还严重，于是再次对办工大臣进行了严厉惩罚。[⑥]

在光绪帝的奉陪下，慈禧先后于光绪元年（1875）九月利用护送同治帝、孝哲皇后梓宫奉移东陵隆福寺暂安、[⑦] 光绪五年（1879）三月参加同治帝后入葬惠陵、[⑧] 光绪十二年（1886）三月到慈安陵行清明敷土礼、[⑨] 光绪十六年（1890）闰二月、[⑩] 光绪二十八年（1902）三

---

①《仁宗睿皇帝实录》卷一七六，《清实录》第30册，第306页，中华书局，1986年。

② 中国第一历史档案馆编：《嘉庆道光两朝上谕档》第30册，第56页，第201条，广西师范大学出版社，2000年。

③ 中国第一历史档案馆编：《嘉庆道光两朝上谕档》第32册，第281页，第1028条，广西师范大学出版社，2000年。

④ 清宫档案《内务府来文》第131包。

⑤ 中国第一历史档案馆编：《嘉庆道光两朝上谕档》第33册，第250页，第877条，广西师范大学出版社，2000年。

⑥ 中国第一历史档案馆编：《嘉庆道光两朝上谕档》第33册，第263页，第921、922条，广西师范大学出版社，2000年。

⑦《德宗景皇帝实录》卷一八，《清实录》第52册，第291页，中华书局，1987年。

⑧ 清宫档案《光绪朝朱批奏折》“建筑工程”，第27辑，第112页。《德宗景皇帝实录》卷九〇，《清实录》第53册，第359页，中华书局，1987年。

⑨《德宗景皇帝实录》卷二二五，《清实录》第55册，第35页，中华书局，1987年。

⑩《德宗景皇帝实录》卷二八二，《清实录》第55册，第76页，中华书局，1987年。

月，[①]先后五次阅视了普祥峪定东陵、菩陀峪定东陵和惠陵。

（六）处理政务

清朝皇帝比起以前历朝皇帝来都是勤政的。尤其是康熙帝、雍正帝和乾隆帝，雍正帝是其中的佼佼者。清朝皇帝在出巡期间也要随时办公，召见臣工，批阅奏章，处理国家政务。比如，在康熙二十年（1681）十一月十四日，以云南大捷，三藩叛乱被平定，临时决定到孝陵行告祭礼，来往匆匆，康熙帝还告诉相关大臣“自本日为始，部院本章著每日交送内阁，由内阁两日一次彙送。”[②]道光九年（1829）十月，道光帝到盛京三陵祭祖时，提前在七月十七日就颁谕旨“朕本年躬诣盛京，祗谒祖陵，外省督抚提镇等奏折著赍折人前赴行在奏递。”[③]

皇帝在谒陵期间，无论在往返途中，还是在驻跸行宫之时，甚至在往来各陵之间，都在处理各种政务。这方面的事例很多，从《清实录》和《起居注》中都有大量的记载。这里只举几个例子。

康熙三十九年（1700）四月下旬，康熙帝利用谒陵之便，修理了孝陵之南的龙口（兴隆口）。[④]

雍正七年（1729）二月十一日，雍正帝在去遵化祖陵的途中路过蓟州城，发现新修理不久的城墙又有一二处坍塌之处。于是，第二天在淋河行在颁谕说：“若及时修理，甚属易事，该知州即当修补，若迟延不加修补，视为膜外，日久坍塌，必致繁费。”[⑤]在这一天，雍

① 《德宗景皇帝实录》卷四九七，《清实录》第58册，第566页，中华书局，1987年。

② 中国第一历史档案馆整理：《康熙起居注》第一册，第778页，中华书局，1984年。

③ 中国第一历史档案馆编：《嘉庆道光两朝上谕档》第34册，第287页，第937条，广西师范大学出版社，2000年。

④ 《圣祖仁皇帝实录》卷一九八，《清实录》第6册，第18页，中华书局，1985年。

⑤ 中国第一历史档案馆编：《雍正朝起居注册》第4册，第2596页，中华书局，1993年。

正帝在行在还召见了看护景陵的愉郡王允禑，谕曰："给与内库银二万两，尔等善为筹画，滋生利息，以为陵寝居住披甲人、拜唐阿等红白之费。再官学内有应用之处，亦给予。此利息至五千两然后准给其滋生之处，或买地亩，或开当铺，慎毋放债，开酒铺。"[①] 于是，允禑用这笔银子开了永济当，买了大量地亩出租，收利息。守陵员役兵丁遇有红白事等从利息中支取。永济当一直存在到清朝灭亡，发挥了重要作用。

道光十九年（1839），东陵守护大臣景纶奏请修理孝陵五孔拱桥，道光帝"当即允准兴修"。道光帝在这年三月初七日去孝陵、孝东陵谒陵时，孝陵五孔拱桥是必经之路。在路过时，道光帝"留心察看"，发现"砖块虽有酥碱，桥身石工极为坚固"，于是下令"暂缓修理，其现有拆动之处，即著景纶、有麟、容照[②] 照旧补砌完整。仍随时查看，倘续有情形，再行奏明办理。"[③] 这表明皇帝在谒陵途中时刻在观察各种情况，发现问题及时处理。

中国第一历史档案馆藏有一件记载光绪十二年（1886）三月，光绪帝奉慈禧到东陵普祥峪定东陵为已去世的慈安皇太后行敷土礼和大享礼，往返10天，每天的详细活动情况的档案，很是难得，虽然文字较多，也愿意抄录于下，让读者欣赏。

> 二月二十七日，请驾，穿行衣，至圣母皇太后前请安毕，还养心殿，诣殿神前拈香毕，至东暖阁稍坐。卯初，上从养心殿出内右门，景运门、东华门、东安门、朝阳门，至东岳庙拈香，至御座房进早膳毕，至慈云寺拈香毕，至备用房稍坐。至马厂中伙。至燕郊行宫，等候跪接圣母皇太后。回行宫，办事，见大人。
>
> 二十八日，请驾，穿行衣，至圣母皇太后前请安毕，卯

① 清朝东陵官员编：《陵寝易知》卷四，"库储"，光绪十二年。

② 有麟是当时的另一位东陵守护大臣；容照是当时的马兰镇总兵官。

③《宣宗成皇帝实录》卷三二〇，《清实录》第37册，第1006页，中华书局，1986年。

初，上从燕郊行宫至棋盘庄中伙，进早膳毕，至三河中伙，至白涧行宫等候跪接圣母皇太后。回行宫，办事，见大人。

二十九日，请驾，穿行衣，至圣母皇太后前请安毕，卯初，上从白涧行宫至独乐寺拈香，至御座房进早膳毕，至桃花寺行宫等候跪接圣母皇太后。还行宫，办事，见大人。

三月初一日，请驾，穿行衣，至圣母皇太后前请安毕，卯初，上从桃花寺行宫至隆福寺行宫跪接圣母皇太后。还行宫，办事，见大人。

三月初二日，请驾，穿青长袍褂毕，寅正二刻，上从隆福寺行宫进西峰口，至昭西陵明楼前奠酒，行礼毕，至更衣殿稍坐。至孝陵、孝东陵、景陵、裕陵、定陵，均如前仪。至普祥峪定东陵明楼前奠酒，行礼毕，至宝顶前行敷土礼。至南金殿更礼服。至隆恩殿行大享礼毕，至南金殿更青长袍褂，至宝城前行礼毕，至南金殿更行衣，至菩陀峪毕，至南金殿更青长袍褂，至惠陵明楼前奠酒行礼毕，至西朝房西中伙更行衣，出东便门、西峰口，至隆福寺行宫等候跪接圣母皇太后前请安毕，办事，见大人。

初三日，请驾、净面、冠服毕，诣圣母皇太后前请安毕，办事，进早膳，见大人毕，至隆福寺拈香毕，还行宫。

初四日，请驾，穿行衣，至圣母皇太后前请安毕，卯初，上从隆福寺行宫至桃花寺行宫等候跪接圣母皇太后，还行宫办事，进早膳，见大人。

初五日，请驾，穿行衣，至圣母皇太后前请安毕，卯初，上从桃花寺行宫至独乐寺拈香，至御座房进早膳毕，至白涧行宫，等候跪接圣母皇太后，还行宫，办事，见大人。

初六日，请驾，穿行衣，至圣母皇太后前请安毕，卯初，上从白涧行宫至三河中伙进早膳毕，至棋盘庄中伙，至燕郊行宫，等候跪接圣母皇太后，还行宫，办事，见大人。

初七日，请驾，穿行衣，至圣母皇太后前请安毕，卯初，上从燕郊行宫至马厂中伙进早膳毕，至慈云寺拈香，至备用房稍坐，至东岳庙稍坐，进朝阳门、东安门、东华门、景运门，进内右门，还养心殿，诣殿神前拈香，至东暖阁更衣，稍坐，至天穹宝殿拈香，至坤宁宫西案、北案、灶君前、佛前、钦安殿、万春亭、千秋亭、斗坛、妙莲华室、凝晖堂、广生佛俱拈香毕，至储秀宫等候跪接圣母皇太后，请安毕，还养心殿，办事，见大人。[①]

从这件档案中可以知道，皇帝在谒陵的往返途中，每天都要召见大臣，处理政务。也可以了解到皇帝谒陵的整个活动过程。

第三节　皇帝谒陵前的准备

一、皇帝谒陵前的准备活动

皇帝祭陵或皇帝奉皇太后谒陵，兴师动众，劳民伤财，非同小可。首先，皇帝颁发谒陵谕旨，要由钦天监敬选谒陵吉期，[②]通知各部院衙门做各种准备。[③]在正常情况下都是提前几个月就公布谒陵日期，命有关部院衙门做准备。比如道光八年（1828）定于九月初三日启銮，在六月初四日就颁发了谒陵谕旨。[④]有时提前发布谒陵谕旨的

① 清宫档案《宫中杂件》“行宫及陵寝事务”，第2641包。

②《高宗纯皇帝实录》卷八四八，《清实录》第19册，第361页，中华书局，1986年。

③《仁宗睿皇帝实录》卷五一，《清实录》第28册，第646页，中华书局，1986年。

④《宣宗成皇帝实录》卷一三七，《清实录》第35册，第679页，中华书局，1986年。

时间很短，如乾隆十年（1745）二月那次谒陵，十三日启銮，初四日才发谕旨，[①] 只提前了9天。有时遇到特殊情况，临时决定谒陵。比如在康熙二十年（1681）十一月十四日凌晨接到了云南大捷，三藩彻底平定的特大喜讯之后，康熙帝先将这胜利喜讯告诉了太皇太后、皇太后，并决定亲诣孝陵，将这一喜讯告诉九泉之下的皇父。早晨6点左右，康熙帝带着年仅8岁的皇太子及大臣们就出发了，近300里的路程，仅用了一天半的时间就到了孝陵。[②] 每次祭陵，内阁、翰林院撰写祭文；太常寺备办祭陵所用的各种物品；銮仪卫准备帝、后所用的卤簿仪仗；兵部派出护驾的官兵；户部备办扈从官兵等人的行粮、银两；光禄寺备办帝、后、妃用膳的器具；内务府准备帝、后、妃的各种生活物品；[③] 工部提前要维修行宫，铺垫道路、搭建桥梁。沿途各地方政府要派出大量官兵，抽调地方官员沿途维护治安，供应各种物品。[④] 如果发现跸路修垫得不平，负责修道的官员要受到严厉的处分。比如，在道光十六年（1836）二月，道光帝发现蓟州城以西20里的跸路修垫得很不平实，[⑤] 结果负责修垫这段道路的宁津县知县杨士昕被革职。直隶总督琦善也受到了察议的处分。[⑥] 在启銮的前一天，有时皇帝亲诣太庙行告祭礼，[⑦]

---

①《高宗纯皇帝实录》卷二三四，《清实录》第12册，第19页，中华书局，1985年。

② 中国第一历史档案馆整理：《康熙起居注》第一册，第778页，中华书局，1984年。

③ [清] 英廉重纂本：《昌瑞山万年统志》上函，卷之三“志礼仪”。

④ 道光二十四年正月壬辰，又谕：“向遇恭谒东陵西陵之年，直隶总督呈进大小猪羊。著自本年为始，无庸呈进，改进食物及干鲜果品，以备赏赉之用。”载《宣宗成皇帝实录》卷四〇一，《清实录》第39册，第9页，中华书局，1986年。

⑤ 中国第一历史档案馆编：《嘉庆道光两朝上谕档》第41册，第72页，第252条，广西师范大学出版社，2000年。

⑥《宣宗成皇帝实录》卷二七九，《清实录》第37册，第300页，中华书局，1986年。

⑦ 比如，康熙九年八月十二日，以恭谒孝陵，康熙帝亲诣太庙行告祭礼。乾隆二年十月十九日，以谒东陵，乾隆帝亲诣太庙行告祭礼。《高宗纯皇帝实录》卷五四，《清实录》第9册，第903页，中华书局，1985年。

或遣官告祭奉先殿。[①] 回銮至京后也要行告祭礼。自建了寿皇殿和安佑宫以后，皇帝每次谒陵启銮前和回京后，都要到寿皇殿[②] 或安佑宫行礼。[③]

如果是皇帝护送梓宫奉移山陵，则要修垫两条道路，一条是梓宫通行的道路，宽3丈5尺左右。另一条是专供皇帝通行的道路。雍正元年（1723）三月奉移康熙帝梓宫时，仅这两条道路就雇用夫役9756名，其中梓宫通行的道路雇用4431名、水车42辆。皇帝通行的御路雇用夫役5325名、水车82辆。以上共用银793两8钱2分。[④] 光绪五年（1879）三月，同治帝梓宫入葬惠陵和神牌黄舆回京时，两宫皇太后谕令“均毋庸另备御道”。[⑤]

皇帝每次到东陵和西陵谒陵，回京时，在京王公大臣穿常服送驾、接驾，[⑥] 去东陵谒陵时回銮，到燕郊行宫接驾。到西陵谒陵时回銮，到黄新庄行宫接驾。[⑦] 如果有谢恩等事官员，要远迎二三站。

---

① [清] 崑冈等修，刘启端等纂，光绪朝《钦定大清会典事例》卷四一七，“礼部·大祀·陵寝”。载《续修四库全书》编纂委员会编：《续修四库全书》第804册，“史部，政书类”，第56页，上海古籍出版社，2002年；《高宗纯皇帝实录》卷一一，《清实录》第9册，第354页，中华书局，1985年。

② [清] 崑冈等修，刘启端等纂，光绪朝《钦定大清会典事例》卷一一八〇，“内务府·祀典”。载《续修四库全书》编纂委员会编：《续修四库全书》第814册，“史部，政书类”，第366页，上海古籍出版社，2002年。

③ [清] 崑冈等修，刘启端等纂，光绪朝《钦定大清会典事例》卷一一八〇，“内务府·祀典”。载《续修四库全书》编纂委员会编：《续修四库全书》第814册，“史部，政书类”，第371页，上海古籍出版社，2002年。该书载，在皇帝驻跸圆明园期间，“恭遇圣驾谒陵、省方、秋狝启銮及驾还，皆诣安佑宫行礼”。

④ 清宫档案《工科史书》95～98匣。

⑤ 中国第一历史档案馆编：《光绪朝上谕档》第4册，第352～353页，第1018条，广西师范大学出版社，1996年。

⑥ 中国第一历史档案馆编：《嘉庆道光两朝上谕档》第34册，第315页，第1052条，广西师范大学出版社，2000年。

⑦《文宗显皇帝实录》卷五九，《清实录》第40册，第277页，中华书局，1986年。

二、谒陵所带的物品

皇帝谒陵虽然往返只有八九天，但为帝、后、妃所备办的各种生活用品的数量却多得惊人，面面俱到。他们的生活绝不能因外出而受到丝毫影响。同治四年（1865年），同治帝载淳奉两宫皇太后展谒东陵时，两宫皇太后和皇帝载淳三人所带干鲜果品就达16种，重达4860斤。[①] 谒陵的帝、后、妃所携带的各种物品全靠大车拉运，少则几百辆，多则1600多辆。[②] 加上内阁、各部院官员所带的东西，所用的车辆少则也超过千辆。这些车辆都是从京师附近的州县雇用的。

皇帝奉皇太后谒陵，往往要带着妃嫔，这样，各种准备事宜就更多更细更繁杂。同治十二年（1873）三月，同治帝奉两宫皇太后那次祭陵，携带着皇后阿鲁特氏、慧妃、瑜嫔、珣嫔、瑨贵人，同时还带着咸丰帝的丽皇贵妃等几位妃嫔以及咸丰帝的亲生女儿荣安固伦公主、养女荣寿公主，因为主位多，所以东陵总管内务府要提前派人到沿途四座行宫进行查勘“床张是否敷用、有无损坏”，床不够的增加，损坏的提前修理，“免致临时贻误”[③]。

同治十二年（1873）三月初九日是清明节。同治帝决定亲自到定陵为皇父行敷土礼和清明隆恩殿大享礼。三月初五日，同治帝奉慈安、慈禧两宫皇太后启銮，三月十二日回到皇宫紫禁城，往返8天。仅这8天，皇帝、皇太后、皇后及其他妃嫔共带了多少物品，笔者在中国第一历史档案馆找到了一件档案，非常详细地回答了这个问题。为了让读者有一个全面清楚的了解，笔者不惜笔墨，将这件档案全文抄录如下，以飨读者：

总管内务府谨奏为奏闻事。本年三月初五日，皇上恭谒

① 清宫档案《新整内务府档》“掌仪司”，第3785包。

② 清宫档案《内务府来文》“陵寝事务”，第3004包。

③ 清宫档案《新整内务府档》第0450包。

东陵，所有臣衙门广储司备带赏用银两、缎匹、人参及沿途备带前后营站应用帐幔、银铜锡磁器等项，照例带往应用。谨将备带物件数目另缮清单，恭呈御览，为此谨奏，等因，于同治十一年十二月二十六日具奏。奉旨：知道了。钦此。

广储司备带物件数目清单：

银一千五百两、一两重银锞五百个、五钱重养老银牌二十面、二钱重养老银牌二百面、大卷五丝缎五匹、小卷缎袍料五件、花春绸五匹、素纺丝五匹、五等人参八两、春绸帐幔二分、氆氇帐幔二分、纱帐幔四分、银火壶二把、银水壶二把、银柿子壶八把、银滷铞六把、银执壶一把、银驮壶一分、银宝瓶一个、银杯盘二分、锡座壶十四把、锡柿子壶二十八把、锡莲子壶八把、锡面汤壶八把、锡德州壶十二把、锡双陆马壶八把、锡盆六个、铜头号蜡阡四支、铜二号蜡阡二十四支、铜书灯四支、铜签盘十个、铜剪烛罐六分、铜靶炉二个、铜灯遮十块、铜舀子二把、珐琅书灯二只、珐琅蜡阡一对、粗磁大碗二个、粗磁茶盅三十个、盘線灯二个、素明角灯十八对、方块手把灯八对、青灯一只、高丽布四匹、细布五匹、生高丽布五匹、拉叭里幡二分、三号高丽纸十张、油高丽纸十张、西纸五十张、油西纸二十张、衣线四两、棉纸四两、六安茶二袋、芽茶一斤、宝石末二两、沉香九两、檀香九两、降香九两、泡速香九两、黑芸香九两、白芸香九两、宫香饼九两、攒香九两、紫降香九两、吉祥草四枝。

慈安端裕康庆皇太后应用：

银火壶二把、银水壶二把、银柿子壶十把、银滷铞八把、银执壶一把、银杯盘一分、银驮壶一分、银宝瓶一个、锡座壶八把、锡柿子壶六把、锡莲子壶十二把、锡面汤壶十二把、锡双陆马壶四把、锡滷铞八把、锡盆四个、铜二号蜡阡六只、铜签盘六个、铜剪烛罐四分、铜舀子四把、铜书灯四支、粗磁大碗二个、粗磁茶盅三十个、素明角灯十八对、花明角灯十八对、手靶灯八对、气风灯八对、号灯六个。

慈禧端佑康颐皇太后应用：

银火壶二把、银水壶二把、银柿子壶十把、银滷锅八把、银执壶一把、银杯盘一分、银驮壶一分、银宝瓶一个、锡座壶八把、锡柿子壶六把、锡莲子壶十二把、锡面汤壶十二把、锡双陆马壶四把、锡滷锅八把、锡盆四个、铜二号蜡阡六只、铜签盘六个、铜剪烛罐四分、铜舀子四把、铜书灯四支、粗磁大碗二个、粗磁茶盅三十个、素明角灯十八对、花明角灯十八对、手靶灯八对、气风灯八对、号灯六个。

皇后（笔者注：孝哲毅皇后）应用：

银柿子壶六把、银滷锅六把、银执壶一把、银盘一分、银驮壶一分、银折盂一个、锡座壶十四把、锡柿子壶二十八把、锡莲子壶四把、锡面汤壶八把、锡德州壶十二把、锡双陆马壶八把、锡盆八个、铜头号蜡阡四只、铜二号蜡阡二十四只、铜书灯四只、铜签盘十个、铜剪烛罐六分、铜灯遮十块、铜舀子二把、粗磁大碗二个、粗磁茶盅三十个、素明角灯十八对、花明角灯十八对、手靶灯八对、

慧妃应用：

银柿子壶六把、银滷锅六把、银执壶一把、银杯盘一分、银驮壶一分、银折盂一个、锡座壶十把、锡柿子壶十六把、锡莲子壶四把、锡面汤壶八把、锡德州壶八把、锡双陆马壶八把、锡盆八个、铜头号蜡阡四只、铜二号蜡阡十六只、铜书灯四只、铜签盘十个、铜剪烛罐六分、铜灯遮十块、铜舀子二把、粗磁大碗二个、粗磁茶盅三十个、素明角灯十八对、花明角灯十八对、手靶灯八对。

内庭主位应用：

锡座壶四把、锡柹子壶二十四把、锡莲子壶三十二把、锡面汤壶十五把、锡双陆马壶四把、锡滷锅八把、锡盆四个、铜二号蜡阡二十六只、铜签盘二十六个、铜舀子四把、素明角灯八十四对、花明角灯八十四对、手靶灯四十二对。①

其实上述记载并不是全部，每位妃嫔所带的衣服、被等物并未记载在内。比如在光绪五年（1879）三月二十一日去东陵，7位妃嫔就带了以下这些物品：

丽皇贵太妃：帽斗一个、衣箱一个、盆斗一个、被包一个、包二个。

成贵妃：衣箱一个、盆斗一个、铺盖卷一个、包二个。

敦宜皇贵妃：衣箱一个、盆斗二个、被包一个、行车桌一个、铺盖卷一个。

瑜妃：盆斗一个、被包一个、行桌一个、铺盖卷一个。

珣妃：盆斗一个、被包一个、行桌一个、铺盖卷一个。

瑨妃：盆斗一个、被包一个、行桌一个、铺盖卷一个。

荣寿公主：衣箱一个。②

三、恭进仪注和里程单

（一）仪注

清朝礼仪繁文缛节，十分繁杂，而且各种礼仪都不一样，稍一不

① 清宫档案《内务府奏案》第603包。

② 清宫档案《宫中杂件》“人事后妃”，第1248包。

慎，就会出现纰漏。尽管在《礼部则例》《大清通礼》等书中都有记载，可是由于时代不同，所祭的陵不同，主祭人不同，祭祀的具体礼节也稍有不同。所以在祭陵之前，礼部要向皇帝奏报极为详细的行礼仪注。对于这些仪注，皇帝和皇太后十分重视，详细认真审核，有时发现所拟的礼仪不对，就令重拟，有时要多次拟定。这种情况是屡见不鲜的。在清宫档案中有许多仪注，因为文字太多，且在后面的祭祀中都要介绍，所以这里就不赘述了。

（二）里程单

有关衙门要绘制祭陵行走的路线图，标注上经过的村庄、行宫、各段里程。里程单有两种，一种是带图的，在单上用图画的形式将沿途经过的村庄用房子、树木表示。还将沿途的河流、城池、庙宇、古迹等都画出来。第二种是比较简单的，完全用文字表述。笔者在中国第一历史档案馆找到了一件在宣统元年隆裕皇太后去东陵时的里程单，属于第二种，很具有代表性。抄录于下（原单上村庄、行宫、里数都是竖排，为了方便，改用横排）：

恭谒东陵，行宫尖营里数清单

东华门起 一里 东安门 七里 朝阳门 二里 东岳庙 九里 慈云寺备用房中伙 二十九里 马厂中伙 三十二里 九月二十七日 燕郊行宫共八十里 二十五里 棋盘庄中伙 二十四里 三河中伙 二十五里 二十八日白涧行宫共七十四里 三十六里 独乐寺行宫中伙 二十三里 二十九日桃花寺行宫共五十九里 三十日、十月初一日隆福寺行宫 二十九里 三里 西峰口 十一里 昭西陵 一里 更衣殿中伙 十一里 孝陵 一里 孝东陵 二里 景陵 四里 裕陵 四里 定陵 半里 普祥峪定东陵 半里 菩陀峪定东陵 十四里半 惠陵 半里 西朝房西中伙 四里 出东便门 十三里初二、初三日隆福寺行宫（以上）七十三里 三里 西峰口 三里 进西便门 十一里 菩陀峪定东陵 半里 普祥峪定东陵 十一里 出西便门 三里 西峰口 三里 初四日隆福寺行宫共二十五里 初五日桃花寺行宫二十九里 二十三里 独乐寺行宫中伙 三十六里 初六日白涧行宫共五十九里 二十五里 三河中伙 二十四里 棋盘庄中伙 二十五里 初七日燕郊行宫共七十四里 三十二里 马厂中伙 二十九里 慈云寺备用房中伙 九里 东岳庙 二里 朝阳门 七里 东安门 一里 初八日东华门共八十里。①

第一种里程单主要用图表示，不便用文字打出，只能看原图。

不仅皇帝谒陵，大臣要提前呈递里程单，皇太子谒陵也要提前呈递里程单。乾隆六十年（1795）九月初五日，刚刚被公布为皇太子的乾隆帝的皇十五子颙琰奉命恭谒东陵和西陵，提前就向他呈递了里程单。②

（三）谒陵的费用

每次谒陵，耗银似水，靡费惊人。光绪十二年（1886年），光绪帝奉慈禧展谒东陵，虽经极力撙节，尚需银三四十万两。当时内务府库款无储，难以筹措，建议向山东省和长芦盐政索要往年欠款，朝廷几次催要，两处总以各种理由推拖，拒不解款。最后朝廷只得向户部借款，才支付了这次谒陵的开支。③

---

① 清宫档案《宫中杂件》“行宫及陵寝事务”，第2641包。

② 中国第一历史档案馆编：《乾隆朝上谕档》第18册，第753页，第1731条，中国档案出版社，1991年。

③ 清宫档案《内务府来文》第281包。

第四节　清陵祭祀的种类

清朝皇陵的祭祀从规模上分，有大祭、小祭两种；从时令、节气上分，有清明、中元（农历七月十五日）、冬至、岁暮四时大祭；从内容上分，有忌辰祭、圣诞祭；另外还有展谒礼、告祭礼等。皇陵祭礼，繁文缛节，名目繁多，等级森严，靡费惊人。而且这些祭祀随着时代的推移和社会的进步，也有变化。

清明大祭包括展谒礼、敷土礼、隆恩殿大飨礼、辞陵礼。岁暮大祭，一般都是腊月二十九日，如果是小月，则为二十八日。皇帝和皇后的忌辰即去世之日早期为小祭，后来改为大祭。凡四时大祭和帝后忌辰大祭，皇帝都钦派皇室成员前往皇陵祭祀。皇帝的万寿节和每年的十月初一日，虽然是小祭，但也都要钦派皇室王公前往祭祀。

第五节　展谒礼

展谒礼，是陵寝各种祭祀中举行次数最多，最简单易行的一种祭祀礼。展谒礼主要在两种情况下进行。一是不受日期的限制，皇帝利用政务闲暇时举行，或外出路过顺便举行；二是在每次大祭前举行。无论哪种情况，礼仪形式是一样的。每次展谒礼都要按陵寝的辈分由高到低的顺序进行。当然也有特殊情况，比如，康熙五十七年（1718）十二月，康熙帝先到孝东陵行了礼，然后才到暂安奉殿和孝陵行礼。[①] 还有，嘉庆帝为了参加乾隆帝的一周忌辰大祭和三周忌辰大祭，从正月初一日从京城出发，在路上只有两天的时间，正月初三日赶到东陵时，如果先谒陵，就没有时间了，只好先到裕陵举行完周年

①《圣祖仁皇帝实录》卷二八二，《清实录》第6册，第758页，中华书局，1985年。

大祭礼后，第二天才展谒各陵。[①]

一、皇帝的展谒礼

（一）皇帝亲行的展谒礼

皇帝亲行展谒礼的仪式是这样的：在未到下马牌时，贝勒以下，大臣、侍卫、三品以上文武官员下马步行。亲王、郡王到下马牌处下马。皇帝到朝房南房山下马或下轿。皇帝到陵旁临时搭起的“幄次”更换素服，稍事休息后，礼部二堂官恭导皇帝进隆恩门左门（东门），从隆恩殿左侧绕行，进陵寝门左门，到明楼前石五供北面正中，面北而立。王公大臣从隆恩门右门进，于隆恩殿右侧绕行，在陵寝门前两侧按翼排立。皇帝在拜褥上行三跪九拜礼，礼毕，退立东旁，西向而立。内务府官员安放奠几，准备好酒及爵盏后，皇帝又回到拜褥处跪下，祭酒三爵，每祭一爵，行一拜礼。祭酒毕，皇帝仍站到东旁，举哀。在皇帝行礼、举哀时，陵寝门外的王公大臣也随着行礼、举哀。举哀毕，礼部二堂官恭导皇帝由原路退出，王公大臣随后也从原路退出，返回行宫或到他陵行展谒礼。[②]

有时皇帝行展谒礼，到明楼前行礼之前，先到隆恩殿内上香。乾隆四十二年（1777）四月十八日，乾隆帝曾在泰陵这样做。[③]

关于皇帝亲行展谒礼时，皇帝降舆地点和扈从王公大臣按翼排立的地点，因时代不同，皇帝不同，地点也有所不同。比如，乾隆四十五年（1780）九月十六日，乾隆帝到泰陵行展谒礼时，乾隆帝在隆恩

---

①《仁宗睿皇帝实录》卷五七，《清实录》第28册，第747页；卷九三，《清实录》第29册，第235页，中华书局，1986年。

②[清]张廷玉等奉敕撰：《清朝文献通考》卷一五四，“王礼三十”，第6199页，浙江古籍出版社，2000年。

③《高宗纯皇帝实录》卷一〇三一，《清实录》第21册，第815页，中华书局，1986年。

门外台阶下降舆，扈从王公大臣在隆恩殿前两旁按翼排立。[①]嘉庆二十四年（1819）三月二十四日。嘉庆帝谕内阁："嗣后朕恭谒陵寝，除前引、递酒杯、有执事之大臣、官员外，惟派出之王公大臣、侍卫以及内监准由隆恩门随入陵寝门，其未经派出之王公大臣、官员、御前、乾清门、豹尾枪侍卫等，均不准入隆恩门。著载入则例遵行。"[②]

可是在道光二十一年（1841）三月，军机大臣奉旨："此后恭谒裕陵、昌陵著仍遵前旨，军机大臣俱随入陵寝门。"[③]

同治四年（1865）九月二十二日，咸丰帝和孝德皇后将葬入定陵。同治帝奉两宫皇太后亲自参加奉安大典。在九月二十一日，同治帝恭谒各陵。在九月初八日降旨："此次恭谒各陵，军机大臣毋庸随入陵寝门。至敬诣文宗显皇帝、孝德显皇后几筵前，仍著军机大臣随入。"[④]

可是到了同治十二年（1873）二月二十八日，同治帝又降谕旨"嗣后恭谒慕陵、定陵之日，军机大臣俱随入陵寝门。"[⑤]

这些王公大臣、官员等到底是否入隆恩门、陵寝门，在什么地方行礼举哀，看来没有形成定制，而是随每个皇帝的个人意志而定。

如果皇帝到自己的皇后陵（已葬入皇后的皇帝陵）赐奠，则降舆地点和所进的门则又不同。比如，嘉庆帝到昌陵（当时称孝淑皇后陵）为孝淑皇后奠酒时，最初几次都出入隆恩门和陵寝门的中门。从嘉庆二十四年（1819）改为出入左门。[⑥]可是道光八年（1828）九

① 清宫档案《内务府来文》第44包。

②《仁宗睿皇帝实录》卷三五五，《清实录》第32册，第692页，中华书局，1986年。

③ 清宫档案《内务府来文》第281包。

④ 中国第一历史档案馆编：《咸丰同治两朝上谕档》第15册，第412页，第981条，广西师范大学出版社，1998年。

⑤ 中国第一历史档案馆编：《咸丰同治两朝上谕档》第23册，第77页，第215条，广西师范大学出版社，1998年。

⑥ 清宫档案《内务府来文》第131包。

月，道光帝到东陵宝华峪陵寝为孝穆皇后奠酒时，礼部提前向道光帝奏请是出入中门还是左门，并介绍了以前嘉庆帝为孝淑皇后奠酒时由中门改为左门的前例，道光帝降旨“仍走中门”，而且到明楼前的阶下才降舆。[①] 升阶（这个阶应为方城前的月台）西向坐，首领太监跪进爵，皇帝执爵三奠，王公官员等在大门外按翼向上行三跪九叩礼，然后皇帝乘舆从各中门出。[②]

康熙帝到自己的陵为已入葬的仁孝皇后、孝昭皇后、孝懿皇后奠酒，乾隆帝到自己的陵为孝贤皇后奠酒次数最多，他们是出入中门还是左门，迄今尚未查到相关记载，有待进一步考证。

（二）皇帝在大祭前的展谒礼

每次在隆恩殿举行大祭礼之前，皇帝都要先到明楼前行展谒礼，其礼仪与平时的展谒礼相同。行毕展谒礼，皇帝多到陵外的幄次更衣、休息。也有时到东配殿更衣。[③] 还有时在前一天行展谒礼，比如在康熙九年（1670）八月二十二日在隆恩殿举行大祭礼，康熙帝及太皇太后、皇太后、皇后于前一天二十一日到明楼前行了展谒礼。[④]

对于那些在祭陵行礼、站班时不守规矩，不敬谨伺候的王公大臣，皇帝发现后予以严厉处罚。比如，在道光十一年（1821）二月二十三日，道光帝到昌陵行敷土礼和隆恩殿行大享礼时，讲官祝庆蕃、松峻、鄂恒、许乃谱四人“并不敬谨伺候”，道光帝十分气恼，认为他们“殊属非是”，最后将“祝庆蕃、鄂恒降三级留任，不许抵销。松峻、许乃谱降二级留任，不许抵销。”[⑤]

---

①② 清宫档案《内务府来文》第131包。

③《钦定礼部则例》卷一四四，“祠祭清吏司”，第13～14页。

④《圣祖仁皇帝实录》卷三三，《清实录》第4册，第454页，中华书局，1985年。

⑤《宣宗成皇帝实录》卷一八四，《清实录》第35册，第927页，中华书局，1986年。

二、皇太后、皇后、内庭主位的展谒礼

皇太后谒陵礼仪如下：隆恩门外降舆，扈从妇女于石桥旁下车。陵寝女官前导。皇太后、皇后、内庭主位、公主御素服进隆恩门左门，绕行隆恩殿东旁，进陵寝门左门，至明楼前行六肃三跪三拜礼，兴，退立东旁，女官进奠几于正中。皇太后诣正中跪，奠酒三爵，每奠行一拜礼，皇后、内庭主位、公主随行礼毕，皇太后、皇后西向举哀毕，女官恭导降舆处乘舆，回行宫或谒其他陵寝。[①]

皇太后率皇后谒陵，不同的时期，谒不同的陵，降舆的地点也不一样。比如，乾隆三年（1738）八月二十二日，孝圣皇后率孝贤皇后谒泰陵时，“孝圣宪皇后乘舆由隆恩门入，至隆恩殿台阶东南隅降舆，孝贤纯皇后乘舆由隆恩门入，至燎炉旁降舆。扈从妇女于石桥旁下车”。可是到第二年即乾隆四年（1739）九月十六日，孝圣皇后率孝贤皇后谒昭西陵、孝陵、孝东陵、景陵时，“孝圣宪皇后至隆恩门内燎炉对处降舆，孝贤纯皇后至隆恩门外降舆”。[②] 恭慈皇太后（孝和皇后）到龙泉峪陵寝（后来的慕陵）给孝穆皇后、孝慎皇后奠酒，在隆恩殿后的石牌坊前降舆。道光十八年（1838年）三月二十日，恭慈皇太后到龙泉峪陵寝奠酒，改到宝顶前月台降舆，道光帝在宝顶月台下跪迎。[③] 同是道光年，又同是一个人、同是一座陵，降舆地点前后就不一样。

有时皇太后、皇后谒陵在隆恩殿前行礼。比如，道光元年（1821）三月，皇太后（孝和皇后）率皇后（孝慎皇后）恭谒泰陵和泰东陵

---

① 清宫档案《朱批奏折》第88包。

② [清] 崑冈等修，刘启端等纂，光绪朝《钦定清会典事例》卷四二九，“礼部·丧礼”。载《续修四库全书》编纂委员会编：《续修四库全书》第804册，“史部·政书类”，第730页，上海古籍出版社，2002年。

③《宣宗成皇帝实录》卷三〇七，《清实录》第37册，第787页，中华书局，1986年；[清] 崑冈等修，刘启端等纂，光绪朝《钦定清会典事例》卷四三一，“礼部·丧礼”。载《续修四库全书》编纂委员会编：《续修四库全书》第804册，“史部·政书类”，第772页，上海古籍出版社，2002年。

时，均在隆恩殿前行礼。可是在同一天，到昌陵行礼时，却到明楼前行礼。[①] 同一天、同样的人，到不同的陵，行礼的地点又不一样。

皇太后到自己的儿子陵寝奠酒，清朝只有二例，孝庄皇后到顺治帝的孝陵和慈禧到同治帝的惠陵。孝庄皇后和慈禧均进出隆恩门和陵寝门的中门，至明楼前台阶下降舆，孝惠皇后到隆恩殿台基东南降舆。同治帝的遗孀敦宜皇贵妃等位到隆恩门外阶下降舆，扈从妇女到石桥以南下车。慈禧在方城前的月台上东旁面西而坐，奠酒举哀。敦宜皇贵妃等位在明楼前行六肃三跪三拜礼，随举哀。奠酒时行三拜礼。[②]

三、公主、福晋的展谒礼

公主、福晋谒陵。届日素服，启陵寝门，至下舆处下舆，本陵女官二人导引，由神路西进隆恩门右门，至陵寝门外，于右旁门，行六肃三跪三叩礼，退立门西，东向举哀毕，女官仍由原路引出。[③]

至妃园寝，于琉璃花门外，行四肃二跪二叩礼毕，女官引至宝顶前月台上，设奠几，女官进爵祭酒，举哀行礼如仪。[④]

四、皇太子的展谒礼

皇太子谒陵礼仪如下：是日，皇太子素服，于陵寝的神厨库后下马，随从各官于下马牌前下马。礼部堂官一员同总管内务府大臣一员导引，皇太子由隆恩门左门入陵寝门左门，随从各官止立于隆恩门左门外。领侍卫内大臣一员、御前侍卫二员随入。皇太子至五供南正中

---

① 《宣宗成皇帝实录》卷十三，《清实录》第33册，第256页，中华书局，1986年。

② 清宫档案《内务府来文》第281包。

③ 清高宗敕撰：《清朝文献通考》卷一五四，“王礼三十”，考6203页，商务印书馆，1936年。

④ 《钦定礼部则例》卷一四八，“祠祭清吏司”，第28页。

北向立，设拜褥，行三跪九叩礼。随从各官俱于隆恩门左门外随同行礼，礼毕，仍导引由原进门出。[①]

乾隆六十年（1795）九月初六日谕：“皇太子恭谒两陵，所有拜位应在琉璃门内石五供南安设拜褥行礼。恭祭太庙、奉先殿，拜位应在殿门槛外阶上，安设拜褥行礼。其拜褥俱用金黄色。”[②]

五、皇子的展谒礼

皇子谒陵，行礼地点有两处，一是在隆恩门外；另一处在陵寝门外。

皇子谒陵，素服，至下马牌处下马。奉祀礼部官员引至隆恩门外升左阶，行三跪九叩礼，不赞，礼毕，立门东，西向举哀，不奠酒，哀止，引退。

若展谒于陵寝门外，奉祀礼部官引至隆恩门右门止。内务府奉祀官导引皇子入，到陵寝门右门外行礼如仪，西立东向举哀。哀止，引退。[③]

六、宗室成员的展谒礼

清朝，凡皇帝钦派谒陵的人，都是皇室成员，都是爱新觉罗氏。所派的亲王、郡王、贝勒、贝子、公都属于皇室成员。这些人员的谒陵仪如下：奉祀礼部官引到隆恩门月台上，按左右翼行三跪九叩礼，不赞。王公有生母在妃园寝内者，行礼毕，内务府官引由左右门（生

① [清] 崑冈等修，刘启端等纂，光绪朝《钦定大清会典事例》卷四二九，“礼部・大祀・陵寝”。载《续修四库全书》编纂委员会编：《续修四库全书》第804册，“史部，政书类”，第744页，上海古籍出版社，2002年。

②《高宗纯皇帝实录》卷一四八六，《清实录》第27册，第866页，中华书局，1986年。

③ [清] 张廷玉等奉敕撰《清朝文献通考》卷一五四，“王礼三十”，第6203页，浙江古籍出版社，2000年。

母墓在左由左，在右由右）进琉璃花门，到墓前月台上，设奠几。凡内务府官进爵，祭酒，举哀，行礼如仪。[①]

一些支属亲近的、受皇帝宠信的亲、郡王等，有时奉皇帝特旨，到陵寝门前行礼。嘉庆二十一年（1816）十一月十八日，嘉庆帝的一道谕旨最说明问题：

> 向来派亲、郡王等恭祭东陵、西陵，该王等谒陵时，俱在隆恩门外月台上行礼。仪亲王永璇、成亲王永瑆、庆郡王永璘支属切近，嗣后恭谒裕陵俱著导引官引至隆恩殿后，琉璃门外内廷皇子行礼之处行礼，以示恩礼。其致祭泰陵以上仍各按亲、郡王班次在隆恩门外行礼。此旨著各该衙门载入则例，永远奉行。[②]

嘉庆帝为什么单单准许这3个人到陵寝门前行展谒礼呢？因为这三人都是乾隆帝的皇子。道光帝即位以后，仿照其父嘉庆帝的这一做法，特旨准许嘉庆帝的三个皇子惇亲王绵恺、瑞亲王绵忻、惠郡王绵愉到昌陵行展谒礼时，可以到昌陵陵寝门前行礼。[③]

道光九年（1829）十月二十一日，道光帝展谒东陵，派惇亲王绵恺诣昭西陵行谒陵礼，派睿亲王仁寿到孝陵、孝东陵行谒陵礼，派庆郡王绵慜到裕陵行谒陵礼。特命他们“各恭诣隆恩殿后，琉璃花门外，恭代行三跪九叩首礼，奠酒三爵，每奠行一拜礼。”[④]

---

① [清] 张廷玉等奉敕撰：《清朝文献通考》卷一五四，“王礼三十”，第6203页，浙江古籍出版社，2000年。

② 《仁宗睿皇帝实录》卷三二四，《清实录》第32册，第281页，中华书局，1986年。

③ 《宣宗成皇帝实录》卷八，《清实录》第33册，第181页，中华书局，1986年。

④ 中国第一历史档案馆编：《嘉庆道光两朝上谕档》第34册，第394页，第1052条，广西师范大学出版社，2000年。

七、皇帝暨皇太后展谒盛京三陵的礼仪

因为盛京三陵的规制特殊，没有陵寝门，所以皇帝暨皇太后展谒盛京三陵的礼仪与关内的礼仪有所不同。下面介绍一下。

（一）皇帝展谒永陵

启銮前一日，皇帝亲自告祭于奉先殿如仪。驾发，陈骑驾卤簿，不作乐。在京文武百官常服跪送御道。所经守土官常服跪迎。盛京文武官朝服出境迎候。朝鲜国王遣其陪臣奉表起居。驾至兴京，恭谒永陵，皇帝素服由行宫乘舆出，王公百官、侍卫、三品以上官咸素服从皇帝至永陵正门之右垣侧降舆。礼部堂官二人恭导皇帝由左门入，进启运门左门，至宝城前立。鸿胪寺官引王公于殿左右，百官于门外按翼序立。皇帝就拜位率群臣行三跪九拜礼毕，有司设奠几于拜位正中（拜褥铺在宝城院的阶下即启运殿后门北[①]），皇帝诣奠几前北向跪，群臣皆跪。进爵大臣进爵。皇帝仰瞻四陵（即4座坟头），各三祭酒，每祭行一拜礼毕，东立西向举哀。王公百官东西面序立，随行礼、举哀，礼毕，礼部堂官恭导皇帝出，至右垣侧乘舆还行营。永陵内祔葬之武功郡王、恪恭贝勒墓及其附近之觉罗等祖茔皆遣官往奠。[②]

（二）皇太后谒永陵仪

皇太后率皇后、贵妃、妃、嫔恭谒永陵，至启运门前降舆，至门下行六肃三跪三拜礼。女官设奠几、进爵。皇太后北面跪，仰瞻四陵，各三祭酒，行一拜礼。皇后、贵妃、妃、嫔随行礼毕，东向举哀如仪。[③]

---

① [清] 崑冈等修，刘启端等纂，光绪朝《钦定清会典事例》卷四二九，“礼部・丧礼”。载《续修四库全书》编纂委员会编：《续修四库全书》第804册，“史部・政书类”，第743页，上海古籍出版社，2002年。

② 清高宗敕撰：《清朝文献通考》第二册，卷一五四，“王礼三十”，考6201页，商务印书馆，1936年。

③ 清高宗敕撰：《清朝文献通考》第二册，卷一五四，“王礼三十”，考6202页，商务印书馆，1936年。

（三）皇帝谒福陵、昭陵礼仪

皇帝至红门外左门降舆，礼部堂官恭导皇帝入隆恩门（福陵、昭陵的隆恩门只有一个门，无法分神门、君门、臣门，只能共走一个门），至宝城前，率群臣行三跪九拜礼，有司设奠几，进爵大臣进爵。皇帝诣奠几前，北向跪，三祭酒，每祭行一拜礼毕，东立西向举哀，众皆随行礼、举哀。礼毕，礼部堂官恭导皇帝出，升舆还行营。

（四）皇太后谒福陵、昭陵仪

皇太后率皇后、贵妃、妃、嫔恭谒福陵、昭陵，于正门之右门内降舆，至宝城明楼前行礼，各祭酒三爵，余仪与谒永陵同。[①]

《钦定大清会典事例》和《清朝文献通考》等官书对皇帝、后妃行礼的仪式记载得都比较简单，甚至有时是错误的。在《高宗纯皇帝实录》中，乾隆八年（1743），乾隆帝第一次到盛京祭祖，事前，礼部向皇帝呈递的盛京三陵行展谒礼的仪注中，不仅讲到了皇帝穿的服色，降舆的地点、进出的门户、行礼的位置，还讲了祭酒的方式；同时也讲了皇太后的相关内容，解决了以前的谜团，对我们很有用处，现抄录于下：

> 乾隆八年九月癸巳，礼部奏谒陵仪注：
>
> 皇上御素服，至正门外降舆。礼部堂官导引，由正门之左门进永陵，入启运门之左门，经启运殿东旁行。以地狭，拜褥设阶下，行三跪九叩礼。
>
> 福陵、昭陵入隆恩门之左门，[②] 经隆恩殿东旁行。诣祭台处，行三跪九叩礼，兴，诣东旁立，俟设奠几毕，上进谒陵。

---

① 清高宗敕撰：《清朝文献通考》第二册，卷一五四，“王礼三十”，考6202页，商务印书馆，1936年。

② 福陵和昭陵的隆恩门只有一个门口，没有左右门。此处不知是礼臣不了解这一情况，还是出于礼仪文字上的需要。

永陵凡四跪，祭酒十二爵。每一祭酒，行一叩礼，礼毕，仍诣东旁立，西向举哀。王以下，三品以上官员等于殿之两旁按翼向上排立，均随行礼、举哀毕，礼部堂官导引皇上由原进之门出。

又奏：皇太后、皇后至正门之右门外降舆，掌关防等官之妻导引，由正门之右门进永陵。[①] 至启运门下。福陵、昭陵至祭台处。皇太后就正中拜位，皇后随后，均行六拜三叩礼，兴，诣西旁立，[②] 俟设奠几毕，皇太后谒永陵，四跪，祭酒十二爵，福陵、昭陵各祭酒三爵。每一祭酒行一叩礼，皇后随行礼，兴，仍诣西旁立，东向举哀，毕，掌关防等官之妻导引皇太后、皇后由原进之门出，乘舆还行宫。[③]

从这条史料我们知道，皇帝谒永陵，行礼地点在宝城院的台阶下、启运殿后门北，而皇太后和皇后在永陵的启运门前。

永陵宝城院正中石台阶下、启运殿后门外是皇帝行礼处

① 此处皇太后和皇后谒陵的降舆地点和出入门户又与谒关内诸陵不同。关内皆出入左门，而这次谒永陵出入右门。

② 谒关内诸陵，皇太后、皇后行六拜三叩三拜礼，立东旁。

③《高宗纯皇帝实录》卷二〇〇，《清实录》第11册，第569～570页，中华书局，1985年。

第六节 清明敷土礼

一、清明节礼仪的演变

（一）改上土13担为1担

康熙三年（1664）定，每逢清明节时，往每座宝顶上敷土13担。承祭官、总管、掌关防官率官兵13名到宝顶上添土。这些土提前由陵寝工部从陵园外取来，存放在陵墙外的洁净处所。[①] 这一做法是沿袭明朝的老做法。乾隆三年（1738）二月，礼部奏："清明山陵增土因沿前明旧制，但负土十三担，往来二十余次，似觉烦数。且十三担并无取义。恭拟每年清明于各陵皆增土一担，由西磴道升至石栏，并为一筐，令承祭官一人敬谨奉筐而升，祗跪，上土于宝顶，仍由西降。庶践履不致多人而保护巩固之义益昭诚敬矣。"乾隆帝非常同意。从此，清明节上土改为一担。[②]

（二）上土方式的变化

清朝入关以后，第一次由皇帝亲自上土的是雍正帝。雍正二年（1724）三月十一日，雍正帝亲自担土一担，上方城后合成一筐，捧筐，膝行到宝顶上，跪着敷土。[③] 其他12担土仍由他人担土上宝顶。

嘉庆二年（1797）以前，皇帝或钦点王公亲自挑土上方城，两筐合为一筐后，亲自捧筐上宝顶，帮扶添土大臣不上宝顶。从嘉庆二年（1797）三月嘉庆帝到泰陵行敷土礼开始，改为土筐完全由大臣

---

① [清] 崑冈等修，刘启端等纂，光绪朝《钦定大清会典事例》卷四二八，"礼部 · 大祀 · 陵寝"。载《续修四库全书》编纂委员会编：《续修四库全书》第804册，"史部 · 政书类"，第714页，上海古籍出版社，2002年。

② [清] 嵇璜等：《清朝文献通考》第二册，卷一五四，"王礼三十"，第6192页，商务印书馆，1936年。

③《世宗宪皇帝实录》卷十七，《清实录》第7册，第287页，中华书局，1985年。

挑，皇帝只管上土。[①]

二、清朝后期敷土礼的礼仪

清明大祭，先举行敷土礼。是日，皇帝及随行的王公大臣俱穿素服。特许进陵寝门的王公大臣在方城前排立。其他大臣官员、侍卫在陵寝门外按翼排立。后扈大臣和帮扶添土大臣随皇帝到方城前。内务府官员把护履跪献给皇帝和后扈、帮扶大臣。护履是一种特制的鞋套，用黄布做成，轻便柔软，套在鞋外，走起路来轻巧无声，登方城，上宝顶，不会惊扰长眠于地宫里的祖先，以示尊敬之意。同时穿着这种鞋套，也有保护宝顶的作用。陵寝大臣将盛着洁土的筐提前挑到方城上东石栅栏门外，将两筐合为一筐。皇帝登上方城后，陵寝大臣举筐跪进土，帮扶添土大臣恭接，捧筐随皇帝上宝顶，到敷土处，帮扶添土大臣跪进筐，皇帝跪接，举筐将土倒在宝顶上，将空筐交给帮扶添土大臣，下宝顶，脱掉护履，回幄次休息，准备到隆恩殿举行大飨礼。[②]

如果是钦点王公大臣行敷土礼，仪式与皇帝行礼仪式差不多，其不同点有二：一是，王公大臣由哑巴院的西礓道上下；二是，王公大臣亲自捧着土筐上宝顶敷土。[③]

第七节　大　祭

清朝的皇陵大祭有两类：一是四时大祭（清明节、中元节、冬至、岁暮）；另一类为皇帝、皇后的忌辰（去世日）大祭。在乾隆朝以前，皇帝、皇后的忌辰均为小祭。乾隆帝即位后，将皇帝、皇后的

① 清宫档案《内务府来文》“礼仪”，第75包。

② 清宫档案《内务府来文》“礼仪”，第81包。

③ 清宫档案《宫中杂件》“敬事房来文”，第2464包。

忌辰升为大祭。[①]

一、帝、后陵的大祭

帝、后陵的大祭包括清明、中元、冬至、岁暮四时大祭和皇帝、皇后的忌辰大祭。

（一）大祭前的准备活动

皇陵大祭极为隆重，陵寝内务府、奉祀礼部、八旗、陵寝工部各有所差，统一行动，互相配合。帝、后陵大祭时，使用大量金银器皿，如金质的执壶、奠池，镀金的银茶桶、各种盘子、碟子、罐、匙、爵。并且，还有许多镀金、镀银的铜器，仅金银器就有一百几十件之多。这些珍贵的金银器皿平时不用时，装在箱子里，储存到陵外的礼部器皿库内。大祭的前两天要把这些器皿领出，分别交给茶膳房、饽饽房等处，派差役人等昼夜巡逻保护（领取金银器皿的方法在前面已介绍）。

大祭前一天凌晨，内务府官员带领领催、差役人等眼同八旗章京、甲兵将隆恩门开启。礼部官员带领扫院人打扫陵院地面，内务府人打扫隆恩殿前的月台，支卷隆恩殿雨搭。内务府官员带领香灯拜唐阿将隆恩殿开启，打扫殿内地面。打扫毕，锁门，放下雨搭，退出院外。然后礼部校尉抬着龙亭，将祝版、制帛送进东配殿供放。待帝、后或钦点王公行完展谒礼后，内务府官员在八旗章京、甲兵的眼同下锁好隆恩门的大门。[②]

与此同时，内务府员役在茶膳房准备各种膳品，在饽饽房打制各样点心。礼部的屠户们在省牲亭内宰杀牛羊，在厨房内制做太牢及各

---

①《高宗纯皇帝实录》卷四，《清实录》第9册，第226～227页，中华书局，1986年。

②[清]英廉重纂本：《昌瑞山万年统志》上函，卷之二“祀典”。

种肉食祭品。陵寝工部准备纸、锞、祝版、制帛，清明节时还要准备洁土、土筐、黄布护履、佛花。

以上这一系列准备工作完毕后，就等翌日大祭礼了。

次日是大祭之日。五鼓，内务府员役仍眼同章京、甲兵将隆恩门开启，点灯打扫。内管领带领领催等差役，章京带领甲兵将饽饽桌以及香瓜、西瓜方架抬至月台下。章京、骁骑校等官再将饽饽桌以及香瓜、西瓜方架抬请进隆恩殿，由内务府官挨次供献。内务府的内管领带领领催、差役等将酒樽、爵盏、奠池、节壶、马勺等抬进殿内，设于两旁酒案上。礼部官员带领屠户将牲匣抬入殿内安设，随后将牛羊（太牢）放入牲匣内，退出。八旗甲兵等将熟牛羊肉件摆于方内后，同章京等抬进隆恩殿内，供于案上后退出。八旗官员赴朝房抬请祭品桌，由内务府官员引导进入隆恩殿内，膳房人将各祭品传递给尚膳正，摆放毕，八旗官员将空桌抬出。礼部司官监礼。帝后同案，案上摆放匙箸，每位爵三。孝庄皇后和各皇帝位前各特供酸奶子一碗。[①]膳品18盘碗、饽饽桌上摆放65盘碗。祔葬在皇帝陵内的皇贵妃案上，膳品18盘碗，饽饽桌上摆放63盘碗。惟景陵内的敬敏皇贵妃案上，膳品18盘碗，饽饽桌上摆放57盘碗。孝东陵内的七妃每案上则摆放膳品18盘碗，饽饽桌上摆放54盘碗。皇贵妃案上的制帛为素帛。礼部官员到东配殿内，将祝版、制帛（奉先制帛）请入隆恩殿内，供设于各桌案上。香灯拜唐阿点燃殿外月台上的鼎式炉内的香。内务府官员（设太监时由太监）进暖阁内行一跪三叩礼，恭请神牌，摆放在暖阁外的宝座上。帝、后宝座均南向，皇帝为龙座，皇后为凤座。如果是一帝一后，则龙座在左，凤座在右，如昌陵、惠陵、崇陵。如果是一帝二后，则龙座居中，两凤座分居左右旁。祔葬于皇帝陵内的皇贵妃的神牌供放在西暖阁内，其宝座位于殿内西旁东向。如果是孝东陵，则东旁摆放悼妃、恪妃、恭靖妃、端顺妃的4座宝座，均西向。西旁则摆放贞妃、淑惠妃、宁悫妃3座宝座，均东向。将神

① [清] 英廉重纂本：《昌瑞山万年统志》上函，卷之二“祀典”。

牌摆放在宝座上之后，复行一跪三叩礼。[①]这一切都完毕后，礼部官员传茶，茶房人恭请茶桌、茶桶、茶碗、马勺进至隆恩殿月台上，东边站立。内务府官员供茶。供茶毕，茶房人将茶桌撤到月台下西边安放在所设高桌上。

这里应注意的一点是，按规定，皇后的忌辰属于大祭，但是葬在孝陵的孝献皇后的忌辰却是特例，不仅她的神牌未能供在孝陵的中暖阁，与顺治帝的神牌供在一起，却供在了西暖阁内，而且她的忌辰也不是大祭，而是按小祭对待。[②]

（二）皇帝陵大祭的礼仪

皇帝很少亲身参加皇陵大祭礼，多数派遣王公大臣前往，但以皇帝亲临最为隆重。

献茶毕，鸿胪寺官引陪祀王公及文职三品京堂以上，武职二品副都统以上，外任文职臬司[③]以上，武职总兵官以上各大员在隆恩殿月台下按翼排立，其他大臣官员均不得进隆恩门，只能在门外分班排立。

大祭这一天，大臣穿朝服，皇帝穿礼服。皇帝从幄次出来，銮仪卫官跪进水盘、奉巾。皇帝盥洗毕，赞引官、对引官恭导皇帝由隆恩门左门入，升左阶，入隆恩殿左门，西向立。司拜褥官跪铺拜褥毕，退。鸿胪寺官引陪祀王公于月台上东西面立。

赞引官、对引官恭导皇帝到拜位前立。典仪官赞："执事官各司其事。"赞引官赞："就位。"皇帝站到拜位上。赞引官恭导皇帝到香案前。赞引官奏："跪。"皇帝跪。赞："上香。"司香官跪进香盒。皇帝接过香盒，拱举，仍将香盒交给司香官，站起。又赞："上香。"皇帝三上香。赞引官赞："复位。"皇帝回到原拜位立。赞："跪、拜、

---

① [清] 英廉重纂本：《昌瑞山万年统志》上函，卷之二"祀典"。在另一处却记载为行三跪九叩礼。

② [清] 英廉重纂本：《昌瑞山万年统志》上函，卷之二"祀典"，光绪十二年。

③ 臬司，官职名。清各省提刑按察使司的简称。臬司主管一省司法，正三品，主要负责一省的刑狱诉讼事务，同时对地方官也有监察之责。

兴”。皇帝行三跪九拜礼，站起。群臣随行三跪九叩礼。典仪官赞："奠帛爵，行初献礼。”献帛官捧帛篚，司爵官捧爵，依次到帝、后神位前，司帛官跪着将帛篚献于案上，三叩头，退下。司爵官立着献爵，置于爵垫中，退下。司祝官到祝案前跪，三叩头，站起，捧祝文跪于案左。赞引官赞："跪。”皇帝跪。典仪官赞："读祝。”司祝官跪读祝文，读毕站起，捧祝文到神位前跪，安于帛篚内，三叩头，退下。赞引官赞："拜、兴。”皇帝率群臣行三拜礼，站起。典仪官赞："行亚献礼。”司爵官献爵于左，如初献礼。典仪官赞："行终献礼。”司爵官献爵于右，仪如亚献礼。赞引官赞："跪、拜、兴。”皇帝及群臣行三跪九拜礼。典礼官赞："送燎。”司祝官、司帛官到案前行一跪三叩礼。司祝官捧祝文，司帛官奉帛篚，依次由中门出，恭送燎所。皇帝于拜位东旁西向立。司拜褥官撤拜褥。鸿胪寺官引王公百官避退两旁。祝文、制帛过后，仍铺好拜褥，皇帝回拜褥立。赞引官奏："礼毕。”皇帝回幄次。[①] 如果是冬至大祭和国有庆典致祭，不举哀。

一般情况下，如果是皇帝亲自参加隆恩殿的大飨礼，礼成后，还要举行辞陵礼。所谓辞陵礼，就是到方城前再一次奠酒行礼举哀，表示向先人辞行。具体礼仪是这样的：隆恩殿大飨礼结束后，皇帝从隆恩殿左门出，降东阶，出隆恩门左门，到幄次更换青长袍褂。执事官员和前引后扈大臣亦更换青长袍褂，恭导皇帝从隆恩门左门入，进陵寝门左门，至明楼前行三跪九拜礼，礼毕，内务府官进奠几，皇上诣正中跪，祭酒三爵，每祭行一拜礼，东旁西向立，举哀。于陵寝门外东西序立的王公百官，随同皇帝举哀、行礼。[②] 礼毕，从原进门出，回行宫。

如果是钦点王公到各陵参加四时大祭礼，隆恩殿大飨礼结束后，如果是清明、中元、岁暮及忌辰大祭，各官俱于隆恩门外东边站立举哀。包衣妇人、太监等进内举哀。包衣总管等官西边站立举哀。只有冬至大祭不举哀。

---

① 清宫档案《内务府来文》“礼仪”，第242包。

② 清宫档案《内务府来文》第281包。

如果因国有庆典，举行大飨礼，则不举行辞陵礼。[1]

有时隆恩殿大飨礼后不举行辞陵礼，如道光八年（1828）九月十三日，道光帝到裕陵行大飨礼时就没有举行辞陵礼。[2]

嘉庆十年（1805）九月，嘉庆帝谒永陵前，礼臣呈递的仪注中有行辞陵礼的内容。嘉庆帝以乾隆帝当年谒永陵时未行过辞陵礼且乾隆年间的《礼部则例》内也没有辞陵礼的记载，于是对礼臣大加斥责，命交部议处。[3]

实际上，清朝皇帝在隆恩殿举行完大飨礼后，多数都到方城前行辞陵礼。在嘉庆五年（1800）三月十二日清明节这一天，嘉庆帝在隆恩殿举行完大飨礼后，就到方城前行过辞陵礼。[4]举行辞陵礼是比较符合情理的。在这以后，嘉庆帝、道光帝以及其他皇帝在隆恩殿举行完大享礼后，都到明楼前行辞陵礼。

如果派王公大臣致祭皇陵，举行大飨礼，出入均走右门（西门）。祝文、制帛送燎所时，承祭王公避立西旁，隆恩殿大飨礼结束后，承祭王公大臣在隆恩门外左阶上面西向立，各官在阶下东西序立，举哀毕，各退。

帝后陵大祭，每次焚烧五色纸一万张、金银锞一万锭，皇贵妃焚烧三色纸一千张、金银锞二千锭。清明前一日，皇帝、皇后及祔葬的皇贵妃，每位供大佛花一座，岁暮祭日焚化。[5]

道光帝的庄顺皇贵妃乌雅氏葬在了慕东陵内，位于孝静皇后宝顶小院的东墙外，地位十分尊贵。因为她的孙子载湉当了皇帝，所以，

---

① 清高宗敕撰：《清朝文献通考》卷一五四“王礼三十”，考6200页，商务印书馆，1936年。

② 清宫档案《内务府来文》第131包。

③《仁宗睿皇帝实录》卷一四八，《清实录》第29册，第1033～1034页，中华书局，1986年。

④《仁宗睿皇帝实录》卷六一，《清实录》第28册，第820页，中华书局，1986年。

⑤ 清朝东陵官员编：《陵寝易知》卷三，“供品”。

乌雅氏也身价倍增。不仅光绪帝两次亲自到其宝顶前奠酒行礼，而且在光绪十二年十二月初十日（1887 年 1 月 3 日），慈禧降懿旨，在清明、中元、冬至及忌辰时，遣官致祭。[①] 饽饽桌祭品由63盘碗增加到65盘碗。[②]

昭陵用的佛花

（三）坐班饮福

“坐班饮福”，是皇陵大祭的最后一项活动。在民间，长辈们经常把撤下来的祭品分给孩子们吃一些，以求将来有福，驱恶避邪，好养活。“坐班饮福”似乎也含有这个意思。

每次大祭完毕，陵寝内务府官员带领茶膳房、饽饽房的拜唐阿、领催及差役人等，按执事分工，坐在隆恩殿前的月台上。茶房人提着茶桶，面向北面跪着，按班给每一个人斟茶一碗，由差役人按班递送，每个人都跪着品尝。饮酒、尝膳也同饮茶一样，由差役人递酒、膳房人递膳，按班递送，坐班官员跪饮、跪尝。[③] 这就是“坐班饮福”。

结束后，关闭隆恩门，陵寝大祭正式结束。

---

①《德宗景皇帝实录》卷二三六，《清实录》第 55 册，第 182 页，中华书局，1987 年。

② [清] 崑冈等修，刘启端等纂，光绪朝《钦定大清会典事例》卷四三二，“礼部 · 大祀 · 陵寝”。载《续修四库全书》编纂委员会编：《续修四库全书》第 804 册，“史部 · 政书类”，第 785 页，上海古籍出版社，2002 年。

③ [清] 英廉重纂本：《昌瑞山万年统志》上函，卷之二“祀典”。

二、妃园寝的大祭

妃园寝的大祭只包括清明、中元、冬至、岁暮四时大祭。没有忌辰大祭。

皇贵妃、贵妃、妃、嫔、贵人、福晋有四时大祭，常在、答应、格格每年只有清明、岁暮二祭（英廉重纂的《昌瑞山万年统志》记载福晋同常在、答应，有二祭。由清朝陵寝官员编辑的《陵寝易知》则记载福晋有四祭）。

妃园寝大门外的东厢房是内务府员役备办奶茶、膳品之所。西厢房是内务府员役备办干鲜果品和各种饽饽祭品之所。凡遇四时大祭，礼部差役人等在妃园寝大门外支搭凉棚。工部匠役安设桌张。

摆设酒樽。礼部打果人抬肉槽于凉棚之下。内务府官员监视摆放祭品。太监或内务府官员将各神龛内的神牌恭请到暖阁前的各宝座上。宝座皆南向。太监或内务府官员捧递香盒，供献茶、酒，摆放祭品。

妃园寝的四时大祭，皇帝不遣官，每座园寝的主祭官由陵寝的八旗总管充任。

凡葬在妃园寝的皇贵妃、贵妃、妃设有神牌，供设在享殿的神龛内。祭品桌摆放在享殿内，行礼在殿内举行，仪式与皇帝陵的大祭大同小异。

每位皇贵妃、贵妃、妃宝座前的案上摆放着匙、箸、酒三爵、奶茶一碗。膳品桌上摆放祭品17盘碗。饽饽桌上摆放祭品63盘碗，均陈少牢一（2羊）。

嫔、贵人、常在、答应、格格无神牌，其祭祀活动在每座宝顶前的月台上举行。其祭品桌张系内务府领催、差役人、八旗披甲人、礼部打果人等抬请到月台上供献。差役人请茶桶、茶碗至月台前奠茶一碗。礼部打果人抬请酒桌、执壶、盅碟。礼部官二员（《陵寝易知》则记载是内务府官一员）挨次各奠酒3杯，行一跪三叩礼。[①] 每位膳品

① [清] 英廉重纂本：《昌瑞山万年统志》上函，卷之二“祀典”。

桌上摆祭品14盘碗，饽饽桌上摆祭品54盘碗。

清明节供给每位的小佛花插在月台上的插佛花石上。插佛花石为一个四棱形的柱体，高约30厘米~40厘米。每边长约20厘米。顶面正中有一个圆孔。嫔以下的每座宝顶前各1个。

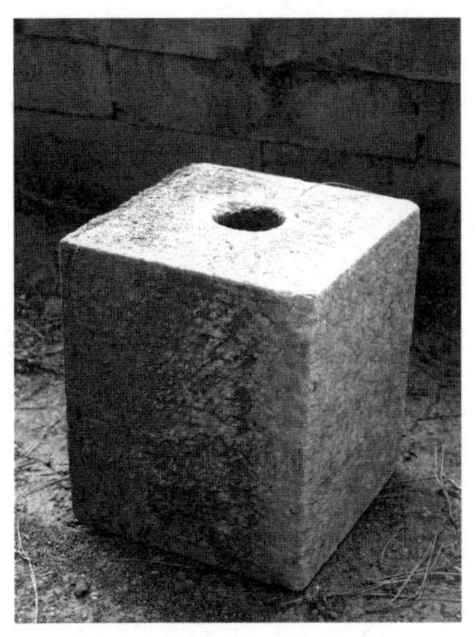
裕陵妃园寝内的插佛花石

嫔、贵人、福晋清明、中元、冬至、岁暮四祭，每次每位焚烧三色纸1000张、金银锞1000锭。常在、答应、格格焚烧素纸1000张、金银锞1000锭。

葬在景陵妃园寝内的康熙帝的皇十八子允祄，没有任何祭享。[①]

第八节　小　祭

一、帝、后陵的小祭

皇帝陵和皇后陵的小祭主要是朔望小祭。每月的初一日称“朔”，每月的十五日称“望”。

小祭日，不请神牌，仅启神龛帷幔。主祭大臣由陵寝守护大臣、八旗总管、内务府郎中轮流主持。帝、后、妃位前各摆放匙、箸，献奶茶1碗。每位前供熟羊肉1盘、青酱1碟、果品12盘。由内务府官供献祭品、捧递香盒。礼部司官监礼。除元旦、孟冬、小忌辰有赞，朔、望及万寿均对引不赞。[②]

① 清朝东陵官员编：《陵寝易知》卷二，“神牌位次”。

② [清] 英廉重纂本：《昌瑞山万年统志》上函，卷之二“祀典”。

每年孟冬朔即十月初一日，是一个特殊的朔日，这天，皇帝都要派王公到各陵及端慧皇太子园寝祭祀，其祭品与朔望小祭同，供熟羊肉。

二、妃园寝的小祭

妃园寝的朔望小祭更为简单，没有任何供献。由陵寝内务府官员拈香，行二跪六叩礼。

三、忌辰祭祀

本来皇后的忌辰是大祭，由皇帝派遣王公致祭。可是葬在孝陵的孝献皇后的忌辰却是小祭，不遣王公致祭，由陵寝的守护大臣致祭。忌辰这一天，帝后位前各设匙、箸，献奶茶1碗、酒3爵。每位前供果品12盘碗、清酱1碟，不供熟羊肉。

祔葬各陵的皇贵妃和孝东陵的七妃的忌辰，由八旗总管致祭。其祭品与孝献皇后忌辰的祭品同。

妃园寝内的皇贵妃、贵妃、妃的忌辰，各供果品12盘、酒3爵，均无熟羊肉。嫔以下均于宝顶前致祭。由内务府官员奠酒。[1]

第九节　红门遥祭

一、路过王公的遥祭

遵化的石门距东陵大红门只有数里之遥，在石门设有东陵工部和驿站，是京城通往东北和蒙古的重要交通要道。为了表示对清朝列祖列后的景仰之意，清廷特地做了如下规定：

---

①[清]英廉重纂本：《昌瑞山万年统志》上函，卷之二“祀典”。

奉使石门经过者，王、贝勒经过石门者，王、贝勒于昭西陵隆恩门外阶上按翼行三跪九叩礼，行礼时启门。贝子以下、三品官以上行礼，均不启门。贝子、公于阶上，蒙古王公暨三品以上官于阶下行礼毕，引至大红门[①]及左右门，遥望孝陵、孝东陵、景陵、裕陵，各行三叩礼，均由陵寝奉祀礼部赞礼郎导引。

由易州经过者，谒泰陵、泰东陵、昌陵、龙泉峪皇后陵寝，王公于隆恩门外、三品以上官于大红门外行礼。[②]

对于去辽宁盛京的大臣，是这样规定的：

（顺治）八年六月二十日定，和硕亲王以下，文武三品官以上谒陵例。凡和硕亲王以下，文武三品官以上，或专往盛京，或道过盛京，俱先谒福陵、昭陵，于二门外行三跪九叩头礼，及还辞陵礼如前[③]。

（顺治）十五年十二月，礼部议：凡官员有以他事赴盛京者，三品以上于皇陵城门外行礼，不得入门。遇祭祀日，二品以上大臣许入门同守陵各官侍班。从之。[④]

（康熙）三年正月，更定王以下、三品官以上谒陵礼仪：王以下、三品官以上有事往盛京至福陵、昭陵祗谒者，应于城门外行礼，开城门，盛京礼部官同看守值班官员导引进谒。来时不必进谒。若往孝陵，王以下、三品官以上应于

---

① 这里所说的大红门，指的是东陵的总大门大红门。之所以先到昭西陵隆恩门外行礼，可能是因为昭西陵位于风水墙外，如果只到大红门前行礼，则不包括昭西陵了。

②《钦定礼部则例》卷一四六“祠祭清吏司”，第29页。

③《世祖章皇帝实录》卷五七，《清实录》第3册，第456页，中华书局，1985年。

④ 清高宗敕撰：《清朝文献通考》卷一五三，“王礼二十九”，考6183页，商务印书馆，1936年。

享殿大门外行礼，开享殿大门。陵上礼部官员同看守值班官员导引进谒。来时不必进谒。

至往汤泉养疾者诣陵进谒，应准行礼，若遇祭祀供献，不必随班行礼。

得旨：王、贝勒行礼开殿门、城门，贝子以下三品官员以上行礼不必开门。余依议。[①]

二、帝、后入葬前的遥祭

皇帝和皇后的梓宫入葬陵园，在进入大红门之前，要由送葬的皇帝或送葬的皇子或王公代替死者在大红门前遥向陵园内的列祖列后行礼。比如，道光七年（1827）九月，孝穆皇后的梓宫进入东陵大红门之前，由“皇长子奕纬遥向昭西陵、孝陵、孝东陵、景陵、裕陵恭代行礼。”[②]

宣统元年（1909）十月初一日，慈禧的梓宫进入东陵陵园之前，“至大红门外，豫亲王懋林遥向祖陵恭代行祇谒礼。”[③]

乾隆四十二年（1777）四月十八日，乾隆帝护送母亲孝圣皇后梓宫入葬泰东陵，不进入大红门，从泰陵东旁通过，于是，在分道岔口处将孝圣皇后的灵舆停住，乾隆帝恭代母亲，遥向泰陵地宫的皇父雍正帝和皇妣孝敬皇后行礼。乾隆帝认为其“心始安，亦足为万世法守”，并令礼部将此“增入《会典》遵行”。[④]

---

① 清高宗敕撰：《清朝文献通考》卷一五三，“王礼二十九”，考6184页，商务印书馆，1936年。

② 《宣宗成皇帝实录》卷一二六，《清实录》第33册，第1102页，中华书局，1986年。

③ 《宣统政纪》卷二三，《清实录》第60册，第411页，中华书局，1987年。

④ 《高宗纯皇帝实录》卷一〇三一，《清实录》第21册，第815页，中华书局，1986年。

三、元旦守陵大臣的红门朝拜

每年的元旦（农历的正月初一日）的早晨，身任陵寝守护大臣的王公、马兰镇总兵官率领满、汉文武官员齐集大红门前，朝向各陵行礼朝拜，同时朝向京城的皇宫叩贺。马兰镇绿营的遊击、守备以下等官在演武厅公所恭设香案，望皇宫行三跪九叩头礼庆贺。[①]

第十节　万寿节的祭祀

万寿节也称万寿圣节，即皇帝的生日。这里所说的皇帝的万寿节祭日，不是指已去世的皇帝的万寿节，而是指当时在位的皇帝的万寿节。

根据《皇朝文献通考》记载："万寿圣节致祭列圣陵寝仪：恭遇万寿圣节，守陵各王公大臣分诣行礼。每案陈果十有二盘，每位爵三、帛一，读祝，奠献，唱赞行礼，同时飨仪。"[②]《昌瑞山万年统志》一书也明确记载："皇上万寿与朔望小祭礼同，惟不供羊肉。""每年恭逢万寿，各陵每位前各供果桌一张，计十二色，每桌各甘露酒二瓶。"[③]很显然，万寿节是小祭。根据《清实录》的记载，只有顺治三年、九年、十年、十四年、十五年、十六年顺治帝的万寿节（正月三十日）遣官祭福陵、昭陵，但都没有永陵。[④]唯有顺治十七年（1660）顺治帝的万寿节遣官祭陵时增加了永陵。[⑤]康熙帝即位后，从顺治十八年（1661）三月十八日，康熙帝的万寿节遣官祭各陵，又没有了永陵，只有福陵、昭陵。[⑥]一直到同治十三年（1874）三月二十

①[清]布兰泰原纂本：《昌瑞山万年统志》卷三，"仪注"，第12页。（未出版）

②清高宗敕撰：《清朝文献通考》卷一五四，"王礼三十"，考6203页，商务印书馆，1936年。

③[清]英廉重纂本：《昌瑞山万年统志》上函，卷之二"祀典"。

④《世祖章皇帝实录》卷二四，《清实录》第3册，第202页，中华书局，1985年。

⑤《世祖章皇帝实录》卷一三二，《清实录》第3册，第1016页，中华书局，1985年。

⑥《圣祖仁皇帝实录》卷二，《清实录》第4册，第55页，中华书局，1985年。

三日，同治帝万寿节，遣官祭各陵都从福陵开始，唯独没有永陵。[①]从光绪元年（1875）六月二十八日光绪帝第一个万寿节开始，不再遣官祭各陵，[②]一直到清朝灭亡，成为制度。[③]

据《昌瑞山万年统志》一书记载：

> 每逢皇帝万寿节，除照例恭进表文庆贺外，仍遵照部行按前三后四，穿朝服率属黎明趋赴演武厅公所朝贺，坐班吃茶而散回署，穿蟒袍办事。至万寿正日，五鼓率属齐集公所，恭设香案，望阙行三跪九叩头礼毕，各回本署办事。[④]

第十一节　十月朔的祭祀

十月朔即十月初一日，是中国人为死去的先人烧寒衣纸的日子。满族入关以后，接受了汉族的这一习俗，并引进了皇陵祭祀中去，这也是满族汉化的一种表现之一。

另外，根据《清实录》记载，从顺治八年(1651年)十月朔，遣官祭各陵，[⑤]一直延续到清灭亡。其中，光绪二十六年和光绪二十七年，可能因为慈禧和光绪帝在逃长安，这两年十月朔未遣官致祭各陵。[⑥]

---

①《穆宗毅皇帝实录》卷三六四，《清实录》第51册，第819～820页，中华书局，1987年。

②《德宗景皇帝实录》卷一二，《清实录》第52册，第227页，中华书局，1987年。

③《宣统政纪》卷四八，《清实录》第60册，第862页，中华书局，1987年。

④[清]布兰泰原纂本：《昌瑞山万年统志》卷三，“仪注”，第12页。(未出版)

⑤《世祖章皇帝实录》卷六九，《清实录》第3册，第541页，中华书局，1985年。

⑥《德宗景皇帝实录》卷四七四，《清实录》第58册，第231页，中华书局，1987年。

第十二节　告祭礼

告祭礼有时也称祭告礼，其含意就是国家或皇室有重大事情要通过祭祀的形式告诉给列宗列宗。这是一种人情味很浓的祭祀活动，至今在广大农村尚存这种习俗，如每逢家中结婚娶媳妇、生孩子，都要上坟祭祀，告诉先人知道。

根据《皇朝文献通考》记载："凡因事祗告陵寝，遣官各一人将事，帝后同案，每案陈果实十二盘、羊一，每位爵三，奠献、读祝行礼与时飨同。"① 最典型的是下面这个例子：康熙二十年（1681）十一月十四日四鼓，康熙帝得知三藩叛乱被彻底平定的重大喜讯之后，非常高兴，五鼓就亲自到太皇太后宫和皇太后宫将这一喜讯进行了奏闻。文武各官俱于乾清门行庆贺礼。又命武英殿大学士明珠传谕文武大小官员曰："云南底定，朕当速诣孝陵躬行昭告。尔等闻之，想有同庆。"② 于是，在当天卯时（5～7时）就踏上了去往孝陵的路上。随同一起去的有皇太子胤礽（当时只有8虚岁）、皇长子胤禔、和硕裕亲王福全等。君臣当天就到了蓟州以西的邦均西驻下，第二天中午就到了孝陵。京城距孝陵有300华里，仅用了一天半的时间就赶到了孝陵，由此可知康熙帝是骑着马飞速行进的，表明了康熙帝对平叛胜利的喜悦之情和想让皇父早点分享胜利喜悦的急切心情。到孝陵后，康熙帝率皇太子、皇子、文武大臣行了三跪九叩头礼，奠酒三爵，俱举哀。随后康熙帝又赶到了自己的皇后陵（即后来的景陵，当时已葬入了仁孝皇后和孝昭皇后），将这一重大喜讯告诉了自己的两位皇后，让她俩也享受胜利的喜悦。康熙帝亲自奠酒3爵。皇太子率皇子及王

① 清高宗敕撰：《清朝文献通考》卷一五四，"王礼三十"，考6203页，商务印书馆，1936年。

② 《圣祖仁皇帝实录》卷九八，《清实录》第4册，第1240页，中华书局，1985年。

大臣行三跪九叩头礼并举哀。[①] 翌日正式举行告祭大礼。

乾隆四十一年（1776），两金川被平定，这是国家的重大喜庆之事。乾隆帝决定从二月初九日开始恭谒东、西二陵，举行告祭礼，向列祖列宗奏报这一喜讯。当时的裕陵还称孝贤皇后陵寝。[②] 笔者在清宫档案中找到了一份在孝贤皇后陵行告祭礼的祭文：

> 朕惟内治之德，时既往而愈弥彰；武奋之猷，始虽艰而必克蠢。今两金川党附为奸，幽遐是阻，迪屡不靖。惟知肆毒以噬邻心，罔攸悛辄敢孤恩而抗命。惟救番之念切爰简帅以徂征，拥虎旅之赳桓，破蚕丛之险恶。始则全戡僣拉之境，狂氛与逆焰俱销；继乃罙入促浸之巢，元恶共群凶并缚。合神人以道鬯；胥远迩以心孚。聿修撰日之文；用告蒇功之吉。庶兹歆格，侑乃馨香。[③]

还有一种只有慕东陵才实行的告祭礼。因为孝静皇后要葬入慕陵妃园寝，经过增建和扩建后，升格为皇后陵。所以自孝静皇后入葬以后，凡再有妃嫔入葬慕东陵后院，在妃嫔金棺奉移到慕东陵的前一天，要在孝静皇后神位前行告祭礼。[④] 这一做法很符合人情味。因为孝静皇后入葬后，则成了慕东陵的最高墓主人，成了慕东陵这个“大家庭”的当家人。所以，当这个大家庭增加新的成员时，先告知当家人是完全合情合理的。

---

① 中国第一历史档案馆整理：《康熙起居注》第一册，第778页，中华书局，1984年。

②《高宗纯皇帝实录》卷一〇〇二，《清实录》第21册，第420页，中华书局，1985年。

③ 清宫档案《录副奏折》胶片，第20盒。

④ [清] 崑冈等修，刘启端等纂，光绪朝《钦定清会典事例》卷四九五，“礼部・丧礼”。载《续修四库全书》编纂委员会编：《续修四库全书》第805册，“史部・政书类”，第804页，上海古籍出版社，2002年。

第十三节　六座特殊园寝的祭祀

清朝皇陵的祭祀非常复杂，即使同类的陵寝，其祭祀也不一样。下面择6座介绍。

一、皇帝祭奠妃子的特殊礼仪

光绪帝的父亲是道光帝的皇七子醇亲王奕譞。奕譞的生母是道光帝的晚年宠妃庄顺皇贵妃乌雅氏，以此推算，庄顺皇贵妃则是光绪帝的祖母，因而自光绪帝即位后，庄顺皇贵妃倍受尊崇。庄顺皇贵妃的宝顶建在慕东陵孝静皇后的内屏墙东墙外。[①] 因为庄顺皇贵妃有了这个特殊身份，所以在光绪十三年（1887）三月十一日[②] 和光绪二十九

慕东陵内的庄顺皇贵妃宝顶

① 道光二十九年九月二十三日谕："龙泉峪妃园寝拟添石券一座"，当时还没有内屏墙。还没有动工，道光帝就离世了。真正营建是在咸丰元年二月二十日丁丑巳时动土开工。

②《德宗景皇帝实录》卷二四〇，《清实录》第55册，第235页，中华书局，1987年。

年（1903）三月初九日，[①] 光绪帝两次专门到庄顺皇贵妃宝顶前，行一跪三拜礼，奠酒三爵，王以下文武大臣随同行礼。[②]

二、端慧皇太子园寝的祭礼

端慧皇太子园寝位于东陵前圈东南今天津市蓟州区孙各庄乡的朱华山下。端慧皇太子永琏是乾隆帝的皇二子，为孝贤纯皇后所生。本来已被乾隆帝密定为皇太子，未想到9岁夭亡，被谥为端慧皇太子。该园寝除葬有端慧皇太子外，还葬有乾隆帝的6个早殇皇子即皇七子、皇九子、皇十子、皇十三子、皇十四子、皇十六子和早殇的皇八女。端慧皇太子于乾隆八年（1743）十二月十一日入葬。[③]

端慧皇太子园寝是清朝唯一的皇太子园寝，园寝规格很高。

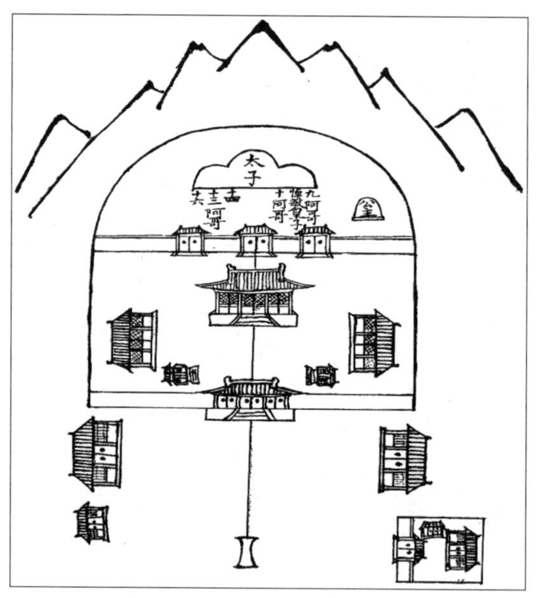

《陵寝易知》载的端慧皇太子园寝平面示意图

① 《德宗景皇帝实录》卷五一三，《清实录》第58册，第776页，中华书局，1987年。

② 《德宗景皇帝实录》卷二三九，《清实录》第55册，第216页，中华书局，1987年。

③ 清宫档案《内务府奏案》“乾隆八年”，第46包。

皇太子地位尊崇，嘉庆帝即位，特命礼臣拟定皇帝去端慧皇太子园寝祭奠的礼仪。最初礼臣们按赐奠礼拟的。如果这样，皇帝就要坐着奠酒，嘉庆帝感到心中不安。于是重新拟定。最后决定“于享殿外陈设高几奠池”，皇帝立着奠酒3爵，随从行礼之大臣、官员随皇帝每奠一爵行一叩头礼。嘉庆帝对此很满意，降旨将此仪注纂入《大清会典》，永远遵守。[①] 后来的皇帝到端慧皇太子园寝均行此礼。

每逢四时大祭之日，皇帝都派王公到端慧皇太子园寝祭祀行礼。膳品17盘碗、饽饽桌上陈63盘碗，陈少牢二。

每遇朔望日，内务府官拈香，行二跪六叩礼。清明前一日供大佛花一座，岁暮日焚化。烧三色纸1000张、金银锞1000锭。

每逢孟冬朔（十月初一日）和端慧皇太子忌辰，八旗总管致祭，供果品12盘碗，献酒三爵。[②]

皇七子悼敏皇子一年有四时大祭和忌辰小祭。

关于其他5位早殇皇子和八公主如果何祭祀，有待考证。

三、荣亲王园寝的祭礼

荣亲王园寝是黄花山西麓六座王爷园寝东数第一座，也是最早建的一座。荣亲王是顺治帝的皇四子，为董鄂妃即后来的孝献皇后所生，只活了104天。该园寝位于今天津市蓟州区孙各庄乡丈烟台村西。

荣亲王园寝只有清明、岁暮二祭，每祭用羊3只。清明用宝花1座。[③] 岁暮用五色纸2500张、锞子2500锭。

根据清宫档案记载：

> 荣亲王神位一位，一年清明、岁暮二大祭。

---

①《仁宗睿皇帝实录》卷一三三，《清实录》第29册，第813页，中华书局，1986年。

②[清]英廉重纂本：《昌瑞山万年统志》上函，卷之二“祀典”。

③这里所说的宝花，不知是大佛花还是小佛花。原书上是这样写的。

凡大祭供膳桌一张，供熟羊肉一方、烧羊胸一盘、烧羊琵琶肉一盘、鲜鱼一盘、烧野鸡一盘、蘑菇一盘、木耳一盘、蕨菜一盘、荷包鸡蛋一盘、炒羊肝一盘、肚子一盘、肺一盘、心一盘、羊肉片一盘、炒肉丝一盘、炒腰子一盘、酱稍瓜一碟、咸菜一碟、酸菜一碟、青瓜子一碟、粉汤一碗、饭一碗。共二十二样。酒三爵，供奶茶一碗，饽饽桌一张，上供江豆条一碗、小酥饽饽一碗、蜂蜜印子二盘、寸麻花一碗、芝麻占一碗、沙糖印子二盘、鸡蛋印子一盘、鸡蛋鲁酥一盘、鸡蛋糕一盘、红馅梅花酥一盘、黄馅梅花酥一盘、红馅赶皮一盘、黄馅赶皮一盘、菓馅饽饽二盘、紫梅花酥一盘、糖酥饼二盘、红馓枝一盘、白馓枝一盘、红白小麻花二盘、奶皮一盘、红梨一盘、黄梨一盘、棠梨一盘、橘子一盘、鲜葡萄一盘、苹果一盘、龙眼一盘、荔枝一盘、冰糖一盘、八宝糖一盘、大占一盘、干枣一盘、红枣一盘、西葡萄一盘、桃仁一盘、榛仁一盘、栗子一盘、柿饼一盘、盐一碟，共四十五样。①

荣亲王园寝领催一名、拜唐阿五名。②

四、理密亲王园寝的祭礼

理密亲王是康熙帝的皇二子、曾两立两废的皇太子允礽。他的园寝建在东陵西侧的黄花山西麓，是6座王爷园寝中的东数第二座。

该园寝一年中元、冬至、岁暮三祭，所供祭品系端慧皇太子园寝差役人等造办供献，礼部官员奠茶、奠酒。每年中元、岁暮焚纸两

① 实际是45盘碗，而不是45样。

② 国家图书馆藏历史档案文献丛刊《清代孤本内阁六部档案续编》第五册，“孝陵内关防各项事宜清册”，第1823～1827页，全国图书馆文献缩微复印中心，2005年。

次。每次焚素纸1000张、金银锞1000锭。每年清明前一日，工部进小佛花一座，岁暮日焚化。[①]

五、端悯固伦公主园寝的祭礼

端悯固伦公主园寝是东陵唯一的公主园寝，位于陵园东，马兰峪东一公里许的许家峪村西。该园寝内葬道光帝的两个皇女、两个皇子。4座宝顶东西排成一排。由西往东依次为皇二女、皇长女、皇二子、皇三子。这四人都是早殇的。其中的皇长女为孝慎皇后所生，死时只有7岁，[②]是四人中年龄最大者，其宝顶位于园寝的中轴线上。该园寝最初就是为皇长女端悯固伦公主修建的，所以名为端悯固伦公主园寝。

该园寝只有端悯固伦公主有四时大祭。每次大祭由八旗总管致祭，有膳品17盘碗、饽饽桌上有54盘碗，陈少牢。

两位皇子及二公主每年有清明、岁暮两次大祭。每祭用金银锞1000锭、纸钱1000张、饭桌1张、饽饽桌1张、羊1只、酒1瓶，由内务府官员到宝顶前致祭。[③]

每月朔望无祭品，内务府官员上香。[④]

六、苏麻喇姑园寝的祭礼

苏麻喇姑病逝于康熙四十四年（1705）九月初七日。[⑤]她是孝庄

①[清]英廉重纂本：《昌瑞山万年统志》上函，卷之二“祀典”。

②唐邦治辑：《清皇室四谱》第四谱“公主”，第23页，上海聚珍仿宋印书局，1923年。

③清宫档案《内务府活计档》胶片，13号。

④[清]英廉重纂本：《昌瑞山万年统志》上函，卷之二“祀典”。

⑤清宫档案《满文朱批奏折》，转引自杨珍《康熙皇帝一家》第411页，学苑出版社，1994年。

皇后的陪嫁侍女，是孝庄皇后的知己和知音，深受皇宫上下人的尊敬和爱戴。她死后，其灵柩最初停在暂安奉殿。雍正三年（1725）将暂安奉殿改建为昭西陵时，特地在距昭西陵最近的南新城东墙外为她建了园寝。乾隆二年（1737）二月二十六日，将雍正帝的老贵人葬入该园寝。[①] 苏麻喇姑的宝顶位于园寝的中轴线上，而老贵人的宝顶位于苏麻喇姑宝顶的东旁，宝顶稍大于苏麻喇姑宝顶。

小宝顶为苏麻喇姑宝顶，大宝顶为老贵人的宝顶

苏麻喇姑园寝每年只有清明一祭。供膳桌每人1张，每张桌供膳品15盘碗。另供奶茶1碗。由昭西陵造办供品，由礼部官员奠酒。[②]

第十四节　列圣圣诞日的祭祀

根据《皇朝文献通考》记载，“每逢列圣诞日，奉祀官诣陵寝扫除拂拭，陈列果酒，上香，行三跪九叩礼。”[③] 但在《昌瑞山万年统

① 清朝东陵官员编：《陵寝易知》卷二，“神牌位次”。

② 陵寝官员编：《昭西陵录》。

③ 清高宗敕撰：《清朝文献通考》卷一五四，“王礼三十”，考6203页，商务印书馆，1936年。

志》和《陵寝易知》两部清陵专著中却未见记载列圣诞生日有什么祭祀活动，还有待继续考证。

第十五节　供品的样色

清朝皇陵的供品大致分3类：一是膳品桌上的供品；二是饽饽桌上的供品；三是其他类，包括酒、茶、太牢、少牢、制帛、羊只、奶饼、香瓜、西瓜等。这里重点介绍膳品桌和饽饽桌上的供品，其次介绍一下第三部分的羊只、香饼、香瓜、西瓜。

一、膳品桌上的供品

清朝皇陵膳品桌上的供品最多是十八盘碗。

十八种膳品样色如下：

熟牛肉一方	熟羊肉一方	烧野鸡一盘
烧羊胸肉一盘	鲜鱼一盘	鲋鱼一盘
蕨菜一盘	蘑菇一盘	粉汤一碗
饭一碗	酸奶子一碗	芥末菜一碗
野鸡肉丝汤一碗	羊肉丝汤一碗	青酱瓜一碟
咸菜一碟	青酱一碟	酱稍瓜一碟

如果膳品是十七盘碗，则减去熟羊肉。如果是十四盘碗，再减去粉汤、羊肉丝汤、酸奶子三样。[①]

二、饽饽桌上的供品

饽饽桌上的供品分两部分，一部分是各种面制供品，另一部分是

① [清] 英廉重纂本：《昌瑞山万年统志》上函，卷之二“祀典”。

干鲜果品。

帝、后位前所供的饽饽样色如下：

鹅蛋一碗	鸭蛋一碗	鸡蛋一碗
奶皮一碗	鱼儿饽饽一碗	江米糕一碗
黄米糕一碗	寸麻花一碗	江豆条一碗
蜂蜜印子二盘	炸勒克一盘	烙勒克一盘
沙糖印子二盘	七星饼一盘	鸡蛋糕一盘
鸡蛋印子一盘	鸡蛋鲁酥一盘	红馅梅花酥一盘
黄馅梅花酥一盘	白薄烧饼一盘	鸡蛋薄烧饼一盘
炸高丽饼一盘	红馅赶皮一盘	黄馅赶皮一盘
果馅厚酥饽饽二盘	糖酥饼二盘	红馓枝一盘
白馓枝一盘	芝麻烧饼二盘	大麻花一盘
小红麻花一盘	小白麻花一盘	构奶子糕一盘
山葡萄糕一盘	奶皮花糕一盘	小菊花饽饽一盘
奶干糕一盘	山梨面糕一盘	英萼面糕一盘
白奶糕一盘	蜂蜜一碟	白盐一碟

另加干鲜果品十八盘碗。

饽饽桌如果是六十三样、五十七样、五十四样、四十五样，从中递减。

干鲜果品，由下列二十九种中挑选，按季节所产随时更换：

平果	红梨	黄梨	棠梨	柿子	槟子
红李	黄李	沙果	樱桃	冰糖	龙眼
荔枝	柿饼	红枣	胶枣	桃仁	榛仁
松仁	栗子	乌梨	大占	桃	杏
江米糖	山里红	八宝糖	西葡萄	鲜葡萄[①]	

①[清]英廉重纂本：《昌瑞山万年统志》上函，卷之二“祀典”。

三、其他

（一）羊只

每年仲秋（八月），皇宫的御膳房派专人送乌珠穆秦、克什克腾羊，每陵各2只，分两次随祭供献。仲冬（十一月），送达朗岗爱羊，每陵5只，分5次随祭供献。

（二）奶饼

春秋仲月，御茶房送奶饼2次，随祭供献。每年中元（七月十五日）每次送奶饼由侍卫送。这种每年春秋二季由皇宫往东西陵送奶饼的做法一直延续到了1924年。[①]

（三）西瓜和香瓜

每年供西瓜1次，六月供香瓜1次。帝、后，每位供西瓜15个、香瓜240个。妃嫔，供西瓜8个、香瓜120个。[②]

中国第一历史档案馆藏有一件管理太常寺事务的礼部尚书启秀向皇帝奏报光绪二十四年（1898）东陵和西陵14座帝后陵奉祀礼部所用银两及部分物品数量的黄册，所用银两就达9600多两，尚不包括关内7座妃园寝、[③]由皇家负责祭祀的陪葬墓所用，而且也不包括做祭品所用的各种粮、油、蔬菜、羊只、瓜果等。

① 清宫档案《新整溥仪档》第251包。

② [清] 英廉重纂本：《昌瑞山万年统志》上函，卷之二“祀典”。

③ 当时还没有建崇陵妃园寝。

表一　光绪二十四年东西陵十四座帝后陵一年祭祀所用物品数量及银两统计表

陵名	旧管（两）	新收（两）（移取太常寺）	合计	牛（只）银两	野鸡（只）银两	野鸡雏（只）银两	晒干枣（斤）银两	大占（斤）银两	八宝糖（斤）银两	冰糖（斤）银两	龙圆（斤）银两	荔枝（斤）银两	干葡萄（斤）银两
昭西陵	4.172	215.48	219.652	10 80	99 18.05	8 8	43.12 1.572	26.2 1.829	25.6 3.654	29.2 3.961	15.1 2.169	17.3 2.475	13 0.91
孝陵	4.539	410.056	414.595	12 96	199 37.85	16 16	48.4 1.737	16.8 1.155	64 9.216	68.8 9.316	37.12 5.436	37.12 5.436	35.8 2.485
孝东陵	105.225	970.04	1075.265	10 80	551 99.15	21 21	146.1 5.258	89 6.23	94.2 13.544	212 28.832	124.8 17.928	127.9 18.369	67 4.69
景陵	1.119	1883.436	1884.555	18 144	1086 200.9	52 52	543.6 90.561	129.8 9.065	323.6 46.566	327.10 44.557	183.10 26.442	183.10 26.442	81 5.67
泰陵	28.412	69116.22	735.632	12 96	443 87.35	72 72	146.9 2.638	91.14 6.501	140.8 9.16	140.8 10.305	78.8 6.28	78.8 6.673	75 5.25
泰东陵	3.951	165	168.951	10 80	52 10.4	10 10	18.2 0.326	20.4 1.417	22.8 1.8	18.12 1.688	13.2 1.05	13.2 1.116	11 0.77
裕陵	28.329	1504.673	1533.002	14 112	1099 201.75	44 44	493.6 17.762	310.4 21.717	113.4 16.38	256.10 34.901	144.13 20.853	149.11 21.555	246 17.22

注：这8张表实际上是4张，每两页（从昭西陵至惠陵）是一张表，因一页容纳不下，故制成8张表。

续表

陵　名	旧管（两）	新收（两）（移取太常寺）	合　计	牛（只）银两	野鸡（只）银两	野鸡雏（只）银两	晒干枣（斤）银两	大占（斤）银两	八宝糖（斤）银两	冰糖（斤）银两	龙圆（斤）银两	荔枝（斤）银两	干葡萄（斤）银两
昌　陵	20.81	715	736.81	12 96	428 80.2	112 112	160.4 2.884	93 6.51	103.8 8.28	90.12 8.167	68.2 5.45	68.2 5.791	63 4.41
昌西陵	12.003	160	172.003	10 80	52 9.1	10 10	18.2 0.326	20.4 1.417	22.8 1.8	18.12 1.688	13.2 1.05	13.2 1.116	11 0.77
慕　陵	22.312	608	630.312	16 128	351 74.75	49 49	130.4 2.344	77.8 5.425	101.8 8.12	101.8 9.135	59.4 4.74	59.4 5.36	52 3.64
慕东陵	27.193	961	988.193	12 96	468 82.4	154 154	188.12 3.397	161.4 11.288	207.6 16.59	207.6 18.664	130.11 10.455	130.11 11.108	129 9.03
定　陵	41.7	731	772.7	12 96	341 61.85	38 38	110.5 3.971	34.8 2.415	55.14 8.46	83 11.288	24.6 3.51	18.12 2.7	18 1.26
普祥峪定东陵	5.126	180	185.126	10 80	39 7.15	6 6	16.4 0.585	21 1.47	21 1.47	21 2.856	12.4 1.764	12.4 1.764	12 0.84
惠　陵	44.883	359.875	404.758	12 96	130 24.7	12 12	44.12 1.611	30 2.1	35 5.04	46.10 6.341	18.6 2.646	18.6 2.646	20 1.4
合　计	349.774	9571.78	9921.554										

表二

陵名	红枣（斤） 银两	核桃（斤） 银两	柿饼（斤） 银两	栗子（斗升） 银两	蜜饯、山里红（斤） 银两	榛子（斤） 银两	白蘑菇（斤） 银两	木耳（斤） 银两	蕨菜（斤） 银两	白糖（斤） 银两	桃仁（斤） 银两	苹果（个） 银两	黄梨（个） 银两
昭西陵		4450 7.12	16.4 0.585	1斗8升 0.81	13.14 2.497	7斗 2.8	10 4.5	8.10 1.552	11 0.385	85 10.88	10.8 0.735	346 9.688	370 5.55
孝陵	4.12 0.057	11880 19.008	10.8 0.378	8升 2.7	60.12 10.935	4石7斗4升 18.96	28 12.6	18.8 3.33	8 0.28	164 20.992	9 0.63	884 24.752	1028 15.42
孝东陵	25.9 0.37	24100 38.56	109.96 4.35	6斗4升 2.88	150.15 27.169	10石7斗2升 42.88	91 40.95	28.8 5.13	62 2.17	522 66.816	141 9.87	2710 75.88	3366 50.49
景陵	57.1 0.685	40820 74.912	320 11.52	6斗 2.7	233 41.94	22石9斗4升4合 91.776	219 98.55	137 24.66	218 7.63	1378 176.384	342 23.94	4608 45.024	5228 78.42
泰陵	47.12 0.573	15760 15.76	73.12 15.76	1石2斗1升 5.445	44.6（红） 2.219	5斗2升3合 20.92	77.8 34.875	47.4 8.505	87 3.045	554 24.93	170 11.935	1608 45.024	1688 25.32
泰东陵	3.2 0.037	4100 4.1	5 0.075	1斗 0.45	11（红） 0.55	3斗 1.2	7.8 3.375	5 0.9	5 0.175	40 1.8		312 8.736	300 4.5
裕陵	31 0.037	24703 39.525	300 10.8	6斗2升 2.79	253.3 45.574	7石1斗 28.4	181 81.45	140 20.52	36 1.26	1145 146.624	272 19.04	3646 102.088	3852 57.78

续表

陵　名	红枣（斤）银两	核桃（斤）银两	柿饼（斤）银两	栗子（斗升）银两	蜜饯、山里红（斤）银两	榛子（斤）银两	白蘑菇（斤）银两	木耳（斤）银两	蕨菜（斤）银两	白糖（斤）银两	桃仁（斤）银两	苹果（个）银两	黄梨（个）银两
昌　陵	42 0.54	16320 16.32	66.2 0.992	1石1斗4升 5.13	52.9（红） 2.628	4石5斗4升 18.16	17 34.65	48.8 8.73	82 2.87	508 22.86	112 7.84	1444 40.432	1444 21.66
昌西陵	3.2 0.037	4100 4.1	5 0.075	1斗 0 .45	11（红） 0.55	3斗 1.2	7.8 3.375	5 0.9	5 0.175	40 1.8		312 8.736	300 4.5
慕　陵	22.8 0.27	19680 79.68	36 0.54	7斗2升 3.24	56.14（红） 2.844	2石斗2升 9.28	14 24.3	36 6.48	36 1.26	280 12.6		1384 38.752	1384 20.76
慕东陵	47 0.564	29240 29.24	73.8 1.13	1石3升 5.85	69.3（红） 3.459	5石3斗4升 21.36	89 40.05	56.8 10.17	82 2.87	544 24.48	119 8.33	2988 83.664	2988 44.82
定　陵	14.12 0.177	2700 43.2	22.8 0.81	1石4斗5升 6.525	85.4 15.345	6石6斗3升 26.52	72.9 32.653	46.2 8.302	58 2.03	446 57.088	3 0.21	1524 42.672	1640 24.6
普祥峪定东陵		360 0.576	6 0.216	2升 0.09	36 6.48	3斗 1.2	7.8 3.375	5 0.9	2 0.07	40 5.12	50 1.05	336 9.408	336 5.04
惠　陵		8640 13.824	42 1.512	5斗7升6合 2.592	64.14 11.677	7石4斗4升 29.76	18 18.1	12 2.1611	12 0.42	116.88 14.918		806 22.568	806 12.09
合　计													

表三

陵名	红梨（个）银两	棠梨（个）银两	波梨（个）银两	柿子（个）	葡萄干（斤）银两	黄李子（个）	红李子（个）银两	樱桃（斤）银两	桃（个）银两	杏（个）银两	槟子（个）银两	沙果（个）银两	山葡萄（斗升）银两
昭西陵	418 5.852	394 4.728	26 0.39	24 0.192	50 2.75	210 0.42	150 0.3	4 0.32	90 1.35	120 0.12	160 0.8	160 0.32	3斗4升 6.53
孝陵	1028 14.392	1100 13.2		36 0.288	145 8.002	120 0.24	120 0.24	3 0.24	324 4.86	240 0.24	225 1.125	60 0.12	7斗2升 14.04
孝东陵	3284 45.976	3326 39.912	198 2.97	246 1.968	380.8 17.517	1500 3	1030 2.06	8 0.64	1040 15.21	250 0.25	1360 6.8	1810 3.62	1石5斗6升5合 29.85
景陵	5108 71.512	5104 61.248	840 12.6	214 1.712	386 21.23	1700 3.4	1800 3.6	12 0.96	844 12.66	460 0.46	1115 5.575	1800 3.60	4石7升6合 81.225
泰陵	1620 22.68	602 7.224	350 5.25	34 0.272	280.12 12.031	600 1.2	600 1.2	6 0.48	406 6.09	320 0.32	475 2.375	880 1.76	1石2斗5升 24.95
泰东陵	288 4.032	48 0.576			44 2.42	160 0.32	80 0.16	4 0.32	108 1.62	40 0.04	100 0.5	160 0.32	2斗 4
裕陵	4112 57.568	4640 55.68	496 7.44	460 3.68	586.8 32.257	2610 5.22	2610 5.22	38 3.04	732 10.98	1830 1.83	2400 12	3630 7.26	3石3斗9升5合 65.64
昌陵	1420 19.88	513 6.156	192 2.88		211.8 11.633	800 1.6	640 1.28	23 1.84	403 6.045	640 0.64	425 2.125	780 1.16	1石4斗6升 28.87

续表

陵　名	红梨（个）银两	棠梨（个）银两	波梨（个）银两	柿子（个）	葡萄干（斤）银两	黄李子（个）	红李子（个）银两	樱桃（斤）银两	桃（个）银两	杏（个）银两	槟子（个）银两	沙果（个）银两	山葡萄（斗升）银两
昌西陵	300 4.2	48 0.576			44 2.42	160 0.32	160 0.32	4 0.32	96 1.44	120 0.12	50 0.25	80 0.16	2斗 3.8
慕　陵	1288 18.032	366 4.392			222 12.21	800 1.6	480 0.96	16 1.28	298 4.47	480 0.48	525 2.625	520 1.04	1石4斗2升 29.29
慕东陵	2988 41.832	366 4.392	208 3.12		411 22.605	1280 2.56	640 1.28	9 0.72	560 8.4	960 0.96	800 4	1760 3.52	1石7斗4升 33.93
定　陵	1640 22.96	544 6.528	1640 24.6	850 6.8	161.8 8.883	355 0.71	355 0.71	7 0.56	482 7.23	265 0.265	860 4.3	305 0.61	1石1斗8升 23.01
普祥峪定东陵	336 4.704	336 4.032	336 5.04	120 0.96	50 2.75	120 0.24	120 0.24	6 0.48	120 1.8	120 0.12	150 0.75	160 0.32	2斗 4
惠　陵	806 11.284	806 9.672	806 12.06	192 1.536	108 5.94	90 0.18	180 0.36	4 0.32	312 4.68	320 0.32	180 0.9	180 0.36	4斗8升 9.36
合　计													

表四

陵　名	枸杞子（斗升）银两	鲜鱼（斤）	胭脂（块）银两	苏木（斤）银两	橘子（个）银两	烧酒（斤）银两	栀子（斤）银两	蓝靛（两）银两	细粉（斤）银两	毛头纸（张）银两	蓝棉（块）银两	通共用银	实在银
昭西陵	2斗5升 3.44	105 18.76				15 0.315						216.321	3.331
孝　陵	5斗4升 7.56	189.2 32.981			20 0.8	6 0.126						410.787	3.808
孝东陵	1石1斗5升 15.34	658.8 113.44	64 1.2	2 0.19	177 7.8	150 3.15	2 0.32	0.8 0.16		400 0.4	40 0.2	973.713	101.552
景　陵	2石9斗7升5合 42.7	1180 214.12 9				324 6.804	20 3.2					1880.759	3.796
泰　陵	9斗1升 13.08	412 74.46	544 10.88	20 1.92	30 1.2	159 3.339	3.12 0.6	3.8 1.12	178 5.34	3400 3.4	280 1.4	706.985	28.647
泰东陵	1斗5升2.16	45 8.1	80 1.6	3.12 0.36				10 0.2	15 0.45	500 0.5	50 0.25	162.993	5.958
裕　陵	2石4斗5升5合 34.04	876.4 154.06 5				240 5.04						1530.075	2.927

续表

陵名	枸杞子（斗升）银两	鲜鱼（斤）	胭脂（块）银两	苏木（斤）银两	橘子（个）银两	烧酒（斤）银两	栀子（斤）银两	蓝靛（两）银两	细粉（斤）银两	毛头纸（张）银两	蓝棉（块）银两	通共用银	实在银
昌陵	1石6升 15.8	418 76.32	640 12.8	23 2.208		140 2.394		5 1.6	146 4.38	4000 4	400 2	719.959	16.851
昌西陵	1斗5升 2.04	45 7.83	80 1.6	3.12 0.36			26 4.16	10 0.2	15 0.45	500 0.5	50 0.25	160.921	11.082
慕陵	1石6升 15.8	320 59.76	576 11.52	26 2.496		12 0.252	26 4.16	4.8 1.44	102 3.06	3600 3.6	360 1.8	610.463	19.849
慕东陵	1石2斗6升 17.64	474 87.21	768 15.36	27 2.592		102 2.142	27 4.32	6 1.92	149 4.47	4800 4.8	480 2.4	961.21	26.983
定陵	8斗6升 15.91	382 69.48	274 8.24	77 7.392	78 1.638		77 12.32	18.6 5.88				737.22	35.48
普祥峪定东陵	1斗5升 2.16	69 12.42										178.994	6.132
惠陵	3斗6升 5.04	110 19.425	36 0.72	15 1.44			15 2.4	3 0.96		1800 1.8		362.766	41.992
合计												9613.166	308.388

第十六节　陵寝冰块、柴炭、粮菜的供应

一、冰块的供应

如今，家家都有冰箱、冰柜之类的冷藏保鲜设备，即使在炎热的夏季也能随时吃到新鲜可口的食品。那么在清代，是怎么保证食物不霉变的呢？采用的就是冰镇的方法。在冬季储存大量的冰块于冰窖中，以备天热时应用。

皇陵祭祀，要提前准备大量的食品，制作出来的祭品在使用之前也要防止腐败霉烂。所以，皇陵每年都需要大量的冰块，提前储存在各陵。比如，昭西陵内务府要备冰47块，礼部要备冰16块。孝陵内务府要备冰38块，礼部要备冰16块。孝东陵内务府要备冰39块半，礼部要备冰16块。景陵及妃园寝要备冰95块，礼部要备冰44块。[①] 如此大量的冰块从哪里来呢？康熙初年定，每年藏冰之时，令直隶省地方官照部定例，伐冰藏窖，以备陵寝祭祀之用。雍正四年（1726）议准，陵寝祭祀所需冰，景陵由马兰关、遵化州供用，妃园寝由蓟州供用。昭西陵由遵化州与蓟州轮年供用。孝陵和孝东陵由丰润县（今丰润区，下同）供用，永著为例。乾隆四十二年（1777）定，泰东陵祭祀所需冰由易州供用。嘉庆四年（1799）定裕陵祭祀所需冰由丰润县供用。道光元年（1821）定昌陵祭祀所需冰由易州供用。咸丰二年（1852）定慕陵祭祀所需冰由易州供用。咸丰三年（1853）定昌西陵祭祀所需冰由易州供用。咸丰七年（1857）定慕东陵祭祀所需冰由易州供用。同治四年（1865）定，定陵祭祀所需冰由玉田县供用。光绪五年（1879）定惠陵祭祀所需冰由丰润县供用。光绪七年（1881）定普祥峪定东陵祭祀所需冰由玉田县供用。[②]

---

①［清］英廉重纂本：《昌瑞山万年统志》上函，卷之二“备物”。

②［清］崑冈等修，刘启端等纂，光绪朝《钦定清会典事例》卷九四〇，“工部·藏冰·陵寝供冰”。载《续修四库全书》编纂委员会编：《续修四库全书》第811册，“史部·政书类”，第356～357页，上海古籍出版社，2002年。

二、柴炭的供应

皇陵所用的柴炭数量惊人。这些柴炭既包括制作祭品时的用柴，也包括官员、差役、兵丁的冬季取暖。经统计，仅昭西陵、孝陵、孝东陵、景陵、景陵妃园寝及这些陵的内务府、礼部、八旗等官员、兵丁，一年就用柴340497斤、帛柴910斤、苇柴395斤、炭33959斤。[①]这还不包括裕陵、裕陵妃园寝、定陵、两座定东陵、定陵妃园寝、惠陵、惠陵妃园寝及相关机构所用的柴炭。皇陵所用的柴炭也是由毗邻皇陵的各州县供应。

据光绪年的《钦定大清会典事例》记载："陵寝每岁祭祀需用柴炭，即令本处州县动项采买，报部核销。昭西陵由蓟州。孝陵、孝东陵由丰润县。景陵由蓟州。泰陵、泰东陵由易州及涞水县。裕陵由遵化州。昌陵、昌西陵、慕陵、慕东陵由易州及涞水县。定陵、普祥峪定东陵、惠陵由蓟州、遵化州、丰润县、玉田县。东陵隆福寺，西陵永福寺喇嘛应领冬三月烤炭，每名日三斤，每斤银四厘，分别由蓟州、易州支领，报部核销，各衙门支给。"[②]

三、粮菜的供应

皇陵祭祀需要大量的粮食和蔬菜，于是，在东陵和西陵各设庄头和园头，负责粮食和蔬菜的生产和供应。东陵设庄头2名，园头1名，各给予土地，令其种植灌溉，按时供应制办祭品所需粮菜。每新葬一位墓主人，就要增加一定数量的土地。比如，乾隆帝葬入裕陵

---

①[清]英廉重纂本：《昌瑞山万年统志》上函，卷之二"备物"。

②[清]崑冈等修，刘启端等纂，光绪朝《钦定清会典事例》卷九五一，"工部·薪炭·陵寝供用"。载《续修四库全书》编纂委员会编：《续修四库全书》第811册，"史部·政书类"，第451～452页，上海古籍出版社，2002年。

后，拨给庄头地六顷、园头地一顷五十亩。[①] 令懿皇贵妃入葬后，拨给庄头地一顷七十亩、园头地六十五亩。令懿皇贵妃被追赠为孝仪皇后之后，又加给庄头地四顷三十亩、园头地八十五亩。[②]

第十七节　大祭的祝文内容

四时大祭和忌辰大祭时，都要由读祝官恭读祝文。这些祝文的内容，各陵都不尽相同。这些祝文都是由内务府的笔帖式书写的。现将查到的有关陵的祝文抄录于下，以飨读者。

一、永陵清明祝文

维康熙　年岁次　月　日，孝玄孙嗣皇帝　遣　敢昭告于肇祖原皇帝、原皇后、兴祖直皇帝、直皇后、景祖翼皇帝、翼皇后、显祖宣皇帝、宣皇后曰：兹当新春，万物茂育。清明节届，敬荐时馨。尚飨。

（一）中元祝文（开头与清明一样，此处不再写）

兹当孟秋，宜修时祭。谨荐苾芬，用申享祀。尚飨。

（二）冬至祝文

① [清] 崑冈等修，刘启端等纂，光绪朝《钦定大清会典事例》卷四三〇，“礼部・大祀”。载《续修四库全书》编纂委员会编：《续修四库全书》第804册，“史部，政书类”，第749页，上海古籍出版社，2002年。

② [清] 崑冈等修，刘启端等纂，光绪朝《钦定大清会典事例》卷四三〇，“礼部・大祀”。载《续修四库全书》编纂委员会编：《续修四库全书》第804册，“史部，政书类”，第747页，上海古籍出版社，2002年。

时当长至，万类萌生。节序迁流，阳气来复。仰瞻启运，祈锡洪庥。谨以牲醴庶品，用申祭奠。尚飨。

（三）岁暮祝文

气序以周，岁将更始。用修时祭，敬荐馨香。尚飨。

二、福陵清明祝文

维康熙　年岁次　月　日嗣孝曾孙　遣　恭代昭告于太祖承天广运圣德神功肇纪立极仁孝睿武弘文定业高皇帝、孝慈昭宪敬顺庆显承天辅圣高皇后曰：兹当新春，万物茂育。清明节届，敬荐时馨。尚飨。

（一）七月十五日祝文

惟顺治元年岁次甲申七月十五庚子吉日，孝孙嗣皇帝谨跪于太祖承天广运圣德神功肇纪立极仁孝武皇帝、太皇太后孝慈昭宪纯德贞顺承天育圣武皇后神位前奏告曰：今正值粮果丰登，谨以初秋礼，合此良机，特此斋戒，并遣代祭大臣，备足祭品，恭谨祭献。[①]

（二）康熙年间的中元节祝文

兹当孟秋，宜修时祭。谨以香烛牲帛醴果庶品，用申享祀。尚飨。

① 中国第一历史档案馆编：《清初内国史院满文档案译编》（中）第48页，光明日报出版社，1989年。

（三）冬至祝文

时当长至，万类萌生。节序迁流，阳气来复。仰瞻天柱，祈锡洪庥。谨以牲醴庶品，用申祭奠。尚飨。

（四）岁暮祝文

气序以周，岁将更始。用修时祭，敬荐馨香。尚飨。①

昭陵四时大祭祝文基本与福陵一样。此不赘述。

各陵的四时的祝文，随着不同的时期，也有变化。但大致相似。

三、昭西陵的祝文

（一）清明祝文

维光绪　年岁次　月　朔越　日，孝孙嗣皇帝御名谨遣　昭告于孝庄仁宣诚宪恭懿至德纯徽翊天启圣文皇后曰：时届新春，万物滋茂，维此清明，用申禋祀，伏惟尚飨。

（二）孟秋望（七月十五日）祝文

（开头语和称呼同上，略。下同）兹以新秋，因时致祭。谨以牲帛醴齐庶品敬献，伏惟尚飨。

① 康熙二十九年版：《康熙朝大清会典》卷六十一，第3191～3195页。近代中国史料丛刊三编，第七十二辑，文海出版社，中华民国八十一年十月出版。

（三）岁暮祝文

时维岁暮，节届履端。因时致祭，伏惟尚飨。

（四）忌辰祝文

礼重孝飨，遇时序而增伤。时逢讳日，望山陵而永慕。兹因皇祖妣孝庄文皇后忌辰，谨以牲帛醴齐庶品，用申祭奠。尚飨。

四、孝陵的祝文

（一）清明祝文

维光绪　年岁次　月　朔越　日，孝孙嗣皇帝御名谨遣　昭告于世祖体天隆运定统建极英睿钦文显武大德弘功至仁纯孝章皇帝、孝康慈和庄懿恭惠温穆端靖崇天育圣章皇后、孝献庄和至德宣仁温惠端敬皇后曰：时届新春，万物滋茂，维此清明，用申祭奠，伏惟尚飨。

（二）孟秋望（七月十五日）祝文

（开头语和称呼同上，略。下同）兹以孟秋，因时致祭。谨以牲帛醴齐庶品敬献，伏惟尚飨。

（三）冬至祝文

时维长至，万类含生。运应阳初，瞻望山陵，祈求笃

祜。虔备牲酒庶品，用申祭奠，伏惟尚飨。（昭西陵冬至祝文与此同，惟祭奠作禋祀）

（四）岁暮祝文

时维岁暮，节届履端。虔备庶物，因时致祭，伏惟尚飨。

（五）忌辰祝文

1. 礼重孝飨，遇时序而增伤。时逢讳日，望山陵而永慕。兹因皇祖忌辰，谨以牲醴庶品，用申祭奠。尚飨。

2. 礼重孝飨，遇时序而增伤。时逢讳日，望山陵而永慕。兹因皇祖妣孝康章皇后忌辰，谨以牲醴庶品，用申祭献。尚飨。

五、孝东陵的祝文

（一）清明祝文

维光绪　年岁次　月　朔越　日，孝孙嗣皇帝（御名）谨遣　昭告于孝惠仁宪端懿慈淑恭安纯德顺天翼圣章皇后曰：清明节届，万类用昌。敬荐馨香，聿申祭享。伏惟尚飨。

（二）孟秋望（七月十五日）祝文

（开头语和称呼同上，略。下同）兹届孟秋，时修禋祀。谨以牲帛醴齐庶品敬献，伏惟尚飨。

（三）冬至祝文

时维长至，一阳复始，玉律迎和。遥望山陵，永惟瞻慕。虔备牲酒庶品，用申祭奠，伏惟尚飨。

（四）岁暮祝文

时维岁暮，节届履端。虔备庶品，因时致祭，伏惟尚飨。

（五）忌辰祝文

礼重孝飨，抚时序而增伤。时际讳辰，望山陵而永慕。兹因皇祖妣孝惠章皇后忌辰，谨以牲醴庶品，用申祭献。尚飨。

六、景陵的祝文

（一）清明祝文

维光绪　年岁次　月　朔越　日，孝孙嗣皇帝（御名）谨遣　昭告于圣祖合天弘运文武睿哲恭俭宽裕孝敬诚信中和功德大成仁皇帝、孝诚恭肃正惠安和淑懿俪天襄圣仁皇后、孝昭静淑明惠正和安裕钦天顺圣仁皇后、孝懿温诚端仁宪穆和恪奉天佐圣仁皇后、孝恭宣惠温肃定裕慈纯赞天承圣仁皇后曰：清明节届，物候频迁。虔备庶品，因时致祭。伏惟尚飨。

（二）孟秋望（七月十五日）祝文

（开头语和称呼同上，略。下同）节届中元，秋气始肃。用修时祭特荐，维伏昭格。尚飨。

（三）冬至祝文

节届阳初，日逢南至。永怀怙恃，莫逮瞻依。遥望山陵，肃陈俎豆。伏维昭格，鉴此馨香。尚飨。

（四）岁暮祝文

时维岁暮，节届履端。虔备庶品，因时致祭，伏惟尚飨。

（五）忌辰祝文

1. 礼隆孝飨，遇时序而增伤。时际讳辰，望山陵而永慕。兹因皇祖忌辰，谨以牲醴庶品用申祭献。尚飨。

2. 礼隆孝飨，抚时序而增伤。时际讳辰，望山陵而永慕。兹因皇祖妣孝诚仁皇后忌辰，谨以牲醴庶品用申祭献。尚飨。

孝昭仁皇后忌辰、孝懿仁皇后忌辰、孝恭仁皇后忌辰祝文同。

七、景陵皇贵妃园寝的祝文

（一）清明祝文

维光绪　年岁次　月　朔越　日，皇帝遣　致祭于悫惠皇贵妃之灵曰：禁烟节届，雨露既濡，用荐苾芬。庶几歆格。尚飨。

（二）孟秋望祝文

序届初秋，白露既肃。爰将祀事，庶克歆承。尚飨。

（三）冬至祝文

序届仲冬，一阳来复。用修时祀，庶达馨香。尚飨。

（四）岁暮祝文

岁周星纪，腊谢春回。爰展纪仪，载歆载格。尚飨。

八、景陵妃园寝的祝文

（一）清明祝文

维光绪　年岁次　月　朔越　日，皇帝遣　致祭于温僖贵妃、慧妃、惠妃、宜妃、荣妃、平妃、良妃、宣妃、成妃、顺懿密妃、纯裕勤妃、定妃之灵曰：阳和应候，节届清明。爰荐苾芬，庶其来格。尚飨。

（二）孟秋望祝文

序属中元，秋露始降。感时展祭，用达馨香。尚飨。

（三）冬至祝文

一阳始升，节届长至。聿申时祀，庶克歆承。尚飨。

（四）岁暮祝文

时当饯腊，节序将新。芬苾载陈，庶几歆格。尚飨。[①]

① 以上祝文均引自［清］何崧泰、史朴纂：《遵化通志》卷三，“陵寝·祀典”，第12～17页，光绪十二年刻本。

第八章　行宫和庙宇

一、行 宫

行宫是皇帝外出途中住宿、休息的场所。康熙、雍正两朝皇帝到遵化谒陵，沿途没有专用的行宫，所住地点也不固定，途中所用的时间也不一样。从乾隆九年（1744）营建去往东陵的沿途行宫，即三河县（今三河区）的燕郊行宫、蓟州的白涧行宫、桃花寺行宫[①]和

梁格庄行宫垂花门及长廊

①《高宗纯皇帝实录》卷一九六，《清实录》第11册，第524页，中华书局，1986年。

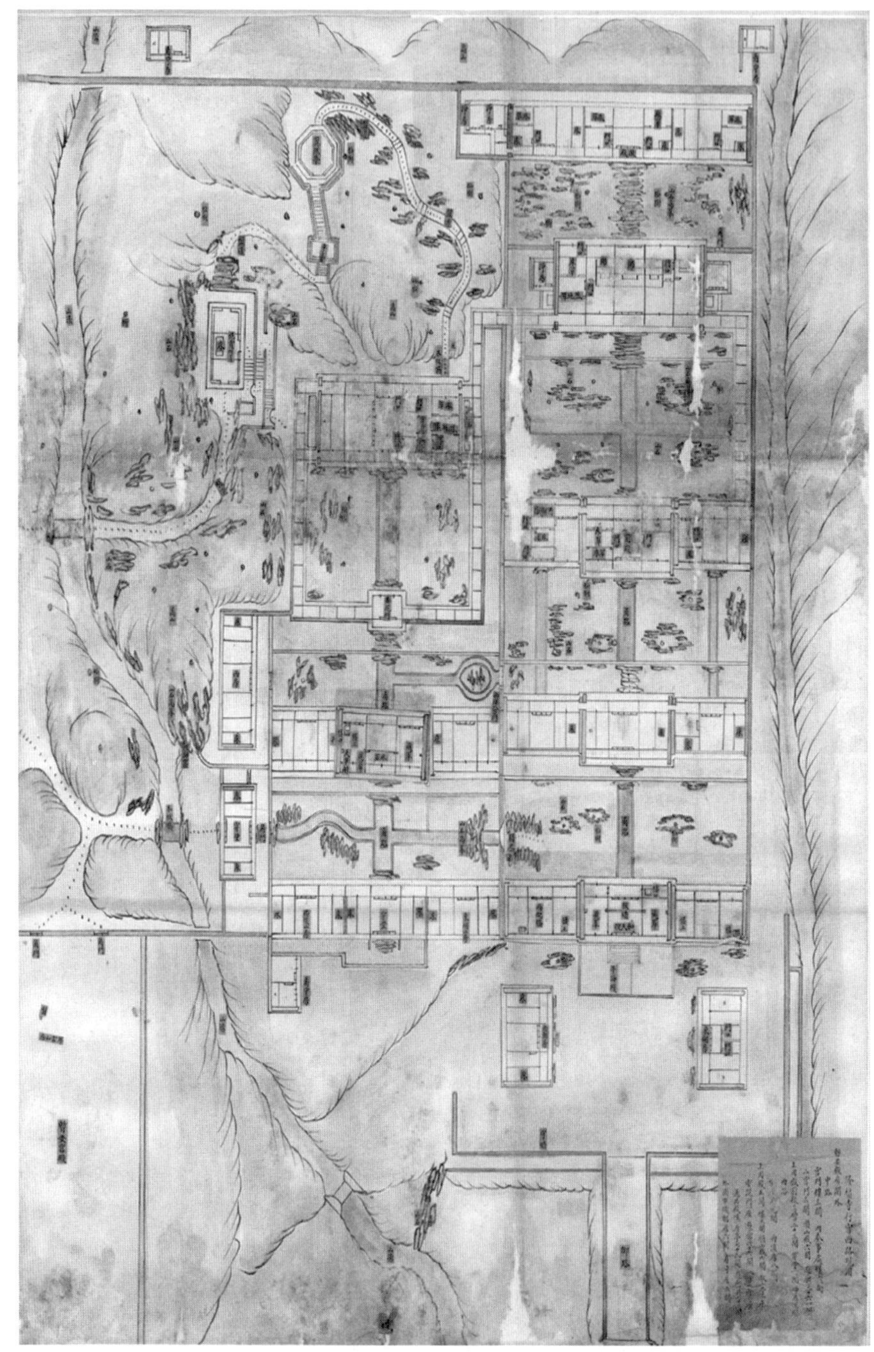

隆福寺行宫平面图

隆福寺行宫。[1] 乾隆十三年（1748）营建去往西陵的良乡县的黄新庄行宫、房山县（今房山区）的半壁店行宫、涞水县的秋澜行宫和易州的梁格庄行宫。[2] 上述行宫都是皇帝谒陵途中必住的，在此之外还有其他一些行宫，如蓟州城内的独乐寺行宫，遵化州的汤泉行宫等。

二、寺庙

乾隆四十八年（1783）秋，乾隆帝第四次去盛京祭祖时，见到在福陵和昭陵前建有实胜寺，凡是路过这二陵的蒙古王公都到实盛寺瞻拜行礼。乾隆帝认为蒙古人都笃信佛教，十分敬佛。在陵前建佛寺，用以“起敬延福，奠安洪基，意深远矣。”[3] 于是，在第二年即乾隆四十九年（1784）春天，将东陵西南边界处的小庙隆福寺进行扩建改建，变成了一座规模宏大的喇嘛庙，仍名为隆福寺。乾隆五十二年（1787）春，乾隆帝又命在西陵建永福寺，翌年冬完工，耗银十八万九千多两。[4]

东陵和西陵的这两座庙各设达喇嘛一名、德木齐和格斯贵各1名、教习3名、班第20名。[5] 乾隆五十二年（1787）二月二十八日，乾隆帝谕：“隆福寺所设喇嘛等，嗣后各陵遇有素服之日，即著在陵寝西配殿念经。”[6] 所谓素服日就是皇帝、皇后的忌辰大祭之日。这天，13名喇嘛在陵寝的西配殿所念的《药师经》系满洲经

① 清宫档案《录副奏折》乾隆八年，卷号3-6。

② 清宫档案《朱批奏折》“工程”胶卷，1号。

③《清高宗御制诗文集》御制文三集，卷十一“重修葛山隆福寺碑记”。载《文渊阁四库全书》第1301册，第644～645页，台湾商务印书馆，1986年。

④ 见清西陵永福寺《敕建永福寺碑文》。

⑤ [清] 崑冈等修，刘启端等纂，光绪朝《钦定清会典事例》卷九七四，“理藩院”。载《续修四库全书》编纂委员会编：《续修四库全书》第811册，“史部·政书类”，第658页，上海古籍出版社，2002年。

⑥ 清宫档案《内务府来文》“陵寝事务”，第2927包。

卷[①]。这一制度一直延续到清朝灭亡。

如今，东陵的隆福寺已不复存在，西陵的永福寺还保存完整。

西陵永福寺

① 清宫档案《内务府来文》“陵寝事务”，第2927包。

第九章　宗室王公及公主的园寝

亲王、郡王、公主的园寝是清朝陵寝的重要组成部分，是极为重要和宝贵的文化遗产，具有极高的历史、艺术和科学价值，因而研究这些园寝的制度是非常必要的。

第一节　皇室成员的封爵

凡皇室成员均为爱新觉罗氏。为了区别远近，自显祖宣皇帝塔克世以下子孙皆称宗室，赐以黄带；显祖宣皇帝塔克世的叔伯子孙即塔克世的兄和弟的子孙都称觉罗，[①] 赐以红带。自康熙帝以下的子孙皆称近支宗室。

关于皇室成员的封爵，经过多次变化，到了乾隆年间，爵位定为14个等级，即和硕亲王、亲王世子、多罗郡王、郡王长子、多罗贝勒、固山贝子、奉恩镇国公、奉恩辅国公、不入八分镇国公、不入八分辅国公、镇国将军、辅国将军、奉国将军、奉恩将军。[②] 未获封爵的皇室成员为闲散宗室。除清初个别非皇族成员被封为王爵外，绝大

① [清] 崑冈等修，吴树梅等纂，光绪朝《钦定大清会典》卷一，“宗人府”。载《续修四库全书》编纂委员会编：《续修四库全书》“史部·政书类”，第24页，上海古籍出版社，2002年。

② [清] 光绪重修纂本：《钦定大清会典》卷二，“宗人府·封爵”。

多数被封为王爵的均为爱新觉罗氏的皇族成员。

第二节　王爷墓地的选择和葬制

一、王爷墓地的选择

这里所说的皇室成员包括皇子。关于皇室成员的墓地选择在什么地方，清廷并没有明文规定。通过实际总结，不外乎大致有两种情况，一是作为皇家陵园的陪葬墓，将墓地确定在皇家陵园的外围；二是将墓地确定在京畿附近。

（一）作为皇陵陪葬墓的王爷园寝

清朝早期的王爷园寝多作为陪葬墓选建在皇家陵园外围，特别是早殇皇子的墓地的选择体现得更为明显。比如顺治帝的皇四子荣亲王园寝、雍正帝的端亲王园寝和怀亲王园寝、乾隆帝的端慧皇太子园寝、葬有两位皇子的道光帝的端悯固伦公主园寝。清朝皇帝往往将自己的这些娇儿爱子葬在自己陵寝的附近，以满足长倚自己膝下的愿望。最典型的就是端慧皇太子墓地的确定。乾隆帝的皇二子永琏本来于乾隆元年（1736）七月初二日已被秘定为皇位继承人，未想到于乾隆三年（1738）十月十二日夭亡了，年仅9岁。永琏死后，被谥为端慧皇太子。乾隆四年（1739）四月初九日，洪文澜等钦天监的风水官员经过选择，提议“端慧皇太子园寝应于魏家沟地方营造”。乾隆帝批示：“此事不必太忙，可交与讷亲、海望，俟万年吉地看定之后，再于附近处所选择。”[①] 后来道光帝、咸丰帝在选择万年吉地时，都曾选过魏家沟。最后光绪帝的崇陵建在了那里，改名为金

①《高宗纯皇帝实录》卷九十，《清实录》第10册，第392页，中华书局，1986年。

龙峪。这表明魏家沟确实是一处风水宝地。可是乾隆帝为什么不同意将端慧皇太子葬在那里呢？是因为当时乾隆帝的万年吉地还没有确定在什么地方，乾隆帝想让永琏葬在自己的陵寝附近，让永琏长依在自己的膝下。乾隆七年（1742），乾隆帝的万年吉地确定在遵化东陵的胜水峪之后，在这年的五月初二日，就将永琏的园寝确定在了东陵西南的朱华山下。[①] 后来，乾隆帝又将早殇的 6 个皇子和 1 个皇女 [②] 也葬在了端慧皇太子园寝内。

清朝早期的许多王公及其他皇室成员都陪葬在皇陵外围。比如，在永陵的宝城之外有许多觉罗陪葬墓，已知其中有兴祖直皇帝福满的长子德世库和三子索长阿的墓。[③] 太祖努尔哈齐的第四子镇国将军汤古岱和第六子辅国公塔拜都葬在福陵附近，他俩的墓都是福陵的陪葬墓。[④] 顺治帝的皇四子荣亲王、皇二子裕宪亲王福全、皇七子纯靖亲王隆禧的园寝作为陪葬墓，都建在了东陵的黄花山西麓。康熙帝的皇长子原封直郡王允禔、皇二子废太子理密亲王允礽、皇十四子恂郡王允禵也都葬在了黄花山下。康熙帝的皇十五子愉恪郡王允禑的园寝建在了遵化城西北的北峪村北。康熙帝的皇二十三子诚贝勒允祁葬在了今遵化市兴旺寨乡，康熙帝的这五位皇子的园寝都是景陵的陪葬墓。怡亲王允祥是康熙帝的皇十三子，他是雍正帝的心腹，与雍正帝有着非同一般的亲密关系，所以雍正帝特赐墓地，将他葬在了自己的泰陵附近，作为陪葬墓。雍正帝的皇三子弘时、皇六子果恭郡王弘瞻的园寝都作为雍正帝泰陵的陪葬墓建在了西陵的外围。

凡是作为陪葬墓将园寝建在皇陵外围的，都要奉皇帝的旨意。按常理说，能够陪葬皇陵，应该是旷典殊荣，墓主人都是深受皇帝宠信

---

① 清宫档案《录副奏折》胶片，第 19 盒。

② 乾隆帝的 6 个早殇皇子是皇七子、皇九子、皇十子、皇十三子、皇十四子、皇十六子；1 个早殇皇女是皇八女。

③ 李凤民：《兴京永陵》第 44 页，东北大学出版社，1996 年。

④ 李凤民、陆海英：《沈阳福陵》第 49 页，东北大学出版社，1996 年。

的。然而实际上并非尽然。废太子允礽可以说是雍正帝的政敌，被幽禁达13年之久，死于雍正二年（1724）十二月十四日，他死后却葬在了黄花山下。皇十四子恂郡王允禵也是雍正帝的政敌，雍正帝将他的墓地确定在黄花山下，陪葬景陵，对此允禵不仅毫不领情感恩，反而十分反感，“谬执不从”。经廉亲王允禩在背后进行了说服，“伊始听从”。[①]

（二）非陪葬皇陵的王爷墓地的选择

清朝的王爷有200多位，而陪葬皇陵的王爷等最多也只有几十位，绝大多数都未陪葬皇陵。那么，这些王爷的墓地是选择在什么地方呢?

清朝一改以前历朝封藩领地之制，分封而不赐土，封爵而不建国。各皇室成员只能得到爵位的美名，而没有属于自己的领地，只能在京城建造规模宏大、富丽堂皇的府第，享受着优厚的待遇和显赫的尊严。他们死后，出于保护和祭祀的方便，他们的墓地除了陪葬皇陵的之外，绝大部分都选择在京畿附近的州县，仅北京地区就有100座左右。[②] 这众多的皇室成员的墓地，大部分由墓主人生前或死后由其后代选择确定，有一小部分则是由皇帝赐给，比如恭忠亲王奕䜣的墓地本来确定在戒台寺的下院西峰寺，是戒台寺方丈给的。奕䜣死后，光绪帝将昌平的一块地赐给他作为墓地。所以西峰寺就成了奕䜣的次子载滢的墓地。[③]

当然，绝大部分的皇室成员未能陪葬皇陵，这里面与皇陵外围没有更多的上吉佳壤有直接关系。

① 中国第一历史档案馆编：《雍正朝起居注册》第一册，第345页，中华书局，1993年。

② 冯其利、周莎：《重访清代王爷坟》“前言”，北京燕山出版社，2007年。

③ 冯其利、周莎：《重访清代王爷坟》第114页，北京燕山出版社，2007年。

二、皇室成员的葬制

每一位皇室成员，身居高位，体贵位尊，妻妾成群，多数都子女众多，子孙繁衍，形成一个庞大的家族。这些子孙也都是皇室成员，其爵位或世袭罔替，或降等袭封。每一个皇室成员的庞大家族成员（男性）是怎样安葬的呢？是葬在同一个墓地，还是各自选择各自的墓地呢？关于这方面，未见朝廷有明文规定。通过对清朝皇室成员墓地的考察总结，从宏观上分，大致有四种葬制：

（一）一人一处墓，单建园寝

皇室的每一个家族，同辈也好，异辈也好，一人一处墓地，单独建一座园寝，互不相连，这种葬制比较多。举一例，顺治帝的皇二子裕宪亲王福全的园寝在东陵西侧的黄花山西麓。福全的第三子已革裕亲王保泰的园寝在北京市朝阳区王四营乡官庄村北。[①] 福全的第五子裕悼亲王保寿的园寝在河北省易县北白虹乡南福地村南。保寿的第三子裕庄亲王广禄的园寝在河北省易县北白虹乡南福地村西南。广禄的第十二子裕僖郡王亮焕的园寝在北京广渠门外九龙山。总之，裕亲王这一家族共传了10代，有12人得到了爵位。已知的前四代5位裕亲王的园寝分别建在了遵化、易县、北京5个地方。裕亲王家族成员的葬制是这一种葬制的代表。未封爵的成员也未见附于封爵的园寝内或附近。

（二）几代人葬入一座园寝内，地宫和宝顶各自单建。

果恭郡王弘瞻园寝是这种葬制的代表。雍正帝的皇六子果恭郡王弘瞻的园寝位于河北省易县梁格庄镇岭东村北，坐北朝南，其宝顶居于园寝后院靠北正中，处于园寝内最尊贵的位置。弘瞻长子第二代果简郡王永瑹的宝顶位于弘瞻宝顶前左（东）侧。永瑹长子贝勒绵从的

① 冯其利、周莎：《重访清代王爷坟》第36页，北京燕山出版社，2007年。

裕亲王福全的御制碑

宝顶位于弘瞻宝顶前右（西）侧。弘瞻的曾孙镇国公奕湘（奕湘的父亲绵律是弘瞻的次子永瑔的长子）的宝顶位于东侧永瑹宝顶之南。奕湘的第三子辅国公载卓的宝顶位于西侧绵从宝顶之南。这座园寝内共五座宝顶，弘瞻宝顶居中，其子孙的宝顶按昭穆[①]次序排列。很明显，这里弘瞻的四位子孙都是袭爵的人，这四人的弟兄们都未葬其中。

（三）不同辈分的人各建园寝，墓地毗连，形成一个家族墓群

一个家族内不同辈分的人各建自己的园寝。这些园寝连成一片，形成一个庞大的家族墓群，这种葬制在清朝并不少见。这种葬制分两种形式。一是根据风水，各按地势，不分昭穆次序。比如北京海淀区香山门头沟的礼亲王家族墓群。这座墓群坐西朝东，六座园寝南北并列。第一代礼亲王代善园寝居中，其左（北）为其第七子巽亲王满达

① 古代宗法制度，宗庙或墓地的辈次排列，以始祖居中，二世、四世、六世位于始祖的左方，称昭；三世、五世、七世位于右方，称穆。简而言之，昭穆就是宗庙和坟地的左右位次，左为昭，右为穆。

海园寝。满达海园寝之北为满达海次子常阿岱的园寝。代善园寝之南（右）为代善第八子顺惠亲王祜塞的园寝。祜塞之南为康良亲王杰书的园寝。杰书园寝之南为杰书第五子康悼亲王椿泰的园寝。这处礼亲王家族墓群布局很规整，代善居中，左右为他的两个儿子。他两个儿子的一旁是他的孙子。但整体葬制没有按昭穆次序。

另一种形式就是按昭穆次序。最为典型的就是愉恪郡王允禑的家族墓。愉恪郡王允禑是康熙帝的第十五子。允禑及其子孙曾长期担任东陵守护大臣，所以允禑死后，雍正帝命他陪葬皇陵，将他的墓地确定在景陵以东约50华里北峪村西。允禑的园寝坐北朝南，其以后的5代子孙的园寝按昭穆次序分建在允禑园寝的左右。允禑园寝的东旁是他的第三子愉郡王弘庆的园寝。弘庆的长子多罗贝勒永琦的园寝位于允禑园寝西侧偏南。永琦的长子固山贝子绵岫的园寝位于弘庆园寝的东南。绵岫的长子镇国公奕槫的园寝位于永琦园寝的西南。奕槫的次子辅国公载璨的园寝位于绵岫的园寝东南。

有的家族墓用一道墙将家族墓的数座园寝围起来，建有共用的大门，就像东陵和西陵的风水墙一样。位于北京海淀区北下关街道白石桥东的郑亲王济尔哈朗的家族墓就砌有统一的围墙。①

（四）综合型家族墓群

所谓综合型家族墓群，就是既有第二种葬制，又有第三制葬制的家族墓群。这种葬制最具代表性的就是太祖努尔哈齐的第七子阿巴泰的家族墓。阿巴泰园寝位于北京市石景山区五里坨街道隆恩寺村村北，有大小园寝10余座，规模比较大。这些园寝大都坐北朝南，依山而建。其中规模最大、辈分最尊贵的就是阿巴泰园寝，居于墓群的中心。他的后世子孙都葬在阿巴泰园寝的两侧，大体东西排列。这个墓群中有4个阿巴泰的儿子园寝，有他的孙子、曾孙、玄孙园寝多座，而且既不按长幼顺序，也不按昭穆次序。这属于第三种葬制。

---

① 冯其利：《清代王爷坟》第17页，紫禁城出版社，1996年。

阿巴泰家族墓分布图（张元哲提供）

在阿巴泰家族墓群中，一些较大的园寝中还葬有该园寝的墓主人的子孙多人，如在阿巴泰第四子安亲王岳乐的园寝内、宝城前两侧就葬有岳乐的许多子孙。仅知道宝城东侧就有岳乐的第十五子玛尔浑的宝顶、玛尔浑的第二个儿子华玘的宝顶、华玘的嗣子锡贵的宝顶。宝城西侧应该还有岳乐的其他多位子孙的宝顶，这又属于第二种葬制。因此说阿巴泰家族墓属于综合型家族墓群。

还有一种葬制，就是同一皇帝的3个成年封爵皇子葬在一座园寝内。目前只发现有一例，所以未划为一种类型的葬制。这座园寝就是位于今北京密云区不老屯镇的董各庄园寝，内葬乾隆帝的3位成年皇子即皇长子定安亲王永璜、皇三子赠循郡王永璋、皇五子荣纯亲王永琪。这种葬制并不是最初设计时就这样的，而是经过多次变化才形成的。

董各庄园寝坐北朝南，这个地方风水很好。当地有“脚踩莲花山，头顶凤凰山”的说法。[1]乾隆三年（1738）三月间，在为乾隆帝相度万年吉地时，协办大学士吏部尚书讷亲、户部尚书海望等带领精

① 冯其利：《清代王爷坟》第198页，紫禁城出版社，1996年。

通风水的官员就相中了董各庄这个地方，认为这个地方“风水形势似属全美”，[①] 于是，将董各庄这个地方推荐给了乾隆帝。乾隆帝有点感兴趣，在奏折上批道：“其董各庄之地，俟朕行木兰围去时，顺便再看。”[②] 后来，由于乾隆帝决定将自己的陵建在祖父康熙帝的景陵附近，才放弃了董各庄。乾隆十五年（1750）三月十五日，乾隆帝的皇长子永璜去世了，于是，乾隆帝便在董各庄为永璜建了园寝，将永璜的宝顶建在了园寝后院的正中之位。随后，乾隆帝又决定将永璜的长子绵德也葬在这座园寝内，在永璜地宫的右旁为绵德修建了一个砖券，以符“子随父葬”之义。乾隆二十五年（1760）七月十六日，乾隆帝的皇三子永璋病逝，乾隆帝又将永璋葬在了永璜地宫的左侧即东侧。乾隆三十一年（1766）三月初八日，乾隆帝的皇五子永琪病逝，乾隆帝决定将永琪也葬在董各庄园寝。那时，绵德的嫡福晋博尔济吉特氏已葬入了绵德地宫。大臣们经过实地测量，在永璋地宫的东边和绵德地宫的西边虽各有空地三丈五尺，都不能再添建一座新地宫。于是庄亲王允禄、保和殿大学士傅恒、户部尚书阿里衮等九位大臣联名上书乾隆帝，建议在董各庄附近地方为绵德重新建一座园寝，将其福晋迁出永璜这座园寝，葬入新建的园寝内，然后将原绵德地宫进行清理，在原地为永琪建一座石券地宫。乾隆帝完全同意他们的建议。乾隆帝在奏折批道：“准其迁移。即于围墙外西边修圈安放。”[③] 新的地宫建成后，遂将永琪葬入了地宫，位于永璜地宫的右侧。这样，弟兄三人葬在同一座园寝内，皇长子居中，皇三子居左，皇五子居右，一字排列，很是得体，比不迁移时，永璜、永璋、绵德两代人并排而葬合理多了。3个成年皇子共葬一座园寝内，这种葬制迄今为止仅发现这一例。

---

① 清宫档案《录副奏折》“内政”，胶片第19卷。

②《高宗纯皇帝实录》卷一〇一，《清实录》第10册，第530页，中华书局，1985年。

③ 清宫档案《内务府奏案》。

第三节　早殇皇子的葬制

据研究清朝王爷园寝的专家冯其利先生统计，“清朝的王爷共有二百四十多位，包括追封的四十五位、革退的四十二位、世子五位、太子一位、加郡王衔的一位，在位的王爷就有一百五十几位。”[①]这200多位王爷的园寝的营建和规制是怎样的呢？

一、不封不树的早殇皇子

清朝，从清太祖努尔哈齐到咸丰帝这9位皇帝共生有112个皇子，其中早殇的皇子有39个，早殇率达34.82%。这39位早殇皇子中，已有17位知道葬地，有22位不知葬在了什么地方。

这22位皇子是：太宗皇太极的皇二子洛格、皇三子、皇八子；顺治帝的皇长子钮钮、皇六子奇授、皇八子永干；康熙帝的皇六子允祚、皇十一子允禌、皇十九子允禝及承瑞、承祜、承庆、赛音察浑、长华、长生、万黼、允禶、允禑、允禨、允禐；雍正帝的福沛；[②]咸丰帝的皇二子。这22位早殇皇子葬在什么地方了？一条重要史料揭开了这个秘密。原来清廷规定：“康熙年间定：凡皇子初殇，皆备小式朱棺，祔葬于黄花山园寝，惟开墓穴平葬，不封不树。”[③]这表明，凡康熙年间早殇的皇子都葬在黄花山下，而且不封不树，地表上不留任何痕迹。清西陵端亲王园寝内的端亲王弘晖是在乾隆三年

① 冯其利：《清代王爷坟》第3页，紫禁城出版社，1996年。

② 福沛，按出生顺序，应为雍正帝的皇九子，雍正元年五月初十日生，生母为年氏即敦肃皇贵妃。生下后很快夭亡。据那凤英编著的《清西陵探源》第268页记载，福沛葬在弘时的园寝内。弘时园寝也称阿哥园寝。

③ [清] 崑冈等修，刘启端等纂，光绪朝《钦定清会典事例》卷四九六，“礼部·丧礼”。载《续修四库全书》编纂委员会编：《续修四库全书》第805册，“史部·政书类”，第812页，上海古籍出版社，2002年。

（1738）十月二十二日从东陵黄花山迁来的。[①] 弘晖是雍正帝的嫡皇后孝敬皇后所生，是康熙帝的皇孙。弘晖死于康熙四十三年（1704）六月初六日，这表明，在康熙年间，不仅早殇的皇子葬在黄花山下，早殇的皇孙也葬在黄花山下。端亲王园寝内不仅葬了端亲王弘晖，还埋葬着雍正帝的皇子弘盼、弘昀、福宜。他们3个人都早殇于康熙年间。在从黄花山奉移弘晖时，却未提及弘盼、弘昀、福宜。那么这3个人死后葬在了什么地方？据笔者分析，这3个人很可能也葬在黄花山下，在奉移弘晖时，有可能因为他们3个人没有爵位和封号，故未提及。太宗皇太极的3个早殇皇子和顺治帝的3个早殇皇子葬在了什么地方，至今还是个谜。

1994年7月20日，经上级文物主管部门批准，对端亲王园寝内的弘晖地宫进行了清理，发现弘晖死后是火化的。因那两座地宫没有进行清理，弘盼、弘昀、福宜三人是否火化，还不清楚。推测火化的可能性大。

康熙帝的皇十八子允祄死于康熙四十七年（1708）九月初四日，年仅8岁。他的葬地在清朝官方史书上同样没有记载。按当时的规定，他也应葬在黄花山下。可是，在《陵寝易知》一书中却明确记载着允祄葬在了东陵的景陵妃园寝内。[②] 1978年4月，清东陵文物保管所的干部职工到景陵妃园寝后院植树。在挖树坑时，无意中挖出了一个墓穴，穴中有水，穴中有一个小棺材。穴的上口用条石棚架着。当时马上就封掩上了。后来根据《陵寝易知》上的文字记载和葬位图，得知正是十八皇子允祄的葬位，而这个位置却没有建宝顶和月台。这件事有力地证明，在康熙年间早殇的皇子确实用的是小式棺木，而且地面上不封不树。只是允祄为什么葬在妃园寝内，而没有葬在黄花山下，至今还是一个谜。

---

① [清] 崑冈等修，刘启端等纂，光绪朝《钦定清会典事例》卷四九六，“礼部·丧礼”。载《续修四库全书》编纂委员会编：《续修四库全书》第805册，“史部·政书类”，第813页，上海古籍出版社，2002年。

② 清朝东陵官员编：《陵寝易知》卷一，“陵图考”。

二、早殇皇子的园寝规制

通过实地调查，发现有6座园寝葬有早殇的皇子。

（一）荣亲王园寝

清朝建的第一座早殇皇子的园寝是荣亲王园寝。这座园寝的墓主人荣亲王是顺治帝的皇四子。太宗皇太极的皇二子、皇三子、皇八子和顺治帝的皇长子均为早殇，但都没有受到追赠，都没有位号和封号，更没有为他们建园寝，为什么顺治帝的这位皇四子不仅被追赠为和硕亲王，而且还为他营建了园寝呢？原来，这位皇四子的生母是顺治帝的宠妃董鄂氏。这个皇四子生下来在世上只活了104天，连名字还未来得及取就夭亡了。皇四子的死亡，使董鄂妃痛不欲生。为了安慰宠妃，在顺治十五年（1658）三月二十七日，正式追赠他为和硕荣亲王[①]并破例为他营建了园寝。

荣亲王园寝是有清一代建的第一座早殇皇子的园寝。这座园寝位于今天津市蓟州区孙各庄乡丈烟台村西，当时建这座园寝时，顺治帝的孝陵还没有建，还没有东陵，也就是说，这座荣亲王园寝比清东陵的历史还要长。

《钦定大清会典》清楚记载了这座荣亲王园寝的规制：

> 荣亲王园寝，琉璃花门一座，广一丈六尺二寸，纵六尺。檐高一丈八寸。正中享殿一座，广三丈八尺六寸，纵二丈六尺五寸。檐高一丈二尺。前有大门，广三丈五尺，纵二丈一尺。檐高一丈一尺。门外设守护班房，东西厢各三间，广三丈八尺六寸，纵二丈六尺五寸。檐高一丈二尺。围墙周

①《世祖章皇帝实录》卷一一六，《清实录》第3册，第904页，中华书局，1985年。

长五十二丈六尺，高一丈。[①]

根据实地考察和文献研究，得知这座园寝的实际规制是这样的：荣亲王园寝坐北朝南，背靠高大雄浑的黄花山，前临一条小河，整个园寝建在山坡之上。该园寝不建碑亭。大门面阔 3 间，进深 2 间，单檐歇山顶，覆以绿琉璃瓦。大门外左右各建值班房 1 座、东西厢房各 3 间。前院内正中建享堂 1 座，面阔 3 间，单檐歇山顶，覆以绿琉璃瓦。享堂后是园寝门。后院正中是坟冢。据清晚期守陵官员黄振之说，这座坟头是用土堆成的。园寝的围墙平面呈前方后圆形式。

荣亲王园寝老照片

该园寝在中华人民共和国建立前被盗，在地宫里发现了一合墓志，现将志文录下：

① [清] 崑冈等修，刘启端等纂，光绪朝《钦定清会典事例》卷九四九，“工部 · 坟茔规制”。载《续修四库全书》编纂委员会编：《续修四库全书》第 811 册，“史部 · 政书类”，第 434 页，上海古籍出版社，2002 年。

> 制曰：和硕荣亲王，朕第一子也，生于顺治十四年十月初七日，卒于十五年正月二十四日，盖生数月云。爰稽典礼，追封和硕荣亲王，以八月二十七日窆黄花山。父子之恩，君臣之义备矣。呜呼！朕乘乾御物，敕天之命，朝夕祗惧。思祖宗之付托，冀胤嗣之发祥。惟尔诞育，克应休祯。方思成立有期，讵意厥龄不永。兴言鞠育，深轸朕怀。为尔卜其兆域，爰设殿宇周垣。窀穸之文，式从古制；追封之典，载协舆情。特述生殁之日月，勒于贞珉，尔其永妥于是矣。

志文由顺治帝亲自撰写，流露了对爱子的悲悼怀念之情。这盒墓志为上下两块正方形石板，上为盖，下为底，边长70.5厘米，厚19厘米，盖和底的尺寸一样。盖上用满、汉两种文字阴刻“皇清和硕荣亲王圹志”，均为篆体。底上的文字也是满、汉两种文字，阴刻，楷体。这是在清朝皇子园寝中发现的第一盒墓志，它为研究清朝陵制提供了宝贵的实物资料。

（二）端亲王园寝

端亲王园寝后院的三座封土堆

端亲王园寝位于今河北省易县清西陵境内的张各庄村西，始建于雍正十三年（1735）年底或乾隆元年（1736）初，内葬雍正帝的4个早殇皇子即弘晖、弘昐、弘昀、福宜。其实，在清朝官方书籍中，只记载弘晖葬入了这座园寝，并没有记载弘昐、弘昀、福宜也葬入该园寝，是从浩如烟海的清宫档案中发现这3个皇子也葬入了这座园寝中。

这座端亲王园寝的规制在《大清会典事例》是这样记载的：

> 端亲王园寝，琉璃花门一座，广一丈六尺，纵六尺。檐高一丈六寸。正中享殿一座，广三丈八尺，纵二丈五尺，檐高一丈二尺。前有大门，广三丈四尺，纵二丈，檐高一丈五寸。门外设守护班房，东西厢各三间，广三丈一尺，纵一丈二尺，檐高一丈。围墙周长五十一丈四尺，高一丈。①

《大清会典事例》的记载比较简单，更不记载建筑规制。笔者通过实地考证，实际规制是这样的：端亲王园寝坐北朝南，园寝前有一道马槽沟，豆渣石泊岸，正中三孔平桥1座。东西厢房各3间，单檐布瓦悬山顶，五花山墙，西厢房现已无存。东西守护班房，现俱无存。大门一座，单檐歇山顶，绿琉璃瓦，面阔3间，进深2间，一斗二升夹麻叶头斗栱。大门前有月台，月台前为砖礓礤，无抄手踏跺。门前为连面连三4级踏跺，门后为一座4级踏跺。前院正中享堂1座，单檐歇山顶，绿琉璃瓦顶，面阔3间，进深3间，三踩斗栱，享堂前有月台，月台前有4级踏跺，两侧无抄手踏跺。享堂后园寝门3座，中门有门楼，两旁为随墙门。每扇门上有门钉纵横各7行。后院有3座微微隆起的土包，即封土，弘晖宝顶居中，另两座宝顶在弘晖宝顶

① [清] 崑冈等修，刘启端等纂，光绪朝《钦定清会典事例》卷九四九，“工部·坟茔规制”。载《续修四库全书》编纂委员会编：《续修四库全书》第811册，“史部·政书类”，第434～435页，上海古籍出版社，2002年。

两侧。封土下面是地宫，均早年被盗。

（三）怀亲王园寝

怀亲王园寝位于清西陵界内的太平峪村西南（档案上记载为王各庄）。

怀亲王福惠为雍正帝的第八子，康熙六十年（1721）十月初九日未时生，其生母为雍亲王藩邸侧妃年氏即敦肃皇贵妃。雍正六年（1728）九月初九日殇，年仅8岁，以亲王之礼葬于北京东直门外。雍正十三年（1735）十一月十三日，乾隆帝追赠他为怀亲王。乾隆三年（1738）十月二十六日，金棺从东直门外奉移西陵，十一月初五日葬入园寝。

怀亲王园寝的始建日期和规制与端亲王园寝基本一样。只是后院正中是一座土丘。

（四）端慧皇太子园寝

位于东陵西南朱华山下的端慧皇太子园寝，安葬着乾隆帝的7个早殇皇子和一个早殇的皇女。[①] 乾隆帝共有皇子17位，早殇的7个皇子全部葬在这座园寝内。端慧皇太子园寝是清朝唯一的皇太子园寝。《大清会典事例》记载了端慧皇太子园寝规制：

> 端慧皇太子园寝，琉璃花门一座，广一丈八尺四寸，纵八尺。檐高一丈二尺。前正中享殿一座，广六丈五尺四寸，纵三丈四尺。檐高一丈四尺。两庑各五间，广四丈八尺，纵二丈四尺五寸。檐高一丈三尺五寸。东有燎炉一座，广九尺三寸，纵六尺六寸，高七尺。南有大门三，广五丈一尺，纵二丈二尺。檐高一丈一尺五寸。门外设守护班房各三间，广

---

① 乾隆帝的皇二子、皇七子、皇九子、皇十子、皇十三子、皇十四子、皇十六子和皇八女都是早殇的。

三丈六尺七寸，纵二丈一尺七寸。檐高一丈二寸。围墙周长一百三十丈二尺，高一丈一尺。①

《高宗纯皇帝实录》对端慧皇太子园寝的记载，不仅更正了《大清会典事例》记载的错误，还提到了用什么名称、用什么颜色的瓦：

王大臣等遵旨议覆和硕履亲王允祹等奏请酌定端慧皇太子安葬茔地并一切典礼。伏思规制宜从其隆，名号惟取其称。端慧皇太子吉兆应尊称园寝。造享殿五间，两庑各五间，大门五间，琉璃花门三座，燎炉一座，覆以绿瓦。②

《高宗纯皇帝实录》更正了《大清会典事例》记载中说的大门是3间、琉璃花门是1座的错误；同时增加了瓦用绿色的内容。

清宫档案不仅进一步肯定了大门是5间，而且记载了大门的做法和屋顶的建筑形式：

宫门一座，五间，内明间面阔一丈四尺六寸。二次间各面阔一丈零五寸。二稍间各面阔八尺六寸。通进深二丈二尺六寸。柱高一丈一尺七寸，径一尺一寸。七檩，周围檐摆安斗口二寸，单昂斗科，出飞檐方圆椽。顺望板，内里格井支条装修。脊下。大门三槽，余塞板六槽。檐枋象眼板十二槽。头停调大脊、垂脊、角脊、博脊，安吻兽、仙人、狮马，瓦六样，绿色琉璃脊瓦料，歇山成造。③

---

① [清] 崑冈等修，刘启端等纂，光绪朝《钦定清会典事例》卷九四九，“工部·坟茔规制”。载《续修四库全书》编纂委员会编：《续修四库全书》第811册，“史部·政书类”，第434页，上海古籍出版社，2002年。

②《高宗纯皇帝实录》卷八三，《清实录》第10册，第311页，中华书局，1985年。

③ 清宫档案《工部案卷》“屯田司”，84号。

端慧皇太子园寝始建于乾隆八年（1743）二月初二日申时，[①] 翌年十月竣工，用银168235两。[②] 乾隆八年（1743）十二月十一日巳时，端慧皇太子永琏葬入了这座园寝内。[③]

端慧皇太子地宫遗址

经过实地考察，得知这座园寝的具体规制如下：后院地宫3座，一字横排，中券和左券是石券，右券为砖券，上覆封土，状如笔架。后院的东南角有一个墓穴，为天落池，园寝门3座。前院正中建享殿，面阔5间，单檐歇山顶。东西配殿各5间，东燎炉1座。[④] 大门面阔5间，单檐歇山顶，以上建筑均用绿琉璃瓦盖顶，环以朱垣。大门外，东西厢房各3间。东厢房后是神厨库和井亭。西厢房南有值班房1座。园寝正前方有三孔石桥1座。整座园寝坐北朝南，建在一个山

① 清宫档案《内务府来文》“陵寝事务”，第2923包。

② 清宫档案《内务府来文》“陵寝事务”，第2922包。

③ 清宫档案《内务府奏案》“乾隆八年”，第46包。

④ 据《钦定大清会典》记载，端慧皇太子只有东燎炉1座。而《陵寝易知》记载为有东西燎炉各1座，而且陵图上也画着两座燎炉。

坡之上，背靠朱华山，左右有砂山围护。1360株仪树排列有序。规制明显高于妃园寝和一般王爷园寝。实地考察与《陵寝易知》一书记载相比，与《大清会典事例》的记载均有一定的出入。

（五）赠穆郡王园寝

赠穆郡王，是嘉庆帝的皇长子，生于乾隆四十四（1779）十二月二十九日巳时，生母是潜邸侧妃刘佳氏即后来的和裕皇贵妃。第二年三月初六日申刻夭亡，虚2岁，尚未命名。道光帝即位后，于嘉庆二十五年（1820）八月二十七日谕内阁："朕长兄大阿哥早年殇逝，朕兄弟仅五人，惓怀同气，著追封为郡王。应行典礼，著宗人府会同礼部、内务府酌议具奏。"寻追封为穆郡王。[①] 宗人府、礼部、内务府经过会议并经过皇帝钦准，决定为穆郡王"修筑宝顶，建立石碑，镌勒追封爵号。"穆郡王葬在北京安定门外六道口。[②] 如今穆郡王园寝不仅在地理位置上已不见了任何踪影，而且在人们的记忆里恐怕早已烟消云散了。

（六）端悯固伦公主园寝

道光帝共有9个皇子，只有皇二子和皇三子早殇，他们二人都葬在东陵的端悯固伦公主园寝内。端悯固伦公主是道光帝的长女，7岁早殇。道光帝的皇二女，早殇，也葬在了这座公主园寝内。这两个皇子和两个皇女的宝顶都建在砖石月台上，宝顶为砖砌。4座宝顶东西向排成一排。皇三子宝顶在最东端，皇二子的宝顶位于东数第二位，除端悯固伦公主地宫外，其他3座地宫为砖池。[③] 关于端悯固伦公主园寝的规制，在后面的公主园寝规制条目中介绍。

---

① 《宣宗成皇帝实录》卷三，《清实录》第33册，第113页，中华书局，1986年。

② 清宫档案《内务府来文》第110包。

③ 清宫档案《造办处活计档》旨意题头成档，3790-3791。

端悯固伦公主园寝二阿哥、三阿哥宝顶

以上6座园寝内共葬了16位早殇皇子。从《大清会典事例》的记载也好，实地考证也好，皇家对早殇皇子的园寝规制没有明确的具体规定。通过对这6座早殇皇子园寝的总结，有以下特点：

这些早殇皇子的园寝都是作为陪葬墓，多数建在了父母陵寝的附近，只有穆郡王除外。

一座园寝内往往葬多位早殇皇子。

园寝规制相对比较简朴低下，除穆郡王外，都不立碑建亭，不建石牌坊，宝顶多为用土堆积而成。除端慧皇太子园寝享堂外，均为面阔3间，歇山顶；这些早殇皇子的祭祀都比较低下。

穆郡王园寝应该是早殇皇子园寝中规制较高的，仅次于端慧皇太子园寝。如果这位嘉庆帝的皇长子不被追封为穆郡王，不令“应行典礼，著宗人府会同礼部、内务府酌议具奏”，恐怕这个仅活了14个月的婴儿连葬在什么地方都不知道了。咸丰帝的皇二子于咸丰八年（1858）二月初五日丑时生下来，当天卯时就殇逝了，[1]也没有命名。

① 中国第一历史档案馆编：《咸丰同治两朝上谕档》第11册，第609页，第1856条，广西师范大学出版社，1998年。

同治帝即位后，也仿照道光帝的做法，将自己的弟弟追封为悯郡王。[①] 按说也应该仿道光帝的做法，给悯郡王建宝顶、立碑，可是却没有发现相关的史料。如果真的没有建园寝，也没有祭祀，那么封为悯郡王不就没有意义了吗？

令人不解的是，端慧皇太子园寝，建于乾隆盛世，乾隆帝又是好大喜功，喜欢铺张的人，园寝内葬了7个早殇皇子，1个早殇皇女，永琏是名正言顺的皇太子，永琮当时就被追谥为悼敏皇子，饰终典礼从优，后来又被追封为哲亲王，却没有立碑建亭。而素以节俭著称的道光帝却给穆郡王建宝顶、立碑，实在难以理解。

第四节　成年皇子的园寝

这里所说的成年皇子指的是已经成婚但未封爵的皇子，而且是死在皇帝之前。这类园寝以营建的时间顺序，介绍3座。

一、弘时园寝

弘时是雍正帝的皇三子，康熙四十三年（1704）二月十三日子时生，生母为藩邸侧妃李氏即后来的齐妃。雍正五年（1727）八月初六日申刻以“年少放纵，行事不谨”为由，削宗籍，死，年24岁。雍正十三年（1735）十月二十四日，乾隆帝追复其宗籍。[②]

弘时死后最初葬在东陵的黄花山下。乾隆帝即位后，为弘时在泰陵以东的章各庄营建了园寝。园寝建成后，乾隆三年（1738）十月二

① 中国第一历史档案馆编：《咸丰同治两朝上谕档》第11册，第609页，第1852条，广西师范大学出版社，1998年；《穆宗毅皇帝实录》卷一四，《清实录》第45册，第390页，中华书局，1987年。

② 唐邦治辑：《清皇室四谱》卷三“皇子”，第21页，上海聚珍仿宋印书局，1923年。

十二日，弘时金棺随端亲王金棺一起从黄花山奉移西陵，于十一月初五日安葬。[1]因弘时生前没有爵位和封号，所以称阿哥园寝，实际上就是皇子园寝。弘时园寝位于清西陵永福寺以西2公里的张各庄西，端亲王园寝西侧。

弘时园寝享堂遗址

在《钦定大清会典事例》中没有弘时园寝规制的记载。通过实地考察，规制如下：

园寝坐北朝南，最前面有马槽沟一道，上建三孔平桥一座，东西厢房各3间，单檐悬山布瓦顶，3级踏跺。大门一座，面阔3间，进深2间，单檐歇山布瓦顶，一斗二升夹麻叶头斗栱。大门前为连面连4级踏跺，门后为一座4级踏跺。大门前有月台，月台前为砖礓𥔲，月台两侧无抄手踏跺。前院享堂一座，面阔3间，单檐歇山布瓦顶，现已无存。享堂前有月台，月台前为4级踏跺。享堂后有园寝门

① [清] 崑冈等修，刘启端等纂，光绪朝《钦定清会典事例》卷四九六，“礼部·丧礼”。载《续修四库全书》编纂委员会编：《续修四库全书》第805册，“史部·政书类”，第813页，上海古籍出版社，2002年。

3座，中门有门楼，每扇门上纵横各有7行门钉。门前有月台，4级踏跺，两角门为随墙门。后院靠北的中轴线上建宝顶1座。这座宝顶比妃园寝内的妃子宝顶规格要高，上身夯筑，下碱为圆形砖须弥座。宝顶建在长方形月台之上。月台前为5级踏跺。这种规制的宝顶，在清朝妃墓中，只有道光帝的庄顺皇贵妃是这样的，但庄顺皇贵妃的宝顶下碱是石须弥座，比弘时的宝顶的规制要高些。在弘时的宝顶前的两侧，还有2座隆起的土堆，形似端亲王园寝内的土堆，据说分别为雍正帝的皇九子福沛和弘时的儿子永珅的坟冢。院落平面为前方后圆。

二、永瑾园寝

永瑾是乾隆帝的皇十二子，生于乾隆十七年（1752）四月二十五日寅时，生母是皇后那拉氏。乾隆四十一年（1776）正月二十八日去世，卒年25岁。乾隆四十二年（1777）九月二十日卯时葬入园寝。[①]其福晋于乾隆四十九年（1784）九月初七日行永远奉安礼。[②]嘉庆四年（1799）三月二十四日，永瑾被追赠为贝勒。[③]所以，他的园寝称十二贝勒园寝。

永瑾的园寝位于朱华山南麓，端慧皇太子园寝的西旁。《钦定大清会典事例》是这样记载的：

> 皇十二子园寝，琉璃花门一座，广一丈五尺五寸，纵七尺一下，檐高一丈一尺五寸。正中享殿一座，广三丈八尺，纵二丈八尺二寸，檐高一丈一尺二寸。前有大门，广一丈五尺二寸，纵一丈八尺，檐高一丈六寸。门外设守护班房。围

① 清宫档案《内务府来文》“礼仪”，第38包。

② 清宫档案《内务府来文》“礼仪”，第52包。

③《仁宗睿皇帝实录》卷四一，《清实录》第28册，第497页，中华书局，1986年。

墙周长四十九丈，高九尺二寸。[①]

另据清宫档案记载，这座园寝规制很低下，享堂3间，大门1间，而且没有茶饭房。宝顶建在月台上，宝顶下碱为须弥座。[②]通过一件维修这座园寝的档案得知，这座园寝所建的宝顶外皮抹饰了包金土，[③]这座宝顶是夯筑还是砖砌还不清楚。根据《昭西陵录》记载，地宫为石券。到实地考证，这座园寝早已毁坏无存，地面任何遗迹无存。

三、王佐村皇子园寝

今北京市丰台区王佐镇王佐村，曾建有清朝的多座园寝，其中最著名的就是为嘉庆帝皇二子绵宁（还是皇子的道光帝）建的园寝。

经嘉庆帝指婚，嘉庆元年（1796）十一月二十四日，皇二子绵宁与钮祜禄氏成婚，[④]当时绵宁15岁，只是一位皇子，钮祜禄氏是这位皇子的嫡福晋。没想到钮祜禄氏婚后不足13年，便于嘉庆十三年（1808）正月二十一日辞世了，芳龄只有28岁。嘉庆帝派文宁、托津、苏楞额在京城附近为钮祜禄氏相度福地，经奏准，园寝地址确定在王佐村这个地方。经过两年多的紧张施工，园寝建成。嘉庆十六年（1811）十一月十七日，钮祜禄氏以皇子嫡福晋之礼，葬入了王佐村园寝。[⑤]根据清宫档案记载，这座园寝的规制是这样的：

---

① [清] 崑冈等修，刘启端等纂，光绪朝《钦定清会典事例》卷九四九，“工部·坟茔规制”。载《续修四库全书》编纂委员会编：《续修四库全书》第811册，“史部·政书类”，第434页，上海古籍出版社，2002年。

② 清宫档案《昭西陵、端慧皇太子、十二贝勒园寝、老贵人园寝事宜清册》。

③ 清宫档案《内务府来文》“陵寝事务”，第2926包，载：“十二阿哥园寝宝顶包金土脱落一段，长二丈六尺，宽五尺。”

④《仁宗睿皇帝实录》卷一一，《清实录》第28册，第176页，中华书局，1986年。

⑤ 清宫档案《内务府来文》“礼仪”，第99包。

> 地券一座、享堂五间、花门一座、大门三间、茶饭房六间、碑亭一座、一孔石券桥一座。两边泊岸四道、坐落房十间，大门一座，净房二间，看守房二十二间，门楼十座，并罗圈墙、红墙、影壁、月台、泊岸，开挖月牙河。[①]

这座园寝表面上看是给皇子福晋建的，实际上是为皇二子绵宁建的。因为钮祜氏是绵宁的嫡福晋，嫡福晋是一定要与丈夫绵宁合葬的。给福晋建园寝就等于给绵宁建园寝。后来绵宁即位后，曾一度想将王佐村园寝改建为自己的陵寝，由于大臣们的劝阻，才被迫按乾隆帝规定的“昭穆相建”顺序选中了东陵宝华峪为自己的陵址。[②]

很明显，同是皇子园寝，其规制的差别很大，何也？原来弘时深受雍正帝的恼恨，与他势同水火，竟将他过继给政敌廉亲王允禩为子。后来因为允禩获罪，被撤去黄带，玉牒内除名，所以弘时受牵连，也被撤去黄带子，除了宗籍。[③] 乾隆帝即位后，笃念兄弟之谊，将弘时收入牒谱之内，但他仍是雍正帝的对头，不便对他进行追赠，更不能为其营建规模较大的园寝。

永琪的生母那拉氏是乾隆帝的继后，曾因剪发触恼了皇帝，她是乾隆帝非常痛恨的人，永琪受其母牵连，没有被封爵，也不会给他建规模较大的园寝。

为什么绵宁福晋的园寝规制如此之高，原来早在嘉庆四年（1799）四月初十日，绵宁就被嘉庆帝密定为皇位继续人了。[④] 钮祜禄氏去世时，绵宁已被密定皇位继承人9年了。未来皇帝的嫡妻肯定要被追赠为大清皇后的。所以，她的园寝规制自然要高。

---

① 清宫档案《内务府来文》“陵寝事务”，第937包。

②《宣宗成皇帝实录》卷一七，《清实录》第33册，第311～314页，中华书局，1986年。

③ 清宫档案《宫中档雍正朝奏折》第26辑，第291～292页，台北故宫博物院。转引自杨珍《清朝皇位继承制度》第340页。

④《宣宗成皇帝实录》卷一，《清实录》第33册，第76页，中华书局，1986年。

第五节　亲王、郡王的园寝

这里所说的亲王、郡王都是成年的爱新觉罗氏。他们的园寝规制的高低主要取决于他们本身爵位的高低，也与他们本家的财力有关系。

一、清廷对亲王、郡王园寝规制的规定

根据《钦定大清会典事例》记载，清廷对皇室成员及大臣官员的园寝规制先后规定如下：

坟茔规制。原定亲王享堂五间，门三，饰朱红油，绘五彩金花。茶饭房左右各三间。碑亭一座。围墙百丈。守冢人十户。

世子、郡王享堂三间，门三，饰朱红油，绘五彩小花。茶饭房三间。碑亭一座。围墙八十丈。守冢人八户。固伦公主同。

顺治十年题准：亲王给造坟工价银五千两，世子四千两，郡王三千两，贝勒二千两，贝子一千两，镇国公五百两，辅国公同。

又议准：亲王至辅国公，碑身均高九尺，用交龙首，龟趺。亲王碑广三尺八寸七分，首高四尺五寸，趺称之。世子、郡王，碑广三尺八寸，首高三尺九寸。趺高四尺三寸。贝勒，碑广三尺七寸三分，首高三尺六寸，趺高四尺一寸。贝子，碑广三尺六寸六分，首高三尺四寸。趺高四尺。镇国公，碑广三尺六寸三分，首高三尺三寸，趺高三尺九寸。辅国公同。

又题准：亲王给碑价银三千两、世子二千五百两、郡王二千两、贝勒千两、贝子七百两、镇国公四百五十两。辅国公同。

道光二十四年定：亲王茔制，享堂五间。亲王世子至辅

国公皆三间。亲王、亲王世子、郡王门三。贝勒以下门一。亲王绘五彩，饰以金，覆以绿琉璃瓦。亲王世子、郡王止绘五彩，皆覆以绿琉璃瓦。贝勒以下施朱不绘，用瓴瓦。亲王坟园周百丈，亲王世子、郡王八十丈，贝勒、贝子七十丈，镇国、辅国公六十丈，镇国、辅国将军三十五丈，奉国、奉恩将军均三十丈。①

不难看出，朝廷对亲王、郡王的园寝规制的规定是很不具体的，是含混不清的。比如，对地宫、宝顶的尺寸、用料未提。对所有建筑的屋顶规制未提。而且同是坟茔规制，表示尺寸的单位不统一，有时用“丈、尺、寸”，有时用“度”，有时用“步”，人为地造成了模糊不清。因为规定中存有如此重大的缺陷和弊病，从而造成了事实上的皇室成员园寝规制的混乱，花样百出。

在中国第一历史档案馆笔者找到了一件关于庆僖亲王永璘园寝规制的史料，这是多年来发现的唯一比较完整的关于亲王园寝规制的史料，抄录部分，以飨读者。

奴才常　率同总理工程司员带领书算人等前往该工逐一详细查验得白羊城建立庆僖亲王园寝，地券一座，上月台一座，宝顶一座、琉璃花门一座、享堂一座，五间，内里神龛一座、供案一张。大门一座，三间，内里安设弓箭枪架四座、戳灯二对。茶膳、饽饽房二座，计六间。重檐碑亭一座，下檐四面各显三间，内里龙蝠碑一统。碑亭前月牙河一道，长五十七丈三尺。一孔石券桥一座，下马桩二根。桥前灰土海墁一块。座落房二座，计十间。耳房二间，大门一

①［清］崑冈等修，刘启端等纂，光绪朝《钦定清会典事例》九四九卷，“工部·坟茔规制”。载《续修四库全书》编纂委员会编：《续修四库全书》第811册，“史部·政书类”，第435页，上海古籍出版社，2002年。

间。看守房十二座，计二十六间。以及红墙、罗圈墙、院墙、门口、影壁、泊岸、山石月台、甬路、食水井、山势顺溜、起高垫低、各种油画表糊。享堂前安挂雨搭，并随金棺入位太平车等项工程。修理俱属完整，核与原估丈尺做法相符。至估外多做之正券前添修闪当等券、安设垂手床、地脚加筑灰土各项活计，俱未经随时奏明，应不准开销外，净准照估销算工料银六万六千三百八十四两三钱九分九厘。此内有原估栽种树株值银一千二百五十七两九钱九分二厘。即请交本府著派看守园寝之人自行栽种，就近看管，浇灌培养。

道光二年三月二十八日奏，奉旨：依议。[①]

这条档案给我们解决以下 6 个问题：

（1）明确了享堂内的部分陈设。

（2）明确了亲王园寝的大门内也设置弓箭架。

（3）明确了亲王园寝前设两根下马桩。

（4）一般亲王、郡王的碑亭都是单檐歇山顶，而现在尚存的庆僖亲王永璘之孙庆亲王奕劻园寝的碑亭也是重檐的。这条档案告诉我们庆僖亲王园寝的碑亭就是重檐碑亭，很可能建重檐碑亭是历代庆亲王园寝的沿袭。

（5）明确了亲王棺椁入葬地宫也使用太平车，而且由该园寝的工程处承做。

（6）明确了亲王地宫内也有垂手棺床和闪当券。

二、对亲王、郡王园寝的调查

清朝皇室成员的园寝至少也应该有数百座，可是现在绝大部分都

① 清宫档案《内务府来文》第 2943 包。

已毁坏无存了，能够找到遗址的，但也仅存部分碑刻、地宫、石构件等。地面建筑相对保存最多最完整的是孚敬郡王奕譓的园寝和醇贤亲王奕譞的园寝。

多年来，笔者对东陵、西陵的陪葬墓以及北京附近的皇室成员的园寝进行了考察，探视了十几座地宫，走访了当地的老人和知情者，参阅了相关文献，与有关专家进行了探讨，从而对清朝皇室成员的园寝的规制有以下初步粗浅的看法。

（一）标准规制的亲王、郡王园寝规制

1. 标准规制的亲王园寝规制

以《钦定大清会典事例》对皇室成员园寝的规定为基础，结合实地调查，清朝标准规制的亲王园寝规制总结如下：

最前面有马槽沟一道，沟上正中建一孔拱桥一座（果毅亲王允礼园寝为三孔拱桥），桥的石栏杆的望柱为二十四气柱头（醇贤亲王奕譞园寝拱桥为石榴柱头）。桥北正中单檐歇山顶碑亭1座，绿琉璃瓦顶。碑亭四面檐墙正中各有一个拱券门。券门上嵌有券脸石，亭内正中有龙首龟趺御制碑一统。碑文为满汉文合璧，满文在碑阳面之右，汉文在碑阳面之左。[①] 碑的屃头即碑头为四交龙即一侧为两个下垂的龙头。龟趺为单尾。龟趺之下为石制的水盘。水盘面上雕刻水浪波纹。水盘从东南角开始，按顺时针，分别为鱼、龟、虾、蟹。东西厢房各 3 间，单檐硬山顶，布筒瓦。大门1座，单檐硬山顶，面阔 3 间，进深 2 间，绿琉璃瓦顶。前院正中享堂1座，面阔 5 间，其屋顶多为单檐硬山顶，个别的也有歇山顶的，覆以绿琉璃瓦。享堂前建月台，月台前设丹陛石。享堂后有园寝门3座，中门有门楼，绿琉璃瓦顶，两旁门为随墙门。后院建宝顶。宝顶建在长方形的砖砌月台上。月台下是地宫。地宫为石券。园寝围墙从大门两侧伸出，将享堂、园

① 这里所说的左右，是指碑本身的左右，如同人的左右手。如果面对碑，则满文在左手方向，汉文在右手方向。

寝门、宝顶围起来。园寝后面的围墙为弧形，整个围墙呈前方后圆形式，墙顶为绿琉璃瓦。园寝旁建看守人房数间。

清朝中晚期，一些亲王园寝的前面增建了四柱三间的石牌坊1座。

上面说的和硕亲王园寝的标准规制是多年来通过实地考察、社会调查及参照有关文献总结出来的，实际上许多亲王园寝从总的方面来说属于标准规制范畴，但在一些具体做法上也有与前面所说的不一样的地方。下面逐项予以说明。

（1）关于园寝前的马槽沟

现在有的文章也有称为月河或文河的。总之就是园寝前的一条河。河的泊岸有用豆渣石砌的，也有用城砖砌的，还有用山石砌的。

（2）拱桥

也有个别亲王园寝前既没有河，也没有任何桥。如康熙帝的皇七子淳度亲王允祐园寝就没河没桥。[①] 也有的园寝不是一孔拱桥，而是三孔拱桥。还有是三孔平桥的，如端亲王弘晖的园寝。

多数园寝的拱桥两侧的石栏杆的柱头是二十四气的，如果毅亲王允礼园寝的桥；也有石榴柱头的，如醇贤亲王奕譞园寝和庆亲王奕劻园寝；也有蕉叶柱头的。

（3）碑亭

亲王碑亭一般都是单檐歇山顶的，可是庆僖亲王永璘和庆亲王奕劻园寝的碑亭却都是重檐歇山顶的。[②]

碑亭券门上的券脸石，或为云龙戏珠纹饰雕刻，如恂郡王允禵园寝、恒郡王永皓园寝；或为缠枝莲花雕刻，如位于北京海淀区金顶街福田寺村的瑞怀亲王绵忻园寝的碑亭券脸石为缠枝莲花雕刻；也有光素无雕刻的。

① 冯其利：《清代王爷坟》第153页，紫禁城出版社，1996年。

② 清宫档案《内务府来文》第2943包载：庆僖亲王永璘园寝的碑亭是重檐的。庆亲王奕劻园寝的碑亭是重檐歇山顶的，现在此碑亭仍在，并有照片。

肃慎亲王敬敏园寝碑亭

碑亭内的龟趺碑，多为立一统碑；但也有一座碑亭内立两统碑的，如密云区董各庄永璜、永璋、永琪的园寝[①]和北京朝阳区潘家园东里小区的显谨亲王衍璜的园寝。[②]

园寝的碑文多为皇帝御制，当然不排除由文臣代笔。但口气都是皇帝的口气，所以多称为御制碑。碑身的侧面，有的尢雕刻，光素的；有的有雕刻，多为一条升龙，个别也有雕刻缠枝莲花的。

清朝皇帝陵、皇后陵的神道碑和皇帝的功德碑的肩头（碑头）都是六交龙，亲、郡王的碑都是四交龙，可是笔者在多年的实地考察中发现河北省易县北白虹乡南福地村南的裕悼亲王保寿园寝的墓碑的肩头却是六交龙的。对于这种违制行为，不知是奉特旨钦准的，还是私下所为。

（4）享堂

亲、郡王园寝的大殿按说应称为享堂，个别时候也有称享殿的。在实际调查中，发现亲王的享堂有歇山顶的，如北京东直门外新中街

① 冯其利：《清代王爷坟》第198页，紫禁城出版社，1996年。

② 冯其利：《清代王爷坟》第100页，紫禁城出版社，1996年。

的豫通亲王多铎园寝和显谨亲王衍璜的园寝都是面阔 5 间，歇山顶的享堂。[①] 发现也有硬山顶的，如易县上岳各庄的果毅亲王允礼的园寝享堂。

裕悼亲王保寿墓碑为六交龙

亲王享堂多为面阔 5 间，个别也有 3 间的，如黄花山下的荣亲王园寝的享堂 3 间。[②] 北京朝阳区道口村肃慎亲王敬敏园寝的享堂为面阔 3 间的硬山顶（现仍存）。

（5）宝顶

亲王的宝顶的规制也不尽相同。有上部是夯土的，如理密亲王允礽的宝顶（有老照片为证）；有砖砌的，如纯靖亲王隆禧的宝顶（有老照片为证）；有下碱是石须弥座的，如礼亲王允礼的宝顶（现仍存在）；有下碱须弥座带瓦垅的，如裕宪亲王福全园寝的宝顶（现有石构件）。还有的亲王的宝顶的下碱是砖砌的须弥座，如理密亲王允礽

① 多铎的园寝的享堂有老照片。衍璜园寝的享堂现在仍存，笔者曾去实地考察。

② 冯其利：《清代王爷坟》第 125 页，紫禁城出版社，1996 年。

的宝顶的下碱就是用砖砌的须弥座。

纯靖亲王隆禧宝顶残况老照片（1966年）

（6）地宫

定亲王绵恩地宫之金券（松园拍）

亲王地宫按标准应为石券，可是也有例外。如安亲王岳乐的地宫、[①]果毅亲王允礼的地宫皆为砖券。[②]康良亲王杰书的地宫由柏木构筑，惠顺亲王祜塞的地宫和康悼亲王椿泰的地宫顶部为棚板石。[③]

（7）石牌坊

按标准规制，亲王园寝不建石牌坊。可是，位于昌平区半壁店的仪慎亲王永璇的园寝和北京昌平区东崔庄镇麻峪村的恭忠亲王奕䜣的园寝都建有四柱三间的石牌坊。[④]

恭忠亲王奕䜣园寝的石牌坊

2. 标准规制的郡王园寝

标准规制的郡王园寝与标准规制的亲王园寝相比，主要区别是享堂，面阔 3 间，硬山顶。但实际上超越这个标准的也有，比如，果郡

① 岳乐于顺治十四年晋亲王，死于康熙二十八年。康熙二十九年降为安郡王。所以他的地宫应该是按亲王建的。他的地宫为砖券。

② 笔者曾亲自探过允礼的地宫，是砖券。

③ 冯其利：《清代王爷坟》第 38 页，紫禁城出版社，1996 年。

④ 冯其利：《清代王爷坟》第 212、236 页，紫禁城出版社，1996 年。

王弘瞻园寝和孚敬郡王奕譓园寝的享堂就是硬山顶，面阔5间。但至今尚未发现郡王园寝的享堂有歇山顶的。

郡王的地宫有石券，也有砖券。瑞敏郡王奕誌的地宫是石券。岳乐的第十五子安郡王玛尔浑的地宫和荣恪郡王绵亿的地宫都是砖券，玛尔浑的地宫左右有壁龛，地宫墙壁上有壁画。[①] 孚敬郡王奕譓的地宫基本上是砖券，平水墙却是3层条石砌的。果简郡王永瑹的地宫则既不是石券，也不是砖券，而是有石门的大型砖池，顶部用条石棚架，[②] 但有石门。

郡王的宝顶与亲王的宝顶在规制上也没有明显的区别。果简郡王永瑹和瑞敏郡王奕誌的宝顶下碱不仅是石须弥座的，而且上面雕刻了极为精美的图案，超过了果毅亲王允礼和醇贤亲王奕譞的宝顶。

果郡王园寝永瑹宝顶残状

① 岳乐地宫和玛尔浑地宫，笔者曾于2013年4月13日亲身探视考察过。

② 果简郡王永瑹的地宫笔者曾先后6次进入考察。

（二）逾制的亲王园寝规制

1. 怡贤亲王允祥的园寝

允祥对雍正帝忠心耿耿,极尽臣道和弟义，在雍正帝取得皇位和巩固政权方面，起到了不可替代的作用，是雍正帝的心腹和股肱。允祥为给雍正帝相度万年吉地，历尽艰辛，不遗余力，终于找到了永宁山太平峪这处理想的上吉佳壤。为了回报允祥的忠心，雍正帝将允祥要求的一块“平善之地”赐给了他作为兆域。同时破格提高他的园寝规制，命廷臣议定他的园寝规制，《清实录》记载如下：

> 辛酉，大学士等遵旨议奏怡亲王茔制，宜用享堂七间。享堂之外，中门三间，内围墙一百丈。中门之内，建焚帛亭、祭器亭。中门之外，建神厨五间、神库三间。东西厢及宰牲房各三间。碑亭一座，其外为大门三间。周围墙二百九十丈。大门外设奉祀房二十间。再加石桥二，石牌坊一，擎天柱二，神道碑一。[①]

与《大清会典事例》的规定明显大大地超过了。实际上，已建成的允祥的园寝比《清实录》记载的规模还要大。

笔者曾多次到怡亲王园寝进行实地考察。尽管现在地面建筑基本无存，但依然能感觉出这座园寝的非凡气势，非一般亲王园寝可比。这座园寝坐西朝东，三面环山，一面临水。山虽不高峻，却十分清秀。园寝从西到东，建筑序列长达3华里左右，不仅超过了清朝皇后陵，而且比定陵、惠陵、崇陵的建筑序列还要长。现在所能看到的最前面的是神道碑，龙首龟趺。碑身阳面用满、汉两种文字镌刻“忠敬诚直勤慎廉明怡贤亲王神道碑”15个大字。《清实录》上也只说是“神道碑一”，未提碑亭。神道碑以西为火焰牌坊，三门四柱，全为石

① 《世宗宪皇帝实录》卷九五，《清实录》第8册，第278页，中华书局，1985年。

制，每门的上额枋的正中有一个火焰宝珠。这座火焰牌坊是《清实录》中所未载的。再往西是五孔拱券桥。五孔桥西又是石牌坊1座，三门四柱七楼，与东、西陵的石牌坊相比，只少了二门二柱四楼，其结构、造型等相仿。再往西有擎天柱（华表）1对，分列两旁。通过实地调查，现有石桥4座，即五孔拱桥1座、三孔拱桥1座、平桥2座。

通过实际调查，再结合《清实录》及《大清会典》的记载，允祥的园寝比一般的亲王园寝增加了以下建筑：

（1）多建神道碑1统。清朝陵制，只有皇帝陵才可以立神道碑，皇后陵如果立神道碑都属于逾制。可是允祥的园寝却立了神道碑。是否有碑亭尚待考证。除允祥园寝外，迄今尚未发现亲、郡王园寝建神道碑的。

（2）建石牌坊2座。根据《大清会典》的规定，亲王园寝不建牌坊。雍正帝令廷臣拟定的规制也只有1座石牌坊，而实际上允祥的园寝却建了2座，而且规制都很高。

怡亲王允祥园寝的火焰牌坊老照片

怡亲王允祥园寝石牌坊

（3）多建1对华表。根据朝廷的规定，王爷园寝不设华表。可是允祥的园寝却设立了2根华表。

怡亲王允祥园寝的华表老照片

（4）建五孔拱桥。五孔拱桥只有皇帝陵才有，即使皇后陵都没有。允祥的园寝不仅桥的数量多，而且规制很高，建五孔拱券桥仅怡亲王园寝一例。

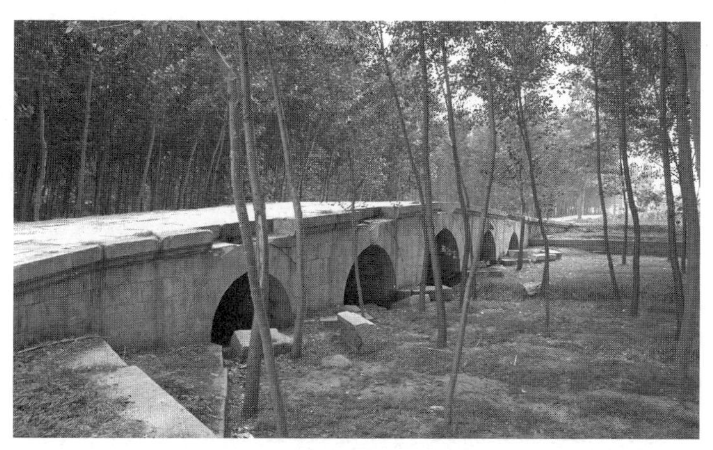

怡亲王园寝五孔拱桥

（5）清朝陵寝只有孝庄皇后的昭西陵建了内外两道围墙。妃园寝和王爷园寝建内外两道围墙的除允祥的园寝外，尚未发现第二例。

（6）在清朝各类园寝中，除端慧皇太子园寝外，只有允祥的园寝建了焚帛亭、祭器亭各1座。

（7）建有神厨、神库、宰牲亭（也称省牲亭）。清朝皇陵只有帝后陵才设神厨、神库、宰牲亭。端慧皇太子地位高于和硕亲王，是“准皇帝”，所以他的园寝也设有上述建筑。但亲王园寝设神厨、神库、宰牲亭，怡亲王允祥园寝是唯一的一座。

（8）建奉祀房20间。奉祀房就是制作祭品的场所，相当于茶膳房和饽饽房。帝后陵的茶膳房和饽饽房也只有10间。妃园寝多为10间，有的只有6间，如泰陵妃园寝和昌陵妃园寝都是6间，而允祥的园寝却建了20间。

（9）围墙总长是规定的近4倍。《大清会典事例》规定亲王围墙周百丈。而允祥的园寝仅内墙就达100丈，外墙有290丈，内外墙的总和长达390丈（合公制为1300米），是当时国家规定的近四倍。孝陵围墙周长197.15丈，景陵围墙周长179.45丈，泰陵围墙周长194.51丈，裕陵围墙周长190.32丈。允祥的园寝超过了皇帝陵。

（10）建筑序列长达3华里。允祥园寝从墓穴到神道碑，长达3华里左右，占地面积约600亩。建筑序列之长，占地之广，不仅在亲王园寝中绝无仅有，就是部分帝、后陵也难与之相比。

以上10点足以说明怡亲王允祥的园寝在清朝所有王爷园寝中规模最大，规制最高。

2. 醇贤亲王园寝

醇贤亲王奕譞的园寝位于北京海淀区妙高峰，建在一个山坡之上，同治六年（1867）由著名风水官李唐[①]选定的。《钦定大清会典》对醇贤亲王园寝的规制是这样记载的：

> 琉璃花门一座，广一丈四尺，纵五尺二寸。檐高九尺八寸。东西卡子墙各长五丈三尺，高八尺。正中享殿一座，五间，广五丈三尺，纵二丈七尺。享殿前抱厦三间，广三丈三尺，纵一丈五尺，檐高一丈一尺。北面燎炉一座，广九尺三寸，纵六尺五寸。檐高八尺六寸。大门一座三间，广三丈四尺，纵一丈六尺，檐高一丈。门外设守护班房。南北厢各三间，广二丈八尺，纵一丈六尺，檐高八尺五寸。围墙周长七十一丈九尺四寸，高八尺。黄色琉璃碑亭一座，四面各显三间，广二丈，纵高一丈三尺八寸。碑高九尺，广四尺。龟趺高称之。碑文内恭书皇帝御名。[②]

---

① 李唐，字尧民，清晚期著名风水官，曾参与惠陵陵址的选择。

② [清] 崑冈等修，刘启端等纂，光绪朝《钦定清会典事例》卷九四九，“工部 · 坟茔规制”。载《续修四库全书》编纂委员会编：《续修四库全书》第811册，“史部 · 政书类”，第435页，上海古籍出版社，2002年。

通过实地考察，醇贤亲王奕譞园寝的规制是这样的：园寝坐西朝东，最前面的山坡上有100多磴的台阶。上台阶后，迎面是单檐歇山顶碑亭1座，内有龙首龟趺碑1统，碑的侧面各雕刻升龙一条。格井天花，每块天花板上彩画白鹤1只。碑亭西是马槽沟，正中建一孔拱券桥。桥西是南北厢房各3间，单檐硬山顶，有前廊，布筒瓦。南北厢房以西是南北值班房各3间。大门1座，单檐硬山顶，面阔3间，进深2间，绿琉璃瓦顶。大门两侧的院墙各有随墙门1座。进前院，正中享堂1座，面阔5间，前有抱厦3间。① 享堂前北面有燎炉1座。享堂后园寝门1座，有门楼，门垛用澄浆砖干摆，砖砌的冰盘檐。飞椽亦为砖制。瓦为布筒瓦。进后院，上一泊岸，正中是奕譞的宝顶。宝顶的上身为砖砌，下碱为石须弥座。宝顶建在月台上。奕譞的宝顶前北侧有小宝顶1座，宝顶的上身是砖砌的，下碱是石须弥座。奕譞的宝顶前南侧有两座小宝顶，南北并排，靠北的宝顶较大，与北侧的宝顶规制一样。靠南（靠墙）的小宝顶没有石须弥座，完全用砖砌成。

奕譞的园寝所以说逾制，主要有以下4点：

（1）碑亭用黄琉璃瓦。因为奕譞是光绪帝的生父，碑文830多字，由光绪帝亲自撰写并亲笔御书，碑文内有皇帝的御名，奉懿旨特用黄琉璃瓦。这是有清一代所有园寝中唯一用黄琉璃瓦的。

（2）享堂面阔5间，前面有3间抱厦。这也是清朝园寝中唯一的。

（3）园寝前院建有燎炉。这是亲王、郡王园寝中少有的。

（4）一般园寝的围墙都是上身糙砖灰砌，外皮抹饰红泥，提刷红浆。下碱用澄浆砖干摆，而醇亲王奕譞的园寝所有围墙均为澄浆砖干摆到顶。这与道光帝的慕陵围墙一样。

（5）在园寝的北侧建有一座规模宏大的阳宅。实际上相当于醇亲王奕譞的别墅。阳宅里楼台殿阁，曲径回廊，花园假山，十分幽静，别有一番天地。

---

① 清宫档案《录副奏折》“工程”，光绪十八年，第55～57包。原建享堂5间，并无抱厦。后因祭祀时不敷陈设之用，故在月台上接搭抱厦3间。

醇贤亲王园寝的碑亭

3. 阿巴泰、岳乐的园寝

阿巴泰是太祖努尔哈齐的第七子，身经百战，屡立战功，是清初著名的将领，被追赠为饶余敏亲王。

安亲王岳乐是阿巴泰第四子，也是清初的著名将领，驰骋沙场，战功卓著。

阿巴泰和岳乐的园寝都建在北京石景山区五里坨街道隆兴寺。阿巴泰家族墓埋葬着阿巴泰及其后代子孙几十人，形成一个庞大的家族墓群。在这个墓群中，以阿巴泰和岳尔的园寝规模最大，规制最高。主要体现在以下几点：

（1）阿巴泰园寝建有五道牌坊。

（2）阿巴泰和岳乐的园寝都设有石像生：华表、石人、石马、石驼、石羊各1对。[①] 这是迄今为止，唯一发现的2座设石像生的王爷园寝。这些石像生的石雕像后来被运到了辽宁省抚顺市的元帅林。[②]

（3）这两座园寝都建有高大的宝城。宝城建有左右马道，沿马道

---

① 冯其利：《清代王爷坟》第67～68页，紫禁城出版社，1996年。

② 冯其利：《清代王爷坟》第70页，紫禁城出版社，1996年。

可以上宝城。宝城上正中建宝顶。在清朝亲王、郡王园寝中迄今只发现这两座园寝建有宝城。

（4）岳乐园寝的地宫有壁龛和壁画。

阿巴泰家族墓某园寝的石马及控马官老照片

阿巴泰园寝宝城遗址

第六节　公主园寝

一、公主葬地的分布

清朝公主分两个等级，一等为固伦公主，二等为和硕公主。清皇家规定："皇女由中宫出者，封固伦公主；由妃嫔出者，封和硕公主。如中宫抚宗室女，下嫁亦封和硕公主。固伦公主品级视亲王。和硕公主品级视郡王。""尚固伦公主者为固伦额驸，品级视固山贝子。尚和硕公主者为和硕额驸，品级视超品公。"①

从太祖努尔哈齐到咸丰帝（同治帝、光绪帝、宣统帝无子女），共生有皇女82人，养女13人②，合计95人③。这些皇女死后都葬在了什么地方？通过查阅文献和实地考察，她们的葬地有4个地区，一是不知葬于何处；二是陪葬皇陵；三是葬在蒙古地区；四是葬在京畿一带。

二、早殇皇女的葬地

（一）不知葬在何处的皇女

清朝的82位皇女中，有37位未到成年就早殇了。这37位早殇皇女中，只知道6位的葬地，另31位至今也不知道葬于何处。有一条

---

①[清]崑冈等修，吴树梅等纂，光绪朝《钦定大清会典》卷一，"宗人府"。载《续修四库全书》编纂委员会编：《续修四库全书》"史部·政书类"，第24页，上海古籍出版社，2002年。

②[清]唐邦治著的《清皇室四谱》载，嘉庆帝没有养女。可是《仁宗睿皇帝实录》中记载了在嘉庆二十五年六月二十四日，将庆亲王永璘第五女认为养女，交皇后在宫中抚养。未想到在七月十四日就死了，入宫刚20天。

③清朝从太祖努尔哈齐到咸丰帝共有95位皇女、养女：太祖皇女8人、养女2人；太宗皇太极皇女14人、养女1人；顺治帝皇女孩6人、养女3人；康熙帝皇女20人、养女1人；雍正帝皇女4人，养女3人；乾隆帝皇女10人、养女1人；嘉庆帝皇女9人，养女1人；道光帝皇女10人；咸丰帝皇女1人、养女1人。

史料对于揭示早殇皇女的葬地有一定的帮助。

康熙二十二年（1683）六月十九日上午，皇贵妃佟氏即后来的孝懿皇后为康熙帝生下了一个女儿，排行皇八女。当时康熙帝正陪着太皇太后在古北口一带避暑。内务府总管图巴等及时将佟氏生下皇八女的喜讯告诉了康熙帝。未想到皇八女降生不久就得了病，医治无效，竟于闰六月十四日夜间夭亡，只活了24天。在康熙二十一年，康熙帝曾发出一道谕旨：

> 我朝之先例，幼童盖不制棺。如若事出，切勿制棺。不论何时，即于彼时用单被裹出，送一净地火化，勿殓勿埋，自然了之。

于是，按照这道谕旨，办理了皇八女的丧事。事毕内务府总管图巴等将皇八女夭亡及处理情况奏报给了康熙帝。康熙帝在奏折中批示道：

> 尔等所办甚是！因系尚未满月之乳儿，朕并无思恋之处。朕此亦不露声色，不令人知道。[①]

但是这里所说的是“未满月的乳儿”，在37位早殇皇女中，有许多四五岁，甚至十二三岁早殇的，如康熙帝的皇十六女，13岁早殇，这些皇女是否也“送一净地火化，勿殓勿埋”，则很值得考虑了。

康熙年间定：“凡皇子初殇，皆备小式朱棺，祔葬于黄花山园寝，惟开墓穴平葬，不封不树。”[②] 非“未满月的乳儿”是否按照早殇皇子的方法办呢？还有待进一步考证。

---

① 中国第一历史档案馆编：《康熙朝满文朱批奏折全译》，中国社会科学出版社，1996年。

② [清] 崑冈等修，刘启端等纂，光绪朝《钦定清会典事例》卷四九六，“礼部·丧礼”。载《续修四库全书》编纂委员会编：《续修四库全书》第805册，“史部·政书类”，第812页，上海古籍出版社，2002年。

（二）陪葬皇陵的公主园寝

作为皇陵陪葬墓的公主园寝，其墓主人都是早殇公主。在东陵和西陵陵园外围专门为早殇皇女建的公主园寝有3座，即东陵的端悯固伦公主园寝，西陵的慧安慧愍公主园寝、端顺固伦公主园寝，共葬公主5位。另外，在端慧皇太子园寝内，还安葬着乾隆帝的皇八女。

1. 慧安慧愍公主园寝的规制

慧安慧愍公主园寝内安葬的是嘉庆帝的两个早殇的女儿即皇五女和皇九女。慧安和硕公主是嘉庆帝的皇五女，死时10岁。慧愍固伦公主是嘉庆帝的皇九女，5岁时夭亡。这座园寝始建于嘉庆八年（1803）。

先看看《钦定大清会典事例》是怎么记载这座公主园寝的：

> 梁格庄慧愍固伦公主园寝，正中享殿一座，广三丈一尺，纵一丈九尺，檐高一丈。南有大门，广三丈一尺，纵一丈三尺，檐高九尺五寸。门外设守护班房。东西厢房各三间，广二丈八尺，纵一丈二尺，檐高九尺。围墙周长五十二丈六尺八寸，高七尺三寸。①

这条记载，既没有讲明各建筑的间数和屋顶的形式，也没有讲明有几座宝顶和宝顶的位置，更没有讲明地宫的规制。

那么我们再看看初建这座公主园寝时，大臣们在奏折中向嘉庆帝怎么奏报这座公主园寝规制的：

> 五公主园寝地券一座；享堂一座，三间；大门一座，计三间；茶房、饽饽房二座，每座计三间；堆拨房二座，每座

① [清] 崑冈等修，刘启端等纂，光绪朝《钦定清会典事例》卷九四九，“工部·坟茔规制”。载《续修四库全书》编纂委员会编：《续修四库全书》第811册，“史部·政书类”，第435页，上海古籍出版社，2002年。

> 计二间；看守房十座，每座二间；大门一间，共计三十七间。围墙、看墙、营房大墙、院墙凑长二百二十九丈八尺；门楼十座并泊岸、踏跺、宇墙、栅栏门、丹陛、甬路、海墁、散水以及开挖泄水河道、填垫地面、各座油画、糊饰窗心、搭盖物料棚座等工，除松木一项业将奏明，拆卸龙华王府木植拣选堪用者尽数抵用外，其余木植并桅木、架木、临清砖、铜管扇、平铁、叶铁、杂料、颜料、纸张向各处取用，至匠夫、走工系在风水墙以外不应加给，以节靡费外，共估需工料银三万六千二百三十七两二钱三分五厘。①

很明显，这件档案比《大清会典事例》的记载详细多了。但建筑的屋顶形式、地宫是砖券还是石券等许多具体情况还没有讲清楚。

根据实地考察，这座园寝的规制是这样的：

这座公主园寝坐北朝南，东西厢房各3间，单檐布瓦卷棚顶，有前廊，门前有3级如意踏跺。大门1座，单檐硬山布瓦顶，面阔3间。门的前后均为石礓䃰。院内享堂已毁坏无存，看柱础，原为面阔3间。享堂后不远处是一高泊岸，泊岸前正中有一座19级的踏跺。正对踏跺的泊岸处有一对石栅栏门，此栅栏门可视为园寝门。整个泊岸的看面完全用澄浆砖干摆，泊岸外沿成砌宇墙。栅栏门左右宇墙下各有两个石制的挑头沟嘴。泊岸之上，中轴线上建五公主慧安和硕公主宝顶1座。嘉庆二十年（1815）九公主死后，又在五公主宝顶东旁增建宝顶1座。这两座宝顶规制基本一样，均用砖成砌，宝顶下是月台。月台前均是6级踏跺。大门左右的看面墙墙顶用布筒瓦，进深墙均为用小砖砌的鹰不落地式墙顶。

从上述档案中有铜管扇来分析，应该有石门一道，起码地宫应该是砖券。作为固伦公主的皇九女的地宫不会低于和硕公主的皇五女地宫规制的。到底是砖券还是石券，尚有待进一步考证。

---

① 清宫档案《内务府档》“陵寝事务”，第0450包。

慧安慧愍公主园寝的围墙后面不是罗圈墙，而是直角的

慧安慧愍公主园寝有3个特点：

（1）清朝陵制，无论帝、后陵，还是王爷、公主园寝，陵院的围墙平面均为前方后圆，而这座公主园寝的围墙平面却是长方形，也就是说后围墙不是弧形的而是方的，拐弯处是直角。这在清朝陵寝中是不多见的。

（2）清朝陵制，园寝一般均是前后两进院落，即前朝后寝形式，其间以园寝门及左右面阔墙为界，而这座公主园寝却是一进院落，既无园寝门，又无面阔墙，而是采用高泊岸、宇墙和栅栏门的形式，这也是清朝园寝中少见的。

（3）该园寝的东西厢房为单檐卷棚顶，门前设如意踏跺，这也是不多见的。

嘉庆帝的 9 个皇女中，有 7 个早殇，只给早殇的皇五女和皇九女建了园寝，那 5 个早殇皇女为什么不给建园寝呢？她们又葬到哪里去了？现在还是个未知数。

2. 端悯固伦公主园寝

端悯固伦公主园寝是清东陵唯一的公主园寝，坐落在清东陵陵园以东三公里的马兰峪镇许家峪村西，坐北朝南，背靠青山，地势平坦，苍松葱郁，环境十分优美。

《大清会典事例》是这样记载端悯固伦公主园寝规制的：

> 许家峪端悯固伦公主园寝，正中享殿一座，广三丈五尺九寸，纵二丈九尺八寸，檐高一丈一尺三寸。南有大门，广三丈五尺二寸，纵一丈九尺。门外设守护班房。东西厢房各三间。围墙长九十一丈，高一丈三尺。[①]

根据实际调查，这座园寝的规制是这样的：

园寝的后院建有大小宝顶4座，东西一字排列。由西往东依次为二公主、端悯固伦公主、皇二子、皇三子。宝顶均为砖砌。宝顶下为长方形砖石月台。端悯固伦公主宝顶位于中轴线上，该宝顶是4座宝顶中最大的，地宫为砖券，有一道石门。其余3座地宫均为砖池。享堂两侧的面阔红墙上各辟一个随墙门，作为园寝门。前院建享堂1座，单檐硬山顶，面阔3间，进深3间，带前廊。大门1座，面阔3间，进深2间，单檐硬山顶。享堂和大门都是绿琉璃瓦盖顶。从大门两侧伸出的红墙将上述建筑围拢起来，形成一个平面呈前方后圆形式的院落。在大门前的东西两侧建东、西值班房各3间，东、西厢房各3间，均为布筒瓦。在清朝，这座公主园寝栽仪树316株，其中松树200株、杨树61株、柳树55株。[②] 目前除厢房和班房无存外，其余建筑一应俱全。

---

① [清] 崑冈等修，刘启端等纂，光绪朝《钦定清会典事例》卷九四九，“工部・坟茔规制”。载《续修四库全书》编纂委员会编：《续修四库全书》第811册，“史部・政书类”，第435页，上海古籍出版社，2002年。

② [清] 英廉重纂本：《昌瑞山万年统志》上函，卷之二“仪树”。

端悯固伦公主园寝院内的四座宝顶

这座园寝始建于道光帝即位初年，最初就是为道光帝的皇长女端悯固伦公主建的。后来又将早殇的皇二女、皇二子、皇三子也葬入此园寝内。

有人不免要问：既然端悯固伦公主园寝是陪葬墓，陪葬在父母的身旁，道光帝的慕陵在易县的西陵，为什么他的女儿的园寝在东陵？原来是这样的：最初，道光帝的陵建在东陵的宝华峪。道光七年（1827）建成，同年九月二十二日将孝穆皇后葬入了地宫。可是，第二年发现地宫出现了大量渗水，道光帝以此为理由，在西陵重建陵寝，将东陵宝华峪陵寝及宝华峪妃园寝拆除，将孝穆皇后及葬入妃园寝的平贵人迁到西陵重葬。在这次迁葬时，并没有将端悯固伦公主及二公主、皇二子、皇三子迁走，留在了东陵。所以才形成了父陵在西陵，子女在东陵的局面。

端悯固伦公主园寝有许多特点：

（1）享堂曾开后门

原来享堂的后檐墙的正中有一槽隔扇门，正中有一个屏门。[①] 入

① 清宫档案《内务府来文》第127包。

葬端悯固伦公主时，棺椁从后屏门出去后直接进入地宫隧道。后来，不知什么年月将后门用砖砌上了。现在仍然可以看出原来的痕迹。这座公主园寝的享堂为什么要留后门？又为什么砌上？现在这个谜还有待继续考证。

（2）设高台甬路

在端悯固伦公主的宝顶至享堂后檐墙之间设有一道高台甬路。在甬路的两侧各设一座如意踏跺。登此踏跺可上端悯固伦公主的宝顶前的月台。

（3）享堂有前廊

从现存的清朝帝后妃陵寝来看，还没有发现享殿有带前廊的。可是这座公主园寝的享堂却带前廊。

端悯固伦公主园寝的享堂有前廊

（4）用如意踏跺

踏跺即台阶。古建中的踏跺大致分为垂带踏跺和如意踏跺两种。所谓垂带踏跺就是每级台阶的条石的长度是一样的，在阶条石两旁各有一个坡状的条石，因此石叫垂带石，故称这种踏跺为垂带踏跺。如意踏跺的每级的阶条石不一样长，越往上越短，两侧没有垂带石。在明清两朝的皇陵中，多用垂带踏跺，很少用如意踏跺。而这座公主园寝，不仅在上面所提到的高台甬路的两旁各设了一座如意踏跺，而且在享堂前的月台东西两侧也各设了一座如意踏跺。这在清陵中也是少见的。

慧安慧愍公主园寝的享堂也是面阔3间，进深3间，后檐也有一道高台甬路，与这座端悯固伦公主园寝是一样的。从所存柱础看，慧安慧愍公主园寝享堂也有前廊。很可能端悯固伦公主园寝是仿照慧安慧愍公主园寝的享堂建的。后檐墙是否有后门待考证。

3. 端顺固伦公主园寝

端顺固伦公主是道光帝的皇三女，生母为全妃即后来的孝全皇后。道光五年（1825）二月二十日寅时生，道光十五年（1835）十一月初八日殇，年仅11岁。死后10天追赠为端顺固伦公主。

端顺固伦公主园寝位于清西陵慕陵内务府营房之东南（档案上叫陈门庄）。《大清会典事例》是这样记载端顺固伦公主园寝规制的：

> 陈门庄端顺固伦公主园寝，正中享殿一座，广二丈一尺一寸，纵如之。檐高一丈二尺三寸。南有大门，广一丈一尺九寸，纵一丈四尺四寸，檐高一丈二尺三寸。门外设守护班房。东西厢房各二间，广二丈，纵一丈二尺，檐高八尺五寸。围墙周长三十二丈一尺，高一丈二尺三寸。[①]

通过分析《大清会典事例》的记载可知，端顺固伦公主园寝的规制是很低的。比如，享堂面阔为二丈一尺一寸，是一座亭式建筑。园

① [清] 崑冈等修，刘启端等纂，光绪朝《钦定清会典事例》卷九四九，“工部·坟茔规制”。载《续修四库全书》编纂委员会编：《续修四库全书》第811册，“史部·政书类”，第435页，上海古籍出版社，2002年。

寝大门是1间，而且明确记载厢房是面阔2间。围墙仅三十二丈一尺，将近是端悯固伦公主园寝围墙的三分之一。地宫为石池。[①]

现在地面上已无任何遗迹。

道光帝有10个皇女，其中5位早殇。孝慎皇后生的皇长女端悯固伦公主和祥妃生的皇二女都葬在了东陵的端悯固伦公主园寝内。孝全皇后生的皇三女端顺固伦公主，为其在西陵陈门庄专门修建了公主园寝。为什么彤贵妃生的皇七女和皇十女不给建公主园寝呢？即使不单独建园寝，完全可以仿照端悯固伦公主之例，将皇七女和皇十女葬入其三姐端顺固伦公主的园寝之内，为什么不这样做呢？是否因为皇七女和皇十女去世时，其生母已经失宠，被降为彤贵人有关系？如果真的是这个原因，但这两个皇女毕竟是皇帝的女儿，不能因其生母失宠而受牵连。

三、出嫁公主的园寝规制

（一）葬在蒙古地区的公主园寝

满蒙联姻是清朝长期实行的国策，据有关专家统计，清朝出嫁给蒙古的皇室女性达432人，其中公主达28人。[②]在男性为主的父系社会里，出嫁后的女子死后葬在夫家之地是天经地义、顺理成章的，即使是贵为金枝玉叶的公主也要遵循这一传统做法。所以，“凡出嫁蒙古的皇家女，死后一般葬在夫家所在的蒙地。”[③]致使在清廷所联姻的蒙古各部落，留有许多的公主园寝和格格的坟墓。这一做法主要执行在清朝的早期即雍正朝以前（包括雍正朝）。

① 中国第一历史档案馆、故宫博物院主编：《清宫金砖档案》第301页，紫禁城出版社，2010年。

② 杜家骥：《清朝满蒙联姻研究》第508页，人民出版社，2003年。这28位公主包括皇帝的养女。

③ 杜家骥：《清朝满蒙联姻研究》第325页，人民出版社，2003年。

凡是蒙古地区的公主园寝，内葬的公主都是出嫁的成年公主。

下面介绍九座蒙古地区的公主园寝。

1. 固伦雍穆公主园寝

固伦雍穆公主，名雅图，是太宗皇太极的皇四女，生母为孝庄皇后，生于天聪三年（1629）正月初八日午时。崇德六年（1641）正月，13岁的雅图嫁给了她舅父吴克善的儿子弼尔塔哈尔。康熙十七年（1678）闰三月十八日未时去世，享年50岁。次年十二月入葬。其园寝位于“东边滕额里克界夸绰和儿地方”，[①] 夫妻合葬。如今园寝的地面建筑基本无存，也未找到相关的史料，所以其园寝规制不太清楚。当地人称此园寝为“固龙公主庙”。“固龙”是“固伦”一词的异写和异读。所谓庙指的就是园寝的享堂。地宫在享堂的下面的规制与清陵专家李凤民先生在他的《沈阳昭陵史话》一书中所说的昭陵地宫在享殿内地下吻合。[②] 固伦雍穆公主墓于1977年由哲里木盟（今通辽市）博物馆清理。清理后得知，墓室为砖券。地宫内正对门的地方有一圹志，正方形，灰色细砂岩质。圹志的志文为满汉合璧，由康熙帝撰写。志文记叙了“固龙雍穆长公主”的身世、生卒和入葬日期。表达了康熙帝对他的这位姑母的哀悼之情。

固伦雍穆公主夫妻死后，遵循满族旧有的葬俗火化。在地宫靠后壁的地方有一砖砌的平台。平台面上镶着一块石板。石板中心有一孔，孔下有一小室。这个小室相当于金井。石板上放着一个银制的三间歇山顶的小殿，[③] 小银殿内缎和金锦衾内包裹着骨灰。[④]

① “东边滕额里克界夸绰和儿地方”，当时为科左中旗地界，今属扎鲁特旗，园寝位于该旗前德门乡乡政府南2公里之地。

② 李凤民:《沈阳昭陵史话》第24页，东北大学出版社，2011年。

③ 这个银殿相当于骨灰盒，长51.5厘米，宽45厘米，高60厘米。石板长55厘米，宽45厘米。板的中心的小室，长约35厘米、宽25厘米、高12厘米。

④ 以上墓葬情况，依据张柏忠《清固龙雍穆长公主墓》一文，载《文物》1984年第11期。

2. 科左中旗公主园寝

这座园寝位于今吉林省通榆县兴隆乡西南7.5公里。因为至今还没有确定墓主人是哪位公主，所以当地人只称公主陵。历史专家杜家骥教授判断，此墓的墓主人有可能是固伦纯禧公主。[①]

固伦纯禧公主原本是恭亲王常宁的长女，被康熙帝养育宫中。康熙十年（1671）十一月二十八日生，康熙二十九年（1690）三月二十二日被封为和硕纯禧公主。20岁下嫁博尔济吉特氏头等台吉班第。雍正元年（1723）二月二十五日晋封为固伦纯禧公主。乾隆六年（1741）十二月初七日去世，终年71岁。病逝前居住在京城，病重后回旗。其额驸班第在雍正四年（1726）六月初九日病逝。该公主夫妇无子孙。

通过考察这座园寝的围墙遗迹，园寝长90米，宽40米。院的后部有享堂5间，享堂前有东西配殿。在清朝园寝中有配殿的极少。地宫在享堂的下面，与前面介绍的固伦雍穆公主园寝的一样。在园寝的北面有一座面阔3间的守墓人住的房子。

1982年6月，吉林省文物工作队等几个单位对这座园寝的地宫进行了发掘。发现此墓主人死后采用的是棺葬，女尸仰身直卧，头戴金冠，横枕金元宝，身上穿着多层衣服，出土十分珍贵的陪葬品达265件，多为金银、玉石、珍珠、衣服等物。出土的文物中还有康熙、雍正、乾隆年号的铜钱，未发现墓志。[②]

3. 和硕端柔公主园寝

和硕端柔公主是雍正帝的养女，她是康熙帝的皇十六子庄亲王允禄的长女。康熙五十三年（1714）二月二十九日巳时生。雍正初被抚养宫中。雍正八年（1730）十二月，17岁的和硕端柔公主下嫁科尔沁博尔济吉特氏齐默特多尔济。乾隆十九年（1754）十二月十二日辰

---

① 杜家骥：《清朝满蒙联姻研究》第180页，人民出版社，2003年。

② 见吉林省文物工作队、白城地区文管会、通榆县文化局编《吉林通榆兴隆山清代公主坟》一文，载《文物》1984年第11期。

刻病逝，终年41岁。额驸卒于乾隆四十七年（1782），[1] 死后与公主合葬。

和硕端柔公主园寝位于今辽宁省法库县四家子蒙古族乡公主陵村（原名下金台）。根据社会调查和当地老人介绍，和硕端柔公主和额驸齐默特多尔济夫妻二人均以棺椁入葬于同一座地宫内。宝顶高二丈余。宝顶之南是五间享堂。享堂南是5间过厅，厅内陈列公主和额驸生前用过的仪仗。过厅以南有东西厢房各3间。再往南是园寝的大门，面阔3间。门外有石拱桥。

4. 固伦淑慧公主园寝

固伦淑慧公主是太宗皇太极第五女，名阿图。天聪六年（1632）二月十二日亥时生，生母为孝庄皇后。崇德八年（1643）八月初九日，12岁的阿图下嫁喀尔喀博尔济锦氏额驸恩格德里之子索尔哈。索尔哈于顺治初年去世。顺治五年（1648）二月二十六日，17岁的阿图又改嫁给蒙古巴林部辅国公博尔济吉持氏色布腾，所以又称阿图为巴林公主。顺治十四年（1657），阿图被封为固伦长公主。顺治十六年（1659）十二月二十四日又被封为固伦和顺长公主，后改为固伦淑慧长公主。固伦淑慧公主最为孝庄皇后所钟爱。额驸色布腾去世后，康熙十二年（1673）五月，孝庄皇后有病，非常想念公主，康熙帝立即命乾清门侍卫武格用皇帝乘坐的轿将固伦淑慧公主接到北京，母女见面，非常高兴，孝庄皇后的病很快就好了。[2] 以后康熙帝又多次接固伦淑慧公主到京，并居住在京城。康熙三十九年（1700）正月初十日，固伦淑慧公主于京城含笑而终，[3] 时年69岁，归葬蒙古。淑慧公主在清朝公主中是比较高寿的。

---

① 唐邦治辑：《清皇室四谱》卷四“皇女”，第16页，上海聚珍仿宋印书局，1923年。

②《圣祖仁皇帝实录》卷四二，《清实录》第4册，第559页，中华书局，1985年。

③《圣祖仁皇帝实录》卷一九七，《清实录》第4册，第2页，中华书局，1985年。

固伦淑慧公主死后火化，墓室为方形，用白条石垒砌。有骨灰罐。墓室内有圹志石2块。地面建筑规制不详。[①]

5. 固伦荣宪公主园寝

固伦荣宪公主为康熙帝的皇三女，康熙十二年（1673）五月初六日生，生母为荣妃。康熙三十年（1691）六月初八日封为和硕荣宪公主并下嫁巴林鄂齐尔郡王之子吴尔衮，[②] 时年19岁。康熙四十八年（1709）三月十六日，晋封为固伦荣宪公主，封吴尔衮为固伦额驸。[③] 康熙六十年（1721）吴尔衮随军出征，于同年二月十三日死于军中，终年51岁，死后火化。雍正六年（1928）四月二十一日，固伦荣宪公主病逝，终年56岁。雍正七年（1929）八月十九日，荣宪公主与额驸吴尔衮合葬于同一地宫内。[④]

固伦荣宪公主园寝位于今内蒙古赤峰巴林右旗白音尔灯乡十家子村东北查干木伦河北岸的山坡上。园寝仅存围墙遗址，平面为长方形，长105米，宽45米。享堂已基本无存，碑亭仅存一龟趺。宝顶还有遗迹。

1966年昭乌达盟文物工作站对该墓葬进行了发掘，基本情况如下：

墓室为长方形，长8米、宽6米、高4米。四壁用规整的长方形石条垒砌，封闭严密。[⑤] 正中为一具棺木，有棺有椁，松木制做。棺椁外皮饰紫红色漆。棺长3.5米、宽1.5米、高1.1米。[⑥] 荣宪公主的遗体仰身直卧，虽然已入葬240多年，肌肉松软，皮肤仍有弹性，毛发

① 杜家骥：《清朝满蒙联姻研究》第189页，人民出版社，2003年。

② 《圣祖仁皇帝实录》卷一五二，《清实录》第53册，第681页，中华书局，1985年。吴尔衮也有时写作乌尔衮。吴尔衮是淑慧公主之孙。

③ 《圣祖仁皇帝实录》卷二三七，《清实录》第6册，第369页，中华书局，1985年。

④ 根据出土的墓志上记载死于康熙六十年二月十三日，享年51岁。雍正七年八月十九日与额驸合葬。

⑤ 《文物资料丛刊》第七辑，第122页，文物出版社，1983年。

⑥ 杜家骥：《清朝满蒙联姻研究》第192页，人民出版社，2003年。

均未脱落，宛如生前一般。头戴金制凤冠，腕套金镯，指戴戒指，足蹬大红缎满帮绣花靴子，身穿多层服饰，最外面的是一件光彩夺目的珍珠团龙袍。经测量，荣宪公主身长156厘米，发辫漆黑，辫子长75厘米，两股大辫垂至臀部，辫梢似有扎缠。棺椁前放置着一个白瓷小罐，内盛白色液体，因未曾化验，故不知何物。棺木南侧有一骨灰罐，置于一方形座上。罐内装骨灰和残损衣服。罐外表用金字书写“额驸马副将军多罗郡王”，很显然，罐内是额驸吴尔衮的骨灰。棺椁的东侧放着一个紫色小骨灰罐，是荣宪公主之子琳布的骨灰罐。

棺椁南右侧放置木质墓志一方。此墓志由3块条状柏木组成，长51.8厘米、宽51.3厘米，正面和背面以蒙、满、汉3种文字墨书荣宪公主与驸马生平等内容，内容丰富，填补了正史中的许多空白，很有史料价值。

地宫里出土的金质首饰就多达100多件，十分精美珍贵。出土的还有大量的衣物之类的丝织品，都具有很高的文物价值，对于研究清朝皇家葬制极具意义。在出土的文物中，还有一枚水晶制的“荣宪公主之章”，篆体汉字，印面为正方形。印章所用的水晶用料质地纯正，明亮清透。[①] 公主拥有印章还是极少发现，此章堪为一级文物。

固伦荣宪公主园寝南墙正中有一大门，与此门相对处曾经有一个方形碑亭。碑亭两侧为东、西配殿各3间，面阔15米，东配殿为陵丁室和炊事房，西配殿为祭品陈放和祭陵官员室。[②] 中部为前后大堂，宝顶在后堂的后面。

固伦荣宪公主墓的南、北、东侧，有6个小型砖室墓，地表均有

① 见布和朝克图《荣宪公主之章》一文，载《巴林右旗文史资料》，1991年第二辑。

② 笔者认为，这里所说的东、西配殿有可能是东、西厢房。前殿应该为大门，后殿为享殿。

宝顶状封土，直径为2.5米～3米，墓室内均有紫色骨灰罐，也被破坏，未见志石。据说是公主近族和主要陪房人之墓。另外，在公主园寝围墙外东西两侧还有许多小墓，可能是护园寝兵丁的墓。[①]

固伦荣宪公主园寝是蒙古地区最具特色、出土文物最丰富的公主园寝。

6. 和硕端静公主园寝

和硕端静公主是康熙帝的皇五女，在档案中有时称三公主。康熙十三年（1674）五月初六日生，生母是贵人兆佳氏。[②]康熙三十一年（1692）十月初二日，和硕端静公主下嫁喀喇沁杜楞郡王札什之子噶尔臧。[③]和硕端静公主于康熙四十九年（1710年）三月二十六日申时去世，时年37岁。据说，公主去世后初葬（或暂厝）在今王爷府西之大西沟乡陵沟门。到康熙五十八年（1719）十一月二十九日未时才正式葬入园寝。根据奉旨合葬碑记载，额驸噶尔臧生于康熙十四年（1675）四月十二日卯时，死于康熙六十一年（1722）三月初七日卯时，享年48岁，奉旨于康熙六十一年（1722）十一月二十二日未时与和硕端静公主合葬。

和硕端静公主园寝位于内蒙古赤峰市喀喇沁旗十家子满族乡十家村东北约2公里沟北坡地上，坐北朝南。园寝占地10余亩，四周是约3米高的石围墙。陵墓分前后两院，前院有门房3间，正堂3间，东西配房各7间，两侧有通往后院的小门；后院有大厅7间，原系供奉公主衣冠饰物之所在。宝顶为圆形，高约2米，砖石结构，建于大厅后面的方台之上，石雕勾栏围绕，宝顶前石阶下设有一个长方形石

① 以上有关固伦荣宪公主园寝的情况（除荣宪公主之章的内容）均见于昭乌达盟文物工作站、项春松《内蒙古白音尔灯清代荣宪公主墓》一文，载于《文物资料丛刊》1983年第七期。

② 兆佳氏，可能是布贵人，葬在清东陵的景陵妃园寝内。

③《清皇室四谱》中说康熙三十一年十月封和硕端静公主。可《圣祖仁皇帝实录》卷一五七，第5册，第725页中只记载这一日和硕端静公主下嫁，未提受封。作者认为有可能在此之前封为此封号，不大可能在成婚日同日受封。

和硕端静公主园寝石牌坊

端静公主园寝碑文（部分）

供桌。地表现存石刻为：四柱三门火焰式石牌坊1座，镶嵌汉白玉匾额，石牌坊的个别部件被盗；华表1对，顶端的蹲龙已不存在；龙首龟趺墓碑一统，碑文满、蒙、汉3种文字，满文居中，汉字在左（碑的左边），蒙文在右。碑额为“敕建”二字。碑面四边雕刻12条四爪龙和宝珠（每纵边4条，每横边雕2条）。碑侧面无纹饰雕刻。碑身面宽119厘米，厚47厘米，高259厘米，碑通高513厘米。立碑的日期为康熙五十一年七月十一日。龟趺嘴部被凿坏。单尾。地宫已遭毁坏。地宫内出土青白石墓志一合，两块（盖与底）。每块为边长70.7厘米、厚19.3厘米的正方形。志文用满、蒙、汉3种文字镌刻。志文（不包括盖上的文字）尽管只有187字，但讲明了公主的生、卒、葬的准确日期，填补了史书的空白。该墓志为喀喇沁旗文物管理所收藏。“奉旨合葬”满、蒙、汉文碣一方。[①]

和硕端静公主园寝御制碑

和硕端静公主园寝是目前清朝所有已出嫁公主园寝中地面建筑物幸存最多、等级最高的了。

① 有关和硕端静公主的墓志、墓碑、奉旨合葬碑等内容见喀喇沁旗志编纂委员会编《喀喇沁旗志》卷三二“文化”第三节“碑志”，第1103页，内蒙古人民出版社，1998年。

7. 和硕温恪公主园寝

和硕温恪公主是康熙帝的皇十三女，生于康熙二十六年（1687）十一月二十七日丑时，生母为庶妃章佳氏即后来的敬敏皇贵妃，是怡亲王允祥的同母妹。康熙四十五年（1706）七月初三日被封为和硕温恪公主，并下嫁博尔济锦氏翁牛特杜楞郡王仓津。[①] 康熙四十八年（1709）六月二十一日亥时（21～23时），和硕温恪公主产下双胞胎，公主因过于虚弱，“六脉全无，牙关紧咬，四肢透冷，随用人参汤及童便，不能下咽，即时暴脱”[②]，年仅23岁。当时她生下的两个女婴“皆安然无恙”，但后来情况就不清楚了。其额驸仓津于雍正五年（1727）八月二十四日，因“背恩自专，奏请策妄阿喇布坦煎茶之使者入藏行走”，将其扎萨克郡王、和硕额驸革退。[③]

和硕温恪公主园寝位于今内蒙古赤峰市大庙镇公主陵村西，园寝呈长方形，大约南北长120米，东西宽54米，占地近10亩。园寝坐北朝南，最前面是一座石拱桥。桥北的碑亭内竖石碑1统。碑额上镌刻二龙戏珠和“贞节流芳”四字。碑文用满、蒙、汉3种文字镌刻。园寝门前有华表1对、石狮1对。园寝分前堂和后堂。前堂内悬挂康熙帝御笔书写的“淑慎尔仪”匾。堂内还陈列着公主生前所用的仪仗。“后为享堂，内有高一米的两个象征性的朱红宝顶。”[④] 地宫在中华人民共和国成立前被盗，“文革”中又遭全面毁坏，现已无存。从地宫“发掘情况看，东部宝顶地宫门为南向，地宫内石床上置一外部雕花小棺，内有用黄缎子包裹的骨灰，当为公主死后火化之灵柩。西

---

① 《圣祖仁皇帝实录》卷二二六，《清实录》第6册，第266页，中华书局，1985年。

② 中国第一历史档案馆编译：《康熙朝满文朱批奏折全译》第629页，中国社会科学出版社，1996年。

③ 《世宗宪皇帝实录》卷六〇，《清实录》第7册，第922页，中华书局，1985年。

④ 徐世明主编：《昭乌达风情》第189页，中国文史出版社，1991年。

边宝顶之门面向地宫，为东向，应为额驸墓穴”[①]。

8. 固伦温庄公主园寝

固伦温庄公主是太宗皇太极的皇二女，名马喀塔，天命十年（1625）八月初九日生，生母为孝端皇后。崇德元年（1636）正月十六日，12岁的皇二女马喀塔嫁给了察哈尔故林丹汗的儿子博尔济锦氏额尔克孔果尔额哲，[②]不久称固伦公主。成婚刚5年，额驸额尔克孔果尔额哲于崇德六年（1641）正月二十三日去世，当时公主仅17岁。顺治二年（1645）十月二十七日，21岁的公主又嫁给了前夫额尔克孔果尔额哲的弟弟阿布鼐。[③]顺治十六年（1659）十二月二十四日，封为永宁长公主[④]，后改称固伦温庄公主。康熙二年（1663）三月去世，享年39岁。康熙二年（1663）十月二十一日入葬[⑤]。公主死后，阿布鼐又娶安亲王岳乐的女儿为妻。后来阿布鼐因负恩失礼被削爵，幽禁盛京。康熙十四年（1675）三月，阿布鼐与公主生的儿子布尔尼乘清廷平定三藩，京城防御力量空虚之机，在察哈尔举兵叛乱，被清廷平定，布尔尼被射杀。阿布鼐在盛京被绞死。岳乐女被遣归母家。[⑥]

固伦温庄公主园寝地面建筑早已无存，地宫于1949年被发掘，出土有石刻圹志两块，圹志盖左满文，右汉文，为康熙帝御赐，现存

---

① 杨海山：《内蒙古赤峰市郊公主陵辨疑》，载《紫禁城》1996年第4期，总第93期。

② 关于这位额驸的名字有多种写法：《太宗文皇帝实录》为“额尔克孔果尔额哲”；《清皇室四谱》为“额尔孔果洛额哲”；有时《清实录》里直接用“额哲”。关于成婚日子载《太宗文皇帝实录》卷二七，《清实录》第2册，第345页，中华书局，1985年。

③《世祖章皇帝实录》卷二一，《清实录》第3册，第185页，中华书局，1985年。

④《世祖章皇帝实录》卷一三〇，《清实录》第3册，第1009页，中华书局，1985年。

⑤ 杜家骥：《清朝满蒙联姻研究》第203页，人民出版社，2003年。

⑥ 唐邦治辑：《清皇室四谱》卷四“皇女”，第5页，上海聚珍仿宋印书局，1923年。

于辽宁省博物馆。

9. 固伦恪靖公主园寝

固伦恪靖公主是康熙帝的皇六女，生于康熙十八年（1679）五月二十七日寅时，生母为贵人郭啰罗氏。康熙三十六年（1697）十一月初十日，封为和硕公主，并下嫁博尔济锦氏漠北喀尔喀蒙古多罗郡王敦多布多尔济。[①] 康熙四十五年（1706）受封为和硕恪靖公主；雍正元年（1723）二月二十五日晋封为固伦恪靖公主。[②] 雍正十三年（1735）三月十二日去世，[③] 时年57岁。

固伦恪靖公主去世以后，于乾隆五年（1740）[④] 入葬漠北蒙古土谢图汗部库伦，即今蒙古人民共和国的首都乌兰巴托。墓穴位于“汗山阳面山腰间，凿洞将棺挂于洞中，下不涉泥水。”[⑤]

出嫁的公主们的园寝规制。本来国家可以根据和硕公主和固伦公主的两个等级，分别制定统一的园寝规制，可是，一到实际上并非那么简单。因为这些公主园寝多为额驸家自建，也有的由国家出资办理，所以园寝的规制的高低与额驸家的经济条件好坏、额驸对国家的贡献和地位、皇帝的性格等诸多因素都有关系。

关于出嫁公主的园寝规制，因为现存没有完整的公主园寝，地面遗存最多的就是康熙帝的皇五女和硕端静公主园寝了，现在仅有一座石牌坊、两根不完整的华表、一统龙首龟趺墓碑。其他公主园寝的遗存情况就可想而知了，只能根据一些老照片、清理报告和当地群众的记忆，进行粗线条的概括。

---

①《世宗宪皇帝实录》称“敦多布多尔济”为“敦多卜多尔济”。

②《世宗宪皇帝实录》卷四，《清实录》第7册，第110页，中华书局，1985年。

③《世宗宪皇帝实录》卷一五三，《清实录》第8册，第880页，中华书局，1985年。

④ 现在还没有找到固伦恪靖公主入葬的准确日期。但根据其墓碑的落款的日期为乾隆五年十二月二十二日推测，当为乾隆五年入葬。

⑤ 文睿华：《公主府志》上册“陵墓编”，第3页。转引自杜家骥《清朝满蒙联姻研究》第206页，人民出版社，2003年。

通过对上述九座蒙古地区的清朝公主园寝规制进行分析，表明葬在蒙古地区的公主园寝的规制比较复杂，没有比较统一的规制。概括起来有以下特点：

（1）无论墓碑还是墓志，多数用满、蒙、汉3种文字。为了加强满蒙联盟，将公主葬在蒙地，使用蒙文是完全必要的、应该的，在情理之中。墓志多用石制，个别有用木制的。

（2）关内的陵寝、园寝，围墙多为前方后圆，而蒙古地区的某些公主园寝为长方形院落。

（3）有的公主园寝在院内建有多间的厅房，以陈设公主、额驸生前用的仪仗、生活用品。

（4）个别园寝的地宫建在享堂之下。

（5）地宫多为砖券，迄今尚未发现石券的。

（6）如今蒙古地区的公主园寝绝大部分都已无存。只有和硕端静公主园寝仍保留着石牌坊、1对华表和1统墓碑。和硕公主的园寝尚且如此，那些固伦公主的园寝建石牌坊和华表的可能性更大。这起码表明，已婚公主的园寝规制高于关内早殇公主的园寝。

关于蒙古地区的清朝公主园寝，其葬制可以总结如下几点：

（1）绝大多数都是公主与额驸合葬在一座园寝。现在还没有找到不合葬的确凿实例。

（2）多数是夫妻同穴而葬。个别的有异穴而葬的。

（3）火化和用棺椁两种葬制并存。甚至还有棺椁与骨灰骨罐同葬在一座地宫的例子，如固伦荣宪公主园寝。

（4）凡使用棺椁者，墓主人皆仰身直卧。

（二）葬在京畿一带的公主园寝

政策和制度是随着社会的发展、人们的人生观的不断变化而变化的，不可能一成不变。远嫁蒙古的皇室贵族女性死后葬于夫家蒙古地区的做法从乾隆十二年（1747）以后开始发生了变化，从那时开始，嫁到蒙古的公主死后开始葬在京城附近，而且蒙古额驸因与公主合葬也随葬在京城附近，不再回葬蒙古。[①] 但必须指出的是，这主要指皇帝的女儿，而那些地位比公主较低的王公的女儿，且不说长期生活在蒙地的，就是生前长期居住在京城的且死在京城的王公的女儿，死后也多数回葬到夫家蒙古。[②]

公主嫁给蒙古王公，婚后不回蒙古的婆家，而是与额驸及其子女长期居住在京城，死后葬在京城并与额驸合葬在一起的应该是始于固伦和敬公主夫妇。

乾隆十二年（1747）三月初十日，固伦和敬公主与科尔沁左翼中旗的辅国公色布腾巴勒珠尔成婚。[③] 固伦和敬公主是乾隆帝的皇三女，因为乾隆帝的皇长女和皇二女皆殇逝，所以固伦和敬公主就成了事实上的皇长女，其生母又是乾隆帝的嫡皇后孝贤皇后，所以父女感情很深。公主长期生活在皇宫，有享不尽的荣华富贵，自然不愿意去荒远偏僻、环境气候恶劣、生活条件低下的蒙地生活。乾隆帝视固伦和敬公主如掌上明珠，当然也舍不得公主远离自己。所以固伦和敬公主婚后没有很快离开京城去蒙古的婆家。没想到婚后刚一年，她的生母孝贤皇后病逝。痛失贤妻的乾隆帝和痛失慈母的固伦和敬公主都处于极度的悲哀之中，父女都需要互相慰藉，所以，固伦和敬公主就长期留住在了京城。额驸色布腾巴勒珠尔也陪伴公主一直在京城居住。后来他们的子孙成家、任职也都在京城。自开此例之后，乾隆帝的皇七女和静固伦公主、嘉庆帝的皇三女庄敬和硕公主、皇四女庄静固伦公主、道光帝的皇四女寿安固伦公主都以固伦和敬公主为例，婚后与额驸均留住京城，额驸也在京城任职，从此成了定制。如果额驸或婆家要求公主回葬蒙古，反倒被认为是违制。比如，道光帝的皇四女

① 杜家骥：《清朝满蒙联姻研究》第283、327页，人民出版社，2003年。这28位公主包括皇帝的养女。

② 杜家骥：《清朝满蒙联姻研究》第328～329页，人民出版社，2003年。这28位公主包括皇帝的养女。

③ 清宫档案《内务府奏案》补2号。

寿安固伦公主于咸丰十年（1860）闰三月初三日申刻死后，同治元年（1862）三月，额驸奈曼部郡王德木楚克扎布上书朝廷，要求在奈曼部为公主修建园寝，将公主葬在奈曼部。朝廷认为“以前公主在京薨逝，园寝均未远移边外者。所请未便准行。”不久，在安定门外西北20里许的下清河南迤东为寿安固伦公主修建了园寝。[①] 同治四年（1865）正月园寝“如式修理完竣”[②]。同年四月二十一日午时将寿安固伦公主葬入了园寝地宫。就在寿安固伦公主入葬后两个月零三天即同治四年（1865）六月二十四日，[③] 额驸的灵柩于同治四年（1865）十月十三日由家乡起程，十一月二十九日辰时葬入公主园寝。额驸德木楚克扎布要求将公主葬蒙古家乡的愿望不仅没有达到，反而自己也未能葬在家乡而葬到了京城的自己妻子的园寝内。[④]

其实在固伦和敬公主之前已有两位公主死后葬在了京城附近，没有回葬蒙古婆家。

一是康熙帝的皇十女固伦纯悫公主，嫁给漠北蒙古台吉即后来著名的超勇亲王策凌。他们婚后一直居住在京城，公主死后葬在京城附近。策凌回到漠北的家乡。乾隆十五年（1750）二月初五日，策凌死于漠北军中，遗言“身故之后，乞祔葬公主园寝。”[⑤] 于是，乾隆帝答应了他的请求，将他葬在了京城附近的固伦纯悫公主园寝内。

二是雍正帝的养女和硕和惠公主，她是怡亲王允祥的第四女。雍正七年（1729）十二月下嫁漠北土谢图汗部的多尔济色布腾（也有叫塞布腾的），当时16岁。可是到雍正九年（1731）十月初三日就去世了，结婚还不到2年，年仅18岁，死后葬在京城的东直门外。

---

① 清宫档案《内务府奏案》第572包。

② 清宫档案《内务府奏案》第580包。

③《穆宗毅皇帝实录》卷一四六，《清实录》第48册，第426页，中华书局，1987年。

④ 清宫档案《内务府来文》“礼仪”，第226包。

⑤《高宗纯皇帝实录》卷三五九，《清实录》第13册，第944页，中华书局，1986年。

这两个公主未葬在蒙古而葬在京城，在那个时期只是特例，那个时期绝大部分远嫁蒙古的皇女死后还是葬到婆家蒙古的。

京畿一带的出嫁公主的园寝规制：

根据文献记载和社会调查，迄今为止，在北京地区已找到了23处清朝公主的葬地位置，但大多数都已片瓦无存，任何痕迹都找不到了，变成了鳞次栉比的高楼大厦。个别幸存的只是少得可怜的几件石碑、牌坊、石人等石件。所以要想知道这些公主园寝的规制，只能靠清宫档案、有关的考证著述和老照片了。

根据清宫档案记载，清朝后期，从咸丰年间开始，建在京畿附近的各公主园寝大都是“例应官为修建”，[①] 也就是说从园寝地址的选择、规制的设计、动工营建、所用钱粮，都由朝廷的内务府办理，而且和硕公主园寝往往仿照此前的和硕公主园寝规制营建。固伦公主园寝仿此前的固伦公主园寝规制营建。比如，寿庄固伦公主还是和硕公主时，营建她的园寝是仿照庄敬和硕公主园寝规制的。[②] 建寿禧和硕公主园寝时是仿照寿庄公主园寝规制的。[③] 建寿恩固伦公主园寝时，是仿照庄静固伦公主园寝规制的。[④] 建寿安固伦公主园寝时，是仿照寿恩固伦公主园寝规制的。[⑤]

往往都是在公主去世后才为公主建园寝。因为额驸要与公主合葬，所以，如果额驸死在公主之前，不能长期停灵不葬，等待公主，在这种情况下，就要在公主健在时营建公主园寝。比如道光帝的皇九女寿庄固伦公主的额驸德徽婚后刚一年多，就于同治四年（1865）正月十四日去世了，[⑥] 于是，总管内务府大臣宝鋆便于二月初六日奏请

① 清宫档案《内务府奏案》第584包。

② 清宫档案《内务府奏底》第18包。

③ 清宫档案《内务府奏案》第586包。

④ 清宫档案《新整内务府档》第0450包。

⑤ 清宫档案《内务府奏案》第572包。

⑥ 清宫档案《内务府奏底》第18包。

为寿庄和硕公主[①]营建园寝。

现在，将所了解到的4位公主园寝的情况介绍于下：

1. 固伦和敬公主园寝

固伦和敬公主是乾隆帝的皇三女，生于雍正九年（1731）五月二十四日卯时，生母是当时的弘历潜邸的嫡福晋即后来的孝贤皇后。乾隆初封为固伦和敬公主。乾隆十二年（1747）三月初十日[②]，17岁的固伦和敬公主下嫁给科尔沁博尔济锦氏达尔汉亲王罗卜藏衮布之子辅国公色布腾巴勒珠尔，夫妻留住京城。色布腾巴勒珠尔以后晋封为亲王，多次随军出征平叛，因功赐食亲王双俸。以后曾任理藩院尚书、领侍卫内大臣。乾隆四十年（1775）三月二十八日卒于军营，予谥曰毅。[③]色布腾巴勒珠尔死后的第17年，乾隆五十七年（1792）六月二十八日卯刻，固伦和敬公主病逝于北京，享年62岁。

固伦和敬公主死后，葬于北京东郊朝阳区的东坝村附近，与色布腾巴勒珠尔合葬。该园寝建有碑亭、大门、朝房、享堂、红墙等，月台上建大宝顶1座，并陆续建有4座宝顶。碑文用满、蒙、汉3种文字镌刻。日伪时期地宫被盗。“文革”时公主园寝被拆毁，碑被砸坏埋掉，现在已无任何痕迹。[④]

2. 和硕和嘉公主园寝

和硕和嘉公主是乾隆帝的皇四女，生于乾隆十年（1745）十二月初二日卯时，生母是纯贵妃即后来的纯惠皇贵妃。传说该公主降生下来，手指间有蹼相连，故民间称之为佛手公主。乾隆二十五年（1760）正月封为和硕和嘉公主。同年三月，16岁的和硕和嘉公主

---

① 额驸德徽死时，寿庄公主还是和硕公主。到光绪七年十月二十八日才晋封为寿庄固伦公主。

②《高宗纯皇帝实录》卷二八六，《清实录》第12册，第732页，中华书局，1985年。

③ 唐邦治辑：《清皇室四谱》卷四“皇女”，第17页，上海聚珍仿宋印书局，1923年。

④ 杜家骥：《清朝满蒙联姻研究》第183页，人民出版社，2003年。

下嫁给大学士傅恒的第二子福隆安。乾隆三十二年（1767）九月初七日去世，年仅23岁。福隆安在与公主成婚前二年即乾隆二十三年（1758）十月三十日就被授为和硕额驸。[①] 其父傅恒死后由他袭一等忠勇公，先后任兵部尚书、工部尚书、理藩院尚书，任步军统领、军机大臣，成为乾隆帝身边重要的心腹和股肱之臣。正当他如日中天、受宠之极之时，乾隆四十九年（1784）三月二十四日寅刻病逝，终年39岁。福隆安与和硕和嘉公主合葬。

和硕和嘉公主园寝位于北京朝阳区八王坟通惠河北岸。根据老照片，我们得知园寝的规制如下：

园寝坐北朝南。最前面为通惠河，河上建一孔拱桥1座，因照片上的桥栏杆已无存，故不知栏杆是何柱头。但从照片上可以看出这座桥起拱很大，造型非常优美轻秀。桥孔上有吸水兽。桥孔为石券。桥北是一道用条石成砌的高泊岸。泊岸上的外沿用砖成砌十字透孔的花宇墙。泊岸前正中是一个石礓礤。登礓礤，上泊岸，不远处是一座四柱三门的火焰式冲天石牌坊。每根石柱顶端上是一只蹲狮，西边的二柱的蹲狮头朝东，东边的二柱的蹲狮头朝西。每根石柱的上部都插有云板。每门的上额枋上正中有一个石雕的火焰宝珠。中间的两柱身前后各镌刻一副楹联，南侧的楹联：

上联：马鬣景鸿仪心驰霜露；

下联：龙光垂燕翼气协风云；

横披：银汉分光。

横披的字刻在中门两额枋之间的花板部位。两柱北侧的楹联：

上联：凤杳丹霄肃雍昭典策；

下联：翚骞碧落灵秀巩封阡。

横披：金枝毓德。

① 《高宗纯皇帝实录》卷五七三，《清实录》第16册，第290页，中华书局，1986年。

和硕和嘉公主园寝的石牌坊老照片

和硕和嘉公主园寝的华表、石像生、碑亭老照片

牌坊北，东西两侧各有一根华表。天盘上为蹲狮，东西相对。柱身为八棱柱形。柱身每个侧面雕刻的13朵缠枝莲花和叠落云朵相间排列。底座为石须弥座。华表北为石像生，分列神路两侧。这组石像生共4对。由南往北依次为石虎、石羊、石马、石人。东侧为文士，

脑后垂辫，朝珠箭袖，身挎腰刀、香袋，是标准的清式服装。西侧的武士，顶盔贯甲，双手按鞭（也许是剑）柄，鞭尖拄地。从服饰和盔甲上看像是明朝的风格。石像生北面正中有碑亭1座，重檐歇山顶，绿琉璃瓦。四面檐墙各辟一券门。券脸石上雕刻缠枝莲花。碑亭内正中有龙首龟趺御碑一统。碑文用满、汉两种文字镌刻。碑文的题目是“太子太保兵部尚书和硕额驸一等忠勇公福隆安碑文”，碑文的落款日期是“乾隆四十有九年岁次甲辰十二月　日”。碑面周边刻有龙戏珠的图案，左右两竖边对称地刻有4条龙戏珠的图案，龙头向上，排列均匀。碑身的两侧面对称雕刻升龙和海水江崖的图案。碑面上下两横边各雕刻二龙戏珠图案。碑亭到石牌坊之间的地面用澄浆砖铺墁。

碑亭北的东西两侧是厢房，单檐硬山顶，面阔3间。厢房北正中是园寝的大门，单檐硬山顶，面阔3间，绿琉璃瓦。门前有一对威猛雄壮的石狮。

享堂单檐硬山顶，面阔3间。享堂后有带门楼的园寝门1座，两侧有没有随墙门，因为迄今还没有找到老照片，也没有找到相关的文字，现在还不清楚。

后院正中建宝顶1座，宝顶下是方形台基。宝顶的上身用砖成砌，比较高大挺拔。下碱是石须弥座。须弥座的顶部周圈是石雕的瓦垅。这种规制的宝顶与裕宪亲王福全的宝顶、纯靖亲王隆禧的宝顶、大学士傅恒的宝顶是一样的，可以说是园寝的宝顶中规格最高的。在和嘉公主宝顶的须弥座束腰上雕刻着八宝图案。宝顶前台基上有石五供1座，上陈石香炉一、两侧石烛台各一，再两侧石花瓶各一。在园寝中，即使是光绪帝的生父醇贤亲王奕譞的宝顶前都未发现有石五供。表明和硕和嘉公主园寝规制之高。

在宝顶台基前建月台，月台正面有一座七级垂带踏跺，两侧各有一座抄手踏跺。

和硕和嘉公主园寝地宫于1938年被盗。公主的后人派人收殓遗骨时，“看到棺椁完好，石床前是很清亮的水。地宫有石雕刻的人物

和硕和嘉公主园寝的宝顶及石五供老照片

和经文。石门是玉石根子制成”[①]。福隆安的父亲保和殿大学士傅恒园寝的地宫里就雕刻有经文等。傅恒于乾隆三十五年（1770）七月十三日病逝，当时福隆安已25岁，其父的园寝地宫雕有经文的情况他肯定清楚。所以，他的地宫雕有经文很可能是受其父地宫的影响。

和嘉公主虽然是和硕公主，但她的园寝是迄今为止发现的公主园寝中规制最高的。主要体现在以下几点：

（1）一般公主园寝很少建石牌坊、华表的，除蒙古的康熙帝皇五女和硕端静公主园寝建牌坊、华表外，只有和嘉公主园寝有，而且和嘉公主园寝的牌坊与华表规制都高于和硕端静公主园寝的。

（2）和嘉公主园寝设有石像生。迄今尚未发现其他公主园寝有设石像生的。在亲王园寝中即使是规模最大的怡贤亲王允祥的园寝都未设石像生。

（3）碑亭是重檐的。王公园寝中，即使是醇亲王奕譞的碑亭都是

① 冯其利：《京郊清代公主坟》“建国门外的公主坟”一文。中国人民政治协商会议北京市委员会编：《文史资料选编》第46辑，第256页，北京出版社，1993年。

单檐的。目前只发现庆僖亲王永璘和庆亲王奕劻的园寝碑亭是重檐的。

（4）宝顶规制高。（前面已讲，此不赘述）

（5）宝顶前设台石五供。这在所有清朝园寝中是迄今发现的唯一一例。

（6）地宫内有经文等雕刻。

和硕和嘉公主园寝规制所以这样高，显然与额驸福隆安职高位尊，极受皇帝宠信有直接关系。

3. 庄敬和硕公主园寝

庄敬和硕公主是嘉庆帝的皇三女，生于乾隆四十六年（1781）十二月十七日巳时，生母为潜邸庶妃刘佳氏即后来的和裕皇贵妃。嘉庆六年（1801）十一月十九日，21岁的公主下嫁科尔沁博尔锦氏郡王索特纳木多布济。[①] 嘉庆十六年（1811）年三月十二日戌刻去世，年31岁。

庄敬和硕公主园寝位于今北京市海淀区复兴门外军事博物馆西，即大家熟知的公共汽车一路的原终点站“公主坟站”。清宫档案是这样记载这座公主园寝规制的：

> 谨查庄敬和硕公主园寝，进深长一百丈，面宽四十丈。罗圈墙进深二十五丈，面宽十二丈。宫门三间，享堂三间。东西茶饭房各三间，看守房六所，共十二间。[②]

道光帝的皇五女寿臧和硕公主的园寝本来应该按庄敬和硕公主园寝的规制建，一向以节俭著称的道光帝却在大臣请示寿臧和硕公主的园寝规制的奏折上批道：“著于恩醇茔地附近择地建立，一切规模俱收小，仍官为修理。”[③] 结果，寿臧和硕公主的园寝收小为进深七十五

①《仁宗睿皇帝实录》卷九一，《清实录》第29册，第205页，中华书局，1986年。

②③ 清宫档案《新整内务府档》第0004包。

丈，面阔三十丈。地宫由砖券改为天罗池。[①]

4. 寿禧和硕公主园寝

寿禧和硕公主是道光帝的皇八女，道光二十一年（1841）十一月二十六日生，生母是彤贵妃。咸丰五年（1855）十一月初十日封为寿禧和硕公主。[②] 同治二年（1863）十月，下嫁副都统熙拉布之子札拉丰阿，时年23岁。同治五年（1866）八月初二日病逝，年26岁。额驸原名瑞林，指婚后改名札拉丰阿。后官至都统，赐用固伦额驸补服。光绪二十四年（1898）五月去世。其园寝是仿照寿庄和硕公主园寝规制建的。其规制如下：

> 正券一座、闪当券一座、罩门券一座、月台一座、宝顶一座。享殿一座三间、前月台一座、宫门一座三间、前平月台一座、东西朝房二座，每座三间。叠落泊岸二道，罗圈墙一道、面阔红墙二道，进深红墙四道，随角门二座。看守房六所，每所二间。石平桥二座，以及弓箭枪架、戳灯、太平车、门楼、院墙、影壁、甬路、食水井、开挖月牙河、泄水沟、平垫地基等项工程。[③]

目前还没有找到固伦公主园寝规制的史料，所以，和硕公主与固伦公主的园寝有什么区别还有待考证。

① 天罗池也叫天落池，即砖池。

② 《文宗显皇帝实录》卷一八二，《清实录》第42册，第1041页，中华书局，1986年。

③ 清宫档案《内务府奏案》第586包。

附录1

各陵功德碑碑文

（一）肇祖原皇帝的神功圣德碑文（永陵）

肇祖原皇帝碑文

粤稽书称观德书咏，发祥莫不由本支，而溯厥初生，祈享假以垂夫来叶。既隆报本之典，亦昭受命之符。惟我肇祖原皇帝暨原皇后，德合天地，功配阴阳。似后稷聿始，周谟同帝喾，肇开唐业，启迪列圣，雄图衍百禩家传。默祐冲人。大统懋九围帝业，顾瞻陵庙弥严。祇敬之心，镌勒碑铭，益笃灵承之庆。卜年卜世，光华宣著千秋；以祀以禋，继述遐昌奕代。昭垂有永，申锡无疆。

顺治十二年六月吉日立

（二）兴祖直皇帝的神功圣德碑文（永陵）

兴祖直皇帝碑文

稽承家之遐庆，溯开国之鸿图。积德累仁，发祥有自。肇基垂统，锡祉无疆。洪惟我兴祖直皇帝暨直皇后，诞树厥德，聿宣乃武。虽大勋未集，而经纶已建；当草昧初开，而谟烈允光，令绪昭垂，皇图式启。追予冲人，承兹丕绪。莅九土之率从；合万邦之爱戴。陵原重建，洽笃祜之欢心；庙貌鼎新，彰开天之盛烈。永锡遐祚，万禩承休。

顺治十二年六月吉日立

（三）景祖翼皇帝的神功圣德碑文（永陵）

景祖翼皇帝碑文

粤稽祖德攸崇，爰启承家之绪。宗功有永，益隆笃祜之思。[①] 盖追盛业，以溯开天。宜纪鸿勋，以昭受命。既彰发祥之有日；更由锡福之无疆。洪惟我景祖翼皇帝暨翼皇后，弘谟大烈，厚泽深仁。虽未集耆定之勋而丕宣有象，实始建经纶之业而式廓用光。令绪丕昭，已见六洲归命；皇图肇造，先占率土倾心。原庙重新，弓剑衣冠皆起羹墙之慕；山陵永奠，子孙臣庶咸蒙佑启之仁。爰勒丰功，作本支之百世；载扬休烈；锡嘉祉于千秋。继述遐昌，昭垂不替。

顺治十八年九月初八日立

（四）显祖宣皇帝的神功圣德碑文（永陵）

显祖宣皇帝碑文

盖惟天肇一代之运，必著开先启后之勋；垂圣百世之模，必有积德累仁之实。丕基方建，缔造惟勤。大业式弘，骏鸿宜勒。用申报本之典，益章受命之符。洪惟我显祖宣皇帝暨宣皇后，文谟丕显，武烈载扬。流星华渚，已乘赤日之祥；电绕辰枢，更兆神龙之瑞。虽皇猷肇启，大勋未遍于寰区；而帝绪昭垂，圣德实留乎奕禩。桥山载闢，百千载无斁明禋；原庙重新，亿万年用镌令烈。承庥有永，佑祚无疆。

顺治十八年九月初八日立

（五）太祖努尔哈齐的福陵神功圣德碑文

大清福陵神功圣德碑

惟天眷祐下民，绥靖方域。笃生我皇曾祖太祖高皇帝,肇兴东土，奋师一旅，式辟皇图，大武布昭，深仁洋溢，用造我国家万亿年丕丕基，骏德鸿功、于烁显懿，驾轶亘古。予小子纂承洪绪，既奉册宝，

① 《清朝文献通考》一书，为“恩”字，而笔者考察碑文，确为“思”字。

崇上尊谥，载辑徽猷，炳垂方策。惟陵寝宜有功德之碑，敬述大略，永勒贞珉。叙曰：太祖承天广运圣德神功肇纪立极仁孝睿武弘文定业高皇帝，姓爱新觉罗氏，讳努尔哈齐。先世发祥长白山之阳，祯符神贶，历著休徵。至皇始祖肇祖原皇帝，式廓旧业，寖炽寖昌，又五传至显祖宣皇帝，世济其勤，流长积厚，景运懋集，神器攸归。诞启我太祖高皇帝，显祖之长子也。宣皇后娠十有三月乃生。龙颜凤目，丰颐大耳，天表玉立，举止非常。少不饮酒嬉戏，称为聪睿贝勒。及长，骑射绝伦，雄略盖世，用兵无敌。而又至诚御物，大度容人。先是有望气者，言满洲将生圣人，统一诸国。至是满洲长白山及东海扈伦诸部落争相雄长。癸未春，苏克苏浒河部图伦城，有尼堪外兰者，阴构明军，首逞大难于我。时太祖皇帝年二十有五、泣血誓师，枕干问罪。以遗甲十三副，攻尼堪外兰、克图伦城。复攻之于甲板。诛诺米纳、奈哈达，取撒尔湖城。时异已猜忌，包藏祸心，伺间窃发。天威所慑，罔弗兽惊鸟散，遂俘兆佳城长李岱，取马儿墩。平定董鄂、哲陈、浑河等部。丙戌秋，擒斩尼堪外兰于鹅尔浑城。戎首服辜，先声震叠。环境诸国相继削平。既而叶赫、哈达、吴喇、辉发、科尔沁国、席北、卦尔察、朱舍里、纳殷路九姓之国，合兵3万人分道来侵。侦者夜告，太祖皇帝安寝达旦。蓐食济师，歼其渠首，余部皆溃。斩级四千，获马3000匹，铠胄千副。群方詟服。乃增筑城墉，修饬法制，创制国书。开金银矿铁冶。所产蠙珠织皮，通厥贸易，财用殷阜。肇立军制，师律精严，国势日盛。丙午冬，蒙古五部落尊太祖为神武皇帝，岁时朝贡，络绎相望。而哈达、辉发、吴喇数渝盟，先后征讨，悉定其地。每当军行，辄见五色云亘天，祥光四塞，立奏钜功，远迩翕服。益四旗为八。设固山、梅勒、甲喇、牛录额真，递相统辖。命佐领下各出牛种屯田，积谷贮仓。置理政听讼大臣。缓刑慎狱，野无剽窃，路鲜拾遗，国中大治，帝业已成。贝勒大臣集议劝进。丙辰春正月，恭上尊号曰覆育列国英明皇帝。建元天命，时年五十有八。越二年，定策征明。明政久弛，弃绝和好，援我仇雠，荡摇我边陲。于是誓告有众，类帝祃旗而行，遂拔抚顺，降台堡五百所，继下清河。明大举称兵，会于沈阳，号四十七万，张左右翼。左翼以杜松、王宣、赵梦麟、张铨由浑河出抚顺关。马林、麻岩、潘宗颜由开原合叶赫兵，出三岔口。右翼以李如柏、贺世贤、阎鸣泰，由清河出鸦鹘关。刘綎、康应乾合朝鲜兵，出宽奠口，向董鄂四路来侵。太祖皇帝分精骑奋击，大破其众，五日而悉歼之。城界凡，取开原，破铁岭，灭叶赫。五年克辽阳、沈阳。定议建都，始筑东京。寻取广宁，拔抚顺。十年，迁都沈阳。由是东渐海，西讫辽，南及朝鲜，北暨嫩、乌龙江，以至使犬、诺落诸路，罔不臣服。太祖皇帝神武天锡，决几制胜，变化若神。每战輙单骑深入，裹创斩馘，神色不动。善驾驭材雄，推心置腹。抚纳降附，弃捐忿隙，恒予擢用。法所当坐，虽亲昵罔所私。攻拔城邑，严禁军士。安辑居民，是以群策竞奋，率土思归。御极以后，拓地开疆，日不暇给。而躬勤于听览，留神于载籍。修德纳谏，亲贤远奸。建二木于门，俾下情欲达者，书之以进。尚宽大，崇节俭。睦宗亲，厚风俗。重农桑，赈穷乏。垂示典训、荡平正直，允为万世法程。猗欤盛哉。天命十一年八月庚戌，崩，圣寿六十有八，在位十有一年。天聪三年二月己亥葬福陵天柱山。崇德元年四月，上尊谥承天广运圣德神功肇纪立极仁孝武皇帝，庙号太祖。康熙元年四月加上尊谥。于戏！有明德衰。海宇板荡之时，生民颠隮之会。我太祖皇帝应运蹶生，手提天戈，披榛辟莱，栉风沐雨，扫边陬如破竹，定辽左若建瓴。戡乱求宁，非富天下，功极于配天，道隆于昌后。历稽曩代创业垂统之君未有迈此缔造忧勤经纶宏远者也。瞻赫濯之如新，抚承平之永赖。歌思光烈，曷罄名言。谨拜手稽首而作颂曰：

天造大邦，勃兴东极。长白山高，苞符开辟。鳦鸟生商。履武诞稷，奕叶炳灵。肇基王迹。太祖龙飞，旋乾转坤。齐徽炎昊，比烈羲轩。时惟草昧，陟巘降原。一成奋起，雷动云屯。蠢尔仇方，敢作牙蘖。赫斯一怒，恭行天伐。寝甲枕鞍，神勇迅发。巨憝授首，戎心式遏。

奇谋倜傥，远略深沉。内构者挫，外讧者禽。单师十百，摧彼强邻。九邦溃糜，四路扫尘。携贰则诛，归诚则抚。义问宣昭，仁施恩普。大畏小怀，实扬我武。来庭来王，日辟疆土。疆土既辟，历数在躬。膺图受箓，响应景从。三才协轨，百灵潜通。指麾荡涤，振落发蒙。觇敌乌集，济师冰泮。夹日贯月，卿云糺缦。不义是征，功成惟断。秉钺称干，帝心厌乱。环山负海，风靡云披。朱旗疾卷，汗马争驰。后我斯恫，歌舞迎师。纪元颁朔，建策开基。爰定军营，森罗鹅鹳。步伐止齐，井牧相捍。爰建国都，屹峙屏翰。扼吭拊背，皇居攸焕。爰命分职，勖哉臣邻。爰慎折狱，恤哉祥刑。爰达民隐，鞀铎重陈。爰制国书，蚪斗更新。訏谟孔彰，风规浑噩。禹誓汤征，千秋继作。声灵覃敷，东西南朔。大统乃膺，新命乃廓。既诒既翼，如镐如丰。九围是式，万国来同。卜年卜世，惟太祖功。巍巍荡荡，昭格苍穹。右享郊坛，敷时思绎。炳耀图书，辉煌球璧。景瞻福陵，神丘是宅。百川萦朝，群山拱揖。葱茏王气，松楸欝苍。玉衣永镇，弓剑长藏。亿载顾慕，春露秋霜。树兹穹碑，锡嘏无疆。

康熙二十七年十二月初五日孝曾孙嗣皇帝玄烨谨述

（六）太宗皇太极的昭陵神功圣德碑文

大清昭陵神功圣德碑

天以神器，畀我国家。洪惟皇祖太宗文皇帝，智勇神圣，光昭太祖高皇帝丕绪。帝纮皇纲，是廓是恢。干不庭方，构造鸿业。垂裕皇考世祖章皇帝大一统之基，贻亿万禩无疆之休。维予小子缵承圣绪，念陵寝宜有功德之碑，敬勒贞珉，昭示无极。叙曰：太宗应天兴国弘德彰武宽温仁圣睿孝隆道显功文皇帝讳皇太极，太祖承天广运圣德神功肇纪立极仁孝睿武弘文定业高皇帝第八子也，母孝慈昭宪敬顺庆显承天辅圣高皇后，生而神灵，徇齐明敏，龙行虎步，颜如渥丹，严寒不栗，举止非常，太祖皇帝特钟爱焉。既长，英武豁达，孝弟恭敬，慈爱和顺，秉心宽弘，好观书史，一有闻见，终身不忘。沉几果断，群望攸属。天命十一年八月太祖皇帝升遐，诸贝勒大臣咸推我皇祖才德冠世，宜缵承帝业，以九月朔嗣登大位，建元天聪。时年三十有五。践阼之后，爱养人民，抚绥中外，崇俭务本，修政任贤，仁声义问，无远弗届，除慝讨贰，用整六师。乃击蒙古，执一十四贝勒，奏凯八藏下。乃征朝鲜，克义州，进拔汉山城，入安州，抵平壤。朝鲜王李倧遁江华岛，遣其弟觉来行成，遂尽反所收地与盟而还。乃征察哈尔，剪多罗特部落，编俘获为氓。乃伐明，自遵化临北京，略良乡，斩其将满桂、孙祖寿，擒其将黑云龙、麻登云，还拔永平，乃收大凌河。降其将士。于是孔有德、耿仲明等航海来归。乃征黑龙江瓦尔喀，下之。察哈尔举国来附，获历代帝王传国之宝。天聪九年冬，群臣劝进尊号，皇祖辞让再三。明年四月，表上尊号曰：宽温仁圣皇帝，建国号大清，改元崇德，告于皇天后土，追王烈祖，上太祖高皇帝、高皇后尊谥，群臣咸上表贺，乃锡宴肆赦。是年，朝鲜毁盟，讨之，拔其都。载飞舸于车，凌江华岛。李倧自缚，请为臣，释之还，并归其俘获。朝鲜感服，勒石南汉以铭勋德。遂率水师渡海，克皮岛。既而大出师遣将，毁关入，分左右翼，由涿州略地至山西界。复自临清渡河，破济南，克城四十有九，降者八，与明兵五十七战，皆捷。六年，围锦州，入其郛，洪承畴以兵来援，皇祖陈师于松山杏山之间，明兵号十三万，望见皇祖张黄盖，往来指挥，皆惧，谋夜遁。我师分道急击，连大破之。擒承畴，降祖大寿，锦州松山杏山塔山悉下。又命将入关，破兖州，东抵宁海，克城八十有八，降者六，阵败明兵者三十九。于是天戈所指，罔不率俾。黄河之源，清海之滨，使犬、役鹿之国，来宾恐后。野驼奇兽、黑狐紫貂，重译来献。声教之远、功烈之盛，古未有也。于戏！惟我皇祖，克配天心。诞膺景命。聪明睿知。神武不杀，怀柔以德。燮伐以威。大勋用集，大猷是程。无有内外、乃罔不即叙。亲九族，正百官。修明典章，诞敷正教。隆郊丘庙祀之仪，定颁历朝会之礼。辨卤簿旗章服御之制。声名文物，炳然弘备。释奠孔子，以四子配。立文馆，译书史于翔凤阁。俾儒臣记注得失。开科目取士，谕臣下尽言无隐。论功封兄弟子侄为诸王贝勒。外藩蒙古亦论功封爵有差。优礼降臣，寄以心膂。赏罚详明，断狱平允，纲举目张。仁至义尽。至于审制度、定律令、斥邪术、禁丧祭踰礼者。务农桑，广渔猎，以丰民食。皆可为万世法。凡勤劳国事者，赐与必优渥。召近臣入宫，日至再三，讲论政事，以宾礼遇之。诸国新附之人入见，必询其姓名世系，慰劳如旧识，天语蔼然。以故虽至难驯者，无不悦服。如萨哈尔察、卦尔察、瓦尔喀、虎尔哈诸国，素不习礼法，亦贡献称臣。其贝勒大臣至，俱恩遇之如子弟。故其部落降者相继。常念中原生民涂炭，欲与明和好，惟务修德，不乐观兵。屡移书明边帅曰：朕意在讲和，不忍无辜赤子惨罹锋镝。明之君臣置若罔闻，致烦天讨。然每出师必谕诸将，授以兵律。尝曰：明之土地人民，天以与我，是民即我民也。故师行虽严寒不入屯堡，士卒死伤吊问不遗。每战胜攻取，符瑞骈集，必曰：上天眷佑，惕然祗惧。克敌，必祗告于庙。盖敬天尊祖勤民，若是其至。丰功厚泽，与天地同久大，有国史所不能尽书者矣。崇德八年八月庚午，崩。圣寿五十有二，在位十有七年，九月壬子葬昭陵隆业山。于戏！八音遏密，万国感痛。实惟至德深仁，为生民主，以弘我国家之大宝命。忾僾见闻，陟降庭止。谨述盛概，拜手稽首而系之以颂曰：

于赫皇祖，缵太祖之绪。诞敷乃文，孔奋厥武。整我师干，拓我疆土。东奠朝鲜，西詟蒙古。贰者获之，服则释之。降则怜之，贤则臣之。有言逊志，则必遏之。有言逆耳，则必纳之。治分六曹，职统三院。笔簪史臣，书译文馆。与神为谋，以古为鉴。制礼明刑，仪章是宪。一人有庆，肇域四方。四方来王，自天降祥。和鸾锵锵，旂旐央央。聿昭茂祉，焞燿章光。乾符效珍，坤仪开奥。既协灵图，诞升显号。济济师师，群工舞蹈。历数攸归，讴歌前导。乃禋乃祀，于庙于郊。乃燕乃射，于野于朝。乃赦乃宥，于犴于牢。乃渔乃猎，于狩于苗。乃命紫宫，清宁正中。麟趾在右，关雎在东。崇政笃恭，翔凤飞龙。文德武功，以绥万邦。松山之阴，杏山之下。战士连营，崇墉百堵。

取彼元戎，系之以组。肃将天威，救民水火。屹屹榆关，王旅所经。而幽而并，而冀而青。而兖而徐，克其百城。涉河踰济，及于东溟。时乘以乾，帝出乎震。罔有遐迩，民莫不信。或献其琛，或输其赆。河源海壖，协灵效顺。有典有则，贻万子孙。言为丘坟，绩媲农轩。佑我皇考，大启幅员。允皇祖之德，皇祖之勋。瞻仰昭陵，在盛京之北。云霞所棲，松柏斯植。有穹者碑，昭宣世德。弗禄来崇，时万时亿。

康熙二十七年十二月初五日孝孙嗣皇帝玄烨谨述

（七）顺治帝的孝陵神功圣德碑文

大清孝陵神功圣德碑

我国家肇基东土，祖功宗德昭格皇天，恢弘景运于万年，笃生我皇考皇帝，睿圣首出，奄有万邦，大孝弘仁，武功文德，配两仪而轶千古。既奉册宝，恭上尊谥。惟陵寝宜有功德之碑，谨撰述大概，镌诸贞珉，用传永久。叙曰：

皇考世祖体天隆运英睿钦文大德弘功至仁纯孝章皇帝，讳福临，太宗应天兴国弘德彰武宽温仁圣睿孝隆道显功文皇帝第九子也。母昭圣慈寿恭简安懿章庆敦惠温庄康和太皇太后。皇考未诞之先，太皇太后尝有红光绕身，女侍惊以为火，近则不见，众皆大异之。又梦异人授一子，曰："此统一天下之主也。"次日，皇考诞生，宫内红光照耀，香气弥漫，经久不散。皇考生而神灵，英异非常。六龄读书，不假师资，一目数行俱下，太宗甚钟爱焉。甲申嗣登大宝，是时流寇肆逆，明祚已终，国亡君殉，万姓无归。爰整六师，一战而破百万之强寇，乃建都燕京。齐、晋、秦、豫，传檄底定，靖寇救民。王师南下，金陵僭号者，其臣下执之以降。由是下楚蜀，平浙闽、两粤、滇黔，数年之内，以次扫荡，遂成大一统之业。

治本爱民，出师则严纪律，毋敢杀掠百姓。知民苦赋重，尽除明季加派。又停江浙督催织造官，免陕西皮张羢羯之贡，罢各省柑桔鲥鱼、石榴等物之进，停止边外城工，蠲派徵民间助工之饷，已临清烧砖之役，减朝鲜进贡之数。定赋役全书，修大清律令、各衙门规制事例。祗奉太祖、太宗成法，治具毕张，敬天尊祖，飨祀亲虔。孝事太皇太后，晨兴问安，长跪受教。披阅章奏，每至夜分,勤学好问。择满汉词臣充经筵日讲官。于景运门内建直房，令翰林官直宿备顾问，经书史策，手不释卷，遂知性、知天，洞悉至道，兼综天文、地理、礼、乐、兵、刑、赋役、古今因革、利病之源，旁及诸子百家，莫不博涉，得其要领。

素衣菲食，不兴土木之工。亲视太学，释奠先师，发帑金崇其庙貌。虽太平不弛武备。立贤无方，丁亥己亥再举会试，间广额数，以罗人才，科场作弊者从重治罪。视满汉如一体，遇文武无重轻。破故明人臣朋党之习。尚廉正，斥贪邪。时时甄别廷臣，以示激劝。下诏求言，虚怀纳谏。外官入觐，面谕以爱民勤职。详慎刑狱，大辟覆奏，再四驳审。命官恤刑，各省冤滥者皆得免，又停秋决一年。阉寺不使外交，立铁牌示禁。命儒臣修《祖宗圣训》《顺治大训》《通鉴全书》《孝经衍义》等书，以教天下臣民。诣先农坛，躬耕耤田，劝农以足民。四方水旱灾荒，频发内帑，多金赈济。云贵初平，频发帑金，溥赈军民。焦心劳思，惟念军民疾苦。

至于故明诸陵，设护卫，禁樵采，悯崇贞帝死难，颁谕祭诔，其臣之殉难者予赠恤，其宗室投顺者，令畜养乐业。其厚德如此。

我皇考以精明理政务，以仁厚结人心。法制则细大无遗，德音则遐迩咸遍，故使山陬海澨，莫不覃被恩膏，东至使鹿使犬等国，西至厄内特黑、土鲁番等国，北至哈尔哈、倭落苏等国，南至琉球、暹罗、荷兰、西洋海外等数百国，见海不扬波。咸曰：“中国有圣主出焉！”梯山航海，莫不重译来王。我皇考惟是兢业祗慎，无一日自暇逸也。顺治十八年正月不豫，于丁巳日上宾。呜呼！哀哉！圣寿二十有四，在位十八年，葬孝陵，陵预定于昌瑞山。皇考遗命：“山陵不崇饰，不藏金玉宝器。”呜呼！故明政乱久矣，太祖高皇帝、太宗文皇帝，诞膺景命，定乱无难，特以尚德缓兵故也。至我皇考，当流寇残破明室，生民涂炭，大兵西下，扫平逆寇，统一寰区，非神武不能开基，非至圣不能致治，谟烈于昭，道法具在，虽尧舜之德，汤武之功，何以尚兹？谨拜手稽首而陈颂曰：

佑下民，眷于有德；大清受命，奄有方域。太祖肇基，太宗弘业；皇考缵绪，亶生睿质。运协祯符，懋建皇极；大武布昭，剪除寇贼。王师西下，一战而克；定鼎燕京，绥怀反侧。指顾荡平，一统万国；怙冒蒸生，仁恩洋溢。罢贡停工，以苏民力；立纲陈纪，利兴弊革。成宪周详，有典有则；图治励精，忧劳日昃。万几毕理，大猷允塞；崇俭去奢，克勤无逸。敷政优优，居心翼翼；丕承遗绪，永言孝思。先意顺志，恭事慈帏；好学不倦，悟道渊微。博综经史，百事周知；戒励臣工，首在勿欺。贤奸立辨，黜陟咸宜；纂成文籍，洋洋训词。金匮是宝，万世可师；慎刑薄赋，赈救荒灾。劝农兴学，富之教之；帝王道贯，覆载功齐。声教四讫，远迩不遗；殊方重译，入贡京师。治化溥洽，道法昭垂；休徵骈集，洪烈长贻。巍巍孝陵，神爽凭依；山苞川拱，祥护灵祇。镂词贞石，亿祀歌思。

康熙六年五月初六日孝子嗣皇帝玄烨谨述

（八）康熙帝的景陵圣德神功碑文

大清景陵圣德神功碑

皇天眷佑，我国家显谟盛烈，世世相承。太祖、太宗肇基东土，缔构鸿图。世祖混一寰瀛，克成骏业。笃生我皇考皇帝，亶神圣之姿，立君师之极，大德广运，健行不息，至明如日，至仁如天，集皇王之大成，亘古今而首出。书契以来，罕有伦比，以扬列圣之耿光，以裕我无疆大历服。予小子缵承基绪，既奉册宝，恭上尊谥。惟山陵礼毕，宜建穹碑，颂扬功德。钦惟我皇考临御六十余年，厚德崇功，布濩宇宙，盈溢简牒，巍巍乎，荡荡乎，不可殚述。谨辍大慨，镌勒贞珉，用昭垂于亿万祀。

叙曰：圣祖合天弘运文武睿哲恭俭宽裕孝敬诚信功德大成仁皇

帝，讳玄烨，世祖体天隆运定统建极英睿钦文大德弘功至仁纯孝章皇帝第三子也。母孝康慈和庄懿恭惠温穆崇天育圣章皇后在妊时，孝庄文皇后见孝康章皇后衣裾若有龙绕，知为毓圣之祥。逮降诞之辰，异香盈室，经日不散，五色光华与日并耀，宫人、内侍咸所瞻仰。天表奇伟，耳大声洪，双瞳日悬，隆准岳耸，肤理莹白，皎然玉质。举止严重，性度恢宏。敦敏聪明，出言中理。辛丑正月，嗣登大宝，时甫八龄。孝庄文皇后问所欲，对曰："惟愿天下乂安，兆人乐业，共享太平之福。"孝庄文皇后动容嘉叹，知能荷神器为生民主也。自初读书，十行俱下，略不遗忘。讲幄既开，日与儒臣论难往复，虽烈暑冱寒，未尝暂辍。焚膏继晷，常至中宵，逊志覃思，好古敏求，勤笃甚于儒素。谈经评史，发挥道奥，流览之功，遍于七略。爰及纬象、声律、算术、百家之书，莫不触类洞彻，得其精要。故知性知天，察人伦而明庶物，虽一名一物，皆研究精微，而一以贯之。敬天尊祖，禋祀必亲，齐明盛服，率礼无怠。至年逾六十，颇艰拜起，冬至上辛袷祭，群臣恳请遣官恭代，犹必亲诣，省视陈设，行迎神之礼；退居斋幄，默致精诚，俟礼毕，然后旋辂。天性纯孝，事孝庄文皇后垂三十年，致爱尽诚，委曲周至。从幸时，乘马不离左右，遇道路少仄即下马扶辇，逾岭则扶掖升降，弥加恭谨。康熙二十六年冬，孝庄文皇后圣体不豫，皇考亲尝汤药，席地而坐，目不交睫，衣不解带者三十五昼夜。逮疾大渐，自撰祝词，步祷南郊，请减己算，以延慈寿；伏地诚恳，泗涕交颐。至居庐时，哀瘠过甚，不盥沐者数十日。释服后仍处偏殿，衣布素。恭送龙輴，每日必步随数里，朝夕痛戚如初丧。终身思慕，每一言及，声泪俱发。事孝惠章皇后垂六十年，备极孝养。省方江南，避暑塞外，必奉銮舆以行。康熙四十九年，孝惠章皇后寿跻七旬，皇考亦年近六旬矣。正月元夕，宫中张灯设筵，躬亲起舞，称万寿觞，中外传为天家盛事。友爱裕亲王等同问安慈宁宫，每序家人之礼，亲亲之谊，久而弥笃。其疾也，屡亲视之；其薨也；亲临之。宗室中用其才俊，而礼其高年；无爵者亦有常廪。自康熙六年始亲政事，未明求衣，日昃忘食，数御门，延见公卿，详论得失，综理万几，日有常程，靡所稽滞。尝于巡幸之次，章奏未至，秉烛以俟。或于四鼓披览达旦，遂忘寝息。孜孜图治，不自遐逸，历六十余年，终始惟一。虚己求言，以广视听，片词之善，必蒙采录。或星象示异，水旱为沴，即命群下直陈休咎所起，无所隐讳。又命督抚诸臣，密奏地方利弊、所宜兴罢者，虽在万里之外，周悉情状，视若目前，审官班禄，必惟其当。内自六卿之属，外自县令以上，临轩召见，观其可否，然后命之。其以清修苦节著闻者，立行甄擢，以劝有位。介胄之士，无大小必亲试其能，开霁天颜，从容询问，寸长微绩，并加奖励，人皆感激自奋。圣性天授，一经觐谒，历久不忘；故文武之选，程材使器，官得其人，人称其职。皇考智勇天锡，庙算如神，三逆未叛之前，即烛其终为悖逆，宜蚤定大计。遣大臣趣召之，吴三桂果反，耿精忠继之。乃宣睿略，简禁兵守荆州、安庆、镇江为声势，命诸王大臣为大将军，分道并进。三桂自出至衡州，湖南皆陷；王师扼之于岳州，用战舰据江湖，断贼饷道。三桂忧怖死，遂拔岳州，尽收湖南地。由陕西取汉兴，定四川；明年定贵州，又明年定云南。逆孽自焚，余党悉平。精忠兵出仙霞旁扰温台，大兵遏之衢州，屡摧其锋；逐北入仙霞，顺流而下；精忠自缚军前，温台贼悉破散。尚之信最后反，王师北自韶州，东自潮州蹙之。之信束身乞降，其间孙延龄陆梁于桂林，王辅臣溃乱于宁羌；戈铤所指，不久就俘。当贼势之炽，大江以西，五岭以南，悉为贼踞，烽火几半海内。皇考默运神谟，不动声色，八载之间，再定寰宇，廓清氛翳。耿精忠之乱，郑经自厦门盗踞下游三府；精忠败，大兵乘胜复三府。经遁归厦门，越二年克厦门。经循归台湾，以海舟守澎湖为门户。皇考决策，命帅治艨艟，以六月乘北风攻澎湖，再战破之。台湾震詟乞降，遂以其地为郡县。海氛起于明季，自郑成功窠穴兹岛，传子经及其孙，历三世，出没为闽南患，至是悉靖。察哈儿部布尔尼者，元之遗裔，其先世纳款献传国玺，故荷特恩，尚主封王。父阿布奈渐为狂恣，皇考不忍置诸法，羁诸盛京，俾布尔尼袭封，召之不至，遂以所部叛。遣将率禁旅讨之，两月之内，歼厥渠魁，招抚其众，北藩以宁。俄罗斯夙慕德化，奉职贡乃其边人罗刹踞雅克萨城，纳我逋逃，以扰索伦。兴师徂征，拔其城，纵其俘，振旅而还。会俄罗斯之国王遣使，上疏谢罪；命大臣往定边界，东北数千里延及海边，胥隶版图。厄鲁特者，元之牧牲人也；其头目噶尔丹，枭桀习战斗，劫服诸番，残回子数百余城；复与喀尔喀构难，潜劫其众，故喀尔喀七旗数十余万众，皆称臣内附。皇考亲巡塞外，受其朝谒，锡之名爵，颁谕两部落，息兵宁人。噶尔丹顾顽梗弗率，以追喀尔喀为名，阑入边界。皇考计安藩服，躬申天讨，以康熙三十五年春，亲统六师，由中路直抵克尔伦；料贼必逸而西；别遣大将由西路进兵图拉。噶尔丹闻天兵至，弃其辎重，连夜西奔，恰遇西师于昭莫多，大破之。噶尔丹收拾余众，窜伏穷荒。其冬，车驾再出，至鄂尔多斯，遣使招附。明年春又出宁夏，循贺兰山、哈密，擒其子以献，其族类丹济拉等潜输诚款，师次狼居胥山。天兵四布，噶尔丹势孤援绝，仰药自尽。丹济拉协其遗骸及子女人口来归，朔漠荡定。其兄子策妄阿喇坦素与噶尔丹有隙，乘其南发，潜踞其地，诱致逋逃，种类渐滋。因图青海诸部及西域诸番，暗遣人攻拉藏杀之，掠据藏地。皇考以太宗文皇帝时，班禅额尔德尼、达赖喇嘛知东土有圣人，遣使归命，追念厥诚，不可以勿救。于是分遣将帅，率西宁诸路之兵自青海入，四川、云南之兵自拉里入，整旅前驱，不遗一矢，遂定藏地。复达赖喇嘛之位，安西域之众，其他西番诸国无不欣喜感戴，委贽恐后。轸念东南水患，屡勤翠华，躬视河淮；每步长堤，或驾小舟，周回观览，高下险易，了若指掌。授策河臣，罔不奏效。开中河以避黄河百八十里之险，治下河则疏人字芒稻河注之江；浚虾须诸沟注之海。治清河则培高堰，塞六坝以畜其势。开张福口、裴家场以畅其流；治黄河则浚云梯关以通海口，筑挑水坝开陶庄引河以导其北向。筑减水坝，修盐河以泄其旁溢。于是淮不东漫而北敌黄，黄不南灌而东趋海。下河七州县化浸为沃，农桑遍野。

漕艘商船，上下数千里安若衽席。其在畿辅之内，则堤子牙而滹滏滹沱无泛滥，开柳岔口而卢沟不横决。皆皇考频年巡省，面授经画，用迄于成绩。勤求民瘼，凡所在旸雨之期，封疆大吏随时奏闻，偶有旱潦，无不周知，账恤之恩，不稽旬日。筹画详尽，溥遍优渥。故虽有愆伏，而民忘其灾。远至蒙古诸藩，并廑睿虑，分遣使臣，教以网罟耒耜之利，俾知鲜食艰食。每闻积雪荒歉，即赐之牲畜米粮，咸获赡给。康熙三十六年，朝鲜以大饥告；截河南漕米，由登州泛海，发盛京仓储，合水陆运致数万石，平籴赐赉，凋瘵尽起，举国忭庆。蠲租之诏，无岁不下，所在灾伤，见告即与减除。积年逋负，辄免追征，积算无虑亿万计。人用底于殷阜。四十八年特敕递免天下地丁钱粮，三岁而遍，八埏之内，次第沾被，宽仁之泽，浃于黎烝。隆冬停流遣之期，盛夏解囹圄之禁；法司奏谳，多所矜释，和气熏陶，万方康泰。至于三藩之乱，所全宥不可胜纪。明降敕谕：尚之信、耿精忠罪大恶极，法应及族。但念尚可喜、耿仲明航海归诚，著有劳绩，其兄弟俱从宽免罪，属下人有父子兄弟在贼中者，一无所问。又如噶尔丹子女，赦勿诛，俾子有室，女有家，仍官其子。自秦汉以来，叛逆之条，蔓及宗室，横枉无辜。皇考弘旷荡之恩，遂除二千年诛戮惨酷之弊，慎兹祥刑。复于三代兴行教化，申之以告诫，御制训饬士子文刊于学宫，圣谕十六条颁于州县，训词深厚，丁宁周至，士习民风于焉丕变。崇敬先师，表章前贤。东巡狩至于兖州，亲诣阙里致祭孔子；拜跪之仪，有加于往代。广贤裔博士之封，宋儒周邵、二程、张、朱，皆称子而不名；升朱子祀于堂，寿考作人。开乡会试者，各二十有二科。髦俊蔚兴，相继辈出。增江浙入学名数，广直省乡试解额；文思光被，苗猺之秀，隶籍黉宫，岛上君长，遣子弟就业辟雍。穷山越海，靡然向风。右文稽古，命儒臣纂修周易折中。图象卦爻之蕴，亲加论定。又修书诗、春秋传说，汇纂性理精义、朱子大全，经籍之道，焕然大明。又亲授词臣，考订律历，历得合天，律谐真度，诚万世不易之法。按北极之高，测地理南北东西差，得皇舆全图。其他编辑卷帙繁富，充于内府。听政之暇，喜操翰墨，文成典诰，诗为雅颂书绩。神运天矩，为百代楷模。开五钧之弓，射大镞之矢，发则必中，中必洞贯。文事武备并臻其极，所谓天纵之圣又多能也。致敬前代，礼踰常典，自夏商以迄元明帝王，膺历服者，咸入庙而享祀焉。前后南巡，亲祭明孝陵者三，又欲封其后裔，俾承世祀。予小子祗奉遗言，锡之侯爵，公卿大臣，戎行将帅，多服官至四、五十年。皇考眷待耆旧，恩礼优渥，凡朝会燕享，庞眉浩首，济济盈庭，三代而下，诚为盛典。皇考自幼龄奉孝庄文皇后慈训，凡饮食起居、视听言动，皆有矩度，盛德自然。周旋中礼，端扆莅政。天颜肃穆，虽宫庭闲燕，一言一笑，不以假人。太和元气，充于四体；冬不炉而自温，夏不扇而手足未尝濡汗。正衣冠，尊瞻视，终日俨乎若思，逮于髦龄。圣敬日跻。享尚俭素，衣不辞浣濯，食不取珍异，宫掖人数至少，光禄寺一岁所费，较之前代仅十之一。服御器用，历久不易，未尝以故敝弃遗。巡幸所至，不烦民间一物；宫室舟舫，纯用朴斫，无丹青之饰。秉德谦冲，自平定三逆，肃清逆漠，凯旋告功。及五旬、六旬万寿节，五十、六十年宝历，国家大庆，诸王公文武臣僚太学生徒、京兆耆老，屡请恭上尊号，云集阙下，备陈丹悃；皇考频下谕旨，让而弗居。于戏！惟我皇考躬奋圣德，久道化成，风教翔洽，锡福蒸人，胥跻于仁寿；乃至鸟兽草木咸若。守成之业，恢手创造。拓开疆宇，广袤各数万里。在昔未宾之国，重译踵至，戴天履地，含生负气之伦，莫不尊亲。自有生民，盖莫盛于斯日者。然且兢兢业业，辑熙单心敬上。天之明威，察下民之视听，焦劳万务，未尝以天位为乐。忧勤惕厉，以迄于终身，是所以接尧舜禹汤、文武孔子之心传，优入圣域而仁覆天下也。康熙六十一年十一月甲午崩，圣寿六十有九。雍正元年九月丁亥葬景陵。谨拜手稽首而作颂曰：

惟我皇清，上天眷命。二仪凝祉，三朝笃庆。皇考绍烈，建中表正。
亶聪亶明，乃神乃圣。翼翼昭事，仰格高穹。化将道赞，祭以诚通。
虔承九庙，孺慕两宫。大孝备矣，至德光融。爰在冲年，夙成睿智。

致泰之基，微乎言志。日就月将，古训是嗜。理数兼该，穷源抽秘。万几在御，八表君临。克勤于政，无逸为箴。求衣忘食。日昃宵深。虑周禹迹。事廑尧心。广听并观，树旌建鼓。无情不达，有善必取。四门攸辟，百司式叙。文采圭璋，武罗貔虎。苞有三蘖，怙势悖恩。默运神机，载奠乾坤，旆麾烽熄，弩指鲸奔。提封式廓，截海为藩。元裔速辜，不修厥职。禁旅一临，凶渠伏殛。罗刹扰边，边师讨贼。拔城纵俘，感恩怀德。维彼枭雄，构难比邻。比邻内附，稽首称臣，敢抗明诏，怙恶不悛。天子三征，扫荡边尘。蠢兹遗孽，构氛西徼。自恃荒遐，狂跳纵暴。堂堂天兵，何幽不到，底定三危，恩同再造。瑶池之水，昆仑之冈。穷域绝漠，越海逾洋。书传所记，咸我版章。敷天率土，无不来王。睠念河淮，频乘四载。既安二渎，亦通百派。一授成功，万世永赖。胥乐同忧，仁膏遍沛。周诗时迈，虞典岁巡。省方询俗，辇路生春。蠲租赐复，岁有恩纶。惠心溥渥，益道平均。旸雨偶愆，恩泽已布。朔漠朝鲜，同沾膏露。象魏既悬，鸡竿屡树。贯索其空，桁扬可厝。德为善政，道在遗径。纡御东鲁，亲奠两楹，礼明乐备，桧柏增荣，光华复旦，天下文明。覃心四府，研精儒术。典籍大兴，英髦踵出。爰在玑衡，协时正日，玉振金声，审音调律。海涵地负，大哉王言。鸾骞凤翥，焕乎宸翰。文经武纬，异用同源。道高能博，艺备德尊。历代帝王，祀典弥厚。备列几筵，光延笾豆。修敬前朝，亲临钟阜。三恪垂封。烝尝有后。功勋耆旧，恩礼优容。庞眉皓首，济济雍雍。撝谦克让，川受谷冲。穆穆其敬，安安其恭。六幕启宇，八垓肇域。维我皇考，忧劳靡极。三灵集祜，五记膺历。维我皇考，克勤不息。贻我臣庶，食德难忘。贻我子孙，卜世无疆。昌瑞之山，峰崎川长。功德穹碑，天日同光。

雍正五年闰三月二十一日孝子嗣皇帝胤禛谨述

（九）雍正帝的泰陵圣德神功碑文

大清泰陵圣德神功碑

洪惟我圣祖仁皇帝统承三圣之谟烈，奄奠万方，抚临天下六十有一年，实兼开创与守成之事。爰自绥靖南荒，翦除三孽而后。惟务以深仁厚泽，沦浃中外，俾涵泳优游，四方从欲，而励精图治，悠久无疆。晚岁之政，尤欲申严庶务，以正官方，纠诘敝民，以清礼俗，以明作济惇大，以节制保丰亨。故我皇考嗣承丕基，凡诚孝中正宽仁之大原，无一不与圣祖同揆。至用人行政规模，则稍有变通，以求继志述事之尽善。惟皇考神圣之姿默契圣祖，是以膺付托之重任而宏开夫万年有道之长。惟皇考诚敬之德简在帝心，是以致嘉祥之骈臻，而即验于四海于变之盛，虽十三年之忧劳，无一日一时少释于宸衷。而所以贻我子孙臣庶亿万禩之乐利无穷者，诚如天地之无不帱载也。

皇考世宗敬天昌运建中表正文武英明宽仁信毅大孝至诚宪皇帝，圣祖合天弘运文武睿哲恭俭宽裕孝敬诚信中和功德大成仁皇帝第四子也，母孝恭仁皇后在妊时，梦月中仙娥授以神子，既觉而诞生皇考。皇考幼而徇齐，天性仁孝，圣祖恩眷踰常。八岁时患腹疾，皇祖方巡狩塞外，闻之遽驰归，一昼夜而至，其笃爱有如此者。奉侍庭帏数十年，深爱愨敬，无一言一动不允当皇祖之心，每语众称为至孝。先是旧皇太子赠理亲王之未得罪也，皇考小心承顺，恪尽臣弟礼，而王恐圣祖眷爱日隆，有妨于已，遂至以非礼相加，皇考每顺受之，而刚正之气亦不为少屈，律己则笃谨有加焉。及岁戊子，王以罪废，居常进谀者多背离，相忌者率倾陷，祸且不测，皇考多方保护，以悃忱恻怛，感慰圣祖之心，而曲为王解，始获矜容，王乃愧悔自失。东宫旧属咸洒泣惊颂圣德。方是时圣祖违和，又以允禔、允禩等屡作非彝，以干天怒，居常鬱鬱，病势增剧。皇考竭心孝养，凡百躬亲，靡昼靡夜，逮四阅月，圣躬乃安。及理亲王再废，圣祖春秋益高。诸王中私怀觊觎者往往矫饰名誉，私树党援，而皇考绝不以一事自表异。友于兄弟，均平如一，莫不同其忧喜。轸其疾痛。其自取咎殃者，亦不避嫌疑，力为调剂。自内外族姻，左右大臣以及近侍宿卫，无一人往来亲密者。圣祖用是灼知圣德渊懿，大义明著，无党无偏，足以膺宗社臣民之付属也。及遭大故，水浆不入于口，以乾清宫东庑为倚庐，素服斋居养心殿，三年如一日。每遇朔奠殷祭及献食寿皇殿，悲不自胜，哀动左右。躬送梓宫，安葬景陵，仁寿皇太后升遐，哀诚一如初礼。凡太庙、郊壇必躬必亲。致斋致慤，观者罔不肃然起敬。每遇水旱之祲，愀然曰上天谴责朕躬。命直省旬月奏报雨雪。苟应时则喜动颜色，或过期即减常膳。元年五月京畿旱，虔祷于宫中，自晨至夕不膳，霖雨立沛。盖皇考深念所任受于皇天暨列祖者。惟兹天下之烝黎，故休戚相关，如保赤子而民之所以安者，存乎政。政之所以举者，存乎人。故宵衣旰食，日有孜孜，尤以是为先务焉。念民所苦病者，莫如赋重而刑滥，有司遇灾祲而不恤，巧法侵渔，或惰侈以自耗，致民俗之日偷，逐姦利，纵淫乐，聚徒斗很，若是者皆盗贼之源也。皇考即位之元年，即大免直省逋赋。陕西、甘肃二省以军兴运饷，其所供赋税，无岁不蒙豁免。七年至九年，轮蠲各省赋税有差。自元季张士诚据苏松嘉湖，陈友谅据南昌，袁瑞与明太祖苦战于江东西，横敛以给军，终明之世，故籍未改，特命永除数郡浮粮，著为令典。凡直省报灾，朝闻发不待夕，夕闻发不待朝。每语近臣："朕蠲租发赈，如救焚拯溺，犹恐灾黎之鲜有济也。彼视民之伤，与己若无与者，独何心哉?"常念水土为农田之本，而救荒之政，莫要于兴工筑以聚贫民，遂博求海内水利，修川防，俾各省河渠湖泽，岁久或淤塞为连州比郡农商害者，咸开濬之。京畿则命怡亲王、大学士朱轼经营水利营田，官开水田数万顷，听民自占者不与。十余年中，费数百万贫民皆取食焉。洪泽湖都受淮流，广数百里，恃高家堰为关键，以束淮而漱黄，下河七州县，民命系焉。发帑银百万，尽改石工。浙江松江海塘，经潮水屡涨，修筑相继，费数百万，滨海之民始得安衽席，无为鱼之患。往者，封疆大吏好因事以自为功，有司承迎以速进取之路。凡有兴作及赈灾动称捐助，或曰小民乐输，皇考再三谕禁，以苏民困。州县巧取有禁，门关苛索有禁。而民隐之万难上达者，莫不在皇考洞鉴之中。每遇重囚即深厪睿怀，屡饬法司必三覆奏。好生之德发于不能自已者如此。念刑罚所以济政教之穷，必修礼正俗，乃可清其源。详注圣祖仁皇帝谕旨十六条，亲制劝农种树之诏，御书刊示四方。命九卿详定贵贱服色、兵民婚丧礼制，实举孝义贞节。分遣御史巡行直省，常恐所任非人，则虽有良法美意，德难下究。教不虚行，故搜扬俊乂，立贤无方。自唐宋以后，秩禄不足以赡庶官，不肖者各以他途取之，用此苞苴盛行，不可遏止。皇考于外省督抚以及州县亲民之官，各赐养廉，较正禄数十百倍。其在京师卿贰则赐双俸，司旅并给饭费，虽闲曹职官，亦准俸银之数，赐之廪谷。而寡廉鲜耻、巧取而殃民者，法亦有所必行焉。左右辅弼及封疆重臣，忠勤夙著，猷绩彰闻，则推诚倚任，坦然不疑，俾得展尽底蕴，而常戒以面从，责以启沃，优容宠赉，十百于寻常。其有恃功骄蹇，植党营私者，则法立诛必。而忠直善良，即时有失误，屡被谴诃，卒保全其终始。建贤良祠，崇祀累朝硕辅，其余著勋伐，效命疆场者，皆录用其后人。又念士者，民之表仪，而庶官所由备也，故广其登进之途而董之以教。元年，命郡州县学官必用正途。二年，躬诣太学，颁训饬士子文。四年，命直省督学举英才。八年，举通晓性理举人八人，并赐进士。各省会俱特建书院，取之之广，恤之之周如此。兵者，民之卫藩而国威之所蓄也。故勤其蒐简之政而曲体其情。命提镇考核将校，必察其训练拊循之实，毋得徇私。提镇之优劣，一以整饬将校，训练行伍，和辑兵民定之。士伍则正粮之外，别发帑银，俾军帅营运以恤其婚丧。盖皇考莅官驭将，勤民养士，整军恤众，使文武并励，中外相维，制防曲尽如此。重念八旗乃国家根本，内外大小臣工士民军吏所观式也，故所以教之，养之，取之，任之，察其情而优恤之者，尤详且备焉。元年，即命举人庠生之服公事者，各还家专力于学诵，设八旗官学，各就其方，简其士之秀异者而官教之。命诸王察举孝弟守分力学者，以承平日久，生齿愈繁，取八旗余丁四千八百人为教养兵，岁给十七万有奇，自五旗诸王不得以旗分人员多供差役，擅治其罪。下此正副都统及参领、佐领不得苛索外吏财物。窃尝审究皇考治法之源流，然后古圣王所为，以天下为一家，以中国为一人者，其规模气象始可得而见焉。皇考自宗亲戚畹勋旧以及八旗之士众，自京师畿辅以及九州四海之军民，惟恐其疾苦之蔽壅，礼俗之衰恶，一如一身之中，毛发有触而必动，虽外藩蒙古皆如家人父子，其职官并予俸禄，兵众咸给月粮。土默特守台站人，岁时有赏。用此凡有征讨，外藩效命，屡谕蒙古王、贝勒，宜爱民惠下，其子弟之俊秀者，或在内廷教养之。赐安南以隙地，减朝鲜、琉球贡物，厚朝鲜、俄罗斯国人之赏赉，给琉球来学者归国之道赍，不独泽流方外，而声教亦渐被于遐荒。十有三年之间，宵衣旰食，无晷刻之宁，不谓天下已治，万民已安而少懈夫朝乾夕惕之皇衷，故以事天之诚敬，昭事百神而神无不格；以法祖之仁孝，锡类万物而物无不孚。至于孔子德配天地，尤加崇礼。王爵之封，上及五世。跪献之礼，首著上丁。详定配享先贤，增置五经博士，皆前古所未有也。教养宗室而宽其拘禁者。自登宸极，即封理亲王子弘晰为郡王，而于理亲王未降一旨，未遣一使，曰："吾不欲受其拜并闻感恩之言也。"锡赉频仍，惟命内监传送，且教以询所从来，勿令告以上赐。及王薨，躬临哭奠，追赠理亲王，命弘晰进袭亲王爵，分封供具特厚。怡贤亲王之丧，躬临哭奠，哀恸久而不已。自戊子年后，允禩、允禟辈莫不妄冀非分，结党树援，尝触怒圣祖。圣祖降朱批，谕皇考及诸王云："朕与允禩父子之义已绝。"及皇考嗣位，重念兄弟情，且知彼明敏能任事，爰命辅政，加恩信用，冀以感悟其心，密封皇祖旨于内阁，不以宣示外人。乃允禩不但不改悔，且心怀怨望，怙恶不悛。允禟在西宁，多为不法，显悖臣礼，皇考虽申告中外，明正其罪，绝其属籍，而两人犹得以天年终，罚弗及嗣。自御极以后，瑞应骈至，日月如合璧，五星如联珠，黄河之清自陕州至邳宿，二旬有五日不变。凤集麟生，庆云甘露，灵芝嘉谷之祥，不可胜纪。皇考每见奏章，必深自警惕，咨戒臣工，苟德政之不修，虽天瑞不足恃也。彰明人纪，更定刑章。凡继母虐杀前子，以所生子抵法。无故杖杀仆婢者，分别重轻治罪。访明太祖本支裔孙，袭封侯爵，以承其宗祀。自明初，绍兴有惰民，靖难后，诸臣抗命者，子女多发山西为乐户，数百年相沿未革。一旦去籍为良民，命下之日，人皆流涕。自准噶尔扰边，圣祖仁皇帝宿兵西北陲，以保旧属诸藩。青海之平也，彼又纳我叛臣，虽屡加训告，袭盗不休，故定议濯征，为一劳永逸计，及十年大破之于喀尔喀之地。边将争言宜乘时进剿，皇考念彼远处外夷，武不可黩，乃遣使谕告，决意罢兵。西南洞苗，自古为附近州县之害。自平定广乌蒙古州归义，开地二千里，而时戒边疆大吏为善后之谋。

敬惟皇考自始至终，所以莅官勤民教士恤军安内驭外者，无不体之以诚，本之以孝，用之以中，持之以正，育之以仁，抚之以宽，与圣祖仁皇帝若合符节而更化砥俗，使天下遵道遵路，如优恤宗室，而礼度必谨于防维。爱礼大臣而法禁必行于贵近。搜罗才俊，而甄别不漏于昏庸。教育士民，而捕诘独严于败类。盖非此不足以移文恬武嬉、阴私交结之风，革吏蠹民偷、险戾奸欺之习。未尝非圣祖晚年整肃官方，矫除薄俗之遗意也。是以数年之后，蒸然丕变，外自郡州县吏，私餽不行于大府监司。内而阁部院司台垣，不敢以己事干外吏。仓库侵蚀者，所在充盈，庠序鲜嚣陵之士，门关无苛索之兵，蠹吏散朋、奸民徙业。孔子所称善继人之志，善述人之事者，我皇考实克当之。

皇考即位之元年八月，即手书建储事，密封宫廷，布告群臣。八年六月，圣躬违和，特召臣及庄亲王、果亲王、和亲王、大学士、内大臣数人入见，面谕遗诏大意，谓："朕夙夜忧勤、惟体圣祖之心以为心，法圣祖之政以为政。因见人情浇薄，官吏徇私，罔知改省，不得不惩治以戒将来。故有从前条例本严而改易从宽者。乃原议未协，朕与廷臣悉心酌定，可垂永久。有从本宽而改易从严者，本欲俟诸弊革除之后，酌复旧章。"乃知皇考圣智天纵，灼见圣祖不言之意。以就前功，而随时取中，用建民极。盖圣祖时，疮痍初复，非遍覆包涵，不足以厚生养而定民志。

皇考继承之初，则政宽而奸伏，物盛而孽萌，非廓清厘剔，大为之防，其流将溢漫而不可以长久。两朝圣治，正如天地四时之运，相推相代，以成岁功。先儒所谓虽有改制之名，而无变道之实者此也。皇考圣意，原欲大加整剔，使弊绝风清，人人皆知理法，而后布恩施德，以培国家万年元气。昊天不弔，未假之年。使十有三年惫精劳神之圣心犹未释于龙驭上宾之日，而广大欲沛之泽不及旁流汪濊，以遂皇考之初志，而亲见黎民遍德之休也。呜呼痛哉！雍正十三年八月己丑，皇考崩，圣寿五十有八。乾隆二年三月庚寅葬泰陵。小子谨拜稽首而献颂曰：

惟天行健，运而不息。阴阳甄陶，万殊一则。惟圣时宪，建极宜民。
其用曷先，曰义与仁。当丰而亨，蔀亦潜滋。既大且豫，必戒其随。
皇帝继序，履盛持盈。日暄雨润，雷动风行。皇天所付，惟此嘉师。
四圣容保，予承予依。曰予作君，在厚其生。其灾其害，我躬是膺。
曰予作师，在正其德。其薄其顽，我躬之忒。设监置牧，惟民之安。
苟非其人，虑为民残。心膂股肱，信贤不贰。庶司百吏，开诚以示。
片言心录，小善必登。耳提面命，无或荒宁。官箴之败，交以贿成。
贤奸可易，白黑可更。植党背公，诪张谲诳。上下相蒙，斯民曷望。
重增秩禄，用绝苞苴。私涂既闭，邦经可胪。旌廉擢能，俾钦俾慕。
诛恣惩贪，俾愧俾寤。九官承式，庶事寡愆。大府整躬，百城晏眠。
敬刑明罚，乱狱无滋。岁会月要，出纳无欺。救荒拯溺，家霑户浃。
增防浚川，役均廪给。兴礼明教，以示之则。禁暴诘奸，以除其慝。
煌煌帝京，政肃风清。豪强屏息，奸宄潜形。博戏斗嚣，鹑茵鸡栅。
奇技淫声，儿童莫识。近自畿甸，周于海隅。山行野宿，刁柝无虞。
曷占政成，官称其职。曷占民安，鼓腹作息。皇帝致治，身为表仪。
由中达外，诚一无私。郊庙明禋，洞洞属属。阙廷莅政，雍雍穆穆。
大孝备矣，昭哉嗣服。眷旧亲贤，久而弥笃。近承德意，远树风声。

父勉其子，弟祇其兄。未明求衣，日昃不食。一日万幾，是匡是饬。天现其光，珠联璧合。地效其灵，河清川翕。亩穗丛歧，陵芝结纽。凤翔麟游，近在郊椒。皇帝曰咨，毋安毋豫。我君我臣，惟戒惟惧。遇灾而惧，灾可为祥。以祥为常，志将日荒。重道崇文，德心是懋。张皇六师，武不敢究。天衢如砥，万国朝宗。开我明堂，四裔来同。盛德之气，生物之元。于时为春，在人曰仁。尊严之气，物以凝闭。于时为秋，在人曰义。巍巍圣皇，是则是效。雨露雷霆，罔非至教。德厚于地，智崇如天。仪我后昆，亿万斯年。

乾隆四年七月二十四日孝子嗣皇帝弘历敬述

（十）乾隆帝的裕陵圣德神功碑文

大清裕陵圣德神功碑

洪惟我皇考高宗纯皇帝体乾知临，巍焕铄人耳目，深仁醲泽，浃民心于亿万年。予小子曷敢规天极，摹暾轮，然而亲炙提命，哀慕罔极，有切于臣民所见闻者，不辞挂漏，敬用阐宥密，揭纲条，以昭信于奕禩。叙曰：高宗法天隆运至诚先觉体元立极敷文奋武孝慈神圣纯皇帝，世宗敬天昌运建中表正文武英明宽仁信毅大孝至诚宪皇帝之四子也。母崇庆慈宣康惠敦和裕寿纯禧恭懿安祺宁豫孝圣宪皇后于康熙辛卯八月十三日子刻诞育圣躬，生而神灵。年十二随世宗初侍圣祖，宴于牡丹台，一见异之，曰：“是福过于予。”厥秋扈驾避暑山庄暨木兰行围，躬承恩眷，详见圣制《纪恩堂记》，于是灼然有太王贻孙之鉴，而燕翼之志益定。年二十有五继嗣大宝，初政日新，天下咸诵尧舜复出，善继善述。一念敬勤，亘六十三年不息倍乾，体天合一。郊庙必亲，庶徵克念，曰雨曰旸，惟动丕应。乾隆二十三年夏旱，为文以雩曰：“呜呼！其惠雨乎？”步至坛所，读祝未竟，晨霞矗霄，霖雨立沛。自是有愿必孚，故自号曰：信天主人。惟祖考启佑，陟降在庭，每晨恭读五朝实录，追远笃亲，觐扬光烈。四诣盛京，岁时上诸陵，发声必哀，盖终身孺慕，孝乎？惟孝也。事孝圣宪皇后四十二年，晨昏问侍，扶掖安辇，极尊养之隆。祝釐让善，至于终身。以古稀天子，致戚尽礼，有加于儒行，纯乎纯孝也。推仁锡类，莫先亲亲，则有念功继绝，绍开国睿亲王、豫亲王等封。普锡宗室四品顶带。尊贤重道，则有怀旧三先生之咏。乾纲独握，刑赏予夺，信若四时，迅若雷霆，平若衡斗，去已甚而不为已甚。躬勤万几，批答章奏，不爽晷刻；万里之外，若镜照而的贯。六巡江浙，楗石塘以捍海，濬陶庄以奠河。五诣阙里以及岱、嵩、五台，省方观民，行庆施惠，所至咸悦。岁乙丑、庚寅、丁酉、庚戌、乙卯，五蠲天下正供；丙戌、己亥，普免漕粮。又全豁积逋者一。水旱偏祲，朝报夕发，赈济复缓之诏，岁不绝书，赐帑金不啻钜亿亿万，不以逆亿而稍屯其膏，所以重民天，固邦本，活贫惸之黎庶。如沙如尘，不可纪数。此则至仁善政，天信民顺，培元气于无垠，万世子孙所当法守者也。天纵多能，执心经，阐史要。石鼓石经之碣，四库七阁之弆。御制诗五集、文三集之外，又成余集，乾包坤负，日光海涌，浩浩乎，其无尽藏也。建辟雍，宴千叟，举鸿博经学之儒，开乡会文武恩科者十四，存闰位以公大统，谥忠义而别贰臣，盖敷文教者祎矣。天锡勇智，尝亲御弧矢，二十发而十九中，岁狝木兰，服不殪猛，蒙古四十九藩拱观而震慑。再犁伊犁，名王扈马，收回部，辟地二万里。黄河之源、葱岭于阗之山，皆列疆内。两平金川，靖台湾，归缅甸，朝安南，降廓尔喀，武功十全。而齐伦、甘回、楚苗、潢池萑苻之俘馘不与焉。西洋航海诸国，却奇琛而不宝，所以昭德威于无外也。五福备臻，亲见五代；九畴攸叙，寿开九如。集列祖创守之大成，兼尧舜禹汤文武孔子之勋德。帝王以来，未有若斯之盛者也。临御初元，默祷于天曰：仁皇帝享国六十一年，予不敢赢。天克如所愿，必传位于子，勿违初志。乾隆六十年乙卯秋九月三日乃宣立储诏，明年丙辰正月朔旦，遂授玺于藐躬，辞不获允，训政三年，耳提手携辟咡加膝之恩无以喻也。子臣日侍慈颜，每以敬天、法祖、勤政、爱民四大端为诲，而以为仁君止于仁二语时存于心，行之必本于诚，此三年中常承之训。子臣服膺勿敢失，并告之子孙以为心传家法也。凡遇朝会燕享，子臣侍坐恭陪，亲愉色笑，上寿捧觞，手赐肴馔，蔼然父子家人之乐。侍从诸臣及外藩陪隶咸目睹，传为天家盛事。子臣方期我皇父寿迈期颐，来云绕膝，合天下万国欢心，永祝无疆之庆。而圣体康强，神明弥健。乃自去冬至日后，偶染微寒，犹孜孜宵旰，训政如常。今己未正月三日，疾大渐，犹手握子臣手，勤拳眷爱。至辰刻，竟脱屣升遐。呜呼！痛哉！攀髯号弓，天裂地震。盖圣寿八十有九，从此予小子何所仰怙哉！伊古世及传子之帝，有如我皇父之慈者乎？继统受命之君，有如予小子受恩之重者乎？予小子其何以报昊天之德，继纯亦不已之志，以仰慰在天之灵于万一也。呜呼！痛哉！敬卜于是秋九月庚午望葬裕陵，以孝贤诚正敦穆仁惠辅天昌圣纯皇后、孝仪恭顺康裕慈仁翼天毓圣纯皇后暨诸母妃祔。谨和泪濡毫，拜手稽首而作颂曰：

惟天笃圣，万古一人。惟圣合天，万善一身。于穆皇考，得天之纯。
敻乎高哉，曷克拟伦。生而神哲，少长歧嶷。圣祖灼知，孙有圣德。
曰福予盈，惟是贻翼。世宗继志，题名殿极。嗣圣握符，飞龙在天。
初政濯濯，久道乾乾。日新又新，八十九年。始终一贯，智周圣全。
四郊六宗，至诚禋格。雨旸肃乂，欱乎天尺。信天天顺，如携如获。
四得无违，十全有奭。文谟武烈，丕显丕承，念兹在兹，继继绳绳。
长白鸭绿，东西山陵。四孟大祫，僾忾式凭。孝于慈宁，扶掖安膳。
松鹤怡愉，衮龙舞忭。颐养豫游，孝思斋奠。古稀孺慕，推仁锡羡。
民惟邦本，图易思艰。底绩河海，鞠谋痌瘝。大赉钜亿，散金邱山。
保我赤子，苏枯饫孱。时巡岁省，达聪明目。惩贪察廉，六驭在握。
惟日孜孜，以永天禄。执两用中，权衡圭粟。文思天亶，万卷纬经。
渊源津溯，甲乙丙丁。五三御集，金石碣铭。八音从风，北极拱星。
大武维扬，张我九伐。北荡天山，西厌月嵴。庙谟神断，审几在括。
金川红毛，至于拔达。八徵九叙，既寿且康。初服祷穹，绳武不遑。
天如从愿，周甲褰裳。简畀忝德，敢不敬蘉。倦勤弥勤，授政训政。
嗟予小子，神视气听。乘云帝乡，攀号无檠。羹墙如在，曷温曷清。

圣德荡荡，神功巍巍。于昭在上，呜呼瞻依。圣水淙壑，灵山翠微。亿年安宅，巩我丕基。

嘉庆四年四月十二日子臣嗣皇帝颙琰敬述

（十一）嘉庆帝的昌陵圣德神功碑文

大清昌陵圣德神功碑

皇天笃眷大清，列祖列宗体天御极，廓帝纮，恢皇纲，启佑我国家丕丕基。我皇考仁宗睿皇帝席六圣之鸿图，际重熙之景运。自初元大廷授宝，抚绥方夏，深维莅政临民之要，保邦致治之原，兢兢业业，无事不以诚敬仁爱为心，虽值艰钜屡投，圣怀弥固。惟天惟祖宗申锡无疆之庥，用康乂我兆民，大化涵濡，群生乐利，盖二十五年如一日已。予小子缵承统绪，敬念崇德丰功，巍焕宇宙，允宜镌垂乐石，表镇山陵，以昭万世子孙法守之贻，以绥四海臣民就瞻之思。叙曰：

仁宗受天兴运敷化绥猷崇文经武孝恭勤俭端敏英哲睿皇帝，高宗法天隆运至诚先觉体元立极敷文奋武钦明孝慈神圣纯皇帝之十五子也。母孝仪恭顺康裕慈仁端恪翼天毓圣纯皇后。乾隆庚辰十月初六日丑时圣躬诞降于圆明园，生有神瑞。既长，徇齐敦敏，大度恢宏，皇祖深加笃爱。癸巳冬至，南郊大祀，皇祖手书圣名，默荐上帝，定储位。维时，皇考年十四，即膺天眷。乙卯皇祖纪元周甲，爰以秋九月三日御门，召皇子、皇孙、王公大臣，共启密缄，宣立储诏。皇考乃以嘉亲王正位青宫。丙辰正月朔旦，皇考受玺于太和殿，建元嘉庆。先是皇祖践阼之初，焚香告天，期以六十年当传位嗣子，至是圣愿克符，大典斯举，天下臣民以及蒙古藩部，东南海滨属国，朝觐讴歌，稽颡拜舞，时皇祖圣寿望九，天体康强，虽勤弗倦。皇考尊亲爱慕，以天下养。复蒙训政三载，日侍慈颜。每岁时朝会赐宴，皇考侍坐，捧觞上寿，如定省仪。左右近臣，百僚庶位，下逮衢歌巷舞之俦，目睹耳闻，传为天家盛事。勋华一堂，作述千古，盖自史册所载，继体受命之君，茂矩崇规，未有若斯之盛者也。己未春正月三日，皇祖升遐，皇考特诏，行三年丧礼，百日缟素，擗踊哀慕之诚，有倍于寻常万万者。临轩初政，饬纪整纲，天下翕然景仰文明协帝之德，而睿怀乾惕，永念彝训，以敬天法祖，勤政爱民四大端为君道之本，心法治法，单精宥密。奉大祀必躬必亲。敬制南郊、北郊两记，阐寰矩之奥义，摅昭事之小心。诚祈雨雪，为民省岁，雩壇朝告，岱宗夕应，故能燮元化、平四气，转歉岁，锡康年，至诚感格，有明征焉。惟圣人为能飨帝，孝子为能飨亲。四孟时享，岁终大祫，格庙也，陪都肃驾，再谒丹邱，松杏纪功之碑，大礼庆成之记，报本也。东西陵寝，岁时躬谒，秩祀有恪，发声必哀。嗣统述圣之心，终身常懔懔焉。盖孺慕之至也。实录、圣训夙兴诵肆。动遵成宪，事鲜创举，著守成论。深鉴前朝更张之弊，而勤修列圣创垂之法，盖继述之善也。恩逮宗室，奠厥攸居而擢其秀，俾以科第。是惇是叙，笃亲亲也。天性恭俭，不宝异物。莅位之始，杜绝四方之贡献。诏大吏毋侈奇瑞。以廉能饬庶司。论勤政之要，革因循怠玩之习。制官箴，儆于有位。书无逸，法周铭，导言纳谏。披章覲吏，岁无虚日。巡淀津以观防，幸台山以祈福。蒐狝讲武。阅兵之暇，亲御弧矢，校射讲能，靡遑靡逸。念刑法为弼教之具。惟明惟慎，期于止辟。每岁秋审，诫大臣再三审核情实，毋枉毋纵，然后定谳上之。而圣心矜恤恻怛，终不能自已。尝为《息讼安民论》曰："慎刑以息讼为先，息讼以勤政为本。勤则百废俱兴，以驯致于无讼。"大哉！仁人之言，其利溥矣。河患自古有之。我朝以工代赈，最为良策。癸亥秋，河决衡家楼，注大名，入山东境，横贯运道。皇考念民命至重，漕运攸关，出帑金千万，数月大工告蒇，民不知灾。丙寅夏，清黄并涨，启王营减坝，分洩洪流。治云梯关黄河故道，疏濬流通，自是无下雍上溃之患。己卯秋，霖积涨，豫河复有漫溢，武陟横流，厥势綦重。事闻，立沛恩施，工赈并举，堤防孔固，而全漕輓运，较数岁愈形迅畅。斯皆宵旰肫诚之衷，上格苍昊。凡四方水旱偏灾，蠲租缓贷，无岁无之用，致中外乂安，时和民乐，而轸恤爱育之恩，有加靡已。爰于六旬万寿圣节，特诏免天下民欠，积数至三千余万，所以休养黎庶，涵濡群生，至深且远也。万几之暇，从事翰墨，文二集，诗三集，余编续纂，炳耀日星。而味余书室全集，随笔成于潜邸者又数十卷，民胞物与之怀，用人行政之绩，即寓于语言文字间。临辟雍而典学，幸翰院而赓咏，御经筵而抒论，启石渠而选笈，汇唐文之菁华，订明鉴之得失，四开庆榜，两举召试，于是薄海内外，冠带之伦，斧藻琢磨，风会日振。适值皇考元命之岁，春闱取士，遂拔三元。盖自乾隆辛丑迄今，瑞征再见。非盛德光被四表，甄陶培养，畴能致之哉！文教聿敷，武功有赫，荡平三省，筹策七年，洋海廓清，渠魁授首。属以奸民滋挠禁城，蔓连曹滑。神威所震，霆击风驰，遂奠齐豫、绥关陕，余孽殄夷，万民安堵。当是时，申严保甲之令，俾民自卫。诏书宽大，听其悔罪，胥匡以生。盖覆载生成之德，不遗一物，禹车汤纲，视兹褊矣。

我国家幅员广辟，超迈前代，要荒琛赍，岁时相属于道，怀德畏威，罔有弗钦。皇考统驭寰区，值内靖外安之会，恒虑深居简出，无以周咨民隐。庚辰秋，圣驾将狝于木兰，盖所以绥辑群藩，敬绍开国骑射家法，躬亲劳瘁，示后世毋忘旧典。七月十八日启跸时则秋成普告，颢宇晴明，民气欢腾，皇心悦豫，子臣随侍行帷，窃幸我皇考年逾周甲，神明纯固，至广仁岭，犹策马登陟，略无倦容，方谓天体健行，康强迪吉；继自今期颐晋祝，甲子万周，子臣获长侍愉颜，承欢无极。孰意途次偶感旸暑，抵避暑山庄，积气上壅，遽于七月二十五日戌时，龙驭上宾，子臣攀号莫及，盖圣寿六十有一。呜呼痛哉！猝遘鞠凶，从此长为无怙之人矣。皇考弥留之顷，宣顾命大臣，公启密缄，敬奉手书遗训，命子臣缵膺大统。闻命之下，哀恸惊惶。始知皇考于嘉庆四年四月十日卯时已将子臣名书置秘函，豫定储位，神器重大，眷佑无穷。回思癸酉秋，蒙恩锡封智亲王，维时圣志先定，笃祜优加，抚今追昔，愈深感悚。自惟藐躬德薄任重，何以仰报昊天之恩，用慰我皇考知人安民继志述事之训于万一也。呜呼痛哉！敬卜于道光元年辛巳春三月二十有三日午时，恭奉梓宫安葬昌陵，以孝淑端和仁庄慈懿光天佑圣睿皇后祔。衔泣濡毫，谨拜手稽首颂曰：

于穆皇考，克配上帝。六叶承基，重华合契。为君止仁，作圣思睿。德治寰瀛，功垂奕世。先庚诞瑞，岁图曜灵。皇祖式眷，郊壇告馨。帝膺帝祐，惟十四龄。基命授受，光我大廷。尧元以辰，舜元以丙。皇考俪之，景福来併。太和四开，宝玺躬秉。盛典聿昭，前光弥耿。惟圣训圣，大孝慕亲。合万国欢，以事一人。天庥滋至，祖佑重申。用抚庶政，用諴万民。圜丘方泽，升芗奠斝。初辛祈年，上戊祀社。雨旸志喜，感极心写。衢室垂精，渊衷受嘏。孟月享庙，两京谒陵。东西丹阜，岁奉豆登。训钦宝籙，宪懔金绳。贻谋燕翼，式勖云仍。克俭克勤，存诚祛伪。昧旦披牍，向晨询吏。游豫咨艰，箴铭戒肆。德水安澜，祥刑饬治。劭农重谷，轸念编氓。屡丰锡羡，小歉蠲征。积逋普免，数千万赢。饕轩鼓舞，帝力难名。圣学渊富，典谟允执。文二诗三，琳瑯续辑。临雍幸院，阐经编笈。九逵鸿渐，百川鳞集。锋销三省，櫂静重洋。奠安畿辅，震叠蛮荒。帝曰念哉，家法毋忘。练兵校射，我武维扬。乃幸木兰，典举秋狝。塞峰策骑，山庄驻辇。鼎湖遽升，龢軨未展。攀髯天高，涌泪海浅。畀予小子，大宝仔肩。考慈默眷，廿有二年。承命滋惧，缵绪弥虔。趋承已矣，付托兢然。鬱鬱閟宫，巍巍福壤。圣德弥纶，神功訹荡。日月昭融，山川辉朗。考妣恩深，丰碑长仰。

道光元年四月初一日　子臣嗣皇帝旻宁敬述

（十二）慕陵的神道碑碑阴碑文

大清慕陵碑文

皇考宣宗成皇帝御极之初，首戒声色货利，垂训谆谆。临莅日久，圣衷弥笃，骄奢永戒，而心虞或放，勤俭时操，犹力恐未坚。迨辛卯岁重卜龙泉吉壤，一切规模悉从俭约，并圣制诗章，以垂法守。崇俭德训后世，可谓至且尽矣。我皇考孝思不匮，谓斯地不独龙脉蜿蜒，且咫尺昌陵，得遂依膝下之素志。岁在戊申春三月，上恭谒诸陵，至龙泉峪大殿，召子臣同恭亲王奕䜣至御座旁，命读朱谕，藏于殿内东楹。盖圣意深远，默定陵名，现已恭镌在石碑坊南北面，遵遗训也。己酉冬，遇皇祖妣孝和睿皇后大故，皇考哀毁异常，虽圣躬违豫已久，犹必尽礼尽哀，恪遵成宪，奉安梓宫于绮春园迎晖殿。至正月十一日犹躬亲叩奠，至十四日卯刻，召子臣至寝宫，并召宗令、御前大臣、军机大臣、内务府大臣等同至寝宫，手宣朱谕，立子臣为皇太子，命王大臣等同心赞辅，总以国计民生为重，无恤其他。并赐御用冠服、朝珠，亲为加诸顶项。闻命之下，感悚交集，虽自陈愚昧，辞却再三，而圣意弥坚，以子臣年幼才疏，身承未有之恩，思何以仰报付畀之重，修身寡过，以慰圣怀，惧滋甚焉。方冀日承庭训，长侍慈颜。孰意降旨甫经半日，积气上壅，于是日午时龙驭上宾。子臣攀号莫及，猝遇鞠凶，呜呼痛哉！因与顾命诸臣，公启密缄，始知皇考于道光二十六年六月十六日密将子臣名书置秘函，豫立储位，大宝艰哉！深恩莫报。并书皇六子奕䜣封为亲王暨不准行郊配、庙享之仪；撤去供奉笔墨皮冠皮衣之类以及陵寝断不可建立大碑楼、遽称圣德神功字样。如有撰述，可于小碑楼碑阴镌刻。圣德谦冲，圣虑周详。椎心泣血，不忍读矣。回思丁未春祈谷大祀，命子臣偕惇郡王弈誴诣壇习礼，至戊申祈谷大祀，即命子臣恭代，默膺神器，圣眷优加。抚今忆昔，感畏愈深。予小子德薄任巨，虽懔遵训谕，而知短才疏，于一切知人安民之事讵敢仰跂皇考。况皇考屡值艰巨，圣意时以苍生为念，仁参帱载。盖自海疆滋，挠将及八年，噫！无一日圣怀得宽慰也。子臣席大业之隆，幸遘罕有之恩，若弗兢业自持，曷能仰答高厚于万一？呜呼痛哉！敬卜于咸丰二年壬子春三月二日丑时，恭奉宣宗效天符运立中体正至文圣武智勇仁慈俭勤孝敏成皇帝梓宫安葬慕陵，以孝穆温厚庄肃端诚孚天裕圣成皇后、孝慎敏肃哲顺和懿熙天诒圣成皇后、孝全慈敬宽仁端悫符天笃圣成皇后祔。含泪濡毫，以志永慕云尔。

咸丰二年岁次壬子仲春之日子臣嗣皇帝奕詝敬述恭书

附录2

皇帝及陵寝表

（一）清朝皇帝基本情况一览表

年号	庙号	庙谥	名字	生卒年	享年	在位日期	在位年数	即位年龄	陵名	生育子女		入葬日期	世系	生母	备考
天命	太祖	高	努尔哈齐	1559～1626	68	1616～1626	11	58	福陵	16	8	天聪三年二月十三日	显祖长子	宣皇后	生前称汗未称帝
天聪崇德	太宗	文	皇太极	1592～1643	52	1627～1643	17	35	昭陵	11	14	顺治元年八月十一日	太祖八子	孝慈皇后	1636年崇德元年称帝
顺治	世祖	章	福临	1638～1661	24	1644～1661	18	6	孝陵	8	6	康熙二年六月初六日戌时	太宗九子	孝庄皇后	
康熙	圣祖	仁	玄烨	1654～1722	69	1662～1722	61	8	景陵	35	20	雍正元年九月初一日巳时	世祖三子	孝康皇后	
雍正	世宗	宪	胤禛	1678～1735	58	1723～1735	13	45	泰陵	10	4	乾隆二年三月初二日辰时	圣祖四子	孝恭皇后	
乾隆	高宗	纯	弘历	1711～1799	89	1736～1795	60	25	裕陵	17	10	嘉庆四年九月十五日卯时	世宗四子	孝圣皇后	又当3年太上皇帝

续表

年号	庙号	庙谥	名字	生卒年	享年	在位日期	在位年数	即位年龄	陵名	生育子女		入葬日期	世系	生母	备考
嘉庆	仁宗	睿	颙琰	1760～1820	61	1796～1820	25	37	昌陵	5	9	道光元年三月二十三日午时	高宗十五子	孝仪皇后	
道光	宣宗	成	旻宁	1782～1850	69	1821～1850	30	39	慕陵	9	10	咸丰二年三月初二日丑时	仁宗二子	孝淑皇后	
咸丰	文宗	显	奕詝	1831～1861	31	1851～1861	11	20	定陵	2	1	同治四年九月二十二日辰时	宣宗四子	孝全皇后	
同治	穆宗	毅	载淳	1856～1874	19	1862～1874	13	6	惠陵	无	无	光绪五年三月二十六日卯时	文宗长子	孝钦皇后	
光绪	德宗	景	载湉	1871～1908	38	1875～1908	34	4	崇陵	无	无	民国二年十一月十六日申初二刻（1913年12月13日下午）	奕譞二子	慈禧妹	
宣统			溥仪	1906～1967	62	1909～1911	3	3	易县华龙陵园	无	无	1995年1月26日	载沣长子	瓜尔佳氏	

（二）清朝皇帝陵简表

陵名	兴工日期	完工日期	主葬人	合葬后妃及他人	主葬人入葬日期	地址	备考
永陵	待考	待考	兴祖福满、景祖觉昌安、显祖塔克世	武功郡王礼敦、恪恭贝勒塔察篇古及四帝的皇后	待考	辽宁省新宾满族自治县启运山下	陵内有肇祖孟特穆的衣冠墓
福陵	约天聪元年	天聪三年	太祖努尔哈齐	孝慈皇后等	天聪三年二月十三日	辽宁省沈阳市东郊天柱山	合葬人中除孝慈皇后外，其他人待考
昭陵	崇德八年	顺治八年	太宗皇太极	孝端皇后	顺治元年八月十一日	辽宁省沈阳市北郊隆业山	
孝陵	康熙二年二月十五日	康熙三年十一月	世祖福临	孝康皇后、孝献皇后	康熙二年六月初六日戌时	河北省遵化市清东陵昌瑞山下	
景陵	康熙十五年二月初十日	康熙二十年	圣祖玄烨	孝诚皇后、孝昭皇后、孝懿皇后、孝恭皇后、敬敏皇贵妃	雍正元年九月初一日巳时	河北省遵化市清东陵昌瑞山下	
泰陵	雍正八年八月十九日	乾隆元年	世宗胤禛	孝敬皇后、敦肃皇贵妃	乾隆二年三月初二日辰时	河北易县清西陵永宁山下太平峪	

续表

陵名	兴工日期	完工日期	主葬人	合葬后妃及他人	主葬人入葬日期	地址	备考
裕陵	乾隆八年二月初十日	约乾隆十七年	高宗弘历	孝贤皇后、孝仪皇后、慧贤皇贵妃、哲悯皇贵妃、淑嘉皇贵妃	嘉庆四年九月十五日卯时	清东陵胜水峪	竣工准确日期待考
昌陵	嘉庆四年二月十九日	嘉庆八年	仁宗颙琰	孝淑皇后	道光元年三月二十三日午时	清西陵太平峪	完工准确日期待考
慕陵	道光十一年十一月初八日	道光十五年	宣宗旻宁	孝穆皇后、孝慎皇后、孝全皇后	咸丰二年三月初二日丑时	清西陵龙泉峪	竣工准确日期待考
定陵	咸丰九年四月十三日	同治五年十二月	文宗奕詝	孝德皇后	同治四年九月二十二日辰时	清东陵平安峪	
惠陵	光绪元年八月初三日	光绪四年九月	穆宗载淳	孝哲皇后	光绪五年三月二十六日卯时	清东陵双山峪	
崇陵	宣统元年闰二月十七日	1914年	德宗载湉	孝定皇后	1913年十一月十六日申时	清西陵金龙峪	竣工准确日期待考

（三）清朝皇后陵简表

陵名	兴工日期	完工日期	主葬人	祔葬妃嫔	主葬人入葬日期	地址	备考
昭西陵	雍正三年二月初三日	雍正三年十月	孝庄文皇后	无	雍正三年十二月初十日	清东陵	前身为暂安奉殿，
孝东陵	不详	康熙三十二年	孝惠章皇后	7妃、4福晋、17格格	康熙五十七年四月初七日	清东陵	兴工、竣工日期待考
泰东陵	乾隆二年		孝圣宪皇后	无	乾隆四十二年四月二十五日辰时	清西陵东正峪	兴工、完工准确日期待考
昌西陵	咸丰元年二月二十日	咸丰二年八月	孝和睿皇后	无	咸丰三年二月二十六日卯时	清西陵望仙山	
慕东陵	道光十一年	道光十五年	孝静成皇后	16位妃嫔	咸丰七年四月二十日申时	清西陵双峰岫	前身是慕陵妃园寝，表中兴工、完工日期为妃园寝日期，
普祥峪定东陵	同治十二年八月二十日未时	光绪五年六月二十二日	孝贞显皇后（慈安）	无	光绪七年九月十七日卯时	清东陵普祥峪	
菩陀峪定东陵	同治十二年八月二十日未时	光绪五年六月二十二日	孝钦显皇后（慈禧）	无	宣统元年十月初四日巳时	清东陵菩陀峪	光绪二十一年至三十四年进行重修

（四）清朝妃园寝表

园寝名	兴建日期	完工日期	内葬妃嫔等	地址	说明
福陵妃园寝			寿康妃等共3人	沈阳东郊福陵西北	
昭陵妃园寝			懿靖大贵妃、宸妃、淑妃及8位格格，共11人	沈阳北郊昭陵西侧	
景陵皇贵妃园寝	乾隆四年	约乾隆八年	悫惠皇贵妃、惇怡皇贵妃	清东陵景陵东	
景陵妃园寝	约康熙十五年以后	康熙二十年	温僖贵妃等48为妃嫔和1位皇子，共49人	清东陵景陵东侧	
泰陵妃园寝	雍正末年、乾隆初年		纯懿皇贵妃等21人	清西陵泰东陵东	
裕陵妃园寝	乾隆十年	乾隆十七年	乌喇那拉皇后及35位妃嫔，共36人	清东陵裕陵西侧	
昌陵妃园寝	嘉庆四年		和裕皇贵妃等17位妃嫔	清西陵昌陵以西	
定陵妃园寝	定陵兴工后		庄静皇贵妃等15位妃嫔	清东陵顺水峪	
惠陵妃园寝	光绪元年八月	光绪四年九月	淑慎皇贵妃、献哲皇贵妃、恭肃皇贵妃、荣惠皇贵妃	清东陵西双山峪	光绪元年八月始建，光绪四年九月完工
崇陵妃园寝	宣统元年	“民国”初年	瑾妃、珍妃	清西陵东	兴建完工准确日期待考

后 记

2003年，在承德参加了“避暑山庄肇建300周年国际学术研讨会”之后，阎崇年先生曾对我说：“你这辈子写好两本书就行，一本是《清朝陵寝制度》，另一本是《清朝后妃制度》”。但我总是迟迟没有动手。2011年，由朱诚如教授和任万平副院长（当时是古器物部主任）关于“清朝典章制度研究”的课题申报成功，由我负责清朝陵寝制度的研究和撰写。

这部《清朝陵寝制度》一书，用了三年多的时间，到今天终于脱稿了。记得2011年4月20日，在故宫古器物部会议室接受任务时，朱诚如教授当场对我说：“老徐，你写了那么多有关清陵的书，写这本书对你来说驾轻就熟，顶数你压力小。”当时我也是这样认为，可是真的写起来，并不如想象的那样容易、轻松。

我从20世纪70年代就从事清陵研究，四十多年了，也确实写了几本有关清陵的书。不过这些书偏重于介绍，而且很少有注释，所以写起来比较容易。现在这本书，不仅要引经据典，更重要的是要按制度写，全书经纬结合，以经为主，介绍某一内容时，不仅要把每个问题写清楚，还要把发展变化的规律写出来，这就增加了很大的难度。在写作之前，仅提纲和目录就拟了三次。在写的过程中，对书的结构和内容，又多次进行了改动。写这本书，仅靠清朝的官方书籍是远远不够的，还要充分发挥清宫档案的作用。我到中国第一历史档案馆查阅清宫档案三十多年，许多以前根本未利用过的档案这次都用上了。这次写书更显示了实地考察的优势和巨大作用，许多内容都是史书中和档案中根本没记载的，只能靠实地考证才能得知、才能解决。比如，拱桥、朱砂碑、石五供，如果没有长期详细的考证，它们的发展轨迹根本就写不出来。这本书可以说是我集四十多年研究清陵成果之大成。

这本书的三分之二是在我得了重病、连续动了两次大手术之后在病中完成的。躺在病床上时，考虑写的方法、写的内容、引用史料的来源，一旦考虑好后，就挣扎着起来，开机打字，开始写作。

在写作中，得到了天津大学建筑学院王其亨教授、中国社会科学院历史研究所杨珍研究员、清西陵文物管理处邢宏伟研究员、沈阳昭陵专家梁莹的大力帮助；得到了项目负责人、故宫博物院任万平副院长的大力支持和热情关怀；得到了清陵爱好者张元哲、贾嘉、杨晓晨、张志璞、韩立恒、张大宇、梁莹、陈赫、李宏杰、冯建明、石海滨、张晓辉以及加拿大的张芸芸等朋友的全力支持和大力帮助，在此，谨向他们表示衷心的感谢！

书中使用了许多前辈和众师友的研究成果，恕我不便一一列出，在此一并向他们表示由衷的谢意！

这部书稿2014年4月就写完了，由于一些原因耽搁了两年多未能出版。沈阳出版社沈晓辉主任热心帮助，为本书的出版付出了极大的辛劳，逐字逐句认真批改多遍，才得以出版。在此向沈主任表示衷心的感谢！

由于我孤陋寡闻，水平有限，书中错误在所难免，敬请众师友不吝赐教，予以指出，以使我得到进一步提高。

徐广源

2018年5月22日